AF731952

Schweitzers
(früher Stahls)
Terminkalender
für die
Bayerischen Juristen
auf das Jahr
1928.

Herausgegeben
von
J. Schiedermair,
Rat am Obersten Landesgericht in München.

---

64. Jahrgang.

München, Berlin und Leipzig.
J. Schweitzer Verlag (Arthur Sellier).

Nachdruck aller Beilagen verboten.

Alle Rechte vorbehalten.

Druck v. Dr. F. P. Datterer & Cie., Freising u. München.

Vorwort.

Der Kalender für das Jahr 1928 hat die frühere Anlage im wesentlichen beibehalten. Die Gebührentabellen wurden der Neufassung der Kostengesetze angepaßt, unter Einfügung einer neuen, auf die Arbeitsgerichte bezüglichen. Über die zur Zeit unübersichtliche Gerichtsorganisation Bayerns (Schöffengerichte, Jugendgerichte, Arbeitsgerichte) gibt die Übersicht der Gerichte (Personallistenanhang D) Aufschluß. Die Tabellen über die Bezüge der Beamten entfielen infolge der bevorstehenden Neuregelung.

München im Oktober 1927.

Herausgeber und Verleger.

Vorwort

Übersichts-Kalendarium

1927, 1928 und 1929.

Terminkalender.

Inhalts-Übersicht.

Der erste Teil des Terminkalenders enthält:

I. einen Uebersichtskalender für 1927, 1928 und 1929.

II. den Schreibkalender 1928, enthaltend:

1. die Bezeichnung der Monate, Wochen und Tage, von welchen je 2 resp. 3 Tage mit leeren Zwischenräumen auf die Seite treffen;
2. die Namen der Katholiken und Protestanten, die ersteren voraus und beide durch einen Strich getrennt.
3. Sonnen-Aufgang (SA.) und Untergang (SU.) nach Stunden und Minuten (z. B. 8.13=8 Uhr 13 Min.)
4. Mond-Aufgang (MA.) und Untergang (MU.) nach Stunden und Minuten (z. B. 17.15 = 5 Uhr 15 Min. nachm.)
5. Tageslänge (Tl.) nach Stunden und Minuten;
6. das Eintreten der Sonnen- und Mondfinsternisse und der Jahreszeiten.

Sämtliche Zeiten sind in der durchgehenden Stundenzählung von 0—24 Uhr gegeben. Zeitangaben über 12 bedeuten also Nachmittagsstunden.

Die Verbesserung des alten verworrenen römischen Kalenders wurde im Jahre 46 v. Chr. Geb. eingeführt durch Julius Cäsar; man nennt das Jahr von 365¼ Tagen das Julianische Jahr und den darauf gegründeten Kalender den Julianischen Kalender, welchen noch jetzt die Russen und Griechen im allgemeinen zu ihrer Zeitrechnung anwenden.

Zur Zeit Gregors XIII. (1582) waren infolge der durch Cäsar angenommenen Jahreslänge ($365^1/_4$) bereits 10 Tage zu viel eingeschaltet, da jedes durch 4 ohne Rest teilbare Jahr ein Schaltjahr von 366 Tagen sein sollte. Um diesen Fehler zu beseitigen, nahm man 1582 zehn Tage weg (es fiel damals die Frühlingsnachtgleiche statt auf den 21. März schon auf den 11. März) und bestimmte, dass in je 400 Jahren 3 Schalttage ausgelassen werden und zwar, wenn die Jahreszahl mit zwei Nullen endigt und nicht durch 400 ohne Rest teilbar ist. Auf diese Weise ist der neue (gregor.) Kalender von 1582 bis 1700 um 10 Tage vor dem alten (julian.) Kalender voraus, und diese Differenz beträgt von 1700—1800 11 Tage, von 1800—1900 12 Tage und von 1900 bis 2100 13 Tage.

z. B.: 1. Jan. 1923 gregor. entspricht dem 19. Dez. 1922 julian.

Alle Zeitangaben sind in M. E. Z. = mitteleuropäische Zeit (bezogen auf den Meridian 15 Grad östlich von Greenwich) gemacht; die mittlere Ortszeit von München ist hinter der M. E. Z. um 13,6 Minuten zurück. Die Auf- und Untergangszeiten für Sonne und Mond gelten, ebenso wie die Tageslänge, für einen Ort des Münchner Meridians in 48° nördlicher Breite (Mitte von Südbayern).

Phasen des Mondes.

7.	Jan.	Vollmond	6.	März	Vollmond
14.	„	Letztes Viertel	14.	„	Letztes Viertel
22.	„	Neumond	21.	„	Neumond
29.	„	Erstes Viertel	28.	„	Erstes Viertel
5.	Febr.	Vollmond	5.	April	Vollmond
13.	„	Letztes Viertel	13.	„	Letztes Viertel
21.	„	Neumond	20.	„	Neumond
28.	„	Erstes Viertel	26.	„	Erstes Viertel

4. Mai	Vollmond	6. Sept.	Letztes Viertel
12. „	Letztes Viertel	14. „	Neumond
19. „	Neumond	22. „	Erstes Viertel
26. „	Erstes Viertel	29. „	Vollmond
3. Juni	Vollmond	6. Okt.	Letztes Viertel
11. „	Letztes Viertel	13. „	Neumond
17. „	Neumond	21. „	Erstes Viertel
24. „	Erstes Viertel	28. „	Vollmond
3. Juli	Vollmond	4. Nov.	Letztes Viertel
10 „	Letztes Viertel	12. „	Neumond
17. „	Neumond	20. „	Erstes Viertel
24. „	Erstes Viertel	27. „	Vollmond
1. Aug.	Vollmond	4. Dez.	Letztes Viertel
8. „	Letztes Viertel	12. „	Neumond
15. „	Neumond	20. „	Erstes Viertel
23. „	Erstes Viertel	26. „	Vollmond
31. „	Neumond		

Sonnen- und Mondfinsternisse im Jahre 1928.

Im Jahre 1928 finden drei Sonnen- und zwei Mondfinsternisse statt.

1. Die totale Sonnenfinsternis am 19. Mai beginnt um 12^{25} M. E. Z. und endet um 16^{23}. Sie ist sichtbar im südlichsten Teil von Südamerika, im südlichen Atlantischen Ozean, in Südafrika, in Madagaskar und im südwestlichen Teil des Indischen Ozeans.

2. Die totale Mondfinsternis am 3. Juni beginnt um 11^{18} M. E. Z. und endet um 15^{02}. Der Anfang der Finsternis ist sichtbar im Westen von Nord- u. Südamerika, im Stillen Ozean, in Australien u. Ostasien. Das Ende ist sichtbar im Stillen Ozean, in Australien und im östlichen Teil Asiens. Grösse der Finsternis in Einheiten des Monddurchmessers = 1.249.

3. Die partielle Sonnenfinsternis am 17. Juni beginnt um 21^{02} M. E. Z. u. endet um 21^{52}. Sie ist nur in Nordasien sichtbar. Grösse der Finsternis in Einheiten des Sonnendurchmessers = 0.037.

4. Die partielle Sonnenfinsternis am 12. November beginnt um 8^{33} M. E. Z. und endet um 13^{03}. Sie ist sichtbar in Europa mit Ausnahme von Spanien, im nordöstlichen Afrika und in Asien, ausgenommen des Teiles östlich von 255° Länge westlich Greenwich. Grösse der Finsternis in Einheiten des Sonnendurchmessers = 0.808.

5. Die totale Mondfinsternis am 27. November beginnt um 8^{24} M. E. Z. und endet um 11^{39}. Der Anfang ist sichtbar im Norden und Westen Europas, im Atlantischen Ozean, in Nord- und Südamerika, im Stillen Ozean und in Nordasien. Das Ende ist sichtbar in Nordamerika, im nördlichen Südamerika, im Stillen Ozean, in Australien und Ostasien. Grösse der Finsternis in Einheiten des Monddurchmessers = 1.155.

(Gemeinjahr 365 Tage) **1927.**

Januar		Februar		März		April		Mai		Juni	
1 S	**Neujahr**	1 D	Ignatius	1 D	**Fastnacht**	1 F	Hugo	1 S	**2. Miseric.**	1 M	Juventius
2 S	**S. n. Neuj.**	2 M	Mar. Lichtm.	2 M	**Aschermitt.**	2 S	Franz v. Pl.	2 M	Athanasius	2 D	Erasmus
3 M	Genoveva	3 D	Blasius	3 D	† Kunigunde	3 S	**5. Judica**	3 D	Hl. † Auff.	3 F	Klotildis
4 D	Titus	4 F	Veronika	4 F	Kasimir	4 M	Isidor	4 M	Monika	4 S	Quirinus
5 M	Telesphorus	5 S	Agatha	5 S	Friedrich	5 D	Vinzenz F.	5 D	Pius V.	5 S	**Pfingstfest**
6 D	**Hl. 3 Könige**	6 S	**5. n. Epiph.**	6 S	**1. Invocavit**	6 M	Sixtus	6 F	Joh. v. d. L.	6 M	**Pfingstmtg.**
7 F	Valentin	7 M	Romuald	7 M	Thom. v. A.	7 D	Hermann	7 S	Stanislaus	7 D	Robert
8 S	Erhard	8 D	Johann v. M.	8 D	Johann v. G.	8 F	Dionysius	8 S	**3. Jubilate**	8 M	**† II. Quat.**
9 S	**1. n. Epiph.**	9 M	Apollonia	9 M	**† I. Quat.**	9 S	Mr. Cleophä	9 M	Gregor v. N.	9 D	Primus
10 M	Agathon	10 D	Scholastika	10 D	40 Märt.	10 S	**6. Palmstg.**	10 D	Antonie	10 F	† Margareta
11 D	Hyginus	11 F	Euphrosine	11 F	† Rosina	11 M	Leo I.	11 M	Mamertus	11 S	† Barnabas
12 M	Ernst	12 S	Eulalia	12 S	† Gregor	12 D	Zeno	12 D	Pankratius	12 S	**1. Hl. Dreif.**
13 D	Veron., Hil.	13 S	**Septuages.**	13 S	**2. Remin.**	13 M	Hermeneg.	13 F	Servatius	13 M	Anton v. P.
14 F	Felix	14 M	Valentin	14 M	Mathilde	14 D	**† Gründstg.**	14 S	Bonifazius	14 D	Basilius
15 S	Maurus	15 D	Faustinus	15 D	Longinus	15 F	**† Karfreitg.**	15 S	**4. Cantate**	15 M	Vitus, Krsz.
16 S	**2. n. Epiph.**	16 M	Juliana	16 M	Heribert	16 S	**† Karsamst.**	16 M	Johann v. N.	16 D	**Fronleichn.**
17 M	Antonius	17 D	Donatus	17 D	Gertraud	17 S	**Osterfest**	17 D	Paschalis	17 F	Adolf
18 D	Petri Stuhlf.	18 F	Simeon	18 F	Narzissus	18 M	**Ostermontg.**	18 M	Venantius	18 S	Mark. u. Mc.
19 M	Kanut, Marc.	19 S	Konrad	19 S	**Hl. Joseph**	19 D	Emma	19 D	Petrus, Cöl.	19 S	**2. n. Pfing.**
20 D	Fab. Sebast.	20 S	**Sexages.**	20 S	**3. Oculi**	20 M	Sulpitius	20 F	Bernh. v. S.	20 M	Silverius
21 F	Agnes	21 M	Eleonore	21 M	Benediktus	21 D	Anselm	21 S	Konstantin	21 D	Aloisius
22 S	Vincentius	22 D	Petri Stuhlf.	22 D	Katharina	22 F	Cajus	22 S	**5. Rogate**	22 M	Paulinus
23 S	**3. n. Epiph.**	23 M	Milburgis	23 M	Viktorinus	23 S	Adalbert	23 M	Desiderius	23 D	Edeltraud
24 M	Thimotheus	24 D	Matthias	24 D	Simon	24 S	**1. Quasim.**	24 D	Johanna	24 F	Joh. d. Täuf.
25 D	Pauli Bek.	25 F	Walburga	25 F	Mar. Verk.	25 M	Markus	25 M	Urban	25 S	Prosper
26 M	Polykarp	26 S	Mechtildis	26 S	Castulus	26 D	Kletus	26 D	**Christi Hmlf.**	26 S	**3. n. Pfing.**
27 D	Joh. Chrys.	27 S	**Quinquag.**	27 S	**4. Laetare**	27 M	Peregrin.	27 F	Beda, Magd.	27 M	Ladislaus
28 F	Karl d. Gr.	28 M	Romanus	28 M	Guntram	28 D	Paul	28 S	Germanus	28 D	Leo II.
29 S	Franz v. Sl.			29 D	Ludolph	29 F	Petrus	29 S	**6. Exaudi**	29 M	**Peter u. Paul**
30 S	**4. n. Epiph.**			30 M	Quirinus	30 S	Kathar. v. S.	30 M	Ferdinand	30 D	Pauli Ged.
31 M	Petr. v. Nola			31 D	Benjamin			31 D	Angela, Petr.		

1927.

Juli		August		September		Oktober		November		Dezember	
1 F	Theobald	1 M	Petri Kettf.	1 D	Aegidius	1 S	Remigius	1 D	**Allerheil.**	1 D	Eligius
2 S	Mar. Heims.	2 D	Alfons v. L.	2 F	Stephan	**2 S**	**17. n. Pf.**	2 M	Allerseelen	2 F	Bibiani
3 S	**4. n. Pfing.**	3 M	Steph. Auff.	3 S	Seraphia	3 M	Candidus	3 D	Hubert	3 S	Franz Xaver
4 M	Ulrich	4 D	Dominikus	**4 S**	**13. n. Pfing.**	4 D	Franz Ser.	4 F	Karl Borr.	**4 S**	**2. Advent**
5 D	Domitius	5 F	Mar. Schnee	5 M	Laurentius	5 M	Plazidus	5 S	Zach. u. Elis.	5 M	Sabas
6 M	Isaias	6 S	Verkl. Chr.	6 D	Magnus	6 D	Bruno	**6 S**	**22. n. Pfing.**	6 D	Nikolaus
7 D	Willibald	**7 S**	**9. n. Pfing.**	7 M	Regina	7 F	Markus	7 M	Engelbert	7 M	Ambrosius
8 F	Kilian	8 M	Cyriakus	8 D	Mar. Geb.	8 S	Brigitta	8 D	Gottfried	8 D	**Mar. Empf.**
9 S	Cyrillus	9 D	Romanus	9 F	Korbinian	**9 S**	**18. n. Pfing.**	9 M	Theodor	9 F	Leokadia
10 S	**5. n. Pfing.**	10 M	Laurentius	10 S	Nikol. v. T.	10 M	Franz v. B.	10 D	Andreas Av.	10 S	Melchiades
11 M	Pius I.	11 D	Susanna	**11 S**	**14. n. Pfing.**	11 D	Germanus	11 F	Martin B.	**11 S**	**3. Advent**
12 D	Joh. Qualb.	12 F	Klara, Hild.	12 M	Guido	12 M	Maximilian	12 S	Martin P.	12 M	Synesius
13 M	Eugen	13 S	Hippolyt, C.	13 D	Tobias	13 D	Eduard	**13 S**	**23. n. Pfing.**	13 D	Lucia
14 D	Bonavent.	**14 S**	**10. n. Pfing.**	14 M	Hl. † Erh.	14 F	Burkhard	14 M	Serapion	14 M	**† IV. Quat.**
15 F	Heinrich	15 M	**Mar. Hmlf.**	15 D	Nikomedes	15 S	Theresia	15 D	Leop., Alb.	15 D	Christiana
16 S	Reinald	16 D	Rochus	16 F	Kornelius	**16 S**	**19. n. Pfing.**	16 M	Ottmar	16 F	† Adelheid
17 S	**6. n. Pfing.**	17 M	Liberatus	17 S	Lampert	17 M	Hedwig	17 D	Gregor d. W.	17 S	† Lazarus
18 M	Friedrich	18 D	Helene	**18 S**	**15. n. Pfing.**	18 D	Lukas	18 F	Otto, Abt.	**18 S**	**4. Advent**
19 D	Vinz. v. P.	19 F	Sebald	19 M	Janarius	19 M	Petrus v. A.	19 S	Elisabeth	19 M	Nemisius
20 M	Margareta	20 S	Bernhard	20 D	Eustachius	20 D	Wendelin	**20 S**	**24. n. Pfing.**	20 D	Christian
21 D	Daniel, Jul.	**21 S**	**11. n. Pfing.**	21 M	**† III. Quat.**	21 F	Ursula	21 M	Mar. Opfer.	21 M	Thomas A.
22 F	Maria Magd.	22 M	Symphorius	22 D	† Mauritius	22 S	Kordula	22 D	Cäcilia	22 D	Demetrius
23 S	Liborius	23 D	Philipp, Ben.	23 F	† Thekla	**23 S**	**20. n. Pfing.**	23 M	Klemens	23 F	Viktoria
24 S	**7. n. Pfing.**	24 M	Bartholom.	24 S	Gerhard	24 M	Erzg. Raph.	24 D	Joh. v. Kr.	24 S	Adam u. Eva
25 M	Jakob	25 D	Ludwig	**25 S**	**16. n. Pfing.**	25 D	Krispinus	25 F	Katharina	**25 S**	**Hl. Christtag**
26 D	Anna	26 F	Zephyrinus	26 M	Cyprian	26 M	Evaristus	26 S	Konrad	26 M	**Stephan**
27 M	Pantaleon	27 S	Gebhard, J.	27 D	Kosm. u. Dm.	27 D	Sabina	**27 S**	**1. Advent**	27 D	Johs. Ap.
28 D	Innocenz	**28 S**	**12. n. Pfing.**	28 M	Wenzeslaus	28 F	Sim. u. Jud.	28 M	Kreszentia	28 M	Unsch. Kd.
29 F	Martha	29 M	Joh. Euth.	29 D	Michael	29 S	Narzissus	29 D	Saturnin	29 D	Thomas
30 S	Abd. u. Sen.	30 D	Rosa v. L.	30 F	Otto	**30 S**	**21. n. Pfing.**	30 M	Andreas	30 F	David
31 S	**8. n. Pfing.**	31 M	Raimund			31 M	Wolfgang			31 S	Sylvester

Schaltjahr (366 Tage) **1928.**

Januar		Februar		März	
1 S	**Neujahr**	1 M	Ignatius	1 D	Suitbert
2 M	Makarius	2 D	Mr. Lichtm.	2 F	†Simplicius
3 D	Genoveva	3 F	Blasius	3 S	Kunig.
4 M	Titus	4 S	Veronika	**4 S**	**2. Remin.**
5 D	Telesphor.	**5 S**	**Septuages.**	5 M	Friedrich
6 F	**Hl. 3 Kön.**	6 M	Dorothea	6 D	Friedolin
7 S	Valentin	7 D	Romuald	7 M	Thom. v. A.
8 S	**1. n. Epiph.**	8 M	Joh. v. M.	8 D	Johann v.G.
9 M	Marzenillus	9 D	Apollonia	9 F	Franziska
10 D	Agathon	10 F	Scholastika	10 S	40 Märt.
11 M	Hyginus	11 S	Euphrosine	**11 S**	**3. Oculi**
12 D	Ernst	**12 S**	**Sexages.**	12 M	Gregor
13 F	Veron., Hil.	13 M	Kath. v. R.	13 D	Nicephorus
14 S	Felix	14 D	Valentin	14 M	Mathilde
15 S	**2. n. Epiph.**	15 M	Faustinus	15 D	Longinus
16 M	Marzellus	16 D	Juliana	16 F	Heribert
17 D	Antonius	17 F	Donatus	17 S	Gertraud
18 M	Petri Sthlf.	18 S	Simeon	**18 S**	**4. Laetare**
19 D	Kanut, Mc.	**19 S**	**Quinquag.**	19 M	**Hl. Joseph**
20 F	Fab. u. Seb.	20 M	Eucherius	20 D	Nicetas
21 S	Agnes	21 D	Fastnacht	21 M	Benediktus
22 S	**3. n. Epiph.**	22 M	Ascherm.	22 D	Katharina
23 M	Verl. Mar.	23 D	Phil. Ben.	23 F	Viktorinus
24 D	Thimoths.	24 F	Schalttag	24 S	Simon
25 M	Pauli Bek.	25 S	Matthias	**25 S**	**5. Judica**
26 D	Polykarp	**26 S**	**1. Invoc.**	26 M	Castulus
27 F	Joh. Chrys.	27 M	Mechtildis	27 D	Rupert
28 S	Karl d. Gr.	28 D	Leander	28 M	Guntram
29 S	**4. n. Epiph.**	29 M	**† I. Quat.**	29 D	Ludolph
30 M	Martina			30 F	Quirinus
31 D	Petr. v. Nola			31 S	Benjamin

Januar	Februar	März
7. Vollmond.	5. Vollmond.	6. Vollmond.
14. Letzt. Viert.	13. Letzt. Viert.	14. Letzt. Viert.
22. Neumond.	21. Neumond.	21. Neumond.
29. Erstes Viertel.	28. Erstes Viert.	28. Erstes Viert.

1928.

April		Mai		Juni	
1 S	**6. Palms.**	1 D	Phil. u. Jak.	1 F	† Juventius
2 M	Franz v. P.	2 M	Athanasius	2 S	† Erasmus
3 D	Richard	3 D	Hl. † Auff.	3 S	**1. H.Dreif.**
4 M	Isidor	4 F	Monika	4 M	Quirinus
5 D	**† Gründst.**	5 S	Pius V.	5 D	Bonifatius
6 F	**† Karfrtg.**	6 S	**4. Cantate**	6 M	Norbert
7 S	**† Karsmtg.**	7 M	Stanislaus	7 D	**Fronleich.**
8 S	**Osterfest**	8 D	Mich.Ersch.	8 F	Medardus
9 M	**Ostermtg.**	9 M	Gregor v. N.	9 S	Primus
10 D	Ezechiel	10 D	Antonie	10 S	**2. n. Pf.**
11 M	Leo I.	11 F	Mamertus	11 M	Barnabas
12 D	Zeno	12 S	Pankratius	12 D	Basilides
13 F	Hermeneg.	13 S	**5. Rogate**	13 M	Anton v. P.
14 S	Tiburtius	14 M	Bonifazius	14 D	Basilius
15 S	**1. Quasim.**	15 D	Sophia, Is.	15 F	Vitus, Krsz.
16 M	Eusebius	16 M	Johann v.N	16 S	Benno
17 D	Rudolf	17 D	**Chr. Hmlf.**	17 S	**3. n. Pf.**
18 M	Eleuther.	18 F	Venantius	18 M	Mark. u. Mc.
19 D	Emma	19 S	Petrus, Cöl.	19 D	Gerv. u. Ptr.
20 F	Sulpitius	20 S	**6. Exaudi**	20 M	Silverius
21 S	Anselm	21 M	Konstantin	21 D	Aloisius
22 S	**2. Miseric.**	22 D	Julia, Hel.	22 F	Paulinus
23 M	Adalbert	23 M	Desiderius	23 S	Edeltraud
24 D	Georg	24 D	Johanna	24 S	**4. n. Pfing.**
25 M	Markus	25 F	Urban	25 M	Prosper
26 D	Kletus	26 S	Philipp N.	26 D	Joh. u. Paul
27 F	Peregr.	27 S	**Pfingstfest**	27 M	Ladislaus
28 S	Paul	28 M	**Pfingstmt.**	28 D	Leo II.
29 S	**3. Jubilate**	29 D	Theodosia	29 F	**Pet. u. Pl.**
30 M	Kathar. v. S.	30 M	**† II. Quat.**	30 S	Pauli Ged.
		31 D	Angela, Ptr.		
5.	Vollmond.	4.	Vollmond.	3.	Vollmond.
13.	Letzt. Viert.	12.	Letzt. Viert.	11.	Letzt. Viert.
20.	Neumond.	19.	Neumond.	17.	Neumond.
26.	Erstes Viert.	26.	Erstes Viert.	24.	Erstes Viert.

1928.

Juli		August		September	
1 S	**5. n. Pfing.**	1 M	Petri Kettf.	1 S	Aegidius
2 M	Mar. Hmsg.	2 D	Alfons v. L.	2 S	**14. n. Pf.**
3 D	Eulogius	3 F	Steph. Auf.	3 M	Seraphia
4 M	Ulrich	4 S	Dominikus	4 D	Rosalia
5 D	Domitius	5 S	**10. n. Pf.**	5 M	Laurentius
6 F	Isaias	6 M	Verkl. Chr.	6 D	Magnus
7 S	Willibald	7 D	Afra, Caj.	7 F	Regina
8 S	**6. n. Pf.**	8 M	Cyriakus	8 S	Mar. Geb.
9 M	Cyrillus	9 D	Romanus	9 S	**15. n. Pf.**
10 D	Amal., Fel.	10 F	Laurentius	10 M	Nikol. v. T.
11 M	Pius I.	11 S	Susanna	11 D	Aemilian
12 D	Joh. Qualb.	12 S	**11. n. Pf.**	12 M	Guido
13 F	Eugen	13 M	Hippolyt C.	13 D	Tobias
14 S	Bonavent.	14 D	Eusebius	14 F	Hl. † Erh.
15 S	**7. n. Pf.**	15 M	**Mar. Hmlf.**	15 S	Nikomedes
16 M	Reinald	16 D	Rochus	16 S	**16. n. Pf.**
17 D	Alexius	17 F	Liberatus	17 M	Lampert
18 M	Friedrich	18 S	Helene	18 D	Thom. v. V.
19 D	Vinz. v. P.	19 S	**12. n. Pf.**	19 M	**† III. Quat.**
20 F	Margareta	20 M	Bernhard	20 D	Matthäus
21 S	Daniel, Jul.	21 D	Johanna	21 F	† Mauritius
22 S	**8. n. Pf.**	22 M	Symphorius	22 S	† Thekla
23 M	Liborius	23 D	Philipp B.	23 S	**17. n. Pf.**
24 D	Christina	24 F	Bartholm.	24 M	Gerhard
25 M	Jakob	25 S	Ludwig	25 D	Kleophas
26 D	Anna	26 S	**13. n. Pf.**	26 M	Cyprian
27 F	Pantaleon	27 M	Gebhard, J.	27 D	Kosm. u. D.
28 S	Innocenz	28 D	Augustin	28 F	Wenzeslaus
29 S	**9. n. Pf.**	29 M	Joh. Enth.	29 S	Michael
30 M	Abd. u. Sen.	30 D	Rosa v. L.	30 S	**18. n. Pf.**
31 D	Ignat. v. L.	31 F	Raimund		
3. Vollmond.		1. Vollmond.		6. Letzt. Viert.	
10. Letzt. Viert.		8. Letzt. Viert.		14. Neumond.	
17. Neumond.		15. Neumond.		22. Erstes Viert.	
24. Erstes Viert.		23. Erstes Viert.		29. Vollmond.	
		31. Vollmond.			

1928

Oktober		November		Dezember	
1 M	Remigius	1 D	**Allerhl.**	1 S	Eligius
2 D	Leodegard	2 F	Allerseelen	**2 S**	**1. Advent**
3 M	Candidus	3 S	Hubert	3 M	Franz Xav.
4 D	Franz Ser.	**4 S**	**23. n. Pf.**	4 D	Barbara
5 F	Plazidus	5 M	Zach u. Elis.	5 M	Sabas
6 S	Bruno	6 D	Leonhard	6 D	Nikolaus
7 S	**19. n. Pf.**	7 M	Engelbert	7 F	Ambrosius
8 M	Brigitta	8 D	Gottfried	8 S	**Mar. Epf.**
9 D	Dionysius	9 F	Theodor	**9 S**	**2. Advent**
10 M	Franz v. B.	10 S	Andreas A.	10 M	Melchiades
11 D	Germanus	**11 S**	**24. n. Pf.**	11 D	Damasius
12 F	Maximil.	12 M	Martin Pp.	12 M	Synesius
13 S	Eduard	13 D	Stanislaus	13 D	Lucia
14 S	**20. n. Pf.**	14 M	Serapion	14 F	Nikasius
15 M	Theresia	15 D	Leop., Alb.	15 S	Christiana
16 D	Gallus	16 F	Ottmar	**16 S**	**3. Advent**
17 M	Hedwig	17 S	Greg. d. W.	17 M	Lazarus
18 D	Lukas	**18 S**	**25. n. Pfin.**	18 D	Wunibald
19 F	Petrus v.A.	19 M	Elisabeth	19 M	**† IV. Quat.**
20 S	Wendelin	20 D	Korbinian	20 D	Christian
21 S	**21. n. Pf.**	21 M	Mar. Opfer.	21 F	†Thomas A.
22 M	Kordula	22 D	Cäcilia	22 S	†Demetrius
23 D	Joh. v. Kp.	23 F	Clemens	**23 S**	**4. Advent**
24 M	Erzg. Raph.	24 S	Joh. v. Kr.	24 M	Ad. u. Eva
25 D	Krispinus	**25 S**	**26. n. Pfln.**	25 D	**Hl. Christ.**
26 F	Evaristus	26 M	Konrad	26 M	**Stephan**
27 S	Sabina	27 D	Virgilius	27 D	Johs. Ap.
28 S	**22. n. Pf.**	28 M	Kreszentia	28 F	Unsch. Kd.
29 M	Narzissus	29 D	Saturnin	29 S	Thomas
30 D	Serapion	30 F	Andreas	**30 S**	**S. n. Weih.**
31 M	Wolfgang			31 M	Sylvester
6.	Letzt. Viert.	4.	Letzt. Viert.	4.	Letzt. Viert.
13.	Neumond.	12.	Neumond.	12.	Neumond.
21.	Erstes Viert.	20.	Erstes Viert.	20.	Erstes Viert.
28.	Vollmond.	27.	Vollmond.	26.	Vollmond.

(Gemeinjahr 365 Tage). **1929.**

Januar		Februar		März		April		Mai		Juni	
1 D	Neujahr	1 F	Ignatius	1 F	Suitbert	1 M	Ostermontg.	1 M	Phil. u. Jak.	1 S	Juventius
2 M	Makarius	2 S	Mar. Lichtm.	2 S	Simplizius	2 D	Franz v. Pl.	2 D	Athanasius	2 S	2. n. Pfing.
3 D	Genoveva	3 S	Sexages.	3 S	3. Oculi	3 M	Richard	3 F	Hl. † Auff.	3 M	Klotildis
4 F	Titus	4 M	Veronika	4 M	Kasimir	4 D	Isidor	4 S	Monika	4 D	Quirinus
5 S	Telesphor.	5 D	Agatha	5 D	Friedrich	5 F	Vinzenz F.	5 S	5. Rogate	5 M	Bonifazius
6 S	Hl. 3 Könige	6 M	Dorothea	6 M	Fridolin	6 S	Sixtus	6 M	Joh. v. L.	6 D	Norbert
7 M	Valentin	7 D	Romuald	7 D	Thom. v. A.	7 S	1. Quasim.	7 D	Stanislaus	7 F	Robert
8 D	Erhard	8 F	Joh. v. M.	8 F	Johann v. G.	8 M	Dionysius	8 M	Mich. Ersch.	8 S	Medardus
9 M	Marzellin.	9 S	Apollonia	9 S	Franziska	9 D	Mr. Cleophä	9 D	Chr. Himlf.	9 S	3. n. Pfing.
10 D	Agathon	10 S	Quinquag.	10 S	4. Laetare	10 M	Ezechiel	10 F	Antonia	10 M	Margareta
11 F	Hyginus	11 M	Euphrosine	11 M	Rosine	11 D	Leo I.	11 S	Mamertus	11 D	Barnabas
12 S	Ernst	12 D	Fastnacht	12 D	Gregor I.	12 F	Zeno	12 S	6. Exaudi	12 M	Basilides
13 S	1. n. Epiph.	13 M	Ascherm.	13 M	Nicephorus	13 S	Hermeneg.	13 M	Servatius	13 D	Anton v. P.
14 M	Felix	14 D	Valentin	14 D	Mathilde	14 S	2. Miseric.	14 D	Bonifazius	14 F	Basilius
15 D	Maurus	15 F	Faustinus	15 F	Longinus	15 M	Anastasia	15 M	Sophia	15 S	Vitus, Krsz.
16 M	Marzellus	16 S	Juliana	16 S	Heribert	16 D	Eusebius	16 D	Joh. v. N.	16 S	4. n. Pfing.
17 D	Antonius	17 S	1. Invoc.	17 S	5. Judica	17 M	Rudolf	17 F	Paschalis	17 M	Adolf
18 F	Petri Stuhlf.	18 M	Simeon	18 M	Narzissus	18 D	Eleutherius	18 S	Venantius	18 D	Mark. u. Mc.
19 S	Kanut, Marc.	19 D	Konrad	19 D	Hl. Joseph	19 F	Emma	19 S	Pfingstfest	19 M	Gerv. u. Pac.
20 S	2. n. Epiph.	20 M	†I. Quatemb.	20 M	Nicetas	20 S	Sulpitius	20 M	Pfingstmtg.	20 D	Silverius
21 M	Agnes	21 D	Donatus	21 D	Benediktus	21 S	3. Jubilate	21 D	Konstantin	21 F	Aloisius
22 D	Vincentius	22 F	Petri Stuhlf.	22 F	Katharina	22 M	Cajus	22 M	† II. Quat.	22 S	Paulinus
23 M	Verl. Mar.	23 S	Milburgis	23 S	Viktorinus	23 D	Adalbert	23 D	Desiderius	23 S	5. n. Pfing.
24 D	Timotheus	24 S	2. Remin.	24 S	6. Palmstg.	24 M	Georg	24 F	Johanna	24 M	Joh. d. T.
25 F	Pauli Bek.	25 M	† Walburga	25 M	Mar. Verk.	25 D	Markus	25 S	Urban	25 D	Prosper
26 S	Polykarp	26 D	† Mechtildis	26 D	Castulus	26 F	Kletus	26 S	1. Hl. Dreif.	26 M	Joh. u. Paul
27 S	Septuages.	27 M	Leander	27 M	Rupert	27 S	Peregr.	27 M	Beda, Magd.	27 D	Ladislaus
28 M	Karl d. Gr.	28 D	Romanus	28 D	† Gründstg.	28 S	4. Cantate	28 D	† Germanus	28 F	Leo II.
29 D	Franz v. Sal.			29 F	† Karfreitag	29 M	Paul	29 M	† Theodosia	29 S	Peter u. Paul
30 M	Martina			30 S	† Karsamst.	30 D	Petrus	30 D	Fronleichn.	30 S	6. n. Pfing.
31 D	Petrus v. N.			31 S	Osterfest			31 F	Angela, Ptr.		

1929.

Juli		August		September		Oktober		November		Dezember	
1 M	Theobald	1 D	Petri Kettf.	**1 S**	**15. n. Pfing.**	1 D	Remigius	1 F	**Allerheil.**	**1 S**	**1. Advent**
2 D	Mar. Hmsg.	2 F	Alfons v. L.	2 M	Stephan	2 M	Leodegar	2 S	Allerseelen	2 M	Bibiana
3 M	Eulogius	3 S	Steph. Auf.	3 D	Seraphia	3 D	Candidus	**3 S**	**24. n. Pfing.**	3 D	Franz Xav.
4 D	Ulrich	**4 S**	**11. n. Pfing.**	4 M	Rosalia	4 F	Franz Ser.	4 M	Karl Borr.	4 M	Barbara
5 F	Domitius	5 M	Mar.Schnee	5 D	Laurentius	5 S	Plazidus	5 D	Zach. u. Elis.	5 D	Sabas
6 S	Isaias	6 D	Verkl. Chr.	6 F	Magnus	**6 S**	**20. n. Pfing.**	6 M	Leonhard	6 F	Nikolaus
7 S	**7. n. Pfing.**	7 M	Afra, Caj.	7 S	Regina	7 M	Markus	7 D	Engelbert	7 S	Ambrosius
8 M	Kilian	8 D	Cyriakus	**8 S**	**16. n. Pfing.**	8 D	Brigitta	8 F	Gottfried	**8 S**	**Mar. Empf.**
9 D	Cyrillus	9 F	Romanus	9 M	Korbinian	9 M	Dionysius	9 S	Theodor	9 M	Leokadia
10 M	Amal., Fel.	10 S	Laurentius	10 D	Nikol. v. T	10 D	Franz v. B.	**10 S**	**25. n. Pfing.**	10 D	Melchiades
11 D	Pius I.	**11 S**	**12. n. Pfing.**	11 M	Aemilian	11 F	Germanus	11 M	Martin B.	11 M	Damasus
12 F	Joh. Qualb.	12 M	Klara, Hild.	12 D	Guido	12 S	Maximilian	12 D	Martin Papst	12 D	Synesius
13 S	Eugen	13 D	Hippolyt	13 F	Tobias	**13 S**	**21. n. Pfing.**	13 M	Stanislaus	13 F	Lucia
14 S	**8. n. Pfing.**	14 M	Eusebius	14 S	Hl. † Erh.	14 M	Burkhard	14 D	Serapion	14 S	Nikasius
15 M	Heinrich	15 D	**Mariä Hmlf.**	**15 S**	**17. n. Pfing.**	15 D	Theresia	15 F	Leop., Alb.	**15 S**	**3. Advent**
16 D	Reinald	16 F	Liberatus	16 M	Kornelius	16 M	Gallus	16 S	Ottmar	16 M	Adelheid
17 M	Alexius	17 S	Helene	17 D	† Lampert	17 D	Hedwig	**17 S**	**26. n. Pfing.**	17 D	† Lazarus
18 D	Friedrich	**18 S**	**13. n. Pfing.**	18 M	**† III. Quat.**	18 F	Lukas	18 M	Otto, Abt.	18 M	**† IV. Quat.**
19 F	Vinz. v. P.	19 M	Sebald	19 D	Januarius	19 S	Petrus v. A.	19 D	Elisabeth	19 D	†Nemesius
20 S	Margareta	20 D	Bernhard	20 F	Matthäus	**20 S**	**22. n. Pfing.**	20 M	Korbinian	20 F	Christian
21 S	**9. n. Pfing**	21 M	Johanna	21 S	Maurus	21 M	Ursula	21 D	Mar. Opferg.	21 S	Thomas A.
22 M	Mar. Magd.	22 D	Symphor.	**22 S**	**18. n. Pfing.**	22 D	Kordula	22 F	Cäcilia	**22 S**	**4. Advent**
23 D	Liborius	23 F	Philipp	23 M	Mauritius	23 M	Joh. v. Kp.	23 S	Klemens	23 M	Viktoria
24 M	Christina	24 S	Bartholom.	24 D	Gerhard	24 D	Erzgl. Raph.	**24 S**	**27. n. Pfing.**	24 D	Adam u. Eva
25 D	Jakob	**25 S**	**14. n. Pfing.**	25 M	Kleophas	25 F	Krispinus	25 M	Katharina	25 M	**Hl. Christtag**
26 F	Anna	26 M	Zephyrinus	26 D	Cyprian	26 S	Evaristus	26 D	Konrad	26 D	**Stephan**
27 S	Pantaleon	27 D	Gebhard, J.	27 F	Kosm. u. D.	**27 S**	**28. n. Pfing.**	27 M	Virgilius	27 F	Johs. Ap.
28 S	**10. n. Pfing.**	28 M	Augustin	28 S	Wenzeslaus	28 M	Sim. u. Jud.	28 D	Kreszentia	28 S	Unsch. Kind.
29 M	Martha	29 D	Joh. Enth.	**29 S**	**19. n. Pfing.**	29 D	Narzissus	29 F	Saturnin	**29 S**	**S. n. Weihn.**
30 D	Abd. u. Sen.	30 F	Rosa v. L.	30 M	Otto	30 M	Serapion	30 S	Andreas	30 M	David
31 M	Ignat v. L.	31 S	Raimund			31 D	Wolfgang			31 D	Sylvester

Januar 1928.

1. Sonntag (1. W.) Beschn. Christi — Neujahr. Jesus.
SA. 8.04. SU. 16.30. — MU. 0.51. MA. 12.45. — Tl. 8.26
Läutordnung 5 Uhr.

2. Montag. Makarius. — Abel.
SA. 8.04. SU. 16.31. — MU. 2.09. MA. 13.08. — Tl. 8.27
Einweihung der Universität Würzburg 1582.

Januar 1928.

3. Dienstag. Genoveva. — Enoch.
SA. 8.04. SU. 16.32. — MU. 3.30. MA. 13.35. — TI. 8,28
10. Tebet 5688 der Juden. Fasten. Belagerung Jerusalems.

4. Mittwoch. Titus. — Isabella.
SA. 8.04. SU. 16.33. — MU. 4.51. MA. 14.08. — TI. 8,29

5. Donnerstag. Telesphorus. — Simeon.
SA. 8.03. SU. 16.34. – MU. 6.11 MA. 14.49. — Tl. 8.31

6. Freitag. Hl. 3 Könige. Ersch. Christi.
SA. 8.03. SU. 16.35. – MU. 7.24. MA. 15.41 — Tl. 8.32
Festtag nach den örtlichen und Bekenntnisverhältnissen, ausschließlich der Pfalz und des Coburgschen Gebiets.

7. Samstag. Valentin. — Raimund.
SA. 8.03. SU. 16.36. — MU. 8.27. MA. 16.43. — Tl. 8.33

8. Sonntag (2. W.) 1. S. n. Ep. Erhard B. — Erhard.
SA. 8.03. SU. 16.38. — MU. 9.17. MA. 17.54. — Tl. 8.35

9. Montag. Marzell — Martialis.
SA. 8.03. SU. 16,39. — MU. 9.55. MA. 19.06. — Tl. 8.36

10. Dienstag. Agathon. — Paul d. E.
SA. 8.03. SU. 16.40. — MU. 10.25. MA. 20.16. — Tl. 8.37

11. Mittwoch. Hyginus. — Mathilde.
SA. 8.02. SU. 16.41. — MU. 10.48. MA. 21.28. — Tl. 8.39

12. Donnerstag. Ernst. — Reinhold.
SA. 8.02. SU. 16.43. — MU. 11.09. MA. 22.36. — Tl. 8.41

13. Freitag. Veronika, Gottfried. — Hilarius.
SA. 8.01. SU. 16.44. — MU. 11.27. MA. 23.41. — Tl. 8.43

14. Samstag. Felix v. N. — Felix.
SA. 8.01. SU. 16.46. — MU. 11.44. — Tl. 8.45

15. Sonntag.(3. W.) 2. S. n. Ep. Maur. Paul. — Maur.
SA. 8.00. SU. 16.47. — MA. 0.45. MU. 12.02. — Tl. 8.47

16. Montag. Marzellus. — Namen Jesu.
SA. 7.59. SU. 16.48. — MA. 1.49. MU. 12.21. — Tl. 8.49

17. Dienstag. Anton. Abt. — Anton.
SA. 7.59. SU. 16.50. — MA. 2.54. MU. 12.43. — Tl. 8.51

18. Mittwoch. Petri Stuhlfeier. — Trisca.
SA. 7.58. SU. 16.51. — MA. 4.00. MU. 13.09. — Tl. 8.53

19. Donnerstag. Kanut. — Sara.
SA. 7.57. SU. 16.52. — MA. 5.07. MU. 13.42. — Tl. 8.55

20. Freitag. Fabian. Sebastian. — Fabian.
SA. 7.57. SU. 16.54. — MA. 6.11. MU. 14.24. — Tl. 8.57

21. Samstag. Agnes. — Meinrad, Agnes.
SA. 7.56. SU. 16.55. — MA. 7.09. MU. 15.17. — Tl. 8.59

22. Sonntag (4. W.) 3. S. n. Ep. Vincent. — Vinzenz.
SA. 7.55. SU. 16.57. — MA. 7.59. MU. 16.21. — Tl. 9.02

23. Montag. Verl. Marias. — Emer.
SA. 7.54. SU. 16.58. — MA. 8.42. MU. 17.32. — Tl. 9.04
1. Schebat 5688 der Juden.

24. Dienstag. Thimotheus. — Thimotheus.
SA. 7.53. SU. 17.00. — MA. 9.16. MU. 18.48. — Tl. 9.07
1. Schabân 1346 der Mohammedaner.

25. Mittwoch. Pauli Bekehrung. — Pauli Bekehr.
SA. 7.52. SU. 17.01. — MA. 9.44. MU. 20.06. — Tl. 9.09

26. Donnerstag. Polykarp. — Polykarp.
SA. 7.51. SU. 17.03. — MA. 10.08. MU. 21.24. — Tl. 9.12

27. Freitag. — Joh. Chrysost. — Joh. Chrysost.
SA. 7.50. SU. 17.05. — MA. 10.29. MU. 22.41. — Tl. 9.15

28. Samstag. — Karl d. Gr. — Karolina.
SA. 7.49. SU. 17.06. — MA. 10.51. MU. 23.59. — Tl. 9.17

29. Sonntag (5. W.) 4. S. n. Ep. Franz v. S. — Valer.
SA. 7.48. SU. 17.08. — MA 11.13. — Tl. 9.20

30. Montag. Martina. — Adelgunde.
SA. 7.46. SU. 17.09. — MU. 1.18. MA. 11.37. — Tl. 9.23

Januar 1928.

31. Dienstag. Petrus v. Nola. — Virg.
SA. 7.45. SU. 17.10. — MU. 2.37. MA. 12.07. — Tl. 9.25

Februar 1928.

1. Mittwoch. Ignatius. — Brigitta.
SA. 7.44 SU. 17.12. — MU. 3.55. MA. 12.44. — Tl. 9.28
Läutordnung 7 Uhr.

2. Donnerstag. Mariä Lichtmeß. — Mariä Rein.
SA. 7.42. SU. 17.14. — MU. 5.09. MA. 13.30. — Tl. 9.32

3. Freitag. Blasius. — Blasius.
SA. 7.41. SU. 17.15. — MU. 6.14. MA. 14.27. — Tl. 9.34

4. Samstag. Andreas. — Veronika.
SA. 7.40. SU. 17.17. — MU. 7.08. MA. 15.33. — Tl. 9.37

5. Sonntag (6. W.) Septuag. Agathe, Albin. — Ag.
SA. 7.38. SU. 17.18. — MU. 7.50. MA. 16.45. — Tl. 9.40

Februar 1928.

6. Montag. Dorothea. — Dorothea.
SA. 7.37. SU. 17.20. — MU. 8.23. MA. 17.58. — Tl. 9.43

7. Dienstag. Romuald. — Richard.
SA. 7.35. SU. 17.21. — MU. 8.49. MA. 19.09. — Tl. 9.46

8. Mittwoch. Joh. v. M. — Salomon.
SA. 7.34. SU. 17.23. — MU. 9.11. MA. 20.18. — Tl. 9.49

9. Donnerstag. Apollonia. — Apollon.
SA. 7.33. SU. 17.25. — MU. 9.30. MA. 21.25. — Tl. 9.52

10. Freitag. Scholastika. — Scholastika.
SA. 7.31. SU. 17.27. — MU. 9.48. MA. 22.31. — Tl. 9.56

11. Samstag. Euphrosine. — Euphr.
SA. 7.29. SU. 17.28. — MU. 10.05. MA. 23.35. — Tl. 9.59

12. Sonntag. (7. W.) Sexages. Eulalia. — Eulalia
SA. 7.28. SU. 17.30. — MU. 10.23. — Tl. 10.02

13. Montag. Kath. v. R. — Jord.
SA. 7.26. SU. 17.31. — MA. 0.40. MU. 10.44. — Tl. 10.05

14. Dienstag. Valentin. — Valentin.
SA. 7.25. SU. 17.33. — MA. 1.46. MU. 11.08. — Tl. 10.08

15. Mittwoch. Faustinus. — Faust.
SA. 7.23. SU. 17.34. — MA. 2.51. MU. 11.38. — Tl. 10.11

16. Donnerstag. Juliana. — Juliana.
SA. 7.21. SU. 17.36. — MA. 3.56. MU. 12.05. — Tl. 10.15
Läutordnung 1/27 Uhr.

17. Freitag. Donatus. — Donatus.
SA. 7.20. SU. 17.38. — MA. 4.56. MU. 13.02. — Tl. 10.18

18. Samstag. Simeon. — Konkordia.
SA. 7.18. SU. 17.39. — MA. 5.50. MU 14.02. — Tl. 10.21

19. Sonntag (8. W.) Quinquag. Konrad. — Konrad.
SA. 7.16. SU. 17.41 — MA. 6.36. MU 15.10. — Tl. 10.25

20. Montag. Eucherius. — Eucher.
SA. 7.14. SU. 17.43. — MA. 7.13. MU 16.26. — Tl. 10.29

21. Dienstag. Eleonore. — Eleonore.
SA. 7.12. SU. 17.44. — MA. 7.44. MU. 17.46. — Tl. 10.32
Fastnacht.

22. Mittwoch. Petri Stuhlfeier. — Petri Stuhlfeier.
SA. 7.10. SU. 17.46. — MA. 8.10. MU. 19.05. — Tl. 10.36

Aschermittwoch.

1. Adar 5688 der Juden.

1. Ramadân 1346 der Mohammedaner.

23. Donnerstag. Milburgis. — Reinhard.
SA. 7.08. SU. 17.47 — MA. 8.33. MU 20.25. — Tl. 10.39

24. Freitag (Schalttag).
SA. 7.07 SU. 17.49. — MA. 8.55. MU 21.46. — Tl. 10.42

25. Samstag. Matthias. — Matthias.
SA. 7.05. SU. 17.50. — MA. 9.17 MU 23.07. — Tl. 10.45

26. Sonntag (9. W.) 1. Invoc. Walburga — Viktor.
SA. 7.03. SU. 17.52. — MA. 9.41 — Tl. 10.49

27. Montag. Mechtildis. — Nestor.
SA. 7.01. SU. 17.54. — MU. 0.27. MA. 10.09. — Tl. 10.53

28. Dienstag. — Leander. — Leander.
SA. 6.59. SU. 17.55. — MU. 1.46. MA. 10.43. — Tl. 10.56

29. Mittwoch. Romanus. — Renata.
SA. 6.58. SU 17.57 — MU 3.01 MA. 11.26. — Tl. 10.59
1. Quatember.

März 1928.

1. Donnerstag. Suitbert. — Albin, Oskar.
SA. 6.56. SU. 17.58. — MU. 4.09. MA. 12.19. — Tl. 11.02
Läutordnung 1/27 Uhr.

2. Freitag. Simplicius. — Luise.
SA. 6.54. SU. 17.59. — MU. 5.05. MA. 13.21. — Tl. 11.05

3. Samstag. Kunigunde. — Kunigunde.
SA. 6.52. SU. 18.01. — MU. 5.49. MA. 14.30. — TI. 11.09

4. Sonntag. (10. W.) 2. Remin. Kasimir K. — Adrian.
SA. 6.50. SU. 18.03. — MU. 6.24. MA. 15.42. — TI. 11.13

5. Montag. Friedrich. — Friedrich.
SA. 6.48. SU 18.04. — MU. 6.52. MA. 16.53. — Tl. 11.16
13. Adar 5688 der Juden. Fasten-Esther.

6. Dienstag Fridolin. — Fridolin.
SA. 6.46. SU. 18.06. — MU. 7.15. MA. 18.03. — Tl. 11.20
14. Adar 5688 der Juden. Purim.

7. Mittwoch. Thomas v. Aqu. — Felizitas.
SA. 6.44. SU. 18.07. — MU. 7.34. MA. 19.11 — Tl. 11.23
15. Adar 5688 der Juden. Schuschan-Purim.

8. Donnerstag. Joh. v. Gott. — Philemon.
SA. 6.42. SU. 18.08. — MU. 7.52. MA. 20.16. — Tl. 11.26

9. Freitag. Franziska v. R. — 40 Ritter.
SA. 6.41 SU. 18.10. — MU. 8.09. MA. 21.21 — Tl. 11.29

10. Samstag. 40 Märtyrer. — Alexander.
SA. 6.39. SU. 18.11. — MU. 8.27 MA. 22.28. — Tl. 11.32

11. Sonntag. (11. W.) 3. Oculi. Rosina. — Rosina.
SA. 6.37 SU 18.13. – MU 8.46. MA. 23.33. — Tl. 11.36

12. Montag. Gregor. — Gregor.
SA. 6.34. SU 18.14. – MU. 9.08. — Tl. 11.40

13. Dienstag. Nicephorus. — Ernst.
SA. 6.32. SU. 18.16. -- MA. 0.38. MU. 9.35. — Tl. 11.44

14. Mittwoch. Mathilde. — Zacharias.
SA. 6.30. SU. 18.17. — MA. 1.43. MU. 10.09. — Tl. 11.47

15. Donnerstag. Longinus. — Christoph.
SA. 6.28. SU. 18.19 — MA. 2.44. MU. 10.51 — Tl. 11.51

16. Freitag. Heribert. — Henriette.
SA. 6.26. SU. 18.20. — MA. 3.40. MU. 11.44. — Tl. 11.54
Läutordnung 7 Uhr.

17. Samstag. Gertraud. — Gertraud.
SA. 6.24. SU. 18.22. — MA. 4.29. MU. 12.47. — Tl. 11.58

18. Sonntag. (12.W.) 4. Laetare. Narziss. — Anselm.
SA. 6.22. SU. 18.23. — MA. 5.09. MU. 13.59. — Tl. 12.01

19. Montag. Joseph. — Joseph.
SA. 6.20. SU. 18.25. — MA. 5.42. MU. 15.16. — Tl. 12.05

Patron der kath. Kirche und Deutschlands.

Festtag nach den örtlichen und Bekenntnisverhältnissen, ausschliesslich der Pfalz.

20. Dienstag. Nizetas. — Hubert.
SA. 6.18. SU. 18.26. — MA. 6.09. MU. 16.37. — Tl. 12.08

Frühlingsanfang 21.45.

21. Mittwoch. Judica. Benediktus. — Benediktus.
SA. 6.16. SU 18.28. — MA. 6.34. MU. 17.59. — Tl. 12.12

22. Donnerstag. Katharina. — Kasimir.
SA. 6.14. SU. 18.30. — MA. 6.56. MU 19.21 — Tl. 12.16
1. Nisan 5688 der Juden.

23. Freitag. Viktorinus. — Eberhard.
SA. 6.12. SU. 18.31. — MA. 7.18. MU. 20.44. — Tl. 12.19
1. Schewwâl 1346 der Mohammedaner.

24. Samstag. Simon. — Simon.
SA. 6.10. SU. 18.32. — MA. 7.42. MU. 22.09. — Tl. 12.22

25. Sonntag (13. W.) 5. Judika. Mar. Verk. — Mar. V.
SA. 6.08. SU. 18.33. — MA. 8.09. MU. 23.32. — Tl. 12.25

26. Montag. Castulus. — Emanuel.
SA. 6.06. SU. 18.35. — MA. 8.41. — Tl. 12.29

27. Dienstag. Rupert. — Rupert.
SA. 6.03. SU 18.36. MU. 0.52. MA 9.22. — Tl. 12.33

28. Mittwoch. Guntram. — Malchus.
SA. 6.01 SU 18.38. — MU. 2.04. MA 10.12. — Tl. 12.37

29. Donnerstag. Ludolph. — Eustachius.
SA. 5.59. SU. 18.39 — MU. 3.04. MA. 11.13. — Tl. 12.40

30. Freitag. Quirinus. — Guido.
SA. 5.57 SU 18.41 — MU. 3:51 MA. 12.20. — Tl. 12.44

März 1928.

31. Samstag. Benjamin. — Traugott.
SA. 5.55. SU. 18.42. — MU. 4.28. MA. 13.31. — Tl. 12.47

April 1928.

1. Sonntag (14. W.) 6. Palmsonnt. Hugo. — Theod.
SA. 5.54. SU. 18.43. — MU. 4.58. MA. 14.42. — Tl. 12.49
Läutordnung 7 Uhr (München 7½ Uhr).

April 1928.

2. Montag. Franz v. P. — Theodosia.
SA. 5.52. SU. 18.45. — MU. 5.21. MA. 15.52. — Tl. 12.53

3. Dienstag. Richard. — Rosam.
SA. 5.49. SU. 18.46. — MU. 5.40. MA. 16.59. — Tl. 12.57

2. Montag. Franz v. P. — Theodosia.
SA. 5.52. SU. 18.45. — MU. 5.21. MA. 15.52. — Tl. 12.53

3. Dienstag. Richard. — Rosam.
SA. 5.49. SU. 18.46. — MU. 5.40. MA. 16.59. — Tl. 12.57

4. Mittwoch. Isidor. — Ambrosius.
SA. 5.47 SU. 18.48. — MU. 5.58. MA. 18.06. — Tl. 13.01

5. Donnerstag. Vinzenz Ferr. — Maxim.
SA. 5.45. SU. 18.49. — MU. 6.15. MA. 19.11 — Tl. 13.04

Gründonnerstag.

15. Nisan 5688 der Juden. Passah-Anfang.

6. Karfreitag. **Sixtus. — Irenäus.**
SA. 5.43. SU. 18.51. — MU. 6.32. MA. 20.16. — Tl. 13.08
16. Nisan 5688 der Juden. Zweites Fest.
Festtag nach den örtlichen und Bekenntnisverhältnissen.

7. Samstag. Eberhard. Hermann. — Egesippus.
SA. 5.41. SU. 18.52. — MU. 6.50. MA. 21.22. — Tl. 13.11
Karsamstag.

8. Sonntag. **(15. W.)** Osterfest. **Dionys B. — Albr.**
SA. 5.39. SU 18.53. — MU 7.11 MA. 22.27 — Tl. 13.14

9. Ostermontag. **Maria Cleophä. — Demetrius.**
SA. 5.37. SU. 18.55. — MU. 7:36. MA. 23.33. — Tl. 13.18

10. Dienstag. Ezech. — Dan.
SA. 5.35. SU 18.56. – MU. 8.07 — Tl. 13.21

11. Mittwoch. Leo I. — Julius.
SA. 5.33. SU 18.58. – MA. 0.35. MU. 8.45. — Tl. 13.25
21. Nisan 5688 der Juden. Siebentes Fest.

12. Donnerstag. Zeno. — Eustorgius.
SA. 5.31 SU. 18.59. — MA. 1.33. MU 9.32. — Tl. 13.28
22. Nisan 5688 der Juden. Achtes Fest.

13. Freitag Hermenegild. — Patricius.
SA. 5.29 SU 19.00. — MA. 2.23. MU 10.30. — Tl. 13.31

14. Samstag. Tiburtius. — Tiburtius.
SA. 5.27 SU. 19.02. — MA 3.06. MU. 11 37. — TI. 13.35

15. Sonntag (16. W.) 1. Quasim. Anastas. — Olymp.
SA. 5.25. SU. 19.03. — MA. 3.41 MU. 12.50. — TI. 13.38

April 1928.

16. Montag. Eusebius. — Aaron.
SA. 5.23. SU. 19.05. — MA. 4.10. MU. 14.08. — Tl. 13.42
Läutordnung $^1/_2$8 Uhr. (München 8 Uhr.)

17. Dienstag. Rudolf. — Rudolf.
SA. 5.22. SU. 19.07. — MA. 4.34. MU. 15.27. — Tl. 13.46

18. Mittwoch. Apoll. — Valerian.
SA. 5.20. SU. 19.08. — MA. 4.57. MU. 16.50. — Tl. 13.48

19. Donnerstag. Werner, Em. — Hermogenes.
SA. 5.18. SU. 19.09. — MA. 5.19. MU. 18.13. — Tl. 13.51

20. Freitag. Sulpitius. — Sulpitius.
SA. 5.16. SU. 19.11 — MA. 5.41 MU. 19.39. — Tl. 13.55

21. Samstag. Anselm. — Adolarius.
SA. 5.14 SU. 19.12. — MA. 6.06. MU 21.05. — Tl. 13.58

1. Ijar 5688 der Juden.

1. Dsû'l-kade 1346 der Mohammedaner.

22. Sonntag (17. W.) 2. Miseric. Sot. u. Caj. — S. u. C.
SA. 5.12. SU 19.14. — MA. 6.37 MU. 22.31. — Tl. 14.02

23. Montag. Adalbert B. — Albert.
SA. 5.10. SU. 19.15. — MA. 7.14. MU. 23.50. — Tl. 14.05

24. Dienstag. Georg. — Georg.
SA. 5.09. SU. 19.17. — MA. 8.02. — Tl. 14.08.

25. Mittwoch. Markus. — Markus.
SA. 5.07. SU. 19.18. — MU. 0.57. MA. 9.01. — Tl. 14.11

26. Donnerstag. Kletus. — Kletus.
SA. 5.05. SU. 19.19. — MU 1.51 MA. 10.09. — Tl. 14.14

27. Freitag. Peregrinus. — Anastasius.
SA. 5.03. SU 19.21. — MU 2.31 MA. 11.20. — Tl. 14.18

28. Samstag. Paul v. Kr. — Vitalis.
SA. 5.01 SU. 19.22. — MU 3.03. MA. 12.32. — Tl. 14.21

29. Sonntag (18. W.) 3. Jubil. Petrus, M. — Sibylla.
SA. 5.00. SU. 19.24. — MU 3.27 MA 13.42. — Tl. 14.24

April 1928.

30. Montag. Katharina v. S. — Eutropius.
SA. 4.58. SU. 19.25. — MU. 3.48. MA. 14.50. — Tl. 14.27

Mai 1928.

1. Dienstag. Phil. u. Jak. — Phil. u. Jak.
SA. 4.56. SU. 16.26. — MU. 4.05. MA. 15.57. — Tl. 14.30
Läutordnung 8 Uhr (München 1/29 Uhr).

2. Mittwoch. Athanasius. — Sigismund.
SA. 4.54. SU. 19.27. – MU 4.22. MA. 17.02. — Tl. 14.33

3. Donnerstag. Hl. † Auffindung. — † Auffindung.
SA. 4.53. SU 19.29. – MU 4.39. MA. 18.07. — Tl. 14.36

4. Freitag. Floria, Monika. — Floria.
SA. 4.52. SU. 19.31 — MU 4.56. MA. 19.12. — Tl. 14.39

5. Samstag. Pius V. — Gotthard.
SA. 4.50. SU. 19.32. — MU. 5.16. MA. 20.19. — Tl. 14.42

6. Sonntag. (19. W.) 4. Cant. Joh. v. d. L. Pf. — Dietr.
SA. 4.49 SU. 19.34. — MU 5.39. MA. 21.24. — Tl. 14.45

7. Montag. Stanislaus. — Gottfried.
SA. 4.47 SU. 19.35. — MU 6.07 MA. 22.28. — Tl. 14.48

8. Dienstag. Mich. Ersch. — Stanisl.
SA. 4.46. SU. 19.37 — MU. 6.42. MA. 23.28. — Tl. 14.51
18. Ijar 5688 der Juden. Lag-B'omer.

9. Mittwoch. Gregor v. N. — Hiob, Hermes.
SA. 4.44. SU. 19.38. — MU. 7.27. — Tl. 14.54

10. Donnerstag. Antonie. — Viktoria.
SA. 4.42. SU 19.39. — MA. 0.21. MU. 8.21. — Tl. 14.57

11. Freitag. Mamertus. — Adolf.
SA. 4.41. SU. 19.40. — MA. 1.05. MU. 9.24. — Tl. 14.59

12. Samstag. Pankratius. — Pankratius.
SA. 4.40. SU. 19.41 — MA. 1 42. MU 10.33. — Tl. 15.01

13. Sonntag. (20. W.) 5. Rogate. Servat. — Servat.
SA. 4.38. SU. 19.42. — MA. 2.12. MU. 11.47. — Tl. 15.04

14. Montag. Bonif. M. — Christian.
SA. 4.37. SU. 19.44. — MA. 2.37. MU. 13.03. — Tl. 15.07

15. Dienstag. Sophia. — Sophia.
SA. 4.35. SU. 19.45. — MA. 2.59. MU. 14.21. — Tl. 15.10

16. Mittwoch. Johann v. Nep. — Peregrinus.

SA. 4.34. SU. 19.47. — MA. 3.20. MU. 15.42. — Tl. 15.13

Läutordnung $1/_{2}$ 9 Uhr (München 9 Uhr).

17. Donnerstag. Chr. Himmelf. Paschalis. — Eub.

SA. 4.33. SU. 19.48. — MA. 3.41. MU. 17.05. — Tl. 15.15

Festtag nach den örtlichen und Bekenntnisverhältnissen, ausschließlich des Coburgischen Gebiets.

18. Freitag. Venantius. — Liborius.
SA. 4.32. SU. 19.49. — MA. 4.04. MU. 18.31 — Tl. 15.17

19. Samstag. Petrus, Col. — Potentian.
SA. 4.31. SU. 19.50. — MA. 4.32. MU 19.58. — Tl. 15.19

20. Sonntag. (21. W.) 6. Exaudi. Bernh. v. S. — Ath
SA. 4.30 SU. 19.51 — MA. 5.06. MU. 21.23. — Tl. 15.21
1. Sivan 5688 der Juden.

21. Montag. Konstantin. — Prudens.
SA. 4.29. SU. 19.53. — MA. 5.49. MU. 22.39. — Tl. 15.24
1. Dsû'l-hedsche 1346 der Mohammedaner.

22. Dienstag. Julia. — Helene.
SA. 4.28. SU. 19.54. — MA. 6.45. MU 23.41 — Tl. 15.26

23. Mittwoch. Desiderius. — Desiderius.
SA. 4.26. SU. 19.55. — MA. 7.52. — Tl. 15.29.

24. Donnerstag. Johanna. — Esther.
SA. 4.25. SU. 19.56. — MU. 0.29. MA. 9.04. — Tl. 15.31.

25. Freitag. Urban. — Urban.
SA. 4.24. SU. 19.57. — MU. 1.05. MA. 10.18. — Tl. 15.33.
6. Sivan 5688 der Juden. Wochenfest.

Mai 1928.

26. Samstag. Phil. Neri. — Beda.
SA. 4.24. SU. 19.58. — MU. 1.32. MA. 11.31. — Tl. 15.34.
7. Sivan 5688 der Juden. Zweites Fest.

27. Sonntag. (22. W.) Pfingstfest. Beda, Magd. —
SA. 4.23. SU. 19.59. — MU. 1.54. MA. 12.41. — Tl. 15.36.

28. Montag. Pfingstmontag. Germanus. — Wilh.
SA. 4.22. SU. 20.00. — MU. 2.13. MA. 13.48. — Tl. 15.38.

29. Dienstag. Theodos. — Christ.
SA. 4.21. SU. 20.01. — MU. 2.30. MA. 14.53. — Tl. 15.40.

30. Mittwoch. Ferdinand. — Wigand.
SA 4.21 SU 20.03. — MU 2.46. MA. 15.58. — Tl. 15.42.
2. Quatember.

31. Donnerstag. Angela. — Petronilla.
SA. 4.20. SU 20.04. — MU. 3.03. MA. 17.04. — Tl. 15.44.

Juni 1928.

1. Freitag. Juventius. — Nikodemus.
SA. 4.19. SU. 20.05. — MU. 3.22. MA. 18.10. — Tl. 15.46.
Läutordnung 9 Uhr.

2. Samstag. Erasmus. — Marquard.
SA. 4.18. SU. 20.06. — MU. 3.44. MA. 19.16. — Tl. 15.48.

3. Sonntag. (23 W.) Hl. Dreifalt. Klotild. — Erasm.
SA. 4.18. SU. 20.07. — MU. 4.10. MA. 20.20. — Tl. 15.49.

4. Montag. Quirinus. — Karpasius.
SA. 4.17. SU. 20.08. — MU. 4.43. MA. 21.22. — Tl. 15.51.

5. Dienstag. Bonifaz. — Bonifaz.
SA. 4.16. SU. 20.08. — MU. 5.24. MA. 22.18. — Tl. 15.52.

6. Mittwoch. Norbert. — Benignus.
SA. 4.16. SU. 20.09. — MU. 6.16. MA. 23.05. — Tl. 15.53.

7. Donnerstag. Fronleichnam. Robert. — Lucret.
SA. 4.15. SU. 20.10. — MU. 7.16. MA. 23.44. — Tl. 15.55.
Festtag nach den örtlichen und Bekenntnisverhältnissen, ausschließlich des Coburgischen Gebiets.

8. Freitag. Medardus. — Medardus.
SA. 4.15. SU. 20.11. — MU. 8.23. — Tl. 15.56.

9. Samstag. Primus. — Primus.
SA. 4.15. SU. 20.12. — MA. 0.15. MU. 9.35. — Tl. 15.57.

10. Sonntag (24. W.) 2. S. n. Pf. Margar. — Onuphr.
SA. 4.14. SU. 20.12. — MA. 0.41. MU. 10.48. — Tl. 15.58.

11. Montag. Barnabas. — Barnabas.
SA. 4.14. SU. 20.13. — MA. 1.04. MU. 12.04. — Tl. 15.59.

12. Dienstag. Basilides. — Bas.
SA. 4.14. SU. 20.14. — MA. 1.24. MU. 13.21. — Tl. 16.00.

13. Mittwoch. Anton v. P. — Tobias.
SA. 4.14. SU. 20.14. — MA. 1.44. MU. 14.40. — Tl. 16.00.

14. Donnerstag. Basilius. — Antonia.
SA. 4.14. SU. 20.15. — MA. 2.05. MU. 16.01. — Tl. 16.01.

15. Freitag. Vitus, Kreszentia. — Vitus.
SA. 4.13. SU. 20.15. — MA. 2.29. MU. 17.26. — Tl. 16.02.

16. Samstag. Benno. — Justine.
SA. 4.13. SU. 20.15. — MA. 2.59. MU. 18.52. — Tl. 16.02.

17. Sonntag (25. W.) 3. S. n. Pf. Adolf. — Volkmar.
SA 4.13. SU 20.16. — MA. 3.37 MU 20.13. — Tl. 16.03.

18. Montag. Markus. — Arnulph.
SA. 4.13. SU. 20.16. — MA. 4.26. MU. 21.23. — Tl. 16.03.

19. Dienstag. Gervas. — Gervas.
SA. 4.14. SU. 20.17. — MA. 5.29. MU. 22.20. — Tl. 16.03.
1. Thamuz 5688 der Juden.

20. Mittwoch. Silverius. — Silverius.
SA. 4.14. SU. 20.17 — MA. 6.41. MU. 23.01. — Tl. 16.03.
1. Moharrem 1347 der Mohammedaner.

21. Donnerstag. Aloisius. — Albanus.
SA. 4.14. SU. 20.17. — MA. 7.57. MU. 23.33. — Tl. 16.03.
Sommeranfang 17.07.

22. Freitag. Paulinus. — Achatius.
SA. 4.14. SU. 20.17 — MA. 9.13. MU. 23.57. — Tl. 16.03.

Juni 1928.

3. Samstag. Edeltraud. — Basilius.
SA. 4.14. SU. 20.17. — MA. 10.26. — Tl. 16.03.

24. Sonntag (26.W.) 4. S. n. Pf. Johann d. T. — Joh.
SA. 4.15. SU. 20.18. — MU. 0.18. MA. 11.35. — Tl. 16.03.

25. Montag. Prosper. — Eulogius.
SA. 4.15. SU. 20.18. — MU. 0.36. MA. 12.42. — Tl. 16.03.
Augsburger Konfession 1536.

26. Dienstag. Joh. u. Paul. — Jerem.
SA. 4.15. SU. 20.18. — MU. 0.52. MA. 13.48. — Tl. 16.03.
Stiftungstag der Universität München 1472.

27. Mittwoch. Ladislaus. — Philippine.
SA. 4.16. SU. 20.18. — MU 1.09. MA. 14.53. — Tl. 16.02.

28. Donnerstag. Leo II. — Josua.
SA. 4.16. SU. 20.18. — MU. 1.28. MA. 15.58. — Tl. 16.02.

29. Freitag. Peter u. Paul. — **Peter u. Paul.**
SA. 4.17 SU. 20.18. — MU 1.48. MA. 17.05. — Tl. 16.01.

Festtag an Orten mit überwiegend kath. Bevölkerung mit Ausnahme der Pfalz und des Coburgschen Gebiets. Kein Festtag im Sinne der GewO.

30. Samstag. Pauli Ged. — **Pauli Ged.**
SA. 4.17 SU. 20.17 — MU 2.12. MA. 18.11. — Tl. 16.00.

Juli 1928.

1. Sonntag. **(27. W.) 5. S. n. Pf. Theobald. — Theob.**
SA. 4.18. SU. 20.17. — MU. 2.43. MA. 19.14. — Tl. 15.59.
Läutordnung 9 Uhr.

2. Montag. Mariä Heims. — Mariä Heims.
SA. 4.18. SU. 20.17. — MU. 3.22. MA. 20.13. — Tl. 15.59.

3. Dienstag. Eulogius. — Kornel.
SA. 4.19. SU. 20.17. — MU. 4.10. MA. 21.03. — Tl. 15.58.

4. Mittwoch. Ulrich. — Ulrich.
SA. 4.19. SU. 20.16. — MU. 5.08. MA. 21.45. — Tl. 15.57.

5. Donnerstag. Domitius. — Charlotte.
SA 4.20. SU 20.16. – MU 6.14. MA. 22.18. — Tl. 15.56.
17. Thamuz 5688 der Juden. Fasten. Tempeleroberung.

6. Freitag. Isaias. — Esaias.
SA. 4.21. SU. 20.15. – MU. 7.25. MA. 22.46. — Tl. 15.54.

7. Samstag. Willibald. — Willibald.
SA. 4.22. SU. 20.15. — MU. 8.39. MA. 23.09. — Tl. 15.53.

8. Sonntag. (28. W.) 6. S. n. Pf. Kilian. — Kilian.
SA. 4.23. SU. 20.14. — MU. 9.54. MA. 23.29. — Tl. 15.51.

9. Montag. Cyrillus. Gottlob. — Gottlob.
SA. 4.24. SU. 20.14. — MU 11.08. MA. 23.49. — Tl. 15.50.

10. Dienstag. Feliz. — Jakobina.
SA. 4.25. SU. 20.13. — MU 12.25. — Tl. 15.48.

11. Mittwoch. Pius I. — Pius.
SA 4.26. SU 20.12. — MA. 0 09 MU 13.43. — Tl. 15.46

12. Donnerstag Johannes Qualbert. — Heinrich.
SA 4.27 SU 20.12. — MA. 0.31 MU 15.04. — Tl. 15.45.

Patrozinium des Erzbistums Bamberg (Heinrich).

13. Freitag. Eugen. — Margareta.
SA 4.28. SU 20.11 – MA. 0.57 MU 16.27 — Tl. 15.43.

14. Samstag. Bonaventura. — Bonaventura.
SA. 4.29. SU. 20.10. – MA. 1.30. MU. 17.48. — Tl. 15.41.

15. Sonntag.(29. W.) 7. S. n. Pf. Heinrich. — Heinr.
SA. 4.30. SU 20.09. – MA. 2.13. MU. 19.03. — Tl. 15.39.

Anfang der Gerichtsferien.

(Ende am 15. September.) §§ 202, 204 GVG.

16. Montag. Reinald, Ruth. — Ruth.
SA. 4.31. SU. 20.08. — MA. 3.09. MU. 20.05. — Tl. 15.37.
Läutordnung 1/2 9 Uhr.

17. Dienstag. Alexius. — Alexius.
SA. 4.32. SU. 20.08. — MA. 4.16. MU. 20.54. — Tl. 15.36.

18. Mittwoch. Friedrich. — Maternus.
SA. 4.33. SU. 20.07. — MA. 5.32. MU. 21.30. — Tl. 15.34.
1. Ab 5688 der Juden.

Juli 1928.

19. Donnerstag. Vinzenz v. P. — Rufina.
SA 4.34 SU 20.06. MA 6.49. MU 21.58 — Tl. 15.32.

20. Freitag. Margareta. — Elias.
SA. 4.35. SU 20.05. — MA. 8.05. MU 22.21 — Tl. 15.30.
1. Safar 1347 der Mohammedaner.

21. Samstag. Daniel, Julia. — Praxedis.
SA. 4.36. SU. 20.04. — MA. 9.18. MU. 22.40. — Tl. 15.28.

22. Sonntag (30. W.) 8. S. n. Pf. Maria Magd. — Mar.
SA 4.37 SU 20.03. — MA 10.28 MU 22.57 — Tl. 15.26.

23. Montag. Liborius. Apoll. — Apollinaris.
SA 4.38. SU 20.02 — MA 11.35. MU 23.14. — Tl. 15.24

Patrozinium des Herzogtums Sulzbach.

Hundstage-Anfang

24. Dienstag. Christina. — Christ.
SA. 4.39. SU. 20.00. — MA. 12.41. MU 23.31 — Tl. 15.21.

25. Mittwoch. Jakob. — Jakob.
SA. 4.41 SU. 19.59. — MA. 13.47 MU 23.51 — Tl. 15.18

26. Donnerstag. Anna. — Anna.
SA. 4.42. SU. 19.58. — MA. 14.53. — Tl. 15.16.
St. Anna-Ordensfest in München und Würzburg.
9. Ab 5688 der Juden. Fasten. Tempelverbrennung.

27. Freitag. Pantaleon. — Martha.
SA. 4.43. SU. 19.57. — MU. 0.14. MA. 15.59. — Tl. 15.14.

28. Samstag. Innoc. V. — Pantaleon.
SA 4.44. SU. 19.56. — MU 0.42. MA. 17.03. — Tl. 15.12.

29. Sonntag. (31. W.) 9. S. n. Pf. Flora. — Beatrix.
SA. 4.46. SU. 19.55. — MU. 1.17. MA. 18.04. — Tl. 15.09.

30. Montag. Abdon u. S. — Abdon u. S.
SA. 4.47. SU. 19.53. — MU. 2.02. MA. 18.58. — Tl. 15.06.

Juli 1928.

31. Dienstag. Ignatius. — Trasybul.
SA 4.48. SU 19.52. — MU. 2.58. MA 19.42. — Tl. 15.04.

August 1928.

1. Mittwoch. Petri Kettenfeier. — Petri Kettenfeier.
SA. 4.49. SU. 19.50. — MU. 4.02. MA. 20.19. — Tl. 15.01.

2. Donnerstag. Alfons v. L. — Gustav.
SA. 4.51 SU 19.49. — MU 5.13. MA. 20.49. — Tl. 14.58.

August 1928.

3. Freitag. Stephanus Auff. — August.
SA 4.52. SU 19.47 – MU 6.28. MA 21 13. — Tl. 14.55.

4. Samstag. Dominikus. — Dominikus.
SA 4.54. SU. 19.46. – MU. 7 43. MA. 21.35. — Tl. 14.52.

5. Sonntag· (32.W.) 10.S. n.Pf. Mar. Schnee. — Osw.
SA. 4.55. SU. 19.45. – MU 8.59. MA. 21.55. — Tl. 14.50.

6. Montag. Verkl. Christi. — Verkl. Christi.
SA. 4.56. SU. 19.43. — MU. 10.15. MA. 22.15. — Tl. 14.47

7. Dienstag. Afra, Cajet. — Ulrika.
SA. 4.57. SU 19.41 — MU. 11.33. MA. 22.35. — Tl. 14.44.

8. Mittwoch. Cyriakus. — Cyriakus.
SA. 4.59. SU. 19.40. — MU 12.52. MA. 22.59. — Tl. 14.41.

Friedensfest in Augsburg (1650).

August 1928.

9. Donnerstag. Romanus. — Erikus, R.
SA 5.00. SU 19.38. – MU 14.12. MA. 23.29. — Tl. 14.38.
Patrozinium des Stiftes Kempten.

10. Freitag. Laurentius. — Lorenz.
SA. 5.02. SU 19.37 – MU 15.33. — Tl. 14.35.
Perseiden, feurige Tränen des hl. Laurentius.
Kinderfest in Augsburg.

11. Samstag. Susanna. — Hermann.
SA. 5.03. SU. 19.34. – MA. 0.07. MU. 16.48. — Tl. 14.31

12. Sonntag. (33. W) 11 S.n.Pf. Klara. Hil. — Klara.
SA 5.04 SU 19.33. MA. 0 56. MU 17.53. — Tl. 14.29.

13. Montag. Hippolyt, Kassian. — Hyppolyt.
SA 5.06. SU 19 32. - MA 1 58 MU 18.46. — Tl. 14.26

14. Dienstag. Eusebius. — Eus.
SA 5 07 SU 19 30 - MA 3 10 MU 19 26 — Tl. 14.23.

15. Mittwoch. Mariä Himmelf. — Maria Heimg

SA. 5.08. SU. 19.28. — MA. 4.26. MU. 19.57. — Tl. 14.20.

Festtag nach den örtlichen und Bekenntnisverhältnissen, ausschliesslich des Coburgschen Gebiets.

Patrozinium des Bistums Speyer.

---

16. Donnerstag. Rochus. — Rochus.

SA. 5.09. SU. 19.26. — MA. 5.43. MU. 20.22. — Tl. 14.17.

Läutordnung 8 Uhr.

---

17. Freitag. Liberatus. — Augusta.

SA. 5.11. SU. 19.24. — MA. 6.58. MU. 20.43. — Tl. 14.13.

1. Elul 5688 der Juden.

18. Samstag. Helena. — Agapitus.
SA. 5.12. SU 19.22 — MA. 8.09. MU 21.01 — Tl. 14.10.
1. Rebi-el-awwel 1347 der Mohammedaner.

19. Sonntag. (34.W.) 12. S. n. Pf. Sebald. — Sebald
SA 5.14 SU 19.21 — MA. 9.18. MU 21.18. — Tl. 14.07

20. Montag. Bernhard. — Bernhard.
SA. 5.15. SU 19.19. — MA. 10.26. MU 21.35. — Tl. 14.04.

21. Dienstag. Johann. — Hartwig.
SA. 5.16. SU 19.17 — MA. 11 33. MU. 21.54. — Tl. 14.01.

22. Mittwoch. Timotheus. — Symphorian.
SA. 5.18. SU. 19.16. — MA. 12.39. MU 22.15. — Tl. 13.58.
Hundstage-Ende.

23. Donnerstag. Philipp Benit. — Zachäus.
SA. 5.19. SU. 19.14. — MA. 13.46. MU. 22.41. — Tl. 13.55.

24. Freitag. Bartholomäus. — Bartholomäus.
SA 5.20. SU 19.11 — MA. 14 51 MU 23.13 — Tl. 13.51

25. Samstag. Ludwig. — Ludwig.
SA. 5.22. SU. 19.09. — MA. 15.53. MU 23.53. — Tl. 13.47

26. Sonntag (35. W.) 13. S. n. Pf. Samuel. — Samuel.
SA. 5.23. SU 19.07 — MA. 16.49. — Tl. 13.44.

August 1928.

27. Montag. Gebhard. — Gebhard.
SA 5.24. SU 19.05. – MU 0.44. MA 17.37 — Tl. 13.41

28. Dienstag. Augustin. — Aug.
SA 5.25. SU 19.03. – MU 1 45. MA. 18.17 — Tl. 13.38.

29. Mittwoch. Johannes Enthaupt. — Johannes Enth.
SA. 5.27. SU. 19.01. – MU. 2.54. MA. 18.50. — Tl. 13.34.

August 1928.

30. Donnerstag. Rosa v. L. — Rebekka.
SA. 5.29. SU. 19.00. — MU 4.08. MA 19.16. — Tl. 13.31

31. Freitag. Raimund. — Pauline.
SA. 5.30. SU. 18.58. — MU. 5.25. MA. 19.39 — Tl. 13.28.

September 1928.

1. Samstag. Aegidius. — Aegidius.
SA. 5.31 SU. 18.56. — MU. 6.43. MA 19.59. — Tl. 13.25.
Läutordnung ½8 Uhr

September 1928.

2. Sonntag (36 W.) 14. S. n. Pf. Stephan. — Absalon.
SA 5.33. SU 18.54. — MU 8.01 MA. 20.19. — Tl. 13.21

3. Montag. Seraphia. — Mansuetus.
SA 5.34. SU 18.52 — MU 9 20 MA 20.39 — Tl. 13.18.

4. Dienstag. Rosalia. — Moses.
SA. 5.36. SU 18.50 — MU 10 41 MA 21.02. — Tl. 13.14.

5. Mittwoch. Laurent. — Herkules.
SA 5 37 SU 18.48. — MU 12.02. MA 21 30. — Tl. 13.11

6. Donnerstag. Magnus. — Magnus.
SA 5 38. SU 18.46. — MU 13 23. MA. 22.05. — Tl. 13.08.

Magnus, Apostel des Allgäu.

7. Freitag Regina. — Regina.
SA 5.39. SU 18.44 — MU 14 40. MA 22.50. — Tl. 13.05

September 1928.

8. Samstag. Mariä Geburt. — Mariä Geburt.
SA 5.41 SU 18.42. - MU 15 47 MA 23.48. — Tl. 13.01

9. Sonntag. (37. W.) 15. S. n. Pf. Korbinian. — Gorg.
SA 5 42 SU 18.40. — MU 16.43. — Tl. 12.58.

10. Montag. Nikolaus v. T. — Jodokus.
SA 5.44. SU 18.38. — MA. 0.55. MU 17.26. — Tl. 12.54.

11. Dienstag. Aemilian. — Protus.
SA. 5.45. SU. 18.35. — MA. 2.09. MU. 17.59. — Tl. 12.50.

12. Mittwoch. Guido. — Syrus.
SA 5.46. SU 18.33. — MA. 3.25. MU 18.25. — Tl. 12.47.

13. Donnerstag. Tobias. — Gottlieb.
SA 5.48. SU 18.32. — MA. 4.40. MU 18.46. — Tl. 12.44.

14. Freitag. Hl. † Erhöhung. — Kreuzerhöhung.
SA. 5.49. SU. 18.30. — MA. 5.52. MU. 19.05. — Tl. 12.41.

15. Samstag. Nikomedes. — Nikomedes.
SA. 5.50. SU. 18.28. — MA. 7.02. MU 19.22. — Tl. 12.38.

1. Tischri 5689 der Juden. Neujahrsfest.

Letzter Tag der Gerichtsferien.

16. Sonntag·(38.W.) 16. S. n. Pf. Kornel. — Euphem.
SA 5.52. SU 18.26. — MA. 8.10. MU 19.39. — Tl. 12.34.
Läutordnung 7 Uhr
2. Tischri 5689 der Juden. Zweites Fest.

17. Montag. Lampert. — Lampert.
SA. 5.53. SU. 18.23. — MA. 9.17 MU. 19.57. — Tl. 12.30.
3. Tischri 5689 der Juden. Fasten — Gedaljah.
1. Rebî-el-accher 1347 der Mohammedaner.

18. Dienstag. Thomas v. V. — Titus.
SA 5.55. SU 18.21 – MA. 10 25 MU 20.17. — Tl. 12.26.

19. Mittwoch. Januarius. — Mikleta.
SA 5 56. SU 18.19 – MA. 1/1 32. MU 20.40. — Tl. 12.23.
3. Quatember.

20. Donnerstag. Eustachius. — Fausta.
SA. 5.57 SU 18.17 — MA. 12.38. MU 21 10. — Tl. 12.20.

21. Freitag. Matthäus. — Matthäus.
SA. 5.58. SU. 18.15. — MA. 13.41. MU. 21.46. — Tl. 12.17.

22. Samstag. Mauritius. — Moritz.
SA. 6.00. SU 18.13. — MA. 14.40 MU 22.31 — Tl. 12.13.

23. Sonntag. (39. W.) 17. S. n. Pf. Thekla. — Thekla.
SA. 6.02. SU. 18.11 — MA. 15.31. MU 23.28. — Tl. 12.09.
Herbstanfang 8.06.

24. Montag. Gerhard. — Gerhard.
SA 6.03. SU 18.09 – MA 16 14 — Tl. 12.06.
10. Tischri 5689 der Juden. Versöhnungsfest.

25. Dienstag. Kleophas. – Kleoph.
SA. 6.04. SU 18.06. – MU. 0 33. MA 16.48. — Tl. 12.02.

26. Mittwoch. Cyprian. — Cyprian.
SA 6.06. SU 18.04 — MU 1 45 MA 17 17 — Tl. 11.58.

27. Donnerstag. Kosmas u. Damian.
SA 6.07 SU 18.02. — MU 3.01. MA. 17 41 — Tl. 11.55.

28. Freitag. Wenzeslaus. — Wenzeslaus.
SA. 6.09. SU 18.00. – MU 4 19 MA 18.02. — Tl. 11.51

29. Samstag. Michael. — Michael.
SA. 6.10. SU 17.58. – MU 5.38. MA. 18.22. — Tl. 11.48.

15. Tischri 5689 der Juden. Laubhüttenfest.

September 1928.

30. Sonntag (40. W.) 18. S. n. Pf. Otto. — Hieronym.
SA. 6.11 SU 17.56 — MU. 6.59 MA. 18.42. — Tl. 11.45.
16. Tischri 5689 der Juden. Zweites Fest.

Oktober 1928.

1. Montag. Remigius. — Remigius.
SA. 6.12. SU. 17.54. — MU. 8.21. MA. 19.05. — Tl. 11.42.
Läutordnung 1/2 7 Uhr.

2. Dienstag. Leodeg. — Johanna.
SA 6.14 SU 17.52. – MU. 9.45. MA. 19.32. — Tl. 11.38.

3. Mittwoch. Candidus. — Jairus.
SA. 6.15. SU 17.50. – MU 11.09 MA. 20.07 — Tl. 11.35.

4. Donnerstag. Franz Seraph. — Franz.
SA 6.16. SU 17.48. — MU 12.30. MA. 20.50. — Tl. 11.32

5. Freitag. Placidus. — Placidus.
SA. 6.18. SU. 17.46. — MU 13.42. MA. 21.43. — Tl. 11.28.
21. Tischri 5689 der Juden. Palmenfest.

6. Samstag. Bruno. — Fides.
SA. 6.20. SU. 17.44. — MU. 14.43. MA. 22.48. — TL. 11.24.
22. Tischri 5689 der Juden. Versammlung oder Laubhüttenende.

7. Sonntag. (41. W.) 19. S. n. Pf. Markus. — Amalia.
SA. 6.21. SU. 17.42. — MU. 15.28. — Tl. 11.21.
23. Tischri 5689 der Juden. Gesetzesfreude.

8. Montag. Brigitta. — Pelagia.
SA. 6.22. SU. 17.40. — MA. 0.01 MU 16.04. — Tl. 11.18.

9. Dienstag. Dionysius. — Dion.
SA. 6.24. SU. 17.38. — MA. 1.13. MU 16.31. — Tl. 11.14.

10. Mittwoch. Franz v. B. — Gideon.
SA. 6.25. SU. 17.36. — MA. 2.27 MU 16.52. — Tl. 11 11

11. Donnerstag. Germanus. — Burkhard.
SA. 6.27. SU. 17.34. — MA. 3.39 MU 17.11 — Tl. 11.07

12. Freitag. Maximilian. — Maximilian.
SA. 6.28. SU. 17.32. – MA. 4.49. MU 17.28. — Tl. 11.04

13. Samstag. Eduard. — Koloman.
SA. 6.30. SU. 17.31 – MA. 5.57. MU 17.44. — Tl. 11.01

14. Sonntag. (42. W.) 20. S. n. Pf. Burkh. — Kalixt.
SA. 6.31 SU. 17.29. — MA. 7.05. MU. 18.01 — Tl. 10.58.

15. Montag. Theresia. — Theresia.
SA. 6.32. SU 17.27 — MA. 8.12. MU 18.20. — Tl. 10.55.

Theresien-Ordensfest.

1. Marcheschwan 5689 der Juden.

16. Dienstag. Gallus. — Gallus.
SA. 6.34. SU. 17.25. — MA. 9.19. MU. 18.42. — TL. 10.51.
1. Dschemâdi-el-awwel 1347 der Mohammedaner.
Läutordnung 6 Uhr.

17. Mittwoch. Hedwig. — Florentina.
SA. 6.36. SU. 17.23. — MA. 10.26. MU. 19.09. — TL. 10.47.

18. Donnerstag. Lukas. — Lukas.
SA. 6.37 SU 17.21 — MA 11 31 MU 19 42 — Tl. 10 44

19. Freitag. Petrus v. Alk. — Ferdinand.
SA. 6.38. SU 17 19 — MA. 12.31 MU 20.24. — Tl. 10.41

20. Samstag. Wendelin. — Wendelin.
SA. 6.40. SU. 17.17. — MA. 13.25. MU. 21.14. — Tl. 10.37.

21. Sonntag. (43.W.) 21.S.n.Pf. Ursula. — Ursula.
SA. 6.41. SU. 17.16. — MA. 14.11. MU. 22.15. — Tl. 10.35.

22. Montag. Kordula. — Kordula.
SA. 6.43. SU. 17.14. — MA. 14.47 MU. 23.23. — Tl. 10.31

23. Dienstag. Joh. v. Capr. — Sev.
SA. 6.44. SU. 17.12. — MA. 15.17. — Tl. 10.28.

24. Mittwoch. Raphael. — Salome.
SA. 6.46. SU 17 10 — MU 0.36. MA 15.42. — TI. 10.24.

25. Donnerstag. Krispin. — Krispin.
SA. 6.48. SU. 17.08. — MU. 1.51 MA. 16.04. — TL 10.20.

26. Freitag. Evaristus. — Amandus.
SA 6.49 SU 17.06. – MU 3.09. MA 16.24. — Tl. 10.17

27. Samstag. Sabina. — Sabina.
SA. 6.51 SU 17.04. – MU. 4 29 MA. 16.44. — Tl. 10.13.

28. Sonntag. (44. W.) 22. S. n. Pf. Simon u. Juda. — S.
SA. 6.52. SU. 17.02. — MU. 5.51. MA. 17.05. — Tl. 10.10.

29. Montag. Narcissus. — Narcissus.
SA. 6.54. SU. 17.01 — MU. 7.16. MA. 17.30. — Tl. 10.07.

Oktober 1928.

0. Dienstag. Serapion. — Hartm.
SA. 6.55. SU. 16.59. — MU 8.43. MA. 18.00. — Tl. 10.04.

31. Mittwoch. Wolfgang. — Wolfgang.
SA. 6.57. SU 16.58. — MU 10.10. MA. 18.39. — Tl. 10.01

November 1928.

1. Donnerstag. Allerheiligen.

SA. 6.58. SU. 16.56. - MU. 11.29. MA. 19.30. — Tl. 9.58.

Festtag nach den örtlichen und Bekenntnisverhältnissen ausschliesslich des Coburgschen Gebiets.

Läutordnung 1/26 Uhr.

2. Freitag. Allerseelen. — Allerseelen.

SA. 7.00. SU. 16.55. — MU. 12.36. MA. 20.33. — Tl. 9.55.

November 1928.

3. Samstag. Hubert. — Gottlieb.
SA. 7.01. SU. 16.53. — MU. 13.28. MA. 21.46. — Tl. 9.52.

4. Sonntag. (45. W.) 23. S. n. Pf. Karl Borr. — Emm.
SA. 7.03. SU. 16.52. — MU. 14.07. MA. 23.02. — Tl. 9.49.

November 1928.

5. Montag. Zacharias u. El. — Blandina.
SA. 7.04. SU. 16.50. – MU 14.37. — Tl. 9.46.

6. Dienstag. Leonhard. — Leonh.
SA. 7.06. SU. 16.49. – MA. 0.17. MU. 15.00. — Tl. 9.43.
Leonhardsfahrten.

7. Mittwoch. Engelbert. — Erdmann.
SA. 6.07 SU 16.47 — MA. 1 30. MU. 15.19 — Tl. 9.40

8. Donnerstag. Gottfried. — 4 gekr. Ritter.
SA. 7.09. SU 16.46 — MA. 2.40. MU. 15.36. — Tl. 9 37

9. Freitag. Theodor. — Theodor.
SA 7.10. SU 16.44. – MA. 3.47 MU 15.52. — Tl. 9.34.

10. Samstag. Andreas Avell. — Probus.
SA. 7.12. SU. 16.43. – MA. 4.55. MU 16.08. — Tl. 9.31.

November 1928.

11. Sonntag. (46. W.) 24. S. n. Pf. Martin. — Martin.
SA. 7.14. SU. 16.42. — MA. 6.02. MU. 16.26. — Tl. 9.28.

12. Montag. Martin P. — Jonas.
SA. 7.15. SU. 16.41. — MA. 7.09. MU. 16.46. — Tl. 9.26.

Sternschnuppenfall m. d. Radianten im Sternbild des Löwen (Martinistrom).

13. Dienstag. Stanisl. — Briccius.
SA 7.17 SU 16.40 – MA. 8.16. MU 17 11 — Tl. 9.23.

14. Mittwoch. Serapion. — Levinus.
SA. 7.19. SU. 16.39. – MA. 9.22. MU 17.41 — Tl. 9.20.

1. Kislev 5689 der Juden.

15. Donnerstag. Leopold, Alb. — Leopold.
SA. 7.20. SU. 16.37. — MA. 10.24. MU. 18.20. — TL 9.17
1. Dschemâdi-el-accher 1347 der Mohammedaner.

16. Freitag. Ottmar. — Ottmar.
SA. 7.22. SU. 16.36. — MA. 11.20. MU. 19.07 — TL 9.14.
Läutordnung 1/2 6 Uhr.

17. Samstag. Gregor. — Hugo.
SA. 7.23. SU. 16.35. — MA. 12.08. MU. 20.04. — Tl. 9.12.

18. Sonntag. (47.W.) 25. S. n. Pf. Otto, Hilda. — Otto.
SA. 7.24. SU. 16.34. — MA. 12.47. MU. 21.09. — Tl. 9.10.

19. Montag. Elisabeth. — Elisabeth.
SA. 7.26. SU. 16.33. — MA. 13.19. MU. 22.18. — Tl. 9.07

20. Dienstag. Korbinian. — Emilie.
SA. 7.27. SU. 16.32. — MA. 13.45. MU. 23.30. — Tl. 9.05.
Titularfest des Bistums Freising.

21. Mittwoch. Mariä Opferung. — Mariä Opferung.
SA. 7.29. SU. 16.31. — MA. 14.07. — Tl. 9.02.

22. Donnerstag. Cäcilia. — Cäcilia.
SA. 7.30. SU. 16.30. — MU. 0.44. MA. 14.27. — Tl. 9.00.

23. Freitag. Klemens. — Klemens.
SA. 7.32. SU. 16.29. — MU. 2.00. MA. 14.45. — TL. 8.57

24. Samstag. Johann v. K. — Chrysogonus.
SA. 7.33. SU. 16.28. — MU. 3.19. MA. 15.05. — TL. 8.55.

25. Sonntag. (48. W.) 26. S. n. Pf. Katharina. — Kath.
SA. 7.34. SU. 16.27. — MU. 4.41. MA. 15.28. — Tl. 8.53.

26. Montag. Konrad. — Konrad.
SA. 7.36. SU. 16.27. — MU. 6.07. MA. 15.55. — Tl. 8.51.

27. Dienstag. Virgilius. — Loth.
SA. 7.37 SU 16.26. – MU 7 35. MA. 16.29. — Tl. 8.49.

28. Mittwoch. Kreszentia. — Günther.
SA. 7.38. SU. 16.25. – MU. 9.01. MA. 17.15. — Tl. 8.47

29. Donnerstag. Saturnin. — Walther.
SA. 7.40. SU. 16.25. — MU. 10.18. MA. 18.14. — Tl. 8.46.

30. Freitag. Hl. Andreas. — Andreas.
SA. 7.41. SU. 16.24. — MU. 11.19. MA. 19.26. — Tl. 8.43.

Dezember 1928.

1. Samstag. Eligius. — Longinus.
SA. 7.42. SU. 16.23. — MU. 12.05. MA. 20.44. — Tl. 8.41.

Läutordnung 5 Uhr.

2. Sonntag. (49. W.) 1. Advent. Bibiana. — Aurelia.
SA. 7.44. SU. 16.23. — MU. 12.39. MA. 22.02. — Tl. 8.39.

8. Montag. Franz Xaver. — Kassian.
SA. 7.45. SU 16.22. — MU. 13.05. MA. 23.18. — Tl. 8.37

4. Dienstag. Barbara. — Barbara.
SA. 7.46. SU. 16.22. — MU. 13.26. — Tl. 8.36.

5. Mittwoch. Sabbas. — Abigail.
SA. 7.47. SU. 16.21. — MA. 0.30. MU 13.43. — Tl. 8.34

6. Donnerstag. Nikolaus. — Nikolaus.
SA. 7.48. SU. 16.21. — MA. 1.39. MU 14.00. — TL. 8.33.

7. Freitag. Ambrosius. — Agathon.
SA. 7.49. SU. 16.21 — MA. 2.46. MU. 14.16. — Tl. 8.32.

8. Samstag. Unbefl. Empf. Mariä. — Mar. Empf.
SA. 7.50. SU. 16.21. — MA. 3.52. MU. 14.33. — Tl. 8.31.

Georgi-Ritter-Ordensfest.

Festtag an Orten mit überwiegend katholischer Bevölkerung mit Ausnahme der Pfalz und des Coburgschen Gebiets. Kein Festtag im Sinne der GewO.

25. Kislev 5689 der Juden. Tempelweihe.

9. Sonntag. (50. W.) 2. Adv. Leokadia. — Joachim.
SA. 7.51. SU. 16.20. — MA. 4.59. MU. 14.52. — TL 8.29.

10. Montag. Melchiades. — Judith.
SA. 7.52. SU. 16.20. — MA. 6.06. MU. 15.15. — TL 8.28.

11. Dienstag. Damasus. — Damasus.
SA. 7.53. SU. 16.20. — MA. 7 12. MU. 15.43. — Tl. 8.27.

12. Mittwoch. Synes. — Epim.
SA. 7.54. SU. 16.21. — MA. 8.16. MU. 16.19. — Tl. 8.27.

13. Donnerstag. Lucia. — Lucia.
SA. 7.55. SU. 16.21 — MA. 9.15. MU. 17.03. — Tl. 8.26.

14. Freitag. Nicasius. — Nicasius.
SA. 7.56. SU. 16.21. — MA. 10.06. MU 17.58. — Tl. 8.25.

1. Tebet 5689 der Juden.

1. Redscheb 1347 der Mohammedaner.

15. Samstag. Christiana. — Ignatius.
SA. 7.57. SU. 16.21 — MA. 10.48. MU 19.00. — Tl. 8.24.

16. Sonntag. (51. W.) 3. Adv. Adelheid. — Ananias.
SA. 7.58. SU 16.22. — MA. 11.22. MU. 20.07. — Tl. 8.24.
Läutordnung 5 Uhr

17. Montag. Lazarus. — Lazarus.
SA. 7.58. SU. 16.22. – MA. 11 49. MU. 21 18. — Tl. 8.24

18. Dienstag. Wunibald. — Wunib.
SA. 7.59. SU. 16.22. – MA. 12.12. MU. 22.30. — Tl. 8.23.

Dezember 1928.

19. Mittwoch. Nemesius. — Abraham.
SA. 8.00. SU. 16.23. — MA. 12.31 MU. 23.43. — Tl. 8.23.
4. Quatember.

20. Donnerstag. Christian. — Ammon.
SA. 8.00. SU. 16.23. — MA. 12.50. — Tl. 8.23.

21. Freitag. Thomas Ap. — Thomas.
SA 8.01. SU. 16.24. — MU. 0.57 MA. 13.08. — Tl. 8.23

22. Samstag. Demetrius. — Berta.
SA 8.01 SU. 16.24. — MU. 2.14. MA. 13.28. — Tl. 8.23
Winteranfang 3.04.

23. Sonntag. (52. W.) 4. Adv. Viktoria. — Dagob.
SA. 8.02. SU. 16.24. — MU. 3.36. MA. 13.51. — Tl. 8.22.
10. Tebet 5689 der Juden. Fasten. Belagerung Jerusalems.

24. Montag. Adam u. Eva. — Adam u. Eva.
SA. 8.02. SU. 16.25. — MU. 4.59. MA. 14.21. — Tl. 8.23.

25. Dienstag. Heil. Weihnachtsfest. — Weihn.
SA. 8.03. SU. 16.26. — MU. 6.25. MA. 14.59. — Tl. 8.23.

26. Mittwoch Stephanus, — Stephanus.
SA. 8.03. SU. 16.26. — MU. 7.48. MA. 15.52. — Tl. 8.23.

2. Weihnachtsfeiertag.

27. Dienstag. Johannes. — Johannes.
SA. 8.03. SU. 16.27. — MU. 8.59. MA. 16.58. — Tl. 8.24.

28. Mittwoch. Unschuldige Kinder. — Unsch. K.
SA. 8.03. SU. 16.27. — MU. 9.54. MA. 18.16. — Tl. 8.24.

29. Samstag. Thomas B. M. — Jonathan.
SA. 8.04. SU. 16.28. — MU. 10.35. MA. 19.38. — TL. 8.24.

30. Sonntag. (53. W.) S. n. Weihn. David. — David.
SA. 8.04. SU. 16.29. — MU 11.05. MA. 20.58. — TL. 8.25.

31. Montag. Silvester P. — Silvester.
SA. 8.04. SU. 16.30. — MU. 11.29. MA. 22.14. — TL. 8.26.

Januar 1929.

1. Dienstag. Neujahr.

2. Mittwoch.

3. Donnerstag

4. Freitag.

Januar 1929.

5. Samstag.

6. Sonntag.

7. Montag.

8. Dienstag.

Januar 1929.

9. Mittwoch.

10. Donnerstag.

11. Freitag.

12. Samstag.

Januar 1929.

13. Sonntag.

14. Montag

15 Dienstag

16. Mittwoch.

Januar 1929.

17. Donnerstag.

18. Freitag.

19. Samstag.

20. Sonntag.

Januar 1929.

21. Montag.

22. Dienstag.

23. Mittwoch.

24. Donnerstag.

Januar 1929.

25. Freitag.

26. Samstag.

27. Sonntag.

28. Montag.

29. Dienstag.

30. Mittwoch.

31. Donnerstag.

Februar 1929.

1. Freitag.

2. Samstag.

3. Sonntag.

4 Montag

5. Dienstag.

6. Mittwoch.

7. Donnerstag.

8. Freitag.

Februar 1929.

9. Samstag.

10. Sonntag.

11. Montag.

12. Dienstag.

Februar 1929.

13. Mittwoch.

14 Donnerstag

15 Freitag

16 Samstag

Februar 1929.

17. Sonntag.

18. Montag.

19 Dienstag

20. Mittwoch.

Februar 1929.

21. Donnerstag.

22. Freitag.

23. Samstag.

24. Sonntag.

Februar 1929.

25. Montag.

26. Dienstag.

27. Mittwoch.

28. Donnerstag.

I.

Gesetzes-Übersichten.

Beil. I a, a*, b, c, d, e, f, g.

Rosner & Seidl

Das alteingesessene

Münchener Wäschehaus

Gegründet 1873

*

empfiehlt
seine Speziallager

Herren-Wäsche
Damen-Wäsche

Tisch- und Bett-Wäsche

Baby-Wäsche

Große Auswahl in weißen und farbigen Wäschestoffen jeder Art

Bewährte Maßabteilung

Auswärtige Bestellungen u. Anfragen erfahren sorgfältigste und entgegenkommendste Erledigung

Rosner & Seidl

München / Dienerstr. 21

Gegenüber Ratskeller

Übersicht der Beilagen.

1. Gesetzesübersicht.

a) Reichsgesetze.[1])

Nr.	Datum des Gesetzes	Name des Gesetzes
1	10.Febr. 1919	Ges. über die vorläufige Reichsgewalt (RGBl. 169); aufgeh. s. a 32.
2	19.Febr. 1919	Ges. zur Abänderung der VO. über die Rückgabe der in Belgien u. Frankreich weggenommenen Betriebseinrichtungen (RGBl. 199).
3	22.Febr. 1919	Ges. über die Gewährung einer Entschädigung an die Mitglieder der verfassunggebenden deutschen Nationalversammlung (RGBl. 241).
4	1. März 1919	Notges. für elsass-lothringische Angelegenheiten (RGBl. 257).
5	1. März 1919	Ges., betr. Verbot des Agiohandels mit deutschen Banknoten u. Darlehenskassenscheinen (RGBl. 263).
6	1. März 1919	Ges. über die weitere Zulassung von Hilfsmitgliedern im Patentamt (RGBl. 287) s. a 306.
7	1. März 1919	Ges. zur Abänderung der VO über ausl. Wertpapiere v 22. März 1917 (RGBl. 264) s. a 273.
8	1. März 1919	Ges. über die Einsiegelung von Schriften, Drucksachen, Wertpapieren u. Zahlungsmitteln beim Grenzübertritte nach dem Ausland (RGBl. 265) aufgeh. a 660.
9	2. März 1919	Ges. über die Vergütung von Leistungen für die feindlichen Heere im besetzten Reichsgebiet usw. (RGBl. 261) s. a 78.
10	3. März 1919	Ges. zum Schutze gegen die Folgen der Verkehrserschwerung (RGBl. 281).
11	4. März 1919	Uebergangsges. (RGBl. 285).
12	6. März 1919	Ges. zur Durchführung der Waffenstillstandsbedingungen (RGBl. 286).
13	6. März 1919	Ges. über die Bildung einer vorläufigen Reichswehr (RGBl. 295) s. a 199.

[1]) Die folgende Uebersicht enthält, nach der Zeitfolge, die Gesetze aus der Zeit der Republik. Die Gesetze aus der Zeit des Kaiserreichs nach dem Stand vom 8. Nov. 1918 sind in dem Jahrgang 1920 des Kalenders beigegebenen Anlage zusammengestellt, spätere Aenderungen dieser Ges. ergibt das Alphabet. Register Beil. 1 g. Wegen der Erlasse der Volksbeauftragten u. der provisorischen Reichsregierung s. § 1 des Uebergangsgesetzes v. 4. März 1919 (a 11) und Aktenstück Nr 223 zu den Verhandlungen der Verfassunggebenden Deutschen Nationalversammlung.

Nr.	Datum des Gesetzes	Name des Gesetzes
14	15. März 1919	Ges. betr. Verkehr mit russischen Zahlungsmitteln (RGBl. 321).
15	23 März 1919	Sozialisierungsges. (RGBl. 341).
16	23. März 1919	Ges. über die Regelung der Kohlenwirtschaft (RGBl. 342); geänd. s. a 36.
17	27. März 1919	Ges. über den Eintritt des Freistaats Württemberg in die Biersteuergemeinschaft (RGBl. 345); geänd. a 528, 661, 769.
18	27. März 1919	Ges. über die Besteuerung der Reichsbank für das Jahr 1918 (RGBl. 353); geändert s. a 63.
19	15. April 1919	Ges. betr. Aenderung des Kriegssteuerges. v. 21. Juni 1916 (RGBl. 397).
20	16. April 1919	Ges. über die Bildung einer vorläufigen Reichsmarine (RGBl. 431) s. a 199.
21	17. April 1919	Ges. über einen allgem. Feiertag (RGBl. 393).
22	17. April 1919	Ges. über eine vereinfachte Form der Gesetzgebung für die Zwecke der Uebergangswirtschaft (RGBl. 394); s. a 140.
23	19. April 1919	Ges. über die Ausbildung von Kriegsteilnehmern zum Richteramt (RGBl. 403); geänd. a 340.
24	24. April 1919	Ges. über die Regelung der Kaliwirtschaft (RGBl. 413); geänd. s. a 29.
25	24. Juni 1919	Ges. zur Ergänzung des Ges. gegen die Steuerflucht v. 26. Juli 1918 (RGBl. 583), aufgeh. a 660.
26	24. Juni 1919	Ges. über den Eintritt der Freistaaten Bayern u. Baden in die Biersteuergemeinschaft (RGBl. 599); geänd. a 528, 661, 769.
27	28. Juni 1919	Ges. über Landkrankenkassen, Kassenangestellte u. Ersatzkassen (RGBl. 615 u. 622).
28	16. Juli 1919	Ges. über den Friedensschluss zwischen Deutschland u. den alliierten u. assoziierten Mächten, Versaillervertrag (RGBl. 687) s. a 106, 121.
29	19. Juli 1919	Ges. betr. Aufhebung des Ges. über den Absatz von Kalisalzen v. 25. Mai 1910 u. seiner Abänderungsgesetze sowie Abänderung des Ges. über die Regelung der Kaliwirtschaft v. 24. April 1919 (RGBl. 661) s. a 24, c 92.
30	21. Juli 1919	Ges. über die Zahlung der Zölle in Gold (RGBl. 1361).
31	31. Juli 1919	Kleingarten- u. Kleinpachtlandordnung (RGBl. 1371).
32	11. Aug. 1919	Die Verfassung des Deutschen Reichs (RGBl. 1383; Berichtigung 1920, 328) s. a 1, 144, 145, 159, 201, 420, 576, 702.
33	11. Aug. 1919	Reichssiedlungsges. (RGBl. 1429 u. 1518); geänd. a 503, 557, 720; e 54.
34	13. Aug. 1919	Ges. zur Ergänzung des § 323 der Zivilprozessordnung, lex Taucher (RGBl. 1448) s. a 64.
35	17. Aug. 1919	Sechste Ergänzung des Besoldungsges. (RGBl. 1479) s. a 59.

Nr.	Datum des Gesetzes	Name des Gesetzes
36	20. Aug. 1919	Ges. betr. Abänderung des Ges. über die Regelung der Kohlenwirtschaft v. 23. März 1919 (RGBl. 1447) s. a 16.
37	29. Aug. 1919	Ges. betr. einen Anleihekredit für das Rechnungsjahr 1919 sowie die Ausgabe von Inhaberpapieren mit Prämien (RGBl. 1491).
38	31. Aug. 1919	Ges. über Enteignungen u. Entschädigungen aus Anlass des Friedensvertrags zwischen Deutschland u. den alliierten u. assoziierten Mächten (RGBl. 1527); geänd. a 502.
39	31. Aug. 1919	Ausführungsges. zum Friedensvertrage (RGBl. 1530); geänd. s. a 141, e 21.
40	8. Sept. 1919	Ges. über Postgebühren (RGBl. 1519), grösstenteils aufgehoben s. a 101.
41	8. Sept. 1919	Ges. zur Aenderung des Postscheckges. v. 26. März 1914 (RGBl. 1522) s. a 197.
42	8. Sept. 1919	Ges. betr. Telegraphen- u. Fernsprechgebühren (RGBl. 1522); aufgeh. s. a 110.
43	8. Sept. 1919	Ges. gegen die Kapitalflucht (RGBl. 1540); Verläng. der Geltungsdauer c 97; aufgeh. a 173.
44	10. Sept. 1919	Erbschaftssteuerges. (RGBl. 1543); geänd. durch § 459 der Reichsabgabenordnung s. a 62; ferner durch a 82, 396.
45	10. Sept. 1919	Ges. über eine ausserordentl. Kriegsabgabe für das Rechnungsjahr 1919 (RGBl. 1567).
46	10. Sept. 1919	Ges. über eine Kriegsabgabe vom Vermögenszuwachse (RGBl. 1579); geänd. s. a 237.
47	10. Sept. 1919	Ges. über die Reichsfinanzverwaltung (RGBl. 1591); grösstenteils aufgehoben s. § 444 des Ges. v. 13. Dez. 1919 bei a 62.
48	10. Sept. 1919	Zündwarensteuerges. (RGBl. 1629) s. a 203, 332; grösstenteils aufgeh. a 531.
49	10. Sept. 1919	Spielkartensteuerges. (RGBl. 1643) mit Bek. v. 19. Sept. 1919 (RGBl. 1706), im wesentl. aufgeh. a 529.
50	12. Sept. 1919	Grunderwerbsteuerges. (RGBl. 1617 u. 1794); geänd. durch § 460 der Reichsabgabenordnung s. a 62 u. durch § 62 des Landessteuerges. weiter geänd. a 82, 660, e 4; Neufassung a 660.
51	12. Sept. 1919	Ges. betr. die Erhöhung von Pensionen von Reichsbeamten, die das 65. Lebensjahr vollendet haben (RGBl. 1653).
52	12. Sept. 1919	Ges. betr. d. Pensionier. v. Reichsbeamten infolge der Umgestaltung d. Staatswesens (RGBl. 1654).
53	12. Sept. 1919	Tabaksteuerges. (RGBl. 1667); geänd. s. a 285, 332, 483, 657, 660, d 3, 6, 34.
54	13. Sept. 1919	Offiziersentschädigungsges. (RGBl. 1654); geänd. d 23.
55	13. Sept. 1919	Kapitulantenentschädigungsges. (RGBl. 1659); geänd. d 23.

Nr.	Datum des Gesetzes	Name des Gesetzes
56	26. Sept. 1919	Ges. über Wochenhilfe u. Wochenfürsorge (RGBl. 1757); ändert die RVersicherungsO. s. a 106; seiners. geänd. s. a 263, 360.
57	4. Okt. 1919	Ges. zur Ergänzung des Mannschaftsversorgungsges. v. 31. Mai 1906, des Offizierspensionsges. v. 31. Mai 1906 u. des Militärhinterbliebenenges. v. 17. Mai 1907 (RGBl. 1787).
58	23. Okt. 1919	Ges. betr. den deutsch-polnischen Vertrag über die Entlassung festgehaltener Personen u. die Gewährung von Straffreiheit (RGBl. 1803); erg. durch Ges. v. 7. Juli 1921 (RGBl. 921).
59	11. Nov. 1919	Siebente Ergänzung des Besoldungsges. (RGBl. 1887 u. 1950) s. a 35.
60	30. Nov. 1919	Ges. zur Abänderung des Ges. v. 11. Dez. 1915 betr. Abänderung des Ges. über den Belagerungszustand v. 4. Juni 1851, u. der VO. v. 11. Sept. 1916 über das Verfahren vor den ausserordentl. Kriegsgerichten (RGBl. 1941).
61	6. Dez. 1919	Ges. betr. Aenderung des Ges. über das Branntweinmonopol (RGBl. 1987); aufgeh. a 339.
62	13. Dez. 1919	Reichsabgabenordnung (RGBl. 1993; 1920, 40) s. a 47, 44, 50, 202, 237, 449, 461, 472, 552, 657, 660, 705; d 34; e 4, 59.
63	16. Dez. 1919	Ges. betr. Aenderung des Bankges. v. 14. März 1875 (RGBl. 2117) s. a 18, 210, 247, 308; a* 5, 82.
64	18. Dez. 1919	Ges. über Teuerungszuschläge zu den Gebühren der Rechtsanwälte u. Gerichtsvollzieher (RGBl. 2113); ändert auch die ZPO.; s. a 34, 152; seiners. geänd. a 228, 238, 431, 456, 559; aufgeh. a 559.
65	18. Dez. 1919	Ges. zur Verfolgung von Kriegsverbrechen u. Kriegsvergehen (RGBl. 2125), geänd. s. a 77, 211.
66	23. Dez. 1919	Ges. gegen das Glücksspiel; ändert das StGB. (RGBl. 2145).
67	24. Dez. 1919	Umsatzsteuerges. (RGBl. 2157), geänd. s. a 153, 330, 336, 426, 472, 520, 551, 630, 660, 662, 691, e 4.
68	31. Dez. 1919	Ges. über das Reichsnotopfer (RGBl. 2189), geänd. s. a 107, 166, 237; grösstenteils aufgeh. a 326.
69	31. Dez. 1919	Ges. betr. die Sozialisierung der Elektrizitätswirtschaft (RGBl. 1920, 19).
70	3. Jan. 1920	Ges. über die Eisenbahnaufsicht (RGBl. 13); aufgehoben wird das Ges. v. 27. Juni 1873.
71	3. Jan. 1920	Ges. betr. die vorläufige Regelung der Luftfahrt (RGBl. 14).
72	3. Jan. 1920	Ges. über Steuernachsicht (RGBl. 45).
73	15. Jan. 1920	Ges. über weibliche Angestellte in Gast- und Schankwirtschaften (RGBl. 69).

Nr.	Datum des Gesetzes	Name des Gesetzes
74	23. Jan. 1920	Ges. betr. den deutsch-polnischen Vertrag über die vorläufige Regelung von Beamtenfragen (RGBl. 77).
75	23. Jan. 1920	Ges. betr. die Gewährung von Straffreiheit an Personen aus den Abstimmungsgebieten sowie die Abänderung des deutsch-polnischen Vertrages über die vorläufige Regelung von Beamtenfragen (RGBl. 91).
76	4. Febr. 1920	Betriebsrätegeѕ. (RGBl. 147) ändert auch die GewO.; geänd. s. a. 120, 180, 491, 749; d 23, 32; s. auch a 182.
77	24. März 1920	Ges. zur Ergänzung des Ges. zur Verfolgung von Kriegsverbrechen u. Kriegsvergehen (RGBl. 341) s. a 65, 211.
78	27. März 1920	Ges. zur Aenderung des Ges. v. 2. März 1919 über die Vergütung usw. (RGBl. 353) s. a 9; geänd. durch Bek. v. 18. Nov. 1924 (RGBl. 755).
79	29. März 1920	Kapitalertragsteuerges. (RGBl. 345); geänd. a 328.
80	29. März 1920	Einkommensteuerges. (RGBl. 359, 1640), ändert auch das Umsatzsteuerges. v. 26. Juli 1918; geändert durch Ges. v. 31. März 1920 (RGBl. 428) u. weiter nach a 137, 200, 241, 281, 395, 441, 472, 526; e 59.
81	30. März 1920	Körperschaftssteuerges. (RGBl. 393) s. a 204, 328, 472.
82	30. März 1920	Landessteuerges. (RGBl. 402), ändert auch das Erbschaftssteuerges., das Grunderwerbsteuerges., das Doppelsteuerges., das Reichsfinanzhofges., das Ges. über das Branntweinmonopol s. a 44, 50; b 79; seiners. geänd. a 519.
83	31. März 1920	Ges. über die Erhebung der Biersteuer von den auf Grund des Art. 268 u. des § 31 Abs. 4 der Anlage zu Art. 45—50 des Friedensvertrags zur Einfuhr kommenden Biere (RGBl. 457).
84	31. März 1920	Ges. über die Besteuerung der Reichsbank für das Jahr 1920 (RGBl. 475).
85	1. April 1920	Ges. betr. Aenderung des Ges. über das Passwesen v. 12. Okt. 1867 (s. a 464) u. das Konsulatsgebührenges. v. 17. Mai 1910 (RGBl. 465 u. 517).
86	2. April 1920	Ges. betr. die Aburteilung der hochverräterischen Unternehmen aus dem März 1920 usw. durch die bürgerlichen Gerichte (RGBl. 431).
87	3. April 1920	Ges. über den Wiederbeginn u. den Ablauf von Fristen (RGB. 445), geänd. s. a 151.
88	6. April 1920	Ges. über die Beschäftigung Schwerbeschädigter (RGBl. 458), geänd. s. a 156, 317, 393, 440.

Nr.	Datum des Gesetzes	Name des Gesetzes
89	8. April 1920	Ges. betr. Erhöhung der Zuständigkeit der Amtsgerichte in bürgerlichen Rechtsstreitigkeiten über vermögensrechtliche Ansprüche (RGBl. 499), ändert das GVG. s. a 152.
90	8. April 1920	Ges. zur Ausführung des Art. 13 Abs. 2 der Verfassung des Deutschen Reiches (RGBl. 510).
91	9. April 1920	Ges. über beschränkte Auskunft aus dem Strafregister und die Tilgung von Strafvermerken (RGBl. 507), geänd. a 489; e 22.
92	16. April 1920	Ges. betr. das deutsch-französische Abkommen über den Kehler Hafen (RGBl. 567).
93	21. April 1920	Ges. zur Abänderung des Schaumweinsteuerges. v. 26. Juli 1918 (RGBl. 593); aufgeh. a 341.
94	24. April 1920	Reichsausgleichsges. (RGBl. 597); Inkrafttreten RGBl. 1920, 1356; Berichtigung 1920, 1472; geänd. s. a 175, 433, 502.
95	27. April 1920	Reichswahlges. (RGBl. 627); geänd. a 414, 579.
96	27. April 1920	Ges. zur Ausführung des Art. 170 der Reichsverfassung, betr. den Uebergang der Post- u. Telegraphenverwaltung Bayerns u. Württembergs an das Reich (RGBl. 643).
97	27. April 1920	Ges. betr. eine verlängerte Schutzdauer bei Patenten und Gebrauchsmustern sowie die Wiedereinsetzung in den vorigen Stand im Verfahren v. d. Reichspatentamt (RGBl. 675); geänd. a* 12.
98	27. April 1920	Ges. über Enteignungsrecht von Gemeinden bei Aufhebung oder Ermässigung von Rayonbeschränkungen (RGBl. 697 u. 972).
99	28. April 1920	Ges. betr. die Grundschulen u. Aufhebung der Vorschulen (RGBl. 851) s. a 628, 761.
100	29. April 1920	Ges. über die Aufhebung der Gebührenfreiheiten im Post- u. Telegraphenverkehre (RGBl. 678).
101	29. April 1920	Ges. über Postgebühren; ändert auch das Postgesetz v. 28. Okt. 1871 (RGBl. 683) s. a 40, geänd. s. a 150; aufgehoben s. a 195.
102	30. April 1920	Ges. betr. den Staatsvertrag über den Uebergang der Staatseisenbahnen auf das Reich (RGBl. 773 u. 1110); AusfGes. a* 23.
103	30. April 1920	Besoldungsges. (RGBl. 805); ändert auch das Reichsbeamtenges. u. das Beamtenhinterbliebenenges. v. 17. Mai 1907; seinerseits geänd. s. a 161, 199, 262, 271, 293, 299, 323, 416 (mit Neufassung des BesoldG.), 500, 506, 542, 563, 621, 689, 737; d 23; e 1, 52; s. auch § 10 des Etatsges. für 1920 (RGBl. 1921, 375) u. § 16 des Etatsges. für 1921 (RGBl. 1921, 405).
104	30. April 1920	Ges. betr. das Land Thüringen (RGBl. 841).
105	30. April 1920	Ges. betr. die Vereinigung Coburgs mit Bayern (RGBl. 842); Inkrafttreten RGBl. 1920, 1329.

Nr.	Datum des Gesetzes	Name des Gesetzes
106	30. April 1920	Ges. betr. Aenderung des Ges. über Wochenhilfe u. Wochenfürsorge v. 26. Sept. 1919 (RGBl. 853); ändert auch die Reichsversicherungsordnung s. a 56, Neufassung vom 22. Mai 1920 (RGBl. 1069 u. 1138), ihrers. geänd. s. a 263, 290, 360.
107	30. April 1920	Ges. über die Veranlagung der Besitzsteuer zum 31. Dez. 1919 (RGBl. 875); ändert auch das Reichsnotopferges. s. a 68
108	4. Mai 1920	Ges. über die Wahl des Reichspräsidenten (RGBl. 849), geänd. a 579, s. auch a 613.
109	6. Mai 1920	Ges. betr. Aenderung des § 9 des Ges. über das Postwesen v. 28. Okt. 1871 (RGBl. 893), s. a 430.
110	6. Mai 1920	Ges. betr. Telegraphen- u. Fernsprechgebühren (RGBl. 894), ändert auch die Fernsprechgebührenordnung v. 20. Dez. 1899, s. a 42, geänd. s. a 198, 280, 583.
111	8. Mai 1920	Ges. über die Befriedung der Gebäude des Reichstags- u. der Landtage (RGBl. 909).
112	8. Mai 1920	Ges. über die Gewährung von Straffreiheit u. Strafmilderung in Disziplinarsachen (RGBl. 910).
113	8. Mai 1920	Ges. über die Kosten der Kriegsbeschädigten- u. Hinterbliebenenfürsorge (RGBl. 1066), aufgeh. e 53.
114	8. Mai 1920	Auskunftspflichtges. (RGBl. 939).
115	10. Mai 1920	Ges. über das Wiederaufnahmeverfahren gegenüber Urteilen der ausserord. Kriegsgerichte (RGBl. 962).
116	10. Mai 1920	Reichsheimstättenges. (RGBl. 962 u. 1218).
117	11. Mai 1920	Ges. über Massnahmen gegen Wohnungsmangel (RGBl. 949), geänd. s. a 243, 314, 370, 476, 501, 522, 548.
118	12. Mai 1920	Ges. über die durch innere Unruhen verursachten Schäden (RGBl. 941 u. 1060), geänd. s. a 386; e 14.
119	12. Mai 1920	Lichtspielges. (RGBl. 953), geänd. a 443.
120	12. Mai 1920	Ges. zur Abänderung des Betriebsräteges. (RGBl. 961) s. a 76.
121	12. Mai 1920	Reichsversorgungsges., Ges. über Versorgung der Militärpersonen u. ihrer Hinterbliebenen bei Dienstbeschädigung (RGBl. 989 u. 1480); geänd. a 346, 506, 510, 594, 648, a* 28, 34, 44; d 23; e 53. Neufassung a 510.
122	15. Mai 1920	Ges. über die Versorgungsbehörden (RGBl. 1063); ändert auch das MilitärhinterbliebenenGes. v. 17. Mai 1907, aufgeh. a 297.
123	15. Mai 1920	Ges. betr. Abänderung der VO. über Aenderung des Verfahrens in Militärversorgungssachen v. 1. Febr. 1919 (RGBl. 1064); aufgeh. a 297.

Nr.	Datum des Gesetzes	Name des Gesetzes
124	20. Mai 1920	Ges. über Abänderung der Leistungen u. der Beiträge in der Invalidenversicherung (RGBl. 1091, 1138, 1208) s. a 174, aufgeh. a 256.
125	21. Mai 1920	Ges. betr. die Gewährung einer Entschädigung an versetzte Beamte u. von Umzugskosten beim Wohnungswechsel am Orte (RGBl. 1061, 1138 u. 1165), geänd. e 17.
126	31. Mai 1920	Ges. betr. das Abkommen mit Russland über die Heimschaffung der Kriegsgefangenen u. Zivilinternierten (RGBl. 1183), ergänzt durch Ges. v. 20. Juli 1921 (RGBl. 1161); s. auch RGBl. 1921, 1261.
127	31. Mai 1920	Ges. über die Entschädigungsansprüche verhafteter oder verurteilter Elsass-Lothringer (RGBl. 1127).
128	31. Mai 1920	Ges. über weitere Ausdehnung der Versicherungspflicht in der Angestelltenversicherung (RGBl. 1114), ergänzt s. a 275, 647.
129	31. Mai 1920	Ges. betr. das Abkommen mit der Lettischen Republik über den Gefangenenaustausch (RGBl. 1187).
130	4. Juni 1920	Ges. über patentamtliche Gebühren (RGBl. 1135), geänd. s. a 235, aufgeh. a* 12.
131	4. Juni 1920	Ges. betr. Erteilung einer Kreditermächtigung (RGBl. 1130)
132	6. Juni 1920	Ges. betr Erweiterung der VO. über eine militärische Amnestie (RGBl. 1143).
133	11. Juni 1920	Ges. über den Personenstand (RGBl. 1209); ändert das PersonenStG. u. das Ges. v. 4. Mai 1870, geänd. a 468; e 65.
134	12. Juni 1920	Ausgleichsbesteuerungsges. (RGBl. 1195).
135	12. Juni 1920	Ges. betr. die Uebernahme einer Haftung des Reichs für Lasten des Saarbrücker Knappschaftsvereins zu Saarbrücken (RGBl. 1433).
136	10. Juli 1920	Ges. über die Entschädigung der Mitglieder des Reichstags (RGBl. 1437), geänd. s. a 258, 294; a* 1, 26, 29, 53, 70, aufgeh. a* 190.
137	21. Juli 1920	Ges. zur ergänzenden Regelung des Steuerabzugs vom Arbeitslohne (RGBl. 1463) s. a 80, geänd. s. a 200; nun aufgeh. RGBl. 1921, 849.
138	21. Juli 1920	Ges. über die Anwendung der Meistbegünstigung auf nicht meistbegünst.gte Länder (RGBl. 1488).
139	31. Juli 1920	Ges. betr die Verlängerung der Gültigkeitsdauer des Kohlensteuerges. (RGBl. 1481) s. a 192.
140	3. Aug. 1920	Ges. über die vereinfachte Form der Gesetzgebung für die Zwecke der Uebergangswirtschaft (RGBl. 1493) s. a 22 u. 185.
141	3. Aug. 1920	Ges. betr. das Berner Abkommen v. 30. Juni 1920 über die Erhaltung oder Wiederherstellung der durch den Weltkrieg getroffenen ge-

Nr.	Datum des Gesetzes	Name des Gesetzes
		werblichen Eigentumsrechte (RGBl. 1557; 1921, 83) s. a 39.
142	3. Aug. 1920	Ges. über die Enteignung u. über die Beitragsleistung bei der Kanalisierung des Neckars von Mannheim bis Plochingen u. des Mains von Aschaffenburg bis Bamberg sowie zum Ausbau der Donau von Passau bis Kelheim (RGBl. 1613).
143	4. Aug. 1920	Ges. über die Gewährung von Straffreiheit (RGBl. 1487).
144	6. Aug. 1920	Ges. zur Aenderung des Art. 168 der Reichsverfassung (RGBl. 1565) s. a 32, 145.
145	6. Aug. 1920	Ges. zur Ergänzung des Art. 178 der Reichsverfassung (RGBl. 1566) s. a 32, 144.
146	7. Aug. 1920	Ges. über die Entwaffnung der Bevölkerung (RGBl. 1553); verlängert mit Ges. v. 1. März 1921 (RGBl. 195).
147	10. Aug. 1920	Ges. zur Ausführung der Bestimmungen des Friedensvertrags über gemischte Schiedsgerichtshöfe u. die Vollstreckung ausländischer Urteile (RGBl. 1569) s. e 66.
148	10. Aug. 1920	Ges. betr. eine Ergänzung der Vorschriften über den jurist. Vorbereitungsdienst (RGBl. 1571).
149	10. Aug. 1920	Ges. betr. Aenderung der VO. über die Lohnpfändung v. 25. Juni 1919 (RGBl. 1572) s. c 7; a 286, 419.
150	11. Aug. 1920	Ges. betr. Aenderung des Ges. über die Postgebühren (RGBl. 1575) s. a 101.
151	12. Aug. 1920	Ges. zur Ergänzung des Ges. über den Wiederbeginn u. den Ablauf von Fristen v. 3. April 1920 (RGBl. 1571) s. a 87.
152	17. Aug. 1920	Ges. betr. Aufhebung der Militärgerichtsbarkeit (RGBl. 1579), ändert auch das GVG. (s. a 89), das MilStGB. (s. a 697), die StPO., die ZPO., das Ges. über die Entschädigung der im Wiederaufnahmeverf. Freigesprochenen v. 20. Mai 1898 u. das Ges. betr. die Entschädigung für unschuldig erlittene Untersuchungshaft v. 14. Juli 1904, seinerseits geänd. s. a 191, 659; d 23.
153	18. Aug. 1920	Ges. über die Aenderung des § 21 Abs. 2 des Umsatzsteuerges. (RGBl. 1607) s. a 67, 330.
154	21. Aug. 1920	Ges. über die Abschaffung der allg. Wehrpflicht u. die Regelung der Dauer der Dienstverpflichtung (RGBl. 1608), aufgeh. s. a 199.
155	23. Aug. 1920	Ges. betr. das vorläuf. Abkommen über die Wiederaufnahme der Beziehungen zw. Deutschland u. Lettland (RGBl. 1923, 1711).
156	22. Okt. 1920	Ges. betr. die Verlängerung der Kündigungsbeschränkung zugunsten Schwerbeschädigter (RGBl. 1787 u. 1921, 174) s. a 88, 317.

Nr.	Datum des Gesetzes	Name des Gesetzes
157	22. Nov. 1920	Ges. betr. das deutsch-französische Abkommen über elsass-lothr. Rechtsangelegenheiten (RGBl. 1995).
158	25. Nov. 1920	Ges. betr Genehmigung von Rechtspflegehandlungen im westpreuss. Abstimmungsgebiete (RGBl. 2019).
159	27. Nov. 1920	Ges. betr. Oberschlesien (RGBl. 1987) s. a 32.
160	9. Dez. 1920	Ges. über das Abkommen zw. Deutschl. u. der Schweiz betr. schweiz. Goldhypotheken in Deutschl. u. gewisse Arten von Frankenforderungen an deutsche Schuldner (RGBl. 2023), Ratifikation RGBl. 1921, 30; s. a* 52.
161	17. Dez. 1920	Ges. betr Aenderungen des BesoldGes. (RGBl. 2075) s. a 103, 262.
162	17. Dez. 1920	Ges. betr. Verlängerung der Geltungsdauer der VO. betr die Verwertung von Militärgut (RGBl. 2161) s. c 1; a 283; aufgehoben a 485.
163	18. Dez. 1920	Ges. über Verschärfung der Strafen gegen Schleichhandel, Preistreib. u. verbotene Ausfuhr lebenswichtiger Gegenstände (RGBl. 2107) s. c 27, a 464, 738.
164	21. Dez. 1920	Pensionsergänzungsges. (RGBl. 2109); ändert auch das Beamtenhinterbliebenenges. u. das Militärhinterbliebenenges. v 17. Mai 1907; seiners. geänd. a 323, 324, 506, 563, 621, e 1.
165	21. Dez. 1920	Ges. zur Sicherung einer einheitlichen Regelung der Beamtenbesoldung (RGBl. 2117), geänd. a 473, 516, 620, d 23.
166	22. Dez. 1920	Ges. betr. beschleunigte Veranlagung u. Erhebung des Reichsnotopfers (RGBl. 2114) s. a 68, 107, geänd. s. a 237.
167	22. Dez. 1920	Ges. zum Schutze der Kriegsteilnehmer gegen Zwangsvollstreckungen (RGBl. 2161) s. c 5, 33, 91.
168	22. Dez. 1920	Ges. betr. die Ein- u. Ausfuhr von Kriegsgerät (RGBl. 2167); geänd. s. a 221.
169	22. Dez. 1920	Ges. betr. Verlängerung der Verjährungsfrist des SeeversichRechts (RGBl. 2170) s. c 3; a 277.
170	22. Dez. 1920	Ges. betr. verschiedene Vereinbar. zwischen Deutschland, Oesterreich, Ungarn u. Böhmen (RGBl. 2227; 1921, 85; RGBl. 1922 II 769) s. a* 97, 163.
171	23. Dez. 1920	Ges. über Abänderung des Börsengesetzes v. 22. Juni 1896 in der Fassung v. 27. Mai 1918 (RGB. 2317), s. a 292.
172	23. Dez. 1920	Ges. betr. die Erstattung der von den Ländern u. Gemeinden den Beamten in den besetzten Gebieten bezahlten Wirtschaftsbeihilfen (RGBl. 1921, 1).

Nr.	Datum des Gesetzes	Name des Gesetzes
173	24. Dez. 1920	Ges. gegen die Kapitalflucht (RGBl. 1921, 33), Berichtigung (RGBl. 1921, 82) s. a 43; c 97; geänd. a 232, 284, 315, 437.
174	26. Dez. 1920	Ges. über eine ausserord. Beihilfe für Empfänger von Renten aus der Invalidenversicherung (RGBl. 2315) s. a 124; geänd. s. a 206; aufgeh. s. a 256.
175	30. Dez. 1920	Ges. zur Ergänzung des § 47 des Reichsausgleichsges. (RGBl. 2315) s. a 94.
176	30. Dez. 1920	Ges. zur Ausführung des Internat. Opiumabkommens (RGBl. 1921, 2), geänd. durch Art. IV der VO. v. 13. Juli 1923 (RGBl. 699); weiter geänd. a 587.
177	30. Dez. 1920	Ges. betr. die Anmeldepflicht des zur Durchführung des Art. 202 des Friedensvertrags beschlagnahmten Luftfahrzeuggeräts (RGBl. 1921, 43), geänd. s. a 239.
178	30. Dez. 1920	Ges. zur Verlängerung der Zuckerungsfrist für die Weine des Jahrg. 1920 (RGBl. 1921, 53).
179	31. Dez. 1920	Ges. betr. den Vertrag zwischen Deutschland u. den Niederlanden über Kredit u. Steinkohlen (RGBl. 1921, 55 u. 74).
180	31. Dez. 1920	Ges. betr. Verlängerung der im § 105 des Betriebsrätegес. vorgesehenen Frist (RGBl. 1921, 81) s. a 76, 491.
181	30. Jan. 1921	Ges. betr. den Vertrag zwischen Deutschland u. Danzig über die Regelung von Optionsfragen (RGBl. 186).
182	5. Febr. 1921	Ges. über die Betriebsbilanz u. die Betriebsgewinn- u. -verlustrechnung (RGBl. 159) s. a 76.
183	5. Febr. 1921	Ges. betr. Abweichungen vom Biersteuerges. v. 26. Juli 1918 (RGBl. 147), s. a 267.
184	5. Febr. 1921	Ges. betr. die Abgabe von Versicherungen an Eides Statt zur Geltendmachung von Rechten u. Interessen im Ausland (RGBl. 167).
185	6. Febr. 1921	Ges. üb. d. Erlass v. Verordnungen für die Zwecke der Uebergangswirtschaft (RGBl. 139) s. a 140.
186	12. Febr. 1921	Ges. betr. die vorläufige Förderung des Wohnungsbaues (RGBl. 175); geänd. durch Ges. v. 28. April 1921 (RGBl. 489).
187	14. Febr. 1921	Ges. betr. das deutsch-franz. Abkommen über die Zahlung der elsass-lothring. Pensionen (RGBl. 176).
188	21. Febr. 1921	Ges. betr. die Ueberleitung der Rechtspflege in den Kreisen Eupen u. Malmedy (RGBl. 197).
189	3. März 1921	Ges. betr. Aenderung der Bek. über die Geltendmachung von Hypotheken-, Grundschulden u. Rentenschulden v. 8. Juni 1916 (RGBl. 211); aufgeh. durch VO. v. 18. Juli 1925 (RGBl. 154).

Nr.	Datum des Gesetzes	Name des Gesetzes
190	5. März 1921	Ges. betr. die zeitweise Aussetzung u. Erhebung der Verkehrssteuer für die Beförderung auf Wasserstrassen (RGBl. 225), s. a 715.
191	11. März 1921	Ges. zur Entlastung der Gerichte (RGBl. 229); ändert auch das GVG., die EntlastungsVO. v. 18. Mai 1916, die StPO., das Ges. gegen den Verrat militär. Geheimnisse v. 3. Juni 1914, das Ges. betr. Aufhebung der Militärgerichtsbarkeit, s. a 152; geänd. a 478.
192	19. März 1921	Ges. betr. die Verlängerung der Gültigkeitsdauer des Kohlensteuerges. v. 8. April 1917 (RGBl. 325) s. a 139, 223.
193	21. März 1921	Ges. betr. die Kontrolle der Kriegsrechnungen (RGBl. 439).
194	22. März 1921	Ges. zur Durchführung der Art. 177, 178 des Friedensvertrags (RGBl. 235).
195	22. März 1921	Ges. über Postgebühren (RGBl. 237) s. a 101; aufgeh. s. a 278.
196	22. März 1921	Ges. über den Zeitpunkt der Inkraftsetzung der vom Weltpostkongress in Madrid beschlossenen Auslandspostgebühren (RGBl. 241) mit VO. v. 27. März 1921 (RGBl. 246).
197	22. März 1921	Ges. zur Aenderung des Postscheckges. v. 26. März 1914 (RGBl. 242) s. a 41; Neufassung des Postscheckges. (RGBl. 247); geänd. s. a 279, 462, 564, 583, d 14.
198	22. März 1921	Ges. betr. Aenderung der Telegraphengebühren (RGBl. 243) s. a 110; geänd. s. a 280.
199	23. März 1921	Wehrgesetz (RGBl. 329 mit 960); ändert auch das MilitärStGB. v. 20. Juni 1872 (s. a 697), die ZPO., das RBeamtG. v. 31. März 1873 (s. a 103, 253), das SchutztruppenG. v. 18. Juli 1896, das Wehrges. f. d. Schutzgebiete v. 22. Juli 1913; aufgeh. werden die Ges. v. 9. Nov. 1867; 2. Mai 1874; 15. Febr. 1875; 6. Mai 1880; 31. März 1885; 11. Febr. 1888; 27. Januar 1890; 8. Febr. 1890; 26. Mai 1893; 3. Aug. 1893; 25. März 1899; 15. April 1905; 27. März 1911; 14. Juni 1912; 27. Juni 1912; 3. Juli 1913 Art. I; 22. Juli 1913; 21. Aug. 1920. Seinerseits geänd. s. a 216, 398.
200	24. März 1921	Ges. zur Aend. des Einkommensteuerges. (RGBl. 313) s. a 80, 137; geänd. s. a 241, 441.
201	24. März 1921	Ges. über die Vertretung der Länder im Reichsrat (RGBl. 440) s. a 32.
202	24. März 1921	Ges. über Abänderung des § 11 Abs. 2 der Reichsabgabenordn. (RGBl. 447) s. a 62.
203	25. März 1921	Ges. wegen Aenderung des Zündwarensteuerges. (RGBl. 313) s. a 48, 332; grösstenteils aufgeh. a 531.

Nr.	Datum des Gesetzes	Name des Gesetzes
204	26. März 1921	Ges. über vorläufige Zahlungen auf die Körperschaftssteuer (RGBl. 342) s. a 81, 328.
205	26. März 1921	Ges. zur Durchführung der Art. 169, 192, 202 u. 238 des Friedensvertrags (RGBl. 448).
206	7. April 1921	Ges. zur Aend. des Ges. über eine ausserord. Beihilfe für Empfänger von Renten aus der Invalidenversich. (RGBl. 2315) s. a 174; Neufassung v. 11. April 1921 (RGBl. 473), aufgeh. a 256.
207	11. April 1921	Ges. betr. Aenderungen in der Unfallversicherung (RGBl. 467), ändert auch die RVersO.; s. c 74, seiners. geänd. a 291, 343, 405.
208	28. April 1921	Ges. betr. die Verfügung über Gold (RGBl. 489).
209	2. Mai 1921	Ges. über die Prüfung u. Beglaubigung von Fieberthermometern (RGBl. 495); Neufassung a 602.
210	9. Mai 1921	Ges. betr. die Aenderung des Bankges. v. 14. März 1875 (RGBl. 508) s. a 210; d 53.
211	12. Mai 1921	Ges. zur weiteren Ergänzung des Ges. zur Verfolgung von Kriegsverbrechen u. Kriegsvergehen (RGBl. 508) s. a 65, 77.
212	12. Mai 1921	Ges. betr. die vorläufige Neuaufstellung des Ortsklassenverzeichnisses (RGBl. 513), änd. auch das BesoldGes. v. 15. Juli 1909; aufgehob. a 299.
213	15. Mai 1921	Ges. betr. die Beendigung des Kriegszustandes zwischen Deutschland u. Costa Rica (RGBl. 691).
214	19. Mai 1921	Ges. betr. Aend. des Eisenbahn-Postges. v. 20. Dez. 1875 (RGBl. 711); s. a 583.
215	28. Mai 1921	Ges. über das deutsch-böhmische Abkommen betr. Ueberleitung der Rechtspflege im Hultschiner Lande v. 28. März 1921 (RGBl. 723 u. 824).
216	18. Juni 1921	Ges. zur Aenderung des Wehrges. (RGBl. 787) s. a 199.
217	21. Juni 1921	Ges. über Regelung des Verkehrs mit Getreide (RGBl. 737) s. c 38; a 301, 373, 374.
218	21. Juni 1921	Ges. über vorübergehende Aufhebung von Zöllen (RGBl. 757), s. a 379, 508.
219	25. Juni 1921	Ges. betr. das deutsch-brit. Abkommen über die Durchführung des Tl. X Abschn. IV des Fried.-Vertrags (RGBl. 777 u. 824).
220	26. Juni 1921	Ges. über die Ausgabe von Schuldverschreibungen zur Ausführung des Zahlungsplans der Reparationskommission (RGBl. 761).
221	26. Juni 1921	Ges. zur Abänderung des Ges. betr. Ein- u. Ausfuhr von Kriegsgerät (RGBl. 767) s. a 168; aufgeh. a 796.
222	26. Juni 1921	Ges. über die Erhebung einer Abgabe zur Förderung des Wohnungsbaus (RGBl. 773); geänd.

Nr.	Datum des Gesetzes	Name des Gesetzes
		durch Ges. v. 6. März 1922 (RGBl. 235); ferner beide nach a 480.
223	27. Juni 1921	Ges. über Verlängerung der Gültigkeitsdauer des Kohlensteuerges. (RGBl. 766) s. a 139, 192; aufgeh. a 331.
224	27. Juni 1921	Ges. über den Volksentscheid (RGBl. 790), geänd. a 579.
225	27. Juni 1921	Ges. betr. das deutsch-franz. Abkommen über Erstattung der von Elsass-Lothr. geleisteten Kriegsausgaben (RGBl. 812).
226	29. Juni 1921	Ges. zw. Deutschl. u. den alliierten Hauptmächten über die Festsetzung einiger Abschnitte der Grenzen des Saargebiets (RGBl. 809).
227	29. Juni 1921	Ges. über die Beschränkung des Luftfahrzeugbaus (RGBl. 789); aufgeh. a 719.
228	29. Juni 1921	Ges. betr. Aend. des GKG. (RGBl. 797); s. a 64, 435.
229	1. Juli 1921	Ges. betr. Ueberleitung von Rechtsangelegenheiten der Konsulargerichtsbarkeit (RGBl. 805).
230	1. Juli 1921	Ges. über die Auslandsbehörden nebst Tarif (RGBl. 815), geänd. a 570.
231	2. Juli 1921	Ges. über den Waffengebrauch des Grenzaufsichtspersonals der Reichsfinanzverw. (RGBl. 935).
232	4. Juli 1921	Ges. betr. Aend. des Kapitalfluchtges. (RGBl. 808) s. a 173, 284, 315.
233	4. Juli 1921	Ges. über eine erhöhte Anrechnung der während des Krieges zurückgelegten Dienstzeit (RGBl. 825).
234	5. Juli 1921	Ges. betr. die deutsch-chines. Vereinbarungen über die Wiederherstellung d. Friedenszustandes (RGBl. 829 mit 960).
235	6. Juli 1921	Ges. betr. die patentamtl. Gebühren (RGBl. 826) s. a 130; aufgeh. a* 12.
236	6. Juli 1921	Ges. zur Sicherung von gewerbl. Schutzrechten deutscher Reichsangehöriger im Ausland (RGBl. 828).
237	6. Juli 1921	Ges. zur Abänderung der Ges. über das Reichsnotopfer u. die Kriegsabgabe vom Vermögenszuwachse (RGBl. 838) s. a 68, 166; 46, 326.
238	8. Juli 1921	Ges. betr. die Gebühren der Rechtsanwälte u. der Gerichtsvollz. (RGBl. 910) s. a 64, 431, 559; aufgeh. a 559.
239	9. Juli 1921	Ges. über Anmeldung des zur Durchführung des Art. 202 des Friedensvertr. beschlagnahmten Luftfahrzeuggeräts (RGBl. 850) s. a 177.
240	9. Juli 1921	Ges. über den Staatsgerichtshof (RGBl. 905).
241	11. Juli 1921	Ges. über die Einkommensteuer vom Arbeitslohn (RGBl. 845) s. a 80, 200, 281, 441.

Nr.	Datum des Gesetzes	Name des Gesetzes
242	11. Juli 1921	Fernsprechgebührenges. (RGBl. 913), geänd. a 486; aufgeh. a 556.
243	11. Juli 1921	Ges. betr. Verlängerung der Geltungsdauer des Ges. über Massnahmen gegen Wohnungsmangel (RGBl. 933) s. a 117, 314, 476, 501, 522, 548; c 8.
244	12. Juli 1921	Ges. zur Ueberwachung des Verkehrs mit Postpaketen (RGBl. 939).
245	12. Juli 1921	Ges. betr. Neuregelung der in §§ 68, 74 a, 75 HGB. u. § 133 a GewO. vorgesehenen Gehaltsgrenzen (RGBl. 927); s. a 304, 404.
246	12. Juli 1921	Ges. betr. das Abkommen zw. Deutschl., Danzig u. Polen über den freien Durchgangsverkehr zw. Ostpreussen u. dem übrigen Deutschland (RGBl. 1069).
247	13. Juli 1921	Ges. betr. die Metallreserven der Privatnotenbanken (RGBl. 937) s. a 63; ändert auch das Bankges. v. 14. März 1875; seiners. geänd. a* 21 38, 83.
248	15. Juli 1921	Ges. über die Abwicklung von Kriegsgesellschaften u. Kriegsorganisationen (RGBl. 942).
249	15. Juli 1921	Ges. über religiöse Kindererziehung (RGBl. 939); ändert auch das EG. BGB.
250	16. Juli 1921	Ges. betr. Verlängerung der Geltungsdauer der VO. über Sammelheizungs- u. Warmwasserversorgungsanlagen in Mieträumen (RGBl. 941) s. c 9 u. 103; a 314.
251	18. Juli 1921	Ges. betr. die Verläng. der Frist zur Anmeldung der Ford. im AusgleichsVerf. (RGBl. 1188).
252	18. Juli 1921	Ges. über die Versorgung der vor dem 1. Aug. 1914 aus der Wehrmacht ausgeschiedenen Militärpersonen u. ihrer Hinterbliebenen (Altrentnerges.) (RGBl. 953), geänd. a 510, 648; d 23; e 53.
253	19. Juli 1921	Ges. betr. Aend. des Reichsbeamtenges. (RGBl. 938), geänd. s. a 199, 271.
254	20. Juli 1921	Ges. betr. das deutsch-belg. Abk. zu Art. 312 des FriedVertr. (RGBl. 1177).
255	23. Juli 1921	Ges. über Aend. des VersichG. für Angestellte (RGBl. 1173) s. a 128; änd. auch AngestVersG. v. 20. Dez. 1911; seiners. geänd. s. a 275; s. auch a 350.
256	23. Juli 1921	Ges. über anderweite Festsetzung der Leistungen u. der Beiträge in der Invalidenversich. (RGBl. 984); ändert die RVO.; s. a 124, 174, 206; geänd. s. a 422.
257	25. Juli 1921	Ges. über die Zuziehung von Hilfsrichtern zum RFinanzhof (RGBl. 1193) s. a 62.

Nr.	Datum des Gesetzes	Name des Gesetzes
258	27. Juli 1921	Ges. zur Ergänzung des Ges. über die Entschädigung der Mitglieder des Reichstags (RGBl. 957) s. a 136, 294.
259	28. Juli 1921	Ges. über den Ersatz von Kriegsschäden im Ausland (Auslandsschädenges.) (RGBl. 1038) s. a 425, 515; d 25.
260	28. Juli 1921	Ges. über den Eratz der durch die Abtretung deutscher Reichsgebiete entstandenen Schäden (Verdrängungsschädenges.) (RGBl. 1021 u. 1280) s. a 425, 515; d 25.
261	28. Juli 1921	Ges. über den Ersatz von Kriegsschäden in den ehem. deutschen Schutzgebieten (Kolonialschädenges.) (RGBl. 1031) s. a 425, 515; d 25.
262	29. Juli 1921	Ges. betr. Aenderung des BesoldGes. (RGBl. 1172) s. a 103, 161, 271.
263	29. Juli 1921	Ges. betr. Wochenhilfe u. Wochenfürsorge (RGBl. 1189), änd. auch die RVO.; s. a 56, 106, 290, 347, 357, 360.
264	29. Juli 1921	Ges. über den Staatsvertrag betr. Uebergang der Wasserstrassen von den Ländern auf das Reich (RGBl. 961) mit Ergänzung v. 18. Febr. 1922 (RGBl. 222).
265	30. Juli 1921	Ges. über die Festsetzung von Entschädigungen u. Vergütungen für Schäden aus Anlass des Kriegs u. des Friedensschlusses (Entschädigungsordnung) (RGBl. 1046), geänd. a 515; e 57.
266	4. Aug. 1921	Ges. über die Versorgung der Angehör. des Reichsheers u. der Reichsmarine sowie ihrer Hinterbliebenen (Wehrmachtversorgungsges.) (RGBl. 993); seiners. geänd. a 324, 506, 509, 649 (auch Neufassung); d 23.
267	5. Okt. 1921	Ges. über Verläng. der Gültigkeitsdauer des Ges. betr. Abweichungen v. Biersteuerges. v. 26. Juli 1918 (RGBl. 1281) mit VO. v. 6. März 1922 (RGBl. 236) s. a 183.
268	20. Okt. 1921	Ges. betr. den Vertrag zw. Deutschl. u. den Vereinigten Staaten v. Amerika v. 25. Aug. 1921 (RGBl. 1317 u. 1369).
269	25. Okt. 1921	Ges. betr. die Verpflichtung zur Auskunft über militärfiskalische Gelder u. zu deren Herausgabe (RGBl. 1327 u. 1373).
270	7. Nov. 1921	Ges. über die Erhöhung der Börsenumsatzsteuer (RGBl. 1331); geänd. a 329.
271	21. Nov. 1921	Dritte Ergänzung des Besoldungsges. (RGBl. 1365) s. a 103, 262, ändert auch das RBeamtenGes. (s. a 253, 376), das BeamtenHinterblGes. v. 17. Mai 1907 u. das MilHinterblGes. v. 17. Mai 1907; s. weiter a 293, 416.

Nr.	Datum des Gesetzes	Name des Gesetzes
272	23. Nov. 1921	Ges. über die Weltpostvereinsverträge u. den strafrechtlichen Schutz v. Freistempelabdrücken (RGBl. 1375).
273	1. Dez. 1921	Ges. zur Abänd. der Bek. v. 22. März 1917 über ausländ. Wertpapiere (RGBl. 1577) s. a 7.
274	7. Dez. 1921	Ges. über Notstandsmassnahmen zur Unterstützung von Rentenempfängern der Invaliden- u. der Angestelltenversich. (RGBl. 1533); geänd. a 348, 391; teilw. Neufassung RGBl. 1922, 675; wieder geänd. s. a 481; aufgeh. e 53.
275	13. Dez. 1921	Ges. zur Ergänzung des AbändGes. zum AngestVersichG. (RGBl. 1578), änd. auch das AngestVersichG. v. 20. Dez. 1911 s. a 128, 255, 363.
276	16. Dez. 1921	Ges. betr. Aenderung der AbgeltungsVO. (RGBl. 1578) s. c 30, a 427.
277	17. Dez. 1921	Ges. über die weitere Verlängerung der VerjährFristen des Seeversicherungsrechts (RGBl. 1606); ändert das HGB. s. a 169.
278	19. Dez. 1921	Ges. über Postgebühren (RGBl. 1593) s. a 195, geänd. a 555.
279	19. Dez. 1921	Ges. zur Aend. des Postscheckges. (RGBl. 1597) s. a 197, geänd. a 462, 555.
280	19. Dez. 1921	Ges. zur Aend. der Telegraphengebühren (RGBl. 1598) s. a 110, 198, geänd. a 555, 583.
281	20. Dez. 1921	Ges. zur Aend. des EinkSteuerGes. (RGBl. 1580) s. a 80, 241, 395, 441.
282	21. Dez. 1921	Ges. zur Erweiterung des Anwendungsgebiets der Geldstr. u. zur Einschränkung der kurzen Freiheitsstrafen (RGBl. 1604); ändert auch das StGB.; seiners. geänd. a 489; ersetzt e 22.
283	22. Dez. 1921	Ges. betr. die VO. v. 23. Mai 1919, betr. die Verwertung von Militärgut (RGBl. 1606) s. a 162; aufgeh. a 485.
284	22. Dez. 1921	Ges. über die Geltungsdauer des Ges. gegen die Kapitalflucht (RGBl. 1607) s. a 173, 232, 315.
285	22. Dez. 1921	Ges. zur Abänd. des Tabaksteuerges. (RGBl. 1922, 1) s. a 53, 332.
286	23. Dez. 1921	Ges. betr. Aend. der VO. über Lohnpfändung (RGBl. 1657); ändert auch die ZPO. u. das LohnbeschlagnGes. v. 21. Juni 1869 s. c 7, a 149, 419, 574, 743.
287	23. Dez. 1921	Ges. betr. die Pfändbarkeit von Gehaltsansprüchen (RGBl. 1658), ändert auch die ZPO.
288	24. Dez. 1921	Ges. betr. die Wahlen nach der RVersOrdn. (RGBl. 1922, 1).
289	28. Dez. 1921	Ges. über VersichPflicht, VersBerechtigung u. Grundlöhne in der Krankenversich. (RGBl. 1922, 5); ändert auch die RVersichOrdn. s. c 60, a 357, 358.

Nr.	Datum des Gesetzes	Name des Gesetzes
290	28. Dez. 1921	Ges. betr Wochenhilfe u. Wochenfürsorge (RGBl. 1922, 7), ändert auch die RVersichO. s. a 263, auch a 106, 347, 360.
291	28. Dez. 1921	Ges. über Neuregelung der Zulagen in der Unfallversich. (RGBl. 1922, 7) s. a 207, c 74; seiners. geänd. a 343, 356, 459, 518.
292	28. Dez. 1921	Ges. über Abänd. des Börsengesetzes v. 22. Juni 1896 / 27. Mai 1908 (RGBl. 1922, 25) s. a 171.
293	30. Dez. 1921	Vierte Ergänzung des BesoldGes. (RGBl. 1922, 10 u. 462) s. a 103, 271, 299.
294	30. Dez. 1921	Ges. zur Ergänz. des Ges. über die Entschäd. der Mitgl. des Reichstags (RGBl. 1922, 25) s. a 136, 258, aufgeh. a* 1.
295	30. Dez. 1921	Ges. betr die Anlegung des Prämienreservefonds privater VersUnternehmungen (RGBl. 1922, 42), ändert auch das Ges. über die privaten VersichUnternehmungen; s. a 546; c 65.
296	9. Jan. 1922	Ges. über das deutsch-dänische Abkommen betr. die Ueberleitung der Rechtspflege im nordschlesw. Abtretungsgebiet (RGBl. 45 u. 191).
297	10. Jan. 1922	Ges. über das Verfahren in Versorgungssachen (RGBl. 59), ändert auch die RVersichOrdn.; s. a 122, 123, geänd. s. a 438, 595, 751, d 23, e 33.
298	11. Jan. 1922	Ges. betr. die Rechtsverhältnisse der ehemaligen elsass-lothr. Beamten (RGBl. 29).
299	13. Jan. 1922	Fünfte Ergänzung des BesoldungsGes. (RGBl. 87, Berichtigung RGBl. 267 u. Tl. II 666), s. a 103, 293, 323, 212; ändert auch das BesoldungsGes. v. 30. Juli 1909.
300	14. Jan. 1922	Ges. zur Abänd. des Gewerbegerichtsges. u. des KaufmGerichtsG. (RGBl. 155) s. c 78, 101, a 424, 470, aufgeh. a 749.
301	16. Jan. 1922	Ges. betr. Abänd. des Ges. über die Regelung des Verkehrs mit Getreide (RGBl. 189) s. a 217.
302	2. Febr. 1922	Ges. über den Verkehr mit ausländ. Zahlungsmitteln (RGBl. 195, Berichtigung 216).
303	5. Febr. 1922	Ges. betr die Entschädigung der zur Auswahl der Schöffen u. Geschworenen berufenen Vertrauensmänner (RGBl. 207), änd. auch das GVG.
304	15. Febr. 1922	Ges. über die Entsendung von Betriebsratsmitgliedern in den Aufsichtsrat (RGBl. 209); ändert auch das HGB., s. a 245, 404.
305	28. Febr. 1922	Ges. über den deutsch-schweiz. Schiedsgerichts- u. Vergleichsvertrag (RGBl. 217).
306	28. Febr. 1922	Ges. über weitere Zulassung von Hilfsmitgliedern im Reichspatentamt (RGBl. 229) s. a 6, 610.
307	1. März 1922	Schutzges. für die Posener Landschaft (RGBl. 228).

Nr.	Datum des Gesetzes	Name des Gesetzes
308	4. März 1922	Ges. betr den Kassenbestand der Reichsbank (RGBl. 235), ändert auch das Bankges. v. 14. März 1875, s. a 63, a* 5.
309	8. März 1922	Ges. betr den Vertrag zwischen Deutschl. u. Oesterreich in Ansehung Kriegsbeschädigter u. Kriegshinterbliebener (RGBl. 233).
310	8. März 1922	Ges. zur Vereinfach. des Aufgebotsverfahrens (RGBl. 269); ändert auch die Zivilprozessordn. (s. a 418) u. die Reichsschuldenordnung v. 19. März 1900.
311	10. März 1922	Ges. über vorübergehende Rechtspflegemassnahmen im Hinblick auf das Saargebiet (RGBl. 241).
312	10. März 1922	Ges. betr Aend. der GebO. für Zeugen u. Sachverst. mit Neufassung v 13. März 1922 (RGBl. 241, 243) s. c 19, 83, geänd. s. a 415; Neufassung a 671.
313	18. März 1922	Ges. zur Ueberleitung des Rechtszustands in Oberschlesien (RGBl. 281).
314	20. März 1922	Ges. über Veräng der Geltungsdauer des Wohnungsmangelges. u. der SammelheizungsVO. (RGBl. 279) s. a 117, 243, 370, 548; c 9, 103; a 250.
315	22. März 1922	Ges. zur Abänderung des Ges. gegen die Kapitalflucht (RGBl. 282) s. a 173, 232, 284, 437.
316	24. März 1922	Reichsmietenges. (RGBl. 273, Berichtigung 833) s. c 9, 103, geänd. a 712, 729, 780.
317	24. März 1922	Ges. über Kundigungsbeschränkung zugunsten Schwerbeschädigter (RGBl. 279) s. a 88, 156.
318	24. März 1922	Ges. über die Vereinigung von Pyrmont mit Preussen (RGBl. 281).
319	30. März 1922	Ges. über Verlängerung der Geltungsdauer von DemobilmachungsVO.en (RGBl. 285), geänd. s. a 413, 417, 474, d 28.
320	30. März 1922	Ges. betr den Vertrag zum Abschluss der endgültigen Donauakte (RGBl. 287).
321	1. April 1922	Ges. betr elsass-lothr Angelegenheiten (RGBl. 327).
322	5. April 1922	Ges. betr. Aufhebung vorübergehender Zollerleichterungen (RGBl. 328).
323	6. April 1922	Sechste Ergänzung des BesoldGes. (RGBl. 331) s. a 103, 299, 416, 164, a* 31, 32, 34, 39, 44.
324	7. April 1922	Ges. zur Aend. des PensionsergänzGes. u. des Wehrmachtversorgungsges. (RGBl. 328) s. a 164, 266, ändert auch das BeamtenhinterbliebenenGes. v. 17 Mai 1907 u. das MilitärhinterbliebGes. v. 17. Mai 1907.

Nr.	Datum des Gesetzes	Name des Gesetzes
325	8. April 1922	Ges. über Aenderungen im Finanzwesen (Zwangsanleihe) (RGBl. 335, Berichtigung 480).
326	8. April 1922	Vermögenssteuerges. (RGBl. 335) s. a 68, 237; geänd. a 394, 472, 527, 629, 633, e 4.
327	8. April 1922	VermögenszuwachssteuerG. (RGBl. 346); hebt auch das BesitzsteuerG. v 3. Juli 1913 auf.
328	8. April 1922	Ges. zur Aend. des KörperschaftssteuerG. (RGBl. 351) s. a 81, 204; 79; Neufassung RGBl. 1922, 472.
329	8. April 1922	KapitalverkehrssteuerG. (RGBl. 354, Berichtigung RGBl. 1923, 274), ändert auch das RStempelG. v. 3. Juli 1913 / 26. Juli 1918, s. a 270, geänd. s. a 472, 525, 654, 660, e 4, 59.
330	8. April 1922	Ges. betr die Abänd. des UmsatzsteuerG. (RGBl. 373, 480) s. a 67, 153, 336, 426, 520, e 4.
331	8. April 1922	Ges. über Aend. des KohlensteuerG. v 8. April 1917 (RGBl. 378) s. a 223.
332	8. April 1922	Ges. betr Erhöhung einzelner Verbrauchssteuern (RGBl. 380, 480); ändert auch das LeuchtmittelsteuerG v 15. Juli 1909, das BiersteuerG. v. 26. Juli 1918, das MineralwassersteuerG. v. 26. Juli 1918, im übrigen s. a 48, 203; 53, 285; geänd. hins. der Biersteuer a 527, hins. der Mineralwassersteuer a 550, hins. der Leuchtmittelsteuer a 530, hins. der Tabaksteuer a 661, s. ferner a 531; d 34.
333	8. April 1922	Ges. über Erhöhung von Zöllen (RGBl. 386).
334	8. April 1922	Ges. zur Abänd. des ZuckersteuerGes. v. 27. Mai 1896 / 6. Jan. 1903 (RGBl. 388); aufgeh. a 533.
335	8. April 1922	SüssstoffG. (RGBl. 390), hebt auch das SüssstoffG. v. 7. Juli 1902 auf; Inkrafttreten RGBl. 1922, 727, aufgeh. a 731
336	8. April 1922	Rennwett- u. Lotterieges. (RGBl. 393); hebt auch das Wettges. v 4. Juli 1905 auf u. ändert das Stempelges. v. 3. Juli 1913; s. auch a 67, 330, 337; geänd. s. a 472, e 4.
337	8. April 1922	KraftfahrzeugsteuerG. (RGBl. 396), ändert auch das Stempelges. v 3. Juli 1913, u. das Ges. über die Besteuerung des Personen- u. Güterverkehrs v. 8. April 1917 (s. hierzu a 472), hebt auf das Ges. v. 18. Mai 1918, betr die Stempelabg. für ausl. Kraftfahrzeuge; s. a 336, 338, seiners. geänd. a 447, 519, 700; e 4.
338	8. April 1922	VersicherungssteuerG. (RGBl. 400); ändert auch das RStempges. v. 3. Juli 1913; s. a 337, geänd. s. a 472, e 4.
339	8. April 1922	Ges. über das Branntweinmonopol (RGBl. 404); ändert auch den Zolltarif v. 25. Dez. 1902 u. das Ges. über das Branntweinmonopol v.

Nr.	Datum des Gesetzes	Name des Gesetzes
		26. Juli 1918; s. auch c 61; geänd. s. a 428, 460, 550, 782; e 4, 43.
340	12. April 1922	Ges. zur Aend. des Ges. über die Ausbildung von Kriegsteilnehmern zum Richteramt (RGBl. 439) s. a 23.
341	12. April 1922	Ges. zur Abänd. des Weinsteuerges. v. 26. Juli 1918 (RGBl. 439); hebt das Schaumweinsteuerges. v. 26. Juli 1918 auf; s. auch a 93; seiners. geänd. a 521, 635; d 22; e 36; aufgeh. a 657.
342	13. April 1922	Ges. über Aend. der Wahlen nach der RVersichO. (RGBl. 455); ändert die RVersichO.; seiners. geänd. a 766.
343	13. April 1922	Ges. über Aend. von Geldbeträgen in der UnfallVersich. (RGBl. 458); ändert die RVersichO.; s. auch a 207, 291, 356.
344	18. April 1922	Ges. zur Aend. der VO. über Massnahmen zur Sich. der Fleischversorg. (RGBl. 459) s. c 95; Neufassung letzterer als Ges. über die Fleischversorgung (RGBl. 160); aufgeh. das Ges. v. 8. Febr. 1909 betr. die Preisfeststellung beim Markthandel mit Schlachtvieh.
345	19. April 1922	Ges. über Sozialversich. in Ansehung des Saargebiets (RGBl. 462).
346	20. April 1922	Ges. zur Sicherung der ärztl. Versorgung bei Krankenkassen (RGBl. 463) s. a 121; ändert auch die RVersichO.
347	20. April 1922	Ges. über Wochenhilfe u. Wochenfürsorge (RGBl. 463) s. a 263, 290, 359.
348	24. April 1922	Ges. über Unterstützung von Rentenempfängern der Invaliden- u. Angestelltenversich. (RGBl. 464) s. a 274, 391; aufgeh. e 53.
349	25. April 1922	Ges. über Heranziehung der Frauen zum Schöffen- u. Geschworenenamte (RGBl. 465); änd. das GVG.
350	30. April 1922	Ges. über Versich. der Hausgewerbetreibenden (RGBl. 465, Berichtigung 480); ändert die RVersichO. u. das AngestelltenVersG. v. 20. Dez. 1911; s. a 255.
351	3. Mai 1922	Ges. über die Regelung der Einfuhr (RGBl. 479) s. c 57; geänd. e 48.
352	26. Mai 1922	Ges. über die Ausprägung von Ersatzmünzen im Nennbetrage von 1, 2, 3 u. 5 Mark (RGBl. 517), s. a 454.
353	31. Mai 1922	SoldatenversicherungsG. (RGBl. 542, Berichtigung 584); aufgeh. a 586; ändert auch die RVersichO. u. das AngestVersichG.
354	1. Juni 1922	Ges. zur Aend. des Vereinszollges. v. 1. Juli 1869 (RGBl. 495).
355	3. Juni 1922	Ges. über die Erhöhung der Verwaltungskostenbeiträge bei Tilgungsdarlehen (RGBl. 485).

Nr.	Datum des Gesetzes	Name des Gesetzes
356	3. Juni 1922	Ges. über Erhöhung der Zulagen in der Unfallversich. (RGBl. 506) s. a 291, 343, geänd. s. a 459.
357	9. Juni 1922	Ges. über VersichPflicht in der Krankenversicherung (RGBl. 497); änd. die RVersichO.; s. a 289.
358	9. Juni 1922	Ges. über Grundlöhne u. Vorstandswahl bei den Krankenkassen (RGBl. 498), änd. die RVersichO. s. a 289, 359, c 60.
359	9. Juni 1922	Ges. über Wochenhilfe (RGBl. 499); änd. die RVersichO.; s. a 347, 358, 366, 406.
360	9. Juni 1922	Ges. über Wochenfürsorge (RGBl. 502) s. a 56, 106, 263, 290; aufgeh. e 53.
361	9. Juni 1922	Ges. über Aend. von Geldbeträgen in der Sozialversicherung (RGBl. 504); geänd. s. a 479.
362	9. Juni 1922	Ges. zur Aend der VO. über die schiedsgerichtl. Erhöhung von Preisen bei Lief. v. elektr. Arbeit, Gas u. Leitungswasser (RGBl. 509) s. c 55 mit Neufassung S. 511.
363	11. Juni 1922	Ges. über vorläuf Umgestaltung der Angestelltenversicherung (RGBl. 505), ändert das Angest.-VersichG. v. 20. Dez. 1911 s. a 275, 422.
364	16. Juni 1922	Ges. z. Abänd. des Ges. über die Besteuer. der Dienstwohn. der Reichsbeamten v 31. Mai 1881 (RGBl. 517).
365	24. Juni 1922	Ges. über die Sicherung bewegl. Sachen in Schlesien (RGBl. 518); geänd. s. a 477
366	24. Juni 1922	Ges. über die Pauschbeträge für die Spruchsachen bei den OberversichAemtern (RGBl. 542), ändert auch die RVersichO., s. a 359, 367
367	24. Juni 1922	Ges. über Geldstrafen in der RVersichO. u. im VersichG. für Angestellte (RGBl. 566), ändert die RVersichO. u. das AngestelltenVersG. s. a 363, 366, 405.
368	26. Juni 1922	Ges. über Erhöhung der Bezüge aus der Unfallfürsorge für Gefangene (RGBl. 566); ändert das Ges. v. 30. Juni 1900 über Unfallfürs. für Gefangene.
369	27. Juni 1922	Schutzges. für die durch Abtretung von Gebieten an Polen betroffenen Schuldner (RGBl. 533).
370	28. Juni 1922	Ges. über Verlängerung der Geltungsdauer des Wohnungsmangelges. (RGBl. 529) s. a 117, 314, 476, 548.
371	29. Juni 1922	Ges. zur Verlängerung der Pachtschutzordnung (RGBl. 529, Berichtigung 882) mit Ges. v. 19. Mai 1922 (RGBl. 483) s. c 90, geänd. e 44; a 645.

Nr.	Datum des Gesetzes	Name des Gesetzes
372	1. Juli 1922	Ges. zur Aenderung des Ges., betr. die Erwerbs- u. Wirtschaftsgenossenschaften (RGBl. 567) s. c 84; a 492, 606, 676.
373	4. Juli 1922	Ges. über die Regelung des Verkehrs mit Getreide aus der Ernte 1922 (RGBl. 537) s. a 217.
374	4. Juli 1922	Ges. über die Regelung des Verkehrs mit Getreide aus der Ernte 1922 (RGBl. 549, Berichtigung 924), s. a 217; geänd. s. a 421, 513, d 2, 15.
375	4. Juli 1922	Ges. über die Entschädigung der Schöffen, Geschworenen u. Vertrauenspersonen (RGBl. 561); ändert auch das GVG.
376	4. Juli 1922	Ges. zur Aend. des § 91 des Reichsbeamtenges. (RGBl. 565) s. a 271, 398.
377	8. Juli 1922	Ges. zur Ausführung des Art. 18 der Reichsverfassung, betr. Gebietsänderung von Ländern (RGBl. 545), geänd. e 61.
378	8. Juli 1922	Ges. zur weiteren Entlastung der Gerichte (RGBl. 569, Berichtigung S. 717); ändert auch das GVG., die ZPO., die EntlastungsVO., die StPO. u. das GKG. s. a 435, 478.
379	8. Juli 1922	Ges. über Verlängerung der Geltungsdauer des Ges. über vorübergehende Herabsetzung oder Aufhebung von Zöllen (RGBl. 600) s. a 218, 508.
380	9. Juli 1922	Ges. zur Ueberleitung von Rechtsangelegenheiten der Schutzgebiete (RGBl. 571).
381	9. Juli 1922	Ges. betr. Abweichungen vom Biersteuerges. v 26. Juli 1918 (RGBl. 572, Berichtigung 692 u. 750); geänd. a 527, 541.
382	9. Juli 1922	Reichsges. für Jugendwohlfahrt (RGBl. 633); ändert auch das BGB. u. das EG. BGB.; s. a 383. Inkrafttreten RGBl. 1923, 554 u. 819; 1924, 110, für Bayern f 7, b 194, seiners. geänd. e 62.
383	9. Juli 1922	EinführGes. zum Reichsges. für Jugendwohlfahrt (RGBl. 647, 808) s. a 382; geänd. e 62.
384	11. Juli 1922	Ges. über Zulassung der Frauen zu den Aemtern u. Berufen der Rechtspflege (RGBl. 573), ändert auch das GVG., die ZPO., die StPO., das Ges. über die Angelegenheiten der freiw. Gerichtsbarkeit, die Rechtsanwaltsordnung (s. a 489).
385	12. Juli 1922	Ges. über die Vergütung von Leistungen für die bewaffnete deutsche Macht (RGBl. 626); ändert die Quartierleistungsgesetze v. 25. Juni 1868 (s. a 590) u. 21 Juni 1887, das Kriegsleistungsgesetz v. 13. Juni 1873 (s. a 584), die Naturalleistungsgesetze v. 24. Mai 1898 u. 9. Juni 1906 (a 598) u. die Ges. betr den Servistarif v. 17. Mai 1906 u. v. 6. Juli 1904.

Nr.	Datum des Gesetzes	Name des Gesetzes
386	15. Juli 1922	Personenschädenges. (RGBl. 620), ändert auch das Tumultschädenges. s. a 118; e 14; seiners. geänd. a 510, 648.
387	17. Juli 1922	Reichsges. über die Schutzpolizei der Länder (RGBl. 597); ändert auch die RVersO. u. das VersG. für Angestellte; aufgeh. a 728.
388	17. Juli 1922	Ges. über den Ersatz der durch die Besetzung deutschen Reichsgebiets verursachten Personenschäden (RGBl. 624, Berichtigung 711), geänd. e 26, 32, a 772, Neufassung a 772.
389	17. Juli 1922	Ges. über die Arbeitszeit im Bergbau unter Tage (RGBl. 628); aufgeh. e 6.
390	17. Juli 1922	Ges. über die Ausgabe u. Einlösung von Notgeld (RGBl. 693); geänd. d 21, e 2.
391	18. Juli 1922	Ges. über Bezüge von Sozialrentnern (RGBl. 649); ändert auch die RVersO. u. die Ges. unter a 274 u. 348.
392	18. Juli 1922	Ges. über die Neuregelung der statistischen Gebühr (RGBl. 671); ändert auch das Ges. über die Statistik des Warenverkehrs v. 7. Febr. 1906; aufgeh. e 35.
393	19. Juli 1922	Ges. über Kündigungsbeschränkung zugunsten Schwerbeschädigter (RGBl. 599); s. a 88.
394	20. Juli 1922	Ges. über die Zwangsanleihe (RGBl. 601); ändert auch das VermögenssteuerG. a 326, geänd. s. a 439, 513.
395	20. Juli 1922	Ges. zur Aend. des EinkommensteuerG. (RGBl. 607) s. a 80, 281, 441.
396	20. Juli 1922	Ges. zur Aend. des ErbschaftssteuerG. (RGBl. 610, Berichtigung S. 692) s. a 44, 82. Neufassung des Ges. RGBl. 1922, 695; diese geänd. s. a 472, 656, e 4.
397	21. Juli 1922	Ges. zum Schutze der Republik (RGBl. 585); ändert auch das StGB.; seiners. geänd. f 1, a 692, 718, 777
398	21. Juli 1922	Ges. über die Pflichten der Beamten zum Schutze der Republik (RGBl. 590); ändert das Reichsbeamtenges. (s. a 376, 416) u. das Wehrges. (s. a 199).
399	21. Juli 1922	Reichskriminalpolizeiges. (RGBl. 593).
400	21. Juli 1922	Ges. über Straffreiheit für polit. Straftaten (RGBl. 595).
401	21. Juli 1922	Ges. über Bereitstellung v. Mitteln zum Schutze der Republik (RGBl. 596).
402	21. Juli 1922	Ges. über Massnahmen gegen die wirtschaftl. Notlage der Presse (RGBl. 629); geänd. a 466, d 37, e 59.
403	21. Juli 1922	Ges. über Teuerungsmassnahmen für Militärrentner (RGBl. 650); aufgeh. a 510.

Nr.	Datum des Gesetzes	Name des Gesetzes
404	21. Juli 1922	Ges. zur Neuregelung der im § 68 Abs. 1, im § 74 a Abs. 2 S. 1 u. im § 75 b S. 2 des HGB., sowie im § 133 a, b Abs. 1 der GewO. vorgesehenen Gehaltsgrenzen (RGBl. 652); s. a 245, 304, 408, 436.
405	21. Juli 1922	Ges. über Aenderungen in der Seeunfallversicherung (RGBl. 653); ändert die RVersO. u. das Ges. v. 11. April 1921 (bei a 207) s. a 367, 406.
406	21. Juli 1922	Ges. über Aenderungen der RVersO. (RGBl. 654) s. a 405 u. 422, ändert auch das Ges. v. 9. Juni 1922 (bei a 359).
407	21. Juli 1922	Ges. über den Ausschluss eines Teiles des Kieler Hafens aus dem Zollgebiete (RGBl. 671).
408	22. Juli 1922	Arbeitsnachweisges. (RGBl. 657); ändert auch das Stellenvermittlerges. v. 2. Juni 1910 u. die VO. v. 5. Mai 1920 (bei c 73) u. die GewO. s. a 404, 429; seiners. geänd. d 30, e 56, a 694, aufgeh. a 795.
409	27 Juli 1922	Ges. betr. Lohnstatistik (RGBl. 656).
410	1. Aug. 1922	Luftverkehrsges. (RGBl. 681, Berichtigungen 722 u. 758); geänd. e 19, 20.
411	5. Aug. 1922	Ges. über die Ermächtigung zu vorübergehenden Zolländerungen (RGBl. 709); geänd. e 4.
412	11. Aug. 1922	Ges. über die Gebührenfreiheit bei Ueberführung von Kriegerleichen (RGBl. 710).
413	17. Aug. 1922	Ermächtigungsges. zum Ges. über Verlängerung der Geltungsdauer von Demobilmachungsverordnungen v. 1. April, richtig 30. März 1922 (RGBl. 717) s. a 319, 417.
414	24. Okt. 1922	Ges. zur Aenderung des Reichswahlges. (RGBl. 801) s. a 95, 579.
415	24. Okt. 1922	Ges. zur Aend. der GebO. für Zeugen u. Sachverständige (RGBl. 806) s. a 312, Neufassung a 671.
416	25. Okt. 1922	Siebente Ergänzung des Besoldungsges. (RGBl. 802, Berichtigung 882), geänd. a 506; ändert auch das Reichsbeamtenges. (s. a 398, 495), das Beamtenhinterbliebenenges., das Militärhinterbliebenenges., das Pensionsergänzungsges. u. das Unfallfürsorgeges. für Beamte u. Personen des Soldatenstandes s. a 103, 271, 323; Neufassung des BesoldGes. RGBl. 1922, 811 mit Berichtigung 847 u. RGBl. 1923, 62, geänd. a 500, 506, 542, 563, 626, 689, d 23; e 1, 52.
417	26. Okt. 1922	Ges. über Verlängerung der Geltungsdauer von Demobilmachungsverordnungen (RGBl. 802) s. a 319, 413, 474.

Nr.	Datum des Gesetzes	Name des Gesetzes
418	26. Okt. 1922	Ges. zur Aend. der Vorschriften über Pfändbarkeit von Gehaltsansprüchen (RGBl. 805), ändert auch die ZPO. s. a 310.
419	26. Okt. 1922	Ges. zur Aend. der VO. über Lohnpfändung (RGBl. 806) s. a 149, 286, c 7.
420	27. Okt. 1922	Ges. zur Aend. des Art. 180 der Reichsverfassung (RGBl. 801) s. a 32, 576.
421	27. Okt. 1922	Ges. zur Abänd. des Ges. über die Regelung des Verkehrs mit Getreide aus der Ernte 1922 (RGBl. 809) s. a 374; geänd. s. a 457.
422	10. Nov. 1922	Ges. über Aend. des VersGes. für Angestellte (s. a 363, 518) u. der RVersO. (RGBl. 849) s. a 406, 451, ändert auch das EG. RVersO. (s. a 767) u. das Ges. v 23. Juli 1921 (bei a 256), seiners. geänd. a 518, 536, d 33, e 40. Neufassung des AngestelltenversGes. v 28. Mai 1924 (RGBl. 563), wieder geänd. a 618, 647, 709, 766, 767
423	17. Nov. 1922	Ges. zur Verlängerung der Zuckerungsfrist der Weine des Jahrgangs 1922 (RGBl. 883) s. a 487
424	27. Nov. 1922	Ges. zur Abänd. des Gewerbegerichtsges. v. 29. Juli 1890 u. 30. Juni 1901 u. des Ges. betr. die Kaufmannsgerichte v. 6. Juli 1904 (RGBl. 887) s. a 300, 470, c 78, 101, aufgeh. a 749.
425	30. Nov. 1922	Ges. zur Abänd. des Verdrängungs-, des Kolonial- u. des Auslandsschädenges. v 28. Juli 1921 (RGBl. 888) s. a 261, 260, 259; seiners. geänd. a 515.
426	30. Nov. 1922	Ges. betr. Aend. des Umsatzsteuerges. (RGBl. 890) s. a 67, 330, 472, 520.
427	1. Dez. 1922	Ges. betr. Aend. des § 5 Abs. 7 der VO. über die Abgeltung von Ansprüchen gegen das Reich v 4. Dez. 1919 (RGBl. 897) s. c 30, a 276.
428	9. Dez. 1922	Ges. über Abänd. des Ges. über das Branntweinmonopol (RGBl. 913) s. a 339, 460, e 43.
429	9. Dez. 1922	Ges. betr. Aend. des § 68 RGewO. (RGBl. 929) s. a 408, 432.
430	13. Dez. 1922	Ges. über Aend. des Postges. (RGBl. 913) s. a 109, 505, 583, 607
431	14. Dez. 1922	Ges. zur Aend. der GebO. für Gerichtsvollz. (RGBl. 914) s. a 238; ändert auch die Ges. v. 18. Dez. 1919 (s. a 64) u. v. 8. Juli 1921 (s. a 238); Neufassung der GebO. RGBl. 1922, 917.
432	16. Dez. 1922	Ges. zur Abänd. der GewO. (RGBl. 927) s. a 429, 436.
433	18. Dez. 1922	Ausgleichszwischenges. (RGBl. 925) s. a 94; geänd. s. a 475; aufgeh. a 502.
434	18. Dez. 1922	Ges. über die privatrechtl. Verhältnisse von Genossenschaften zum Zwecke der Bodenverbesserung (RGBl. 928).

Nr.	Datum des Gesetzes	Name des Gesetzes
435	21. Dez. 1922	Ges. zur Aend. des Gerichtskostenges. (RGBl. 1923, 1 mit Berichtigung 66) s. a 228, 378; ändert auch die ZPO., die StPO., das Ges. betr. die privatrechtl. Verhältnisse der Binnenschiffahrt v. 20. Mai 1898, das Ges. betr. die privatrechtl. Verhältnisse der Flösserei v. 15. Juni 1895, die GebO. für Rechtsanwälte (zu dieser a 559); seiners. geänd. a 756. Neufassung des GKG. RGBl. 1923, 12; Berichtigung 1923, 66; letzteres geändert s. a 461, 756, e 58.
436	22. Dez. 1922	Ges. zur Neuregelung der im § 68 Abs. 1, im § 74 a Abs. 2 S. 1 u. im § 75 b S. 2 des HGB. sowie im § 133 a, b Abs. 1 der GewO. vorgesehenen Gehaltsgrenzen (RGBl. 967) s. a 404, 432, 464, 469.
437	22. Dez. 1922	Ges. zur Ergänzung u. Abänd. des Ges. gegen die Kapitalflucht (RGBl. 968) s. a 173, 315; Neufassung des Ges. RGBl. 1923, 91; diese geändert s. a 472, 627; d 39; e 4.
438	22. Dez. 1922	Ges. zur Aend. des Ges. über das Verfahren in Versorgungssachen (RGBl. 982) s. a 297; geänd. d 23, a 751.
439	22. Dez. 1922	Ges. zur Aend. des Ges. über die Zwangsanleihe (RGBl. 955) s. a 394.
440	23. Dez. 1922	Ges. zur Aend. des Ges. über die Beschäftigung Schwerbeschädigter (RGBl. 972) s. a 88. Neufassung d. Ges. RGBl. 1923, 57; geänd. e 49, 53, a 721, 749, 795.
441	23. Dez. 1922	Ges. zur Aend. des Einkommensteuerges. (RGBl. 978) s. a 80, 200, 241, 281, 395, 472.
442	23. Dez. 1922	Ges. zur Aend. des Ges. über den Verkehr mit Kraftfahrzeugen (RGBl. 1923, 1); ändert das Ges. v. 3. Mai 1909; s. a 547.
443	23. Dez. 1922	Ges. zur Aend. des Lichtspielges. (RGBl. 1923, 26) s. a 119.
444	24. Dez. 1922	Ges. zur Abänd. der VO. über zeitweilige Befreiung von der Verpflichtung zur Konkursanmeldung b. Ueberschuldung (RGBl. 1923, 21) s. c 63.
445	24. Dez. 1922	Ges. zur Aend. des Ges. betr. die Gesellschaften mit beschränkter Haftung v. 20. April 1892 (RGBl. 1923, 22) s. e 12, a 711.
446	29. Dez. 1922	Ges. über die Erhaltung der Kriegergräber aus dem Weltkrieg (RGBl. 1923, 25).
447	29. Dez. 1922	Ges. über Erhebung von Zuschlägen zur Kraftfahrzeugsteuer (RGBl. 1923, 26) s. a 337, 700.
448	31. Dez. 1922	Ges. über das Ruhegehalt des Reichspräsidenten (RGBl. 1923, 53); geänd. a 631.
449	7. Jan. 1923	Ges. zur Abänd. der Reichsabgabenordnung (RGBl. 55) s. a 62, 461.

Nr.	Datum des Gesetzes	Name des Gesetzes
450	23. Jan. 1923	Ges. über Erklärung der allgemeinen Verbindlichkeit von Tarifverträgen (RGBl. 67) s. c 87.
451	26. Jan. 1923	Ges. über die Festsetzung der Ortslöhne u. des durchschnittlichen Jahresarbeitsverdienstes landwirtschaftlicher Arbeiter (RGBl. 67); ändert die RVersO. s. a 422, 458.
452	26. Jan. 1923	Ges. über die Eintragung von Schiffspfandrechten in ausländischer Währung (RGBl. 90). Inkrafttreten RGBl. 1923, 90; s. a 484.
453	1. Febr. 1923	Ges. zur Aend. des Weinges. v. 7. April 1909 (RGBl. 107) s. a 673.
454	2. Febr. 1923	Ges. über die Ausprägung von Ersatzmünzen (RGBl. 118) s. a 352; geänd. a 562; aufgeh. a 586.
455	4. Febr. 1923	Ges. über Kleinrentnerfürsorge (RGBl. 104); aufgeh. e 53.
456	6. Febr. 1923	Ges. über die Erstattung von Rechtsanwaltsgebühren in Armensachen (RGBl. 103), ändert auch das Ges. v. 18. Dez. 1919 (bei a 64); seiners. geänd. a 559, 640.
457	7. Febr. 1923	Ges. zur Abänd. des Ges. über die Regelung des Verkehrs mit Getreide der Ernte 1922 (RGBl. 105) s. a 421.
458	9. Febr. 1923	Ges. über die Rücklagen bei den Berufsgenossenschaften (RGBl. 115); ändert die RVersO. s. a 451, 479.
459	12. Febr. 1923	Zweites Ges. über Erhöhung der Zulagen in der Unfallversicherung (RGBl. 116) s. a 291, 356; hierzu Neufassung des Ges. über die Zulagen in der Unfallversicherung (RGBl. 1923, 116); diese geänd. a 497, 518, 546, 561, 565.
460	15. Febr. 1923	Ges. über Abänd. des Ges. über das Branntweinmonopol (RGBl. 151) s. a 339, 428, 550, e 43.
461	16. Febr. 1923	Jugendgerichtsges. (RGBl. 135 mit Berichtigung 252); ändert auch das GVG., die StPO., das StGB., das GKG. (a 435), das Ges. über die Angelegenheiten der freiwilligen Gerichtsbarkeit, die Reichsabgabenordnung (a 62, 449, 472); seiners. geänd. a 754.
462	19. Febr. 1923	Ges. zur Aend. des Postscheckges. (RGBl. 151) s. a 197, 279, 555.
463	20. Febr. 1923	Ges. zur Abänd. der VO. über Erwerbslosenfürsorge v. 1. Nov. 1921 (RGBl. 155); gegenstandslos e 56.
464	24. Febr. 1923	Notgesetz (RGBl. 147); ändert auch die RGewerbeOrdn. (s. a 436, 482), die WuchergerichtsVO. (c 27), das Ges. über Verschärfung der Strafen gegen Schleichhandel usw. (a 163) u. das Ges. über das Passwesen v. 12. Okt. 1867 (s. a 85); seiners. geänd. a 499, 537.

Nr.	Datum des Gesetzes	Name des Gesetzes
465	2. März 1923	Ges. über die Ausgabe von Dollarschatzanweisungen (RGBl. 155).
466	3. März 1923	Ges. zur Aend. des Pressenotgesetzes (RGBl. 159) s. a 402; geänd. d 37, e 59.
467	3. März 1923	Ges. über einstweilige Aufhebung des § 247 BGB. (RGBl. 163).
468	8. März 1923	Ges. über standesamtliche Gebühren (RGBl. 167) s. a 133; ändert auch das Personenstandsges. v. 6. Febr. 1875; seiners. geänd. e 65.
469	12. März 1923	Ges. über die Anlegung gesetzlicher Reserven der Aktiengesellschaften in Dollarschatzanweisungen des Reichs (RGBl. 167); ändert auch das Handelsgesetzbuch s. a 436, 493.
470	15. März 1923	Ges. zur Abänderung des Gewerbegerichtsges. u. des Ges. betr. die Kaufmannsgerichte (RGBl. 193) s. c 78, 101, a 300, 424; aufgeh. a 749.
471	20. März 1923	Kohlensteuerges. (RGBl. 193); geänd. a 551; grösstenteils aufgeh. e 59.
472	20. März 1923	Ges. über die Berücksichtigung der Geldentwertung in den Steuergesetzen (RGBl. 198 mit Berichtigung 250); ändert auch das Einkommensteuerges. (a 80, 441, 526), das Körperschaftssteuerges. (a 81), das Vermögenssteuerges. (a 326, 629, 633), das Ges. über die Zwangsanleihe (a 325), das Erbschaftssteuerges. (a 396, geänd. a 656; e 4), das Rennwett- u. Lotterieges. (a 336, geänd. e 4), das Wechselstempelges., das Kapitalverkehrssteuerges. (a 329, 525), das Versicherungssteuerges. (a 338, geänd. e 4), das Ges. über die Besteuerung des Personen- u. Güterverkehrs v. 8. April 1917 (s. a 337), das Umsatzsteuerges. (a 67, 426; geänd. e 4), das Reichsstempelges. v. 3. Juli 1913, das Frachturkundenstempelges. v. 17. Juni 1916, die Reichsabgabenordnung (a 62, 461, 552), das Kapitalfluchtges. (a 437, 627), seiners. geänd. a 552, 660, e 4.
473	22. März 1923	Ges. zur Aend. des Besoldungssperrges. (RGBl. 215) s. a 165, 516, 620; d 23.
474	23. März 1923	Ges. über die Geltungsdauer von Demobilmachungsverordnungen (RGBl. 215) s. a 319, 417, d 28.
475	26. März 1923	Ges. zur Vorbereitung der Reichsentlastungsgesetzgebung (RGBl. 213); ändert auch das Ausgleichszwischenges. (a 433); seiners. geänd. a 502.
476	26. März 1923	Ges. über Verlängerung der Geltungsdauer des Wohnungsmangelges. (RGBl. 217) s. a 117, 243, 370.

Nr.	Datum des Gesetzes	Name des Gesetzes
477	27. März 1923	Ges. betr. Aend. des Ges. über die Sicherung beweglicher Sachen in Schlesien (RGBl. 217) s. a 365.
478	27. März 1923	Ges. zur weiteren Entlastung der Gerichte (RGBl. 217); ändert das GVG., die ZPO., die EntlastungsVO. v. 9. Sept. 1915 mit den Gesetzen v. 11. März 1921 (a 191) u. 8. Juli 1922 (a 378) u. das Ges. gegen den Verrat militärischer Geheimnisse v 3. Juni 1914.
479	27. März 1923	Ges. zur Erhaltung leistungsfähiger Krankenkassen (RGBl. 225 mit Berichtigung 242); ändert auch die RVersO. (s. a 458) u. das Ges. v. 9. Juni 1922 (a 361), seiners. geänd. e 51.
480	27. März 1923	Zweite Abänd. des Ges. über die Erhebung einer Abgabe zur Förderung des Wohnungsbaus (RGBl. 235) s. a 222. Neufassung des Ges. RGBl. 1923, 238; geänd. a 543, 558; aufgeh. e 59.
481	27. März 1923	Ges. zur Aenderung des Ges. über Notstandsmassnahmen usw (a 274) (RGBl. 243).
482	27. März 1923	Ges. über Gebühren für Arbeitsbücher (RGBl. 247), ändert die GewO. s. a 464, seiners. geänd. s. a 643.
483	29. März 1923	Ges. zur Aend. des Tabaksteuerges. (RGBl. 231 mit Berichtigung 246) s. a 53; geänd. d 3, 6.
484	29. März 1923	Zweites Ges. über die Eintragung von Schiffspfandrechten in ausländ. Währung (RGBl. 232) s. a 452, geänd. a 668.
485	31. März 1923	Ges. über die Verwertung von Militärgut (RGBl. 243) s. a 162, 283, c 1.
486	5. April 1923	Ges. zur Aend. des Fernsprechgebührenges. (RGBl. 244) s. a 242. Inkrafttreten u. Neufassung RGBl. 1923, 694; ersetzt a 556.
487	5. April 1923	Ges. zur Verlängerung der Zuckerungsfrist der Weine des Jahrg. 1922 (RGBl. 245) s. a 423, 578, ändert das Weingesetz.
488	24. April 1923	Ges. über die Sicherstellung von Gegenständen, deren AusliefPflicht nach dem Versailler Vertrag streitig ist (RGBl. 253).
489	27. April 1923	Geldstrafenges. (RGBl. 254); ändert das StGB., die ZPO die RAnwO. (s. a 384, 534), das GVG., s. ferner a 282, 91, seiners. geänd. a 567; ersetzt durch e 24.
490	27. April 1923	Ges. über den Verkehr mit Absinth (RGBl. 257).
491	29. April 1923	Ges. betr. den § 87 des Betriebsräteges. (RGBl. 258) s. a 76, 180, 749.
492	12. Mai 1923	Ges. zur Aend. des Genossenschaftsges. (RGBl. 288) s. a 372, 606. Inkrafttreten RGBl. 1923, 298 u. 372.

Nr.	Datum des Gesetzes	Name des Gesetzes
493	12. Mai 1923	Ges. über den Mindestbetrag des Grundkapitals von Aktiengesellschaften u. KommGesellschaften auf Aktien (RGBl. 289), ändert auch das HGB. s. a 469, 569.
494	14. Mai 1923	Ges. zur Abänd. der VO. über Erwerbslosenfürsorge v. 1. Nov. 1921 (RGBl. 287), geänd. d 3, 6; gegenstandslos e 56.
495	16. Mai 1923	Ges. über Dienstgeldstrafen (RGBl. 295); ändert das RBeamtengesetz s. a 416, 506.
496	19. Mai 1923	Ges. betr. die Beseitigung kleiner im Reichsschuldbuch eingetragener Forderungen (RGBl. 296); aufgeh. a 642.
497	23. Mai 1923	Ges. über Abfindung von Witwen in der Unfallversicherung (RGBl. 295) s. a 459, geänd. a 561.
498	23. Mai 1923	Ges. zur Aend. des StGB. (RGBl. 296).
499	25. Mai 1923	Ges. zur Aend. des Notges. (RGBl. 299) s. a 464, 537.
500	26. Mai 1923	Achte Ergänzung des Besoldungsges. (RGBl. 301) s. a 103, 416, 506, e 1.
501	1. Juni 1923	Ges. über Mieterschutz u. Mieteinigungsämter (RGBl. 353, Berichtigung 618) s. c 8, a 117, 243, geänd. e 9, 63, a 712.
502	4. Juni 1923	Reichsentlastungsges. (RGBl. 305), dieses geänd. d 25, 26, mit dem Liquidationsschädenges. (RGBl. 311), dieses geänd. d 25, u. dem Ges. zur Abänd. des Reichsausgleichsges. (RGBl. 324) s. a 433, 475; 38; 94; Neufassung des Reichsausgleichsges. (RGBl. 1923, 334); wieder geänd. u. neue Neufassung d 26.
503	7. Juni 1923	Ges. betr. Ergänzung des Reichssiedlungsges. (RGBl. 364) s. a 33, geänd. a 557, 720.
504	11. Juni 1923	Ges. über den Verkehr mit unedlen Metallen (RGBl. 366), ändert auch die GewO.; seiners. geänd. a 619, 665, 713; aufgeh. a 739.
505	11. Juni 1923	Ges. über den Verkehr mit Edelmetallen, Edelsteinen und Perlen (RGBl. 369); s. a 714 (Neufassung).
506	18. Juni 1923	Neunte Ergänzung des Besoldungsges. (RGBl. 385) s. a 103, 416, 500, 542, 563, e 1, ändert auch das Reichsbeamtenges. (a 495, 540), das Beamtenhinterbliebenenges. v. 17. Mai 1907, das Militärhinterbliebenenges. v. 17 Mai 1907, das GVG., das Beamtenunfallfürsorgeges., das Offizierspensionsges., das Mannschaftsversorgungsges., s. ferner a 266 mit 509, 164, 121.
507	18. Juni 1923	Wechselsteuerges. (RGBl. 403), ersetzt das Wechselstempelges.; seiners. geänd. a 525, e 59.
508	19. Juni 1923	Ges. über erneute Verlängerung des Ges. v. 21. Juni 1921 (RGBl. 411) s. a 218, 379.

Nr.	Datum des Gesetzes	Name des Gesetzes
509	22. Juni 1923	Ges. zur Abänderung des Wehrmachtversorgungsges. (RGBl. 409) s. a 266, 506, 510, 649.
510	22. Juni 1923	Ges. zur Abänd. des Reichsversorgungsges. u. anderer Versorgungsgesetze (RGBl. 513) s. a 121, 506, 509, 252, 386, 403, seiners. geänd. d 23, a 648, ändert auch das Offizierspensionsges. v. 31 Mai 1906. Neufassung des Reichsversorgungsges. RGBl. 1923, 523 (wieder geänd. d 23; e 53, a 594, 648, hier neue Neufassung), des Altrentnerges.. RGBl. 1923, 542 (wieder geänd. e 53, a 648), des Kriegspersonenschädenges. RGBl. 1923, 545 (wieder geänd. a 648).
511	23. Juni 1923	Ges. über Ausgabe wertbeständiger Schuldverschreibungen auf den Inhaber (RGBl. 407).
512	23. Juni 1923	Ges. über wertbeständige Hypotheken (RGBl. 407) s. e 34.
513	23. Juni 1923	Ges. zur Sicherung der Brotversorgung 1923/24 (RGBl. 410) s. a 394; 374; geänd. a 551, d 2, 15.
514	23. Juni 1923	Ges. über die Anlegung von Mündelgeld (RGBl. 411); ändert das BGB.
515	23. Juni 1923	Ges. zur Abänd. des Verdrängungs-, des Kolonial-, u. des Auslandsschädenges., sowie der Entschädigungsordnung (RGBl. 412) s. a 260, 425; 259, 425; 261, 425; 265. Neufassungen RGBl. 1923, 591, 600, 606; sämtliche wieder geänd. d 25.
516	23. Juni 1923	Ges. betr. Aend. des Besoldungssperrges. (RGBl. 419) s. a 165, 473, 620, d 23.
517	23. Juni 1923	Reichsknappschaftsges. (RGBl. 431, 760); geänd. a 708.
518	23. Juni 1923	EinführGes. zum Reichsknappschaftsges. (RGBl. 454, Berichtigung 650, 760), ändert auch die RVersO., das VersG. für Angestellte s. a 422, 536; 291, 459, 536, 546. Hierzu Aenderungsges. v. 23. Juni 1923 (RGBl. 466). Weiter geänd. a 708.
519	23. Juni 1923	Ges. zur Aend. des Landessteuerges. (RGBl. 483) s. a 82, 337, geänd. a 622, 659, e 59, ändert auch das Biersteuerges., das Weinsteuerges. u. das Mineralwassersteuerges. Neufassung als Finanzausgleichsges. RGBl. 1923, 494, letzteres geänd. e 59, a 658, 660.
520	25. Juni 1923	Ges. betr. Aend. des Umsatzsteuerges. (RGBl. 466) s. a 67, 330, 426, 551, 630; geänd. e 4, aufgeh. a 657
521	25. Juni 1923	Ges. zur Verlängerung des Weinsteuerges. (RGBl. 481) s. a 341; geänd. d 22, e 36; a 635.

Nr.	Datum des Gesetzes	Name des Gesetzes
522	26. Juni 1923	Ges. über Verlängerung der Geltungsdauer des Wohnungsmangelges. (RGBl. 419) s. c 8; a 117, 243.
523	27. Juni 1923	Ges. zur Abänderung des Hausarbeitges., Heimarbeiterlohnges., (RGBl. 467) mit Neufassung des Hausarbeitges. (RGBl. 1923, 472, Berichtigungen 730).
524	8. Juli 1923	Ges. zur Aend. des Reichshaftpflichtges. (RGBl. 615).
525	9. Juli 1923	Ges. zur Aend. des Kapitalverkehrsteuerges. u. des Wechselsteuerges. (RGBl. 555) s. a 329, 472; 507. Neufassung des Wechselsteuerges. RGBl. 778 mit Datum v. 10. Aug. 1923; geänd. e 4, 59, a 660.
526	9. Juli 1923	Ges. über die Erhöhung der Vorauszahlungen auf die Einkommen- u. Körpersch.-Steuer (RGBl. 556) s. a 80, 472; geänd. a 551.
527	9. Juli 1923	Biersteuerges. (RGBl. 557, Berichtigung 650) s. a 332, 326, 381, geänd. a 541, 550, 657, 660, 782, e 43, Inkrafttr RGBl. 1923, 650.
528	9. Juli 1923	Ges. zur Aend. der Ges. über den Eintritt von Württemberg, Bayern u. Baden in die Biersteuergemeinsch. (RGBl. 563) s. a 17, 26, geänd. a 661.
529	9. Juli 1923	Spielkartensteuerges. (RGBl. 564) s. a 49, geänd. a 550, 657, d 24. Inkrafttreten RGBl 1923, 650.
530	9. Juli 1923	Leuchtmittelsteuerges. (RGBl. 567 u. 750) s. a 332, geänd. a 550, 657; hebt auch das Leuchtmittelsteuerges. v. 15. Juli 1909 auf. Inkrafttreten RGBl. 1923, 650.
531	9. Juli 1923	Zündwarensteuerges. (RGBl. 570) s. a 48, 203. geänd. a 550, 657, d 24; Inkrafttreten RGBl 1923, 650.
532	9. Juli 1923	Salzsteuerges. (RGBl. 573 u. 750), geänd. a 550, 657, d 14, hebt auf das bayr. Salzsteuerges. v 16. Nov. 1867. Inkrafttreten RGBl. 1923, 650, wieder aufgeh. a 691.
533	9. Juli 1923	Zuckersteuerges. (RGBl. 575); s. a 334, seiners geänd. a 550, 657, 787, d 24, e 43, hebt auch auf das Zuckersteuerges. v. 27. Mai 1896 / 6. Jan. 1903. Inkrafttreten RGBl. 1923, 650.
534	9. Juli 1923	Ges. zur Aend. der RechtsanwaltsOrdn. (RGBl 647), s. a 567.
535	11. Juli 1923	Ges. zur Vereinfachung der Urliste (RGBl. 647); ändert das GVG.
536	13. Juli 1923	Ges. über Aend. des VersGes. für Angestellte u. der RVersO. (RGBl. 636) s. a 422, 518, 647

Nr.	Datum des Gesetzes	Name des Gesetzes
		hebt auf das Ges. v. 22. Juli 1913 über Angestelltenversich. der Privatlehrer; seiners. geänd. d 33.
537	14. Juli 1923	Ges. zur Ergänzung des Notges. (RGBl. 635) s. a 464, 499.
538	14. Juli 1923	Ges. zur Aend. des HypothBankges. v. 13. Juli 1899 (RGBl. 636); ändert auch das EG. KO.; seiners. geänd. a 677.
539	17. Juli 1923	Ges. über Wiedereinstellung u. Kündigung in Teilen des Reichsgebietes (RGBl. 648), geänd. d 23; aufgehoben e 5.
540	17. Juli 1923	Ges. zur Aend. des Reichsbeamtenges. v. 18. Mai 1907 (RGBl. 683) s. a 506, a* 5.
541	18. Juli 1923	Ges. zur Verlängerung des Ges. v. 9. Juli 1922 bei a 381 (RGBl. 743) s. a 527.
542	18. Juli 1923	Zehnte Ergänzung des Besoldungsges. (RGBl. 747) s. a 103, 416, 500, 563, e 1.
543	19. Juli 1923	Ges. über Aend. der Wohnungsbauabgabe (RGBl. 683) s. a 480, 558.
544	19. Juli 1923	Ges. über Aend. der VO. über Erwerbslosenfürsorge v. 1. Nov 1921 (RGBl. 683), gegenstandslos s. e 56.
545	19. Juli 1923	Ges. zur Aend. des Ges. über die priv. VersichUnternehmungen v. 12. Mai 1901 (RGBl. 684) s. a 295, 632, 735, c 65.
546	19. Juli 1923	Ges. über Aend. der RVersO. (RGBl. 686) s. a 459, 518, 592; hebt auch auf das Ges. v. 4. Aug. 1914 betr. Sicherung der Leistungsfähigk. der Krankenkassen. Neufassung der RVersO. mit Bek. v. 15. Dez. 1924 (RGBl. 779) s. a 603.
547	21. Juli 1923	Ges. zur Aend. des Ges. über den Verkehr mit Kraftfahrzeugen v 3. Mai 1909 (RGBl. 743) s. a 442, geänd. e 19, 20.
548	26. Juli 1923	Ges. zur Aend. der Wohnungsmangelbek. (RGBl. 751 u. 878) s. c 8, a 117, 243, 314, 370 mit Neufassung als Wohnungsmangelges. v 26. Juli 1923 (RGBl. 754 u. 878), geänd. e 9, a 762.
549	11. Aug. 1923	Ges. über die Besteuerung der Betriebe (RGBl. 769); geänd. u. aufgehob. e 4.
550	11. Aug. 1923	Ges. über Abänd. einzelner Verbrauchssteuerges. (RGBl. 770 u. 820) s. a 527, 657, 332, 533, 657, 532, 657, 660; 531, 657, 530, 657, 529, 657, 471, 339, 460, 782, seiners. geänd. d. 24, ändert auch das Mineralwassersteuerges. v. 26. Juli 1918.
551	11. Aug. 1923	Ges. über Vorauszahlungen auf die Einkommen-, Körpersch.- u. Umsatzsteuer (RGBl. 773) s. a 526; 513; 67, 520, 630; e 4.

Nr.	Datum des Gesetzes	Name des Gesetzes
552	11. Aug. 1923	Steuerzinsges. (RGBl. 774) s. a 472; 62, 472.
553	11. Aug. 1923	Ges. über die Erhebung der Rhein-Ruhr-Abgabe (RGBl. 774).
554	14. Aug. 1923	Ges. über eine wertbeständige Anleihe des Reichs (RGBl. 777).
555	17. Aug. 1923	Ges. über Post-, Postscheck- u. Telegraphengebühren (RGBl. 797) s. a 278; 279, 462; 280; seiners. geänd. a 564, 583.
556	17. Aug. 1923	Fernsprechgebührenges. (RGBl. 802) s. a 242, 486; geänd. a 583.
557	18. Aug. 1923	Ges. zur Aend. des Reichssiedlungsges. (RGBl. 805) s. a 33, 503, 720.
558	18. Aug. 1923	Ges. über die Aend. der Wohnungsbauabgabe (RGBl. 805) s. a 480, 543.
559	18. Aug. 1923	Ges. über die Geb. der Rechtsanw. u. die Gerichtskosten (RGBl. 813, mit Berichtigung 878) s. a 64, 238, 435, 756; 456, 640; ändert auch die ZPO. u. das GKG.; seiners. geänd. a 756.
560	18. Aug. 1923	Ges. über die Altenteilsbezüge (RGBl. 815).
561	20. Aug. 1923	Ges. über Aend. der Zulagen in der Unfallversich. (RGBl. 806 u. 844) s. a 459, 497, 565.
562	23. Aug. 1923	Ges. über Aend. des Ges. v. 2. Febr. 1923 a 454 (RGBl. 853); aufgeh. a 586.
563	28. Sept. 1923	Ges. über vorübergehende Aufhebung der vierteljährlichen Gehaltszahlung (RGBl. 915) s. a 103, 542; 164, 506.
564	28. Sept. 1923	Ges. zur Aend. des Postscheckges. (RGBl. 917) s. a 197; 462, 555, 583, d 14.
565	8. Okt. 1923	Ges. über Notmassnahmen in der Unfallversich. (RGBl. 935) s. a 459, 561.
566	13. Okt. 1923	Ermächtigungsges. (RGBl. 943); s. hierzu unten Abt. d.
567	13. Okt. 1923	Ges. über Vermögensstrafen u. Bussen (RGBl. 943) s. a 489; ändert auch das StGB. (s. a 698) u. die RechtsAnwO. (s. a 531, 763); ersetzt durch e 24.
568	13. Okt. 1923	Ges. über Verkündung von Rechtsverordnungen (RGBl. 959).
569	17. Okt. 1923	Ges. über Verjährungsfristen des Seeversicherungsrechts (RGBl. 987); ändert das HGB. s. a 493, 577.
570	5. Nov. 1923	Ges. zur Aend. des Passges. v. 12. Okt. 1867, des GebGes. für die Auslandsbehörden (s. a 230) u. des Staatsangehörigkeitsges. v. 22. Juli 1913 (RGBl. 1077).
571	1. Dez. 1923	Ges. über die Strafvollstreckung von Urteilen von Danzig u. dem Memelland (RGBl. 1167).
572	8. Dez. 1923	Ermächtigungsges. (RGBl. 1179); s. hierzu unten Abt. e.

Nr.	Datum des Gesetzes	Name des Gesetzes
573	13. Dez. 1923	Ges. über Erstattung von Reisekosten an Handelsrichter (RGBl. 1185); ändert das GVG.
574	13. Dez. 1923	Ges. zur Verläng. der VO. über Lohnpfändung (RGBl. 1186) s. c 7, a 286, 743.
575	13. Dez. 1923	Ges. über die Erstattung von Prozesskosten (RGBl. 1186), ändert auch die ZPO.
576	15. Dez. 1923	Ges. zur Aend. des Art. 35 der RVerf. (RGBl. 1185) s. a 32, 420, 702.
577	17. Dez. 1923	Ges. über die Bilanzierung wertbeständiger Schulden (RGBl. 1233), ändert das HGB. s. a 569, 606, e 8.
578	31. Dez. 1923	Ges. zur Verläng. der Zuckerungsfrist der Weine des Jahrganges 1923 (RGBl. 1924, 1) s. a 487, 588, ändert das Weingesetz.
579	31. Dez. 1923	2. Ges. zur Aend. des Reichswahlges. (RGBl. 1924, 1 u. 40) s. a 95, 414, 108; 224. Neufassung des Reichswahlgesetzes u. des Ges. über die Wahl des RPräsidenten v. 6. März 1924 (RGBl. 159 u. 172), ersteres geänd. a 581, letzteres a 613.
580	4. März 1924	Ges. über Danziger u. Memelländische Rechtsangelegenheiten (RGBl. 169).
581	13. März 1924	3. Ges. zur Aend. des Reichswahlges. (RGBl. 173) s. a 579.
582	15. März 1924	Ges. über Verläng. der Bek. über die Bildung von Wohnungsverbänden v. 7. Nov. 1918 (RGBl. 257).
583	18. März 1924	Reichspostfinanzges. (RGBl. 287); ändert auch das Postges. v. 28. Okt. 1871 (s. a 555, 607) u. das Eisenbahnpostges. v. 20. Dez. 1875 s. a 214; a 555, 564, 556, 197; 110, 280; seiners. geänd. a 733.
584	19. März 1924	Ges. über die Aufhebung des Kriegsleistungsges. (RGBl. 285), hebt das Ges. v. 13. Juni 1873 samt Aenderungen auf; s. a 385.
585	19. März 1924	Ges. über hypothekarische Belastung von Reichsbahngrundstücken (RGBl. 285).
586	20. März 1924	Ges. über die Ausprägung neuer Reichssilbermünzen (RGBl. 291) s. a 352, 454, 562, a* 85; ändert auch das Münzges. v. 1. Juni 1909.
587	21. März 1924	Ges. zur Abänderung des Opiumges. s. a 176.
588	26. März 1924	Ges. über die Zuckerung der Weine des Jahrgangs 1922 (RGBl. 375) s. a 578, 611; ändert auch das Weinges.
589	12. Juni 1924	Ges. zur Aend. der BundesratsBek. über die Geschäftsaufsicht (RGBl. 641) s. e 27; aufgeh. a 683.
590	9. Juli 1924	Ges. zur Aend. des Quartierleistungsges. v. 25. Juni 1868, s. a 385 (RGBl. 665), ändert auch das AbändGes. v. 21. Juni 1887 u. das Naturalleistungsges. v. 13. Febr. 1875 (s. a 385).

Nr.	Datum des Gesetzes	Name des Gesetzes
591	19. Juli 1924	Ges. zur Aenderung der Strandungsordnung v. 17. Mai 1874 (RGBl. 667).
592	31. Juli 1924	Ges. zur Aend. der RVersO. (RGBl. 669) s. a 546, a* 89, c 60, d 33, e 41
593	31. Juli 1924	Ges. über Sonderzulagen in der Unfallversicherung (RGBl. 669).
594	4. Aug. 1924	Ges. zur Abänd. des Reichsversorgungsges. (RGBl. 677) s. a 121, 510, 648.
595	4. Aug. 1924	Ges. zur Aend. des Ges. über das Verf. in Versorgungssachen (RGBl. 677) s. a 297.
596	7. Aug. 1924	Ges. über die Temperaturskale u. die Wärmeeinheit (RGBl. 679).
597	11. Aug. 1924	Ges. zur Aend. der VO. über Erwerbslosenfürsorge (RGBl. 691) s. e 56, a 675 aufgeh. a 795
598	15. Aug. 1924	Ges. zur Aend. des Naturalleistungsges. v 24. Mai 1898 u. 9. Juni 1906 (RGBl. 681) s a 385, Neufassung Bek. v 6. April 1925 (RGB! 44).
599	25. Aug. 1924	Ges. betr das Eingehen deutscher Festungen (RGBl. 693).
600	4. Sept. 1924	Ges. über das Ausgleichsverf. in bezug auf das Saargebiet (RGBl. 701).
601	7. Sept. 1924	Ges. über die Ermächtigung der Reichsregierung zur Einführung einer Fürsorge für erwerbslose Seeleute (RGBl. 701) s. a 624.
602	10. Sept. 1924	Aenderungsges. zum Ges. über die Fieberthermometer (RGBl. 703) mit Neufassung v. 10. Sept. 1924 (RGBl. 704) s. a 209, wieder geänd. a 699.
603	15. Dez. 1924	RVersO., Bek. über Neufassung (RGBl. 779); s. a 546, geänd. a 604, 617, 639, 647, 686, 703, 709, 726, 766, 767, 790.
604	22. Jan. 1925	Ges. über das Reichsschiedsamt (RGBl. 3) s. a 603, 617
605	27. Jan. 1925	Ges. über die Aend. des Gebiets der Zollausschlüsse in Seehäfen (RGBl. 9).
606	4. Febr. 1925	Ges. zur Aend. des Handelsgesetzbuchs u. des Genossenschaftsges. (RGBl. 9) s. a 577, 372, 492, 676.
607	5. Febr. 1925	Ges. zur Aend. des Postges. (RGBl. 10) s. a 430, 583.
608	17. Febr. 1925	Ges. betr Aussetzung des Verfahrens vor Gerichten u. Aufwertungsstellen (RGBl. 15); geänd. a 623.
609	20. Febr. 1925	Ges. über die Todeserklärung Kriegsverschollener (RGBl. 15).
610	21. Febr. 1925	Ges. über die weitere Zulassung von Hilfsmitgliedern im Reichspatentamt (RGBl. 17) s. a 306.
611	28. Febr. 1925	Ges. über die Zuckerung der Weine des Jahrgangs 1924 (RGBl. 17) s. a 588.

Nr.	Datum des Gesetzes	Name des Gesetzes
612	10.März 1925	Ges. über die Stellvertretung des Reichspräsidenten (RGBl. 17).
613	13.März 1925	2. Ges. über die Wahl des Reichspräsidenten (RGBl. 19) s. a 108, 579.
614	13.März 1925	Ges. über die Volks-, Berufs- u. Betriebszählung (RGBl. 19).
615	18.März 1925	Ges. über die Beerdigung des Reichspräsidenten (RGBl. 27).
616	21.März 1925	Ges. über Aufnahme von Auslandskrediten durch Gemeinden und Gemeindeverbände (RGBl. 27).
617	23.März 1925	Ges. zur Aend. der Berechnung der Rente aus der Invalidenversicherung (RGBl. 27) s. a 603, 604, 767
618	23.März 1925	Ges. über Zusatzsteigerung der Renten in der Angestelltenversicherung (RGBl. 28) s. a 422, 647, 709.
619	23.März 1925	Ergänzungsges. zum Ges. über den Verkehr mit unedlen Metallen (RGBl. 28) s. a 504, 665.
620	24.März 1925	4. Aend. des Besoldungssperrges. (RGBl. 30) s. a 165, 473, 516, d 23.
621	25.März 1925	Ges. über die vierteljährliche Gehaltszahlung (RGBl. 30) s. a 103, 164.
622	26.März 1925	Ges. zur Regelung des Finanzausgleichs zwischen Reich, Ländern u. Gemeinden im 1. Halbjahr 1925 (RGBl. 29) s. a 519, e 59; geänd. a 659.
623	27.März 1925	Ges. über die Verlängerung der Fristen der 3. SteuerNotVO. (RGBl. 29) s. a 608, 636, e 59.
624	27.März 1925	Ges. zur Erweiterung u. Verlängerung der Fürsorge für erwerbslose Seeleute (RGBl. 31) s. a 601, 760, aufgeh. a 795.
625	31.März 1925	Kabelpfandges. (RGBl. 37).
626	15.April 1925	Ges. über die Aend. der 18. Ergänzung des Besoldungsges. (RGBl. 43) s. a 416, 689
627	16.April 1925	Ges. über die Aufrechterhaltung von Vorschriften des Kapitalfluchtges. (RGBl. 43) s. a 437, 472; geänd. a 634.
628	18.April 1925	Ges. betr den Lehrgang der Grundschule (RGBl. 49) s. a 99.
629	27. Mai 1925	Ges. über Hinausschiebung der Vermögenssteuervorauszahlung (RGBl. 73 u. 84) s. a 326, 472, 633.
630	29. Mai 1925	Steuerüberleitungsges. (RGBl. 75) s. a 67, 520, 551; geänd. a 653.
631	3. Juni 1925	Ges. betr Aenderung des Ges. über den Ruhegehalt des RPräsidenten (RGBl. 81) s. a 448.
632	4. Juni 1925	Ges. über die Erhebung von Gebühren für die Aufsichtstätigkeit des Reichsaufsichtsamts für Privatversicherung (RGBl. 81); ändert auch das VersichAufsGes. v. 12. Mai 1901 (s. c 65; a 545).

Nr.	Datum des Gesetzes	Name des Gesetzes
633	23. Juni 1925	Ges. über die Hinausschiebung der Vermögenssteuervorauszahlung (RGBl. 85) s. a 326, 472, 629.
634	26. Juni 1925	Ges. über Depot- und Depositengeschäfte (RGBl. 89) s. a 627, 750.
635	26. Juni 1925	Ges. zur Aend. des Weinsteuerges. (RGBl. 91) s. a 341, 521, d 22, e 36, aufgeh. a 657.
636	28. Juni 1925	Ges. zur Verlängerung der Geltungsdauer der 3. SteuerNotVO. (RGBl. 92) s. a 623, 704.
637	3. Juli 1925	Ges. über den Schutz des zur Anfertigung von Schuldurkunden des Reichs und der Länder verwendeten Papiers gegen Nachahmung (RGBl. 93).
637½	3. Juli 1925	Ges. über die Wechsel- und Scheckzinsen (RGBl. 93), ändert auch die Wechselordnung und das Scheckgesetz, s. a 747.
638	4. Juli 1925	Ges. über die Wiederaufnahme des Verfahrens gegenüber Urteilen der bayerischen Volksgerichte (RGBl. 95).
639	14. Juli 1925	2. Ges. über Aend. der Unfallversicherung (RGBl. 97) s. a 603, 647, mit teilw. Neufassung der RVersO. durch Bek. v. 9 Jan. 1926 (RGBl. 9, 100), s. weiter a 686.
640	14. Juli 1925	Ges. zur Aend. des Ges. über die Erstattung von RAnwGebühren in Armensachen (RGBl. 136) s. a 456, 559, 744.
641	16. Juli 1925	Aufwertungsges. (RGBl. 117 u. 160) s. b 195, geänd. a 784.
642	16. Juli 1925	Ges. üb. d. Ablös. öffentl. Anleihen (RGBl. 137, 348) s. a 496, geänd. a 784
643	16. Juli 1925	Ges. über Gebühren für Arbeitsbücher (RGBl. 145), ändert die GewO s. a 482, 749.
644	18. Juli 1925	Ges. über die Errichtung der Deutschen Rentenbank-Kreditanstalt (RGBl. 145 u. 156); geänd. a 667.
645	23. Juli 1925	Ges. zur Aend. der Pachtschutzordnung (RGBl. 151) s. a 371, c 90; e 44, mit Neufassung dieser v. 23. Juli 1925 (RGBl. 152), wieder geänd. a 749, 786.
646	27. Juli 1925	Ges. über Aufhebung der VO. zur Sicherstellung des Warenumlaufs (RGBl. 157) s. d 12.
647	28. Juli 1925	Ges. über Ausbau der Angestellten- u. Invalidenversich. u. über Gesundheitsfürsorge in der Reichsversicherung (RGBl. 157), ändert auch das AngestelltenversGes. u. die RVersO. s. a 128, 422, 536, 618, 647, 709; 603, 639.
648	28. Juli 1925	3. Ges. zur Aend. des Reichsversorgungsges. u. anderer Versorgungsgesetze (RGBl. 163) s. a 121, 510, 594; 252, 510; 386, 510; 510, ändert auch das Offizierspensionsges. vom

Nr.	Datum des Gesetzes	Name des Gesetzes
		31. Mai 1906; Neufassung des RVersorgG. v. 31. Juli 1925 (RGBl. 165), wieder geänd. a 722, 749, 771
649	31. Juli 1925	Ges. zur Abänd. des Wehrmachtversorgungsges. (RGBl. 161) s. a 266, 509 mit Neufassung v. 19. Sept. 1925 (RGBl. 349, 389).
650	31. Juli 1925	Ges. zur Aend. des Ges. betr. Kinderarbeit in gewerblichen Betrieben v 30. März 1903 (RGBl. 162).
651	4. Aug. 1925	Ges. über Einstellung des Personalabbaus und Aend. der PersonalabbauVO. (RGBl. 181) s. a 23, e 18, ändert auch das RBeamtenGes. v. 31. März 1873, seiners. geänd. s. a 690.
652	10. Aug. 1925	Ges. zur Aend. der VO. über den Verkehr mit Vieh und Fleisch (RGBl. 185) mit Neufassung dieser als Ges. über den Verkehr mit Vieh und Fleisch (RGBl. 186).
653	10. Aug. 1925	Einkommensteuerges. (RGBl. 189) s. a 630, geänd. a 669, 681, 691
654	10. Aug. 1925	Körperschaftssteuerges. (RGBl. 208) s. a 329.
655	10. Aug. 1925	Reichsbewertungsges. (RGBl. 214).
656	10. Aug. 1925	Ges. über Vermögen- u. Erbschaftssteuer (RGBl. 233) s. a 396, 472; seiners. geänd. a 691, Neufassung des Erbschaftssteuerges. v 22. Aug. 1925 (RGBl. 320).
657	10. Aug. 1925	Ges. zur Aenderung von Verbrauchssteuern (RGBl. 248, Inkrafttreten 314) s. a 341, 521, 635, d 22, e 36, a 531, 550, d 24; 532, 550, d 24, a 533, 550, d 24, e 43, 787; a 529, 550, d 24; a 62, a 530, 550; a 527, 550, e 43; a 53, d 34, hebt fast völlig auf das Weinsteuerges. v. 26. Juli 1918, dieses nun ganz aufgehoben a 691.
658	10. Aug. 1925	Ges. über die gegenseitigen Besteuerungsrechte des Reichs, der Länder und der Gemeinden (RGBl. 252); hebt auch auf das Reichsbesteuerungsges. v. 15. April 1911, seiners. geänd. a 691 Neufassung des Finanzausgleichsges. v. 27 April 1926 (RGBl. 203); wieder geänd. a 700, 768.
659	10. Aug. 1925	Ges. über Aenderung des Finanzausgleichs zwischen Reich, Ländern und Gemeinden (RGBl. 254) s. a 519, e 59, a 704; d 32, a 152, a 622, geänd. a 685, 691, 768. Neufassung des Ges. über den Geldentwertungsausgleich bei bebauten Grundstücken v. 1. Juni 1926 (RGBl. 251).
660	10. Aug. 1925	Ges. zur Aend. der Verkehrsteuern und des Verfahrens (RGBl. 241) s. a 329, a 50, 519; a 525, e 59, a 67, a 8, 472, 25, seiners. geändert

Nr.	Datum des Gesetzes	Name des Gesetzes
		a 662, 691, 737. Neufassung des Grunderwerbssteuerges. v. 11. März 1927 (RGBl. 72).
661	10. Aug. 1925	Ges. über Erhöhung der Bier- und Tabaksteuer (RGBl. 244) s. a 527, 550, e 43, a 17, 528, 769; a 26, 528, 769, a 53, 332, d 34, ändert auch den Zolltarif v. 25. Dez. 1902, seiners. geänd. a 684, 691, 795.
662	17. Aug. 1925	Ges. über Zolländerungen (RGBl. 261), s. a 67, 660, ändert auch das Zolltarifges. v 25. Dez. 1902, zu letzterem s. Bek. v. 3. Sept. 1925 (RGBl. 331), hierzu a 732, 775, 789, seiners. geänd. a 691, 789, a* 165.
663	17. Aug. 1925	Ges. über Straffreiheit (RGBl. 313).
664	26. Aug. 1925	Kraftfahrliniengesetz (RGBl. 319).
665	26. Aug. 1925	Ges. zur Aend. des Ges. über den Verkehr mit unedlen Metallen (RGBl. 320) s. a 504, 61°, 713.
666	3. Sept. 1925	Ges. über Beschränkung der Einnahmen aus der Lohnsteuer (RGBl. 331) s a 669.
667	28. Nov. 1925	Ges. zur Aend. des Ges. über die Errichtung der deutschen Rentenbank-Kreditanstalt (RGBl. 391) s. a 644.
668	18. Dez. 1925	Ges. über die Eintragung von Hypotheken u. Schiffspfandrechten in ausländischer Währung (RGBl. 469) s. c 47; a 484.
669	19. Dez. 1925	Ges. über die Senkung der Lohnsteuer (RGBl. 469) s. a. 653, 666, 681.
670	21. Dez. 1925	Ges. über Ausfuhr von Kunstwerken (RGBl. 470) s. c 32.
671	21. Dez. 1925	Ges. über die Gebühren der Zeugen u. Sachverständigen (RGBl. 470) s. a 312, 415, mit Neufassung v. 21 Dez. 1925 (RGBl. 471).
672	21. Dez. 1925	Ges. zur Entlastung des Reichsgerichts (RGBl. 475); s. e 58, a 742.
673	22. Dez. 1925	Ges. über die Zuckerung der Weine (RGBl. 475); ändert das Weinges. v 7. April 1909 s. a 453, 757, 782.
674	22. Dez. 1925	Ges. zur Abänd. der StPO. (RGBl. 475) s. e 13, a 754.
675	17. Jan. 1926	Ges. zur Aend. der VO. über Erwerbslosenfürsorge (RGBl. 89) s. e 56: a 597, 741; aufgeh. a 795
676	19. Jan. 1926	Ges. zur Aend. des Genossenschaftsgesetzes (RGBl. 91) s. a 372, 606.
677	26. Jan. 1926	2. Ges. zur Aend. des Hypothekenbankges. (RGBl. 97) s. a 538.
678	13. Febr. 1926	Ges. zur Aend. des Gerichtsverfassungsges. (RGBl. 99) s. e 13, a 692.
679	13. Febr. 1926	Ges. über Aussetzung der Rechtsstreitigkeiten über die Auseinandersetzung mit den Fürstenhäusern (RGBl. 101) s. a 693, 745.

Nr.	Datum des Gesetzes	Name des Gesetzes
680	22.Febr. 1926	Ges. über Militärgerichte u. militärgerichtl. Verfahren (RGBl. 103), ändert die Militärstrafgerichtsordnung v 1. Dez. 1898 und die VO v. 5. Dez. 1908 (RGBl. 1422).
681	26.Febr. 1926	Ges. zur Vereinfachung der Lohnsteuer (RGBl. 107) s. a 653, 669.
682	26.Febr. 1926	Reichswasserschutzversorgungsgesetz (RGBl. 149).
683	27.Febr. 1926	Ges. über die Regelung der fürsorgerechtlichen Beziehungen zum Saargebiet (RGBl. 149).
684	8.März 1926	Ges. zur Aend. des Ges. über Erhöhung der Bier- u. Tabaksteuer (RGBl. 151) s. a 661, 691, geänd. a 795.
685	18.März 1926	Ges. zur Aend. des Ges. über Aenderungen des Finanzausgleichs (RGBl. 175) s. a 659.
686	26.März 1926	Ges. über Geltungsdauer von Vorschriften der RVersO. (RGBl. 179) s. a 603, 639, 703.
687	26.März 1926	Ges. über die Bereitstellung von Kredit zur Förderung des Kleinwohnungsbaues (RGBl. 179), geänd. a 716, 778 (Neufassung).
688	27.März 1926	Ges. zur einheitlichen Regelung des Wohnungsgeldzuschusses (RGBl. 180)
689	27.März 1926	19. Ergänzung des Besoldungsges. (RGBl. 180) s. a 103, 416, 626, 737
690	27.März 1926	Ges. zur Aend. des Ges. über Einstellung des Personalabbaus u. Aend. der PersAbbauVO. (RGBl. 185) s. a 651, 721, d 23, e 18; geänd. a 734.
691	31.März 1926	Ges. über Steuermilderungen zur Erleichterung der Wirtschaftslage (RGBl. 185) s. a 659, 67, 660, 662 653, 656, 661, 684, 657, 332, 658, regelt selbständig die Schaumweinsteuer, seiners. geändert a 791, Neufassung des Umsatzsteuergesetzes v 8. Mai 1926 (RGBl. 218).
692	31.März 1926	Ges. zur Aend. des Ges. zum Schutze der Republik (RGBl. 190) s. a 397, e 13, a 678, 718.
693	3.April 1926	Ges. über die Aussetzung von Verfahren über die Auflösung der Familiengüter von Fürstenhäusern (RGBl. 191 (s. a 679, 724, 745.
694	6.April 1926	Ges. über die Amtsdauer der Beisitzer der Verwaltungsausschüsse der Arbeitsnachweisämter (RGBl. 193) s. a 408.
695	10.April 1926	Ges. zur Aufhebung der VO. über Kartoffeln (RGBl. 193) s. c 93.
696	15.April 1926	Ges. über einen Ausschuss zur Untersuchung der Erzeugungs- u. Absatzbedingungen der deutschen Wirtschaft (RGBl. 195).
697	30.April 1926	Ges. zur Vereinfachung des Militärstrafrechts (RGBl. 197 u. 222), ändert das MStGB. v 20. Juni 1872 u. das EG. hierzu; s. a 152,

Nr.	Datum des Gesetzes	Name des Gesetzes
		199, geänd. a 698. Neufassung des MStGB. u. des EG. hierzu v 16. Juni 1926 (RGBl. 275).
698	30. April 1926	Ges. über die Bestrafung des Zweikampfs (RGBl. 201), ändert das StGB. s. a 567, 701; a 697
699	3. Mai 1926	Ges. über die Prüfung u. Beglaubigung von Fieberthermometern (RGBl. 213) s. a 602.
700	15. Mai 1926	Ges. zur Aend. des Kraftfahrzeugsteuerges. (RGBl. 223) s. a 337, 447, a 658, Neufassung v 19. Mai 1926 (RGBl. 239).
701	18. Mai 1926	Ges. zur Aend. des Strafgesetzbuchs (RGBl. 239) s. a 698, 749.
702	22. Mai 1926	Ges. zur Ergänzung der RVerfassung (RGBl. 243) s. a 32, 576.
703	22. Mai 1926	1. Ges. zur Aend. des 2. Buchs der RVersO. (RGBl. 243) s. a 603, 686, 709.
704	27. Mai 1926	Ges. zur Aend. der 3. SteuerNotVO. (RGBl. 249) s. e 59, a 636.
705	1. Juni 1926	Ges. zur Aend. des § 11 der RAbgOrdn. (RGBl. 255) s. a 62.
706	8. Juni 1926	Ges. zur Aend. der ReichsVO. über die Fürsorgepflicht (RGBl. 255) s. e 53.
707	22. Juni 1926	Ges. über die Gewährung von Darlehen zur Hebung der landwirtschaftlichen Erzeugung (RGBl. 315).
708	25. Juni 1926	Ges. zur Abänd. des Reichsknappschaftsges. (RGBl. 291) s. a 517, 518. Neuf. des Reichsknappschaftsges. vom 1. Juli 1926 (RGBl. 369), geänd. s. a 766.
709	25. Juni 1926	Ges. zur Aend. der RVersO. u. des AngestelltenVersGes. (RGBl. 311) s. a 603, 703, 726, 422, 618, 647, 766.
710	25. Juni 1926	Ges. über eine Erhebung in der Erwerbslosenfürsorge (RGBl. 316).
711	28. Juni 1926	Ges. zur Aend. des Ges. betr die Gesellschaften mit beschr Haftung (RGBl. 315) s. a 445
712	29. Juni 1926	Ges. zur Aend. des Mieterschutzges. (RGBl. 317, 368) s. a 501, e 63, a 316, 729. Neufassung des MSchG. v 30. Juni 1926 (RGBl. 347), wieder geänd. a 764, 780.
713	29. Juni 1926	Ges. zur Aend. des Ges. über den Verkehr mit unedlen Metallen (RGBl. 321) s. a 504, 655, aufgeh. a 739.
714	29. Juni 1926	Ges. über Neufassung des Ges. über den Verkehr mit Edelmetallen, Edelsteinen u. Perlen (RGBl. 321) s. a 505.
715	29. Juni 1926	Beförderungssteuerges. (RGBl. 357) s. a 190.
716	1. Juli 1926	Ges. zur Aend. des Ges. v. 26. März 1926 (RGBl. 357) s. a 687, 778.
717	4. Juli 1926	Ges. über die Bestellung von Pfandrechten an im Bau befindlichen Schiffen (RGBl. 367).

Nr.	Datum des Gesetzes	Name des Gesetzes
718	8. Juli 1926	Ges. zur Aend. des Ges. zum Schutze der Republik (RGBl. 397) s. a 397, 692, 777.
719	8. Juli 1926	Ges. zur Durchf. der Art. 177, 178, 198 des Vertrags v. Versailles betr. den Luftfahrzeugbau (RGBl. 397) s. a 227.
720	8. Juli 1926	Ges. zur Aend. des RSiedlungsges. (RGBl. 398) s. a 33, 503, 557.
721	8. Juli 1926	Ges. zur Aend. des Schwerbeschädigtenges. u. der PersAbbauVO. (RGBl. 398) s. a 440; d 23, a 690, 749.
722	8. Juli 1926	4. Ges. zur Aend. des RVersorgungsges. (RGBl. 398) s. a 648, 749.
723	9. Juli 1926	Ges. über die Fristen für Kündigung der Angestellten (RGBl. 399, 412).
724	9. Juli 1926	Ges. über Aussetzung von Rechtsstreitigkeiten mit den Fürstenhusernä (RGBl. 399) s. a 693, 745.
725	9. Juli 1926	Ges. betr. die Kapitalkreditbeschaffung für landwirtsch. Pächter (RGBl. 399, 412).
726	9. Juli 1926	2. Ges. zur Aend. des 2. Buchs der RVersO. (RGBl. 407) s. a 603, 709, 766
727	10. Juli 1926	Ges. zur Verläng. der Amtsdauer der Beisitzer der Gewerbe- u. der KaufmGerichte (RGBl. 402), aufgeh. a 749.
728	10. Juli 1926	Ges. zur Aufh. des Ges. über die Schutzpolizei der Länder (RGBl. 402) s. a 387
729	10. Juli 1926	Ges. zur Aend. des RMietenges. (RGBl. 403) s. a 316, 712, 780.
730	12. Juli 1926	Ges. über Rückgabe der für Besatzungszwecke in Anspruch genommenen Grundstücke (RGBl. 408).
731	14. Juli 1926	Süssstoffges. (RGBl. 409, 421) s. a 335
732	14. Juli 1926	Ges. über die Wertbestimmung der Einfuhrscheine für eine Uebergangszeit (RGBl. 410) s. a 662, 775.
733	15. Juli 1926	Ges. zur Aend. des RPostfinanzges. (RGBl. 410) s. a 583.
734	15. Juli 1926	Ges. zur Aend. des Ges. v 27. März 1926 (RGBl. 411) s. a 690, geänd .s. a 755.
735	15. Juli 1926	Ges. zur Aend. des Ges. v 12. Mai 1901 über die privaten VersichUnternehmungen (RGBl. 411) s. a 545.
736	15. Juli 1926	Ges. über die Aufh. des § 62 des KapVerkehrStG. (RGBl. 415) s. a 660.
737	15. Juli 1926	20. Aend. des Besoldungsges. (RGBl. 411) s. a 103, 689.
738	19. Juli 1926	Ges. über die Aufheb. der PreistreibVO. u. damit zusammenhängender VO.en (RGBl. 413) s. a 163.
739	23. Juli 1926	Ges. über den Verkehr mit unedlen Metallen (RGBl. 415) s. a 504, 713.

Nr.	Datum des Gesetzes	Name des Gesetzes
740	19. Nov. 1926	Ges. über eine Krisenfürsorge für Erwerbslose (RGBl. 489), aufgeh. a 795.
741	10. Dez. 1926	Ges. zur Aend. der VO. über die Erwerbslosenfürsorge (RGBl. 493) s. e 56, a 675, 768, aufgeh. a 795.
742	17. Dez. 1926	Weiteres Ges. zur Entlastung des Reichsger. (RGBl. 503) s. a 672.
743	17. Dez. 1926	Weiteres Ges. zur Verlängerung der Geltung der LohnpfändbVO. (RGBl. 503) s. c 7, a 286, 574.
744	17. Dez. 1926	Weiteres Ges. über die Erstattung von RAnw.-Gebühren in Armensachen (RGBl. 503) s. a 640.
745	17. Dez. 1926	4. Ges. über die Aussetzung von Verfahren (RGBl. 503) s. a 679, 693, 724.
746	18. Dez. 1926	Ges. zur Bewahrung der Jugend vor Schund- und Schmutzschriften (RGBl. 505).
747	18. Dez. 1926	Ges. zur Aend. der Wechselordnung (RGBl. 506) s. a 637$^1/_2$, e 24.
748	22. Dez. 1926	Futtermittelges. (RGBl. 525 u. 1927, 225).
749	23. Dez. 1926	Arbeitsgerichtsges. (RGBl. 507 u. 1927, 42) s. c 78, 101, a 300, 424, 470, 727, e 13, d 32, a 648, 722, a 76, 491, 440, 749, 645, ändert auch die GewO. s. a 643, 758 u. das StGB. s. a 701, 759, hebt auf das GewGerGes. u. das KaufmGerGes.
750	23. Dez. 1926	Ges. zur Veräng. des Ges. v. 26. Juni 1925 über Depot- u. Depositengeschäfte (RGBl. 527) s. a 634.
751	23. Dez. 1926	Ges. zur Aend. des Ges. über das Verfahren in Versorgungssachen (RGBl. 527) s. a 297, 438.
752	23. Dez. 1926	Ges. zur Regelung des Milchverkehrs (RGBl. 528).
753	24. Dez. 1926	Ges. zur Regelung der Sozialversich. u. der Erwerbslosenfürsorge der bei Reparationsarbeiten im Ausland beschäftigten Arbeitnehmer (RGBl. 531).
754	27. Dez. 1926	Ges. zur Aend. der StrafprozeßO. (RGBl. 529) s. a 674, e 13, a 461
755	28. Dez. 1926	Ges. zur Aend. der Personalabbaugesetze (RGBl. 531) s. a 734, d 23, wieder geänd. durch Ges. v 16. Juli 1927 (RGBl. 185).
756	28. Jan. 1927	Ges. über die Gerichtskosten u. die Rechtsanw.-Gebühren (RGBl. 53) s. a 435, 783, a 559, 783. Neufassung des Gerichtskostenges. v 5 Juli 1927 (RGBl. 152) u. der GebO. für Rechtsanwälte v gl. T. (RGBl. 162).
757	31. Jan. 1927	Ges. über die Zuckerung der Weine des Jahrgangs 1926 (RGBl. 57) s. a 673.
758	7. Febr. 1927	Ges. zur Aend. der GewO. (RGBl. 57) s. a 749, 794.

Nr.	Datum des Gesetzes	Name des Gesetzes
759	18. Febr. 1927	Ges. z. Bekämpfung der Geschlechtskrankheiten (RGBl. 61), ändert auch das StGB. (a 749).
760	21. Febr. 1927	Ges. zur Aend. der VO. über die Fürsorge für erwerbslose Seeleute (RGBl. 65) s. a 624, aufgeh. a 795.
761	26. Febr. 1927	Ges. zur Aend. des Gesetzes über die Grundschulen usw (RGBl. 67) s. a 99.
762	2. März 1927	Ges. über die Reichswohnungszählung usw. (R.-GBl. 69) s. a 548.
763	7. März 1927	Ges. über Aend. der RechtsanwO. (RGBl. 71) s. a 567, 779.
764	17. März 1927	Ges. zur Aend. des Mieterschutzges. (RGBl. 71) s. a 712, 780.
765	5. April 1927	Besatzungsleistungsges. (RGBl. 83).
766	8. April 1927	Ges. über die Wahlen nach der RVersichO., dem AngestelltenVersichGes. u. dem RKnappsch.-Ges. (RGBl. 95) s. a 603, 726, 767, 422, 708, 342.
767	8. April 1927	Ges. über Leistungen und Beiträge in der Invalidenversich. (RGBl. 98) s. a 603, 766, 617, 422, ändert auch das EG. RVersichO. s. a 422.
768	9. April 1927	Ges. zur Uebergangsregelung des Finanzausgleichs (RGBl. 91) s. a 659, e 56, a 741, geänd. a 795.
769	9. April 1927	Ges. zur Aend. des Ges. über den Eintritt Württembergs, Bayerns und Badens in die Biersteuergemeinschaft (RGBl. 94) s. a 17, 661, 26, 661.
770	9. April 1927	Ges. über die Hinausschiebung der Bindung einzelner Länder u. Gemeinden an die nach dem Reichsbewertungsges. festgestellten Einheitswerte (RGBl. 95).
771	9. April 1927	Ges. zur Aend. des RVersorgungsges. (RGBl. 106) s. a 648, 722.
772	11. April 1927	Ges. zur Aend. des Besatzungspersonenschädengesetzes (RGBl. 101) s. a 388, e 32. Neufassung des Besatzungspersonenschädenges. v. 14. April 1927 (RGBl. 103).
773	11. April 1927	Ges. über die Uebernahme von Garantien für Lieferungen nach den sozialist. Sowjetrepubliken (RGBl. 106).
774	14. April 1927	Ges. zur Aend. der ArbeitszeitVO. (RGBl. 109) s. e 6, Neufassung der ArbeitszeitVO. vom 14. April 1927 (RGBl. 110).
775	17. Mai 1927	Ges. über Einfuhrscheine (RGBl. 117); ändert auch das Zolltarifges. v. 25. Dez. 1902; s. a 662; a 732, a 788.
776	28. Mai 1927	Ges. über die Erlaubnispflicht für die Herstellung von Zündhölzern (RGBl. 123), s. e 42.

Nr.	Datum des Gesetzes	Name des Gesetzes
777	2. Juni 1927	Ges. zur Verläng. des Republikschutzges. (RGBl. 125) s. a 397, 718.
778	2. Juni 1927	2. Ges. zur Aend. des Ges. v. 26. März 1926 (RGBl. 125) s. a 687, 716, Neufassung des Ges. über die Bereitstellung von Kredit zur Förd. des Kleinwohnungsbaues v. 2. Juni 1927 (RGBl. 126).
779	29. Juni 1927	Ges. üb. d. Aend. d.RechtsanwO (RGBl.133) s. a 763.
780	30. Juni 1927	Ges. zur Verläng. der Geltungsdauer des MieterSchGes. u. des RMietenGes. (RGBl. 131) s. a 712, 764, 316, 729.
781	30. Juni 1927	Ges. über die Abtretung von Beamtenbezügen zum Heimstättenbau (RGBl. 133).
782	5. Juli 1927	Lebensmittelges. (RGBl. 134), ändert auch das Margarineges. v 15. Juni 1897, das Weinges. v 7. April 1909 (s. a 673) u. das Farbenges. v. 5. Juli 1887, hebt auf das Nahrungsmittelges. v 14. Mai 1879, s. a 339, 550, 527
783	5. Juli 1927	Ges. über den Vergleich zur Abwendung des Konkurses, Vergleichsordnung (RGBl. 139), ändert auch das Anfechtungsges. v. 20. Mai 1898, s. e 13. a 756, e 27, a 589.
784	9. Juli 1927	Ges. über die Verzinsung aufgewerteter Hypotheken usw. (RGBl. 171) s. a 641, 642.
785	9. Juli 1927	Ges. zur Aend. der Bezeichnungen Gerichtsschreiberei, Gerichtsschreiber u. Gerichtsdiener (RGBl. 175) s. e 13.
786	12. Juli 1927	Ges. z. Aend. der PachtschutzO. (RGBl.179) s. a 645.
787	15. Juli 1927	Ges. über Aend. des Zuckersteuerges. (RGBl. 179) s. a 533, 657.
788	15. Juli 1927	Ges. über Erhöhung des Zuckerzolls (RGBl. 180) ändert den Zolltarif s. a 775.
789	15. Juli 1927	Ges. über Zolländerungen (RGBl. 180); ändert auch d. Zolltarifges. v. 25. Dez.1902; s. a 662, a* 165.
790	15. Juli 1927	3. Ges. zur Aend. des 2. Buchs der RVersichO. (RGBl. 219) s. a 603.
791	16. Juli 1927	Ges. zur Verlängerung der Geltungsdauer der Steuermilderungsges. (RGBl. 183) s. a 691
792	16. Juli 1927	Ges. betr Bürgschaften des Reichs zur Förderung landw Flüchtlingssiedelung (RGBl. 183).
793	16. Juli 1927	Ges. zur Aend. der VO. über die Arbeitszeit in den Bäckereien und Konditoreien v. 23. Nov. 1918 (RGBl. 183).
794	16. Juli 1927	Ges. über die Beschäftigung vor u. nach der Niederkunft (RGBl. 184), s. a* 205, ändert auch die GewO., s. zu dieser a 758.
795	16. Juli 1927	Ges. über Arbeitsvermittlung u. Arbeitslosenversicherung (RGBl. 187 u. 238) s. a 408, d 30; e 56, a 597, 675. 741, 768; 740; 624, 760; 661, 684; 440
796	27. Juli 1927	Ges über Kriegsgerät (RGBl. 239) s. a 221

a*) Reichsgesetze

aus dem Reichsgesetzblatt II. Teil.

Nr.	Datum des Gesetzes	Name des Gesetzes
1	22. April 1922	Ges. zur Ergänzung des Ges. über die Entschädigung der Mitglieder des Reichstags (RGBl. II 75) s. a 136, 294; aufgeh. a* 26.
2	11. Mai 1922	Ges. über einen vorläufigen Handelsvertrag mit dem Königreiche der Serben, Kroaten u. Slowenen (RGBl. II 105).
3	18. Mai 1922	Ges. über den Schutz der Urheberrechte der Angehörigen der Vereinigten Staaten von Amerika (RGBl. II 129).
4	19. Mai 1922	Ges. betr. Aufhebung der Bek. des Bundesrats über die Errichtung von Betriebsverbänden in der Binnenschiffahrt v. 18. Aug. 1917 (RGBl. 720) und die Errichtung von Kleinschifferverbänden (RGBl. II 129).
5	26. Mai 1922	Ges. über die Autonomie der Reichsbank (RGBl. II 135); ändert das Bankges. v. 14. März 1875 (s. a 63, 308, a* 20, 82, d 43) und das Reichsbeamtenges. (s. a 540).
6	28. Mai 1922	Ges. betr die Verteilung des Gewinns der Reichsbank für 1921 (RGBl. II 136).
7	1. Juni 1922	Ges. über den Vertrag mit Dänemark betr die durch den Uebergang der Staatshoheit in Nordschleswig auf Dänemark entstandenen Fragen (RGBl. II 141 u. 664).
8	11. Juni 1922	Ges. über das Genfer Abkommen mit Polen über Oberschlesien v. 15. Mai 1922 (RGBl. II 237) s. a* 25, 51, 65.
9	11. Juni 1922	Ges. über das Abkommen mit Polen über den Postscheckverkehr (RGBl. II 541).
10	11. Juni 1922	Ges. über das Abkommen mit Polen betr. die Ueberleitung der Rechtspflege im oberschlesischen Abstimmungsgebiet (RGBl. II 550) s. a* 24.
11	11. Juni 1922	Ges. über das Abkommen mit Polen über die Grenzübergangsbahnhöfe und über den privilegierten Durchgangs- und Eisenbahnübergangsverkehr (RGBl. II 573).
12	27. Juni 1922	Ges. zur Erhöhung der patentamtlichen Gebühren (RGBl. II 619) s. a 97, 130, 235; a* 55, ändert auch das Patentges. v. 7 April 1891, das Gebrauchsmusterschutzges. v. 1. Juni 1891, das Ges. zum Schutz der Warenbezeichnungen v. 12. Mai 1894.

Nr.	Datum des Gesetzes	Name des Gesetzes
13	29. Juni 1922	Ges. betr. die Anwendung der Verträge mit Frankreich v. 6. Okt. 1921, 15. März und 3. Juni 1922 und mit der Reparationskommission vom 2. Juni 1922 über die Ausführung der Reparationssachleistungen (RGBl. II 625).
14	12. Juli 1922	Ges. über den Beitritt des Reichs zu dem Madrider Abkommen über die internationale Registrierung von Fabrik- oder Handelsmarken (RGBl. II 669).
15	17. Juli 1922	Ges. über den Vertrag mit Russland von Rapallo (RGBl. II 677).
16	20. Juli 1922	Ges. zur Regelung von Angelegenheiten der sozialen Versicherung und des Arbeitsrechts bei der Durchführung des Vertrags von Versailles (RGBl. II 678).
17	21. Juli 1922	Ges. betr. das Abkommen mit Polen über das berg- und hüttenfiskalische Eigentum in dem polnisch werdenden Teil Oberschlesiens (RGBl. II 705), ergänzt a* 45.
18	21. Juli 1922	Ges. betr. das Abkommen mit Polen über Straffreiheit im oberschlesischen Abstimmungsgebiet (RGBl. II 715).
19	21. Juli 1922	Ges. betr das deutsch-polnische Grenzabkommen (RGBl. II 719) s. a* 117.
20	24. Juli 1922	Ges. über die Ersatzleistung für beschädigte Reichsbanknoten (RGBl. II 683), ändert das Bankges. v 14. März 1875 s. a* 5. 21, 82.
21	25. Juli 1922	Ges. über Abänderung des Ges. betr. die Metallreserven der Privatnotenbanken (RGBl. II 681) s. a 247, a* 20, 38, 82. 83; ändert auch das Bankges. v. 14. März 1875.
22	27. Juli 1922	Ultimatumsversorgungsges. (RGBl. II 683).
23	29. Juli 1922	AusführGes. zum Staatsvertrag über den Uebergang der Staatseisenbahnen auf das Reich (RGBl. II 693 u. 769) s. a 102.
24	29. Juli 1922	Ges. betr. die Vereinbarung mit Polen und der interalliierten Kommission für Oberschlesien über Fragen der Rechtsüberleitung im oberschlesischen Abstimmungsgebiet (RGBl. II 738) s. a* 10.
25	29. Juli 1922	Ges. zu dem Genfer Abkommen mit Polen über Oberschlesien v. 15. Mai 1922 (RGBl. II 765) s. a* 8.
26	3. Aug. 1922	Ges. zur Ergänzung des Ges. über die Entschädigung der Mitglieder des Reichstags (RGBl. II 705) s. a 136, a* 1; aufgeh. a* 29.
27	21. Okt. 1922	Ges. über die Gebühren in Musterregistersachen (RGBl. II 774), ändert das Musterschutzges. v. 11 Jan. 1876.

Nr.	Datum des Gesetzes	Name des Gesetzes
28	25. Okt. 1922	4. Nachtragsges. zum Reichshaushaltsplan 1922 (RGBl. II 771) s. a 121, a* 31, 34.
29	27. Okt. 1922	Aenderungsges. zum Ges. über die Entschädigung der Reichstagsmitglieder (RGBl. II 773) s. a 136, a* 26, 53, 70, aufgeh. a* 190.
30	5. Nov. 1922	Ges. über die Abgabe auf dem Kaiser-Wilhelm-Kanal (RGBl. II 783), ändert das Ges. betr. die Herstellung des Nord-Ostseekanals vom 16. März 1886 und das Ges. betr die Gebühren für die Benutzung des Kaiser-Wilhelm-Kanals v. 20. Juni 1899, Neufassung des letzteren Bek. v. 14. Nov. 1922 (RGBl. II 783).
31	14. Nov. 1922	5. Nachtragsges. zum Reichshaushaltsplan 1922 (RGBl. II 781) s. a 323, a* 28, 32.
32	5. Dez. 1922	6. Nachtragsges. zum Reichshaushaltsplan 1922 (RGBl. II 789) s. a 323, a* 31, 34.
33	31. Dez. 1922	Reichshaushaltsordnung (RGBl. II 1923, 17); aufgehoben wurden hiedurch das Ges. betr das Etatsjahr für den Reichshaushalt vom 29. Febr 1876 und die Reichskontrollgesetze v. 21. März 1910 und 4. April 1915 und geänd. das Ges. über die Rechtsverhältnisse der zum dienstl. Gebrauche einer Reichsverwaltung bestimmten Gegenstände v. 25. Mai 1873.
34	16. Jan. 1923	9. Nachtragsges. zum Reichshaushaltsplan 1922 (RGBl. II 1923, 37) s. a* 28, 32, 39, 44, a 121, 323.
35	27. Jan. 1923	Ges. über einen Ausführungsvertrag mit der Tschechoslowakei (RGBl. II 48).
36	31. Jan. 1923	Ges. über ein vorläufiges Uebereinkommen mit Finnland über Fragen des Handelsverkehrs (RGBl. II 45) s. a* 170.
37	31. Jan. 1923	Ges. über das Abkommen mit den Vereinigten Staaten von Amerika v. 10. Aug. 1922 (RGBl. II 1923, 113).
38	2. Febr. 1923	Ges. betr. Aenderung des Bankges. und der Gesetze betr. die Metallreserven der Privatnotenbanken (RGBl. II 43) s. a* 21, 57, 64, 82 a 247, d 43.
39	6. Febr. 1923	10. Nachtragsges. zum Reichshaushaltsplan 1922 (RGBl. II 1923, 44), s. a* 34, 44; a 323.
40	7. Febr. 1923	Ges. über den Vertrag mit der Tschechoslowakei über Rechtsschutz und Rechtshilfe in bürgerl. Angelegenheiten (RGBl. II 57).
41	14. Febr. 1923	Ges. über die Verträge mit Oesterreich und der Tschechoslowakei zur Ausgleichung der in- und ausländischen Besteuerung und über Rechtsschutz und Rechtshilfe in Steuersachen (RGBl. II 69).

Nr.	Datum des Gesetzes	Name des Gesetzes
42	22. Febr. 1923	Ges. betr. das oberschlesische Bergwerksabkommen mit Polen (RGBl. II 118 u. 390).
43	22. Febr. 1923	Ges. betr das Abkommen mit Polen über die Teilung des oberschlesischen Knappschaftsvereins (RGBl. II 132).
44	23. Febr. 1923	11. Nachtragsges. zum Reichshaushaltsplan 1922 (RGBl. II 1923, 117) s. a* 34, 39; a 121, 323.
45	24. Febr. 1923	Nachtragsges. zum Ges. v. 21. Juli 1922 (RGBl. II 173) s. a* 17.
46	22. März 1923	Ges. betr. die Elbschiffahrtsakte (RGBl. II 183 u. 349) s. a* 68.
47	21. April 1923	Ges. betr das Abkommen mit Dänemark zur Regelung des Luftverkehrs (RGBl. II 215).
48	21. April 1923	Ges. über ein vorläufiges Handelsabkommen mit Spanien (RGBl. II 219), Verlängerung Ges. v. 9. Juli 1923 (RGBl. II 308), v. 22. Dez. 1923 (RGBl. II 493), v. 25. Sept. 1924 (RGBl. II 375) s. a* 113.
49	19. Mai 1923	Ges. betr die Verteilung des Gewinns der Reichsbank für 1922 (RGBl. II 229).
50	30. Mai 1923	Ges. betr. das Abkommen mit Polen über die Ueberleitung der Verwaltungs-, Verwaltungsstreit- und Steuersachen im oberschlesischen Abstimmungsgebiet (RGBl. II 317 u. 371).
51	12. Juni 1923	Ges. über das Abkommen mit Polen über Aenderung des Abkommens über Oberschlesien v. 15. Mai 1922 (RGBl. II 1923, 295), s. a* 8, 61*.
52	23. Juni 1923	Ges. über das Zusatzabkommen mit der Schweiz zum Abkommen v 6. Dez. 1920 über Goldhypotheken usw (RGBl. II 284) s. a 160.
53	26. Juni 1923	Ges. zur Aend. des Ges. über die Entschädigung der Reichstagsmitglieder (RGBl. II 283) s. a 136, a* 29, 70, aufgeh. a* 190.
54	5. Juli 1923	Ges. über einen Vertrag mit der Ukraine, Weissrussland, Georgien, Asserbeidschan, Armenien und der Republik des Fernen Ostens v. 5. Nov 1922 (RGBl. II 1923, 315).
55	9. Juli 1923	Ges. über die patentamtlichen Gebühren (RGBl. II 297), ändert das Patentgesetz v 7 April 1898, das Gebrauchsmusterschutzges. v. 1. Juni 1891, das Warenzeichenges. v 12. Mai 1894 mit Neufassungen dieser Gesetze durch Bek. v. 7 Dez. 1923 (RGBl. II 437) s. a* 12, d 44, neue Aenderung des Patentges. a* 141, 147, desgl. des Warenzeichenges. a* 147
56	9. Juli 1923	Ges. über ein vorläufiges Handelsübereinkommen mit Portugal (RGBl. II 309) s. a* 98, hierzu Ges. v. 12. Dez. 1923 (RGBl. II 456) u. v. 20. Aug 1924 (RGBl. II 231).

Nr.	Datum des Gesetzes	Name des Gesetzes
57	13. Juli 1923	Ges. über den Notenumlauf der Privatnotenbanken (RGBl. II 313) s. a* 38, 83.
58	31. Juli 1923	Ges. über ein Abk. mit den Niederlanden über Zusammenlegung der Grenzabfertigungen im internationalen Reiseverkehr (RGBl. II 345).
59	22. Aug. 1923	Ges. betr den Besoldungs- und Ruhegehaltshaushalt des Reichsbank-Direktoriums (RGBl. II 351).
60	28. Aug. 1923	Ges. betr das Abk. mit Polen über eine gemeinschaftliche Deichverwaltung in der Marienwerderer Niederung (RGBl. II 361).
61	30. Aug. 1923	Ges. über das Abk. mit Polen über Aenderung des Abk. über Oberschlesien v. 15. Mai 1922 (RGBl. II 367) s. a* 8, 51, 65.
62	7. Sept. 1923	Ges. über ein Ueberleitungsabkommen mit der Tschechoslowakei über die Versorgung der Kriegsbeschädigten im Hultschiner Gebiet (RGBl. II 355).
63	26. Sept. 1923	Ges. über einen Abänderungsvertrag zum Handels- und Schiffahrtsvertrag zwischen dem deutschen Zollverein und den Niederlanden v. 31 Dez. 1851 (RGBl. II 387).
64	10. Okt. 1923	Ges. über die Aend. des Bankges. (RGBl. II 396) s. a* 38, 73, 82.
65	31. Okt. 1923	Ges. über das Abk. mit Polen über Aend. des Abk. über Oberschlesien v. 15. Mai 1922 (RGBl. II 405) s. a* 8, 61.
66	8. Dez. 1923	Ges. über den Vertrag mit der Schweiz zur Vermeidung der Doppelbesteuerung des Arbeitseinkommens (RGBl. II 453).
67	10. Dez. 1923	Ges. wegen eines Abk. mit Polen über den privilegierten Durchgangsverkehr zwischen Polnisch-Oberschlesien und Polen durch Deutsch-Oberschlesien (RGBl. II 456).
68	14. Dez. 1923	Ges. betr das Zusatzübereinkommen zur Elbschiffahrtsakte v. 27 Jan. 1923 (RGBl. II 485) s. a* 46.
69	6. März 1924	Ges. über den Vertrag mit Oesterreich über Rechtsschutz und Rechtshilfe und über den Beglaubigungsvertrag (RGBl. II 55 u. 1925, 156).
70	15. März 1924	Ges. zur Ergänzung des Ges. über die Entschädigung der Mitglieder des Reichstags (RGBl. II 65) s. a* 29, 53, 93, aufgeh. a* 190.
71	18. März 1924	Ges. über die Reichshaushaltsführung und Rechnungslegung für die Rechnungsjahre 1922 u 1923 (RGBl. II 70).
72	19. März 1924	Ges. über die Deutsche Golddiskontbank (RGBl. II 71), geänd. a* 82.
73	19. März 1924	Ges. über Aend. des Bankges. (RGBl. II 73) s. a* 64, 82.

Nr.	Datum des Gesetzes	Name des Gesetzes
74	30. Juni 1924	Ges. zu dem Abkommen mit Polen über den oberschlesischen Grenzbezirk (RGBl. II 147) s. a* 117.
75	12. Juli 1924	Ges. über den Vertrag mit Estland v. 27. Juni 1923 über die Regelung der mit dem Weltkrieg zusammenhängenden Fragen (RGBl. 1924 II 159).
76	12. Juli 1924	Ges. über das vorläufige Wirtschaftsabkommen mit Estland v. 27. Juni 1923 (RGBl. 1924 II 160).
77	12. Juli 1924	Ges. über den Vertrag mit Litauen v. 31. Mai 1923 über die Regelung der mit dem Weltkrieg zusammenhängenden Fragen (RGBl. 1924 II 203; 1926 II 254).
78	12. Juli 1924	Ges. über den Handelsvertrag mit Litauen v. 1. Juni 1923 (RGBl. 1924 II 205).
79	25. Juli 1924	Ges. über die Verteilung des Gewinns der Reichsbank für 1923 (RGBl. II 203).
80	30. Juli 1924	Ges. über das Optionsabkommen mit Belgien v. 11. Sept. 1922 (RGBl. 1924 II 227).
81	28. Aug. 1924	Ges. zu dem Abk. mit Polen v. 23. Febr. 1924 über die Rechte der Mitglieder und Beamten des gemeinschaftlichen Oberkomitees der oberschlesischen Eisenbahnen (RGBl. II 359).
82	30. Aug. 1924	Bankges. (RGBl. II 235); hebt auch das Bankges. v. 14. März 1875 mit seinen Aenderungen auf; s. a 63; a* 5, 20, 21, 38, 64, 72, 73; d 7; e 41; wieder geänd. a* 160.
83	30. Aug. 1924	Privatnotenbankges. (RGBl. II 246 u. 1925, 114) s. a 247; a* 21, 57.
84	30. Aug. 1924	Ges. über die Liquidierung des Umlaufs an Rentenbankscheinen (RGBl. II 252) s. d 7; e 41.
85	30. Aug. 1924	Münzges. (RGBl. II 254); ändert auch das Münzges. v. 1. Juni 1909 s. a 586; c 62; e 28.
86	30. Aug. 1924	Industriebelastungsges. (RGBl. II 257) s. a* 87.
87	30. Aug. 1924	Ges. zur Aufbringung der Industriebelastung (Aufbringungsges.) (RGBl. II 269) s. a* 86.
88	30. Aug. 1924	Ges. über die Deutsche Reichsbahn-Gesellschaft (Reichsbahnges.) (RGBl. II 272) s. e 31.
89	30. Aug. 1924	Reichsbahn-Personalges. (RGBl. II 287); ändert auch die Reichsversicherungsordnung und das AngestelltenversichGes. s. a 592.
90	30. Aug. 1924	Ges. über die Londoner Konferenz (RGBl. II 289).
91	12. Sept. 1924	Ges. über die Wiederinkraftsetzung des Freundschafts- usw. Vertrags mit Nicaragua vom 4. Febr. 1896 (RGBl. 1924 II 371).
92	16. Sept. 1924	Ges. über den Beitritt von Staaten zu den Haager Privatrechtsabkommen (RGBl. II 363).

Nr.	Datum des Gesetzes	Name des Gesetzes
93	30. Sept. 1924	Ges. betr. die Aend. des Ges. über die Entschädigung der Mitglieder des Reichstags (RGBl. II 379) s. a* 70, aufgeh. a* 190.
94	2. Febr. 1925	Ges. wegen Abkommens mit Polen über Staatsangehörigkeits-Optionsfragen (RGBl. II 33 u. 98).
95	18. Febr. 1925	Ges. über das vorläufige Wirtschaftsabkommen mit Siam (RGBl. II 67 u. 72).
96	20. Febr. 1925	Ges. zum Optionsvertrag mit Litauen über das Memelgebiet (RGBl. II 59).
97	24. Febr. 1925	Ges. über den Zusatzvertrag zu dem Wirtschaftsabkommen mit Oesterreich (RGBl. II 73) s. a 170, a* 163.
98	24. Febr. 1925	Ges. über Aend. und Verlängerung des Handelsabkommens mit Portugal (RGBl. II 93) s. a* 56, 138.
99	2. März 1925	Ges. über Meistbegünstigung an Böhmen (RGBl. II 109).
100	6. März 1925	Ges. zu dem Abkommen mit Böhmen über Erleichterungen im Grenzverkehr (RGBl. II 103 u. 515).
101	19. März 1925	Ges. über den Vertrag mit Polen über den Rechtsverkehr u. über das Vormundschaftsabkommen (RGBl. II 139, 1926 II 237).
102	21. März 1925	Ges. u. der Beitritt zu dem Madrider Abkommen betr. die Unterdrückung falscher Herkunftsangabe auf Waren (RGBl. II 115), ändert auch das Warenzeichenges. v. 12. Mai 1894 (s. a* 55) und das Wettbewerbsges. v. 7. Juni 1909.
103	27. März 1925	Ges. über die vorläufige Regelung des Reichshaushalts für 1925 (RGBl. II 118) s. a* 122, 144.
104	11. April 1925	Ges. über das Handelsabkommen mit Guatemala (RGBl. II 155, 1926 II 353).
105	16. April 1925	Ges. über die Vereinbarung über die Erteilung von Rheinschifferpatenten (RGBl. II 147 u 659), ändert auch die revidierte Rheinschiffahrtsakte v 17 Okt. 1868.
106	25. Mai 1925	Ges. über den Verwaltungsrat des Internationalen Arbeitsamts (RGBl. II 161); ändert auch den Versailler Vertrag s. a 28.
107	25. Mai 1925	Ges. betr. das Washingtoner Uebereink. über die Arbeitslosigkeit (RGBl. II 162).
108	25. Mai 1925	Ges. betr. das Genueser Uebereink. über die Stellenvermittlung für Seeleute (RGBl. II 166).
109	25. Mai 1925	Ges. betr. das Genfer Uebereink. über das Vereins- u. Koalitionsrecht der landwirtschaftsch. Arbeiter (RGBl. II 171).
110	25. Mai 1925	Ges. betr das Genfer Uebereink. über die Entschädigung der Landarbeiter bei Arbeitsunfällen (RGBl. II 174).

Nr.	Datum des Gesetzes	Name des Gesetzes
111	29. Mai 1925	Ges. über weitere vorläuf. Regelung des Reichshaushalts für 1925 (RGBl. II 177) s. a* 122.
112	30. Mai 1925	Ges. über das Internat. Uebereink. über den Eisenbahnfrachtverkehr (RGBl. II 183, 1926 II 180).
113	8. Juni 1925	Ges. über das Handelsabk. mit Spanien (RGBl. II 451 u. 658) s. a* 48, 143.
114	12. Juni 1925	Ges. über das Internat. Uebereink. über den Eisenbahn-Personen- u. Gepäckverkehr (RGBl. II 483).
115	22. Juni 1925	Ges. über die Weltpostverträge (RGBl. II 157).
116	29. Juni 1925	Ges. über die Verträge mit Ungarn zur Ausgleichung der in- u. ausländischen Besteuerung und über Rechtsschutz und Rechtshil e in Steuersachen (RGBl. II 641).
117	23. Juli 1925	Ges. über das Abk. mit Polen über Erleichterungen im kleinen Grenzverkehr v. 30. Dez. 1924 (RGBl. II 661) s. a* 19, 74.
118	23. Juli 1925	Ges. über das Internationale Abk. v 3. Nov. 1923 zur Vereinfachung der Zollförmlichkeiten (RGBl. II 672).
119	24. Juli 1925	Ges. über die Konsulargerichtsbarkeit in Aegypten (RGBl. II 735).
120	24. Juli 1925	Ges. über den Beitritt Deutschlands zum Spitzbergenvertrage (RGBl. II 763).
121	30. Juli 1925	Bek. über Abänd. des Versailler Vertrags (RGBl. II 737) s. a 28.
122	31. Juli 1925	Ges. über weitere vorläuf. Regelung des Reichshaushalts für 1925 (RGBl. II 733) s. a* 111, 103, 123; verlängert durch Ges. v. 29. Nov. 1925 (RGBl. II 973).
123	10. Aug. 1925	Ges. über die Feststellung des Reichshaushalts für 1924 (RGBl. II 739) s. a* 122.
124	17. Aug. 1925	Ges. über den Handels- u. Schiffahrtsvertrag mit Grossbritannien (RGBl. II 777, 950).
125	17. Aug. 1925	Ges. über den Freundschafts-, Handels- und Konsularvertrag mit den Vereinigten Staaten von Amerika (RGBl. II 795).
126	17. Aug. 1925	Ges. über das Abk. mit Norwegen wegen eines Vertragszollsatzes für gewisse Fischkonserven (RGBl. II 813).
127	17. Aug. 1925	Ges. über ein vorläufiges Handelsabk. mit Griechenland (RGBl. II 815).
128	26. Aug. 1925	Ges. über die Vereinb. mit Frankreich über den Warenaustausch mit dem Saarbeckengebiet (RGBl. II 823) s. a* 168.
129	26. Aug. 1925	Ges. betr den Vertrag mit Oesterreich über den Luftverkehr (RGBl. II 855, 947).
130	26. Aug. 1925	Ges. über das Abk. mit Schweden über den Luftverkehr (RGBl. II 857).

Nr.	Datum des Gesetzes	Name des Gesetzes
131	29. Aug. 1925	Ges. über den deutsch-schwedischen und den deutsch-finnischen Schiedsgerichts- und Vergleichsvertrag (RGBl. II 863).
132	3. Sept. 1925	Ges. über das vorläuf. Handelsabk. mit der belgisch-luxemburg. Wirtschaftsunion (RGBl. II 883; 1926 II 128, 254).
133	28. Nov. 1925	Ges. über die Verträge von Locarno und den Eintritt Deutschlands in den Völkerbund (RGBl. II 975).
134	6. Dez. 1925	Ges. über das Uebereink. mit Oesterreich zur Regelung einzelner Zollfragen (RGBl. II 1011).
135	6. Dez. 1925	Ges. über das vorläuf. Zollabk. mit der Schweiz (RGBl. II 1013).
136	6. Dez. 1925	Ges. über den Handels- u. Schiffahrtsvertrag mit Italien (RGBl. II 1920, 1926 II 212) s. a* 176.
137	7. Dez. 1925	Ges. über das Abk. mit Italien zur Vermeidung der Doppelbesteuerung und zur Regelung anderer Steuerfragen (RGBl. II 1145).
138	23. Dez. 1925	Ges. über Verlängerung des vorläuf. Handelsübereink. mit Portugal (RGBl. II 1159) s. a* 56, 98, neuerd. verlängert mit Ges. v. 31. März 1926 (RGBl. II 185, 236) s. a* 153.
139	6. Jan. 1926	Ges. über die deutsch-russischen Verträge v. 12. Okt. 1925 (RGBl. II 1926, 1 u. 102).
140	30. Jan. 1926	Ges. über Feststellung des Reichshaushalts (RGBl. II 103) s. a* 103, Nachtragsgesetze v 20. Mai 1926 (RGBl. II 257) u. v 22. Mai 1926 (RGBl. II 258).
141	1. Febr. 1926	Ges. über Aenderungen im patentamtlichen Verfahren (RGBl. II 127) s. a* 55, 147
142	11. Febr. 1926	Ges. über das Abk. mit Haiti über Aufhebung des Ausgleichsverfahrens (RGBl. II 137, 231) s. d 26.
143	16. Febr. 1926	Ges. über das vorläuf. Wirtschaftsabk. mit Spanien v. 18. Nov. 1925 (RGBl. II 149) s. a* 113, 155.
144	16. Febr. 1926	Ges. über den Zusatzvertrag v. 26. Nov 1925 zum Handels- und Schiffahrtsvertrag mit den Niederlanden v. 31 Dez. 1851 und über den Zoll- und Kreditvertrag mit den Niederlanden v. 30. Nov. 1925 (RGBl. II 151).
145	22. Febr. 1926	Ges. über das Handelsabk. mit Frankreich (RGBl. II 161) s. a* 154.
146	22. Febr. 1926	Ges. über das vorläuf. Handelsabk. mit der Türkei (RGBl. II 173, 211, 250).
147	26. März 1926	Ges. über die patentamtlichen Gebühren (RGBl. II 181) s. a* 55, 141; a* 55.

Nr.	Datum des Gesetzes	Name des Gesetzes
148	31. März 1926	Reichshaushaltsgesetz für 1926 (RGBl. II 187); ändert auch das Ges. v 15. Juli 1909 betr Aenderungen im Finanzwesen, hierzu Ges. v 20 Juli 1926 (RGBl. II 425) u. v. 8. Jan. 1927 (RGBl. II 1).
149	13. April 1926	Ges. über das Abk. mit Polen über die Netze u. Kuddow (RGBl. II 213).
150	14. April 1926	Ges. über das Abk. von Helsingfors zur Bekämpfung des Alkoholschmuggels (RGBl. II 220).
151	14. April 1926	Ges. über die Verfrachtung alkoholischer Waren (RGBl. II 230).
152	12. Mai 1926	Ges. über das Abk. mit Griechenland wegen Aufhebung des Ausführungszwangs für Erfindungspatente (RGBl. II 255).
153	21. Mai 1926	Ges. über das Handelsabk. mit Portugal (RGBl. II 289) s. a* 138.
154	21. Mai 1926	Ges. über das Zusatzabk. vom 8. April 1926 über das Handelsabk. mit Frankreich (RGBl. II 292) s. a* 145.
155	21. Mai 1926	Ges. über das Handelsabk. mit Spanien (RGBl. II 296, 326) s. a* 143.
156	22. Mai 1926	Ges. über das Abk. mit Belgien über die Ausübung der Heilkunde in den Grenzgemeinden (RGBl. II 342)
157	28. Mai 1926	Ges. über das Handelsabk. mit Honduras (RGBl. II 325).
158	28. Mai 1926	Ges. über den Konsularvertrag mit Estland (RGBl. II 327)).
159	19. Juni 1926	Ges. über den Vertrag mit Russland v. 24. April 1926 (RGBl. II 359)
160	8. Juli 1926	Ges. zur Aend. des Bankges. (RGBl. II 355) s a* 82.
161	8. Juli 1926	Ges. über das Abk. mit Oesterreich über die Durchführung der Sozialversicherung im zwischenstaatl. Verkehr (RGBl. II 365).
162	8. Juli 1926	Ges. über den Schiedsgerichts- u. Vergleichsvertrag mit Estland (RGBl. II 374).
163	8. Juli 1926	Ges. über den 2. Zusatzvertrag zum Wirtschaftsabk. mit Oesterreich (RGBl. II 414) s. a 170, a* 97
164	9. Juli 1926	Ges. über die Vereinb. mit Dänemark über Zollerleichterungen u. Behandlung deutscher Handlungsreisender (RGBl. II 371).
165	10. Juli 1926	Ges. über den Handels- und Schiffahrtsvertrag mit Schweden (RGBl. II 383) s. a 662, 789.
166	10. Juli 1926	Ges. über die vorläufige Anwendung von Wirtschaftsabk. (RGBl. II 421) s. a* 203.

Nr.	Datum des Gesetzes	Name des Gesetzes
167	19. Nov. 1926	Ges. über das vorläufige Handelsabkommen mit Frankreich (RGBl. II 629), hierzu Ges. v 19. Febr 1927 (RGBl. II 27).
168	19. Nov. 1926	Ges. über die Vereinbarung mit Frankreich über den Warenaustausch mit dem Saarbeckengebiet (RGBl. II 629) s. a* 128, hierzu Ges. v. 19. Febr 1927 (RGBl. II 27).
169	19. Nov. 1926	Ges. über den Vertrag mit Lettland zur Regelung der wirtschaftl. Beziehungen (RGBl. II 631).
170	19. Nov. 1926	Ges. über das vorläufige Handelsabkommen mit Finnland (RGBl. II 638) s. a* 36.
171	27. Nov 1926	Ges. über die Vereinb. mit Frankreich über den Austausch von Erzeugnissen einiger saarländ. Industrien (RGBl. II 639), hierzu Ges. v 19. Febr 1927 (RGBl. II 27).
172	27. Nov. 1926	Ges. über den Handelsvertrag mit der Schweiz (RGBl. II 675).
173	6. Dez. 1926	Ges. über die Luftverkehrsabk. mit Frankr u. Belgien (RGBl. II 740).
174	8. Dez. 1926	Ges. über den Vertrag mit Polen zur Regelung der Grenzverhältnisse (RGBl. II 723).
175	13. Dez. 1926	Ges. wegen eines Abk mit Polen u. Danzig über den Eisenbahnverkehr (RGBl. II 755).
176	22. Dez. 1926	Ges. über Zusatzvereinbarungen zum Handels- u. Schiffahrtsvertrag mit Italien (RGBl. II 793) s. a* 136.
177	29. Jan. 1927	Ges. über das Protokoll über die Regelung des Arbeitsverkehrs an der saarländischen Grenze (RGBl. II 19).
178	28. Febr. 1927	Ges. über den Schiedsgerichts- u. Vergleichsvertrag mit den Niederlanden u. Dänemark (RGBl. II 31).
179	12. März 1927	Ges. über das Abk. mit der belg.-luxemburg. Wirtschaftsunion über den kleinen Grenzverkehr (RGBl. II 85).
180	15. März 1927	Ges. über den Handelsvertrag u. das Niederlassungsabkommen mit der Türkei (RGBl. II 53).
181	26. März 1927	Ges. über den Beitritt des Deutschen Reichs zu der Uebereinkunft von Montevideo betr den Schutz von Werken der Literatur u. Kunst (RGBl. II 95).
182	29. März 1927	Ges. betr das Abk. mit Polen über Baulichkeiten in Kurzebrack (RGBl. II 137).
183	29. März 1927	Ges. wegen eines Abk. mit Polen über Zoll- u. Passabfertigung usw. in Kurzebrack (RGBl. II 142).
184	29. März 1927	Ges. über das Abk. mit Polen über Bergwerksfelder usw. (RGBl. II 150).
185	29. März 1927	Ges. über das Abkommen mit Polen über die Odergrenze (RGBl. II 151).

Nr.	Datum des Gesetzes	Name des Gesetzes
186	31. März 1927	Ges. über den vorläuf. Reichshaushalt für 1927 (RGBl. II 101).
187	8. April 1927	Ges. über das Zusatzabk. zum vorläuf. Handelsabk. usw. mit Frankreich (RGBl. II 105).
188	11. April 1927	Ges. über Vereinbarungen über die Saargrenze (RGBl. II 259).
189	14. April 1927	Ges. über den Reichshaushaltsplan für 1927 (RGBl. II 201).
190	25. April 1927	Ges. über die Entschädigung der Reichstagsmitgl. (RGBl. II 323) s. a 136; a* 29, 63, 70, 93.
191	14. Mai 1927	Ges. über d. Eisenbahnstrecke Firchau—Marienburg (RGBl. II 327).
192	19. Mai 1927	Ges. über ein Abk. mit Belgien, Frankreich u. Italien betr. die gegens. Anerkennung der Beschußzeichen f. Handfeuerwaffen (RGBl. II 377).
193	21. Mai 1927	Ges. über das Uebereinkommen über die Eichung der Binnenschiffe (RGBl. II 355); hebt auch d. Brüsseler Eichkonvention v. 4. Febr. 1898 auf.
194	21. Mai 1927	Ges. über das Luftverkehrsabk. mit der Tschechoslowakei (RGBl. II 433).
195	25. Mai 1927	Ges. über die Aend. der Internat. Meterkonvention (RGBl. II 409).
196	27. Mai 1927	Ges. über den Vertrag mit Bulgarien über den Rechtsverkehr (RGBl. II 416).
197	27. Mai 1927	Ges. über das Abk. mit Danzig und Polen üb. d. Art. 312 d. Versailler Vertr. (RGBl. II 424).
198	29. Juni 1927	Ges. ü. d. deutsch-lettl. Sanitätsabk. (RGBl. II 443).
199	30. Juni 1927	Ges. über die Wiederinkraftsetzung des Handelsvertrags u. Freundschaftsvertrags mit Bolivien (RGBl. II 455).
200	6. Juli 1927	Ges. über das Abkommen mit Frankreich über Grenzbahnhöfe (RGBl. II 469).
201	8. Juli 1927	Ges. über den Vergleichs- u. Schiedsgerichtsvertrag mit Italien (RGBl. II 461).
202	9. Juli 1927	Ges. über das Abkommen über die Immunitäten der Staatsschiffe (RGBl. II 483).
203	14. Juli 1927	2. Ges. über die vorläufige Anwendung von Wirtschaftsabkommen (RGBl. II 466) s. a* 166.
204	14. Juli 1927	Ges. betr. die Verläng. der Vereinbarungen mit Frankreich über den Warenaustausch mit dem Saarbeckengebiet (RGBl. II 466) s. a* 166.
205	16. Juli 1927	Ges. über das Washingtoner Uebereinkommen betr. die Beschäftigung der Frauen vor u. nach der Niederkunft (RGBl. II 497) s. a 794.
206	16. Juli 1927	Ges. üb. d. Nachlaßabk. m. Oesterr. (RGBl. II 505).
207	16. Juli 1927	Ges. über das Vormundschaftsabk. mit Oesterreich (RGBl. II 510).
208	23. Juli 1927	Ges. über Verläng. der Geltungsdauer des Meistbegünstigungsvertrags mitt Paraguay (RGBl. II 503).

b) Landesgesetze.[1])

Nr.	Datum des Gesetzes	Name des Gesetzes
1	22. März 1919	Ges. üb. d. Aufwandsentschädigung d. Landtagsabgeordneten (GVBl. 97), gegenstandslos s. b 58.
2	28. März 1919	Vorläufiges Staatsgrundges. des Freistaates Bayern (GVBl. 109) s. b 19.
3	28. März 1919	Ermächtigungsges. (GVBl. 112), aufgeh. durch Ges. v 24. Juni 1919 (GVBl. 325).
4	28. März 1919	Uebergangsges. (GVBl. 113).
5	28. März 1919	Ges. über den Adel (GVBl. 114).
6	28. März 1919	Ges. über die Lehen (GVBl. 114) s. b 27
7	28. März 1919	Ges. über die Aufhebung der Familienfideikommisse (GVBl. 114); geändert durch Ges. v. 14. Juni 1919 (GVBl. 291). Hierzu VO. v. 26. Sept. 1919 (GVBl. 647 u. 698).
8	28. März 1919	Ges., die Zwangsenteignung für Ansiedelungszwecke betr. (GVBl. 117).
9	15. April 1919	Wahlges. für die Gemeinde-, Bezirks- u. Kreiswahlen (GVBl. 171); geänd. durch Ges. v. 14. Mai 1919 (GVBl. 281), aufgeh. s. b 175, s. aber b 199.
10	21. Mai 1919	Ges. über den Geschäftsgang des Landtags (GVBl. 253).
11	22. Mai 1919	Ges. über die Selbstverwaltung (GVBl. 239), geänd. s. b 32, 175, 188, f 8, ergänzt s. b 36.
12	22. Mai 1919	Ges., die Enteignung von Holz u. Torf betr. (GVBl. 255), geänd. s. b 41
13	12. Juli 1919	Ges. über die Einsetzung von Volksgerichten bei inneren Unruhen (GVBl. 365); ändert auch das AG. StPO.
14	31. Juli 1919	Ges. über die Umgestaltung der Gendarmerie (GVBl. 409), ändert auch das Beamtenges.
15	31. Juli 1919	Ges. über ausserordentliche Massnahmen zum Schutze des Freistaates (GVBl. 413).
16	13. Aug. 1919	Ges. die Zuständigkeit der Volksgerichte betr. (GVBl. 399).
17	14. Aug. 1919	Volksschullehrerges. (GVBl. 437), ändert auch das AG. StPO., das Beamtenges. u. das AG. RVO., geändert s. b 44, 54, 76, 91, 96, 112, 126, 142 11, 164, 208, 217, f 8.

[1]) Die folgende Uebersicht enthält, nach der Zeitfolge, die Gesetze aus der Zeit der Republik. Die Gesetze aus der Zeit des Königreichs nach dem Stand vom 8. Nov. 1918 sind in der dem Jahrgang 1920 des Kalenders beigegebenen Anlage zusammengestellt, spätere Aenderungen dieser Gesetze lässt das Register Beil. 1 g ersehen. Wegen der Erlasse der Provisorischen Regierung s. § 2 des Uebergangsgesetzes v 28. März 1919 (b 4) u. die Bek. vom 28. April 1919 (GVBl. 401).

Nr.	Datum des Gesetzes	Name des Gesetzes
18	14. Aug. 1919	Schulbedarfsges. (GVBl. 489); ändert auch das VGHGes. u. die KirchenGO.; geänd. s. b 44, 54, 76, 79, 94, 96, 142.
19	14. Aug. 1919	Verfassungsurkunde des Freistaats Bayern (GVBl. 531), geänd. b 127, 152, 171, 196.
20	14. Aug. 1919	Ges. über die Dauer des gegenwärtigen Landtags (GVBl. 554), geänd. durch Ges. v. 18. Mai 1920 (GVBl. 259).
21	16. Aug. 1919	Ges. zur Abänderung des Einkommensteuerges. v. 17. Aug. 1918 (GVBl. 563) s. b 61; aufgehob. durch b 85.
22	16. Aug. 1919	Ges. zur Abänderung des Vermögensteuerges. v. 17. Aug. 1918 (GVBl. 564); aufgehob. durch b 85.
23	16. Aug. 1919	Ges. zur Abänderung des Haussteuerges. v. 17. Aug. 1918 (GVBl. 564), s. b 84.
24	16. Aug. 1919	Ges. zur Abänderung des Kapitalrentensteuerges. v. 17. Aug. 1918 (GVBl. 565); aufgeh. durch b 85.
25	16. Aug. 1919	Ges. zur Abänderung des Umlagenges. v. 17. Aug. 1918 (GVBl. 565).
26	16. Aug. 1919	Ges. zur Abänderung des EinführGes. zu den Gesetzen über die direkten Steuern v. 14. Aug. 1910 / 17. Aug. 1918 (GVBl. 566).
27	25. Aug. 1919	Ges. über die Lehen (GVBl. 562) s. b 6, 57.
28	1. Okt. 1919	Ges. zur Aenderung des ViehversichGes. in der Fassung v. 23. April 1910 (GVBl. 665) s. b 62.
29	3. Okt. 1919	Ges. über die Ruhestandsversetzung von Beamten, die das 65. Lebensj. vollendet haben (GVBl. 695)
30	9. Okt. 1919	Ges. über die Aufwandsentschädigung des ständigen Landtagsausschusses (GVBl. 675).
31	10. Okt. 1919	Ges. über die Aenderung des Berggesetzes (GVBl. 676).
32	28. Okt. 1919	Ges. zur teilweisen Abänderung des Selbstverwaltungsges. (GVBl. 699) s. b 11.
33	6. Nov. 1919	Ges. über die Vereidigung der öffentl. Beamten (GVBl. 783).
34	19. Dez. 1919	Ges. über Besoldung der Minister u. Staatssekretäre (GVBl. 1920, 11), geänd. d. Ges. v. 26. Juli 1920 (GVBl. 413), v. 23. Mai 1921 (GVBl. 337) u. v. 16. Dez. 1921 (GVBl. 1923, 4); weiter geänd. b 125, 164.
35	19. Dez. 1919	Ges. betr. Aenderung des Ges. über das Branntweinmonopol v. 26. Juli 1918 (GVBl. 1920, 33).
36	20. Dez. 1919	Ges. über die Geltung des Selbstverwaltungsges. in der Pfalz (GVBl. 833) s. b 11, 32, 69.
37	22. Dez. 1919	Ges. über Aenderungen des Kostenges. u. des Stempelges. (GVBl. 832); Neufassung b 67.
38	29. Jan. 1920	Ges. über die Gewährung steuerlicher Erleichterungen für die Kriegsteilnehmer (GVBl. 53); aufgehob. durch b 85.

Nr.	Datum des Gesetzes	Name des Gesetzes
39	10.Febr.1920	Ges. über Abänderung der Art. 32 u. 33 des Umlagengesetzes (GVBl. 54).
40	24.Febr.1920	Ges. zum Schutze des Maulwurfs (GVBl. 41); hiezu VO. v. 22. Juni 1925 (GVBl. 161); aufgeh. durch VO. v. 22. Dez. 1926 (GVBl. 540.)
41	25.Febr.1920	Ges. über Torfwirtschaft (GVBl. 42) s. b 12.
42	19.März 1920	Ges. über den Uebergang der Post- u. Telegraphenverwaltung an das Reich (GVBl. 148).
43	20.März 1920	Ges. über die Bauernkammern (GVBl. 67).
44	24.März 1920	Ges. zur Aenderung des Volksschullehrerges. u. des Schulbedarfges. (GVBl. 103) s. b 17, 18, 54.
45	26.März 1920	Ges. zur Aenderung des AusfG. zur ZPO. u. KO. (GVBl. 85); wieder geänd. durch Ges. v. 27. Okt. 1921 (GVBl. 525).
46	27.März 1920	Ges. über Regelung des Rückersatzes von Grunderwerbungskosten bei Umwandlung von Vizinal- u. Lokalbahnen in Hauptbahnen (GVBl. 111).
47	27.März 1920	Ges. über die Steuererhebung für das 1. Vierteljahr 1920 (GVBl. 117).
48	27.März 1920	Ges. über die Erwerbung der Privatlokalbahn Röthenbach b. L.—Weiler durch den Freistaat Bayern (GVBl. 137).
49	30.März 1920	Ges. über den Uebergang der bayer. Staatseisenbahnen an das Reich (GVBl. 173).
50	8. April 1920	Ergänzungsges. z. Brandversicherungsges., Baunotversicherungsges. (GVBl. 99); geänd. b 114.
51	14.April 1920	Ges. ü. d. Gewähr. eines staatl. Vorschusses z. Ankauf v. Kleidern, Wäsche u. Schuhen (GVBl. 115).
52	16.April 1920	Ges. über die Fortführung der Mainkanalisierung von Aschaffenburg bis Würzburg u. den Ausbau der Donauwasserstrasse von Regensburg bis Passau einschliessl. Wasserkraftausnützung (GVBl. 147); ergänzt durch Ges. v. 26. Juni 1920 (GVBl. 349).
53	12. Mai 1920	Landeswahlges. für Landtagswahlen, Volksbegehren u. Volksentscheidungen (GVBl. 195), geänd. s. b 80, 159, 193.
54	2. Juni 1920	Beamtenbesoldungsges. (GVBl. 275), ändert auch das Beamtenges., das Volksschullehrerges., das Schulbedarfges., die GemOrdnungen, s. b 17, 44; 18; seiners. geänd. s. b 64, 71, 76, 78, 94, 96, 103, 108, 126, 142, 151.
55	11. Juni 1920	Ges. über den Staatsgerichtshof (GVBl. 323, Berichtigung GVBl. 1920, 431), geänd. b 196; s. weiter Bek. v. 11. März 1926 (GVBl. 231).
56	16. Juni 1920	Ges. über die Vereinigung von Coburg mit Bayern (GVBl. 335), mit Abänderungsges. v. gl. Tage (GVBl. 344), beide berichtigt GVBl. 1920, 431; weiter geändert mit Ges. v. 14. Dez. 1920 (GVBl. 493).

Nr.	Datum des Gesetzes	Name des Gesetzes
57	30. Aug. 1920	Lehenauflösungsges. (GVBl. 417) s. b 6 u. 27.
58	16. Sept. 1920	Ges. über die Aufwandentschädigung der Landtagsabgeordneten (GVBl. 427) s. b 1; geändert s. b 68, 95, 105, 117, 137, 169, 176, 211.
59	13. Okt. 1920	Ges. über die Aufhebung der Arbeiterräte (GVBl. 435).
60	5. Nov. 1920	Ges. betr. die Aenderung des Art. 143 des Forstges. u. des Art. 59 des revidierten Forstges. für die Pfalz (GVBl. 465) s. b 144; 161
61	1. Dez. 1920	Ges. zur Aenderung des Einkommensteuerges. v. 14. Aug. 1910, 17. Aug. 1918, 16. Aug. 1919 (GVBl. 497) s. b 21; gegenstandslos s. b 85.
62	15. Dez. 1920	Ges. über Aenderung des Viehversicherungsges. (GVBl. 494) s. b 28.
63	18. Dez. 1920	Ges. über die Einführung bayerischer Gesetze in Coburg (GVBl. 498), desgl. 10. Dez. 1921 (GVBl. 1922, 7); Ges. über den Uebergang der Landrentenbank in Coburg an die Bayr. Staatsbank v. 18. Jan. 1922 (GVBl. 11).
64	5. Jan. 1921	Ges. über die Abänderung des Beamtenbesoldungsges. u. über die Festsetzung der Teuerungszuschläge (GVBl. 1) s. b 54; geänd. b 75.
65	28. Jan. 1921	Ges. über die Verlängerung der Wahlzeit der gegenwärtigen ortskirchlichen Vertretungskörper (GVBl. 25).
66	2. Febr. 1921	Ges. zur Aenderung einiger Justizges. (GVBl. 29 u. 98), ändert das AG. GVG. v. 23. Febr. 1879, das AG. BGB. v. 9. Juni 1899 (hiezu s. b 81), das Nachlassges. v. 9. Aug. 1902, das AG. GBO. ZwVG. v. 9. Juni 1899, das Kostenges. v. 21. Aug. 1914.
67	16. Febr. 1921	Ges. über Aenderungen des Kostenges. u. des Stempelges. (GVBl. 35) mit Neufassungen durch Bek. v. 16. März 1921 (GVBl. 133); wieder geänd. durch Ges. v. 18. März 1922 (GVBl. 209), weiter nach b 120, 158; f 11.
68	17. Febr. 1921	Ges. zur Aend. des Ges. über die Aufwandentschädigung der Landtagsabgeordneten (GVBl. 26) s. b 58, 95, 211.
69	18. Febr. 1921	Ges. über die fortdauernde Geltung des Art. 3 des SelbstverwGes. in der Pfalz (GVBl. 26) mit Berichtigung S. 64; s. b 36, hiezu Ges. gl. Betr. v. 6. März 1923 (GVBl. 105).
70	21. Febr. 1921	Ges. über die Aenderung des Hagel-, Vieh- u. Pferdeversicherungsges. (GVBl. 32), s. auch b 148.
71	8. März 1921	Ges. über die Erhöhung der Teuerungszuschläge (GVBl. 65) s. b 54, 64.
72	18. März 1921	Ges. über die Forterhebung der religionsgesellschaftlichen Steuern u. der religionsgemeind-

Nr.	Datum des Gesetzes	Name des Gesetzes
		lichen Umlagen für die Zeit bis 31. März 1921 (GVBl. 83); ändert das KirchenStG. u. die KirchenGO. s. b 87, 18.
73	22. März 1921	Ges. über die Genehmigung des Staatsvertrags v. 22. Febr. 1921 zwischen Preussen, Bayern u. Thüringen über die Aufhebung von Gemeinschaftsverträgen (GVBl. 94).
74	22. März 1921	Ges. über die Errichtung eines Landgerichts in Coburg (GVBl. 96).
75	23. März 1921	Ges. über die Nachprüfung der Besoldungsordnung (GVBl. 112) s. b 64; geänd. durch Ges. v. 13. Juni 1921 (GVBl. 361) u. v. 10. Aug. 1921 (GVBl. 403).
76	23. März 1921	Pensionsergänzungsges. (GVBl. 117); ändert auch das Beamtenges., das BeamtenbesG., das Volksschullehrerges., das Schulbedarfsges.; s. b 54, 71; 17; 18; geänd. b 96, 103, 126, 142, 151, 164.
77	30. März 1921	Ges. über die Genehmigung des Staatsvertrags v. 4./7. März 1921 zwischen Bayern u. Thüringen über die Aufhebung von Gemeinschaftsverträgen v. 30. März 1921 (GVBl. 251).
78	23. Mai 1921	Ges. über die Dienst- u. Versorgungsbezüge der Gemeinde- u. Bezirksbeamten (GVBl. 323); ändert die Gemeindeordnungen, das BeamtenbesG. u. das GemBeamtG., s. b 54, 76, 94, 145, 148, 154; f 8.
79	30. Juni 1921	Ges. zum Vollz. des Landessteuerges. (GVBl. 361) s. a 82; b 18; geänd. durch b 85, 145; f 11; Neufassung b 170.
80	21. Juli 1921	Ges. über die Aend. des Landeswahlges. (GVBl. 393) s. b 53, 159.
81	23. Juli 1921	Ges. die Aend. des Art. 85 AG. BGB. betr. (GVBl. 379) s. b 66, geänd. b 131.
82	27. Juli 1921	Ges. über phosphorhaltige Mineralien u. Gesteine (GVBl. 384).
83	27. Juli 1921	Ges. zur Aend. des Grundsteuerges. in der Fassung v. 4. Nov. 1910 (GVBl. 411); seiners. geänd. b 138.
84	27. Juli 1921	Ges. zur Aend. des Haussteuerges. v. 17. Aug. 1918 / 16. Aug. 1919 (GVBl. 412) s. b 23, seiners. geänd. b 139.
85	27. Juli 1921	Gewerbsteuerges. (GVBl. 413); hebt zugleich auf das Einkommensteuerges., das Kapitalrentensteuerges., das Vermögenssteuerges., das Gewerbsteuerges. v. 14. Aug. 1910, das Ges. v. 29. Jan. 1920 (bei b 38) u. das Ges. v. 30. Juni 1921 (bei b 79); s. b 21, 61; 24; 22; 38; seiners. geänd. b 140, 205.

Zahl	Datum des Gesetzes	Name des Gesetzes
86	27. Juli 1921	Ges. zur Aend. des Ges. v. 10. März 1879 / 20. Dez. 1897 über die Besteuerung des Gewerbebetriebs im Umherziehen (GVBl. 433); hebt auch auf das WarenhausStG. v. 14. Aug. 1910. Neufassung v. 6. Aug. 1921 (GVBl. 439), wieder geändert b 121, 179; f 3.
87	27. Juli 1921	Religionsgesellschaftliches Steuerges. (GVBl. 459); hebt auch auf das KirchenStG. v. 15. Aug. 1908 u. ändert die KirchengemOrdn. v. 24. Sept. 1912 s. b 72, geänd. b 97, 122, 143 (mit Neufassung).
88	9. Aug. 1921	Ges. zur Ergänzung der Bezüge der Erzbischöfe, Bischöfe u. Mitglieder der Domkapitel (GVBl. 451). Neufassung b 100.
89	9. Aug. 1921	Ges. über Ergänzung des Einkommens der Seelsorgegeistlichen (GVBl. 452). Neufassung b 101.
90	9. Aug. 1921	Ges. über erhöhte Anrechnung der Dienstzeit der Beamten (GVBl. 479); geänd. b 142.
91	10. Aug. 1921	Ges. zur Aend. des AG. RVO. v. 2. Nov. 1912 (GVBl. 397) s. auch b 17; geänd. b 142.
92	27. Aug. 1921	Ges. über die Bildung des Krankenhausverbands Coburg (GVBl. 405).
93	23. Sept. 1921	Ges. über den Uebergang der bayer. Wasserstrassen auf das Reich (GVBl. 489).
94	25. Nov. 1921	Ges. zur Aend. des Beamtenbesoldungsges. (GVBl. 551) s. b 54, 78; ändert auch das Beamtenbesoldungsges. (GVBl. 551) s. b 54, 78; ändert auch das Beamtenges. s. b 54 u. das Schulbedarfsges. s. b 18; seiners. geänd. b 96, 108, 109, 126; hierzu Ges. über die Festsetzung der Teuerungszuschläge der Staatsbeamten v. 9. März 1922 (GVBl. 201); dieses geänd. b 126.
95	10. Dez. 1921	Ges. zur Aend. des Ges. über die Aufwandsentschädigungen der Landtagsabgeordneten (GVBl. 587) s. b 58, 68, 105.
96	16. Dez. 1921	Ges. zur Abänd. des Beamtenbesoldungsges. (GVBl. 1923, 1) s. b 54, 94; 17; 76; 18; geänd. b 126, 142; ändert auch das Beamtenges.
97	21. Dez. 1921	Ges. über die ortskirchlichen Vertretungskörper (GVBl. 617); ändert auch die KirchenGemO. s. b 87.
98	22. Dez. 1921	Ges. über die Aufforstung landwirtsch. Grundstücke (GVBl. 609).
99	22. Dez. 1921	Ges. zur Ergänzung des Ges. die Flurbereinigung betr. (GVBl. 614).
100	15. Febr. 1922	Ges. zur Aenderung des Ges. über die Ergänzung der Bezüge der Erzbischöfe, Bischöfe u. Mitglieder der Domkapitel (GVBl. 183) mit Neu-

Nr.	Datum des Gesetzes	Name des Gesetzes
		fassung des Ges. GVBl. 186; s. b 88; seiners. geänd. b 111, 162.
101	15. Febr. 1922	Ges. zur Abänd. des Ges. über Ergänzung des Einkommens der Seelsorgegeistlichen (GVBl. 184) mit Neufassung des Ges. GVBl. 188; s. b 89; seiners. geänd. b 110.
102	4. April 1922	Ges. über die Aufhebung der landeskirchl. Verfassung der prot. Kirchen (GVBl. 221); geänd. s. b 182.
103	5. April 1922	Sechste Abänd. des Beamtenbesoldungsges. (GVBl. 1923, 4) s. b 54, 76.
104	13. April 1922	Ges. über die Ansiedelung von Kriegsbeschädigten in der Landwirtschaft (GVBl. 269), ändert das Ges. gl. Betr. v. 15. Juli 1916; wieder geänd. b 135.
105	10. Juni 1922	Ges. zur Abänd. des Ges. über die Aufwandentschäd. der Landtagsabgeordneten (GVBl. 339) s. b 58, 95, 117.
106	7. Juli 1922	Ges. über die Kreisamtsblatter (GVBl. 655).
107	10. Juli 1922	Hengstkörges. (GVBl. 499); hebt auch die Körordnung v. 26. März 1881 auf; geänd. u. Neufassung b 210.
108	24. Juli 1922	Ges. über die Festsetzung der Teuerungszuschläge der Staatsbeamten (GVBl. 1923, 7) s. b 54, 94.
109	27. Juli 1922	Ges. über das Diensteinkommen der Hochschulprofessoren (GVBl. 377) s. b 94; ändert auch das Beamtenges.
110	27. Juli 1922	Ges. zur Abänd. des Ges. über Ergänzung des Einkommens der Seelsorgegeistlichen (GVBl. 467) s. b 101 mit Neufassung v. 31. Juli 1922 (GVBl. 469 u. 638); wieder geänd. b 134, 163.
111	27. Juli 1922	Ges. zur Aend. des Ges. über die Bezüge der Erzbischöfe, Bischöfe u. Mitgl. der Domkapitel (GVBl. 469) s. b 100, 162.
112	1. Aug. 1922	Ges. über Schulpflege, Schulleitung, Schulaufsicht an Volksschulen, Schulaufsichtsges. (GVBl. 385) s. b 17, ändert auch das Polizeistrafgesetzbuch; s. zu letzterem b 150.
113	5. Aug. 1922	Flurbereinigungsges. (GVBl. 433); ändert auch das Ges. über die Landeskulturrentenanstalt v. 21. April 1884 / 31. März 1908, hebt auf das Flurbereinigungsges. v. 29. Mai 1886 / 30. Juli 1899. Inkrafttreten VO. v. 9. Febr. 1923 (GVBl. 24); geänd. b 177.
114	18. Aug. 1922	Ges. über Aenderungen im öff. VersichWesen (GVBl. 421) s. b 50, 180; ändert auch das Gemeindebeamtenges. v. 15. Juli 1916 / 23. Juli 1918 u. des BrandversichGes. v. 3. April 1875 (s. b 148).

Nr.	Datum des Gesetzes	Name des Getetzes
115	23. Aug. 1922	Ges. zur Aend. des Hundeabgabenges. v. 14. Aug. 1910 (GVBl. 613) mit Neufassung des letzteren v. 25. Sept. 1922 (GVBl. 615), wied. geänd. b 202.
116	26. Aug. 1922	Landespolizeibeamtenges. (GVBl. 427).
117	7. Dez. 1922	Ges. zur Abänd. des Ges. über die Aufwandentschädigung der Landtagsabgeordneten (GVBl. 655) s. b 58, 105, 137.
118	13. Dez. 1922	Ges. über Grundstückszusammenlegungen (Flurbereinigungen) in den coburgischen Landesteilen (GVBl. 693).
119	15. Dez. 1922	Ges. über die Umlaufgrenze der Landeskulturrentenscheine (GVBl. 663).
120	16. Dez. 1922	Ges. über Aend. des Kostenges. u. des Stempelges. (GVBl. 663) s. b 67, 158. Hiezu Bek. v. 20. Dez. 1922 (GVBl. 685), v. 27. April 1923 (GVBl. 161), v. 2. Juli 1923 (GVBl. 202), v. 13. Aug. 1923 (GVBl. 258), v. 22. Sept. 1923 (GVBl. 342), v. 13. Okt. 1923 (GVBl. 358). v. 31. Okt. 1923 (GVBl. 376), v. 16. Nov. 1923 (GVBl. 385), v. 4. Jan. 1924 (GVBl. 7), diese geänd. durch Bek. v. 28. März 1924 (GVBl. 132); s. weiter Bek. v. 15. Aug. 1924 (GVBl. 196), v. 22. Okt. 1924 (GVBl. 209), v. 19. Juni 1925 (GVBl. 162), v. 27. Okt. 1926 (GVBl. 504), v. 26. Nov. 1926 (GVBl. 537), v. 13. Mai 1927(GVBl. 134).
121	21. Dez. 1922	Ges. über die Erhebung der Steuer vom Gewerbebetrieb im Umherziehen für das Jahr 1923 (GVBl. 696) s. b 86.
122	21. Dez. 1922	Ges. über Aend. des religionsgesellschaftl. Steuerges. (GVBl. 1923, 13) s. 87, 97; seiners. geänd. b 143.
123	30. Dez. 1922	Ges. über die Aend. des Wasserges. v. 23. März 1907 (GVBl. 1923, 13) s. b 201.
124	30. Dez. 1922	Staatsvertrag mit Thüringen über das Arbeitshaus Eisenach u. die Pflegeanstalt Hildburghausen (GVBl. 1923, 14).
125	9. Jan. 1923	Ges. zur Aend. des Ministerbesoldungsges. (GVBl. 12) s. b 34, 164.
126	9. Jan. 1923	Siebente Aend. des Beamtenbesoldungsges. (GVBl. 7) s. b 54, 94; 76; 17; 96; ändert auch das Beamtenges. (b 151; wieder geänd. b 207) mit Neufassung des Beamtenbesoldungsges. vom 24. März 1923 (GVBl. 109); wieder geänd. b 151, 164, 208.
127	9. Jan. 1923	Ges. z. Abänd. d. VerfassUrk. (GVBl. 12) s. b 19, 152.
128	27. Febr. 1923	Ges. zur Abänd. des Art. 86 der Kirchengemeindeordnung (GVBl. 89).
129	6. März 1923	Oedlandges. (GVBl. 89); ändert auch das Landeskulturrentenges. v. 24. März 1908; s. b 157, 177

Nr.	Datum des Gesetzes	Name des Gesetzes
130	9. März 1923	Ges. über die vermögensrechtl. Auseinandersetzung des Bayer. Staates mit dem vormaligen Bayer. Königshaus (GVBl. 101).
131	11. April 1923	Ges. über weitere Aend. des Art. 85 AG. BGB. (GVBl. 147) s. b 81, 167.
132	5. Mai 1923	Ges. zur Aend. des AG. GVG. (GVBl. 169); hebt auch das Ges. gl. Betr. v. 21. Aug. 1914 auf.
133	5. Mai 1923	Ges. zur Aend. des Feldschadenges. v. 6. März 1902 (GVBl. 169); wieder geänd. b 144, 161.
134	29. Mai 1923	Ges. zur Aend. des Seelsorgeeinkommensergänzungsges. (GVBl. 201) s. b 110, 163.
135	28. Juni 1923	Ges. über die Landeskulturrentenscheine (GVBl. 201) s. b 104, geänd. b 156.
136	4. Juli 1923	Ges. über die Erschliessung von Baugelände (GVBl. 274 mit Berichtigungen 348 u. 1924, 182). Inkrafttreten GVBl. 1923, 280.
137	17. Juli 1923	Ges. zur Abänd. des Ges. über die Aufwandentschädigung d. Landtagsabgeordneten (GVBl. 233) s. b 58, 117, 169, 176, 211.
138	18. Juli 1923	Ges. zur Aend. des Grundsteuerges. (GVBl. 237) s. b 83.
139	18. Juli 1923	Ges. z. Aend. des HausStG. (GVBl. 237) s. b 84, 206.
140	18. Juli 1923	Ges. zur Aend. des Gewerbsteuerges. (GVBl. 238) s. b 85; geänd. b 205.
141	20. Juli 1923	Ges. über das Wappen des Freistaates Bayern (GVBl. 377).
142	1. Aug. 1923	Ges. zur Aend. von Vorschriften über das Volksschulwesen (GVBl. 337) s. b 17; 18; 54; 96; 76, 164; 90; 91.
143	1. Aug. 1923	Ges. zur Aend. des religionsgesellschaftl. Steuerges. (GVBl. 349) s. b 87, 122; mit Neufassung des Ges. v. 1. Aug. 1923 (GVBl. 351) wieder geänd. b 215.
144	10. Aug. 1923	Ges. zur Aend. des Forstges., des revidierten Forststrafges. für die Pfalz u. das Feldschadenges. (GVBl. 253) s. b 60, 133, 161.
145	14. Aug. 1923	Ges. zur Aend. des Vollzugsges. zum Landessteuerges. (GVBl. 265) s. b 78, 79; ändert auch die beiden Gemeindeordnungen; s. b 154; Neufassung b 170.
146	14. Aug. 1923	Ges. zur Aend. des Ges., betr. das Unschädlichkeitszeugnis v. 15. Juni 1898 (GVBl. 280), geänd. s. b 177. Hierzu auch die VO.en v. 22. Nov. 1923 (GVBl. 381) u. v. 2. Sept. 1924 (GVBl. 199).
147	16. Aug. 1923	Ges. über die bayerische Aerzte-Versorgung (GVBl. 255).

Nr.	Datum des Gesetzes	Name des Gesetzes
148	16. Aug. 1923	Ges. über Aenderungen im öff. Versicherungswesen (GVBl. 265), ändert das Brandversich.-Ges. v. 3. April 1875 (s. b 114, 197; f 4), das HagelversichGes. (b 70, 180); das Viehversich.-Ges. (b 70), das PferdeversichGes. (b 70) u. das Gemeindebeamtenges. (b 78); hebt das PferdeversichGes. bedingt auf.
149	18. Aug. 1923	Ges. über Ausschliessung des Anspruchs aus § 804 Abs. 1 BGB. bei den Schuldverschreibungen der Bayerischen Staatsanleihen (GVBl. 289).
150	24. Aug. 1923	Ges. zur Abänd. der GemOrdnung für die Landesteile r. d. Rh. u. des Polizeistrafgesetzbuchs (GVBl. 281); s. zu letzterem b 112, 172.
151	29. Aug. 1923	Achte Abänd. des Beamtenbesoldungsges. (GVBl. 309) s. b 54, 126; 17; 76; ändert auch das Beamtenges. (b 126, 164); seiners. geänd. b 217.
152	1. Nov. 1923	Ges. zur Abänd. der §§ 28, 30 u. 39 der Bayer. Verfassung (GVBl. 373) s. b 19, 127, 171.
153	22. Nov. 1923	Ges. über Leistungen der Gemeinden für die staatliche Polizeiverwaltung (GVBl. 377); hebt auch auf das Ges. v. 15. Juni 1898 betr. den Beitrag Münchens zu den Kosten der Polizeidirektion München.
154	24. Dez. 1923	Landessperrges. (GVBl. 409); ändert auch die beiden GemOrdnungen u. das Gemeindebeamtenges. s. b 78, 145; die rechtsrh. GemO. ist auch geänd. durch Art. II der VO. v. 28. April 1924 (GVBl. 145); Neufassung des Landessperrges. b 218.
155	29. Dez. 1923	Ges. zur Aend. des Grubenfeldabgabenges. v. 27. Juli 1918 (GVBl. 417).
156	31. Dez. 1923	Ges. über die Landeskulturrentenscheine (GVBl. 411) s. b 135.
157	31. Dez. 1923	Ges. zur Abänd. des Landeskulturrentenges. v. 24. März 1908 (GVBl. 411) s. b 129, 177.
158	23. Jan. 1924	Ges. zur Aend. des Jagd- u. des Stempelges. (GVBl. 9) s. b 67, 120.
159	6. Febr. 1924	Ges. zur Aend. des Landeswahlges. usw. (GVBl. 29) s. b 53, 80, 193.
160	9. Febr. 1924	Ges. zur Aend. des Bergges. v. 13. Aug. 1910 (GVBl. 25).
161	9. Febr. 1924	Ges. zur Aend. des Forstges., des revid. Forststrafges. für die Pfalz u. des Feldschadenges. (GVBl. 27) s. b 60, 133, 144.
162	21. Febr. 1924	Ges. zur Aend. des Ges. über die Bezüge der Erzbischöfe, Bischöfe u. Mitglieder der Domkapitel (GVBl. 69) s. b 100, 111 mit Neufassung v. 21. Febr. 1924 (GVBl. 70); aufgeh. b 184.

Nr.	Datum des Gesetzes	Name des Gesetzes
163	21.Febr. 1924	Ges. zur Aend. des Ges. über das Einkommen der Seelsorgegeistlichen (GVBl. 70) s. b 110, 134 mit Neufassung v. 2. März 1924 (GVBl. 72); wieder geänd. b 185.
164	29.Febr. 1924	9. Abänd. des Beamtenbesoldungsges. usw. (GVBl. 117) s. b 126, 151; 34, 125; 17, 151; 76, 142; ändert auch das Beamtenges. (b 151), das AG. RVersO. v. 2. Nov. 1912, seiners. geänd. b 208. S. zum Ges. v. 29. Febr. 1924 VO. v. 24. März 1924 (GVBl. 121) über die 10. Abänderung; desgl. v. 31. Mai 1924 (GVBl. 169) über die 11. Abänderung; desgl. v. 4. Juli 1924 (GVBl. 177) über die 12. Abänderung.
165	7. März 1924	Ges. zur Aend. des Verwaltungsgerichtshofsges. (GVBl. 65), ändert auch das Armenges. v. 21. Aug. 1914 u. das Fischereiges. v. 15. Aug. 1908.
166	28. März 1924	Ges. über Notmassnahmen für die Kriegsgemeinden (GVBl. 116), geänd. s. b 175.
167	29. März 1924	Ges. über die Einrichtung der Gerichte u. die Einführung einer Altersgrenze für Richter (GVBl. 125), ändert auch das AG. GVG. u. das AG. BGB. (s. b 131); Geltung i. d. Pfalz VO. v. 19. Juli 1927 (GVBl. 268).
168	31. März 1924	Ges. zur Ergänzung der Befugnisse des Ständigen Ausschusses (GVBl. 126).
169	31. März 1924	Ges. zur Abänd. der Bestimmungen über die Aufwandsentschädigungen der Landtagsabgeordneten GVBl. 126) s. b 58, 137, 176, 211.
170	28. April 1924	Ges. zum Vollzug des Finanzausgleichsgesetzes (GVBl. 157) s. b 79, 145 mit VO. v. 28. April 1924 (GVBl. 145) geänd. s. b 191, 206, 214 220.
171	1. Mai 1924	Ges. zur Abänd. der §§ 30 Abs. 3, 39 Abs. 4 u. 43 der Verfassung (GVBl. 145) s. b 19, 152, 196.
172	18. Juli 1924	Ges. zur Aend. des Art. 112 PStGB. (GVBl. 191) s. b 150
173	2. Aug. 1924	Ges. zur Durchführ. des § 9 der 3. SteuerNotVO. v. 14. Febr. 1924 (GVBl. 191).
174	2. Aug. 1924	Ges. über die Schuldverschreibungen der Bayr. Landeskulturrentenanstalt (GVBl. 191).
175	6. Nov. 1924	Gemeindewahlges. (GVBl. 211) s. b 9, 11, 166.
176	6. Nov. 1924	Ges. zur Abänderung der Bestimmungen über die Aufwandsentschädigung der Landtagsabgeordneten (GVBl. 225) s. b 58, 137, 169.
177	27. Nov. 1924	Ges. zur Abänderung des Flurbereinigungsges. (GVBl. 235) s. b 113, 146, 129, 157; ändert auch das Ges. über die Landeskulturrentenanstalt v. 21. April 1881; Berichtigung GVBl. 1925, 260.

Nr.	Datum des Gesetzes	Name des Gesetzes
178	11. Dez. 1924	Ges. über die Genehmigung des Staatsvertrags v. 31. Mai / 18. Juni 1924 mit Thüringen über die Aufhebung eines Gemeinschaftsvertrags (GVBl. 239).
179	19. Dez. 1924	Ges. zur Abänderung des Ges. über die Besteuerung des Gewerbebetriebs im Umherziehen (GVBl. 240) s. b 86; f 3.
180	31. Dez. 1924	Ges. über vorübergehende Massnahmen im öffentl. Versicherungswesen (GVBl. 1), betr. die Landes-Hagelversicherungsanstalt; s. b 114, 148; f 4.
181	15. Jan. 1925	Ges. zu dem Konkordate mit dem hl. Stuhle und den Verträgen mit den Evangelischen Kirchen (GVBl. 53) mit Bek. v. 24. Jan. 1925 (GVBl. 69) u. v. 13. Febr. 1925 (GVBl. 76) s. b 182.
182	12. März 1925	Ges. zum Vollzug der Verträge mit den evangelischen Kirchen (GVBl. 95) s. b 102, 181.
183	18. März 1925	Ges. über die Schuldverschreibungen der Bayer. Landeskulturrentenanstalt (GVBl. 99).
184	7. April 1925	Ges. über die Bezüge der Erzbischöfe, Bischöfe und Mitglieder der Domkapitel (GVBl. 135) s. b 162.
185	7. April 1925	Ges. zur Aend. des Ges. über die Ergänzung des Einkommens der Seelsorgegeistlichen (GVBl. 136) s. b 163. Neufassung des letzteren Ges. durch Bek. v. 8. April 1925 (GVBl. 137).
186	22. Mai 1925	Ges. über die Aenderung des Notariatsges. v. 9. Juni 1899 (GVBl. 151); s. auch die VO. v. 18. Mai 1925 (GVBl. 152).
187	25. Mai 1925	Ges. über die Anteile der Gemeinden u. Kreise an der Einkommen- und Körperschaftssteuer (GVBl. 159).
188	25. Juni 1925	Ges. zur Aend. des Selbstverwaltungsges. (GVBl. 160) s. b 11.
189	1. Juli 1925	Ges. über die Verwaltung der Coburger Landesstiftung (GVBl. 161).
190	16. Juli 1925	Finanzges. für 1924 (GVBl. 193).
191	16. Juli 1925	Finanzges. für 1925 (GVBl. 195) s b 170, 206.
192	16. Juli 1925	Ges. über Regelung der Gewerbesteuer usw. für 1924 u. 1925 (GVBl. 198).
193	18. Juli 1925	Ges. zur Abänd. des Landeswahlges. (GVBl. 209) s. b 53, 159.
194	20. Juli 1925	Jugendamtsges. (GVBl. 211) s. a 382.
195	20. Juli 1925	Ges. zur Durchführung des Aufwertungsges. (GVBl. 189) s. a 641
196	18. Sept. 1925	Ges. zur Abänd. der §§ 26, 41 u. 70 der Verfassung sowie des Gesetzes über den Staatsgerichtshof (GVBl. 245) s. b 19, 171; 55.

Nr.	Datum des Gesetzes	Name des Gesetzes
197	16. Okt. 1925	Ges. über die Aend. des Brandversicherungsges. (GVBl. 259) ändert das BrandversichGes. vom 3. April 1875 s. b 143.
198	21. Dez. 1925	Ges. über Straffreiheit (GVBl. 273).
199	23. Dez. 1925	Ges. über die Verlängerung der Amtsdauer der Mitglieder der Kreistage u. Bezirkstage (GVBl. 330) s. b 9, 209.
200	8. Juni 1926	Ges. über Aenderungen der bayer. Landesgrenze (GVBl. 323).
201	25. Juni 1926	Ges. über Aend. des Wasserges. v. 23. März 1907 (GVBl. 327) s. b 123.
202	6. Juli 1926	Ges. zur Aend. des Hundeabgabenges. (GVBl. 327) s. b 115.
203	7. Juli 1926	Ges. über die Schuldverschreibungen der Landeskulturrentenanstalt (GVBl. 355).
204	9. Juli 1926	Finanzges. für 1926 (GVBl. 355).
205	9. Juli 1926	Ges. zur Aend. des Gewerbesteuerges. (GVBl. 375) s. b 85, 140; Neuf. GVBl. 389.
206	9. Juli 1926	Ges. über die Vereinf. der Staatsverw. und über Aend. des Finanzausgleichs zwischen Land u. Gemeinden (GVBl. 383) s. b 170, 191, ändert auch das Haussteuerges. v. 1918 s. b 139.
207	16. Juli 1926	Ges. zur Bekämpfung von Zigeunern, Landfahrern und Arbeitsscheuen (GVBl. 359).
208	19. Juli 1926	Ges. über die Zahlung des Diensteinkommens u. der Versorgungsbezüge (GVBl. 381) s. b 126, 164; 17; ändert auch das Beamtenges. v. 1908.
209	23. Juli 1926	Ges. über die Verlängerung der Amtsdauer der Mitglieder der Kreistage u. Bezirkstage (GVBl. 381) s. b 199.
210	7. Febr. 1927	Ges. über Aend. des Hengstkörges. (GVBl. 57) s. b 107 mit Neufassung v. gl. T. (GVBl. 58).
211	11. März 1927	Ges. zur Aend. des Ges. über Aufwandsentschädigung der Landtagsabgeordneten (GVBl. 97) s. b 58, 68, 137, 169.
212	31. März 1927	Ges. über die Verlängerung der Amtsdauer der Mitglieder der Kreistage u. Bezirkstage (GVBl. 109).
213	1. April 1927	Ges. über die Uebertragung der Verwaltung u. Ausbeutung des staatl. Bergwerks-, Hütten- u. Salinenbesitzes an eine Aktiengesellschaft (GVBl. 109).
214	7. April 1927	Ges. zur Aend. des Vollzugsges. zum Finanzausgleichsges. (GVBl. 115) s. b 170, 220.
215	27. Juni 1927	Ges. zur Aenderung des religionsgesellschaftlichen Steuerges. (GVBl. 223) s. b 143.
216	1. Juli 1927	Aerzteges. (GVBl. 233).

Nr.	Daım des Gsetzes	Name des Gesetzes
217	10. Juli 1927	Ges. zur Aend. beamtenrechtlicher Vorschriften (GVBl. 227); ändert auch das Beamtenges. v. 16. Aug. 1908; s. f 8; b 151; b 17.
218	10. Juli 1927	Ges. zur Aufhebung des Landessperrges. (GVBl. 231) ändert auch die beiden GemO.; s. b 154. Neufassung des Landessperrges. als Ges. über das Landesschiedsgericht für Beamtenbesoldung v. 10. Juli 1927 (GVBl. 231).
219	28. Juli 1927	Ges. über die Aufwertung von Brandentschädigungen (GVBl. 265).
220	29. Juli 1927	Ges. zur Aend des Ges. zum Vollzug des Finanzausgleichs (GVBl. 266) s. b 170, 214.

c) Die auf Grund der Ges. über eine vereinfachte Form der Gesetzgebung und über den Erlaß von Verordnungen für die Zwecke der Übergangswirtschaft vom 17. April 1919 (RGBl. 394), 3. Aug. 1920 (RGBl. 1493), 6. Febr. 1921 (RGBl. 139) erlassenen Verordnungen.

Nr.	Datum der VO.	Name der Verordnung
1	23. Mai 1919	VO. betr. die Verwertung von Militärgut (RGBl. 477), geänd. s. a 162; aufgeh. a 485.
2	24. Mai 1919	VO. über die Geltendmachung von Ansprüchen von Personen, die im Ausland ihren Wohnsitz haben (RGBl. 475) s. c 18.
3	24. Mai 1919	VO. über die Verjahrungsfrist des Seeversicherungsrechts (RGBl. 476), geänd. s. a 169.
4	24. Mai 1919	VO. uber die Fristen des Wechsel- u. Scheckrechts für Elsass-Lothringen (RGBl. 476).
5	17. Juni 1919	VO. zum Schutze der Kriegsteilnehmer gegen Zwangsvollstreckungen (RGBl 521) s c 33, 91, a 167.
6	18. Juni 1919	Reichsgetreideordnung fur die Ernte 1919 (RGBl. 525).
7	22. Juni 1919	VO. betr. die Aenderung der Bek. über Lohnpfändung v. 13. Dez. 1917 (RGBl. 587) mit Neufass. v. 25. Juni 1919 s a 149, 286, 419, 574, 743
8	22. Juni 1919	VO. zum Schutze der Mieter (RGBl. 591), geänd. s. a 243, aufgeh. a 501; s. auch a 522, 548.
9	22. Juni 1919	VO. über die Einwirkung der Heizstoffpreise auf Mietverhältnisse (RGBl. 593) mit Neufassung der VO. über Sammelheizungs- u. Warmwasseranlagen in Mieträumen (RGBl. 595) s. c 103 u. a 250; aufgehob. a 314, 316.
10	3. Juli 1919	VO. uber den Verkehr mit Zucker (RGBl. 633)
11	3. Juli 1919	VO uber die privatrechtlichen Verhältnisse von Genossenschaften zum Zwecke der Bodenverbesserung (RGBl. 636, 1474) s. c 102.
12	15. Juli 1919	VO. über die Preise fur landwirtsch. Erzeugnisse u. für Schlacht- u. Nutzvieh (RGBl. 647).
13	16. Juli 1919	VO. über die Vornahme einer Viehzählung (RGBl. 652).
14	31. Juli 1919	VO. gegen den Wucher bei Vermittlung von Mieträumen (RGBl. 1364); geänd. durch VO. v. 31. Mai 1920 (RGBl. 1201).
15	1. Aug. 1919	VO. über die Ermächtigung des Staatenausschusses z. Anordnung v. Munzpragungen (RGBl. 1381).
16	8. Aug. 1919	VertragsablosungsVO. (RGBl. 1375).

Nr.	Datum der VO.	Name der Verordnung
17	16. Aug. 1919	VO. über Oelfrüchte u. daraus gewonnene Erzeugnisse (RGBl. 1439).
18	16. Aug. 1919	VO. über die Geltendmachung von Ansprüchen von Personen, die im Ausland ihren Wohnsitz haben (RGBl. 1445) s. c 2.
19	21. Aug. 1919	VO. betr. Gebühren für Zeugen u. Sachverständige (RGBl. 1473); geänd. s. c 83; aufgeh. a 312.
20	21. Aug. 1919	VO. über die Gewährung von Zulagen zu Renten aus der Invalidenversicherung (RGBl. 1665).
21	18. Sept. 1919	VO. betr. die Nichtigkeitserklärung von Verträgen durch das Reichswirtschaftsgericht (RGBl. 1700).
22	30. Sept. 1919	VO. über während des Betriebsjahrs 1919 20 zuzulassende Abweichungen vom Ges. über das Branntweinmonopol v. 26. Juli 1918 (RGBl. 1767).
23	14. Okt. 1919	VO. über den Verkehr mit Zucker (RGBl. 1789), geänd. s. c 99.
24	17. Okt. 1919	VO. über die Festsetzung von Hilfsbetriebsrechten für das Essigessenzgewerbe im Betriebsjahr 1919/20 (RGBl. 1797).
25	30. Okt. 1919	VO. über die Erhebung eines durch Aenderung der Höchstpreise für Häute, Felle u. Leder sich ergebenden Zwischengewinns (RGBl. 1837).
26	26. Nov. 1919	VO. über die Verjährungs- u. Vorlegungsfristen (RGBl. 1918).
27	27. Nov. 1919	WuchergerichtsVO. (RGBl. 1909), geänd. s. a 163, 464.
28	27. Nov. 1919	VO. über die Gewährung von Zulagen zu Verletztenrenten aus der Unfallversicherung (RGBl. 1921) s. c 74.
29	29. Nov. 1919	VO. über die Erhöhung des Holzeinschlags (RGBl. 1925).
30	4. Dez. 1919	VO. über die Abgeltung von Ansprüchen gegen das Reich (RGBl. 2146); geänd. a 276, 427.
31	9. Dez. 1919	VO. betr. Aenderung der VO. zur Behebung der dringendsten Wohnungsnot (RGBl. 1965).
32	11. Dez. 1919	VO. über die Ausfuhr von Kunstwerken (RGBl. 1961); geänd. a 670.
33	12. Dez. 1919	VO. betr. Verlängerung der Geltungsdauer der VO. zum Schutze der Kriegsteilnehmer gegen Zwangsvollstreckungen (RGBl. 1985) s. c 5, 91.
34	12. Dez. 1919	VO. betr. Aufhebung der Bek. über die Sicherheitsleistung mit Wertpapieren v. 22. Dez. 1914 (RGBl. 1986).
35	13. Dez. 1919	VO. zur Aenderung der Bek. über die Höchstpreise für Benzin (RGBl. 1988).
36	18. Dez. 1919	VO. über Zahlung von Ablieferungsprämien für Brotgetreide, Gerste u. Kartoffeln (RGBl. 1990); geänd. durch VO. v. 14. April 1920 (RGBl. 516)

Nr.	Datum der VO.	Name der Verordnung
37	18. Dez. 1919	VO. zur Förderung der Zuckererzeugung u. des Zuckerrübenbaus (RGBl. 2133), geänd. s. c 99.
38	19. Dez. 1919	VO. über Kleie aus Getreide (RGBl. 2109); geänd. durch VO. v. 21. Mai 1920 s. c 79; aufgeh. s. § 51 des Ges. v. 21. Juni 1921 bei a 217.
39	20. Dez. 1919	VO. über die Aussenhandelskontrolle (RGBl. 2128), geänd. e 48.
40	20. Dez. 1919	VO. über die Aufhebung von VOen für den Verkehr mit Wild u. mit Hühnern (RGBl. 2130).
41	20. Dez. 1919	VO. über die Regelung der Wildpreise (RGBl. 2131).
42	22. Dez. 1919	VO. über die Malzkontingente der Bierbrauereien u. den Malzhandel (RGBl. 2139), geänd. c 98; aufgeh. RGBl. 1921, 1196.
43	17. Jan. 1920	VO. über die Aenderung des Ges. betr. Höchstpreise (RGBl. 94).
44	26. Jan. 1920	VO. über vorübergehende Einfuhrerleichterungen für Fleisch (RGBl. 136).
45	12. Febr. 1920	VO. zur Abänderung der VO. über die staatl. Genehmigung zur Errichtung von Aktiengesellschaften usw. v. 2. Nov. 1917 (RGBl. 229).
46	12. Febr. 1920	VO. über Ausdehnung einzelner VOen über die Kriegswirtschaft auf die Uebergangswirtschaft (RGBl. 230); betrifft die VO. v. 18. Jan. 1917 über die Verfolgung von Zuwiderhandlungen gegen Vorschriften über wirtschaftliche Massnahmen u. die VO. v. 31. Mai 1917 betr. nun Bestechung u. Geheimnisverrat nichtbeamteter Personen.
47	13. Febr. 1920	VO. über die Eintragung von Hypotheken in ausländischer Währung (RGBl. 231 u. 560) geänd. a 667.
48	14. Febr. 1920	VO. über die Auslegung der Begriffe Friedensschluss u. Kriegsende im Sinne rechtsgeschäftlicher Erklärungen (RGBl. 237).
49	16. Febr. 1920	VO. über aushilfsweise Zuständigkeit von Trägern und Behörden der Reichsversicherung (RGBl. 239).
50	18. Febr. 1920	VO. betr. die Begründung der Zuständigkeit des Reichswirtschaftsgerichts durch Vereinbarung (RGBl. 276).
51	21. Febr. 1920	VO. über schiedsgerichtliche Erhöhung von Beförderungspreisen der Eisenbahnen, Kleinbahnen (Lokalbahnen), Strassenbahnen u. Anschlussbahnen (RGBl. 255), geänd. c 105.
52	26. Febr. 1920	VO. über die Erhebung einer zufolge der Aufhebung der Höchstpreise für Häute, Felle u. Leder zu leistenden Abgabe (RGBl. 264 u. 444).
53	27. Febr. 1920	VO. betr. Aufhebung der Zollfreiheit für Mineralöle (RGBl. 301).

Nr.	Datum der VO.	Name der Verordnung
54	10. März 1920	VO. über weitere Ermässigungen der Tabaksteuer (RGBl. 326).
55	11. März 1920	VO. betr. Abänderung der VO. über die schiedsgerichtliche Erhöhung von Preisen bei der Lieferung von elektr. Arbeit, Gas u. Leitungswasser v. 1. Febr. 1919 (RGBl. 329); geänd. a 362.
56	13. März 1920	VO. über die Preise für landwirtschaftliche Erzeugnisse aus der Ernte 1920 (RGBl. 325).
57	22. März 1920	VO. zur Regelung der Einfuhr; s. a 351, e 48.
58	24. März 1920	VO. über die Bilanzierung der Kriegsanleihen (RGBl. 333).
59	31. März 1920	VO. über den Verkehr mit Zucker (RGBl. 391), geänd. c 99.
60	1. April 1920	VO. über Heraufsetzung des Grundlohns u. Ausdehnung der Versicherungspflicht in der Krankenversicherung (RGBl. 433), ändert auch die RVO.; ersetzt durch VO. gl. Betr. v. 30. April 1920 (RGBl. 769); diese geänd. s. a 289, 358; s. auch a 592.
61	1. April 1920	VO. zur Regelung der Eisenwirtschaft (RGBl. 435); geänd. durch VO. v. 15. Dez. 1921 (RGBl. 1588).
62	13. April 1920	VO. betr. die Ausserkurssetzung der Silbermünzen (RGBl. 521) s. a* 85.
63	28. April 1920	VO. über die zeitweilige Befreiung von der Verpflichtung zur Konkursanmeldung bei Ueberschuldung (RGBl. 696), geänd. s. a 444.
64	29. April 1920	VO. über Abänderung der Bek. betr. die Ersparnis von Brennstoffen u. Beleuchtungsmitteln v. 11. Dez. 1916 (RGBl. 870).
65	29. April 1920	VO. betr. die Aend. des Ges. über die privaten Versicherungsunternehmungen (RGBl. 1433), s. a 295, 545, 632.
66	30. April 1920	S. c 60.
67	3. Mai 1920	VO. über Erhebung eines Branntweinmonopolausgleichs u. über Ergänzung des Ges. über d. Branntweinmonopol v. 26. Juli 1918 (RGBl. 898).
68	3. Mai 1920	VO. über Abweichungen von den Vorschriften des Ges. über das Branntweinmonopol v. 26. Juli 1918 (RGBl. 898) s. c 100.
69	4. Mai 1920	VO. über den vorläufigen Reichswirtschaftsrat (RGBl. 858).
70	4. Mai 1920	VO. betr. Aenderung der VO. über künstliche Düngmittel v. 3. Aug. 1918 (RGBl. 870).
71	4. Mai 1920	VO. betr. Vergütung für die an Abdeckereien abzuliefernden Tiere, Tierkörper u. Tierteile (RGBl. 891).
72	4. Mai 1920	VO. betr. Abänderung der VO. über wirtschaftliche Massnahmen auf dem Textilgebiete v. 27. Juni 1918 (RGBl. 892).

Nr.	Datum der VO.	Name der Verordnung
73	5. Mai 1920	VO. über die Errichtung eines Reichsamts für Arbeitsvermittlung (RGBl. 876), geänd. s. a 408.
74	5. Mai 1920	VO. über die Gewährung von Zulagen zu Renten aus der Unfallversicherung (RGBl. 878) s. a 207, 291.
75	7. Mai 1920	VO. über Erhebung des Freigeldes unter Abweichung von den Vorschriften des Ges. über das Branntweinmonopol v. 26. Juli 1918 (RGBl. 1095).
76	8. Mai 1920	VO. über den Schutz von Denkmalen u. Kunstwerken (RGBl. 913).
77	8. Mai 1920	Bek. betr. Aenderung der Bek. über die Errichtung einer Herstellungs- u. Vertriebsgesellschaft in der Seifenindustrie v. 9. Juni 1917 (RGBl. 915 u. 988).
78	12. Mai 1920	VO. zur Abänderung des Gewerbegerichtsges. u. des Ges. betr. die Kaufmannsgerichte (RGBl. 958 u. 1084, s. c 101, a 300, 424, 470; aufgeh. a 749
79	21. Mai 1920	Reichsgetreideordnung für die Ernte 1920 (RGBl. 1021) s. c 38.
80	21. Mai 1920	VO. über die Zuständigkeit der Bezugsvereinigung der deutschen Landwirte G. m. b. H. (RGBl. 1055).
81	21. Mai 1920	VO. über die Versorgung mit Herbstkartoffeln aus der Ernte 1920 (RGBl. 1056) s. c 93.
82	21. Mai 1920	VO. über das Reichswirtschaftsgericht (RGBl. 1167 u. 1384).
83	22. Mai 1920	VO. über Teuerungszuschläge zu den Gebühren für Zeugen u. Sachverständige sowie zu den Tagegeldern u. Reisekosten der Schöffen u. Geschworenen (GGBl. 1058) s. c 19; aufgeh. s. a 312.
84	25. Mai 1920	VO. über die Auflösung eingetragener Genossenschaften (RGBl. 1082); aufgeh. s. a 372.
85	31. Mai 1920	VO. über die Aufbringung der Mittel für die Kohlenwirtschaftsstellen (RGBl. 1107).
86	31. Mai 1920	VO. üb. d. Schwefelsäurewirtschaft (RGBl. 1113).
87	31. Mai 1920	VO. über Aenderung der VO. über Tarifverträge usw. v. 23. Dez. 1918 (RGBl. 1128), geänd. a 450.
88	1. Juni 1920	VO. betr. die Zulassung von Rechtskundigen im Vorbereitungsdienste zur Stellvertretung von Rechtsanwälten (RGBl. 1108), ändert die Rechtsanwaltsordnung u. die StPO.
89	7. Juni 1920	VO. über Regelung der Teerwirtschaft (RGBl. 1156).
90	9. Juni 1920	Pachtschutzordnung (RGBl. 1193) s. a 371; geänd. a 645.
91	15. Juni 1920	VO. betr. die Verlängerung der Geltungsdauer der VO. zum Schutze der Kriegsteilnehmer

Nr.	Datum der VO.	Name der Verordnung
		gegen Zwangsvollstreckungen (RGBl. 1212) s. c 5, 33; a 167.
92	2. Juli 1920	VO. betr. Abänderung des Ges. v. 19. Juli 1919 (RGBl. 1435) s. a. 29
93	24. Aug. 1920	VO. über Kartoffeln (RGBl. 1609) s. c 81, aufgeh. a 695.
94	15. Sept. 1920	VO. zur Aufhebung der VO. über die Genehmigung von Ersatzlebensmitteln v. 7. März 1918 (RGBl. 1661).
95	19. Sept. 1920	VO. über Aufhebung kriegswirtsch. Vorschriften auf dem Gebiete der öffentl. Fleischversorgung (RGBl. 1673).
96	19. Sept. 1920	VO. über Massnahmen zur Sicherung der Fleischversorgung in der Uebergangszeit nach Aufhebung der Zwangswirtschaft (RGBl. 1675); geänd. a 344.
97	28. Sept. 1920	VO. über Verlängerung des Ges. gegen die Kapitalflucht (RGBl. 1688) s. a 43; aufgehob. a 173.
98	29. Sept. 1920	VO. zur Abänderung der VO. über die Malzkontingente usw. (RGBl. 1691) s. c 42, aufgeh. RGBl. 1921, 1196.
99	30. Sept. 1920	VO. über Zucker und Melasse (RGBl. 1694) s. c 23, 37, 59; hiezu Neufassung der VO. über den Verkehr mit Zucker v. 17. Okt. 1917 (RGBl. 1719); aufgeh. RGBl. 1921, 1253.
100	28. Okt. 1920	VO. über Abweichungen vom Ges. über das Branntweinmonopol u. über Aenderungen der VO. über Erhebung eines Branntweinmonopolausgleichs (RGBl. 1841) s. c 68.
101	29. Okt. 1920	VO. zur Abänderung des Gewerbegerichtsges. u. des Ges. betr. die Kaufmannsgerichte (RGBl. 1843) s. c 76, a 300, 424, 470, aufgeh. a 749.
102	29. Okt. 1920	VO. über die privatrechtl. Verhältnisse von Genossenschaften zum Zwecke der Bodenverbesserung (RGBl. 1845) s. c 11.
103	29. Okt. 1920	VO. über Sammelheizungs- u. Warmwasserversorgungsanlagen in Mieträumen (RGBl. 1846) s. c 9 u. a 250; aufgeh. a 314, 316.
104	19. März 1921	VO. über Verlängerung der Amtsdauer der Beisitzer bei den Gewerbegerichten u. den Kaufmannsgerichten im oberschlesischen Abstimmungsgebiet (RGBl. 234).
105	23. März 1921	VO. zur Abänderung der VO. über die schiedsgerichtliche Erhöhung usw. v. 21. Febr. 1920 (RGBl. 344) s. c 51.
106	26. März 1921	Ges. betr. die Regelung des Warenverkehrs zwischen unbesetztem u. besetztem Gebiet (RGBl. 440).
107	30. März 1921	VO. über die Rückgewähr von Beiträgen bei privaten Pensionseinrichtungen (RGBl. 369)

d) Die auf Grund des Ermächtigungsges. v. 13. Okt. 1923 (RGBl. 943) erlassenen Verordnungen.

Nr.	Datum der VO.	Name der Verordnung.
1	13. Okt. 1923	VO. über Betriebsstillegungen und Arbeitsstreckung (RGBl. 945) s. d 5.
2	13. Okt. 1923	VO. zur Ergänzung des Ges. zur Sicherung der Brotversorgung 1923/24 (RGBl. 947) s. a 513; 374; aufgeh. d 15.
3	13. Okt. 1923	VO. über Aufbringung der Mittel für die Erwerbslosenfürsorge (RGBl. 946) s. a 494; 53, 483; d 6.
4	15. Okt. 1923	VO. über Aend. der ReichsschuldenOrdn. v. 19. März 1900 (RGBl. 982).
5	15. Okt. 1923	VO. über Betriebsstillegungen und Arbeitsstreckung (RGBl. 983) s. d 1.
6	15. Okt. 1923	VO. über Aufbringung der Mittel für die Erwerbslosenfürsorge (RGBl. 984) s. d 3; a 494; 53, 483, ihrers. geänd. e 56.
7	15. Okt. 1923	VO. über die Errichtung der deutschen Rentenbank (RGBl. 963), geänd. e 41 u. a* 82, 84.
8	17. Okt. 1923	VO. zur Ermässigung der Einkommensteuer (RGBl. 978) s. d 17.
9	18. Okt. 1923	VO. über die Kohlenwirtschaft (RGBl. 979).
10	18. Okt. 1923	VO. über Steueraufwertung u. Vereinfachung im Besteuerungsverf. (RGBl. 979); geänd. e 4.
11	20. Okt. 1923	VO. über Flüssigmachung von Mitteln im Wege der Anleihe u. über die Ausgabe von Schatzanweisungen (RGBl. 985).
12	22. Okt. 1923	VO. über Sicherstellung des Warenumlaufs (RGBl. 992); aufgeh. a 646.
13	22. Okt. 1923	VO. über den Handel mit ausländ. Zahlungsmitteln u. Dollarschatzanweisungen zum Einheitskurse (RGBl. 991) s. d 41.
14	23. Okt. 1923	VO. über Vereinfachungen im Post- u. Postscheckverkehr (RGBl. 988) s. a 197, 564.
15	23. Okt. 1923	VO. zur Ergänzung des Ges. zur Sicherung der Brotversorgung 1923/24 (RGBl. 1039) s. d 2, a 513, 374.
16	24. Okt. 1923	VO. über Erweiterung des Abgeltungsverf. für Anspr. gegen das Reich (RGBl. 1010).
17	24. Okt. 1923	VO. zur Aend. der Ermässigungen nach § 46 Abs. 2 des EinkStG. (RGBl. 1030) s. d 8.
18	24. Okt. 1923	VO. über Gehalts- u. Lohnzahlungen (RGBl. 1037).
19	24. Okt. 1923	VO. über Berechnung des Preises bei der Lief. von elektr. Arbeit, Gas u. Leitungswasser (RGBl. 997).
20	24. Okt. 1923	VO. über Entschädigungszahlungen ausserh. des Reichsentlastungsges. (RGBl. 1025).

Nr.	Datum der VO.	Name der Verordnung.
21	26. Okt. 1923	VO. über Notgeld (RGBl. 1065) s. a 390, geänd. e 2.
22	26. Okt. 1923	VO. über Aend. des Weinsteuerges. v 26. Juli 1918 (RGBl. 998) s. a 341, 521; ihrers. geänd. e 36, a 635; aufgeh. a 657.
23	27. Okt. 1923	PersonalabbauVO. (RGBl. 999, 1090 u. 1178) s. a 103, 416; 54; 266, 55, 510, 165; 473, 516; 152, 539, 76; 121, 510; 252, 510; 297, 438; ändert auch das RBeamtenGes., das OffizierpensionsGes., mit Berichtigung v. 4. Dez. 1923 (RGBl. 1178); geänd. a 620, 651, 690, 721, 755; e 1, 18, 29, 33, s. auch VO v 24. Dez. 1926 (RGBl. 532).
24	27. Okt. 1923	VO. über Verbrauchssteuern (RGBl. 1085) s. a 533, 532, 531, 529, 550, geänd. a 657.
25	28. Okt. 1923	VO. zur Abänd. des Reichsentlastungsges., des Liquidationsschädenges., des Verdrängungsschädenges., des Kolonialschädenges., des Auslandsschädenges. mit Neufassung der 3 letzteren als GewaltschädenVO. (RGBl. 1015 u. 1158) s. a 502, 261, 260, 259, 515.
26	28. Okt. 1923	VO. zur Abänd. des Reichsausgleichsges. (RGBl. 1011 u. 1158) s. a 502, Neufassung v 20 Nov. 1923 (RGBl. 1135), geänd. a* 142.
27	29. Okt. 1923	VO. über die Verlängerung der Demobilmachungs-VO.en (RGBl. 1036).
28	29. Okt. 1923	VO. gleichen Inhalts (RGBl. 1037) s. a 319, 474.
29	30. Okt. 1923	VO. über Aerzte u. Krankenkassen (RGBl. 1051 u. 1080).
30	30. Okt. 1923	VO. über Abänd. des Arbeitsnachweisges. (RGBl. 1065) s. a 408; aufgeh. a 795.
31	30. Okt. 1923	VO. über Krankenhilfe bei den Krankenkassen (RGBl. 1054), geänd. e 51.
32	30. Okt. 1923	VO. über Schlichtungswesen (RGBl. 1043 u. 1080) s. a 76; ändert auch das Gewerbegerichtsges. u. das Kaufmannsgerichtsges.; ihrers. geänd. a 659, 749.
33	30. Okt. 1923	VO. über Vereinfachungen in der Sozialversicherung (RGBl. 1057 u. 1090) s. a 422; 536; ändert die RVersO. u. das VersGes. f. Angestellte s. a 592.
34	30. Okt. 1923	VO. zur Aend. des Tabaksteuerges. (RGBl. 1045) a 53, 332, 62, geänd. a 657, 660.
35	30. Okt. 1923	VO. über Versicherungsträger in der Unfallversich. (RGBl. 1063); ändert auch die RVersO.
36	30. Okt. 1923	VO. zur Abfindung von Versorgungsanwärtern (RGBl. 1050).
37	1. Nov. 1923	VO. zur Aend. des Pressenotges. (RGBl. 1071) s. a 402, 466, e 59.

Nr.	Datum der VO.	Name der Verordnung.
38	2. Nov. 1923	VO. über Ausfuhrdevisen (RGBl. 1074).
39	2. Nov. 1923	VO. über Aend. der Devisengesetzgebung (RGBl 1072) s. a 437: geänd. e 45.
40	2. Nov. 1923	VO. über Einfuhrerleichterungen für Fleisch (RGBl. 1078).
41	2. Nov. 1923	VO. über den Handel mit Goldanleihe (RGBl. 1071) s. d 13.
42	2. Nov. 1923	VO. gegen den Missbrauch wirtschaftl. Machtstellungen (RGBl. 1067 u. 1099), geänd. a 776.
		Hiezu aus dem RGBl. II. Tl.
43	26. Okt. 1923	VO. zur Abänd. des Bankges. v. 14. März 1875 (RGBl. II 407) s. a 63, 210; a* 5, 38, 46.
44	29. Okt. 1923	VO. über die patentamtlichen Gebühren (RGBl. II 399) s. a* 55; ändert auch das Patentges. v. 7. April 1891, das Ges. über den Schutz von Gebrauchsmustern v. 1. Juni 1891 und das Warenzeichenges. v. 12. Mai 1894.
45	29. Okt. 1923	VO. über Aussetzung der Zahlungen auf Sachlieferungen (RGBl. II 406) s. e 67.
46	1. Nov. 1923	VO. zur Abänderung des Bankges. v. 14. März 1875 (RGBl. II 407 u. 494) s. a* 43.

6*

e) Die auf Grund des Ermächtigungsges. v. 8. Dez. 1923 (RGBl. 1179) erlassenen Verordnungen.

Nr.	Datum der VO.	Name der Verordnung.
1	12. Dez. 1923	VO. über die 12. Ergänzung des Besoldungsges. (RGBl. 1181 u. 1924, 158) s. a 103, 416, 500, 506, 542, d 23; a 164, 506; ändert auch das Beamtenunfallfürsorgeges. v. 18. Juni 1901; ihrers. geänd. e 30.
2	12. Dez. 1923	VO. über die Ausgabe und Einlösung von Notgeld (RGBl. 1194) s. 390, d 21.
3	17. Dez. 1923	VO. über die Auflösung der Flüchtlingslager (RGBl. 1202); geänd. e 53.
4	19. Dez. 1923	Zweite SteuernotVO. (RGBl. 1205) s. a 326; 396, 472; 67, 330, 520, 551; 329; 525; 50; 338, 472; 336, 472; 411; 339; d 10; a 62; 437; 472, 549; führt auch die Börsensteuer ein; ändert auch das Ges. über das Branntweinmonopol v. 26. Juli 1918, wiederholt die SteuernotVO. v. 7. Dez. 1923 (RGBl. 1177). Ihrers. geänd. e 59. Hierzu Bek. v 20. Nov 1925 (RGBl. 389) wegen Aend. der RAbgabenOrdn.
5	20. Dez. 1923	VO. über das Ges. v. 17. Juli 1923 bei a 539 (RGBl. 1246).
6	21. Dez. 1923	VO. über die Arbeitszeit (RGBl. 1249 u. 1924, 14) s. a 389, 774 (Neufassung).
7	22. Dez. 1923	VO. zur Beschleunigung des Verf. in bürgerl. Rechtsstreitigkeiten (RGBl. 1239); ändert die EntlastungsVO. u. die ZPO.
8	23. Dez. 1923	VO. über die Verlängerung von Bilanzfristen (RGBl. 1248); ändert das HGB. u. das GmbHG. s. a 577, e 12.
9	24. Dez. 1923	VO. zur Aend. des Mieterschutz- u. Wohnungsmangelges. (RGBl. 1247 u. 1924, 56); s. a 501, 548, e 63.
10	27. Dez. 1923	VO. zur Einschränkung öff. Bekanntmachungen (RGBl. 1252).
11	27. Dez. 1923	VO. über die Revision eingetragener Genossenschaften (RGBl. 1252); ändert das Genossenschaftsges.
12	28. Dez. 1923	VO. über Goldbilanzen (RGBl. 1253); ändert auch das HGB. u. das GmbHG.; e 8, 38; e 8, a 445.
13	4. Jan. 1924	VO. über Gerichtsverfassung u. Strafrechtspflege (RGBl 15), ändert das GVG. u. die StPO Neufassung des GVG. v. 22. März 1924 (RGBl. 1924, 299) wieder geänd. e 22, 58, a 678. 692, 749, 783, 785. Neufassung der StPO. (RGBl. 1924, 322), letztere geänd. a 674, 754.

Nr.	Datum der VO.	Name der Verordnung.
14	8. Jan. 1924	VO. zur Abänd. des Ges. über die durch innere Unruhen verursachten Schäden (RGBl. 23) s. a 118, 386.
15	9. Jan. 1924	VO. über den Verkehr mit Zahlungsmitteln unter 50 Milliarden Mark (RGBl. 27).
16	15. Jan. 1924	VO. zur Entlastung des Reichsgerichts (RGBl. 29); ändert die ZPO.
17	23. Jan. 1924	VO. zur Ergänzung des Ges. v. 21. Mai 1920 bei a 125 (RGBl. 37). Gegenstandslos geworden.
18	28. Jan. 1924	VO. über die Aend. der PersonalabbauVO. (RGBl. 39) s. d 23, a 651, 690.
19	5. Febr. 1924	VO. über Aend. des Luftverkehrsges. u. des Kraftfahrzeugges. (RGBl. 43) s. a 410, 547.
20	6. Febr. 1924	VO. zur Aend. der Haftpflichthöchstsummen im Kraftfahrzeug- u. im Luftverkehre (RGBl. 42) s. a 410, 547.
21	6. Febr. 1924	VO. über die Abwicklung der Landesverwaltung von Elsass-Lothringen (RGBl. 44) s. a 39.
22	6. Febr. 1924	VO. über Vermögensstrafen u. Bussen (RGBl. 44) s. a 282, 489, 567, 91; ändert auch das StGB., das GVG., die ZPO., die RAnwO.
23	6. Febr. 1924	VO. zur Feststellung der Kriegsschäden in Ost- u. Westpreussen (RGBl. 47).
24	6. Febr. 1924	VO. über Goldmark- u. Goldmarknoten-Wechsel u. -Schecks (RGBl. 50), ändert die Wechselordnung u. das Scheckges, s. a 637 1/2, 747
25	7. Febr. 1924	VO. zur Förderung der Forst- u. Weidewirtschaft (RGBl. 50).
26	7. Febr. 1924	4. VO. über die Höchstrenten nach dem Besatzungspersonenschädenges. (RGBl. 51) s. a 388, e 32.
27	8. Febr. 1924	VO. zur Aend. der GeschäftsaufsichtsVO. (RGBl. 51 u. 154), geänd. a 589, aufgeh. a 783.
28	11. Febr. 1924	VO. über die Reichskupfermünzen u. zur Aend. der VO v 8. Nov 1923 (RGBl. 60) s. a* 85.
29	11. Febr. 1924	Beamten-SiedlungsVO. (RGBl. 53) s. d 23.
30	11. Febr. 1924	VO. zur Aend. der 12. Ergänzung des Besoldungsges. (RGBl. 55) s. e 1.
31	12. Febr. 1924	VO. über die Schaffung eines Unternehmens „Deutsche Reichsbahn" (RGBl. 57, aufgeh. a* 88.
32	12. Febr. 1924	VO. zur Abänd. des Besatzungspersonenschädenges. (RGBl. 59) s. a 388, e 26, a 772.
33	12. Febr. 1924	VO. betr Aend. des Ges. über das Verf. in Versorgungssachen (RGBl. 59) s. a 297, d 23.
34	12. Febr. 1924	VO. über wertbeständige Schiffspfandrechte (RGBl. 65) s. a 512.
35	12. Febr. 1924	VO. über die statistische Gebühr (RGBl. 61) s. a 392; ändert auch das Ges. über die Statistik des Warenverkehrs v. 7. Febr. 1906.

Nr.	Datum der VO.	Name der Verordnung.
36	12. Febr. 1924	Ges. zur Abänd. des Weinsteuerges. (RGBl. 64) s. a 341, 521, 635, d 22, aufgeh. a 657.
37	12. Febr. 1924	VO. zur Aend. des Ges. über den VersichVertrag v. 30. Mai 1908 (RGBl. 65 u. 154).
38	12. Febr. 1924	VO. über wertbeständige Zahlungsmittel (RGBl. 66), ändert das BGB. u. HGB. s. e 12; teilw. aufgeh. VO. v. 18. Febr 1925 (RGBl. 16).
39	12. Febr. 1924	VO. zur Aufhebung der VO. über die Fachausschüsse im Bäckerei- u. Konditoreigewerbe (RGBl. 90).
40	13. Febr. 1924	VO. über den Uebertritt aus versicherungsfreier in versicherungspflichtige Beschäftigung und umgekehrt (RGBl. 62, 172 u. 255) s. a 422; ändert auch das VersGes. für Angestellte u. die RVersO. s. a 592.
41	13. Febr. 1924	VO. zur Aend. der RentenbankVO. (RGBl. 66) s. d 7, a* 82, 84.
42	13. Febr. 1924	VO. über die Arbeitszeit in Krankenpflegeanstalten (RGBl. 66 u. 154).
43	13. Febr. 1924	VO. zur Abänd. einzelner Verbrauchssteuerges. (RGBl. 68) s. a 527, 533, 657, 660, 339, 428, 460.
44	13. Febr. 1924	VO. zur Aend. der Pachtschutzordn. (RGBl. 68) s. a 371, geänd. s. a 645.
45	13. Febr. 1924	2. VO. über Aend. der Devisengesetzgebung (RGBl. 70) s. d 39.
46	13. Febr. 1924	VO. über die Ermächtigung des Reichsverkehrsministers u. des Reichspostministers zur Aufnahme v. Darlehen (RGBl. 70).
47	13. Febr. 1924	VO. über Aend. des Zollausschlusses Cuxhaven (RGBl. 71).
48	13. Febr. 1924	VO. über Ein- und Ausfuhr (RGBl. 72 u. 150) s. c 57, a 351, c 39.
49	13. Febr. 1924	AusführVO. zum Ges. über die Beschäftigung Schwerbeschädigter (RGBl. 73) s. a 440, e 53.
50	13. Febr. 1924	VO. über das Belassen von Befestigungsanlagen (RGBl. 90).
51	13. Febr. 1924	VO. über Krankenversicherung (RGBl. 93) s. c 31; a 479; ändert auch die RVersO.
52	13. Febr. 1924	Reichsschuldenordnung (RGBl. 95) s. a 103, 416; hebt auch die Reichsschuldenordn. v. 19. März 1900 auf, ändert auch das Reichsschuldbuchges. v. 6. Mai 1910.
53	13. Febr 1924	VO. über die Fürsorgepflicht (RGBl. 100) s. a 274, 348; 455; 113; 360; e 3, a 440, e 49, a 121; 510; 252; ändert auch das RG. über den Unterstützungswohnsitz u. das Ges. über die Freizügigkeit v 1. Nov. 1867; ihrers. geänd. a 706.
54	13. Febr. 1924	VO. über die Vereinfachung der Genossenschafts-

Nr.	Datum der VO.	Name der Verordnung.
		bildung und die Förderung der Oedlanderschliessung (RGBl. 111) s. a 33.
55	13. Febr. 1924	VO. zur Aend. des Telegraphenwegeges. vom 18. Dez. 1899 (RGBl. 118 u. 154); ändert auch das Ges. über das Telegraphenwesen v. 6. April 1892; aufgeh. durch VO. v. 18. Okt. 1924 (RGBl. 715).
56	13. Febr. 1924	VO. zur Aend. der Verordnungen über die Erwerbslosenfürsorge usw. (RGBl. 121) s. d 6, a 408, 463, 494, 544. Neufassung der VO. über Erwerbslosenfürsorge u. über die Aufbringung der Mittel für die Erwerbslosenfürsorge v. 16. Febr. 1924 (RGBl. 127 u. 380); wieder geänd. a 597, 675, 741, 768; aufgeh. a 795.
57	13. Febr. 1924	VO. über Gebühren im Verfahren vor dem Reichswirtschaftsger. (RGBl. 155) s. a 265.
58	13. Febr. 1924	VO. über das Verfahren in bürgerl. Rechtsstreitigkeiten (RGBl. 135, 562, 640) s. a 435; 559; ändert auch das GVG., die ZPO., die EntlastungsVO., das BGB., die GebO. f. Rechtsanwälte. Neufassung der ZPO. v. 13. Mai 1924 (RGBl. 437); geänd. a 672.
59	14. Febr. 1924	3. SteuernotVO. (RGBl. 74 u. 172) s. e 4; a 519, 659; 471; 62; 80; 329, e 4, a 660; a 507, 525; 480; a 402, 466, d 37; geänd. a 622, 623, 659, 660, 704.
60	14. Febr. 1924	VO. gegen Missstände im Auswanderungswesen (RGBl. 107); ändert auch das Auswanderungsges. v. 9. Juni 1897.
61	14. Febr. 1924	VO. über die Kosten eines Volksbegehrens (RGBl. 110) s. a 377.
62	14. Febr. 1924	VO. über das Inkrafttreten des Jugendwohlfahrtgesetzes (RGBl. 110) s. a 382, 383.
63	14. Febr. 1924	VO. zur Aend. des Mieterschutzges. (RGBl. 111) s. a 501, 712, e 9.
64	14. Febr. 1924	VO. über Goldmarkrechnung im Konkurse (RGBl. 115); ändert auch die KO.
65	14. Febr. 1924	VO. über standesamtl. Scheine (RGBl. 116) s. a 133, 468; ändert auch das Personenstandsges.
		Hiezu aus dem RGBl. II. Tl.
66	15. Jan. 1924	VO. betr. Aend. des Ges. zur Ausführung der Bestimmungen des Friedensvertrags usw. (RGBl. II 35) s. a 147.
67	6. Febr. 1924	VO. über Aussetzung der Zahlungen auf Sachlieferungen der Unterlieferanten (RGBl. II 39) s. d 45.
68	12. Febr. 1924	2. VO. über die Aussetzung der Zahlungen zur Erstattung der von der Englischen Regierung erhobenen Reparationsabgabe (RGBl. II 42).

f) Bayerische, auf Grund des § 64 der VerfUrk. oder des Art. 48 Abs. 4 RVerf. erlassene Verordnungen.

Nr.	Datum der VO.	Name der Verordnung.
1	24. Juli 1922	VO. zum Schutze der Verfassung der Republik (GVBl. 374) s. a 397; aufgeh. durch VO. v. 24. Aug. 1922 (GVBl. 426).
2	31. Dez. 1923	PersonalabbauVO. (GVBl. 420) geänd. durch VO. v. 12. Febr. 1924 (GVBl. 28), v. 13. Mai 1924 (GVBl. 156) u. unter Aufhebung der letzteren durch VO. v. 3. Dez. 1924 (GVBl. 243); aufgeh. mit Uebergangsbestimmungen durch VO. v. 14. Mai 1927 (GVBl. 134).
3	31. Dez. 1923	VO. über die Entrichtung der Steuer vom Gewerbebetriebe im Umherziehen für 1924 u. über eine Ergänzung des Ges. über die Besteuerung des Gewerbebetriebs im Umherziehen (GVBl. 1924, 1) s. b 86, 179.
4	22. Jan. 1924	VO. über Aenderungen im öff. VersWesen (GVBl. 10) s. b 148, 180.
5	24. Jan. 1924	VO. über die Entrichtung einer einmaligen Abgabe zur Förderung des Wohnungsbaues (GVBl. 57).
6	2. Febr. 1924	VO. über Beschwerden in Kosten- u. Stempelsachen (GVBl. 57).
7	27. März 1924	VO. über das Inkrafttreten des RG. für Jugendwohlfahrt (GVBl. 126) s. a 382.
8	29. März 1924	VO. zur Aend. beamtenrechtl. Vorschriften (GVBl. 128) s. b 17; 11; ändert auch das Beamtenges. v. 16. Aug. 1908 u. die Gemeinde-Ordnungen, ihrers. geänd. b 217.
9	31. März 1924	VO. über die Entrichtung der Haussteuer u. einer Abgabe zum Ausgleich der Geldentwertung bei bebauten Grundstücken für 1924 (GVBl. 133); geänd. durch Bek. v. 4. Aug. 1924 (GVBl. 192).
10	31. März 1924	VO. über die Veranlagung und Erhebung der Gewerbesteuer für 1922 u. 1923 (GVBl. 135).
11	28. April 1924	VO. zur Aend. des Ges. zum Vollzug des Landessteuerges. (GVBl. 145) s. b 79, 170: 67; ändert auch die rechtsrh. GemO. u. das AG. GVG.
12	5. Mai 1924	VO. über die Entrichtung der Grundsteuer für 1924 (GVBl. 153).
13	5. Mai 1924	VO. über die Entrichtung der Gewerbesteuer für 1924 (GVBl. 154).
14	23. Juni 1924	VO. über Steuervergünstigungen zur Förderung des Wohnungsbaues (GVBl. 173).

g) Alphabetisches Register
zu den Gesetzesübersichten a—f.*)

) a = Reichsgesetze, veröffentlicht im I. Tl. des RGBl.; a = Reichsgesetze, veröffentlicht im II. Tl. des RGBl.; b = Landesgesetze; c = VOen auf Grund der Ges. v. 17. April 1919, 3. Aug. 1920, 6. Febr. 1921; d = VOen auf Grund des Ermächtigungsges. v. 13. Okt. 1923; e = desgl. v. 8. Dez. 1923; f = Bayr. VOen gemäß § 64 VerfUrk., Art. 48 RVerf.

II.

Einzelne Vorschriften für die Justiz.

Beil. 2—5.

Gegr. 1835

Bayerische Hypotheken- und Wechsel-Bank

München / Nürnberg / Augsburg

Aktienkapital und Reserven
64 Millionen Reichsmark

*

Über 100 Zweigniederlassungen
im rechts- und linksrheinischen
Bayern

Ausführung aller Bankgeschäfte

2. Alphabetisches Nachschlagregister für Justizverwaltungsvorschriften und ergänzende Bestimmungen.

Mit Rücksicht auf den beschränkten Raum konnte nur eine beschränkte Anzahl von Gegenständen behandelt werden; hauptsächlich ist das JMBl. berücksichtigt.

273) u. v 5. März 1924 (StAnz. 56). Schiedssprüche der Börsenschiedsgerchte JMB v. 18. Nov 1926 (JMBl. 376). Uebergabeorte im AusliefVerkehr Bek. v 18. Jan. 1927 (RGBl. II 15)

Brasilien: Bek. v. 7. Sept. 1911 (JMBl. 314), v. 5. Aug 1926 (JMBl. 364), v 20. Sept. 1921 (JMBl. 147), RJMB. v 6. Juni 1926 (RMBl. 595)

Bulgarien. Bek. v. 18. Okt. 1926 (JMBl. 373), MB. v 27 Sept. 1926 (RGBl. II 581), Vertrag über den Rechtsverkehr v 22. Dez. 1926 (RGBl. 1927 II 416) mit Bek. v. 16. Aug 1927 (RGBl. II 514), VO v 16. Aug 1927 (RGBl. II 521) u. Bek. v 26. Aug 1927 (RGBl. II 879).

Columbien Bek. v 25. Jan. 1913 (JMBl. 4).

Dänemark. Bek. v. 20. Sept. 1921 (JMB. 147). Amtshilfe beim Verkehr mit Kraftfahrzeugen Bek v 13. März 1925 (RGBl. II 111).

Danzig: Rechtshilfeverkehr JMB. v 17 Nov 1920 (JMBl. 249). Anerkennung der Urteile JMB. v 27. Sept. 1921 (JMBl. 164). Veröffentlichung von Steckbriefen MB. v. 8. Mai 1925 (JMBl. 45). Sonstige Ausschreibungen im StAnz. für Danzig MB. v. 23. Sept. 1925 (JMBl 96).

Estland: Rechtshilfeverkehr in bürgerl. Rechtssachen MB. v. 31. Dez. 1924 (JMBl. 1925, 7), desgl. in Strafsachen Bem. JMBl. 1926, 350.

Finnland: Sicherheitseistung JMB. v 14. April 1922 (JMBl. 144).

Frankreich: JMB. v 5. Juni 1911 (JMBl. 224), v. 6. April 1912 (JMBl. 68); Bek. v 3. Juni 1920 (StAnz 137), v. 20. Aug 1920 (JMBl. 193), Abk. v 5. Mai 1920 (RGBl. 1995) Art. 11 Abs. 2, Bek. v 8. Sept. 1920 (StAnz. 215), v. 17 Juli 1921 (JMBl. 123), v 2. Aug 1921 (JMBl. 132), v 8. Okt. 1921 (JMBl. 169)

Griechenland Bek. v 5. Aug. 1920 (RGBl. 1544). Befreiung von der Sicherheitsleistung und Armenrecht MB. v. 29. Juli 1925 (JMBl. 96).

Italien Bek. v 5. Aug 1920 (RGBl. 1577). Vollstreckung von Urteilen JMB. v 24. Mai 1921 (JMB' 87). Rechtshilfeverkehr JMB. v 13. Sept. 1921 (JMBl. 140).

Jugoslawien Vollstr v Urteilen JMB. v. 16. März 1922 (JMBl. 139).

Lettland Bek. v 12. April 1924 (StAnz. 87/91). Sicherheitsleistung und Armenrechte JMB. v 11 April 1922 (JMBl. 143).

Luxemburg. Bek. v. 10. Okt. 1912 (JMBl. 274).

Memelgebiet Bek. v 17 Nov 1920 (JMBl. 249); Bek. v. 12. Dez. 1921 (JMBl. 223), Anerkennung der Urteile JMB. v 20. Dez. 1921 (JMB. 1922, 14).

Niederlande. Bek. v. 27. Juli 1915 (JMBl. 57); Unmittelbarer Verkehr JMB. v 13. Jan. 1910 (JMBl. 152).

Oesterreich Rechtshilfeverkehr MB. v. 23. Juli 1926 (JMBl. 359). Strafregisterführung in Oesterreich JInnMB. v 21 März 1921 (JMBl. 30). Nachassabk. u. Vormundschaftsabk., Ges. v 16. Febr 1927 (RGBl II 505, 510 u. 878).

Panama: Bek. v. 25. Jan. 1913 (JMBl. 4).

Paraguay Bek. v 14 Dez 1915 (JMBl. 114).

Polen Ueberleitung der Rechtspflege JMB. v 14. April 1921 (JMBl. 54); Abk. über den Rechtsverkehr v 5. März 1924 (RGBl. 1925 II 139), desgl. Vormundschaftsabk. v 5. März 1924 (RGBl. 1925 II 145); desgl. über den Rechtsverkehr in Strafsachen. v. 16. Dez. 1925 (RGBl. 1926 II 89). Hierzu MB. v 29. Mai 1926 (GVBl. 323), ergänzt durch MB. v 25. Nov 1926 (GVBl. 540)

Rumänien· Rechtshilfeverkehr Bek. v 2. Nov 1921 (JMBl. 212), Bek. v. 2. Febr 1922 (JMBl. 24), Bek. v. 4. Juni 1923 (JMBl. 37).

Russland Exterritorialität der Vertretung der Sowjetrepublik JMB. v. 19. Aug. 1921 (JMBl. 135). Rechtshilfe-übergehende Ueberstellung in das JMB. v 10. Febr 1926 (JMBl. 318) Gesamtstrafenbildung und -Vollzug JMB. v 15 Febr 1926 (JMBl. 319)

Saargebiet Rechtshilfekosten JMB. v 19. Okt 1922 (JMBl. 197). Rechtshilfeverkehr JMB. v 28. April 1925 (JMBl. 45). Strafvollzug JMB. v 23. Juni 1925 (JMBl. 51). Vorübergehende Ueberstellung in das – JMB. v 10. Febr 1926 (JMBl. 318). Gesamtstrafenbildung und Vollzug solcher JMB. v. 15. Febr 1926 (JMBl. 319).

Schweden Bek. v 1. Mai 1923 (JMBl. 16).

Schweiz· Beglaubigung v Urkunden, Vertr v 14. Febr 1907 (RGBl. 413) mit Aenderungen durch Bek. v. 19. Juli 1907 (RGBl. 415), v. 11 Sept 1911 (RGBl. 907), u. v. 14. Nov 1912 (RGBl. 535), unmittelbarer Verkehr, Vertr v 1. Dez 1878 (JMBl. 79, 2), Verzeichnisse der schweizerischen Behörden JMBl. 1903, 357, 1906, 54, 1923, 35, 1925, 45; Austausch von Personenstandsurkunden Bek. v. 2 Okt. 1907 (JMBl. 418), gegenseitige Vollstreckbarkeit der Urteile, JMB. v. 10. Jan. 1905 (JMBl. 6), v 31 Mai 1910 (JMBl. 210), Vollstreckung deutscher Urteile in der Schweiz JMB. v 3. Febr 1922 (JMBl. 25), v. 27 Jan 1925 (JMBl. 23). Verkehr in Vormundschaftssachen JMB. v 14. Sept. 1914 (JMBl. 201); Erholung von Auskünften aus den schweiz. Strafregistern JMB. v. 14. Dez. 1925 (JMBl. 134), Auskunftserteilung aus dem Strafregister an schweiz. Behörden JMB. v 7. Okt. 1926 (JMBl. 372).

Spanien Bek. v 7 Sept. 1911 (JMBl. 314).

Tschechien· S. Böhmen.

S. auch Auslieferung, Konsularbehörden, Rechtshilfe, Registraturordnung

Auslieferung (s. hierzu JMBl. 1926, 60). Aus Bayern· Bek. v. 3. Okt. 1900 (JMBl. 523), 6. Dez. 1920 (JMBl. 270 betr. Oesterreich), 17 Febr 1921 (JMBl. 26 betr. Böhmen), 23. Febr 1923 (StAnz. 50), 7 Sept. 1925 (StAnz 208 betr Ungarn), 15. Juli 1926 (RGBl. II 424 betr Frankreich). Einfluss eines inländ. Strafverfahrens Bek. v 28. Nov 1924 (JMBl. 107). Auslieferung aus dem Ausland nach Bayern. Bek. v 28. Dez. 1908 (JMBl. 1909, 2), ergänzt durch Bek. v 18. Dez. 1924 (JMBl. 1925, 2), v 12. Jan. 1926 (JMBl. 317). Hierzu hins. einzelner Länder·

Belgien Bek. v 30. Juni 1920 (RGBl. 1397), Bek. v. 24. April 1922 (JMBl. 145).

Böhmen Bek. v. 23. Nov 1923 (StAnz. 273), s. auch Ausland.

14. Okt. 1922 (JMBl. 194), geänd. durch JMB. v. 9. Jan. 1925 (JMBl. 18) und die nachfolgende Bek.; Vertretung des Reichsfiskus als Drittschuldner bei Pfändungen des Diensteinkommens von Angehörigen des Reichsheeres JMB. v. 16. März 1925 (JMBl. 41). Vertretung des Reichspostfiskus bei Pfändungen von Postscheckguthaben JMB. v. 29. Okt. 1921 (JMBl. 176); Vertretung des bayer. Staates bei Pfändungen von Dienstbezügen der k. Landespolizei B. v. 15. Dez. 1921 (JMBl. 1922, 8).

Flaggen, deutsche VO. v. 11. April 1921 (RGBl. 483), geänd. durch VO. v. 5. Mai 1926 (RGBl. 217).

Fundsachen, Bek. v. 2. u. 14. Dez. 1899 (JMBl. 585 u. 587); letztere geänd. durch Bek. v. 2. Febr. 1924 (JMBl. 3).

Gefängniswesen, Oekonomische Verwaltung der Gerichtsgefängnisse MB. v. 23. April 1883 (JMBl. 179); geänd. durch MB. v. 12. April 1921 (JMBl. 54). Einrichtung psychiatrischer Abteilungen bei den Gerichtsgefängnissen in München und Nürnberg JMB. v. 23. Febr. 1922 (JMBl. 132). Geburtsanzeigen Bek. v. 3. Dez. 1904 (JMBl. 294) u. v. 15. Dez. 1907 (JMBl. 1908, 7), s. auch Strafgefangene und Strafvollstreckung.

Geisteskranke, Einschaffung nach Art. 80 Abs. 2 PStGB.; InnMB. v. 1. Jan. 1895 (JMBl. 72); JMB. v. 9. April 1894 (JMBl. 63); SelbstVerwG. v. 22. Mai 1919 Art. 23.

Gemeindebezirksänderungen, Aenderungen der Bezirksamts- und Amtsgerichtsbezirke, Verfahren hiebei InnMB. v. 16. Mai 1903 (JMBl. 401); Art. 27 des SelbstverwG. v. 22. Mai 1919 (GVBl. 239); § 27 der VollzBek. hierzu v. 14. Juni 1919 (GVBl. 303); JInnMB. v. 9. April 1923 (GVBl. 150); s. auch Gerichtsbezirke.

Gemeinden, Unterstützung der Justizbeh. durch, JMB. v. 18. Juni 1921 (JMBl. 106).

Gendarmerie. Ges. über die Umgestaltung der Gendarmerie v. 31. Juli 1919 (GVBl. 409). Einrichtung der Gendarmerie InnMB. v. 25. Sept. 1919 (GVBl. 639). Dienstvorschrift v. 18. Juli 1922 (InnMBl. 223) geänd. durch InnMB. v. 27. Febr. 1926 (InnMBl. 33), v. 21. Mai 1926 (StAnz. 116), v. 4. Juni 1927 (InnMBl. 29).

Generalakten u. Generaliensammlungen. Registraturordnung v. 20. Sept. 1863 (JMBl. 115), Bek. v. 8. Nov. 1866 (JMBl. 321) u. Bek. v. 18. Juni 1887 (JMBl. 140).

Gerichtsassessoren s. Referendare.

Gerichtsbezirke, Aend. der JMB. v. 4. April 1924 (JMBl. 14). Aenderungen einzelner VO. v. 23. Febr. 1925 (JMBl. 29); v. 27. Febr. 1925 (JMBl. 30); v. 27. Mai 1925 (JMBl. 49); v. 23. Nov. 1925 (JMBl. 130); v. 29. Dez. 1925 (JMBl. 1926, 316); v. 5. März 1926 (JMBl. 347); v. 17. März 1926 (JMBl. 348); v. 17. Nov. 1926 (JMBl. 375); v. 22. Dez. 1926 (JMBl. 1927, 1); v. 20. Jan. 1927 (JMBl. 2); v. 15. März 1927 (JMBl. 9); v. 30. März 1927 (JMBl. 15); v. 18. Mai 1927 (JMBl. 23); v. 30. Mai 1927 (JMBl. 23); v. 4. Juli 1927 (GVBl. 232); s. auch Gemeindebezirksänderungen.

Gerichtskosten s. Kosten.

Gerichtsschreibereien und staatsanwaltschaftliche Kanzleien, Einrichtung derselben, JMB. v. 22. Juli 1909 (JMBl. 345); geändert und ergänzt durch JMB. v. 15. Jan.

1919 (JMBl. 18) und § 2 der JMB. v. 18. Sept. 1919 (JMBl. 317), ferner hinsichtlich der Besetzung der Gerichtsschreibergehilfenstellen d. JMB. v 4. März 1919 (JMBl. 172), hinsichtlich der Geschäftsverteilung durch JMB. v. 26. Febr. 1920 (JMBl. 40); hinsichtlich der Geschäftsleitung und der Stellung der rechnungsführ Sekr durch JMB. v. 21 März 1921 (JMBl. 31), hins. § 5 durch MB. v. 26. Mai 1925 (JMBl. 49). Zulassung zum Vorbereitungsdienst als Kanzleiassistent JMB. v 17. Dez. 1920 (JMBl. 272). Prüfungsordnung für das Gerichtsschreiberamt JMB. v. 15. Febr. 1923 (JMBl. 3). Geschäftsanweisungen JMB. v. 2. März 1910 (JMBl. 250), für die Gerichtsschreibereien der Amtsgerichte JMB. v. 2. März 1910 (JMBl. 253); für die der Landgerichte v. 2. März 1910 (JMBl. 475), für die der Oberlandesgerichte v. 2. März 1910 (JMBl. 547), sämtliche geändert durch JMB. v 8. Mai 1913 (JMBl. 70), erstere beide auch durch JMB. v 13 Febr. 1920 (JMBl. 28), die erstere allein durch JMB. v 7 Okt. 1922 (JMBl. 194) u. hinsichtl. der Armenrechtsregister durch JMB. v. 19. Dez. 1923 (JMBl. 106); die für die Gerichtsschr. der Landgerichte durch JMB. v. 18. Okt. 1922 (JMBl. 197), alle drei durch JMB. v 22. Mai 1924 (JMBl. 21), diese wieder durch JMB. v 24. Dez 1924 (JMBl. 1925. 4), v. 3. Juli 1925 (JMBl. 52), v 30. Nov 1925 (JMBl. 130). Vollmachten in Armensachen JMB. v 26. Jan. 1922 (JMBl. 24) mit JMB. v 17 Juli 1923 (JMBl. 41). Uebertragung richterl. Geschäfte an die Gerichtsschreiber JMB. v 6. April 1921 (JMBl. 37), ergänzt durch JMB. v 4. Dez. 1925 (JMBl. 133), v 7. Aug. 1926 (JMBl. 364) § 2. Aufnahme der Wohnung in die öffentl. Bekanntmachungen JMB. v 4. Juni 1926 (JMBl. 351).

Gerichtsvollzieherordnung v. 16. Dez. 1899 (JMBl. 517), geändert durch VO. v 19. Juli 1905 (JMBl. 779), v. 26. Juni 1908 (JMBl. 151), v. 10. Sept. 1915 (GVBl. 675), v 8. Juli 1925 (s. unten). Dienstvorschriften v 28. Dez. 1899 (JMBl. 1133), geändert durch JMB. v. 18. Febr 1902 (JMBl. 384), v. 15. Juli 1902 (JMBl. 680), v. 14. Nov 1903 (JMBl. 452); v 15. Sept. 1908 (JMBl. 199); v. 2. März 1910 (JMBl. 231), v. 10. Sept. 1915 (JMBl. 68), v. 8. Juli 1925 (s. unten). Geschäftsanweisung v. 28. April 1900 (JMBl. 621), geändert durch JMB v 14. Nov 1902 (JMBl. 1049), v. 16. Januar 1905 (JMBl. 29), v 15. Sept. 1908 (JMBl. 199), v. 2. März 1910 (JMBl. 231), v 21 Mai 1912 (JMBl. 107), v. 28. Juni 1913 (JMBl. 86), v. 10. Sept. 1915 (JMBl. 68), v 29. Nov. 1916 (JMBl. 72). v 14 Nov. 1918 (JMBl. Beibl. 188), v. 22. Mai 1924 (JMBl. 21) Nr. VI, v. 17. Juni 1925 (JMBl. 51). Prüfungsordnung v. 8. Juli 1925 (JMBl. 58). Landesgebührenordnung für die Gerichtsvollzieher v 18. Febr. 1924 (GVBl. 58).

Geschäftsaufsicht s. Konkursverfahren.

Geschäftsausweise, -register, -tabellen, -übersichten, -kalender: JMB. v. 12. Nov. 1879 (JMBl. 1765), v. 18. Nov. 1879 (JMBl. 1804), v. 11. Dez. 1880 (JMBl. 376), v. 21. Nov 1882 (JMBl. 288), v. 31. Mai 1884 (JMBl. 105), v. 22. Dez. 1887 (JMBl. 327), v. 7 Jan. 1888 (JMBl. 1), v. 12. Jan. 1888 (JMBl. 3), v. 3. Mai

1892 (JMBl. 90), v. 1. Juli 1894 (JMBl. 137): neue Tabellen JMB. v. 11. Dez. 1900 (JMBl. 1271), geändert durch JMB. v. 16 Januar 1905 (JMBl. 30). Geschäftsanweisung für die Gerichtsschreibereien der Amtsgerichte v. 2. März 1910 (JMBl. 250) §§ 130 ff., desgl. für die Landgerichte v. 2. März 1910 (JMBl. 475) §§ 23 ff., desgl. für die der Oberlandesgerichte v. 2. März 1910 (JMBl. 547) §§ 2 ff. Nachweise über die Belastung der Grundstücke. Dienstanweisung für die Grundbuchämter v. 27. Febr. 1905 (JMBl. 61) §§ 586—590, ergänzt durch JMB. v. 12. Sept. 1923 (JMBl. 49), v. 23. Febr. 1925 (JMBl. 28)), v. 8. Juni 1925 (JMBl. 50), v. 7. Jan. 1924 (StAnz. 6)) mit JMB. v. 9. Dez. 1925 (StAnz. 286). Geschäftsausweise in Angelegenheiten der freiw. Gerichtsbarkeit JMB. v. 2. Dez. 1925 (JMBl. 134). Statistik der Notariatsgeschäfte JMB. v. 4. Jan. 1910 (JMBl. 21), geänd. durch § 12 der JMB. v. 30. März 1921 (JMBl. 33), v. 10. Dez. 1925 (JMBl. 134). Statistik der Erträgnisse der Notariate JMB v. 12. April 1920 (JMBl. 68). Statistik der Fürsorgeerziehungen JMB. v. 8 Aug. 1904 (JMBl. 149); InnMB. v. 16. Sept. 1904 (AInnMBl. 423). Statistik des Genossenschaftswesens und der sonstigen Handelsgesellschaften Bek. v. 22. Juni 1900 (JMBl. 969) u. v. 10. März 1903 (JMBl. 100). Geschäftsübersichten der Gerichtsvollzieher Dienstvorschriften v. 28. Dez. 1899 (JMBl. 1133) §§ 213 ff. Wegen der Konkursstatistik s. Zählkarten. S. auch Alkoholzählkarten.

Geschäftsverteilung bei den Amtsgerichten JMB. v. 16. Sept 1879 (JMBl. 928), geänd. durch JMB. v. 22. Dez. 1920 (JMBl. 1921, 3).

Geschäftszeit bei den Justizbehörden JMB. v. 7. Jan. 1919 (JMBl. 1), v. 20. Sept. 1919 (JMBl. 357 u. 411), v. 6. März 1920 (JMBl. 41), v. 30. Mai 1920 (JMBl. 92 u. 93), s. auch Sitzungen.

Gesetzgebende Versammlung, Erholung der Ermächtigung bei Beleidigung einer solchen: JMB. v. 8. Mai 1873 (JMBl. 9[illegible]).

Gewerbeaufsichtsbeamte, deren Bezirke, Bek. v. 14 März 1904 (JMBl. 57), geändert durch Bek. v 11. Dez 1908 (JMBl 334) u. v. 3. Okt. 1910 (JMBl. 913). Wegen deren nunmehrigen Bezeichnung s. MB. v. 3. Aug. 1925 (GVBl. 233).

Grundbuchwesen: Amtl. Verzeichnis der Grundstücke u. a. VO. v. 25. Febr. 1905 (GVBl. 57); Dienstanweisung für die Grundbuchämter r. d. Rh. v. 27. Febr. 1905 (JMBl. 63), ergänzt durch Bek. v. 2. Nov. 1905 (JMBl. 829), 2. März 1907 (JMBl. 96), 15. März 1909 (JMBl. 136) betr. Fischereirechte, 30. Dez. 1910 (JMBl. 1911, 40) betr. Feststellung des Eigentums an Wegen, Gewässern u. Gräben, 2. Nov. 1910 (JMBl. 983) betr. die katastertechnische Behandlung von Privatflüssen, Bächen, Wegen und Gräben, 16. Okt. 1911 (JMBl. 345) betr. die katastermässige Beschreibung von Grundstücken und Miteigentumsanteilen mit FMB. v. 2. Juli 1911 (JMBl. 347), 10. Juli 1920 (JMBl. 171) betr. die Eintragung v. Erbbaurechten, diese geänd. durch JMB. v. 8. Juni 1921 (JMBl. 97), 20. März 1923 (JMBl. 13) betr. Veröffentlichungen, 14. Febr. 1925 (JMBl. 25) betr. die

Industriebelastung. JMB. die Führung des Grundbuchs betr. v. 30. Okt. 1911 (JMBl. 365), desgl. v. 6. April 1912 (JMBl. 68) mit InnMB. v. 8. März 1912 (InnMBl. 414), desgl. v. 20. Mai 1912 (JMBl. 101) mit FMB. v. 18. April 1912 (FMBl. 103), InnMB. v. 8. April 1913 (InnMBl. 347). S. ferner JMB. zur Ausführung des Ges. über Ansiedlung von Kriegsbeschädigten in der Landwirtschaft v. 25. Juli 1917 (JMBl. 70); Beschränkung des Verkehrs mit landwirtsch. Grundstücken JMB. v. 23. Okt. 1917 (JMBl. Beibl. 257), v. 19. März 1918 (JMBl. Beibl. 48), MB. v. 5. Sept. 1919 (InnMBl. 211) geändert durch MB. v. 16. März 1925 (GVBl. 96), ferner MB. vom 16. März 1925 (GVBl. 97). Erwerb von Grundstücken durch die Träger der Reichsversicherung JMB. v. 20. Mai 1925 (JMBl. 48). JInnFMB. zur Ausführung der BRVO. über wiederkehrende öffentl. Lasten v. Grundstücken v. 3. Nov. 1917 (JMBl. Beibl. 270). Grundbuchrechtliche Verhältnisse der Kirchengemeinden u. Kultusstiftungen JMB. v. 5. Juli 1918 (JMBl. 109). Eintragung von Hypotheken in ausländ. Währung MB. v. 16. Mai 1922 (GVBl. 293). Eintragung von Schiffspfandrechten in ausländischer Währung B. v. 21. Juni 1923 (JMBl. 39), geänd. durch Bek. v. 13. Mai 1925 (JMBl. 48). Vollzug des Industriebelastungsgesetzes VO. v. 27. April 1926 (StAnz. 103). S. auch Plannummernbezeichnung, Grundsteuerkataster, Geschäftsausweise.

Grundsteuerkataster, Fortführung nach Anlegung des Grundbuchs JMB. v. 23. Febr. 1905 (JMBl. 593); geändert durch FMB. v. 23. Mai 1914 (JMBl. 134). FMB., die Erneuerung der Landesvermessung betr. v. 9. Aug. 1917 (GVBl. 417). Dienstanweisung für die Messungsämter v. 6. Nov. 1918 (FMBl. 225; Auszug JMBl. 1919, 93); s. auch Plannummernbezeichnung.

Grundstücksschätzungen, JInnMB. v. 14. Juli 1909 (JMBl. 307), geänd. durch B. v. 11. Mai 1923 (JMBl. 35) mit JMB. v. 11. Mai 1923 (JMBl. 36).

Grundstücke, Vollzugsbestimmungen zum Abmarkungsges. v. 13. Juli 1926 (GVBl. 373); s. auch Grundbuchwesen.

Güterzüge, Benützung durch Beamte JMB. v. 28. Aug. 1919 (JMBl. 315).

Haftbefehle s. Untersuchungshaft.

Hilfsbeamte der Staatsanwälte s. Staatsanwälte.

Hinterlegungsordnung v. 18. Dez. 1899 (JMBl. 1057), geänd. durch JFMB. v. 13. Jan. 1922 (JMBl. 21) u. v. 31. März 1927 (JMBl. 15). Ausführungsbek. für die amtsgerichtlichen Hinterlegungsstellen v. 28. Dez. 1899 (JMBl. 1080), geänd. durch Bek. v. 26. Okt. 1921 (JMBl. 176). Hinterlegung zu offenem Depot bei der Staatsbank durch Amtsgerichte, für die die Staatsbank nicht Hinterlegungsstelle ist: Bek. v. 20. Mai 1901 (JMBl. 407) mit Ergänzungen (JMBl. 1905, 741 und 1906, 27); Ueberwachung der Verlosung und Kündigung hinterlegter Wertpapiere Bek. v. 4. Juli 1902 (JMBl. 616); Anlegung von Geld auf Schuldscheine bei der Staatsbank Bek. v. 20. März 1907 (JMBl. 97); Anlegung auf Scheckkonto bei der Staatsbank Bek. v. 2. Mai 1907 (JMBl.

185). Hinterlegungswesen für Coburg JFMB. v. 11. Febr. 1922 (JMBl. 26). Hinterlegungen der Notare §§ 309 ff. der Geschäftsordnung v 30. Okt. 1913 (JMBl. 358) VO über die Erhebung von Hinterlegungsgebühren v. 29. Mai 1925 (GVBl. 155), ergänzt durch JMB. v 21. Aug. 1925 (StAnz. 194).

Identitätsfeststellungen bei Personen unbekannter Herkunft. Bek. v. 30. Juni 1881 (JMBl. 378).

Institut für Rechtsvergleichung JMB. v. 20. Mai 1924 (JMBl. 97).

Internationales Privatrecht s. Ausland.

Inventargegenstände s. Fahrnisvermögen.

Inzipienten s. Gerichtsschreibereien.

Jugendliche, Strafverfahren gegen Jugendliche u. deren bedingte Begnadigung B. v. 7. April 1911 (JMBl. 101), geänd. durch Bek. v 28. Sept. 1922 (GVBl. 624). JMB. v 7. Mai 1923 zum Vollzuge des Jugendgerichtsges. (JMBl. 21), geänd. durch die Bek. v 20. Juni 1927 (s. Strafsachen) Behandlung der Strafs. wegen Verbrechen u. Vergehen wider die Sittlichkeit gegenüber Jugendlichen JInnMB. v. 9. Jan. 1923 (GVBl. 15), Vernehmung Jugendlicher als Zeugen JMB. v. 27 April 1927 (JMBl. 22), s. auch Begnadigungssachen.

Jugendwohlfahrt s. Vormundschaftsordnung

Kanzleibeamte bei den Justizbehörden, Unterstützungen und Unterhaltsbeiträge für dieselben Bek v. 9. Juli 1891 (JMBl. 133).

Konkursverfahren, Belehrung der Mitglieder des Gläubigerausschusses JMB. v 29. Juli 1907 (JMBl. 226), geänd durch JMB. v 21 Sept 1926 (JMBl 372). Veröffentlichungen im Konkurs- u. Geschäftsaufsichtsverfahren), amtliche Vertretung der Landwirtschaft JMB. v. 13. Okt. 1924 (JMBl. 106).

Kosten in Ehe- u. Entmündigungssachen JFMB. v. 31. Jan. 1924 (JMBl. 3). Verwendung von Kostenmarken JMB. v. 3. Jan. 1925 (JMBl. 8) Einziehung u. Verrechnung der Kosten in reichsgerichtlichen Sachen JFMB. v 24. April 1922 (GVBl 273) geänd. mit JFMB. v 19. Febr 1926 (GVBl. 230). S. auch Rechtshilfe.

Kriminalmuseum. Bek. v. 18. Aug. 1903 (JMBl. 387) u. v 30. Aug. 1904 (JMBl. 217), Kriminal-Anthropologie und Kriminalstatistik — Beiträge zum Archiv. Bek. v. 19. Febr. 1904 (JMBl. 43).

Ladung s Zustellungen.

Landespolizeibehörde, Ueberweisung an dieselbe, Festsetzung und Vollzug der korrektionellen Nachhaft, Unterbringung weiblicher Personen in Besserungs- oder Erziehungsanstalten oder in einem Asyl. Bek. v 28. März 1891 (JMBl. 65), geänd. durch InnMB. v. 16. Juli 1917 (ÄInnMBl. 173), Bek. v 8. März 1901 (JMBl. 282); 5. April 1901 (InnMBl. 169), 3. Febr 1903 (InnMBl. 55); 28. März 1907 (ÄInnMBl. 194), 14. Mai 1907 (GVBl. 475); VO. v. 26. Nov 1915 (GVBl. 723); Art. 23 des SelbstverwaltungsG. v. 22. Mai 1919. Dienst- u. Vollzugsordnung für die Arbeitshäuser VO. v. 3. Mai 1924 (GVBl. 153).

Landgerichtsärzte, s. Aerzte.

Landwirtschaftliche Pächter, Kreditbeschaffung für MB. v 7 Aug. 1926 (JMBl. 364).

Lebensversicherungen, Förderung ihres Abschlusses durch Beamte JMB. v. 21. Mai 1916 (JMBl. 27).

Legalisation inländischer im Auslande zu verwendender öffentl. Urkunden. Bek. v. 18. Dez. 1891 (JMBl. 240) u. v 16 Juli 1904 (JMBl. 148). Urkunden für Estland u. Lettland AJMB. v. 8. Juli 1921 (JMBl. 120). S. auch Ausland.

Legitimationsgesuche s. Ehehindernisse.

Leichenauffindung, Bek. v. 3. Oktober 1879 (JMBl. 1573), v 15. Januar 1885 (JMBl. 10), 23. Februar 1900 (JMBl. 581) v 21 Mai 1915 (JMBl. 44), Verfahren bei Tötung durch elektr Strom MB. v. 23. Nov 1926 (JMBl. 377), s. auch unter Aerzte

Mieterschutz. Mieterschutzgesetz v. 30. Juni 1926 (RGBl. 347), geänd durch Ges. v 17. März 1927 (RGBl. 71) und 30. Juni 1927 (RGBl. 131). Vorgesetzte Behörde im Sinne des § 32 Abs. 2 im Bereich der Heeresverwaltung MB. v. 30. Jan. 1924 (JMBl. 2), desgl. der Landespolizei MB. v. 21 Mai 1924 (JMBl. 98). VO. über die gesetzliche Miete v 28. März 1924 (GVBl. 139). SozMB. zur Ausführung des § 6 des RMietenges. v 15. Juli 1924 (GVBl. 187). MVO über Massnahmen gegen Wohnungsmangel v. 18. Aug 1926 (GVBl. 403), geänd. durch MVO. v. 28. Dez. 1926 (GVBl. 553) VO. über Mieterschutz v. 5. Aug 1927 (GVBl. 273). Zu § 22 Abs. 3 RMG. u. § 52 Abs. 1 MSchG. VO v 28. Dez. 1926 (GVBl. 553). Schiedsverfahren vor dem Mieteinigungsamt MB. v 21 Juni 1927 (GVBl. 226).

Militäranwärter. Grundsätze für die Anstellung der Inhaber eines Versorgungsscheins v. 31 Juli 1926 (RGBl. 435), geänd. durch MB. v. 18. Juli 1927 (RGBl. 222). Allgemeine AusführAnweisung v 31 Juli 1926 (RGBl. 445), geänd. durch MB. v. 18. Juli 1927 (RGBl. 223). Bayr VollzBestimmungen v. 21. Okt. 1923 (GVBl. 375), geänd. durch MB. v. 20. Juni 1925 (GVBl. 162), v. 1 Okt. 1926 (GVBl. 497). InnKMB. über den Vollzug durch die Kommunalbehörden v. 16. Okt. 1923 (StAnz. 241), geänd. durch MB. v. 17 Dez. 1926 (StAnz. 293) Gebührenfreiheit ärztlicher Zeugnisse MB. v. 12. April 1927 (StAnz 88). InnMB. v 24. Aug 1927 zu §§ 17 u. 76 der Allg AusfAnw. (InnMBl. 41) Verzeichnis der den Versorgungsanwärtern u. Anstellungsanwärtern im bayer. Staatsdienst vorbehaltenen Stellen MB. v 17 Dez. 1924 (GVBl. 1925, 1), geänd. durch Bek. v. 6. Juli 1925 (GVBl. 164) u. v. 6. Juli 1926 (GVBl. 353) Verzeichnis der ihnen bei den bayer Kommunalbehörden vorbehaltenen Stellen MB. v. 23. Dez 1925 (GVBl. 1926, 5), geänd durch MB. v. 24. Dez. 1926 (GVBl. 543), desgleichen der bei der Landesgewerbeanstalt u. dem pfälz Gewerbemuseum vorbehaltenen Stellen MB. v 23. Dez. 1925 (GVBl. 1926, 202).

Militärische Angelegenheiten. JMB. v 5. Okt. 1920 zur Ausführung des Ges. betr. Aufhebung der Militärgerichtsbarkeit (JMBl. 216), geänd. durch JMB. v 13. Jan. 1926 (JMBl. 1) Nr. III 12. JMB. v 13. Jan. 1926 (JMBl. 311) betr. Aufhebung der Militärgerichtsbarkeit, geänd. durch JMB. v. 22. März 1926 (JMBl. 348). Mitteilungen u. Aktenbehandlung

in Militärstrafsachen JMB. v. 21. Nov. 1920 (JMBl. 256), geänd. durch B 2 der Bek. v. 13. Jan. 1926 (JMBl. 311). Bek. v. 29. Juli 1921 die Strafsachen gegen Angehörige der Wehrmacht betr. (JMBl. 126), geänd. durch B 3 der Bek. v. 13. Jan. 1926 (JMBl. 311). Beschwerden verhafteter Angehöriger der Wehrmacht JMB. v 15. März 1922 (JMBl 137). Anwendung des JGG. in Militärstrafs. JMB. v 8. Juli 1924 (JMBl. 99). Strafvollstreckungsvorschr. für das Reichsheer v 18. Mai 1926 (RGBl. II 273). Festsetzung des Begr Militärbehörde im Sinne der ZPO., KO. u. StPO. RGBl. 1926 II 285. Vorführung von Militärpersonen JMB. v. 18. Juni 1926 (JMBl. 352).

Mitteilungen aus gerichtlichen und staatsanwaltschaftlichen Verfahren: JMB. v 9. Juni 1921 (JMBl. 103). 1 Eine Uebersicht der Mitteilungen, die in Strafsachen den Staatsanwälten, Amtsanwälten und Gerichten und in nichtstrafrechtlichen Sachen den Staatsanwälten obliegen, enthält die JMB. v. 29. Nov 1913 (JMBl. 694), ergänzt durch JMB. v 14. Juni 1914 (JMBl. 125), v 20. Juli 1916 (JMBl. Beibl. 258), v. 20. Okt. 1916 (JMBl. 55), v. 6. Nov 1916 (JMBl. 61), v 31 Jan. 1917 (JMBl. 25), v. 13. März 1917 (JMBl. Beibl. 62), v 19. April 1917 (JMBl. 49), v. 5. Juli 1917 (JMBl. Beibl. 165), v. 25. Aug 1917 (JMBl. 82), v. 21. Sept. 1917 (JMBl. 91), v 21 Jan. 1918 (JMBl. Beibl. 15), v 20. Febr 1919 (JMBl. 49) § 58, v. 28. Aug 1919 (JMBl. 316), v. 9. Dez. 1919 (GVBl. 821) § 23, v. 12. Juli 1920 (GVBl. 361) § 9 betr Volksschullehrer u. Schulamtsanwärter, v 20. Juni 1920 (JMBl. 105) betr. Aberkennung der bürg. Ehrenrechte, v 8. Juli 1920 (JMBl. 168) im Interesse der Jugendfürsorge, v. 3. Juni 1921 (JMBl. 91) zum Vollzug des Reichsversorgungsges. mit Bek. v. 3. Jan. 1925 (JMBl. 7), v 5. Aug 1921 (GVBl. 399), geänd. durch Bek. v 15. Okt. 1925 (GVBl. 263) betr Papiergeldfälschungen, v. 24. Okt. 1921 (JMBl. 175) an die Polizei von der bevorstehenden Freilassung Festgenommener oder Verhafteter, v. 5. Juli 1922 (JMBl. 175) zum Vollzug des Rennwett- u. LotterieG. v. 20. Dez. 1924 (JMBl 1925, 3), geänd. durch JMB. v. 19. Febr 1926 (JMBl. 347) betr Verurteilungen nach dem Kraftfahrzeuggesetz, v 20. April 1925 (JMBl. 44) betr. Verurteilungen nach § 183 StGB., v. 12. Okt. 1925 (JMBl. 98) Nr I betr Post-, Bahn- u. sonstige Verkehrsbeamte, v 26. Nov. 1925 (StAnz. 275) betr Schund- u. Schmutzschriften, v 18. Nov 1926 (JMBl. 376) betr unzüchtige Schriften. Wegen der Strafnachrichten an das Ausland s. unter Ausland. S. auch Staatsanwälte.

2. **Im übrigen sind mitzuteilen:**

Bei Beamten Konkurseröffnung, Entmündigungsververfahren, vorläufige Vormundschaft: Bek. v. 22. Okt. 1909 (GVBl. 737) § 25.

Die bevorstehende Verhaftung eines Beamten, eines Geistlichen oder eines Lehrers an einer öffentlichen Unterrichtsanstalt im ZwangsvollstrVerfahren; ZPO. § 910.

Bei Richtern Konkurseröffnungen, Entmündigungsverfahren, vorläufige Vormundschaften: JMB. v. 29. Dezember 1908 (JMBl. 381) § 16.

Der Tod von Justizbeamten oder Notars an die Aufsichtsbehörde u. das Justizministerium, Tatsachen, die die Wiederanstellung eines im zeitlichen Ruhestand befindlichen Justizbeamten oder Notars in Frage stellen können; §§ 40, 42, 50 JMB. v. 18. Sept. 1919 (JMBl. 317).

Vorkommnisse, die für die Beurteilung der Persönlichkeit eines Justizbeamten oder Notars besonders wichtig sind, dem Justizministerium: §§ 38, 50 JMB. v. 18. Sept. 1919 (JMBl. 317).

Bei Bewerbern um Anstellung im höheren Justizstaatsdienst der Eintritt, Austritt u. Tod; ferner alle Tatsachen, die Dienststrafeinschreitung veranlassen oder auf die künftige Verwendung im Justizstaatsdienst von Einfluss sein können, desgl. die Einleitung eines straf- oder ehrengerichtlichen Verfahrens: Bek. v. 9. Dez. 1919 (JMBl. 491) §§ 28, 22 u. 23; JMB. v. 12. Febr. 1920 (JMBl. 26).

Bei Notaren und Notariatsverwesern Dienstvergehen, Konkurseröffnungen, Entmündigungsverfahren, Stellung unter vorläufige Vormundschaft, Entfernung vom Amtssitz ohne Urlaub. JMB. v. 25. April 1901 (JMBl. 322).

Der Tod eines im Ruhestand befindlichen Notars, einer Notarswitwe oder einer minderjährigen Notarswaise bei Einlauf der Todesanzeige beim Amtsgerichte. JMB. v. 2. Mai 1914 (JMBl. 71) Nr. III.

Die Anstellung oder Beschäftigung eines Reichspensionärs oder einer Witwe oder Waise, die Versorgungsgebührnisse aus der Reichskasse erhält, an die Pensionsregulierungsbehörde JMBl. 1919, 460, JMB. v. 2. Juli 1909 (JMBl. 291).

Verschiedene Umstände durch die Anstellungsbehörden an die Versorgungsstellen MB. v 22. Nov. 1924 (StAnz. 274) u. v. 10. Nov. 1925 (StAnz. 261).

Umstände, auf Grund deren die Zurücknahme der Zulassung eines Rechtsanwalts erfolgen muss: § 16 JMB. v. 7. Juli 1879 (JMBl. 277).

Steuerzuwiderhandlungen, die Behörden u. Beamte dienstlich erfahren, an die Finanzämter § 192 RAbgOrdn. v 13. Dez. 1919 (RGBl. 1993). Hierzu JME. v 20. Sept. 1921 Nr 48 513 u. v 11 Jan. 1927 (StAnz. 8).

Gewisse Umstände im Interesse der Erhebung der Erbschaftssteuer s. Erbschaftssteuerges. v. 22. Aug 1925 (RGBl. 320) § 27, JMB. v 29. März 1927 (JMBl. 11).

Zuwiderhandlungen gegen das Reichsstempelgesetz: Reichsstempelgesetz v. 3. Juli 1913 (RGBl. 639) § 117.

Von den Behörden zur Führung des Handelsregisters den Steuerstellen zur Erhebung der

Reichsstempelsteuer gewisse Eintragungen hinsichtlich der Aktiengesellschaften, Kommanditgesellschaften auf Aktien, Gesellschaften mit beschränkter Haftung, offenen Handelsgesellschaften und Kommanditgesellschaften, die gleiche Verpflichtung haben die Behörden zur Führung des Genossenschaftsregisters hinsichtlich der Eintragungen, die die Errichtung von Genossenschaften betreffen § 6 des Reichsstempelgesetzes v. 3. Juli 1913 (RGBl. 369).

Zuwiderhandlungen gegen das Wechselsteuergesetz: Wechselsteuerges. v. 10. Aug. 1923 (RGBl. 778) § 18.

Gewisse Vorgänge zum Zwecke der Erhebung der Grunderwerbsteuer· § 25 GrunderwerbsteuerG. v 11. März 1927 (RGBl. 72).

Eintragungen von Eigentumsübergängen im Grundbuch, Eintragungen im Handels- oder Genossenschaftsregister, gerichtliche Vergleiche u. ä. zum Zwecke der Erhebung der Zuwachssteuer Zuwachssteuergesetz v. 14. Febr 1911 (RGBl. 33) § 38; Bek. v. 27. Juni 1911 (GVBl. 965) §§ 2, 3, 45 u. 46, JMB. v 27. Juni 1911 (JMBl. 263).

Gewisse Vorgänge durch die Grundbuchämter zum Vollzug des Kapitalabfindungsges. JMB. v 16. Jan. 1923 (StAnz. 13) mit JMB. v. 17 Mai 1926 (StAnz. 112).

Kaufpreiserhöhungen bei Inflationskäufen JMB. v 7. April 1927 (StAnz. 81).

Gewisse Mitteilungen zum Vollzug des Körperschaftssteuerges. RFMBek. v 8. Mai 1926 (JMBl. 1927, 17)

Bei einem gerichtlichen Verfahren sich ergebende Umstände, die die Anordnung einer Vormundschaft oder Pflegschaft erforderlich machen FGG. v. 17 Mai 1898 § 50.

Tatsachen, welche die Zulässigkeit der Fürsorgeerziehung begründen Jugendamtsgesetz v. 20. Juli 1925 (GVBl. 211) Art. 28.

Gewisse Vorgänge im Entmündigungsververfahren ZPO. §§ 657, 660, 674, 678, 683, 685 mit 678 Abs. 3, 686 Abs. 4 mit 674.

Gewisse Entmündigungen, deren Aufhebung u. Wiederaufhebung zum Strafregister: StrafRegVO. v. 8. März 1926 (RGBl. 157).

Die Feststellung nichtiger Dorftestamente an das Justizministerium: JMB. v 7. März 1919 (JMBl. 174).

Urteile und einstweilige Verfügungen in Ehesachen: Bek. v. 25. März 1899 (JMBl. 1244) § 25; ZPO. § 627 Abs. 3, § 630; JMB. v 26. Juni 1918 (JMBl. Beibl. 104).

Urteile u. Vergleiche, durch die eine bestrittene Grenzlinie festgestellt wird JMB. v. 8. Mai 1914 (JMBl. 99).

Urteile in Wasserstreitsachen: JMB. v. 16. Nov 1898 (JMBl. 667).

Todeserklärungen an das Nachlassgericht; Art. 1 Abs. 2 Nachlassges. v. 9. Aug. 1902 (GVBl. 463).

Namensänderungen, die durch Ehelichkeitserklärung, Annahme an Kindes Statt und Aufhebung derselben

erfolgen, durch die Amtsgerichte an die Strafregisterbehörde. Bek. v. 22. April 1926 (GVBl. 287) B 5.

Urteile betr. Kartelle (Syndikate, Ringe usw.): JMB. v. 2. Mai 1906 (JMBl. 80) u. v. 27. Jan. 1925 (StAnz. 22).

Gewisse zivilrechtliche Entscheidungen betr. Patente Gebrauchsmuster, Warenzeichen, Geschmacksmuster, private Versicherungsunternehmungen, das Recht der Versicherungsverträge· JMB. v. 10. Juni 1903 (JMBl. 311) u. v. 30. Juli 1924 (JMBl. 101).

Zivil-Urteile und -Beschlüsse, die sich auf die Haager Privatrechts- und Zivilprozessabkommen beziehen JMB. v. 13. März 1907 (JMBl. 71).

Entscheidungen zum Betriebsrätegeges. an das Justizministerium JMB. v. 1. Sept. 1920 (JMBl. 199).

Gewisse Vorgänge an das Institut für Rechtsvergleichung JMB. v. 20. Mai 1924 (JMBl. 97).

Konkurseröffnung und Beendigung des Konkursverfahrens nach näherer Maßgabe des § 182 der Geschäftsanweisung für die Gerichtsschreibereien der Amtsgerichte v. 2. März 1910 (JMBl. 753) u. der JMB. v. 11. Mai 1914 (JMBl. 103), ferner an die Finanzämter JMB. v. 3. Mai 1923 (JMBl. 20).

Eröffnung und Beendigung des Verfahrens nach der Vergleichsordnung Vergleichsordnung v. 5. Juli 1927 (RGBl. 139) § 37 Abs. 2.

Entmündigungen, vorläufige Vormundschaften u. Pflegschaften wegen geistiger Gebrechen u. deren Beendigung durch die Vorm.-Gerichte an die Gemeinden zur Wählerliste u. Wahlkartei JInnB. v. 10. Juni 1920 (JMBl. 105).

Urteile, Teilurteile und wie Endurteile anfechtbare Zwischenurteile, die sich auf die Vorschriften des Angestelltenversicherungsgesetzes v. 20. Dez. 1911 (nun v. 28. Mai 1924) gründen JMB. v. 13. Dez. 1912 (JMBl. 343).

Angelegenheiten, die für den Geschäftsbetrieb der Versicherungsanstalten der Invalidenversicherung erheblich sind JMB. v. 14. Okt. 1903 (JMBl. 431).

Misstände im Kostkinderwesen JMB. v. 4. März 1906 (JMBl. 37).

Verkäufliche Anwesen an die Bayerische Landessiedlung durch die Nachlass- u. Vormundschaftsgerichte: JMB. v. 14. Aug. 1918 (JMBl. Beibl. 117).

Der Eingang gefälschter oder nachgemachter Kassenscheine, Reichsbanknoten und Darlehenskassenscheine JMB. v. 12. Sept. 1876 (JMBl. 291), v. 10. Febr. 1877 (JMBl. 34), v. 18. Febr. 1915 (JMBl. 5), sämtliche geändert durch JMB. v. 28. Aug. 1919 (JMBl. 316) u. v. 5. Aug. 1921 (GVBl 399), wieder geänd. durch InnMB. v. 23. Febr. 1922 (GVBl. 196).

Mündelgeld, Anlegung von solchem in Wertpapieren, Bek. v. 9. Sept. 1899 (GVBl. 830); bei Sparkassen Bek. v. 21. Dez. 1899 (JMBl. 1900, 113), in kommunalen Wertpapieren Bek. v. 7. Juli 1901 (RGBl. 263), in Staatsbuchschulden JMB. v.

18. Sept. 1913 (JMBl. 228), in Schuldverschreibungen der Landeskulturrentenanstalt JMB. v 30. Aug. 1922 (JMBl. 188), bei der Sparkasse Waldsassen JMB. v. 23. Febr 1925 (JMBl. 29).

Nachlasswesen, Ges. v 9. Aug 1902 (GVBl. 463) mit Ges. v. 2. Febr. 1921 (GVBl. 29). Bek. v 20 März 1903 das Nachlasswesen betr (JMBl. 111), Aenderungen Bek. v 21 Febr. 1905 (JMBl. 563), Mitteilungen an das Finanzamt Bek. v. 19. Dez. 1902 (JMBl. 1903, 226); Katasterumschreibung Bek. v. 24. u. 25. März 1903 (JMBl. 228 u. 230); Mitwirkung der Gemeindebehörden bei Sicherung des Nachlasses Bek. v. 18. Dez. 1902 (JMBl. 1903, 216). Sicherung der Amtsbestände beim Tod eines Notars oder Notariatsverwesers § 43 der Geschäftsordnung v. 30. Okt. 1913 (JMBl. 231). Letztw Zuwendungen an die Kriegsbeschädigten- u. Kriegshinterbliebenen-Fürsorge JMB. v. 31. Mai 1917 (JMBl. Beibl. 120). Mitteilung von dem Vorhandensein von Kriegerdoppelwaisen JMB. v. 14. Dez. 1923 (JMBl. 102). Belehrung der Nachlasspfleger, Nachlassverwalter u. Testamentsvollstrecker über ihre Pflichten nach der RAbgOrdn. JMB. v. 16. April 1923 (JMBl. 13). Nachlassabk. mit Oesterreich, Ges. v 16. Juli 1927 (RGBl. II 505). S. auch Geschäftsausweise.

Nahrungsmittelpolizei. Untersuchung von Butter, Käse, Schmalz Bek. v. 9. Mai 1898 (JMBl. 128); Strafverfahren wegen Nahrungsmittelfälschungen JInnMB. v. 15. April 1911 (JMBl. 181).

Namensänderungen, Bek. v. 27. Dez. 1899 (JMBl. 1900, 853), geänd. durch Bek. v. 12. Nov. 1916 (GVBl. 489), v. 9. Dez. 1919 (GVBl. 820), v. 24. Nov. 1921 (GVBl. 548), v. 18. Juli 1922 (GVBl. 362), v 31. Jan. 1924 (GVBl. 60). Namensänderungen nach § 1706 Abs. 2 BGB. Bek. v. 1. Juli 1918 (JMBl. Beibl. 106). S. auch ZuständigkeitsVO.

Niederschlagung von Strafverfahren s. Begnadigung.

Notariate: Verehelichung der Notare JMB. v 23. Juli 1925 (JMBl. 55). Sekretäre als stellvertr. Notare JMB. v 20. Febr 1919 (JMBl. 92) Vollzug der Vorschriften über die Disziplin der Notare JMB. v 25 April 1901 (JMBl. 321). Notariatskammerordnung v 4 Mai 1900 (JMBl. 837), erg. durch VO v 1 März 1918 (JMBl. 25); Dienstanweisung hierzu v 4. Mai 1900 (JMBl. 844), erg. durch JMB. v 11 Sept. 1918 (JMBl. 226). Geschäftsordnung v. 30. Okt. 1913 (JMBl. 231), geändert durch JMB. v. 12. Juli 1915 (JMBl. 52). Notariatsgebührenordnung v 19. Mai 1926 (JMBl. 321), geänd. durch JMB. v. 29. April 1927 (GVBl. 127). Vergütung der Notare für die Besorgung des Kosten- u. Stempelwesens JFMB. v 7 Jan. 1924 (GVBl. 15). Notariatsabgabenordnung v 4. Jan. 1910 (JMBl. 1) mit VollzBek. vom 12. April 1920 (JMBl. 53). Gehaltsverhältnisse der Notariatspraktikanten JMB. v. 6. Juli 1920 (JMBl. 166). Formblätter für Hypothekenbestellungen für Sparkassen JMB. v 14. Juni 1915 (JMBl. Beibl. 184); Förderung des bargeldlosen Zahlungsverkehrs JMB. v 24. Dez. 1916 (JMBl. 94), Prüfung der Entrichtung des Warenumsatzstempels JFMB. v. 29. März 1917 (JMBl. 42); Vollzug des Kapital-

von Randvermerken zu den Taufregistern Bek. v. 2. Dez. 1918 (JMBl. 260). Mitteilungen der Vormundschaftsgerichte nach § 26 PersStG. JMB. v. 25. Okt. 1922 (JMBl. 198). Aufsicht über die Standesämter in der Pfalz JMB. v. 20. Sept. 1921 (JMBl. 142). Ehefähigkeitszeugnisse für unmittelbare Reichsangehörige MB. v. 11. Mai 1926 (StAnz. 108). Eheschliessung von Elsässern u. Lothringern JInnMB. v. 3. Dez. 1921 (JMBl. 218) u. v. 16. Mai 1922 (JMBl. 154). Eheschliessung von Franzosen MB. v. 16. Mai 1922 (JMBl. 154). Eheschliessung von Polen und Böhmen MB. v. 20. Juli 1922 JMBl. 182), geänd. durch MB. v. 12. Sept. 1922 (JMBl 1‹0). Verehelichung von Angehörigen der Wehrmacht B. v. 5. Mai 1922 (JMBl. 145).

Pfändung von Postsendungen JMB. v. 3. Mai 1923 (JMBl. 209).

Plannummernbezeichnung der Grundstücke. Bek. v. 24. Oktober 1901 (JMBl. 642). Sternplannummern Bek. v. 4. Dez. 1902 (JMBl. 1903, 1), geändert durch Bek. v. 2. Juli 1911 (JMBl. 347); s. auch Grundbuchwesen u. Grundsteuerkataster.

Polizeiaufsicht, Voraussetzungen und Verfahren, Bek. v. 13. Aug. 1908 (GVBl. 561); wegen der Zuständigkeit s. VO. v. 26. Nov. 1915 (GVBl. 723) u. Art. 23 des Selbstverwaltungsges. v. 22. Mai 1919.

Polizeiblatt, Plan fur das bayerische Polizeiblatt JMB. vom 23. Jan. 1914 (JMBl. 6). Hessisches Fahndungsblatt JMB. v. 20. Febr. 1925 (JMBl. 26). S. auch Fahndungsblatt.

Postüberweisungs- u. Scheckverkehr, Giroverkehr d. bayer. Staatsbank JFMB. v. 7. Juli 1919 (JMBl. 227), ergänzt durch JMB. v. 17. Dez. 1919 (JMBl. 503) u. v. 4. Febr. 1920 (JMBl. 33).

Privatklagesachen s. Strafsachen.

Qualifikation s. Personalakten.

Rechtsagenten, Verfahren zur Gestattung des mündlichen Verhandelns vor Gericht (§ 157 Abs. 4 ZPO.) JMB. v. 4. Jan. 1900 (JMBl. 115).

Rechtsanwälte, Behandlung der Anträge auf Zulassung, Führung der Rechtsanwaltslisten Bek. v. 7. Juli 1879 (GVBl. 685). Stellvertretung, Rechtsanwaltsordnung § 45; JMB. v. 1. Febr. 1907 (JMBl. 48), geänd. durch JMB. v. 16. Mai 1919 (JMBl. 199). Aufstellung von Rechtsanwälten als Konkursverwalter, Aufsichtspersonen, Zwangsverwalter, Testamentsvollstrecker, Vormünder usw. JMB. v. 19. Jan. 1923 (JMBl. 2). Wegfall von Veröffentlichungen im RAnz. JMB. v. 31. Juli 1923 (JMBl. 45). Satzungen für die Verwaltung des Fonds zur Unterstützung in Not geratener Rechtsanwälte usw. JMB v. 16. Okt. 1925 (JMBl. 98). Pensionsanstalt für die Witwen u. Waisen der Advokaten u. Rechtsanwälte JMB. v. 24. Dez 1925 (JMBl. 1926, 316) u. v. 18. Okt. 1926 (JMBl. 363).

Rechtshilfe unter den deutschen Ländern: Vollstreckung von Gesamtstrafen JMB. v. 11. Juni 1885 (JMBl. 159) u. v. 4. Juli 1900 (JMBl. 1015). Vereinbarung der Länder über die Vollstreckung von Freiheitsstrafen JMB. v. 20. Jan. 1925 (JMBl. 23). Sachverständigenvernehmung, JMB. v. 21. Juli 1900 (JMBl. 1067); Herstellung von Lichtbildern, JMB. v. 20. Okt. 1917 (JMBl. 99). Erstattung der Kosten der Rechtshilfe und der sonstigen Beistandsleistung, Bek. v. 29. März 1907 (JMBl. 86; ergänzt durch Bek. v. 20. Juli 1903

(JMBl. 174), v. 6. Juli 1910 (JMBl. 649), v. 9. Mai 1912 (JMBl. 99), v. 6. Dez. 1914 (JMBl. 237), v. 5. Jan. 1924 JMBl. 1); Kostenausgleich zwischen den Ländern unter sich und mit dem Reich in der Strafrechtspflege JMB. v. 25. Juli 1925 (JMBl. 56); Kostenausgleich in den zur Zuständigkeit des Reichsgerichts oder des Staatsgerichtshofs zum Schutze der Republik gehörenden Strafsachen JMB. v. 23. Okt. 1925 (JMBl. 100); s. auch Untersuchungshaft; Rechtshilfe im Ausland s. Ausland.

Rechtsvergleichung s. Institut.

Referendare u. Gerichtsassessoren, VO. über die Vorbedingungen für den höheren Justiz- u. Verwaltungsdienst v. 1. April 1925 (GVBl. 103), geänd. durch VO. v. 22. Juli 1927 (GVBl. 268). Ausführungsbek v. 1. April 1925 (GVBl. 110), geänd. durch VO. v. 22. Juli 1927 (GVBl. 269). Vgl. weiter Art. 25 des Beamtenges. Anschauungsunterricht für Studierende der Rechte bei den Gerichten JKMB. v. 7. Juli 1920 (JMBl. 168). Die Bewerber um Anstellung im höheren Justizstaatsdienst JMB. v. 9. Dez. 1919 (JMBl. 491), ergänzt durch JMB. v. 12. Febr. 1920 (JMBl. 26), geänd. durch JMB. v. 29. Nov. 1922 (JMBl. 205); s. ferner §§ 35 ff. der JMB. v. 18. September 1919 (JMBl. 317). Nachpraxis in Strafanstalten JMB. v. 16. Februar 1919 (JMBl. 90). Vorbereitung auf dem Gebiet des wirtschaftl. Lebens. Bek. v. 5. Nov. 1907 (JMBl. 393), geänd. d. Bek. v. 6. Nov. 1908 (JMBl. 253), wiederum geändert durch Bek. v. 15. Febr. 1909 (JMBl. 106), v. 26. April 1909 (JMBl. 175), v. 20. Okt. 1909 (JMBl. 436), v. 13. Januar 1911 (JMBl. 48), v. 28. Januar 1911 (JMBl. 59), v. 26. Juni 1911 (JMBl. 277), v. 18. Januar 1912 (JMBl. 5), v. 10. Februar 1914 (JMBl. Beibl. 43), v. 21. Februar 1915 (JMBl. Beibl. 40). Die Bewerber um Anstellung im Notariatsdienst JMB. v. 26. Mai 1921 (JMBl. 88). Hilfsarbeiter bei den Gerichten und Staatsanwaltschaften: JMB. v. 17. Mai 1910 (JMBl. 605). Anstellungsverh. im Justizstaatsd. JMB. vom 25. April 1917 (JMBl. 47), vom 9. Okt. 1919 (JMBl. 118), v. 29. Juli 1920 (JMBl. 181), v. 7. Juli 1921 (JMBl. 119). Titel Gerichtsassessor u. Notariatsassessor Bek. v. 23. Dez. 1920 (JMBl. 1921, 5). Titel Regierungsassessor Bek. v. 27. Dez. 1920 (GVBl. 503). Titel Strafanstaltsassessor u. Gefängnisassessor Bek. v. 13. Jan. 1921 (JMBl. 8). VO. über die Dienstleistung der Bewerber um Anstellung im höheren Dienste der inneren Staatsverwaltung v. 13. April 1910 (GVBl. 169) mit Vollzugsbek. v. 16. April 1910 (AeInnMBl. 303). Wirtschaftl. Ausbildung dieser Bewerber InnMB. v. 1. April 1908 (InnMBl. 169). S. weiter Beilage 3.

Regiewesen. Bei den grösseren Gerichten JMB. v. 13. Juni 1862 (JMBl. 1863 EH. 76), bei den kleineren Gerichten v. 13. Juni 1862 (JMBl. 1863 EH. 83). Zusätze hiezu: Formulare für die Anzeige des Regieaufwands JMB. v. 16. November 1905 (JMBl. 850). Vergebung der Arbeiten und Lieferungen JMB. v. 15. Januar 1907 (JMBl. 48); Anschaffung von Schreibmaschinen, Hektographen usw. JMB. v. 6. Aug. 1907 (JMBl. 228);

Beseitigung der Regiebauschbeträge bei den kleineren Amtsgerichten JMB. v 16. März 1920 (JMBl. 43) mit JMB. v. 7. Mai 1920 (JMBl. 85); Verwertung der aus Staatsmitteln gehaltenen Zeitungen B. v 22. März 1922 (JMBl. 140), s. auch unter Fahrnisvermögen u. Staatsgebäude Sonderbestimmungen für die Pfalz JMB. v 18. Mai 1880 (JMBl. 154) enthält zugleich eine Zusammenstellung der bis dahin geltend. rechtsrh. Vorschriften.

Registerführung bei den Amtsgerichten Bek. v. 24. Dez. 1899 (JMBl. 790), geändert hinsichtl. § 170 der Bek. v. 24. Dez. 1899, betr. die Führung d. Handelsregisters, durch JMB. v 13. Dez. 1912 (JMBl. 341), hins. der §§ 170—172 der gleichen Bek. durch JMB. betr die Bezeichnung der von den Registergerichten für ihre Veröffentlichungen bestimmten Blätter v. 31. Jan. 1924 (JMBl. 3), ferner hinsichtlich der Führung des Güterrechtsregisters (Bek. v 20. März 1899) durch JMB. v 26. April 1924 (JMBl. 20), ferner hins. der Führung des Genossenschaftsregisters (Bek v 1 Juli 1899) durch VO. v 22. Nov 1923 (RGBl. 1123), hinsichtlich der Führung des Musterregisters (Bek. v 29 Febr 1876) durch RJMB. v 7 Febr 1923 (RMBl. 190). Hinsichtl. des Formularbezugs für die Register s. JMBl. 1901, 440 mit 1919 Beibl. 123. Bezügl. der Handelsregister s. weiter Bek. v. 27. Dez. 1900 (JMBl. 1901, 35) geänd. durch Bek. v. 13. Febr. 1910 (JMBl. 567), Bek. v 28. Dez. 1902 (JMBl. 1111), v. 25. Jan. 1902 (JMBl. 311), v. 9. Jan. 1909 (JMBl. 86), v. 16. Sept. 1900 (JMBl. 1152), v. 24. Febr 1919 (JMBl. 167), hinsichtl. der Reisekostenvergütung der Vertreter der Industrie- u. Handelskammern Bek. v 7 Juni 1902 (JMB. 679), hinsichtl. der Mitteilungen an die deutsche Botschaft in Konstantinopel JMB. v 22. Juni 1925 (JMBl. 51), bezügl. der Genossenschaftsregister s. ferner JMB. v. 23. Juni 1900 (JMBl. 976), bezüglich der Güterrechtsregister JMB. v. 31. Januar 1900 (JMBl. 483), bezüglich der Schiffsregister JMB. v. 28. Sept. 1920 (JMBl. 213), bezüglich der Register für Pfandrechte an im Bau befindlichen Schiffen JFMB. v 14. Juli 1926 (JMBl. 353), bezüglich der Mitteilungen zur Führung des Binnenschiffskatasters JMB. v 24. Febr 1924 (StAnz. 79), v 18. Nov. 1924 (StAnz. 270), v. 15. Juli 1926 (StAnz. 161). Bezüglich der Registerführung für die coburg. Amtsgerichte JMB. v. 9. April 1921 (JMBl. 47).

Registraturordnung und Aktenbehandlung. Registraturordnung für die Stadt- und Landgerichte v. 20. Sept. 1863 (JMBl. 105) mit Nachträgen Bek. v. 28. Juli 1864 (JMBl. 181), v. 23. Nov. 1863 (JMBl. 211). Führung der gerichtl. Register u. Verzeichnung der mündl. Verhandlungen JMB. v 11. Dez. 1880 (JMBl. 192), geänd. durch JMB. v. 19. Dez. 1921 (JMBl. 179 Nr VI) u. v. 30. Nov. 1925 (JMBl. 130). Abgabe von Schriften u. Drucksachen an die Bayer. Staatsbibliothek JMB v. 5. Juli 1919 (JMBl. 226). Staatsanwaltschaftliche u. landgerichtliche Strafakten JMB. v 3. Sept. 1879 (JMBl. 565), geänd. durch JMB. v. 13. Jan. 1926 (JMBl. 1) Nr. III 2; ferner JMB. v 25. Juni 1881 (JMBl. 303). Zivilakten und Konkursakten, Geschäftsanweisung für die Gerichtsschreibereien der Amtsgerichte v 2. März 1910 JMBl. 247) §§ 163—169, 199—203, desgleichen für die Landgerichte (JMBl. 1910, 475) §§ 54 ff , desgl. für die Oberlandesgerichte (JMBl. 1910, 547) §§ 1 ff. Versendung der Akten ins Ausland JMB. v. 8. Mai 1913 (JMBl. 70). Ausscheidung u. Vernichtung der Akten, Abgabe an die Archive Bek. v. 9. Mai 1870 (JMBl. 61), v. 28. Juli 1879 (JMBl. 338), v. 18. Juni 1889 (JMBl. 125) betr. Forstrügeakten, v. 28. Okt. 1889 (JMBl. 201), v. 2. Mai 1897 (JMBl. 53), v 28. Febr. 1905 (JMBl. 565), diese geänd. durch Nr III der JMB. v 30. Nov 1925 (JMBl. 103), v. 23. Juni 1918 (JMBl. 107), v 12. Jan. 1925 (JMBl. 22), v. 6. Dez. 1868 (JMBl. 260), v. 23. Juli 1870 (JMBl. 453) u. v. 6. Jan. 1871 (JMBl. 23). Remunerationen für die Ausscheidungen Bek. v. 10. April 1865 (JMBl. 57), v. 11 April 1895 (JMBl. 114). Aktenübersendung an den Strafsenat des Obersten Landesgerichts Bek. v. 12. Jan. 1900 (JMBl. 307) u. v. 23. Juli 1908 (JMBl. 176), s. auch Revisionen. Mitteilung gerichtlicher Akten an die Vorstände der Anwaltskammern JMB. v. 8. Mai 1911 (JMBl. 193). Mitteilung von Strafakten an das Schiedsgericht der Aerzteversorgung JMB. v. 17. Dez. 1924 (JMB'. 1925, 2). Akteneinsicht der Stellen der RBahngesellschaft JMB v 12. Okt. 1925 (JMBl. 97) II Vgl. hinsichtlich der Aktenausscheidung auch die Zusammenstellung in der BayZfR. 1910, 241. S. ferner unter Geschäftsausweise.

Reichsfiskus, s. Fiskus.

Reichsheer. S. Militärische Angelegenheiten.

Revisionen, Behandlung der an das Reichsgericht vorzulegenden Revisionssachen. JMB. v. 12. August 1880 (JMBl. 317), v. 26. Sept. 1887 (JMBl. 239), v. 7. Juli 1899 (JMBl. 329), v. 23. Juli 1908 (JMBl. 176), s. auch Registraturordnung.

Rhein. Zentralfahndungsstelle für den, JMB. v 20. Aug. 1926 (JMBl. 371).

Richter, Entlastung von Schreibarbeit JMB. v. 9. Sept. 1907 (JMBl. 237); Abfassung der Urteile JMB. v. 9. Sept. 1907 (JMBl. 242); s. auch Dienstalter und wegen des Disziplinarverfahrens Beil. 3.

Saargebiet s. Ausland.

Sachbedarf. S. Regiewesen.

Sachverständige: Anhörung der Industrie- u. Handels- u. der Handwerkskammer vor der Bestellung gewisser Sachverständiger JMB. v 9. Nov 1922 (JMBl. 203), Beeidigung auf Ersuchen der Verwaltungsbehörden JMB v 18. Okt. 1916 (JMBl. 55), Bestellung von Schriftsachverständigen JMB. v. 16. Dez. 1926 (StAnz. 292); Sachverständigen-Kammern für Werke der Literatur u. der Tonkunst Bek. v 5. Mai 1902 (GVBl. 188, JMBl. 568); geänd. nach JMBl. 1913 Beibl. S. 69, JMBl. 1915 Beibl. S. 3, JMBl. 1915, 58, JMBl. 1917 Beibl. S. 68, nunmehr Zusammensetzung der Kammer für Werke der Tonkunst Bek. vom 2. Juli 1925 (JMBl. 55). Sachverständigenkammern, künstlerische für Werke der bildenden Kunst einschliesslich der Erzeugnisse des Kunstgewerbes und der Bauwerke und eine photographische Sachverst.-Kammer Bek. v. 13. Okt. 1907 (JMBl. 375), geänd. nach JMBl. Beibl. 1915, 40, 1918, 71, 168 u. 213, JMBl. 1924, 20. Gewerbl. Sachverständigenverein f. Bayern Bek. v. 13. Okt. 1907 (JMBl. 377 u. 381). Chem. u. mikroskop. Untersuchung in Strafs. VO. v. 29. Sept. 1878 (GVBl. 435). Gutachtenserstattung durch die Versuchsanstalt und Auskunftsstelle für Maltechnik Bek. v. 22. Juni 1909 (JMBl. 264), Gutachtenerstattung in technischen und wirtschaftlichen Fragen MB. v. 24. Okt. 1911 (JMBl. 390), in Sachen betr. den Verkehr mit Kraftfahrzeugen JMB. v. 27. Jan. 1913 (JMBl. 5), v 22. April 1913 (JMBl. 69) u. v 10. Sept. 1914 (JMBl. 200), in Angelegenheiten des Vogelschutzes JMB. v 7 Jan 1915 (JMBl. 2), Abteilung für Gerichtsphotographie der Lehr- und Versuchsanstalt für Photographie usw. zu München JMB. v. 30. Jan. 1912 (JMBl. 17), Elektrotechn. Beratungsstellen Bek. v 17 März 1927 (StAnz. 65), Auskunft auf gewerblichem und technischem Gebiet im allgemeinen MB. v. 1. Okt. 1920 (AeInnMBl. 384); Sachverständige für Munition JMB. v 26. Nov 1919 (JMBl. Beibl. 266); Papierprüfung MB. v 2. März 1917 (KMBl. 39) geänd. durch MB v 20. April 1918 (KMBl. 71). Schriftsachverständige JMB. v 27 Mai 1926 (StAnz 120), Sachverständige aus dem Konditorengewerbe JMB. v 31 Juli 1926 (JMBl. 363), Ausführung von Blutuntersuchungen JKMB. v 17 Nov 1926 (StAnz. 268); s. auch Zeugen.

Schätzungen s. Grundstücksschätzungen.

Schreibarbeit, Entlastung der Richter Bek. v. 9. Sept. 1907 (JMBl. 237), Schreibmaschinen bei den Standesämtern Bek. v. 14. Mai 1909 (JMBl. 246).

Schublieferungen durch nicht bayerische Organe innerhalb Bayerns JMB. v. 17. Juli 1901 (JMBl. 549) und v. 12. Dez. 1902 (JMBl. 1102). Schublieferungen durch u. nach Württemberg JInnMB. v. 20. Sept. 1921 (JMBl. 163). Gefangenensammelschubverkehr MB. v 28. Mai 1923 (GVBl. 186) u. v 22. Juni 1923 (StAnz 144), Ausdehnung auf die Pfalz MB. v. 16. März 1927 (GVBl. 100). Sammeltransporte in Sachsen JMB. v. 1 Juni 1926 (JMBl. 349) S. auch Rechtshilfe.

Sekretärstellen, Führung von Listen für die Anwärter auf — JMB. v. 28. Mai 1919 (JMBl. 205).

Sektion der Leichen s. Aerzte.

Siegel. Das Verfahren bei Anbringung gerichtlicher Siegel JMB. v. 2. Okt. 1902 (JMBl. 962).

Sitzungen, Festsetzung der Tage u. Zeiten JMB. v. 20. Mai 1919 (JMBl. 204); v. 27. März 1919 (JMBl. Beibl. 51); s. auch Geschäftszeit.

Sitzungskleidung, Bek. v 29. Dez. 1879 (JMBl. 1909), 13. Nov. 1880 (JMBl. 353), hierzu im besondern für Rechtsanwälte Bek. v. 16. Dezember 1896 (JMBl. 393), für Referendare Bek. v. 20. Febr 1909 (JMBl. 107), für Rechtsanwälte und Referendare JMB. v. 28. Sept. 1914 (JMBl. 209), für Präsidenten, Direktoren, stellvertr. Direktoren der Landgerichte Bek. v. 26. Mai 1909 (JMBl. 227), für Staatsanwälte, Amtsanwälte u. deren Vertreter, Dienstvorschr. für die Staatsanw v. 13. Jan. 1926 (JMBl. 41) § 10.

Sonntagsruhe der staatlichen Beamten, Bek. v 14. Juli 1909 (JMBl. 326). Hierzu an älteren Bestimmungen, Bek. v. 11. Juli 1900 (GVBl. 702), v. 29. Dez. 1902 (JMBl. 1112), 25. Febr. 1903 (JMBl. 85), 15. Jan. 1909 (JMBl. 85).

Staatsanwälte. Dienstvorschriften vom 13. Januar 1926 (JMBl. 41), geändert durch MB. vom 29. Mai 1926 (GVBl. 323), vom 17 Januar 1927 (JMBl. 2) Ergänzungen Erhebungen hinsichtlich geistig minderwertiger Täter JMB. v. 16. Jan. 1911 (JMBl. 49), Unterbrechung der Verjährung JMB' v 27. Okt. 1910 (JMBl. 911) Anträge auf Ausschluss der Oeffentlichkeit bei Feststellungen über das Fingerabdruckverfahren JMB. v 9 Sept. 1924 (JMB' 105), Spionageabwehr JMB v 6. Dez. 1924 (JMBl 1925, 1), Strafverfahren wegen Hochverrats, Landesverrats u. Verrats milit. Geheimnisse JMB. v 16 Febr 1905 (JMBl. 573), Hilfsbeamte der Staatsanwaltschaft VO. 31 Aug 1879 (JMBl. 536), Bek. v 31 Aug. 1879 (JMBl 538), hiezu an Einzelbestimmungen Bek v 6. Aug 1880 (GVBl. 545), v 19. Febr 1906 (JMBl. 36), v. 19. Juli 1909 (GVBl. 438), v. 6 Okt. 1909 (JMBl. 431), v. 17. Dez. 1911 (GVBl. 1337), v 2. März 1918 (JMBl. 31), v 23. Mai 1918 (JMBl. 101), VO v 7 Juli 1918 (JMBl. 225), VMB. v 14 Aug 1919 (GVBl. 411), VMB. v. 15. April 1920 (GVBl. 138), JInnMB. v 4. Juni 1920 (GVBl. 271), desgl. v 12. Okt. 1920 (GVBl 441), v 10. Dez. 1920 (GVBl. 492), v 25. April 1921 (GVBl. 299), v. 30. Mai 1921 (GVBl. 336), v. 11. April 1922 (GVBl. 224), Beschlagnahme von Postsendungen JMB. v. 27. Juli 1923 (JMBl. 41), Einziehung von Druckschriften JMB. v. 3. Mai 1920 (JMBl. 83) u. v. 20. Dez. 1921 (JMBl. 1922, 10), Bekämpfung unzüchtiger Schriften usw JMB. v. 10. Febr 1912 (JMBl. 18) mit B. v. 20. Dez. 1921 (JMBl. 1922, 11), v 2. Dez 1924 (JMBl. 108) u. v. 20. April 1925 (JMBl. 44) u. JInnMB. v 11. Juli 1922 (JMBl. 179), diese geänd. durch Bek. v 5. Nov. 1923 (GVBl. 379), Bekämpfung der Papiergeldfälschungen Bek. v 5. Aug 1921 (GVB'. 399) geänd. du ch Bek. v 15. Okt 1925 (GVBl. 263). Bekämpfung von Münzverbrechen JMB. v 15. Dez 1924 (JMBl. 1925, 1), ergänzt durch JMB. v 15. Jan. 1927 (JMBl. 1), diese geänd durch JMB. v. 31 Mai 1927 (JMBl. 24), Festnahme auf deutschen Handelsschiffen JMB v 18. Dez. 1924 (JMBl. 1925, 2), Vorgehen gegen Wilderer JMB. v 13. Aug 1919 (JMBl. 303) u. v 19. Dez. 1924 (JMBl. 1925, 3), Antragstellung bei Tierquälerei JMB. v 8. Juni 1925 (JMBl. 50), Vorgehen gegen Auswüchse des Kraftwagenverkehrs JMB. v 17 Sept. 1925 (JMBl. 96), Zuwiderhandlungen gegen die Vorschriften über die Arbeitszeit JMB. v 12. März 1927 (JMBl. 9). Verfolgung von Amts wegen bei Uebertretungen der Arbeiterschutzvorschriften JMB. v 23. März 1926 (JMBl. 349), desgl. von Verletzungen des Urheberrechts JMB. v 13. Nov 1926 (JMBl. 375), Einziehung und Beschlagnahme von Gegenständen, hinsichtlich derer kriegswirtschaftl. Beschränkungen bestehen, JMB. vom 21 Januar 1918 (JMBl. (Beiblatt 15), Verfallerklärungen wegen Schmuggels mit Papiergeld und Wertpapieren JMB. v 9. Juli 1919 (JMBl. 238), Beschlagnahme von Rohstoffen JMB. v. 3. Mai 1920 (JMBl. 82) mit JMB. v. 14. Aug 1920 (JMBl. 193); Behandlung von Heeresgut JMB. v. 3. Mai 1920 (JMBl. 82), Beschlagnahme von Geschäftspapieren JMB. v. 17. Juli 1920 (JMBl. 180); Verwertung von eingezogenem Süssstoff JMB. v. 24. Dez. 1924 (JMBl. 1925, 3), Behandlung der auf Grund der Devisengesetzgebung eingezogenen Vermögenswerte JMB. v. 20. Jan. 1925 (JMBl. 22), der Verkehr mit Salvarsan JMB. v 23. Aug 1920 (JMBl. 196) mit JMB. v. 11. Mai 1924 (JMBl. 1925, 47), Verwertung eingezogenen Weins Bek. v. 18. Jan 1908 (JMBl. 25), Nachrichtenstelle für Vermissten u. unbekannte Tote InnMB. v. 17. Aug 1920 (JMBl. 205). Verhältnis nis zur Wehrmacht JMB. v 1 Okt. 1921 (JMBl. 166). S. auch Mitteilungen, Sachverständige, Strafsachen, Strafvollstreckung, Untersuchungshaft, Zentralpolizeistelle.

Staatsgebäude, Verrechnung der Kosten der Unterhaltung Bek. v 29. Dez. 1909 (JMBl. 1910, 145), ergänzt durch Bek v 21 April 1915 (JMBl. 41), Filmaufnahmen von, MB. v 6. Okt. 1926 (GVBl. 500), s. auch Bausachen.

Standesamtliche Anzeigen, s. Personenstandssachen.

Statistik s. Geschäftsausweise u. Zählkarten.

Strafanstalten s. Strafvollstreckung

Strafaufschubssachen s. Begnadigungssachen.

Strafgefangene. Gefangenenobsorge JMB. v 23. Dez. 1908 (JMBl. 1909, 1) Obsorgeamt in Lichtenau JMB. v 12. Juli 1927 (GVBl. 270). Zeitweilige Ablieferung von Strafgefangenen an andere Behörden JMB v 19. Febr 1924 (JMBl. 3).

Straforte. S. Strafvollstreckung.

Strafregister u. Strafnachrichten. Ges. über beschränkte Auskunft aus dem Strafregister usw. v. 9. April 1920 (RGBl. 507), geänd. durch Ges. v. 27. April 1923 (RGBl. 254) u. VO. v 6. Febr. 1924 (RGBl. 44). Strafregister-VO. v 8. März 1926 (RGBl. 157, 254) mit RJMB. v 19. Februar 1926 (RMBl. 63). Bek. über die Behandlung ausländischer Strafarten v. 12. Juni 1920 (JMBl. 135). Allgemeine Vollzugsbestimmungen JInnMB. v. 22. April 1926 (GVBl. 288). Strafregisterbehörden JMB. v 29 April 1925 (JMBl. 31). Behörden, denen Auskunft zu erteilen ist, Bek. v 29. April 1925 (JMBl. 31). AusfBestimmungen für die Finanz- und Gemeindebehörden InnMB. v. 10. Nov 1926 (InnMBl. 95) VollzBest. zu § 4 des Ges. v 9. April 1920 MB. v 31. Mai 1927 (GVBl. 224). Strafregisterführung für Personen, deren Geburtsort im Friedensvertrag losgelöst wurde, JMB. v. 19. April 1920 (JMBl. 79) u. v 2. Aug 1921 (JMBl. 132). S. auch Ausland, Vorstrafen u. Begnadigung

Strafsachen. Vorbereitung der Sitzungen der Schöffengerichte, Jugendgerichte, Strafkammern u.

Schwurgerichte JImmMB. v. 20. Juni 1927 (GVBl. 203). Behandlung d. amts- u. der schöffengerichtlichen Strafsachen JMB. v. 13. Jan. 1926 (JMBl. 4). Abfassung der Protokolle JMB. v. 16. Mai 1894 (JMBl. 94); Strafzeitberechnung JMB. v. 19. Febr. 1896 (JMBl. 44); Verfahren bei Anträgen an das Reichsgericht auf Bestimmung des zust. Gerichts JMB. v. 7. April 1924 (JMBl. 15). Sühneversuch in Privatklagesachen Bek. vom 5. August 1879 (GVBl. 769), vom 10. Juni 1924 GVBl. 176), vom 21. Oktober 1926 (GVBl. 501), vom 10. November 1926 (GVBl. 527). Behandlung der bei Gerichten zur Verwahrung kommenden Gegenstände VO. v. 8. Sept. 1879 (JMBl. 701), geänd. durch JFMB. v. 28. Aug. 1923 (GVBl. 314). Auslagenersatz an Freigesprochene oder ausser Verfolgung Gesetzte JMB. v. 22. Juli 1898 (JMBl. 228) u. v. 12. Aug. 1898 (JMBl. 278). Auskunfterteilung durch Postbehörden im Strafverfahren JMB. v. 2. Aug. 1924 (JMBl. 102). Erklärungen über Rechtsmitteleinlegung unmittelbar nach Urteilserlass JMB. v. 17. Jan. 1927 (JMBl. 2). S. auch Militärische Angelegenheiten, Rechtshilfe, Registraturordnung, Staatsanwälte.

Strafvollstreckung. Auflassg. d. Gefangenenanstalt Sulzbach JMB. v. 20. Aug. 1926 (JMBl. 371); desgl. v. Lichtenau JMB. v. 28. März 1927 (GVBl. 108). Amtsbezeichnung d. Strafanstalten JMB. v. 21. März 1924 (JMBl. 7), geänd. durch VO. v. 27 Dez. 1924 (GVBl. 247). Mitwirkung der Oberstaatsanwälte bei der Aufsicht über die Strafanstalten JMB. v. 16. Mai 1919 (JMBl. 197). Strafvollzugsfeststellung in den Akten in Rückfall begründenden Sachen JFMB. v. 1. Mai 1924 (GVBl. 164). Berücksichtigung der Verhältnisse der Landwirtschaft JMB. v. 15. März 1921 (JMBl. 28). Vollstreckung von Vermögensstrafen Bek. v. 20. Juni 1915 (GVBl. 156) Nr. 80 ff. VO. über die Dienst- und Vollzugsordnung für die bayerischen Strafanstalten und Gerichtsgefängnisse v. 15. März 1924 (GVBl. 85). Dienstkleidung der Strafanstaltsbeamten JMB. v. 4. Dez. 1925 (JMBl. 132), geänd. durch JMB. v. 14. Juli 1926 (JMBl. 358). Kassen-, Buchführungs- u. Rechnungsgeschäfte der Strafanstalten JMB. v. 24. Dez. 1913 (JMBl. 751), geänd. durch JFMB. v. 19. Mai 1925 (JMBl. 48). Kosten der Unterbringung und Verpflegung in den Strafanstalten, Gerichtsgefängnissen u. Festungshaftanstalten MB. v. 24. Dez. 1923 (GVBl. 414). Kosten der Vollstreckung von Ersatzfreiheitsstrafen nach der RAbgOrdn. v. 17. Okt. 1922 (GVBl. 629). Einweisungsplan für die Strafanstalten u. Gerichtsgefängnisse JMB. v. 21. März 1924 (JMBl. 8), geänd. durch JMB. v. 27. April 1927 (JMBl. 19). Unfallfürsorge für Gefangene VO. v. 31. Jan. 1902 (GVBl. 59) u. Bek. v. 2. Febr. 1902 (GVBl. 87); s. auch Begnadigung, Entlassung, Gefängniswesen, Militärische Angelegenheiten, Rechtshilfe, Strafgefangene.

Sühnetermin in Ehesachen. Bek. v. 8. April 1905 (JMBl. 662).

Sühneversuch s. Strafsachen.

Telegraphen- oder Fernsprechapparate, deren Pfändung, Bek. v. 20. Juni 1903 (JMBl. 315).

Termine s. Sitzungen.

Testamente vor d. Gemeindevorsteher Bek. v. 19. Dez. 1900 (JMBl. 1901, 24). Formular Bek. v. 7. März 1908 (JMBl. 74).

Todesanzeigen s. Personenstandssachen.

Todesstrafe, Vollstreckung der, Bek. v. 24. Nov. 1879 (JMBl. 1880, 253).

Umsatzsteuerpflicht der Notare, Gerichtsvollzieher u. bei Versteigerungen JMB. v. 3. Sept. 1920 (JMBl. 201).

Unterschriftsbeglaubigung s. Legalisation.

Unterstützungsgesuche von Hinterbliebenen des niederen Justizpersonals JMB. v. 17. Febr. 1894 (JMBl. 54).

Untersuchungshaft — deren Einschränkung Bek. v. 16. Juli 1907 (JMBl. 201) ergänzt durch Bek. v. 28. März 1919 (JMBl. 175), zugleich mit Bestimmungen über die Verteidigung; — auf Ersuchen der Behörden anderer Bundesstaaten, Kostenersatz, MB. v. 10. Aug. 1903 (JMBl. 384).

Urkunden s. Legalisation und Ausland.

Urteile s. Richter.

Vermögenszeugnisse in Strafsachen. Bek. v. 3. Okt. 1912 (JMBl. 268), geänd. durch JMB. v. 13. Sept. 1922 (JMBl. 190). Bek. v. 1. Dez. 1921 (GVBl. 583).

Versetzungsgesuche s. Personalakten.

Versicherungspflicht der im Justizdienst beschäftigten Personen nach dem 4. Buch der Reichsversicherungsordnung und dem Angestelltenversicherungsgesetz: JInnMB. v. 23. Dez. 1912 (JMBl. 354), ergänzt durch Bek. v. 17. Mai 1915 (JMBl. 42), v. 9. Nov. 1916 (JMBl. 65). Zahlung und Verrechnung der Beiträge des Staates zur Krankenversicherung, Invaliden- und Hinterbliebenenversicherung und zur Angestelltenversicherung, Bek. v. 3. Febr. 1914 (JMBl. 17); ändert auch die vorerwähnte Bek. v. 23. Dez. 1912. Die Krankenversicherungspflicht der im Justizdienst beschäftigten Personen JFMB. v. 31. Dez. 1913 (JMBl. 1914, 2). Versicherungspflicht bei Dienstleistungen von Familienangehörigen der Beamten Bek. v. 14. Aug. 1914 (JMBl. 194).

Versicherungsunternehmungen, Erwerbung von Grundstücken nur mit Genehmigung Bek. v 2. Jan. 1902 (JMBl. 234).

Versorgungsanwärter s. Militaranwärter.

Visitationen s. Dienstaufsicht.

Volljährigkeitserklärung s. Ehehindernisse.

Vorläufige Entlassung s. Entlassung.

Vormundschaftsordnung 19. Jan. 1900 (JMBl. 181). Ermittlung des Aufenthalts minderjähriger Personen in Vormundschaftssachen: JMB. v. 17. März 1913 (JMBl. 58). Behandlung der Zulagen u. Beschaffungsbeihilfen für uneheliche Kinder von Staatsbeamten JMB. v. 6. Febr. 1920 (JMBl. 25) Lehrstellenvermittlung und Berufsberatung Jugendicher JMB. v. 17. April 1903 (JMBl. 267) u. v. 5 Jan. 1918 (JMBl. 19). Führung der Verzeichnisse der Entmündigten usw für die Wählerlisten JInnMB. v. 20. Juni 1920 (JMBl. 105) Ersparung

Zustellungen an Personen, die zur Besatzung eines Kriegsfahrzeugs gehören, JMB. v. 15. März 1911 (JMBl. 79) u. v. 9. Juni 1917 (JMBl. Beibl. 155). Ersatzzustellung nicht an diejenige Person, für welche zugestellt wird. Bek. v. 26. April 1896 (JMBl. 169). Zust. von Amts wegen JMB. v. 2. März 1910 (JMBl. 195), geändert durch JMB. v. 8. Juni 1921 (JMBl. 102) betr. die Führung des ZustRegisters u. durch Nr. V der JMB. v. 22. Mai 1924 (JMBl. 21). Formlose Zustellungen JMB. v. 29. Aug. 1879 (JMBl. 551) Nr. 2. Behandlung der Briefe mit Zustellungsurkunden VMB. v. 12. März 1914 (JMBl. 40) u. JMB. v. 27. März 1914 (JMBl. 39); beide ergänzt nach JMB. v. 29. Mai 1914 (JMBl. 123). JMB. betr. die Postzustellung v. 30. Sept. 1919 (JMBl. 417), geänd. d. JMB. v. 9. Aug. 1920 (JMBl. 190). Belehrung über Rechtsmittel JMB. v. 12. Febr. 1919 (JMBl. 45). Vermeidung öff. Zustellung von Ladungen JMB. v. 16. Febr. 1920 (JMBl. 34). Beifügung von Zahlkarten bei Zustellungen JMB. v. 14. Okt. 1922 (JMBl. 197). Ladung von Beamten der Untersuchungsanstalten für Nahrungs- u. Genussmittel JMB. v. 25. Juli 1892 (JMBl. 189).

Zwangsvollstreckung in das unbewegl. Vermögen. Bayr. Vollzugsbestimmung: JMB. v. 31. März 1905 (JMBl. 587); geändert durch JMB. v. 2. Nov. 1905 (JMBl. 828), v. 15. Mai 1906 (JMBl. 74), v. 27. Juli 1915 (JMBl. 58), v. 14. Sept. 1916 (JMBl. 43), v. 30. März 1921 (JMBl. 33). Beteiligung der Rentenbank am Verfahren JMB. v. 4. Jan. 1924 (JMBl. 2) u. v. 22. Jan. 1927 (JMBl. 3).

3. Zusammenstellung von Vorschriften über die Verhältnisse der Bayerischen Beamten.

I. Gesetze und grundlegende Verordnungen:

Beamtengesetz v. 15. Aug 1908 (GVBl. 581), geänd. durch Art. 53 u. 54 AG. zur RVO. v. 2. Nov. 1912 (GVBl. 1135); Art. 100 des Armenges. v. 21 Aug. 1914 (GVBl. 551), Art. 1 des Gendarmerieges. v .31. Juli 1919 (GVBl. 409); Art. 183 des Volksschullehrerges. v 14. Aug. 1919 (GVBl. 437) in der Fassung des Art 7 des Ges. v 24. März 1920 (GVBl. 103), durch Art. 20 des PensErgGes. v. 23. März 1921 (GVBl. 117), durch das BeamtenbesGes. (s. unten), durch Nr XI des Ges. v. 23. Nov. 1921 (GVBl. 551), durch Art. 4 des Ges. v. 27 Juli 1922 (GVBl. 377), durch die 7 Abänd. des BeamtenbesoldGes. v 9. Jan. 1923 (GVBl. 7), durch die 8. Abänd. des BeamtenbesoldGes. v. 29. Aug. 1923 (GVBl. 309), durch die 9. Abänd. des BeamtenbesoldGes. v. 29. Febr 1924 (GVBl. 117), durch Art. 1 der VO. zur Aend. beamtenrechtlicher Vorschriften v. 29. März 1924 (GVBl. 128), durch Ges. v 19. Juli 1926 (GVBl. 381), durch Ges. v 10. Juli 1927 (GVBl. 227)

Ges. über die **Vereidigung der öff. Beamten** v 6. Nov. 1919 (GVBl. 783). RVerf. Art. 176. RPräsVO. v 14. Aug 1919 (RGBl. 1419)

Ges. zur Sicherung einer **einheitl. Regelung der Beamtenbesoldung (Besoldungssperrges.)** v 21 Dez. 1920 (RGBl. 2117), geänd. durch Ges. v. 22. März 1923 (RGBl. 215), v 23. Juni 1923 (RGBl. 419), VO. v. 27 Okt. 1923 (RGBl. 999) Art. 11, Ges. v 24. März 1925 (RGBl. 30). Verfahren vor dem RSchiedsgericht Bek v 25. April 1921 (RGBl. 491) mit VO. v. 1 März 1921 (RGBl. 208). Gesetz zur **einheitl. Regelung des Wohnungsgeldzuschusses** v. 27. März 1926 (RGBl. 180)

Disziplinargesetz für richterl. Beamte v 5. Dez. 1908 (GVBl. 1007).

Ges. über die **Abtretung von Beamtenbezügen zum Heimstättenbau** v 30. Juni 1927 (RGBl. 133).

Ges über das **Landesschiedsgericht für Beamtenbesoldung** v 10. Juli 1927 (GVBl. 231).

Ges. über die **Einführung einer Altersgrenze für Richter** v 29. März 1924 (GVBl. 125). Geltung in der Pfalz VO v. 19 Juli 1927 (GVBl. 268).

Ges. über eine erhöhte **Anrechnung** der von den Staatsbeamten **während des Krieges** 1914/18 zurückgelegten **Dienstzeit** v. 9. Aug. 1921 (GVBl. 479)

Beamtenbesoldungsges., neu gefasst mit Bek. v 24. März 1923 (GVBl. 109), geänd. durch Ges. zur 8. Abänderung des Beamtenbesoldungsges. v. 29. Aug. 1923 (GVBl. 309), MB v. 8. Jan. 1924 (GVBl. 16), Ges. zur 9. Abänderung desselben v. 29. Febr. 1924 (GVBl. 117), VO. über die 10. Abänderung desselben v. 24. März 1924 (GVBl. 121), VO. über die 11. Abänderung dess. v. 31 Mai 1924 (GVBl. 169), VO. über die 12. Abänderung dess. v. 4. Juli 1924 (GVBl. 177), VO. über die 13. Abänderung dess. v. 28. Okt. 1924 (GVBl. 208), FMB. v. 19. April 1926 (StAnz 89), Ges. v 19. Juli 1926 (GVBl. 381), FMB. v 23. April 1927 (StAnz 92).

FMB. über die Gewährung von **Notstandsbeihilfen** an Beamte vom 11. Nov 1924 (GVBl. 228) mit Berichtigung GVBl. 1924, 238.

Pensionsergänzungsges. v. 23. März 1921 (GVBl. 117), geänd. durch Ges. v 16. Dez. 1921 (GVBl. 1923, 1), v. 5. April 1922 (GVBl. 1923, 4), v. 9. Jan. 1923 (GVBl. 7), v 1. Aug 1923 (GVBl. 337), v. 29. Aug. 1923 (GVBl. 309), v. 29. Febr. 1924 (GVBl. 117).

PersonalabbauVO. v. 31 Dez. 1923 (GVBl. 420 mit Berichtigung 1924, 8); geänd. durch VO. v. 12. Febr. 1924 (GVBl. 28), v 13. Mai 1924 (GVBl. 156), v 14 Mai 1927 (GVBl. 134, hiedurch im wesentlichen aufgehoben, diese geänd. durch Art. 3 des Ges. v 10. Juli 1927, GVBl. 227)

Ausdehnung des Besoldungsges. auf die Beamten der Bayr. Staatsbank VO. v. 7. Aug. 1920 (GVBl. 385), desgl. auf die der Versicherungskammer VO. v. 10. Aug. 1920 (GVBl. 390), desgl. auf die des Landesamts für Wasserversorgung VO. v. 10. Aug. 1920 (GVBl. 395); desgl. auf die der Kreis-Heil- u. Pflegeanstalten VO. v. 28. Nov. 1921 (GVBl. 569); desgl. der Kreisversuchsstation Speyer VO. v 23. Jan. 1922 (GVBl. 12).

II. Vollzugsbestimmungen:

Allgemeine Vollzugsordnung zum Beamtenges. v. 10 Dez 1908 (GVBl. 1041) geänd. durch FMB. v 15 Mai 1919 (GVBl 210) VO v 9. April 1920 (GVBl 112), v 3. Mai 1920 (GVBl. 191), v 7 Aug 1920 (GVBl. 379), Bek. v 2. Aug 1922 (GVBl. 382), Nr II der VO. v 3. Mai 1923 (GVBl. 170), MB. v 27 März 1924 (GVBl. 122), v. 14. Mai 1927 (GVBl. 134). Ausführungsbek. zu § 3 Abs. 2 hinsichtlich der Anrechnung der Militärdienstzeit auf die Dauer der Widerruflichkeit der etatsmässigen Dienstzeit v 29. Okt. 1909 (JMBl. 506).

VO. über die Vereidigung der öffentl. Beamten v. 3. Mai 1920 (GVBl. 191).

Die Einrichtung der Behörden u. die Benennung der Beamten der Zivilstaatsverwaltung v. 10. Dez. 1908 (GVBl. 1051) geänd. durch Bek., die Amtsbezeichnung der etatsmässigen Staatsbeamten betr., v. 21. Juli 1920 (GVBl. 367); s. hierzu auch die unten angeführte MB. v. 21. Juli 1920 (GVBl. 367).

Rangordnung v. 23. Dez. 1908 (GVBl. 1211); mehrfach geändert.

Nunmehrige Amtsbezeichnungen der etatsmässigen Staatsbeamten MB. v. 21. Juli 1920 (GVBl. 367)

Ausübung von Nebenämtern und Nebengeschäften· Allg. Vollzugsbekanntmachung v. 4. April 1912 (GVBl. 343; JMBl. 77) mit Zusatzbestimmung hinsichtlich der Gerichtsvollzieher v 30. April 1912 (JMBl. 88); erstere geändert durch MB. v 3. März 1927 (GVBl. 99). Wegen derzeitiger Beschränkungen der Erlaubniserteilung mit Rücksicht auf die freien Gewerbetreibenden und Erwerbstätigen s. MB. v. 12. Okt. 1914 (JMBl. 224), verlängert mit MB. v. 13. Okt. 1919 (StAnz. Nr 252); Ausübung des Musikgew. durch Beamte Bek. v. 7. Oktober 1925 (GVBl. 259).

Sonntagsruhe und Urlaub MB. v. 14. Juli 1909 (JMBl. 326), geänd. durch Bek. v. 9. Mai 1913 (GVBl. 187), zwei Bek. v. 16. Mai 1919 (JMBl. 197 u. 199), Bek. v. 3. April 1922 (GVBl. 219) betr neue Festsetzung der Urlaubsdauer, Bek. v. 13. Juli 1926 (StAnz. 159) betr die Gewährung von Dienstbefreiungen. Erholungsurlaub ausserh. der Gerichtsferien JMB. v 12. Jan. 1923 (JMBl. 1) Zu § 8 Abs. 2 der Bek. v 14. Juli 1909 s. MB. v. 16 April 1925 (StAnz. 86), ergänzt durch die vorbezeichn. Bek. v. 13. Juli 1926. Wegen Urlaubs zur Mitwirkung in den Vertretungskörpern der prot. Kirche s. KMB. v 24. Dez. 1920 (KMBl. 1921, 17). Ausübung des Abgeordnetenmandats durch Beamte MB. v 31. Juli 1921 (JMBl. 131). Dienstbefreiung zur Ausübung eines Wahlamts der Gemeinden, Ortschaften, Bezirke und Kreise SelbstverwaltungsGes. v 22. Mai 1919 (GVBl. 239) und MB. v. 21. Juli 1920 (StAnz. Nr 172). Urlaub der Notare und Notariatsverweser §§ 23 ff. der GeschO. v. 30. Okt. 1913 (JMBl. 231).

Dienstaufsicht u. Dienststrafrecht für nicht richterliche Beamte MB. v. 22. Okt. 1909 (GVBl. 737), geänd. durch Bek. v. 2. Aug 1922 (GVBl. 382) u. v 27. März 1924 (GVBl. 122), ausgedehnt auf Volksschullehrer Bek. v. 12. Juli 1920 (GVBl. 361) § 10, desgl. mit Massgaben auf die Beamten der Kreis-Heil- u. Pflegeanstalten. Bek. v. 28 Nov 1921 (GVBl. 574) Nr. 15. Wegen der Post-, Bahn- u. sonstigen Verkehrsbeamten s. hierzu JMB. v. 12. Okt. 1925 (JMBl. 97). Erlass u. Löschung von Dienststrafen MB. v. 21 Jan 1919 (JMBl. 87) u. JMB. v 21. Jan. 1919 (JMBl. 89). Besetzung der Disziplinarkammern u. des Disziplinarhofes mit Volksschullehrern: Bek. v. 4. Nov 1920 (GVBl. 473), geänd. durch B. v. 5. Okt. 1922 GVBl. 626).

Dienststrafverfahren gegen Richter Allgemeine Vollzugsbestimmung v. 29. Dez. 1908 (JMBl. 381) Kostenwesen, JFMB. v 21. Juni 1885 (JMBl. 147).

MBek. über den Ortszuschlag der Staatsbeamten v. 13. März 1923 (GVBl. 130), ergangen gemäss Art. 17 ff. BBesG.; geändert durch FMB. v. 25. April 1924 (GVBl. 147). S. hierzu Vollzugsbek. zur VO. über die 13. Abänderung des Beamtenbesoldungsges. v. 28. Okt. 1924 (StAnz. 252) mit neuer Ortsklasseneinteilung für Bayern, geänd. d. Bek. v. 20. Okt. 1925 (StAnz. 245). Einfluss von Eingemeindungen auf die Ortsklasseneinteilung FMB. vom 1. Febr. 1927 (StAnz. 27).

FMB. über die örtlichen Sonderzuschläge der Staatsbeamten v. 13. März 1923 (GVBl. 143), ergangen gemäss Art. 6 der 7 Aband. zum BBesG. v. 9. Jan. 1923 (GVBl. 7), geänd. durch FMB. v. 25. April 1924 (GVBl. 147).

FMB. über die Kinderzuschläge der Staatsbeamten v. 13. März 1923 (GVBl. 132), ergangen gemäss Art. 21 BBesG. u. Art. 4 PEG.; geänd. durch FMB. v. 25. April 1924 (GVBl. 147).

FMB. über die Kinderbeihilfen der Staatsbeamten v. 13. März 1923 (GVBl. 140), ergänzt durch Bek. v. 7 Mai 1923 (GVBl. 184), geänd. mit FMB. v 25. April 1924 (GVBl. 147). Hiezu FMB. v. 17. März 1925 (StAnz. Nr 64).

FMB. über den Frauenzuschlag der Staatsbeamten v. 13. März 1923 (GVBl. 141), ergangen gemäss Art. 23 BBesG.; geändert mit FMB. v. 25. April 1924 (GVBl. 147).

JMB. über Zahlung der Kinderzuschläge, Kinderbeihilfen u. des Frauenzuschlags bei verspäteter Antragstellung v. 11 Juni 1927 (GVBl. 225).

KFMB. über die Festsetzung des Diensteinkommens der Hochschulprofessoren v 29. Aug. 1923 (GVBl. 313), desgl. v. 24. Dez. 1923 (GVBl. 1924, 121), desgl. v. 24. März 1924 (GVBl. 122); desgl. v. 2. Juni 1924 (GVBl. 171).

KMB. über die Vorlesungsgebühren der Hochschulprofessoren v. 19. Okt. 1923 (GVBl. 373).

Die Unterhaltszuschüsse der im staatlichen Vorbereitungsdienste stehenden Personen MB. v. 4. Juli 1924 (GVBl. 179), geänd. durch MB. v. 9. Febr 1925 (GVBl. 75), v. 19. April 1925 (StAnz. 89), v. 19. April 1926 (StAnz. 89). VollzBek. v 18. Juli 1924 (StAnz. 166) geänd. durch JMB. v 22. Sept 1925 (StAnz 218) InnMB. v. 30. März 1927 (StAnz 75), v 4. Mai 1927 (StAnz. 102).

Die Bezüge der Staatsdienstanwärter u. der sonstigen im staatlichen Vorbereitungsdienste stehenden Personen bei Stellvertretungen und Geschäftsaushilfen MB. v. 4. Juli 1924 (GVBl. 181), geänd. durch Bek. v. 9. Febr. 1925 (GVBl. 75).

Versetzung der etatsmässigen Beamten in den Ruhestand, Fürsorge für die Hinterbliebenen der etatsmässigen Beamten MB. v 22. Okt. 1909 (GVBl. 781). Festsetzung der ruhegehaltsfähigen Dienstzeit der Staatsbeamten FMB. v. 16. Febr 1922 (GVBl. 172), hierzu MB. v. 30. April 1924 (StAnz. Nr 104), JMB. v. 28. Okt. 1924 (JMBl. 106), MB. v 19. Juli 1926 (GVBl. 384) Wiederanstellung von Wartegeld- und Ruhegehaltsempfängern MB. v. 15. Sept. 1921 (GVBl. 467).

Vollzug der Bestimmungen über Einführung von Altersgrenzen. JMB. v 7 April 1924 (JMBl. 15).

Kürzung der Versorgungsbezüge der Beamten bei Privateinkommen. Art. 4 der VO. zur Aend. beamtenrechtlicher Vorschriften v. 4. März 1924 (GVBl. 128). VollzBek. v. 23. Mai 1924 (GVBl. 165). Beide geänd. durch FMB. v. 28. Sept. 1925 (StAnz. 224).

VollzBest. zu Art. 13 Abs. 4 des Beamtenbesold.-Ges. v 22. März 1924 (GVBl. 123), geänd. durch MB. v 30. Sept. 1926 (GVBl. 498).

VollzBest. zu Art. 6 Abs. III u. sonstigen Bestimmungen des PensErgGes. v. 10. März 1923 (GVBl. 144). VollzBest. zu Art 33 des PensErgGes. v. 26. Nov. 1926 (GVBl. 538).

Versorgungsbezüge der Altruhestandsbeamten und der Althinterbliebenen: FMB. v. 7. Juni 1921 (GVBl. 337); ergänzt durch Bek. v. 23. Juli 1921 (GVBl. 382), Bek. v. 25. Jan. 1922 (GVBl. 87).

FMB. über die Versorgungsbezüge der Staatsbeamten und ihrer Hinterbliebenen v. 28. Sept. 1925 (StAnz. 224).

Die Mietentschädigungen für Dienstwohnungen und Dienstzimmer MB. v. 25. Sept. 1923 (GVBl. 342 u. 376). Neufestsetzungen der Vergütungen für Beheizung und Beleuchtung von Dienstwohnungen und für Mitbenutzung der in Amtsgebäuden eingerichteten Sammelheizungen und Warmwasserbereitungsanlagen: MB. v. 14. März 1924 (GVBl. 78) geändert durch MB. vom 23. November 1924 (GVBl. 248) u. v. 4. Nov. 1925 (GVBl. 266). Pachtentschädigungen für die den Beamten vom Staate überlassenen Gärten und sonstigen Grundstücke MB. v. 29. Juli 1924 (GVBl. 189).

UmzugskostenVO. v. 3. Mai 1923 (GVBl. 170). Vollz.-Bek. v. 3. Mai 1923 (GVBl. 171), geänd. durch lit. A der FMB. v 25. Jan. 1924 (GVBl. 17), deren lit. B aufgehoben ist, durch FMB. v 20. März 1924 (GVBl. 81), ergänzt durch FMB. vom 12. Februar 1927 (StAnz. 35), weiter geändert durch FMB. vom 25. März 1927 (GVBl. 108). Besorgung der Umzüge durch Mitglieder der Tarif- und Interessengemeinschaft des deutschen Möbeltransports FMB. v. 7. Juni 1923 (GVBl. 196). Die Gewährung von Umzugskostenzuschüssen für Ruhestandsbeamte, aus dem Staatsdienst ausgeschiedene Beamte und Hinterbliebene von Beamten FMB. v. 20. März 1924 (GVBl. 81).

Entschädigung der Beamten bei auswärtigen Dienstgeschäften VO. v 20. Mai 1922 (GVBl. 297), geänd. durch B. v. 14. Aug. 1922 (GVBl. 410), 10. Nov. 1922 (GVBl. 635), VO. v. 31. Okt. 1923 (GVBl. 375), VO. v. 29. Jan. 1924 (GVBl. 19), FMB. v. 29. Jan. 1924 (GVBl. 21). Allg AusführBek. v. 20. Mai 1922 (GVBl. 304), geänd. durch Bek. v. 14. Aug. 1922 (GVBl. 410), v. 29. Jan. 1924 (GVBl. 20), FMB. v. 29. Jan. 1924 (GVBl. 20), 29. Aug 1924 (GVBl. 198), v. 27. Dez. 1924 (GVBl. 249), v 30. April 1926 (GVBl. 322). Entschädigung der Beamten bei Dienstreisen im Amtsbezirke oder sonstigen regelmässig in grösserer Zahl vorzunehmenden Dienstreisen Bek. v. 27 Dez. 1924 (GVBl. 250). FMB. über die Beschäftigungstagegelder der Beamten bei länger dauernden auswärtigen Dienstgeschäften an demselben Orte v. 29. Jan. 1924 (GVBl. 21) geänd. durch Bek. v. 27. Dez. 1924 (GVBl. 249). Entschädigung der Gendarmeriebeamten bei Vornahme auswärtiger Dienstgeschäfte Bek. v 27. April 1925 (StAnz. Nr. 97, InnMBl. 62).

Entschädigung für doppelte Haushaltführung MB. v. 30. Mai 1919 (GVBl. 287); geänd. durch MB. v. 13. März 1920 (GVBl. 84), v. 11. Dez. 1920 (GVBl. 495), v. 21. Juli 1921 (GVBl. 378), v. 2. Febr. 1922 (GVBl. 157), v. 10. Juni 1922 (GVBl. 340), v. 26. Sept. 1922 (GVBl. 558), v 21. Juli 1923 (GVBl. 239), FMB. v. 30. Jan. 1924 (GVBl. 23), v. 27 Dez. 1924 (GVBl. 249). MinB. v 23. Jan. 1926 über den Wohnungstausch der Staatsbeamten (StAnz. 20) mit Bek. v. 4. Sept. 1926 (StAnz. 205) u. v. 17 Aug. 1927 (StAnz 188).

Gewährung von Reiseentschädigungen an auswärts beschäftigte oder versetzte Beamte FMB. v. 28. Nov. 1922 (GVBl. 649), geänd. durch Bek. v. 24. Febr. 1925 (GVBl. 92) u. v. 12. Juli 1926 (GVBl. 354).

FMB. über die gemäss Art. 2 der VO. über die 13. Abänderung des Besoldungsges. v. 28. Okt. 1924 zu entrichtende einmalige Ausgleichsentschädigung der Beamten der Pfalz v. 5. Juni 1925 (StAnz. Nr. 128).

FMB. über Zahlungen aus den Staatskassen an auswärtige Empfangsberechtigte im Postanweisungsverkehr v. 15. Febr. 1900 (JMBl. 584), geänd. durch MB. v. 10. Juni 1925 (StAnz. 133). Bargeldlose Gehaltszahlung FMB. v. 15. Nov. 1924 (StAnz. 268).

MB. betr. die nichtetatsmässigen Beamten v. 11. März 1921 (GVBl. 73), geänd. durch MB. v. 24. Aug. 1921 (GVBl. 410), 10. Dez. 1921 (GVBl. 589), v. 4. Juli 1924 (GVBl. 181); hierzu JMB. v. 15. April 1921 (JMBl. 55), geänd. durch § 3 JMB. v. 4. März 1922 (JMBl. 119) u. § 3 JMB. v. 15. März 1922 (JMBl. 127).

Das Kinder- u. Erholungsheim Marienruhe JMB. v. 12. Mai 1925 (JMBl. 47).

Zusicherung von Bezügen für den Krankheitsfall im Hinblick auf die RVersichOrdn. Bek. v. 3. Okt. 1921 (GVBl. 488).

Die Krankenkasse der bayer. Staatsbeamten: FMB. v. 13. März 1926 (StAnz. 66); ergänzt durch Bek. v. 22. Juni 1926 (StAnz. 141); Satzungsänderung (StAnz. 1927 Nr. 172 u. 223).

Das staatliche Hilfspersonal FMB. v. 1. April 1924 (StAnz. 77), geänd. durch FMB. v. 27. Mai 1926 (StAnz. 120) u. v. 9. Mai 1927 (StAnz. 105).

4. Die Bezüge der Beamten.

Die dem Kalender sonst beigegebene Übersicht der Beamtenbezüge mußte für das Jahr 1928 wegen der noch nicht abgeschlossenen Neuregelung entfallen.

5. Tabelle zur Berechnung der Empfängniszeit.

Vorbemerkungen.

Die Empfängniszeit (einrechnungsfähige Zeit) ist der Zeitraum vor der Geburt eines Kindes, in den die Beiwohnung fallen muss, wenn bei unehelichen Kindern der Beiwohnende, und bei nach Eingehung der Ehe gebornen Kindern der Mann als Vater gelten soll. Nach dem BGB. gilt als Empfängniszeit die Zeit vom 181. bis 302. Tage vor der Geburt des Kindes, mit Einschluss des 181. und 302. Tages. § 1717, § 1592 BGB. Bei Schaltjahren ist hierbei auf den Schalttag Rücksicht zu nehmen; Schaltjahre sind: 1896, 1904, 1908, 1912, 1916, 1920, 1924, 1928, 1932, 1936.

Geburtstag	Empfängniszeit nach BGB., falls d. Entbindung erfolgt ist in einem Nicht-Schaltjahre von	bis	Schaltjahre von	bis
Jan.	März	Juli	März	Juli
1	5	4	5	4
2	6	5	6	5
3	7	6	7	6
4	8	7	8	7
5	9	8	9	8
6	10	9	10	9
7	11	10	11	10
8	12	11	12	11
9	13	12	13	12
10	14	13	14	13
11	15	14	15	14
12	16	15	16	15
13	17	16	17	16
14	18	17	18	17
15	19	18	19	18
16	20	19	20	19
17	21	20	21	20
18	22	21	22	21
19	23	22	23	22
20	24	23	24	23
21	25	24	25	24
22	26	25	26	25
23	27	26	27	26
24	28	27	28	27
25	29	28	29	28
26	30	29	30	29

Geburtstag	Empfängniszeit nach BGB., falls d. Entbindung erfolgt ist in einem Nicht-Schaltjahre von	bis	Schaltjahre von	bis
Jan.	März	Juli	März	Juli
27	31	30	31	30
	April		April	
28	1	31	1	31
		Aug.		Aug.
29	2	1	2	1
30	3	2	3	2
31	4	3	4	3
Febr.				
1	5	4	5	4
2	6	5	6	5
3	7	6	7	6
4	8	7	8	7
5	9	8	9	8
6	10	9	10	9
7	11	10	11	10
8	12	11	12	11
9	13	12	13	12
10	14	13	14	13
11	15	14	15	14
12	16	15	16	15
13	17	16	17	16
14	18	17	18	17
15	19	18	19	18

Geburtstag	Empfängniszeit nach BGB., falls d. Entbindung erfolgt ist in einem Nicht-Schaltjahre		Schaltjahre	
	von	bis	von	bis
Febr.	April	Aug.	April	Aug.
16	20	19	20	19
17	21	20	21	20
18	22	21	22	21
19	23	22	23	22
20	24	23	24	23
21	25	24	25	24
22	26	25	26	25
23	27	26	27	26
24	28	27	28	27
25	29	28	29	28
26	30	29	30	29
	Mai		Mai	
27	1	30	1	30
28	2	31	2	31
				Sept.
29	—	—	3	1
März		Sept.		
1	3	1	4	2
2	4	2	5	3
3	5	3	6	4
4	6	4	7	5
5	7	5	8	6
6	8	6	9	7
7	9	7	10	8
8	10	8	11	9
9	11	9	12	10
10	12	10	13	11
11	13	11	14	12
12	14	12	15	13
13	15	13	16	14
14	16	14	17	15
15	17	15	18	16
16	18	16	19	17
17	19	17	20	18
18	20	18	21	19
19	21	19	22	20
20	22	20	23	21
21	23	21	24	22
22	24	22	25	23
23	25	23	26	24
24	26	24	27	25
25	27	25	28	26
26	28	26	29	27
27	29	27	30	28
28	30	28	31	29

Geburtstag	Empfängniszeit nach BGB., falls d. Entbindung erfolgt ist in einem Nicht-Schaltjahre		Schaltjahre	
	von	bis	von	bis
März	Mai	Sept.	Juni	Sept.
29	31	29	1	30
	Juni			Okt.
30	1	30	2	1
		Okt.		
31	2	1	3	2
April				
1	3	2	4	3
2	4	3	5	4
3	5	4	6	5
4	6	5	7	6
5	7	6	8	7
6	8	7	9	8
7	9	8	10	9
8	10	9	11	10
9	11	10	12	11
10	12	11	13	12
11	13	12	14	13
12	14	13	15	14
13	15	14	16	15
14	16	15	17	16
15	17	16	18	17
16	18	17	19	18
17	19	18	20	19
18	20	19	21	20
19	21	20	22	12
20	22	21	23	22
21	23	22	24	23
22	24	23	25	24
23	25	24	26	25
24	26	25	27	26
25	27	26	28	27
26	28	27	29	28
27	29	28	30	29
			Juli	
28	30	29	1	30
	Juli			
29	1	30	2	31
				Nov.
30	2	31	3	1
Mai		Nov.		
1	3	1	4	2
2	4	2	5	3
3	5	3	6	4
4	6	4	7	5

Geburtstag	Empfängniszeit nach BGB., falls d. Entbindung erfolgt ist in einem Nicht-Schaltjahre von	bis	Schaltjahre von	bis
Mai	Juli	Nov.	Juli	Nov.
5	7	5	8	6
6	8	6	9	7
7	9	7	10	8
8	10	8	11	9
9	11	9	12	10
10	12	10	13	11
11	13	11	14	12
12	14	12	15	13
13	15	13	16	14
14	16	14	17	15
15	17	15	18	16
16	18	16	19	17
17	19	17	20	18
18	20	18	21	19
19	21	19	22	20
20	22	20	23	21
21	23	21	24	22
22	24	22	25	23
23	25	23	26	24
24	26	24	27	25
25	27	25	28	26
26	28	26	29	27
27	29	27	30	28
28	30	28	31	29
			Aug.	
29	31	29	1	30
	Aug.			Dez.
30	1	30	2	1
		Dez.		
31	2	1	3	2
Juni				
1	3	2	4	3
2	4	3	5	4
3	5	4	6	5
4	6	5	7	6
5	7	6	8	7
6	8	7	9	8
7	9	8	10	9
8	10	9	11	10
9	11	10	12	11
10	12	11	13	12
11	13	12	14	13
12	14	13	15	14
13	15	14	16	15
14	16	15	17	16
15	17	16	18	17

Geburtstag	Empfängniszeit nach BGB., falls d. Entbindung erfolgt ist in einem Nicht-Schaltjahre von	bis	Schaltjahre von	bis
Juni	Aug.	Dez.	Aug.	Dez.
16	18	17	19	18
17	19	18	20	19
18	20	19	21	20
19	21	20	22	21
20	22	21	23	22
21	23	22	24	23
22	24	23	25	24
23	25	24	26	25
24	26	25	27	26
25	27	26	28	27
26	28	27	29	28
27	29	28	30	29
28	30	29	31	30
			Sept.	
29	31	30	1	31
	Sept.			Jan.
30	1	31	2	1
Juli		Jan.		
1	2	1	3	2
2	3	2	4	3
3	4	3	5	4
4	5	4	6	5
5	6	5	7	6
6	7	6	8	7
7	8	7	9	8
8	9	8	10	9
9	10	9	11	10
10	11	10	12	11
11	12	11	13	12
12	13	12	14	13
13	14	13	15	14
14	15	14	16	15
15	16	15	17	16
16	17	16	18	17
17	18	17	19	18
18	19	18	20	19
19	20	19	21	20
20	21	20	22	21
21	22	21	23	22
22	23	22	24	23
23	24	23	25	24
24	25	24	26	25
25	26	25	27	26
26	27	26	28	27
27	28	27	29	28
28	29	28	30	29

Geburtstag	Empfängniszeit nach BGB., falls d. Entbindung erfolgt ist in einem Nicht-Schalt-Jahre von	Nicht-Schalt-Jahre bis	Schaltjahre von	Schaltjahre bis
Juli	Sept.	Jan.	Okt.	Jan.
29	30	29	1	30
	Okt.			
30	1	30	2	31
				Febr.
31	2	31	3	1
Aug.		Febr.		
1	3	1	4	2
2	4	2	5	3
3	5	3	6	4
4	6	4	7	5
5	7	5	8	6
6	8	6	9	7
7	9	7	10	8
8	10	8	11	9
9	11	9	12	10
10	12	10	13	11
11	13	11	14	12
12	14	12	15	13
13	15	13	16	14
14	16	14	17	15
15	17	15	18	16
16	18	16	19	17
17	19	17	20	18
18	20	18	21	19
19	21	19	22	20
20	22	20	23	21
21	23	21	24	22
22	24	22	25	23
23	25	23	26	24
24	26	24	27	25
25	27	25	28	26
26	28	26	29	27
27	29	27	30	28
28	30	28	31	29
		März	Nov.	März
29	31	1	1	1
	Nov.			
30	1	2	2	2
31	2	3	3	3
Sept.				
1	3	4	4	4
2	4	5	5	5
3	5	6	6	6
4	6	7	7	7

Geburtstag	Empfängniszeit nach BGB., falls d. Entbindung erfolgt ist in einem Nicht-Schalt-Jahre von	Nicht-Schalt-Jahre bis	Schaltjahre von	Schaltjahre bis
Sept.	Nov.	März	Nov.	März
5	7	8	8	8
6	8	9	9	9
7	9	10	10	10
8	10	11	11	11
9	11	12	12	12
10	12	13	13	13
11	13	14	14	14
12	14	15	15	15
13	15	16	16	16
14	16	17	17	17
15	17	18	18	18
16	18	19	19	19
17	19	20	20	20
18	20	21	21	21
19	21	22	22	22
20	22	23	23	23
21	23	24	24	24
22	24	25	25	25
23	25	26	26	26
24	26	27	27	27
25	27	28	28	28
26	28	29	29	29
27	29	30	30	30
			Dez.	
28	30	31	1	31
	Dez.	April		April
29	1	1	2	1
30	2	2	3	2
Okt.				
1	3	3	4	3
2	4	4	5	4
3	5	5	6	5
4	6	6	7	6
5	7	7	8	7
6	8	8	9	8
7	9	9	10	9
8	10	10	11	10
9	11	11	12	11
10	12	12	13	12
11	13	13	14	13
12	14	14	15	14
13	15	15	16	15
14	16	16	17	16
15	17	17	18	17
16	18	18	19	18
17	19	19	20	19

Geburtstag	Empfängniszeit nach BGB., falls d. Entbindung erfolgt ist in einem Nicht-Schaltjahre von	bis	Schaltjahre von	bis
Okt.	Dez.	April	Dez.	April
18	20	20	21	20
19	21	21	22	21
20	22	22	23	22
21	23	23	24	23
22	24	24	25	24
23	25	25	26	25
24	26	26	27	26
25	27	27	28	27
26	28	28	29	28
27	29	29	30	29
28	30	30	31	30
		Mai	Jan.	Mai
29	31	1	1	1
	Jan.			
30	1	2	2	2
31	2	3	3	3
Nov.				
1	3	4	4	4
2	4	5	5	5
3	5	6	6	6
4	6	7	7	7
5	7	8	8	8
6	8	9	9	9
7	9	10	10	10
8	10	11	11	11
9	11	12	12	12
10	12	13	13	13
11	13	14	14	14
12	14	15	15	15
13	15	16	16	16
14	16	17	17	17
15	17	18	18	18
16	18	19	19	19
17	19	20	20	20
18	20	21	21	21
19	21	22	22	22
20	22	23	23	23
21	23	24	24	24
22	24	25	25	25
23	25	26	26	26
24	26	27	27	27
25	27	28	28	28

Geburtstag	Empfängniszeit nach BGB., falls d. Entbindung erfolgt ist in einem Nicht-Schaltjahre von	bis	Schaltjahre von	bis
Nov.	Jan.	Mai	Jan.	Mai
26	28	29	29	29
27	29	30	30	30
28	30	31	31	31
		Juni	Febr.	Juni
29	31	1	1	1
	Febr.			
30	1	2	2	2
Dez.				
1	2	3	3	3
2	3	4	4	4
3	4	5	5	5
4	5	6	6	6
5	6	7	7	7
6	7	8	8	8
7	8	9	9	9
8	9	10	10	10
9	10	11	11	11
10	11	12	12	12
11	12	13	13	13
12	13	14	14	14
13	14	15	15	15
14	15	16	16	16
15	16	17	17	17
16	17	18	18	18
17	18	19	19	19
18	19	20	20	20
19	20	21	21	21
20	21	22	22	22
21	22	23	23	23
22	23	24	24	24
23	24	25	25	25
24	25	26	26	26
25	26	27	27	27
26	27	28	28	28
27	28	29	29	29
	März		März	
28	1	30	1	30
		Juli		Juli
29	2	1	2	1
30	3	2	3	2
31	4	3	4	3

Zusatz zu Beilage 5.

Diese Tabelle zeigt die Zahl der zwischen zwei gegebenen Terminen liegenden Tage an, wenn Anfang und Ende des Zeitraums auf gleiche Tage zweier verschiedener Monate fallen. Fällt der Februar eines Schaltjahres hinein, so ist, weil in der Tabelle der Februar nur mit 28 Tagen berechnet ist, ein Tag hinzuzurechnen. Wenn Anfang und Ende des Zeitraumes auf ungleiche Tage fallen, so ist die Differenz bei dem Ergebnis ab- oder zuzurechnen. Der erste Tag eines Zeitraumes ist nicht mitgerechnet, dagegen aber der letzte.

Beispiele: Um zu wissen, wie viele Tage vom 15. Januar bis 15. Dezember eines Jahres zählen, sucht man in der Spalte 1 den Monat Januar und fährt auf dieser Zeile hinaus bis zur Spalte 13 (Dezember), wo sich die gesuchte Zahl 334 Tage findet; fällt der inzwischen liegende Februar in ein Schaltjahr, so ergeben sich 334 + 1 = 335 Tage; und wäre der Zeitraum vom 15. Januar bis 12. oder 18. Dezember zu suchen, so wären im ersteren Falle 3 Tage abzuziehen (334 — 3 = 331 Tage) und im letzteren Falle 3 Tage zuzuzählen (334 + 3 = 337 Tage). — Ist die Zeit vom 23. August 1871 bis 14. März 1872 zu suchen, so sucht man in der Spalte 1 den Monat August und fährt auf der Zeile bis in die Spalte 4, März, wo sich die 212 Tage finden, dazu 1 Schalttag = 213 und davon ab 9 Tage Differenz zwischen 14 und 23 = 204 Tage.

Zeitberechnungstabelle.

1	2	3	4	5	6	7	8	9	10	11	12	13
Monate	Januar	Februar	März	April	Mai	Juni	Juli	August	Septmb.	Oktober	Novmb.	Dezmb.
Januar . .	—	31	59	90	120	151	181	212	243	273	304	334
Februar . .	334	—	28	59	89	120	150	181	212	242	273	303
März . . .	306	337	—	31	61	92	122	153	184	214	245	275
April . . .	275	306	334	—	30	61	91	122	153	183	214	244
Mai	245	276	304	335	—	31	61	92	123	153	184	214
Juni	214	245	273	304	334	—	30	61	92	122	153	183
Juli	184	215	243	274	304	335	—	31	62	92	123	153
August . .	153	184	212	243	273	304	334	—	31	61	92	122
September	122	153	181	212	242	273	303	334	—	30	61	91
Oktober .	92	123	151	182	212	243	273	304	335	—	31	61
November	61	92	120	151	181	212	242	273	304	334	—	30
Dezember	31	62	90	121	151	182	212	243	274	304	335	—

6. Strafregisterbehörden.

(JMBl. 1925, 31; GVBl. 1926, 289).

Die Strafregister werden geführt

1. in Sachsen und Baden von den Amtsgerichten,
2. für die Bezirke der Landgerichte I, II und III Berlin von der Staatsanwaltschaft des Landgerichts I Berlin,
3. für die Bezirke des Amtsgerichts München und des Landgerichts München I von der Polizeidirektion München (Strafregister),
4. für den Württembergischen Amtsgerichtsbezirk Balingen (Preussisches Landgericht Hechingen) von der Staatsanwaltschaft bei dem Württembergischen Landgerichte Rottweil,
5. für das Saargebiet, einschliesslich der einbezogenen bayerischen Gebietsteile (Amtsgerichtsbezirke Homburg, St. Ingbert, Blieskastel), von der Staatsanwaltschaft bei dem Landgerichte Saarbrücken,
6. im übrigen Reichsgebiete von der Staatsanwaltschaft bei dem Landgericht, in dessen Bezirk der Geburtsort liegt, und zwar auch dann, wenn der Geburtsort in einem anderen Lande liegt als der Landgerichtssitz,
7. a) für Personen, die im Ausland, einschliesslich der auf Grund des Vertrags von Versailles abgetretenen Gebiete, geboren sind, oder deren Geburtsort zweifelhaft oder nicht zu ermitteln ist,

   b) für juristische Personen und Personenvereinigungen

   von dem Reichsjustizministerium (Strafregister) in Berlin W 9, Vossstrasse 4.

III.

Beil. 6—12.

Zeitschrift für Rechtspflege in Bayern

Herausgegeben von
J. Schiedermair
Rat am Oberst. Landesgericht
in München.

Verlag von
J. Schweitzer Verlag
(Arthur Sellier)
in München, Ottostr. 1a.

Monatlich 2 Nummern in Quartformat.
Bezugspreis vierteljährlich Mk. 4.—.

Die Zeitschrift trägt den besonderen Bedürfnissen der bayerischen Rechtspraxis weitgehendste Rechnung. In längeren Abhandlungen und kurzen Mitteilungen aus dem Reichs- und Landesrecht bringt die „BayZ." wertvolles Material zur Auslegung des Reichs- und bayerischen Rechts.

Ihr Hauptaugenmerk richtet die „BayZ." auf die tunlichst rasche Berichterstattung über die Entscheidungen der oberen Gerichtshöfe. Jede Nummer bringt eine große Zahl wichtiger Erkenntnisse des Reichsgerichts. Die bedeutsame Rechtsprechung des Bayer. Obersten Landesgerichts wird nahezu vollständig veröffentlicht. Auf sorgfältige Redaktion der Begründung ist bei allen Entscheidungen besonderes Gewicht gelegt.

Bayerische Gemeinde- und Verwaltungszeitung.

Zeitschrift für alle Angelegenheiten der bayerischen Staats- und Selbstverwaltung, des bayerischen Städtebundes und Kreistagverbandes,

Herausgegeben von **Dr. Georg Ziegler,**
Ministerialrat im Staatsministerium für Soziale Fürsorge, **Vorsitzender** des Landesamts für Arbeitsvermittlung,
unter ständiger Mitwirkung von
K. Meinel, Senatspräsident im Landesversicherungsamt, **Dr. V. Hammer.** Ministerialrat im Staatsministerium der Finanzen, ObLGR. J. Schiedermair in München, **Dr. M. Geiger,** Ministerialrat im Staatsministerium für Soziale Fürsorge, **Dr. W. Laforet,** Geh. Justiz-Rat u. Univ.-Professor in Würzburg, **Dr. O. Bohl,** Oberreg.-Rat im Staatsministerium des Innern, **Dr. F. Kiefersauer,** I. Bürgermeister in Mindelheim, **G. Knorr,** Oberbürgermeister, Syndikus des bayer. Städtebundes.

Die BayGemVZ. bringt **zwei Beilagen:**

Bayerische Fürsorgeblätter. Mitteilungen der Bayer Landeshauptfürsorgestelle für Kriegsbeschädigte und Kriegshinterbliebene. Herausgegeben von MRat **Dr. Max Geiger** in Bay. Staatsminist. für soziale Fürsorge.

Mitteilungen des Bayerischen Landesamts für Arbeitsvermittlung.

J. Schweitzer Verlag (Arthur Sellier) **München Berlin und Leipzig.**

7. Eidesformeln und Verpflichtungen.

Vorbemerkung. S. zunächst Art. 136 und 177 ReichsVerf.: Niemand darf zur Benutzung einer religiösen Eidesform gezwungen werden. Wo in den bestehenden Gesetzen die Eidesleistung unter Benutzung einer religiösen Eidesform vorgesehen ist, kann die Eidesleistung rechtswirksam auch in der Weise erfolgen, daß der Schwörende unter Weglassung der religiösen Eidesform erklärt: „Ich schwöre."

Arbeitsgerichte u. Landesarbeitsgerichte:

a) Eid der Vorsitzenden u. stellvertretenden Vorsitzenden Sie leisten den Eid auf die RVerf., den Eid auf die bayer Verf. u. den Richtereid (MB. v 15. Juni 1927, JMBl. 25 § 3).

b) Beisitzer der Arbeitsgerichte und der Landesarbeitsgerichte Der Vorsitzende spricht „Sie schwören bei Gott dem Allmächtigen u. Allwiss., die Obliegenheiten Ihres Amtes als Beisitzer des Arbeitsgerichts (Landesarbeitsgerichts) getreulich zu erfüllen u. Ihre Stimme nach bestem Wissen u. Gewissen abzugeben." Der Beisitzer spricht „Ich schwöre es, so wahr mir Gott helfe." Eventuell Gebrauch der Beteuerungsformel der betreffenden Religionsgesellschaft (§ 10 der angeführten Bek.).

Beamte, öffentliche, Eid der — „Ich schwöre Treue der Verfassung des Freistaates Bayern und der Reichsverfassung, Gehorsam den Gesetzen und gewissenhafte Erfüllung meiner Dienstpflichten" (VO. v. 3. Mai 1920, GVBl. 191); s. auch Arbeitsgerichte, Gerichtsschreiber, Reichsbeamte, Richter u. Verwaltungsgerichtshof.

Disziplinarkammern u. Disziplinarhof, Mitglieder: Keine besondere Verpflichtung (Beamtenges. v. 16. Aug. 1908 Art. 127); desgl. für richterl. Beamte: Keine besondere Verpflichtung (RDiszO. Art. 22).

Dolmetscher, Eid der —:

a) In Strafprozesssachen: „Ich schwöre bei Gott dem Allmächtigen und Allwissenden, dass ich treu und gewissenhaft übertragen werde, so wahr mir Gott helfe" (GVG. § 189; StPO. §§ 63, 72).

b) In Zivilprozesssachen: Der Richter spricht „Sie schwören bei Gott dem Allmächtigen und Allwissenden, dass Sie treu und gewissenhaft übertragen werden." Der Dolmetscher spricht „Ich schwöre es, so wahr mir Gott helfe" (GVG. § 189; ZPO. § 481).

Familienratsmitglieder, Verpflichtung der —. Sie werden vom Vorsitzenden durch Handschlag an Eidesstatt zu treuer und gewissenhafter Führung des Amtes verpflichtet (BGB. § 1870).

Gerichtsschreiber, Eide und Verpflichtungen der — und des Personals der Gerichtsschreibereien und der **staatsanwaltschaftlichen Kanzleien:**

a) der Gerichtsschreiber: Sie haben zu schwören, dass sie die ihnen obliegenden Amtspflichten nach den bestehenden Gesetzen und Verordnungen treu erfüllen, den dienstlichen Aufträgen ihrer Vorgesetzten pünktlich nachkommen und das

Amtsgeheimnis sorgfältig bewahren werden (AG. GVG. Art. 61; VO. v. 3. Mai 1920, GVBl. 191, § 4).

b) der stellvertretenden Gerichtsschreiber: Sie haben den Gerichtsschreibereid neben dem Eid zu leisten, den sie als Beamter oder Staatsdienstaspirant zu leisten haben (JMB. v. 22. Juli 1909 [JMBl. 345] § 3).

c) der Gerichtsexpeditoren und der Expeditoren der Staatsanwaltschaft usw. Sie leisten keinen weiteren Eid, den Beamteneid haben sie schon als Sekretariatsassistenten geleistet.

d) der Gerichtsassistenten und der Assistenten der Staatsanwaltschaft usw Sie leisten den Beamteneid (JMB. v. 22. Juli 1909 [JMBl. 345] § 19).

e) der Gerichtsschreibergehilfen: Sie leisten, wenn sie das 21. Lebensjahr vollendet haben, den Beamteneid, andernfalls den Eid der Staatsdienstaspiranten (JMB. v 22. Juli 1909 [JMBl. 345] § 12).

f) der Inzipienten Sie leisten, wenn sie das 16. Lebensjahr vollendet haben, den Eid der Staatsdienstaspiranten, andernfalls sind sie lediglich auf die Beachtung der Dienstvorschriften und die Wahrung des Amtsgeheimnisses hinzuweisen (JMB. v. 22. Juli 1909 [JMBl. 345] § 10).

g) der Aushilfsschreiber Sie sind lediglich auf die Beachtung der Dienstvorschriften und die Wahrung des Amtsgeheimnisses hinzuweisen, wenn sie nicht als Beamte oder Staatsdienstaspiranten ohnehin beeidigt sind (JMB. v. 22. Juli 1909 [JMBl. 395] § 26).

Geschworeneneid: Wie der Eid der Schöffen (GVG. § 84).

Grundbuchkommissäre, Eid der — Sie sind auf den geleisteten Gerichtsschreibereid hinzuweisen und schwören ausserdem, dass sie die Amtspflichten, die ihnen nach den bestehenden Vorschriften obliegen, nach bestem Wissen und Gewissen mit Fleiss und Sorgfalt erfüllen (Dienstanweisung für die Grundbuchämter v. 27 Febr 1905 [JMBl. 61] § 9).

Handelsrichter, Eid der — s. Eid der Richter

Jugendamt, gewählte Mitglieder des — Sie werden vom Leiter des Jugendamts zur gewissenhaften Erfüllung ihrer Obliegenheiten und insbesondere zur Wahrung der Amtsverschwiegenheiten in Pflicht genommen (JAmtsGes. v 20. Juli 1925, GVBl. 211, Art 9 Abs. 2)

Landgerichtsärzte, Eid der — s. § 5 der JInnMB. vom 22. März 1915 (JMBl. 19).

Mennoniten, Eidesleistung der — Sie sind vom Richter an ihre Verbindlichkeiten, die sie beim Eintritt in ihren Glauben und in den Taufbund übernehmen, zu erinnern, sowie an ihre Bürgerpflicht, die reine unverfälschte Wahrheit auszusagen, und zu belehren, daß bei ihnen das Ja und Nein dem wirklichen Eid gleichstehe und die falsche Beteuerung die gesetzlichen Strafen nach sich ziehe, hierauf ist ihnen der Handschlag abzunehmen und sie haben die Beteuerungsformel zu sprechen Ich verspreche mit gegenwärtigem Handschlag, wie bei meinem Taufbunde, die reine Wahrheit zu sagen (GVG. § 51, ZPO. § 484, StPO. §§ 65, 288, VO v. 20. Okt 1811 [RegBl. 1601], RGStr 36, 203. Wegen Umgestaltung des Eides in den Nacheid vgl. BayZ. 1917, 212).

Notare und Notariatsverweser, Eide der —.

a) Notar Er schwört, dass er die ihm obliegenden Amtspflichten nach bestem Wissen und Gewissen den Gesetzen gemäss mit Fleiss und Sorgfalt erfüllen werde (Notariatsges. Art. 10, § 2 der Geschäftsordn. v. 30. Okt. 1913 [JMBl. 231]).

b) Notariatsverweser Er schwört wie der Notar; der Eid entfällt, wenn er Richter an einem Amtsgericht ist (Notariatsges. Art. 105, § 38 der Geschäftsordn. v 30. Okt. 1913 [JMBl. 231]).

Notariatsbeamte, Eid der —

Ich schwöre Treue der Verfassung des Freistaates Bayern und der Reichsverfassung, Gehorsam den Gesetzen und gewissenhafte Erfüllung meiner Dienstpflichten (NotBeamten-Ordn. v. 4. Sept. 1925, JMBl. 67, VO v 3. Mai 1920, GVBl. 191).

Notariatsdisziplinarkammer und Notariatsdisziplinarhof, Mitglieder der — Keine besondere Verpflichtung (NotG. Art. 84 Abs. 1, RDiszG. Art 22).

Offenbarungseide nach dem Bürgerlichen Gesetzbuche:

a) Eid in Nachlasssachen bei der Inventarserrichtung Der Richter spricht „Sie schwören bei Gott dem Allmächtigen und Allwissenden, dass Sie nach bestem Wissen die Nachlassgegenstände so vollständig angegeben haben, als Sie dazu imstande sind." Der Schwörende spricht „Ich schwöre es, so wahr mir Gott helfe" (BGB. § 2006, FGG. § 15, ZPO. § 481).

b) Eid dessen, der mit dem Erblasser in häuslicher Gemeinschaft lebte Der Richter spricht „Sie schwören bei Gott dem Allmächtigen und Allwissenden, dass Sie Ihre Angaben nach bestem Wissen so vollständig gemacht haben, als Sie dazu imstande sind." Der Schwörende spricht „Ich schwöre es, so wahr mir Gott helfe" (BGB. § 2028 FGG. § 15, ZPO § 481).

c) Eid dessen, der verpflichtet ist, einen Inbegriff von Gegenständen herauszugeben oder über den Bestand eines solchen Inbegriffs Auskunft zu erteilen Der Richter spricht „Sie schwören bei Gott dem Allmächtigen und Allwissenden, dass Sie nach bestem Wissen den Bestand so vollständig angegeben haben, als Sie dazu imstande sind." Der Schwörende spricht „Ich schwöre es, so wahr mir Gott (BGB. § 260, FGG. § 15, ZPO. § 481)

d) Eid dessen, der verpflichtet ist, über eine Verwaltung Rechenschaft abzulegen. Der Richter spricht „Sie schwören bei Gott dem Allmächtigen und Allwissenden, dass Sie nach bestem Wissen die Einnahmen so vollständig angegeben haben, als Sie dazu imstande sind." Der Schwörende spricht „Ich schwöre es, so wahr mir Gott helfe" (BGB. § 259, FGG. § 15, ZPO. § 481).

e) Eid des Miterben über Ausgleichungsposten Wie bei c (BGB. § 2057, FGG. § 15, ZPO. § 481).

Offenbarungseid des Gemeinschuldners im Konkursverfahren über das Inventar Der Richter spricht „Sie schwören bei Gott dem Allmächtigen und Allwissenden, dass Sie nach bestem Wissen Ihr zur Zeit der Konkurseröffnung vorhandenes Vermögen so vollständig angegeben haben, als Sie dazu imstande sind. Der Schwörende spricht „Ich schwöre es, so wahr mir Gott helfe" (KO. § 125, ZPO. §§ 807, 481).

Offenbarungseid im Zivilprozessverfahren:

a) Bei fruchtloser Pfändung Der Richter spricht. „Sie schwören bei Gott dem Allmächtigen und Allwissenden, dass Sie nach bestem Wissen Ihr Vermögen so vollständig angegeben haben, als Sie dazu imstande sind.“ Der Schwörende spricht „Ich schwöre es, so wahr mir Gott helfe“ (ZPO. §§ 807, 481).

b) Zur Erwirkung der Herausgabe von beweglichen Sachen oder einer Quantität von bestimmten beweglichen Sachen. Der Richter spricht „Sie schwören bei Gott dem Allmächtigen und Alwissenden, dass Sie die Sache nicht besitzen, auch nicht wissen, wo die Sache sich befinde.“ Der Schwörende spricht: „Ich schwöre es, so wahr mir Gott helfe“ (ZPO. §§ 883, 481).

Parteieid im Zivilprozess.

a) der Wahrheits- oder Wissenseid, d. i. der Eid über Handlungen oder Wahrnehmungen des Schwurpflichtigen: Der Richter spricht „Sie schwören bei Gott dem Allmächtigen und Allwissenden, dass . . (die Tatsache oder Wahrnehmung) . . . wahr (nicht wahr) ist.“ Die Partei spricht: „Ich schwöre es, so wahr mir Gott helfe“ (ZPO. § 459 Abs. 1, § 481)

b) Der Glaubens- oder Kredulitätseid, d. i. der Eid, der zu leisten ist, wenn eine Handlung oder eine Wahrnehmung des Schwurpflichtigen von seinem Gegner behauptet ist, und ihm nicht zugemutet werden kann, die Wahrheit oder Nichtwahrheit zu beschwören. Der Richter spricht „Sie schwören bei Gott dem Allmächtigen und Allwissenden, dass Sie nach sorgfältiger Prüfung und Erkundigung die Ueberzeugung erlangt haben, dass die . . . (Tatsache oder Wahrnehmung) . . . wahr (nicht wahr) ist.“ Die Partei spricht „Ich schwöre es, so wahr mir Gott helfe“ (ZPO § 459 Abs. 2, § 481).

c) Der Ignoranzeid, d. i. der Eid über Tatsachen anderer Art. Der Richter spricht „Sie schwören bei Gott dem Allmächtigen und Allwissenden, dass Sie nach sorgfältiger Prüfung und Erkundigung die Ueberzeugung erlangt (nicht erlangt) haben, dass . . (die Tatsache) . . wahr sei.“ Die Partei spricht „Ich schwöre es, so wahr mir Gott helfe“ (ZPO. § 459 Abs. 3, § 481).

d) Der Urkundeneditionseid. Der Richter spricht „Sie schwören bei Gott dem Allmächtigen und Allwissenden, dass Sie nach sorgfältiger Nachforschung die Ueberzeugung erlangt haben, dass die Urkunde in ihrem Besitze sich nicht befinde, dass Sie die Urkunde nicht in der Absicht abhanden gebracht haben, deren Benutzung dem Beweisführer zu entziehen, dass Sie auch nicht wissen, wo die Urkunde sich befinde“ Die Partei spricht „Ich schwöre es, so wahr mir Gott helfe“ (ZPO §§ 426, 481).

Protokollführer, Eid der — in dringenden Fällen bei Voruntersuchungen nach dem Beamtengesetz. Es entscheidet über die Form das Ermessen des Beeidigenden (Beamtenges. Art. 135, Reindl, Beamtenges. Art. 135 A. 2).

Rechtsanwälte, Eid der — „Ich schwöre bei Gottt dem Allmächtigen und Allwissenden, die Pflichten eines Rechtsanwalts gewissenhaft zu erfüllen, so wahr mir Gott helfe“ (RAO. § 17).

Referendare, Eid der — „Ich schwöre Treue der Verfassung des Freistaates Bayern und der Reichsverfassung, Gehorsam den, Gesetzen und gewissenhafte Erfüllung meiner Dienstpflichten", ausserdem haben sie den für die Gerichtsschreiber vorgeschriebenen Eid (s. oben bei Gerichtsschreiber) zu leisten (VO. v. 1 April 1925, GVBl. 103, § 23).

Reichsbeamte, Eid der — „Ich schwöre Treue der Verfassung, Gehorsam den Gesetzen und gewissenhafte Erfüllung meiner Amtspflichten" (RPrVO. v 14. Aug 1919 [RGBl. 1419]).

Richter der ordentlichen Gerichte einschliesslich der **Handelsrichter,** Eid der — Sie haben zu schwören, die ihnen obliegenden Richteramtspflichten nach bestem Wissen und Gewissen mit Fleiss und Sorgfalt zu erfüllen, keine Partei zu begünstigen, keiner mit Rat zu dienen, von keiner ein Geschenk oder Versprechen, weder unmittelbar noch mittelbar, anzunehmen, nirgends aus Hass, Gunst, Furcht, Rücksicht auf die Person oder aus ähnlichen Ursachen zu handeln, sondern bei allen Richteramtshandlungen nur Gott, die Gesetze, die Gerechtigkeit und Wahrheit vor Augen zu haben (AG. GVG. Art. 2, VO. v 3. Mai 1920, GVBl. 191, § 4), s. auch Beamte

Sachverständigeneid:

a) In Strafprozessachen und in Disziplinarsachen nach dem Beamtenges. Nur Voreid „Ich schwöre bei Gott dem Allmächtigen und Allwissenden, dass ich das von mir erforderte Gutachten unparteiisch und nach bestem Wissen und Gewissen erstatten werde, so wahr mit Gott helfe" (StPO. § 79, Beamtengesetz Art. 131).

b) In Zivilprozessachen. Als Voreid. Der Richter spricht „Sie schwören bei Gott dem Allmächtigen und Allwissenden, dass Sie das von Ihnen erforderte Gutachten unparteiisch und nach bestem Wissen und Gewissen erstatten werden." Der Sachverständige spricht „Ich schwöre es, so wahr mir Gott helfe"

Als Nacheid Wie beim Vordeid, jedoch anstatt „erstatten werden" „erstattet haben"

Bei gleichzeitiger Eidesleistung mehrerer werden beim Voreid wie beim Nacheid die Worte, die der Sachverständige zu sprechen hat, von jedem einzeln gesprochen (ZPO. §§ 410, 481).

Schätzer zur amtlichen Feststellung des Wertes von Grundstücken, Eid der — „Ich schwöre bei Gott dem Allmächtigen und Allwissenden, dass ich die mir als Schätzer obliegenden Pflichten getreu erfüllen und die mir aufgetragenen Schätzungen ohne Rücksicht auf die Person nach bestem Wissen und Gewissen ausführen werde, so wahr mir Gott helfe" (JInnMB. v 14. Juli 1909 [JMBl. 307] § 6), Erinnerung an den Eid vor der Vernehmung (§ 23 der Bek.).

Schöffeneid. Der Vorsitzende spricht: „Sie schwören bei Gott dem Allmächtigen und Allwissenden, die Pflichten eines Schöffen getreulich zu erfüllen und Ihre Stimmen nach bestem Wissen und Gewissen abzugeben." Jeder Schöffe spricht: „Ich schwöre es, so wahr mir Gott helfe" (GVBl. §§ 51, 77).

Urkundsbeamte. S. Gerichtsschreiber.

Verwaltungsgerichtshofs-Mitglieder, Eid der — „Ich schwöre bei Gott dem Allmächtigen und Allwissenden, dass ich die mir obliegenden Pflichten nach bestem Wissen und Gewissen mit Fleiss und Sorgfalt erfülle, keine Partei begünstige, keiner mit Rat diene, von keiner ein Geschenk oder Versprechen, weder unmittelbar noch mittelbar annehme, nirgends aus Hass, Gunst, Furcht, Rücksicht auf die Person oder aus ähnlichen Ursachen handle, sondern bei allen Amtshandlungen nur Gott, die Gesetze, die Gerechtigkeit und Wahrheit vor Augen habe" (VO. v. 31. Aug. 1879 [GVBl. 1007] § 16; VO. v. 3. Mai 1920 [GVBl. 191] § 4); s. hierzu Dyroff, VerwGerHGes. S. 89.

Vormünder, Verpflichtung der —. Sie werden von dem Vormundschaftsgericht mittels Handschlag an Eides Statt zu treuer und gewissenhafter Führung der Vormundschaft verpflichtet (BGB. § 1789).

Waisenräte: Sie werden vom Leiter des Jugendamts zur gewissenhaften Erfüllung ihrer Obliegenheiten und insbesondere zur Wahrung der Amtsverschwiegenheit in Pflicht genommen (JAmtsges. v. 20. Juli 1925, GVBl. 211, Art. 27 u. 9).

Zeugeneid:

a) In Strafprozesssachen und im Disziplinarverfahren nach dem Beamtengesetz. Als Voreid: „Ich schwöre bei Gott dem Allmächtigen und Allwissenden, dass ich nach bestem Wissen die reine Wahrheit sagen, nichts verschweigen und nichts hinzusetzen werde, so wahr mir Gott helfe." Als Nacheid: „Ich schwöre bei Gott dem Allmächtigen und Allwissenden, dass ich nach bestem Wissen die reine Wahrheit gesagt, nichts verschwiegen und nichts hinzugesetzt habe, so wahr mir Gott helfe" (StPO. §§ 62 u. 63; Beamtenges. Art. 131).

b) In Zivilprozesssachen. Nur Nacheid. Der Richter spricht: „Sie schwören bei Gott dem Allmächtigen und Allwissenden, dass Sie nach bestem Wissen die reine Wahrheit gesagt und nichts verschwiegen haben." Der Zeuge spricht: „Ich schwöre es, so wahr mir Gott helfe." Mehrere leisten gleichzeitig den Eid dadurch, dass sie letztere Formel einzeln sprechen (ZPO. §§ 392 u. 481).

8. Tabellen zur Berechnung der Gerichtskosten in bürgerl. Rechtsstreitigkeiten und in Konkurssachen.

Gerichtskostengesetz v. 5. Juli 1927 (RGBl. 152).

Wertklasse	Gegenstandswert von mehr als — bis einschließlich	Volle Gebühr	1/4 Gebühr	1/2 Gebühr	1 1/2 fache Gebühr	Doppelte Gebühr	Dreifache Gebühr
1	0— 20	1.00	0.50	0.50	1.50	2.00	3.00
2	20— 60	2.00	0.50	1.00	3.00	4.00	6.00
3	60— 100	3.00	0.80	1.50	4.50	6.00	9.00
4	100— 200	6.00	1.50	3.00	9.00	12.00	18.00
5	200— 300	9.00	2.30	4.50	13.50	18.00	27.00
6	300— 400	12.00	3.00	6.00	18.00	24.00	36.00
7	400— 500	15.00	3.80	7.50	22.50	30.00	45.00
8	500— 600	18.00	4.50	9.00	27.00	36.00	54.00
9	600— 700	21.00	5.30	10.50	31.50	42.00	63.00
10	700— 800	24.00	6.00	12.00	36.00	48.00	72.00
11	800— 900	27.00	6.80	13.50	40.50	54.00	81.00
12	900—1000	30.00	7.50	15.00	45.00	60.00	90.00
13	1000—1100	32.00	8.00	16.00	48.00	64.00	96.00
14	1100—1200	34.00	8.50	17.00	51.00	68.00	102.00
15	1200—1300	36.00	9.00	18.00	54.00	72.00	108.00
16	1300—1400	38.00	9.50	19.00	57.00	76.00	114.00
17	1400—1500	40.00	10.00	20.00	60.00	80.00	120.00
18	1500—1600	42.00	10.50	21.00	63.00	84.00	126.00
19	1600—1700	44.00	11.00	22.00	66.00	88.00	132.00
20	1700—1800	46.00	11.50	23.00	69.00	92.00	138.00
21	1800—1900	48.00	12.00	24.00	72.00	96.00	144.00
22	1900—2000	50.00	12.50	25.00	75.00	100.00	150.00
23	2000—2100	51.00	12.80	25.50	76.50	102.00	153.00
24	2100—2200	52.00	13.00	26.00	78.00	104.00	156.00
25	2200—2300	53.00	13.30	26.50	79.50	106.00	159.00
26	2300—2400	54.00	13.50	27.00	81.00	108.00	162.00
27	2400—2500	55.00	13.80	27.50	82.50	110.00	165.00
28	2500—2600	56.00	14.00	28.00	84.00	112.00	168.00
29	2600—2700	57.00	14.30	28.50	85.50	114.00	171.00
30	2700—2800	58.00	14.50	29.00	87.00	116.00	174.00
31	2800—2900	59.00	14.80	29.50	88.50	118.00	177.00
32	2900—3000	60.00	15.00	30.00	90.00	120.00	180.00
33	3000—3100	61.00	15.30	30.50	91.50	122.00	183.00
34	3100—3200	62.00	15.50	31.00	93.00	124.00	186.00
35	3200—3300	63.00	15.80	31.50	94.50	126.00	189.00

Wertklasse	Gegenstandswert von mehr als	Gegenstandswert bis einschließlich	Volle Gebühr	1/4 Gebühr	1/2 Gebühr	1 1/2 fache Gebühr	Doppelte Gebühr	Dreifache Gebühr
36	3300	3400	64.00	16.00	32.00	96.00	128.00	192.00
37	3400	3500	65.00	16.30	32.50	97.50	130.00	195.00
38	3500	3600	66.00	16.50	33.00	99.00	132.00	198.00
39	3600	3700	67.00	16.80	33.50	100.50	134.00	201.00
40	3700	3800	68.00	17.00	34.00	102.00	136.00	204.00
41	3800	3900	69.00	17.30	34.50	103.50	138.00	207.00
42	3900	4000	70.00	17.50	35.00	105.00	140.00	210.00
43	4000	4100	71.00	17.80	35.50	106.50	142.00	213.00
44	4100	4200	72.00	18.00	36.00	108.00	144.00	216.00
45	4200	4300	73.00	18.30	36.50	109.50	146.00	219.00
46	4300	4400	74.00	18.50	37.00	111.00	148.00	222.00
47	4400	4500	75.00	18.80	37.50	112.50	150.00	225.00
48	4500	4600	76.00	19.00	38.00	114.00	152.00	228.00
49	4600	4700	77.00	19.30	38.50	115.50	154.00	231.00
50	4700	4800	78.00	19.50	39.00	117.00	156.00	234.00
51	4800	4900	79.00	19.80	39.50	118.50	158.00	237.00
52	4900	5000	80.00	20.00	40.00	120.00	160.00	240.00
53	5000	5100	81.00	20.30	40.50	121.50	162.00	243.00
54	5100	5200	82.00	20.50	41.00	123.00	164.00	246.00
55	5200	5300	83.00	20.80	41.50	124.50	166.00	249.00
56	5300	5400	84.00	21.00	42.00	126.00	168.00	252.00
57	5400	5500	85.00	21.30	42.50	127.50	170.00	255.00
58	5500	5600	86.00	21.50	43.00	129.00	172.00	258.00
59	5600	5700	87.00	21.80	43.50	130.50	174.00	261.00
60	5700	5800	88.00	22.00	44.00	132.00	176.00	264.00
61	5800	5900	89.00	22.30	44.50	133.50	178.00	267.00
62	5900	6000	90.00	22.50	45.00	135.00	180.00	270.00
63	6000	6100	91.00	22.80	45.50	136.50	182.00	273.00
64	6100	6200	92.00	23.00	46.00	138.00	184.00	276.00
65	6200	6300	93.00	23.30	46.50	139.50	186.00	279.00
66	6300	6400	94.00	23.50	47.00	141.00	188.00	282.00
67	6400	6500	95.00	23.80	47.50	142.50	190.00	285.00
68	6500	6600	96.00	24.00	48.00	144.00	192.00	288.00
69	6600	6700	97.00	24.30	48.50	145.50	194.00	291.00
70	6700	6800	98.00	24.50	49.00	147.00	196.00	294.00
71	6800	6900	99.00	24.80	49.50	148.50	198.00	297.00
72	6900	7000	100.00	25.00	50.00	150.00	200.00	300.00
73	7000	7100	101.00	25.30	50.50	151.50	202.00	303.00
74	7100	7200	102.00	25.50	51.00	153.00	204.00	306.00
75	7200	7300	103.00	25.80	51.50	154.50	206.00	309.00
76	7300	7400	104.00	26.00	52.00	156.00	208.00	312.00
77	7400	7500	105.00	26.30	52.50	157.50	210.00	315.00
78	7500	7600	106.00	26.50	53.00	159.00	212.00	318.00

Wertklasse	Gegenstandswert von mehr als	bis einschließlich	Volle Gebühr	1/4 Gebühr	1/2 Gebühr	1 1/2 fache Gebühr	Doppelte Gebühr	Dreifache Gebühr
79	7600	7700	107.00	26.80	53.50	160.50	214.00	321.00
80	7700	7800	108.00	27.00	54.00	162.00	216.00	324.00
81	7800	7900	109.00	27.30	54.50	163.50	218.00	327.00
82	7900	8000	110.00	27.50	55.00	165.00	220.00	330.00
83	8000	8100	111.00	27.80	55.50	166.50	222.00	333.00
84	8100	8200	112.00	28.00	56.00	168.00	224.00	336.00
85	8200	8300	113.00	28.30	56.50	169.50	226.00	339.00
86	8300	8400	114.00	28.50	57.00	171.00	228.00	342.00
87	8400	8500	115.00	28.80	57.50	172.50	230.00	345.00
88	8500	8600	116.00	29.00	58.00	174.00	232.00	348.00
89	8600	8700	117.00	29.30	58.50	175.50	234.00	351.00
90	8700	8800	118.00	29.50	59.00	177.00	236.00	354.00
91	8800	8900	119.00	29.80	59.50	178.50	238.00	357.00
92	8900	9000	120.00	30.00	60.00	180.00	240.00	360.00
93	9000	9100	121.00	30.30	60.50	181.50	242.00	363.00
94	9100	9200	122.00	30.50	61.00	183.00	244.00	366.00
95	9200	9300	123.00	30.80	61.50	184.50	246.00	369.00
96	9300	9400	124.00	31.00	62.00	186.00	248.00	372.00
97	9400	9500	125.00	31.30	62.50	187.50	250.00	375.00
98	9500	9600	126.00	31.50	63.00	189.00	252.00	378.00
99	9600	9700	127.00	31.80	63.50	190.50	254.00	381.00
100	9700	9800	128.00	32.00	64.00	192.00	256.00	384.00
101	9800	9900	129.00	32.30	64.50	193.50	258.00	387.00
102	9900	10000	130.00	32.50	65.00	195.00	260.00	390.00

Die weiteren vollen Gebühren werden in folgender Weise gefunden:

a) Aus Streitgegenständen von mehr als 10 000 bis 20 000 einschliesslich: Der Streitgegenstand wird auf die nächsten vollen 100 aufgerundet, zwei Nullen werden gestrichen, der Rest wird durch 2 geteilt, 80 werden addiert. Beispiel: Gebühr aus 17 605 = 17 700; 177; 88.50; 168.50.

b) Aus Streitgegenständen von mehr als 20 000: Der Streitgegenstand wird auf die nächsten vollen 1000 aufgerundet, zwei Nullen werden gestrichen, der Rest wird durch 2 geteilt, 80 werden addiert. Beispiel: Gebühr aus 371 425 = 372 000; 3720; 1860; 1940.

Schreibgebühr für die Seite: 0.30 RM.

9. Tabellen zur Berechnung der Rechtsanwaltsgebühren.

a) Ordentliche Gebühren in Zivilsachen.

RechtsanwGebührenordn. v. 5. Juli 1927 (RGBl. 162).

Wertklasse	Streitgegenstand RM		Volle Gebühr	2/10 Gebühr	3/10 Gebühr	5/10 Gebühr	6/10 Gebühr	Berufungs- u. Revisionsinstanz	
	von mehr als	bis einschließlich						13/10 Gebühr	1/2 v. 13/10 Gebühr
1	0—	20	2.00	1.00	1.00	1.00	1.20	2.60	1.30
2	20—	60	4.00	1.00	1.20	2.00	2.40	5.20	2.60
3	60—	100	6.00	1.20	1.80	3.00	3.60	7.80	3.90
4	100—	150	8.00	1.60	2.40	4.00	4.80	10.40	5.20
5	150—	200	10.00	2.00	3.00	5.00	6.00	13.00	6.50
6	200—	300	15.00	3.00	4.50	7.50	9.00	19.50	9.75
7	300—	400	20.00	4.00	6.00	10.00	12.00	26.00	13.00
8	400—	500	25.00	5.00	7.50	12.50	15.00	32.50	16.25
9	500—	600	29.00	5.80	8.70	14.50	17.40	37.70	18.85
10	600—	700	33.00	6.60	9.90	16.50	19.80	42.90	21.45
11	700—	800	37.00	7.40	11.10	18.50	22.20	48.10	24.05
12	800—	900	41.00	8.20	12.30	20.50	24.60	53.30	26.65
13	900—	1000	45.00	9.00	13.50	22.50	27.00	58.50	29.25
14	1000—	1100	48.00	9.60	14.40	24.00	28.80	62.40	31.20
15	1100—	1200	51.00	10.20	15.30	25.50	30.60	66.30	33.15
16	1200—	1300	54.00	10.80	16.20	27.00	32.40	70.20	35.10
17	1300—	1400	57.00	11.40	17.10	28.50	34.20	74.10	37.05
18	1400—	1500	60.00	12.00	18.00	30.00	36.00	78.00	39.00
19	1500—	1600	63.00	12.60	18.90	31.50	37.80	81.90	40.95
20	1600—	1700	66.00	13.20	19.80	33.00	39.60	85.80	42.90
21	1700—	1800	69.00	13.80	20.70	34.50	41.40	89.70	44.85
22	1800—	1900	72.00	14.40	21.60	36.00	43.20	93.60	46.80
23	1900—	2000	75.00	15.00	22.50	37.50	45.00	97.50	48.75
24	2000—	2100	78.00	15.60	23.40	39.00	46.80	101.40	50.70
25	2100—	2200	81.00	16.20	24.30	40.50	48.60	105.30	52.65
26	2200—	2300	84.00	16.80	25.20	42.00	50.40	109.20	54.60
27	2300—	2400	87.00	17.40	26.10	43.50	52.20	113.10	56.55
28	2400—	2500	90.00	18.00	27.00	45.00	54.00	117.00	58.50
29	2500—	2600	93.00	18.60	27.90	46.50	55.80	120.90	60.45
30	2600—	2700	96.00	19.20	28.80	48.00	57.60	124.80	62.40
31	2700—	2800	99.00	19.80	29.70	49.50	59.40	128.70	64.35
32	2800—	2900	102.00	20.40	30.60	51.00	61.20	132.60	66.30
33	2900—	3000	105.00	21.00	31.50	52.50	63.00	136.50	68.25
34	3000—	3100	107.00	21.40	32.10	53.50	64.20	139.10	69.55
35	3100—	3200	109.00	21.80	32.70	54.50	65.40	141.70	70.85

Wertklasse	Streitgegenstand RM von mehr als	Streitgegenstand RM bis einschließlich	Volle Gebühr	2/10 Gebühr	3/10 Gebühr	5/10 Gebühr	6/10 Gebühr	Berufungs- u. Revisionsinstanz 13/10 Gebühr	Berufungs- u. Revisionsinstanz 1/2 v. 13/10 Gebühr
36	3200	3300	111.00	22.20	33.30	55.50	66.60	144.30	72.15
37	3300	3400	113.00	22.60	33.90	56 50	67.80	146.90	73.45
38	3400	3500	115.00	23.00	34.50	57.50	69.00	149.50	74.75
39	3500	3600	117.00	23.40	35.10	58.50	70.20	152.10	76.05
40	3600	3700	119.00	23.80	35.70	59.50	71.40	154.70	77.35
41	3700	3800	121 00	24.20	36.30	60.50	72.60	157.30	78.65
42	3800	3900	123.00	24.60	36.90	61.50	73.80	159.90	79.95
43	3900	4000	125.00	25.00	37.50	62.50	75.00	162.50	81.25
44	4000	4100	127.00	25.40	38.10	63.50	76.20	165.10	82.55
45	4100	4200	129.00	25.80	38.70	64.50	77.40	167.70	83.85
46	4200	4300	131.00	26.20	39.30	65.50	78.60	170.30	85.15
47	4300	4400	133.00	26.60	39.90	66.50	79.80	172.90	86.45
48	4400	4500	135.00	27.00	40.50	67.50	81.00	175.50	87.75
49	4500	4600	137.00	27.40	41.10	68.50	82.20	178.10	89.05
50	4600	4700	139.00	27.80	41.70	69.50	83.40	180.70	90.35
51	4700	4800	141.00	28.00	42.30	70.50	84.60	183.30	91.65
52	4800	4900	143.00	28.60	42.90	71.50	85.80	185.90	92.95
53	4900	5000	145.00	29.00	43.50	72.50	87.00	188.50	94.25
54	5000	5100	147.00	29.40	44.10	73.50	88.20	191.10	95.55
55	5100	5200	149.00	29.80	44.70	74.50	89.40	193.70	96.85
56	5200	5300	151.00	30.20	45.30	75.50	90.60	196.30	98.15
57	5300	5400	153.00	30.60	45.90	76.50	91.80	198.90	99.45
58	5400	5500	155.00	31.00	46.50	77.50	93.00	201.50	100.75
59	5500	5600	157.00	31.40	47.10	78.50	94.20	204.10	102.05
60	5600	5700	159.00	31.80	47.70	79.50	95.40	206.70	103.35
61	5700	5800	161.00	32.20	48.30	80.50	96.60	209.30	104.65
62	5800	5900	163.00	32.60	48.90	81.50	97.80	211.90	105.95
63	5900	6000	165.00	33.00	49.50	82.50	99.00	214.50	107.25
64	6000	6100	166.00	33.20	49.80	83.00	99.60	215.80	107.90
65	6100	6200	167.00	33.40	50.10	83.50	100.20	217.10	108.55
66	6200	6300	168.00	33.60	50.40	84.00	100.80	218.40	109.20
67	6300	6400	169.00	33 80	50.70	84.50	101.40	219.70	109.85
68	6400	6500	170.00	34.00	51.00	85.00	102.00	221.00	110.50
69	6500	6600	171.00	34.20	51.30	85.50	102.60	222.30	111.15
70	6600	6700	172.00	34.40	51.60	86.00	103.20	223.60	111.80
71	6700	6800	173.00	34.60	51 90	86.50	103.80	224.90	112.45
72	6800	6900	174.00	34.80	52.20	87.00	104.40	226.20	113.10
73	6900	7000	175.00	35.00	52.50	87.50	105.00	227.50	113.75
74	7000	7100	176.00	35.20	52.80	88.00	105.60	228.80	114.40
75	7100	7200	177.00	35.40	53.10	88.50	106.20	230.10	115.05

Wertklasse	Streitgegenstand RM von mehr als	bis einschließlich	Volle Gebühr	2/10 Gebühr	3/10 Gebühr	5/10 Gebühr	6/10 Gebühr	Berufungs- u. Revisionsinstanz 13/10 Gebühr	1/2 v. 13/10 Gebühr
76	7200 –	7300	178.00	35.60	53.40	89.00	106.80	231.40	115.70
77	7300 –	7400	179.00	35.80	53.70	89.50	107.40	232.70	116.35
78	7400 –	7500	180.00	36.00	54.00	90.00	108.00	234.00	117.00
79	7500 –	7600	181.00	36.20	54.30	90.50	108.60	235.30	117.65
80	7600 –	7700	182.00	36.40	54.60	91.00	109.20	236.60	118.30
81	7700 –	7800	183.00	36.60	54.90	91.50	109.80	237.90	118.95
82	7800 –	7900	184.00	36.80	55.20	92.00	110.40	239.20	119.60
83	7900 –	8000	185.00	37.00	55.50	92.50	111.00	240.50	120.25
84	8000 –	8100	186.00	37.20	55.80	93.00	111.60	241.80	120.90
85	8100 –	8200	187.00	37.40	56.10	93.50	112.20	243.10	121.55
86	8200 –	8300	188.00	37.60	56.40	94.00	112.80	244.40	122.20
87	8300 –	8400	189.00	37.80	56.70	94.50	113.40	245.70	122.85
88	8400 –	8500	190.00	38.00	57.00	95.00	114.00	247.00	123.50
89	8500 –	8600	191.00	38.20	57.30	95.50	114.60	248.30	124.15
90	8600 –	8700	192.00	38.40	57.60	96.00	115.20	249.60	124.80
91	8700 –	8800	193.00	38.60	57.90	96.50	115.80	250.90	125.45
92	8800 –	8900	194.00	38.80	58.20	97.00	116.40	252.20	126.10
93	8900 –	9000	195.00	39.00	58.50	97.50	117.00	253.50	126.75
94	9000 –	9100	196.00	39.20	58.80	98.00	117.60	254.80	127.40
95	9100 –	9200	197.00	39.40	59.10	98.50	118.20	256.10	128.05
96	9200 –	9300	198.00	39.60	59.40	99.00	118.80	257.40	128.70
97	9300 –	9400	199.00	39.80	59.70	99.50	119.40	258.70	129.35
98	9400 –	9500	200.00	40.00	60.00	100.00	120.00	260.00	130.00
99	9500 –	9600	201.00	40.20	60.30	100.50	120.60	261.30	130.65
100	9600 –	9700	202.00	40.40	60.60	101.00	121.20	262.60	131.30
101	9700 –	9800	203.00	40.60	60.90	101.50	121.80	263.90	131.95
102	9800 –	9900	204.00	40.80	61.20	102.00	122.40	265.20	132.60
103	9900 –	10000	205.00	41.00	61.50	102.50	123.00	266.50	133.25

Die weiteren vollen Gebühren werden in folgender Weise gefunden:

a) Aus Streitgegenständen von mehr als 10 000 bis 20 000 einschliesslich: Der Streitgegenstand wird auf die nächsten vollen 100 aufgerundet, die letzten beiden Nullen werden weggelassen, der Rest wird durch 2 geteilt, 155 werden addiert.

b) Aus Streitgegenständen von mehr als 20 000 bis 100 000 einschliesslich: Der Streitgegenstand wird auf die nächsten vollen 1000 aufgerundet, die letzten zwei Nullen werden weggelassen, der Rest wird durch 2 geteilt, 155 werden addiert.

c) Aus Streitgegenständen von mehr als 100 000 bis 1 000 000 einschliesslich: Der Streitgegenstand wird auf die nächsten vollen 1000 aufgerundet, die letzten beiden Nullen werden weggelassen, der Rest wird durch 4 geteilt, 405 werden addiert.

d) Aus Streitgegenständen von mehr als 1000000 bis 5000000 einschliesslich: Der Streitgegenstand wird auf die nächsten vollen 1000 aufgerundet, die beiden letzten Nullen werden weggelassen, der Rest wird durch 5 geteilt, 905 werden addiert.

e) Aus Streitgegenständen über 5000000: Der Streitgegenstand wird auf die nächsten vollen 1000 aufgerundet, die beiden letzten Nullen werden weggelassen, der Rest wird durch 10 geteilt, 5905 werden addiert.

Beispiele: Zu a, Gebühr aus 15324 RM: 15400; 154; 77; 232 (Gebühr!). Zu e, Gebühr aus 6325421 RM: 6326000; 63260; 6326; 12231 (Gebühr!).

Schreibgebühr für die Seite: 0.30 RM.

b) Gebühren der Rechtsanwälte in Armensachen.

Ges. v. 9. Febr. 1923; VOen v. 13. Dez. 1923 u. 12. Dez. 1924; Ges. v. 14. Juli 1925 (RGBl. 1923, 103 u. 1188; 1924, 775; 1925, 136; 1926, 503.

Wertklasse	Streitgegenstand RM von mehr als	Streitgegenstand RM bis einschließlich	volle Gebühr	2/10 Gebühr	3/10 Gebühr	5/10 Gebühr	6/10 Gebühr	Berufungs- u. Revisionsinstanz 13/10 Gebühr	Berufungs- u. Revisionsinstanz 1/2 v. 13/10 Gebühr
	0—	20	2.00	0.50	0.60	1.00	0.60	2.60	1.30
	20—	60	4.00	0.80	1.20	2.00	2.40	5.20	2.60
	60—	100	6.00	1.20	1.80	3.00	3.60	7.80	3.90
	100—	150	8.00	1.60	2.40	4.00	4.80	10.40	5.20
	150—	200	10.00	2.00	3.00	5.00	5.00	13.00	6.50
	200—	500	12.00	2.40	3.60	6.00	7.20	15.60	7.80
	500—	1000	20.00	4.00	6.00	10.00	12.00	26.00	13.00
	1000		35.00	7.00	10.50	17.50	21.00	45.50	22.75

10. Sonstige Gebühren und Auslagenersätze.

a) Vollmachtenstempel.

StempelGes. v. 16. März 1921, GVBl. 182.

I. Höhe:

1. Spezialvollmachten

Gegenstandswert von mehr als	150— 600 GM. =	0.50 GM
„ „ „ „	600— 1000 GM. =	1.00 GM
„ „ „ „	1000— 3000 GM. =	1.50 GM
„ „ „ „	3000— 6000 GM. =	3.00 GM,
	bei ProzVollmachten jedoch	2.00 GM
Gegenstandswert von	mehr als 6000—10000 GM. =	5.00 GM,
	bei ProzVollmachten jedoch	3.00 GM
„ „	mehr als 10000—15000 GM. =	7.50 GM,
	bei ProzVollmachten jedoch	4.00 GM
sonst	=	10.00 GM,
	bei ProzVollmachten jedoch	5.00 GM

2. Generalvollmachten

Wie bei 1, jedoch:

Gegenstandswert von mehr als 15000 GM.—100000 GM.	= 15 GM
„ „ „ „ 100000 GM.	= 20 GM

3. Vollmachten im Strafverfahren u. wenn der Wert in Geld nicht schätzbar ist = 2 GM.

II. Zusatzbestimmungen:

Vollmachten für Geschäfte ausserhalb Bayerns: die halben Sätze. — Angestellten- und Familienvollmacht: höchstens 1.50 GM. — Vollmacht für mehrere, nicht in einem Gemeinschafts- oder Gesellschaftsverhältnisse Stehende: Mehrfache Entrichtung des Stempels.

b) Gebühren der Zeugen und Sachverständigen.

GebOrdn. v. 21. Dez. 1925 (RGBl. 471).

1. Gebühren der Zeugen für Zeitversäumnis: Für jede angefangene Stunde 0.20—1.50 RM, für den Tag nicht mehr als 10 Stunden.
2. Gebühren der Sachverständigen für die Leistung. Für jede angefangene Stunde bis zu 3 RM, bei besonders schwierigen Leistungen bis zu 6 RM, auf Verlangen der übliche Preis, hierzu für die ausserdem stattfindende Terminsteilnahme bis zu 3 RM; eine beliebige Vergütung bei Einverständnis der Parteien u. Vorschusserlage.

3. Reiseentschädigung für Z. u. Sachv: Für Reisen ausserh. u. innerh. des Aufenthaltsorts von mehr als 2 Km Entfernung die Auslagen für erforderliche Transportmittel, sonst für jedes angefangene Km. des Hin- und Rückwegs 10 RPf.

4. Entschädigung für Z. u. Sachv für den durch Abwesenheit vom Aufenthaltsort verursachten Aufwand Massgebend die persönlichen Verhältnisse, Höchstsollgrenze hierbei die Tagegelder für R.-Beamte der Stufe III, das ist für den Tag 12 M bei besonders teuren, 10 M bei andern Orten mit folgender Massgabe a) Bei Reisen desselben Tages: Bis 3 Stunden (einschl.) kein Tagegeld, von da bis 6 Stunden $^{3}/_{10}$, von da bis 8 Stunden $^{5}/_{10}$, von mehr als 8 Stunden, jedoch ohne Uebernachten $^{8}/_{10}$, b) Bei Reisen von mehr Tagen Für jeden Tag die Sätze unter a), jedoch auch bei mehr als 8 Stunden Reisedauer höchstens $^{5}/_{10}$, volles Tagegeld aber für den Hinreisetag, wenn Reise vor 2 Uhr nachm. angetreten, desgl. für den Rückreisetag, wenn Rückreise nach 2 Uhr nachm. beendet.

Besonders teure Orte Augsburg, Frankenthal, Fürth, Kaisersllautern, Landau (Pf.), Ludwigshafen, München, Neustadt (Haardt), Nürnberg, Pirmasens, Speyer, Zweibrücken.

5. Entschädigung der Z. u. Sachv für Nachtquartier Der angemessene Betrag.

c) Die Gebühren für ärztliche Dienstleistungen bei Behörden.

Die Vergütungen für ärztliche Dienstleistungen bei Behörden sind geregelt durch VO. v 17. Nov 1902 (GVBl. 715), geänd. durch VO. v. 4. Aug 1910 (GVBl. 415). Die in diesen festgestellte Gebührensätze sind nun durch InnMVO. v. 15. Jan. 1924 (StAnz. Nr 14) in die folgenden Goldmarksätze umgestellt. Dabei ist die Goldmark zu berechnen nach dem Goldumrechnungssatz für die Reichssteuern am Zahlungstage. Für besondere Ausnahmefälle ist die Ueberschreitung der Sätze gestattet.

1. Gebührensätze zur VO. als solcher.

Vergütung für Zeitaufwand nach § 3 Abs. 2 u. 3 für jede angefangene halbe Stunde	1—10 M
Tagegeld eines im öffentlichen Interesse abgeordneten Arztes (§ 11 Abs. 2), Höchstbetrag	20 M

2. Die Gebührensätze der ihr angefügten Gebührenordnung für amtsärztliche Dienstleistungen.

1	Besichtigung einer Leiche oder von Leichenteilen mit Befundbericht und vorläufigem Gutachten	4—40 M
2.	Vornahme einer Sektion von Leichenteilen mit Befundbericht und vorläufigem Gutachten . .	7—70 M

3. Vornahme einer Leichenöffnung mit Befundbericht und vorläufigem Gutachten . . . . 14—140 M
4. Hilfeleistung bei Vornahme einer Leichenöffnung 4—40 M
5. Mikroskopische, physikalische Untersuchung mit Befundbericht und vorläufigem Gutachten bei einfachen Untersuchungen . . . . 4—40 M
bei zeitraubenden Untersuchungen . . . . 7—70 M
6. bakteriologische, chemische Untersuchung mit Befundbericht und vorläufigem Gutachten bei einfachen Untersuchungen . . . . 10—100 M
bei zeitraubenden Untersuchungen . . . . . 20—200 M
7. Wundbeschau oder sonstige ärztl. Untersuchungen und Beobachtungen mit Befundbericht und vorläufigem Gutachten — soferne nicht ein Fall der Ziff. 9 vorliegt — bei einfachen Untersuchungen und Beobachtungen . . . . 4—40 M
bei zeitraubenden Untersuchungen u. Beobachtungen 7—70 M
8 a) Untersuchungen und Beobachtungen zum Zwecke der Erstattung eines Gutachtens . . . . 4—40 M
b) Studium von Akten zum Zwecke der Erstattung eines Gutachtens . . . . 4—40 M
c) Wissenschaftlich begründetes Gutachten über Personen oder Sachen . . . . 7—70 M
bei Gutachten über den Geisteszustand . 7—100 M
9. Ausstellung von Zeugnissen über Gesundheit oder Krankheit, Diensttauglichkeit, Aufsichts-, Arbeits- oder Erwerbsfähigkeit mit Untersuchung . . 2—20 M
10. Beglaubigung von Zeugnissen, Ausstellung eines Befundscheines, Erteilung einer schriftl. Auskunft ohne nähere gutachtliche Ausführung . . . . 1—10 M
11. Gutachten in bezug auf Beerdigung, Ausgrabung, Beförderung von Leichen . . . . 1—15 M
12. Untersuchung einer Apotheke, einer Drogerie, einer Gifthandlung . . . . 7—70 M
13. Gutachten in polizeilichen Angelegenheiten über Einrichtungen oder gewerbliche Anlagen . . . 4—40 M
14. Abwartung eines gerichtlichen Termins als Sachverständiger einschliesslich der während des Termins ausgeführten Untersuchungen und des erstatteten mündlichen Gutachtens bis zu 2 Stunden 6—60 M
für jede angefangene Stunde mehr . . . . 2—20 M

Anm. Wegen der Gebühren der Aerzte und Zahnärzte in der Privatpraxis s. nun InnMB. v. 27. Sept. 1924 (StAnz. Nr. 226).

Wegen der Gebühren der Hebammen s. VO v. 8. April 1926 (GVBl. 287), geänd. durch VO. v. 20. April 1926 (GVBl. 287).

d) Entschädigung der Schöffen, Geschworenen und Vertrauenspersonen, der Mitglieder des Pachteinigungsamts und der Beisitzer in Mietsachen.

VO. v. 18. März 1924 (RGBl. 282), geändert durch VO. v. 22. Dez. 1925 (RGBl. 476); Bek. vom 18. Aug. 1922 (GVBl. 422); Bek. v. 29 März 1924 (StAnz. Nr 76); PachtschutzO. v. 19. Sept. 1925 (GVBl. 250) § 9; Bek. v. 23. Juli 1923 (GVBl. 367) Nr. III 13.

Orte der Zuziehung	Über-nachtungs-gelder	Tagegelder bei einer Dauer der Dienstleistung*) von				Volles Tage-geld*)	Vergütung für Verdienst-ausfall	Reiseauslagenvergütung	
		bis 3 Std. einschl.	mehr als 3—6 Std. einschl.	mehr als 6—8 Std. einschl.	mehr als 8 Std. ohne Übernachten			Bei Benützung öffentl. Verkehrsmittel	Sonstige Wegstrecken
	RM.	RM.	RM.	RM.	RM.	RM.			
Besonders teure Orte	4.50	—	2.10	3.50	5.60	7.—	0.20—1.50 RM. für die Stunde; höchstens 10 Stunden im Tage	Eisenbahn: 3. Klasse Schiff: 2. Klasse	0.10 RM. für jeden Kilometer des Hin- und Rückwegs; bei besonderen Umständen Fuhrkostenersatz
Gewöhnliche Orte	3.50	—	1.35	2.25	3.60	4.50			

*) Keine Tagegelder bei Dienstleistung am Wohnorte.

e) Entschädigung der Arbeitgeber- und der Arbeitnehmer-Beisitzer der Arbeitsgerichtsbehörden.

VO. v. 24. Juni 1927 (RGBl. 129).

	Uebernachtungsgeld		Aufwandsentschädigung				Entschädigung für Verdienstausfall	Fahrkosten*)			
					Für auswärt. Mitglieder			Bei regelmässig fahrenden Verkehrsmitteln			Sonstige Wegstrecken
	besonders teure Orte	gewöhnliche Orte	Bei einer Sitzungsdauer	Für ortsanwesende Mitglieder**)	für den Sitzungstag	für einen weit. Reisetag		Eisenbahn	Schiff	sonstige	
	RM.	RM.		RM.	RM.	RM.	RM.	Die wirkl. erwachsenen Auslagen einschl. Gepäckausgabe			
a) Arbeitsgerichte und Landesarbeitsgerichte	7.00	5.00	bis 4 Std.	1.50	4.50	3.00	0.20—1.50 für die Stunde; höchstens 10 Stunden für den Tag	höchst. 3. Klasse	höchst. 2. Klasse		0.10 RM. für jeden angefangenen Kilometer
			über 4 Std.	3.00	6.00			Die wirkl. erwachsenen Auslagen einschl. Gepäckausgaben			
b) Reichsarbeitsgericht	9.00		6.00		12.00			höchst. 2. Klasse	höchst. 1. Klasse		

**) D. h. für innerhalb der polit. Gemeinde des Sitzungsorts Wohnende.
*) Nur für ausserhalb der polit. Gemeinde des Sitzungsorts Wohnende.

f) Tagegelder u. Übernachtungsgelder der bay. Beamten.

(GVBl. 1922, 303; 1924, 249; 1923, 375).

I. Tagegelder u. Uebernachtungsgelder.

1. Bei Dienstreisen nach besonders teueren Orten.*)

Besoldungsgruppe	Stufeneinteilung	Tagegelder*) bei einer Dauer der Dienstreise von				Volles Tagegeld**)	Übernachtungsgelder
		bis 3 Std. einschl.	mehr als 3—6 Std.	mehr als 6—8 Std.	über 8 Std.; ohne Übernachten		
		RM.	RM.	RM.	RM.	RM.	RM.
I—V	Stufe I	—	2.10	3.50	5.60	7.—	4.50
VI—VIII	„ II	—	2.70	4.50	7.20	9.—	6.00
IX—XII	„ III	—	3.60	6.—	9.60	12.—	9.00
XIII u. Einzelgehälter	„ IV	—	4.20	7.—	11.20	14.—	12.00

*) Wegen der besonders teueren Orte s. GVBl. 1922, 307.

**) Beamte ohne eigenen Haushalt u. ohne volle häusliche Verwandtenverpflegung erhalten nur ³/₄ der Tagegeldsätze.

2. Bei Dienstreisen nach sonstigen Orten.

Besoldungsgruppe	Stufeneinteilung	Tagegelder*) bei einer Dauer der Dienstreise von				Volles Tagegeld*)	Übernachtungsgelder
		bis 3 Std. einschl.	mehr als 3—6 Std.	mehr als 6—8 Std.	über 8 Std.; ohne Übernachten		
		RM.	RM.	RM.	RM.	RM.	RM.
I—V	Stufe I	—	1.35	2.25	3.60	4.50	3.50
VI—VIII	„ II	—	2.10	3.50	5.60	7.00	4.50
IX—XII	„ III	—	3.00	5.00	8.00	10.00	5.00
XIII u. Einzelgehälter	„ IV	—	3.60	6.00	9.60	12.00	6.00

*) Beamte ohne eigenen Haushalt u. ohne volle häusliche Verwandtenverpflegung erhalten nur ³/₄ der Tagegeldsätze.

II. Reisekostenersatz.

1. Stufe I u. II: Eisenbahn 3. Klasse; Schiff 2. Klasse.
2. Stufe III u. aus Stufe IV BesoldGruppe A XIII u. B I: Eisenbahn 2. Klasse; Schiff 1. Klasse.
3. Andere Beamte: Eisenbahn 1. Klasse; Schiff 1. Klasse.
4. Kilometervergütung 0.10 RM, bei besonderen Umständen Fuhrkostenersatz.

11. Standesvereinigungen.

a) Der Bayerische Richterverein (e. V.).

Gegründet am 11. November 1906 in Nürnberg — Sitz in München —. Erster Vorsitzender: Amtsgerichtsdirektor Frank in München, Römerstraße 33/II r. — Erster Schriftführer: Rat am Obersten Landesgericht Renner in München, Römerstr. 21/III l. — Postscheckkonto des Vereins: München 48 324.

Zweck des Vereins: Die Wahrung und Förderung der ideellen und materiellen Standesinteressen der juristisch vorgebildeten Justizbeamten Bayerns. Mit dem Verein ist eine Waisenfondsstiftung verbunden.

Berechtigung zur Mitgliedschaft: Ordentliches Mitglied kann jeder aktive oder im Ruhestande befindliche juristisch vorgebildete Justizbeamte Bayerns werden. Der Eintritt in den Verein erfolgt auf Grund schriftlicher Anmeldung durch Aufnahme in den Bezirksverband des Wohnsitzes. Die Ernennung von Ehrenmitgliedern ist zulässig.

Mitgliederzahl: 1850.

Bezirksverbände u. Vorsitzende der Bezirksausschüsse: Amberg stv. LGDirektor Schinagl; Ansbach OLGRat Ruttmann, Aschaffenburg stv. LGDirektor Lehrmeyer, Augsburg Rat am OLG. Düll, Bamberg: Amtsr. Trautner; Bayreuth stv LGDir. Späth: Coburg: AGRat Geiger, Deggendorf 1. Staatsanwalt Mittenzwei, Eichstätt I. V LGRat Matthäus, Frankenthal stv LGDirektor Hussong, Fürth s. Nürnberg, Hof Amtsrichter Kaidel, Kaiserslautern 2. Staatsanwalt Dr Köhler, Kempten AGDirektor Dr Stölzle, Landau i. d. Pf. 1. Staatsanwalt Schröder; Landshut: LGRat Dr Bems, Memmingen stv. LGDirektor Vaitl; München AGDirektor Frank; Neuburg a. D. LGDirektor Taucher, Nürnberg-Fürth LGDirektor Seeberger; Passau 1 Staatsanwalt Hupfauer, Regensburg stv. LGDirektor Engert, Schweinfurt LGDirektor Kraft, Straubing stv. LGDirektor Dr Stangl; Traunstein: AGDirektor Neun, Weiden LGRat Dr Beck; Würzburg LGRat Leimer, Zweibrücken: Rat am OLG. Haas.

Dr. Leebsche Waisenstiftung des Bayer. Richtervereins Vorstand AGDirektor Frank in München, Römerstr. 33/II r Freiwillige Leistungen an das offene Depot der Stiftung bei der Bayer. Staatsbank 100 966.

b) Deutscher Richterbund.

Sitz in Leipzig. — Geschäftsstelle: Leipzig-Gohlis, Pölitzstr. 26. Geschäftsführender Vorstand und Vorsitzender Senatspräs. beim Reichsgericht Reichert. — Schriftführer: Amtsgerichtsrat Weis. — Kassenwart: Landgerichtsrat Dr. Gerth-Noritzsch, sämtliche in Leipzig. — Fernspr.-Nr. 52073. — Postscheckkonto: 5240 Postsch.-Amt Leipzig.

Zweck des Verbandes: Vertretung der Interessen der deutschen Richter und Staatsanwälte und Förderung der Rechtspflege

Mitgliedschaft: Der Bund besteht aus den 17 Landesvereinen: Anhaltischer Richterverein, Dessau, Badischer Richterverein, Karlsruhe, Bayerischer Richterverein e V., München, Braunschweigischer Richterverein, Braunschweig, Verein bremischer Richter, Bremen, Hamburgischer Richterverein, Hamburg; Hessischer Richterverein, Mainz, Lippischer Richterverein, Detmold; Lübecker Richterverein, Lübeck, Mecklenburg-Schwerinscher Richterverein, Rostock i. M., Verein Oldenburgischer Richter und Staatsanwälte, Oldenburg, Richterverein für Mecklenburg-Strelitz, Neustrelitz, Preussischer Richterverein, Charlottenburg, Verein der Richter und Reichsanwälte am Reichsgericht, Leipzig, Verein Sächsischer Richter und Staatsanwälte, Leipzig, Thuringer Richterverein, Weimar; Württembergischer Richterverein, Stuttgart

Offizielles Organ: Deutsche Richterzeitung, im Verlag von Hermann Sack, Berlin W. 35, Potsdamerstr 112. Schriftleitung Der Bundesvorsitzende

Mitgliederzahl: rund 11 000.

c) Reichsbund der höheren Beamten.

Sitz in Berlin W 62, Wichmannstr. 19/I. — Vorsitzender Reichsminister a. D. Dr. Scholz, Berlin-Charlottenburg. — Stellvertretender Vorsitzender Oberstudiendirektor Dr. Bolle, Berlin-Karlshorst. — Hauptgeschäftsführer Senatspräsident a. D. Dr. Spiegelthal, Berlin-Charlottenburg.

Zweck des Bundes: Der Bund hat die Aufgabe, die höheren Beamten in allen gemeinsamen beruflichen, rechtlichen und wirtschaftlichen Angelegenheiten zu vertreten und zu fordern. Parteipolitische und konfessionelle Bestrebungen sind ausgeschlossen. Der Reichsbund erstrebt sowohl für sich selbst wie für seine Berufs- und Landesverbände die Herbeiführung engerer Arbeitsgemeinschaften mit den Organisationen der übrigen Beamten.

Mitgliedschaft: Die Mitgliedschaft des Bundes können erwerben über das Reich sich erstreckende Berufsverbände und die Landesverbände höherer Beamter Mitgliederzahl etwa 100 000.

Dem Reichsbund sind die folgenden Berufs- und Landesverbände angeschlossen

a) Berufsverbände. Verband Deutscher evangelischer Pfarrervereine, Pfarrer Meyer, Berlin NO. 18, Landsbergerstr 9. Berufsverband Unterricht, Stud-Ass. Ried, Berlin NW 6, Schiffbauerdamm 5/IV Deutscher Richterbund, Senatspräs. Reichert, Leipzig-Gohlis, Pölitzstr 26. Reichsverband der höheren Verwaltungsbeamten des Reichs und der Länder, Präsident Tull, Berlin SW 11, Bernburgerstr 30/I, Betriebsverwaltungen 1 Verein der höheren administrativen Reichsbahnbeamten E. V., Reichsbahnoberrat Thayssen, Berlin

W. 15, Konstanzerstr. 59. 2. Vereinigung der höheren Reichspost- und Telegraphenbeamten, Oberpostdir. Dönch, Berlin Nr. 24, Oranienburgerstr. 35/36. Berufsverein der höheren Kommunalbeamten Deutschlands, e. V., Stadtsyndikus a. D. Dr. Münkel, Charlottenburg, Schillerstr. 124/III. Berufsverband Wissenschaftliche Berufe, Dr. Tiegs, Dahlem, Unter den Eichen 74. Technische Berufe, Geschäftsstelle: Berlin SW. 11, Bernburgerstr. 15/16. Reichsverband der akademischen Finanzbeamten, Reg.-Rat Hampf, Potsdam, Margaretenstrasse 34. Reichsforstverband, Oberforstmeister v. Arnswaldt, Schlemmin bei Bützow i. M.

b) Landesverbände: Reich, Postrat Wagner, Steglitz, Martinstr. 5. Preussen, Geh. Oberreg.-Rat Dr. v. Strempel, Charlottenburg, Leibnizstrasse 13. Sachsen, Geschäftsstelle: Dresden-A., An der Frauenkirche 12. Bayern, Amtsgerichtsdir. Frank, München, Römerstr. 33/II. Württemberg, Vors.: Staatsanwalt Eisenbacher, Cannstatt, Teckstr. 22; Geschäftsführer: K. O. Kübel, Cannstatt, Bismarckstrasse 34. Baden, Ob.-Land.-Ger.-Rat Jolly, Karlsruhe, Jollystr. 47. Hessen, Vors.: Ob.-Stud.-Dir. Altendorf, Friedberg, Herzog-Ludwigstr. 9; Schriftführer Stud.-Ass. Monjé, Darmstadt, Hobrechtstr. 35. Thüringen, Ob.-Reg.-Rat Wagner, Weimar, Schwabestr. 18. Braunschweig, Ober-Reg.-Rat Dr. Rittmeyer, Braunschweig, An der Katharinenkirche 11. Anhalt, Oberstaatsanwalt Geh. Justizrat Burkner, Dessau, Neumarkt 5. Oldenburg, Ob.-Land.-Ger.-Rat Flor, Oldenburg, Roggemannstr. 5. Bremen, Gewerberat Seiler, Bremen, Rembertistr. 56. Hamburg, Stud.-Rat Dr. Körner, Hamburg, Ottersbeckallee 21. Lübeck, Dr. Hempel, Lübeck, Karpfenstr. 7. Mecklenburg-Schwerin, Forstmeister Berlin, Eversdorf bei Grevesmühlen, Mecklenburg-Schwerin. Mecklenburg-Strelitz, Stud.-Rat Tiedt, Neustrelitz, Augustastr. 4. Lippe, LandGer.-Dir. Ostmann, Detmold, Freiligrathstr. 18.

d) Der Bayerische Juristenverein (Privatsterbekasse.) Anerkannter kleiner Versicherungsverein.

Sitz in München. — Gegründet 3. Febr. 1885. — Vorstand: Oberlandesgerichtsrat Simmerding in München. — Sekretariat u. Kassier: Rechnungsrat Kößler in München, Herzogstr. 66/0 l; Sprechzeit 2—3; Telephon 34478. – Stand Febr. 1927: Vermögen 18000 RM; Mitgliederzahl 620.

Beitrittsberechtigt: Bis zum Beginn des **50.** Lebensjahrs alle in den Staatsdienst aufgenommenen aktiven Juristen in Bayern, Notare, rechtskundige Gemeindebeamte, sämtl. Gerichtssekretäre und die bei bayer. Gerichten zugelassenen Rechtsanwälte. Voraussetzung, dass keine bedenkliche Gesundheitsstörung vorhanden.

Mitgliederbeiträge: 10 M Aufnahmegebühr (bzw. Nachzahlung der seit dem 35. Lebensjahre event. seit der Anstellung, wenn solche nach dem 35. Jahre erfolgt, fällig gewesenen Sterbefallbeiträge) und 2 M bei jedem Ableben eines Mitgliedes.

Sterbefallquote: Gegenwärtig 1000 RM.

Sterbefälle seit der Gründung 1885: 505.

Anmeldung bei dem Sekretariat des Vereins.

Bei Sterbefallanmeldung wolle sofort begl. Sterberegisterauszug vorgelegt u. genaue Adr. des Empfangsberecht. bezeichnet werden.

Für den Verein besteht das **Scheckkonto** Nr. 6214 beim Postscheckamt München.

12. Post-, Telegraphen- und Fernsprechgebühren.

Gültig ab 1. Oktober 1927.

I. Vorbemerkungen.

1. Alle Postsendungen, mit Ausnahme der gewöhnlichen und eingeschriebenen Briefe und Postkarten, jedoch einschliesslich der Rohrpostsendungen und der Nachnahmebriefsendungen, unterliegen dem Freimachungszwang.

2. Für nicht oder unzureichend freigemachte Briefe und Postkarten des inneren deutschen Verkehrs (einschl. Saargebiet) wird das Eineinhalbfache des Fehlbetrags, unter Aufrundung auf volle 5 Pf. nacherhoben.

3. Für nichtfreigemachte gebührenpflichtige Dienstpostkarten und Dienstbriefe (nach dem Saargebiet nicht zugelassen) wird nur der einfache Fehlbetrag nacherhoben, wenn sie als solche durch die Bezeichnung „Gebührenpflichtige Dienstsache“ oder „Portopflichtige Dienstsache“ erkennbar gemacht sind. Für unzureichend freigemachte Sendungen gelten die Bestimmungen unter 2. Von Behörden aufgelieferte unzureichend freigemachte gebührenpflichtige Sendungen sind dem Absender soweit als möglich zur Ergänzung der Freimachung zurückzugeben.

4. Für unzureichend freigemachte Drucksachen, Geschäftspapiere, Warenproben, Mischsendungen und Blindenschriftsendungen des inneren deutschen Verkehrs (einschl. Saargebiet) wird das Eineinhalbfache des Fehlbetrags, unter Aufrundung auf volle 5 Pf., nacherhoben.

5. Gedruckte Ansichtskarten und sonstige Bildkarten, auf denen — gleichviel, ob auf der linken Hälfte der Vorderseite oder auf der Rückseite — handschriftlich mit höchstens 5 Worten Reiseberichte, Grüße, gute Wünsche, Glückwünsche, Danksagungen, Beileidsbezeugungen oder andere Höflichkeitsformeln zum Ausdruck gebracht sind -- wobei die Unterschrift nicht mitzählt —, können offen für 3 Pf. verschickt werden, wenn sie auch sonst den Postordnungsbestimmungen entsprechen. Zulässig sind hiernach handschriftliche Zusätze wie: „Gut angekommen, herzliche Grüße“ — „Prachtvolles Wetter, kommt bald“ — „Guter Aufstieg auf den Berg“ — usw. —

Ansichtskarten usw., bei denen Nachtragungen oder Änderungen über den Rahmen der Bestimmungen in § 7, VIII der Postordnung hinausgehen, unterliegen bei offener Versendung der Postkartengebühr.

Bei Briefumschlägen soll der ganze obere Rand in einer Breite von 3 cm von allen gedruckten oder geschriebenen Angaben frei bleiben, damit genügend Platz für die Aufklebung der Freimarken vorhanden ist und gut leserliche Stempelabdrücke erzielt werden können.

Absenderbezeichnungen sollen auf das linke Drittel der Vorderseiteu unterhalb dieses Randes und aut die Rückseite der Umschläge beschränkt bleiben.

Bei Postkarten und Drucksachen in Kartenform diese Bestimmung gleichmäßig zu beachten, ist sowohl zum Vorteil der Absender wie der Empfänger.

Uebersicht über die nachstehende Einteilung der Verkehrsgebiete und Verkehrsgruppen:

II. Innerer deutscher Verkehr (einschl. Saargebiet).

Inlandsverkehr.

1. Briefe
2. Postkarten
3. Drucksachen
4. Blindenschriftsendungen
5. Postwurfsendungen
6. Geschäftspapiere
7. Warenproben
8. Mischsendungen
9. Päckchen
10. Rohrpostsendungen
11. Nachnahmesendungen
12. Postaufträge
13. Wertbriefe
14. Postscheckverkehr
15. Postanweisungen
16. Pakete
17. Zeitungen
18. Sonstige Gebühren im Post- und Postscheckverkehr
19. Luftpostverkehr
20. Telegraphenverkehr
21. Fernsprechgebühren
22. Rundfunkgebühren

III. Verkehr mit dem Ausland.

III. A. Weltpost-Vereinsverkehr, (Sonderbestimmungen für Tschechoslowakei, Ungarn, Großbritannien, Irland, britische Kolonien und britische Postanstalten im Ausland).

III. B. Nachbarländer: **Freie Stadt Danzig, Litauen, Memelgebiet, Luxemburg und Österreich.**

IV. Schlußbemerkung.

II. Inlandsverkehr.

1. **Briefe**	im Ortsverkehr	bis	20 g	. . . . . .	8 Pf.
	„ „	über	20 bis 250 g	. .	15 „
	„ „	„	250 „ 500 g	. .	20 „
	im Fernverkehr	bis	20 g	. . . . . .	15 „
	„ „	über	20 bis 250 g	. .	30 „
	„ „	„	250 „ 500 g	. .	40 „

2. **Postkarten** im Ortsverkehr einfach 5 Pf., mit Antw. 10 Pf.
„ Fernverkehr „ 8 „ „ „ 16 „

3. **Drucksachen**

a) in Form einfacher, offen versandter Karten, auch mit anhängender Anwortkarte . . . . . . 3 Pf.

b)	bis 50 g	5 Pf.
	über 50 bis 100 g	8 Pf.
	„ 100 „ 250 g	15 „
	„ 250 „ 500 g	30 „
	„ 500 g bis 1 kg	40 „

Ausdehnungsgrenzen: bei Kartenform: Größe der Postkarten, bei Rollenform: 75: 10 cm.

4. **Blindenschriftsendungen** bis zum Meistgewicht von 5 kg . . . . 3 Pf.

5. **Postwurfsendungen:**

a) Drucksachen bis 50 g . . . . 3 Pf.
b) Mischsendungen — Drucksachen u. Warenproben bis 20 g . . . . $6^2/_3$ „
(nach dem Saargebiet nicht zulässig).

6. **Geschäftspapiere:** bis 250 g . . . . 15 Pf.
über 250 bis 500 g . . . . 30 „
„ 500 g bis 1 kg . . . . 40 „
Höchstmass in Rollenform 75:10 cm.

7. **Warenproben:** bis 250 g . . . . 15 „
über 250 bis 500 g . . . . 30 „
„ 500 g bis 1 kg . . . . 40 „
Höchstmaße 30:20:10 cm, bei Rollenform 30:15 cm.

8. **Mischsendungen:** bis 250 g . . . . 15 „
über 250 bis 500 g . . . . 30 „
„ 500 g bis 1 kg . . . . 40 „
(Zusammengepackte Drucksachen, Geschäftspapiere und Warenproben). Ausdehnungsgrenzen bei Rollenform: 75:10 cm.

9. **Päckchen** bis 1 kg . . . . 40 Pf.
(Einschreiben, Wertangabe, Nachnahme, Rückschein, Vermerk „Postlagernd“ unzulässig). Ausdehnungsgrenzen: 25:15:10 cm; bei Rollenform 30:15 cm.

10. **Rohrpostsendungen:**

a) wenn Aufgabeort und Bestimmungsort innerhalb des Geltungsbereichs der Ortsbriefgebühr von München (Groß-Berlin) liegen,
für die Rohrpostkarte . . . . —.55 RM
„ „ „ mit Antwortkarte (nur in München) . 1.10 „
für den Rohrpostbrief bis 20 g . . . . —.58 „
„ „ „ über 20 bis 100 g (nur in München) . —.65 „

b) wenn der Aufgabeort oder der Bestimmungsort außerhalb des Geltungsbereichs der Ortsbriefgebühr von München (Groß-Berlin) liegt,
für die Rohrpostkarte . . . . —.58 „
„ „ „ mit Antwortkarte (nur in München) . 1.16 „
für den Rohrpostbrief bis 20 g . . . . —.65 „
„ „ „ über 20 bis 100 g (nur in München) . —.80 „
Rohrpostsendungen werden ausserhalb der Rohrpostbezirke wie Eilsendungen befördert und zugestellt.

11. **Nachnahmesendungen** (Freimachungszwang)
Inland einschl. Saargebiet sowie Freie Stadt Danzig: (Meistbetrag 1000 RM). Vom Absender zu entrichten:

a) die Beförderungsgebühr wie für gleichartige Sendungen ohne Nachnahme, bei Einschreib- und Wertsendungen auch die Einschreibgebühr oder die Versicherungsgebühr und Behandlungsgebühr . . — Pf.

b) die Vorzeigegebühr . 20 Pf.
c) für die Uebermittlung des eingezogenen Betrags die Postanweisungs- oder die Zahlkartengebühr, die von dem eingezogenen Betrag abgezogen wird — „
Der Preis der Ware erhöht sich sonach um die Summe der drei Gebühren a + b + c.

12. **Postaufträge** (einschl. Saargebiet und Fr Stadt Danzig). (Meistbeträge: Inland 1000 RM, Saargebiet 5000 frz. Franken, Freie Stadt Danzig 1200 Dzg Gulden.)

Vom Absender zu entrichten:

a) die Beförderungsgebühr wie für einen gleichartigen Einschreibbrief . . . . — Pf.
b) die Vorzeigegebühr von . . . . 20 „
c) für die Uebermittlung des eingezogenen Betrags die Postanweisungs- oder die Zahlkartengebühr, die von dem eingezogenen Betrag abgezogen wird — „
d) die Protestgebühr bei Postprotestaufträgen 1 RM. — „

13. **Wertbriefe** (Inland einschl. Saargebiet, sowie Freie Stadt Danzig)
a) Gebühr für einen gewöhnlichen Brief — Pf.
b) Versicherungsgebühr für je 500 RM der Wertangabe 10 „
c) Behandlungsgebühr bis 100 RM Wertangabe 40 „
„ über 100 RM „ 50 „

14. **Postscheckverkehr** (ausschl. Saargebiet) Beträge unbeschränkt.

1. Jede Einzahlung mit Zahlkarte

				Gebühr
	bis	10 Reichsmark,		10 Pf.
über	10	„ 25	„	15 „
„	25	„ 100	„	20 „
„	100	„ 250	„	25 „
„	250	„ 500	„	30 „
„	500	„ 750	„	40 „
„	750	„ 1000	„	50 „
„	1000	„ 1250	„	60 „
„	1250	„ 1500	„	70 „
„	1500	„ 1750	„	80 „
„	1750	„ 2000	„	90 „
„	2000	Reichsmark (unbeschränkt)		1.— RM

Die Gebühr ist vom Einzahler durch Aufkleben von Freimarken auf die Zahlkarte zu entrichten.

2. Auszahlungen

a) für jede von der Zahlstelle eines Postscheckamts bargeldlos und für jede in den Abrechnungsstellen der Reichsbank beglichene Auszahlung $^1/_{10}$ vom Tausend des Scheckbetrags,
b) für jede Barauszahlung durch die Zahlstelle eines Postscheckamts oder eine Postanstalt $^1/_2$ vom Tausend des Scheckbetrags und außerdem eine feste Gebühr von 15 Pf.

Die Gebühren zu a und b werden auf volle Reichspfennig aufgerundet, vom Konto des Auftraggebers abgebucht

3. Ueberweisungen a) im innerdeutschen Verkehr gebührenfrei, b) im Verkehr nach Danzig, Dänemark, Lettland, Luxemburg, den Niederlanden, nach Oesterreich,

Schweden, der Schweiz und Ungarn beträgt die Gebühr für je 100 RM . . . . 5 Pf., mindestens . . . . 20 „

Die Gebühr zu b wird vom Konto des Auftraggebers abgebucht.

4. Briefe der Postscheckkunden an die Postscheckämter in Postscheckangelegenheiten sind bei Verwendung der besonderen gelben Briefumschläge vom Absender durch Aufkleben einer 5 Pf.-Freimarke freizumachen, bei Verwendung anderer Briefumschläge ist die gewöhnliche Briefgebühr zu entrichten.

5. Telegraphische Aufträge

a) Telegraphische Zahlkarten

bis 500 Reichsmark	. . .	3 RM — Pf.
über 500 „ 1000 „	. . .	3 „ 50 „
für jede weitere 500 „ oder einen Teil davon	. mehr	1 „ — „

b) Telegraphische Auszahlungen

bis 25 Reichsmark	. . .	3 „ — „
über 25 „ 500 „	. . .	3 „ 50 „
„ 500 „ 1000 „	. . .	4 „ 50 „
für je weitere 500 „ oder einen Teil davon	. mehr	1 „ 50 „

c) Telegraphische Überweisungen auch nach Danzig zulässig

bis 1000 Reichsmark	. . .	3 „ — „
für je weitere 500 „ oder einen Teil davon	. . mehr	— „ 50 „

6. Postkreditbriefe (bis 5000 RM)

für je 100 RM	. . . .	10 Pf.
mindestens	. . . .	1 RM — „
für das Kreditbriefheft	. . . .	30 „

Die Gebühren werden bei der Bestellung des Postkreditbriefs erhoben. Die Abhebungen sind gebührenfrei.

15. **Postanweisungen**

Inland Meistbetrag 1000 RM, Meistbetrag nach dem Saargebiet 1000 frz. Franken (aus dem S. 200 RM), nach Freie Stadt Danzig 1200 Dzg. Gulden (aus Fr. St. D. 1000 RM).

a) Inland,

bis	10 RM		. . . .	20 Pf.
über 10 „	25 „		. . . .	30 „
„ 25 „	100 „		. . . .	40 „
„ 100 „	250 „		. . . .	60 „
„ 250 „	500 „		. . . .	80 „
„ 500 „	750 „		. . . .	1.— RM
„ 750 „	1000 „		. . . .	1.20 „

b) Telegraphische Postanweisungen Meistbetrag unbeschränkt.

bis	25 RM.	3 RM. — Pf.	üb. 250 bis	500 RM.	4 RM. 50 Pf
über 25 „	100 „	3 „ 50 „	„ 500 „	750 „	5 „ 50 „
„ 100 „	250 „	4 „ — „	„ 750 „	1000 „	6 „ 50 „

für je weitere 250 RM. oder einen Teil davon mehr 1 „ — „

16. **Pakete:** Die nach 5 Zonen und bis 20 kg abgestuften Gebühren für Pakete können dem am Postschalter erhältlichen Postgebührenheft (Preis 10 Pf.) entnommen werden.

Die Gebühren für Pakete bis 5 kg betragen:

in der 1. Zone bis 75 km Entf.	50 Pf.
„ „ 2. „ über 75 bis 150 km	60 „
„ „ 3. „ „ 150 „ 375 „	80 „
„ „ 4. „ „ 375 „ 750 „	80 „
„ „ 5. „ „ 750 km	80 „

17. **Zeitungen:** Die Gebühren können dem amtlichen Postgebührenheft Abschnitt VIII S. 19 entnommen werden.

18. **Sonstige Gebühren im Post- und Postscheckverkehr** sind dem Abschnitt IX S. 22—29 des amtlichen Postgebührenheftes zu entnehmen.

Hier können nur als wichtigste sonstige Gebühren angefügt werden:

die Einschreibgebühr nach allen Verkehrsgebieten . . . 30 Pf.
„ Rückscheingebühr falls bei der Einlieferung verlangt . . . 30 „
falls nachträglich verlangt . . . 60 „
„ Gebühr für förmliche Zustellung . . . 30 „
Dazu tritt für die Rücksendung der vollzogenen Urkunde die Gebühr für einen freigemachten einfachen Brief, also im Ortsverkehr . . 8 „
„ Fernverkehr . . 15 „
„ Eilzustellgebühren bei Vorauszahlung
1. nach dem Ortszustellbezirk:
a) eine Briefsendung . . . 40 „
b) ein Paket . . . 60 „
2. nach dem Landzustellbezirk:
a) eine Briefsendung . . . 80 „
b) ein Paket . . . 1 RM 20 „
„ Paketlagergebühr täglich . . . 15 „
Höchstsatz . . . 4 RM — „
„ Bescheinigungsgebühr über die Einlieferung eines gewöhnl. Paketes . . . 10 „
usw.

19. **Luftpostverkehr.**

Für Luftpostsendungen innerhalb des Reichsgebietes (einschl. Saargebiet), sowie Freie Stadt Danzig, Litauen einschl. Memelgebiet und Oesterreich ist ausser den gewöhnlichen Gebühren eine Zuschlagsgebühr zu erheben:

für Postkarten . . . 10 Pf.
„ andere Briefsendungen (einschl. Päckchen)

	bis	20 g		10 „
über 20	„	50 g		20 „
„ 50	„	100 g		40 „
„ 100	„	250 g		80 „
„ 250	„	500 g	1 RM	25 „
„ 500	„	1 kg	2 „	50 „

über 1 kg bis 1½ kg	3 RM	75 Pf.
„ 1½ kg bis 2 „	5 „	— „
für Pakete bis 1 kg	1 „	60 „
darüber für jedes angefangene ½ kg	— „	40 „

20. **Telegraphenverkehr.** A. Inland. I. Hauptgebühren:

Gewöhnliche Inlandstelegramme

im Ortsverkehr: für jedes Wort	—.08 RM
„ Fernverkehr: „ „ „	—.15 „
Blitztelegramme	1.50 „

Dringende Telegramme:

im Ortsverkehr: für jedes Wort	—.24 „
„ Fernverkehr: „ „ „	—.45 „
Pressetelegramme	—.08 „
Brieftelegramme	—.05 „

Mindestsatz für ein Telegramm die zehnfache Wortgebühr
„ „ „ Brieftelegramm . . . . . 1.50 „
Für See- (Funk-) Telegramme kein Mindestsatz.

II. Telegraphen-Nebengebühren im Postgebührenheft S. 32—34.

B. Auslandsverkehr: Bei den Telegraphenschaltern zu erfragen.

21. **Fernsprechgebühren.**

Grundgebühr für jeden Hauptanschluß in Ortsnetzen mit nicht mehr als 50 Hauptanschlüssen monatlich . 3.— RM.

mit mehr als	50— 100	Hauptanschl.	„ . .	4.— „
„ „ „	100— 200	„	„ . .	5.— „
„ „ „	200— 500	„	„ . .	6.— „
„ „ „	500— 1000	„	„ . .	6.50 „
„ „ „	1000— 5000	„	„ . .	7.— „
„ „ „	5000— 10000	„	„ . .	7.50 „
„ „ „	10000—300000	„	„ . .	8.— „
„ „ „	300000 für je 200000	„	„ mehr	1.— „

Ortsgesprächsgebühr (bei Hausanschlüssen und öffentlichen Sprechstellen) . . . . . . —.10 „

Mindestens sind monatlich für einen Hauptanschluß zu entrichten:

in Ortsnetzen mit
1—50 Hauptanschl. die Gebühren für 20 Ortsgespräche
51—1000 „ „ „ „ 30 „
mehr als 1000 Hauptanschl. die Gebühren für 40 Ortsgespräche

Fernsprechgebühr für ein gewöhnliches Gespräch von 3 Minuten Dauer

a) in der Zeit von 8 bis 19 Uhr bei einer Entfernung

bis 5 km einschließlich	die Ortsgesprächsgebühr
„ 15 „ „	—.30 RM
„ 25 „ „	—.40 „
„ 50 „ „	—.70 „
„ 75 „ „	—.90 „
„ 100 „ „	1.20 „
über 100 km für je 100 km mehr . . .	—.30 „

b) in der Zeit von 19 bis 8 Uhr über 5 km $^2/_3$ der obenstehenden Gebühr;
c) die über 3 Minuten hinausgehende Gesprächszeit wird nach einzelnen Minuten berechnet;
d) für ein dringendes Gespräch das Dreifache,
e) für ein Blitzgespräch das Zehnfache der Gebühr für ein gewöhnliches Gespräch.

22. **Rundfunkgebühr:** Genehmigungsgebühr für Rundfunkteilnehmer monatlich . . . . 2 RM.

III. Verkehr mit dem Ausland.

III. A. Weltpostvereinsverkehr

(ausgenommen die unter III. B. aufgeführten Länder).

Briefe:

Ausdehnungsgrenzen: 45 cm in jeder Richtung; bei Rollenform: 75 cm Länge, 10 cm Durchmesser. Meistgewicht 2 kg.
Gebühr für Briefe bis 20 g . . . . 25 Pf.
für jede weiteren 20 g . . . . 15 „
jedoch nach der Tschechoslowakei:
Briefe bis 20 g . . . . 20 „
für jede weiteren 20 g . . . . 15 „
und nach Ungarn:
Briefe bis 20 g . . . . 20 „
für jede weiteren 20 g . . . . 10 „

Postkarten:

Ausdehnungsgrenze mindestens 10:7 cm, höchstens 10:10,5 cm)
einfache Postkarten . . . . 15 Pf.
mit Antwortkarte . . . . 30 „
jedoch nach Tschechoslowakei (Größe bis 15,7:10,7 cm) und Ungarn (nicht über 14,8:10,5)
einfache Postkarte . . . . 10 „
mit Antwortkarte . . . . 20 „

Drucksachen:

Gebühr für je 50 g . . . . 5 Pf.
jedoch nach Ungarn die innerdeutschen Gebühren für Drucksachen bis 1 kg. Schwerere Drucksachen unterliegen der Vereinsgebühr: für je 50 g 5 „

Einzelne Länder lassen Ermässigungen zu für:

a) Zeitungen und Zeitschriften, die unmittelbar vom Verleger abgesandt werden
b) geheftete und gebundene Bücher, die nicht zu Ankündigungen oder Anpreisungen dienen sollen
c) literarische und wissenschaftliche Werke, die zwischen gelehrten Anstalten ausgewechselt werden.

Gebühren: für je 100 g . . . . 5 Pf.

Postanweisungen nach

a) Weltpostvereinsländern bis 20 RM . . . . . 30 Pf.
„ 40 „ . . . . . . 40 „
für jede weiteren 20 RM mehr . . . . 10 „

b) Großbritannien und dem Freistaat Irland, den brit. Kolonien (außerKanada) und den brit. Postanstalten im Ausland bis 30 RM . . . . 30 „
über 30 bis 60 RM . . . . 60 „
für jede weiteren 60 RM . . . . 60 „

Telegraphische Postanweisungen: Zu vorstehenden Gebühren kommt noch die Gebühr fur das Telegramm.

Die Gebuhren fur die übrigen Sendungen des Auslandsverkehrs, Vereinsverkehrs III. A. wollen dem amtlichen Postgebührentarif entnommen werden.

III. B. Freie Stadt Danzig, Litauen u. Memelgebiet, Luxemburg und Oesterreich.

Briefe bis 20 g . . . . 15 Pf.
über 20 bis 250 g. . . . . 30 „
über 250 bis 500 g . . . . 40 „
Meistgewicht: 2 kg.

Ausdehnungsgrenzen für Briefe bis 500 g: Nur bei Rollenform: höchstens 75 cm Länge, 10 cm Durchmesser; außerdem 45 cm in jeder Richtung bei Briefsendungen über 500 g.

Postkarten (Ausdehnungsgrenzen für Luxemburg mindestens 10:7 cm, höchstens 14,8:10,5 cm, für die anderen Länder höchstens 14,8:10,5 cm)
einfache Karte 8 Pf., mit Anwortkarte 16 Pf.

Drucksachengebühr wie im Inland, ebenso nach Ungarn. Drucksachen im Gewicht von mehr als 1 kg unterliegen den vollen Gebühren des Vereinsverkehrs.

Die übrigen Gebühren des Auslandsverkehrs III. B. wollen dem amtlichen Postgebührenheft entnommen werden.

IV. Schlußbemerkung: Es empfiehlt sich, stets am Postschalter nach der neuesten Auflage des vom Reichsministerium, Abteilung München, herausgegebenen Postgebührenheftes sich umzusehen und durch sofortigen Ankauf des neuesten, jetzt bei der Drucklegung des Terminkalenders 36 Seiten umfassenden kleinen Heftes zum Preis von 10 RPf. sich auf dem laufenden zu halten. Der Postkunde soll selbst die Freimachung vornehmen. Das zuletzt erschienene Postgebuhrenheft hat den Aufdruck „Gultig ab 1. August 1927“, enthalt aber auch schon die ab 1. Oktober 1927 gültigen Gebührensätze.

Otto Reber, Bamberg.

Anhang.

Personallisten.

Uebersicht der Personallisten.

Stand vom 1. November 1927.

Anhang
Personallisten.

Münchener Lagerhaus- und Transport-Gesellschaft m. b. H.

(vorm. C. Schmederer)

Berg am Laimstr. 33 • Friedenstr. 1

Telephon: 43365

Vertreterbesuch kostenlos und unverbindlich.

Moderne Kabinenhäuser

für Lagerung von Einrichtungen und
:: Einzelstücken auf jede Zeitdauer. ::

Geschultes Packerpersonal

Verpackung, Verzollung, Versicherung.
Beste Referenzen aus allen Kreisen.
Amtl. Wohnungstausch-Genehmigung Nr. 4.

Mitglied der Zentralstelle des deutschen Möbeltransportes, des Verbandes deutscher und österreichischer Möbelspediteure, des Allgemeinen Möbeltransportverbandes Wien.

A. Reichsjustizministerium, Reichsgericht u. Reichsfinanzhof.

a) Reichsjustizministerium in Berlin.

Reichsminister der Justiz: Hergt.
Staatssekretär: Dr. Joël.

Abteilungsleiter:

Ministerialdirektoren: Dr. Bumke, Dr. h. c. Oegg, Wirkl. Geh. ObRegR., Dr. h. c. Schlegelberger, Geh. RegRat, ord. Hon.-Prof. an der Universität Berlin.
Ministerialrat: Richter I, Geh. RegRat.

Referenten:

Ministerialrat Dr. Volkmar, Geh. RegR.
" Dr. Schäfer, Geh. RegR.
" Dr. Kiesow "
" Dr. Brandis
" Quassowski
" Dr. Mettgenberg
" Klauer
" Dr. Jonas
" Dr. Sauer
" Koffka
OberregRat Richter II
" Kritzinger
" Dr. Lehmann
RegRat Harmening
" Wagner
OberregRat Sabath
AmtsGerRat Wille
LandGerRat Dr. Pätzold
Landrichter Dr. v. Hippel
" Dronke
Staatsanw. Rapp
GerAssessor Dr. Schmidt
" Dr. Dietze
" Dr. Ullmann
" Dr. Ficker
Bayer. AR. Altstötter.

b) Reichsgericht in Leipzig.

Präsident: Dr. Simons

Senatspräsidenten:

Dr. Struckmann	Dr. Mansfeld	Niedner	*Reichert
Dr. Lobe	Dr. Strecker	*Oegg	Katluhn
	Dr. Meyer	Arndts	Dr. Flad

Räte:

Dr. Heydweiller	Lorenz	Sayn	Dr. Hoeniger
Keller	Dr. David	Dr. Metz	Dr. Landois
Dr. Rosenberg	Clasen	Dr. Krauße	Dr. Schwalb
*Herb	Gündel	Dr. Vogt	Dr. Hallamik
Dr. Gunkel	Rosenthal	Dr. Baumgarten	Witten
Dr. Staffel	Dr. Nieland	Krühne	Dr. Conze
Dr. Picot	Stölzel	*Wachinger	Driver
Dr. Kleine	Seyffarth	Veltman	Arnold
Dr. Czolbe	Dr. Salinger	*Dr. Keßler	Schleyer
Witt	Frh v. Richthofen	*Dr. Hüfner	Prof. Dr. Bartels
Oelschlaeger	Triebel	Dr. Boos	Dr. Kahleyß
*Heldrich	Hettner	Dr. Tittel	Coenders
Mentzel	Hagemann	Dr. Müller	Helber
v. Kienitz	*Zeiler	Teichmann	Mengelkoch
Schliewen	Dr Warneyer	Dr. Krug	Fickler
*Müller	Linz	Willhöfft,	*Rheinisch
Dr. Pietzcker	Schmitz	Ehrlich	Lellbach

Die mit dem Zeichen * versehenen Mitglieder standen früher im bayerischen Staatsdienste.

Bender
Klingsporn
Dr. Lindenmaier
Kolb
Dr. Brodführer
Dr. Schwarz
Gadow
Brühl
Dr. Mende
Dr. Güngerich
Dr Königsberger
Pick
Dr. Sontag
Dr. Epping
Schrader

Reichsanwaltschaft: Werner, Oberreichsanwalt.
Reichsanwälte: Dr. Freiesleben, Dr. Feisenberger, Dr. Neumann, Niethammer, Jorns, Dr. Nagel.
Oberstaatsanwälte Dr Schneidewin, Dr. Kirchner.
Erster Staatsanwalt: Floegel.
Hilfsarbeiter: Dr. Gutjahr, Oberlandesgerichtsrat; Eichler, Staatsanwaltschaftsrat; Scheurlen, Staatsanwalt; Dr. Jber, Staatsanwaltschaftsrat, Weinkauff, Amtsrichter; Dr. Speckhardt, Amtsgerichtsrat; Dr. Gipser, Amtsrichter; Dr. Eschenauer, Amtsgerichtsrat; Hauck, Staatsanwalt.

Bibliothek.

Direktor: Dr. phil. Hans Schulz; Oberbibliothekar. Dr. jur. Paul Güntzel, Bibliothekar: Dr. jur. Martin Kreplin.

Rechtsanwälte:

Axhausen, Justizrat
Bodenstein, Geh. Justizrat
*Brücklmeier, Justizr.
Dr. Fuchslocher
Geutebrück, Justizr.
Hansen
Huber
Dr. Junck, Geh. Justizrat
*Dr. Kaiser, Justizr.
Kieffer
Dr. Kraemer
Kurlbaum, Justizrat
Dr. Mittelstaedt, Justizrat
Dr. Scherer
Dr. Schrömbgens, Justizrat
*Seuffert
Soldan
Dr. Süpfle, Justizrat
Syring, Geh. Justizrat
Dr. Wildhagen, Geh. Justizrat

c) **Reichsfinanzhof.**

Chefpräsident: Jahn Gustav, Exzellenz, Wirkl. Geheimer Rat.
Senatspräsidenten: Dr. Strutz Georg, Preuß. Wirkl. Geh. Oberregierungsrat; Dr. Kloss Rich., Sächs. Geh. Rat; Dr. Becker Enno, Zapf Heinr, Staatssekretär i. e. R.

Reichsfinanzräte:

Dr. Hoffmann Albr., Geh. OberRegRat
Hochstetter Rudolf
Evers Robert
Zimmermann E., Bad. Geh. Oberfinanzrat
Grünewald Oskar, Geh. Regierungsrat
Dr. Wunsch Franz, Geh. Regierungsrat
Löhlein Emil, Preuss. Ministerialdir. z.D., Preuß. Wirkl. Geh. Oberfinanzrat
Dr. Machatius Franz
Dr. Rang Otto
Dr. Boethke Wilhelm
Dr Krapf Franz, Bayer. Geh. Rat.
Arlt Hans
Bertrand Rudolf, Geh. Regierungsrat
Dr. Scholz Franz
Mirre Ludwig, Geh. Regierungsrat
Dr. Schmauser Gg.
Müller Otto
Bodenstein Otto, Geh. OberRegRat
Gaschott Friedrich
Viernstein Karl, Geh. Regierungsrat
Fischel Hermann
Dr. Koch Friedrich
Dr. Busch, Geh. Regierungsrat
Hutmacher Emil
Dr. Hertz Wilhelm
Dr. Vehlow Max
Dr. Winkler Hans
Ott Siegfried
Wagner Joseph
Seweloh Arthur
Dr. Ubber Hubert.
Dr. Pfeiffer Friedrich
Braun Hermann
Dr. Kraft Josef.

Hilfsarbeiter:

Dr. Kratz Joseph, Regierungsrat, Wetter Alfons, Regierungsrat.

Geschäftsstellen, Bücherei und Kasse:

Hagen Friedr., Bürodir., bayer. Rat	Böhme Johs., Amtmann
Klaeber H., Min.-Amtmann, Rechnungsrat	Holzheu Joseph „
Sperling Kurt, Min.-Amtmann	Schantz Albert, „
Bethmann Wilh., Amtmann	Schnurrer Georg „
Schmitt Heinrich „	Wilske Wilhelm ObSteuerinsp.
	Albrecht Otto, „

Kanzlei:

Hotze Eduard, Kanzleidirektor	Däubler Max, Damm Gustav, } Min.-Kanzleisekretäre
Heyer Fr., Kainz L., Bux Jos., Schwerer K., } Min.-Kanzlei-Obersekretäre	Warncke Hermann, Wintermann Franz, Schmidt Paul, Buber Wilhelm, Hentschel Richard. } Minist.-Kanzlei-Assistenten
Nirschl Emil, Mörking Max, } Min.-Kanzleisekretäre	

B. Regierung des Freistaates Bayern

(seit 1. Juli 1924).

1. Dr. Heinrich Held, Ministerpräsident, Minister des Aeussern.

2. Franz Gürtner, Minister der Justiz.*

3. Dr. Karl Stützel, Minister des Innern.*

4. Franz Goldenberger, Minister für Unterricht und Kultus.*

5. Dr. Hans Schmelzle, Minister der Finanzen.*

6. Heinrich Oswald, Minister für soziale Fürsorge.

7. Dr. Anton Fehr, Minister für Landwirtschaft.

8. Ministerium für Handel, Gewerbe u. Industrie in Personalunion mit dem Ministerium des Äußern vereinigt. Dem Staatsminister für Handel, Gewerbe u. Industrie ist der bayer. Staatssekretär Hans Freih. v. Welser* beigegeben.

Die mit * versehenen Minister sind juristisch gebildet.

C. Justizbeamte des Freistaates Bayern.

I. Liste.

Staatsministerium der Justiz.

a) Minister.

1 Gürtner Franz, III. StA. in München I unter Einberufung in d. Just.-Min. 1. X. 09; AR. das. 1. I. 12; II. StA. in München I 1. IX. 17; LGR. München I unter Berufg. in das Just.-Min. 1. VIII 20; ORR. 1. X. 21; Staatsmin. d. Justiz 4. VIII. 22.

b) Staatsräte.

1 Schmitt Hermann Dr., III. StA. in Neuburg a. D. 1. X. 91; AR. in Lichtenfels 1. II. 93; desgl. in Aschaffenburg 16. XII. 94, II. StA. in Augsburg 1. X. 97; LGR. in Amberg 1. X. 99; LGR. in Bamberg 1. IV. 05 (Grundbuchaufsichtsbeamter); OLGR. in Bamberg 1. V. 07; in das Just.-Min. ber. 16. XI. 08; Oberstlandesgerichtsrat 1. II. 10, T. u. R. e. MinR. 1. X. 12; MinRat 1. XI. 16; T. u. R. e. MinDir. 1. IV. 19 (Generalsekretär); MinDir. 1. IV. 20; Staatsrat 1. X. 23.

2 Nüsslein Adam Dr. Ritter v., III. StA. in München 8. III. 94; AR. das. 3. VII. 95; in das Just.-Min. ber. 26. IX. 98; II. StA das. 16. XI. 98; LGR. das. 3. XI. 99; I. StA. das. 20. XII. 00; RegR. 23. V. 03; ORegR. 1. VII. 06; T. u. R. e. MinR. 1. XII. 09; MinRat 1. II. 10; stellv. Bevollm. z. Reichsrat 1. XI. 16. T. u. R. e. MinDir. 10. VIII. 17. T. u. R. e. Staatsrates 1. VII. 21.

c) Ministerialdirektor.

1 Müller Gustav Dr., III. StA. i. München II 16. IV. 99; AR. in München 1. V. 00; II. StA. i. München I 1. III. 02; LGR. das. 16. XI. 06; i. d. Justizmin. einber. 1. II. 08; I. StA. das. 1. I. 09; ORR. 1. II. 14; T. u. Rg. e. MinR. 10. VIII. 17; MinR. 1. IV. 19; T. u. Rg. e. GehR. 1. VII. 20; MinDir. 1. X. 23.

d) Ministerialräte.

1 Degen Richard, III. StA. in Fürth 1. XI. 00; AR. in München 15 II. 02; ins JustMin. einber. 1. XI. 04; II. StA. das. 1. IV. 05; LGR. das. 1. I. 08; I. StA. das. 1. VIII. 13; RR. 22. III. 14; ORR. 16. V. 18; MinR. 1. II. 20.

2 Kühlewein Heinr. Dr., III. StA. in München I 1. IV. 00; AR. in Nürnberg 15. II. 02; II. StA. in Nürnberg 16. V. 05; LGR. in München I 1. XII. 10; ohne Geh. beurl. (BezR. in Polen) 1. X. 15 bis 25. XI. 18; T. u. R. e. OLGR. 31. XII. 18; in das JustMin. ber. 16. IV. 19; RegR. 1. X. 19; ORR. 1. IV. 20; T. u. R. e. MinR. 1. X. 21; MinR. 1. III. 1922.

3 Sotier Adolf, III. StA. in Traunstein 1. II. 01; AR. in Rosenheim 1. XI. 02; II. StA. in München I 1. II. 08; LGR. in München I 1. VI. 18; in das JustMin. ber. 14 XII. 18; T. u. R. e. OLGR. 15. VII. 19; RegR. 1. X. 19; ORR. 1. IV. 20; T. u. R. e. MinR. 1. X. 21; MinR. 1. III. 22.

4 Manglkammer Friedr., III. StA. in Nürnberg 16. III. 06; in d. JustMin. ber. 16. X. 06; AR. das. 1. I. 08; II. StA. das. 1. VIII. 13; LGR. das. 1. X. 18; RegR. 1. XI. 19; ORR. 1. IV. 20; T. u. R. e. MinR. 1. I. 22; MinR. 1. X. 23.

5 Dürr Alfred Dr., III. StA. in München I 16. XII. 06; AR. in München 1. IV. 09; in das JustMin. ber. 1. II. 10; II. StA. das. 1. II. 14; LGR. das. 1. X. 18; RegR. 1. XI. 19; ORR. 1. IV. 20; T. u. R. e. MinR. 1. I. 22; MinR. 1. I. 25.

6 Sauerländer Joh. David, III. StA. im StMin. d. Justiz 1. VII. 08; desgl. in München I 1. IV. 09; AR. in München 1. I. 10; in das JustMin. ber. 16. VI. 11; II. StA. das. 1. I. 17; LGR. das. 16. IV. 20; ORR. 1. I. 21; T. u. R. e. MinR. 1. X. 23; MinR. 16. XII. 25.

7 Widmann Emil, III. StA. in Traunstein 1. VIII. 08; AR. in München 1. V. 10.; in das JustMin. ber. 16. IV. 19; II. StA. das. 1. V. 19; LGR. das. 1. XI. 20; I. StA. das. 1. VII. 22; ORR. 1. VI. 23; T. u. R. e. MinR. 1. VII. 25; MinR. 1. X. 27.

e) Oberregierungsräte.

1 Meukel Leonh. Dr. (1. XI. 20 (1. X. 19 II. StA.)	1. Juni 23
(T. u. R. e. MinR. 1. V. 27)	Rg. 1. März 23
2 Schuler Hans Dr. 1. X. 21 (16. XI. 19 II. StA.)	1. Okt. 23
	Rg. 1. Juni 23
3 Siegel Karl Dr. 1. X. 21 (1. XI. 19 II. StA.)	1. Juni 26
4 Cammerer Clemens 1. X. 21 (1. XI. 19 II. StA.)	16. Sept. 27 / Rg. 1. April 27

f) Regierungsrat I. Kl.

1 Scheuermann Karl (16. X. 07 Geh. Rechn.Komm.)	1. April 26

g) Landgerichtsräte.

1 Ehard Hans Dr. (1. IX. 19 StA.)	1. Nov. 25 / II. StA. 1. März 22
2 Schüler Herm. (1. IX. 19 StA.) / 1. V. 16	16. April 27 / II. StA. 1. Okt. 23

h) II. Staatsanwälte.

1 Drescher Friedrich (1. IX. 20 StA.)	1. Jan. 25
2 Kallenbach Richard „ „	„
3 Dürig Ernst Dr. (16. VI. 21 StA.)	„

i) Amtsrichter.

1 Altstötter Josef (1. VI. 22 StA.) (beurl. z. Verw. im Reichsjustizmin.)	16. Juli 25
2 Denzler Max (16. V. 25 StA.)	16. Mai 27

k) III. Staatsanwälte.

1	Holzbauer Andreas	1. Jan. 26
2	Lechner Oskar	„
3	Berber Friedrich	1. Nov. 27
		Rg. 1. Jan. 26
4	Trötsch Georg Dr.	1. März 27

l) Ministerialrechnungsrat.

1	Kalbskopf Andreas	1. Okt. 26

m) Ministerialoberinspektoren.

1	Balk Joseph, Geheimsekretär	1. Mai 21
	Ministerialregistraturvorstand	1. April 20
		Rg. 1. Jan. 13
2	Stärzl Johann, Geheimsekretär	1. Mai 21
	Ministerialsekretariatsvorstand	1. April 20
		Rg. 7. Jan. 14
3	Weigert Max, Geheimsekretär	1. Okt 26
		Rg. 16. Dez. 22
		1. April 18

n) Rechnungsrat.

1	Melcher Wilhelm	1. April 23

o) Ministerialobersekretäre und Ministerialoberregistratoren.

1	Ziegler Frz. Xav., Geh. Sekr. (T. u. R. e. MinistOberinsp. 16. XII. 22)	1. April 20
		1. Febr. 19
		Rg. 1. Jan. 13
2	Berr Ludwig, MinObersekr. (T. u. R. e. Min.-Oberinsp. 1. VI. 23)	1. April 20
3	Gräf Otto, MinObersekr. (T. u. R e. MinOberinsp 1. VI. 23)	„
4	Hübel Paul, MinObersekr. (T. u. R. e. MinOberinsp. 1. I. 24)	„
5	Laun Georg, MinObersekr.	1. Dez. 23
		Rg. 1. Okt. 23
6	Finkenzeller Jos., MinOberregistr.	1. Okt. 26
		Rg. 15. Dez. 24

p) Rechnungsoberinspektoren.

1	Hildner Martin	1. Okt. 26
		Rg. 15. Dez. 24
2	Wolf Friedrich	1. Juli 27
		Rg. 1. Okt. 26

q) Ministerialsekretäre und Ministerialregistratoren.

1	Holzer Joseph, MinSekr. (T. u. R. e. MinObers. 16. XII. 22)	1. April 20
		Rg. 25. März 18
2	Capeller Heinrich, MinSekr. (T. u. R. e. Min.-Obers. 15. XII. 24)	16. April 21

3	Kronseder Friedrich, MinSekr. (T. u. R. e. Min.-Obers. 1. X. 26)		1. Dez. 23
4	Fritsch Heinr., MinReg.	Rg. 1. Sept. 21	1. Mai 26
5	Zandt Otto, MinSekr.	Rg. 1. Sept. 21	1. Mai 26
6	Seibert Georg, MinReg.	Rg. 1. Juni 23	1. Mai 26
7	Busl Wilhelm, MinSekr.	Rg. 1. Okt. 23	1. Mai 26
8	Obermayer Karl, MinReg.	Rg. 1. Jan. 25	1. Mai 26
9	Schmaußer Josef.	Rg. 1. Jan. 25	1. Mai 26
10	Kowalewski Philipp MinSekr.	Rg. 1. Jan. 26	1. Juli 27
11	Trost Karl ,,		1. Aug. 27
12	Vogelgsang Josef ,,		,,

II. Liste.

Oberstes Landesgericht.

a) Präsident.

1 Unzner Karl Dr. Ritt. v. Exz., AR 2. XII. 93; II. StA. im Just.-Min. 22. III. 96; LGR. das. 22. XII. 97 I. StA. das. 20. VI. 99; RegR. 20 XII. 00; ORegR. 1. VI. 03; T. u. R. e. MinR. 19. XI. 08; MinR. 1. XII. 09; Sen.-Präs. am Obersten Landesgericht 1. I. 12; MinDir. i. Staatsmin. d. Justiz; Staatsrat i. o. D. 1. II. 15; Präs. d. Obersten LG. 1. IV. 19.

b) Senatspräsidenten.

1 Seeber Josef, III. StA. München II 1. III. 97; AR. in München 1. VII. 98; II. StA. in München I 1. I. 00; LGR. in München I 1. III. 04; StA. OLG. in München 1. IV. 12; beurl. z. Reichsanw. 18 X. 14; StA. b. Obersten LG. 1. V. 19; T. u. R. e. OStA. 1. VI. 21, Rat a. Oberst. LG. 1. XII. 23; SenPräs. a. Oberst. LG. 1. VII. 24.

2 Gerber Alexander, III. StA. München II 1. X. 01; AR. in München 1. VII. 04; in das Justiz-Min. ber. 16. I. 06; II. StA. im Just.-Min. 16. IV. 06; LGR. das. 1. X. 08; OAR. in Reichenhall 1. II. 09; LGR. in München I 1. V. 12; RegR. im StMin. d. Justiz 1. III. 14; ORegR. 1. X. 18; MinR. 1. IV. 20; SenPräs. a. Oberst. LG. 16. XII. 25.

c) Räte.

1 Silberschmidt Wilhelm Dr., Honor.-Prof., III. StA. in Aschaffenburg 20. X. 87; AR. in Hof 3. VI. 89; vers. n. Nürnberg 29. I. 91; II. StA. das. 20. VI. 94; LGR. in Aschaffenburg 23. XII. 96; StA. b. OLG. Zweibrücken 17. X. 04; Rg. etc. e. OLGR. 8. IV. 06; Rat a. OLG. Zweibrücken 1. VII. 07; desgl. a. OLG. München 1. II. 16; Rat a. Oberst. LG. 1. V. 19.

2 Wunderer Chr., III. StA. in Landshut 1. V. 91; AR. in Bayreuth 1. XI. 91; II. StA. in Weiden 1. XI. 96; LGR. in München I 1. IV. 99; OAR. in München (Abt.Vorstd.) 1. II. 07; T. R. Geb. u. R. e. OLGR. 16. XII. 08; StA. b. Oberst. LG. 1. V. 19; T. u. R. e. OStA. 1. VI. 21; Rat am Oberst. LG. 1. VII. 25.

3 Bezold Andr. Dr., III. StA. in Augsburg 1. V. 99; AR. in Regensburg 1. VII. 00; II. StA. in Augsburg 15. II. 02; LGR. das. 1. III. 07; T. u. R. e. OLGR. 23. XII. 16; I. StA. im StMin. d. Justiz 16. IV. 19; ORegR. 1. X. 19; MinR. 1. IV. 20; Ruhestd. 1. IV. 24; Rat am Oberst. LG. 1. I. 25.

4 Kober Karl Dr., AR. in Immenstadt 29. XI. 90; LGR. in München 18. VI. 98; I. StA. i. Just.-Min. 20. V. 06; RegR. das. 1. I. 07; Rat a. OLG. München 1. X. 07; Rat a. Oberst. LG. 1. I. 20.

5 Müller Ernst Dr., III. StA. in Schweinfurt 1. X. 96; AR. in Fürth 1. III. 98; LGR. in Aschaffenburg 16. IV. 03 (Rang 15. VIII. 02); desgl. in München 16. X. 06; T. u. Rg. e. OLGR. 20. XII. 11; Rat am OLG. München 1. V. 19; Staatsm. d. Justiz 31. V. 19; Stellv. des Ministerpr. bis 16. VII. 20 bzw. 1. VIII. 20; Rat a. Oberst. LG. 1. VIII. 20.

6 Christ Alois, III. StA. in Bamberg 16. V. 89; AR. in Staffelstein 16. V. 90; II. StA. in Fürth 1. VII. 95; LGR. in Nürnberg 1. III. 98; StA. b. OLG. Bamberg 17. IV. 06, Rat a. OLG. Bamberg 1. VII. 09; Rat a. Oberst. LG. 1. X. 21.

7 Redenbacher Rudolf, AR. in München I 1. V. 90; LGR. in München II 1. I. 98; desgl. München I 16. XI. 08. Stellv. Dir. München I 1. I. 09; LGDir. in München I 1. XI. 10; Rat a. Oberst. LG. 1. VI. 22.

8 Freilinger Josef, III StA. in Amberg 1. I. 91; AR. in Waldmünchen 16. VII. 91; desgl. in Schrobenhausen 16. VII. 92; II. StA. in München I 16. VII. 96; LGR. in München II 1. XII. 98; I. StA. in Regensburg 1. IV 07; Rat a. OLG. Zweibrücken 1 X. 09, desgl. in Nürnberg 1. IX. 15; Rat a. Oberst. LG. 1. IV. 24.

9 Haisermann Josef, AR. in Schongau 1. X. 91; desgl. in Augsburg 1. IV. 93; LGR. in München I 1. XII. 98; Stellv. Dir. das. 1. I. 09, OLGR. in München 1. XII. 11; Rat a. Oberst. LG. 1. V. 24.

10 Maul Otto, III. StA. in Schweinfurt 1. IX. 91; AR. in Ingolstadt 1. III. 92; desgl. in München I 16. IV. 95; LGR. in München I 16. IV. 99; Stellv Dir. das. 1. I. 09; Rat a. OLG. München 1. V. 10. Rat a. Oberst. LG. 1. VII 24.

11 Becher Heinr. Dr., III. StA. in München I 1. XI. 91; AR. in München I 1. I. 93; 8 Mon. beurl. z. Reichsdienst 1. V. 97; II StA. in München I 1. I. 98; LGR. in München I 16. XI. 99; Stellv. Dir. das. 1. I. 10; OLGR. in München 16. XI. 12; Rat a. Oberst. LG. 1. VII. 24.

12 Osthelder Karl, AR. in München 1. I. 95; LGR. in München I 15. II. 00; I. StA. in Frankenthal 1. V. 10; OLGR. in München 1. IX. 11; Rat a. Oberst. LG. 16. XI. 24.

13 Fiedler Albert, III. StA. in Würzburg 1. XI. 95; AR. in Würzburg 1. XI. 96; II. StA. in Würzburg 16. XI. 99; LGR. in Passau 1. X. 01; desgl. in Würzburg 1. I. 07; I. StA. in Straubing 1. VII. 10; OLGR. in München 1. II. 20; Rat a. Oberst. LG. 1. I. 25.

14 Keidel Friedr., AR. in München 1. XI. 97; LGR. in München I 1. IV. 04; T. u. R. e. OLGR. 1. VIII. 15; OLGR. in München 1. II. 20; Rat a. Oberst. LG. 1. VI. 25.

15 Gaebhard Adam, III. StA. in Landshut 1. II. 96; AR. in Würzburg 16. I. 97; II. StA. in Aschaffenburg 16. XI. 99; LGR. in München I 15. II. 02; I. StA. in Memmingen 1. X. 11; OLGR. in Augsburg 1. I. 20; Rat a. Oberst. LG. 16. IX. 25.

16 Ansbacher Alexander, AR. in München 16. I. 96; LGR. in München I 15. II. 02; T u. R. e. OLGR. 22. VII. 13; Stellv. Dir. in München I 1. V. 15; OLGR. in München 16. IX. 20; Rat a. Oberst. LG. 1. I. 26.

17 Zoller Ernst, III. StA. in Kaiserslautern 16. XI. 99; desgl. in Zweibrücken 1. I. 00; AR. in Neustadt a. H. 1. VI. 01; II. StA. in Frankenthal 1. III. 02; desgl. in München I 1. III. 04; OAR. in Tegernsee 1. XI. 05; LGR. in München I 1. I. 10; T. u. R. e. OLGR. 22. XII. 15; I. StA. in Augsburg 1. IV. 19; StA. b. OLG. München 1. V. 19; OLGR. in München 1. I. 24; Rat a. Oberst. LG. 1. IV. 26.

18 Schiedermair Josef, AR. in München 1. I. 00; Rg. 16. XI. 99; II. StA. in Nürnberg 16. IV. 04; LGR. in München II 1. III. 10; T. u. R. e. OLGR. 25. III. 15; OLGR. in München 16. V. 20; Rat a. Oberst. LG. 1. IV. 27.

19 Renner Ferdin., III. StA. in Fürth 16. VI. 97; AR. in in München 16. X. 98; II. StA. in Fürth 1. I. 00; LGR in Frankenthal 1. VI. 03; T. u. R. e. OLGR. 7. IV. 14; I. StA. in Neuburg a. D. 1. V. 15; OLGR. in München 1. IV. 24; Rat a. Oberst. LG. 1. IV. 27.

20 Vogelgsang Peter, III. StA. in Augsburg 16. XI. 97; AR. in Augsburg 1. V. 99; II. StA. in Passau 1. II. 00; LGR. in Augsburg 1. VII. 04; T. u. R. e. OLGR. 22. XII. 15; I. StA. in Bayreuth 1. VI. 16; OLGR. in München 16. VIII. 25; Rat a. Oberst. LG. 16. IV. 27.

21 Prunner Otto, III. StA. in Deggendorf 1. I. 00; Rg. 16. XI. 99; AR. in München 1. VI. 01; II. StA. in München I 1. XI. 04; LGR. in München I 1. IV. 10; T. u. R. e. OLG. 25. III 18; LGDir. in München I 1. I. 22; Rat a. Oberst. LG. 1. X. 27.

22 Weber Heinrich, AR. in Landsberg 1. VII. 98; desgl. in München II 1. I. 00; OAR. in München I 16. I. 06; LGR. in München I 25. IV. 06; T. u. R. e. OLGR. 27. VII. 16; OAR. in Freising m. T. u. R. e. AgDir. 1. I. 20; AgDir. in Freising 1. XI. 23; OLGR. in München 16. XI. 24; Rat a. Oberst. LG. 16. X. 27.

d) Generalstaatsanwaltschaft.

Generalstaatsanwalt: Aschenbrenner Karl, AR. in München II 16. VII. 92; II. StA. in München I 1. XI. 96; LGR. in München I 16. XI. 99; I. StA. das. 1. X. 04; StA. b. OLG. München 1. VIII. 08; LGDir. in München I 1. V. 11; OStA. in Nürnberg 1. X. 19; GenStA. b. Oberst. LG. 16. XI. 24.

Staatsanwälte:

1 Sturm Karl, III. StA. in München II 1. I. 98; AR. in München I 16. IV. 99; II. StA. in München I 1. V. 01; LGR. in München I 1. IV. 05; I. StA. in München I 1. VI. 11; LGDir. in München I 1. VI. 19; StA. b. Oberst. LG. m. T. u. R. e. OStA. 1. XII. 23.

2 Zeiß Karl, AR. in München 1. X. 99 (Rg. 1. IV. 99); in d. JustMin. einber. 1. XII. 00; II. StA. das. 1. III. 01; LGR. das 1. IV. 04; desgl. LG. München I 1. III. 06; T. u. R. e. OLGR. 1. VIII. 15; OLGR. in München 1. II. 20; LGDir. in München I 16. V. 20; StA. b. Oberst. LG. m. d. T. e. OStA. 1. VI. 25.

3 Dittmann Jul., III. StA. in Neuburg a. D. 1. II. 99; AR. in Würzburg 16. XI. 99; II. StA. in Amberg 1. X. 01, LGR. in Nürnberg 1. VI. 06, T. u. R. e. OLGR. 27. VII. 16, I. StA. in Zweibrücken 1. X. 18; StA. b. OLG. Nürnberg 1. XI. 19; LGDir. in Nürnberg 1. V. 24; StA. b. Oberst. LG. m. d. T. e. OStA. 1. VII. 25.

III. Liste.

Oberlandesgerichte.

a) Präsidenten.

1 Dürbig Alfred, III. StA. in München I 30. XI. 87; AR. in Würzburg 9. IX. 89; desgl. in München I 29. XI. 90; II. StA in München I 16. XII. 94; LGR. das. 9. V. 97; I. StA. in München 29. X. 03; Rg. etc. e. OLGR. 13. IX. 05, OAR., OLGR. in München I 16. IX. 06, AGDir. das. 22. XII. 08; Präsident d AG. München 1. IV. 10; Präs. d. LG. München I 1. V. 14; Präs. d. OLG. Augsburg 1. V. 19.

2 Meyer Karl Dr., III. StA. in Landshut 1. V. 89, AR. in Donauwörth 16. IV. 90; desgl. in Landshut 1. I. 91; II. StA. das. 1. VII. 95, LGR. das. 16. X. 98; desgl. b. LG. München I 15. II. 02; I. StA. das. 17. IV. 06, OLGR. in München 1. I. 07; in das JustMin. ber. 1. V. 09, Oberstlandesgerichtsrat 1. XII. 09; MinRat 1. I. 12, Tit. u. Rg. e. Geheimen Rates 15. V. 18, MinDir. i. Staatsmin. d. Justiz, Staatsrat 1. IV. 19, Präs. d. OLG. München unter Belassg. d. T. u. R. e. Staatsrats 1 X. 23.

3 Spangenberger Heinrich, AR. in München 1. X. 98; II. StA. in München I 1 XII. 00; in d. JustizMin. ber. 1. V. 02; LGR. das. 1. VI. 03; LGR. München I 1. VII. 04; in d. JustizMin. ber 1. IV 10, I. StA. das. 1. XI. 10; ORegR. 1. II. 14; T. u. R. e. MinR. 10. VIII. 17, MinR. 1 V. 19; T. u. Rg. e. GehRates 1. VII. 20, T. u. Rg. e. MinDir 1. X. 23, Präs. d. OLG Bamberg 16. IX. 26.

4 Becker Friedr., III. StA. in Kaiserslautern 15. II. 97; II. StA. in Frankenthal 16. VII. 98; LGR. in Zweibrücken 1. VI. 01 st. Dir. in Zweibrücken 1. VII. 09, I. StA. in Kaiserslautern 1. II. 10; OLGR. in Zweibrücken 1 II. 16, LGPräs. in Frankenthal 16. IV. 20; Präs. d. OLG. Zweibrücken 1. I. 27.

b) Senatspräsidenten.

1 Vollmuth Theobald, III. StA. in Memmingen 16. IX. 87; vers. n. Traunstein 1. I. 88, AR. in Marktheidenfeld 16. XI. 88, II. StA. in Traunstein 1. VII. 94, LGR. in München II 1. XII. 96; vers. n. Kempten 1. IV. 97, I. StA. in Deggendorf 1. VI. 03; Rg. etc. e. OLGR. 16. IV. 06, Rat a. OLG. Zweibrücken 1. I. 08; StA. b. Oberst. LG. 1. IV. 16, SenPräs. a. OLG. München 1. V. 19;

2 Breith August, III. StA. in Landau 18. I. 91, AR. in Kirchheimbolanden 3. I. 92; vers. n. Kaiserslautern 17 III. 94; II. StA. in Frankenthal 8. V. 95, LGR. das. 22. VII. 96, I. StA. in Kaiserslautern 15. I. 03, Rat a. OLG. Zweibrücken 1. II. 05; Rat a. Oberst. LG. 1. X. 18; SenPräs. a. OLG. Zweibrücken 1. I. 20.

3 Biegeleben Joseph, Frhr. v., III. StA. in Traunstein 1. XII. 89, AR. in Deggendorf 1. V 90, desgl. in München I 1. I. 94; II. StA in München I 16. VII. 95, LGR. in München II 1. I. 98; I. StA. in Traunstein 1. VII. 06, Rg. etc. e. OLGR. 1. X. 07, Rat a. OLG.

München I. I. 10; beurl. als Richter z. Deutsch-Französ. Schiedsgerichtshof 1. V. 20 – 1. IV. 21; SenPräs. a. OLG. München 1. I. 24.
4 Meyer Hans, III. StA. in Landshut 1. III. 93; AR. in Nürnberg 1. VII. 94; II. StA. in Schweinfurt 1. VII. 98; LGR. in Schweinfurt 16. XI. 99; desgl. in Nürnberg 15. II. 02; StA. b. OLG. Nürnberg 1. II. 09; LGDir. in Nürnberg 1. I. 14; SenPräs. a. OLG. Bamberg 1. V. 24.
5 Sellner Gustav, III. StA. in Regensburg 1. VI. 95; AR. in Regensburg 16. IV. 96; desgl. in Nürnberg 16. IX. 96; II. StA. in Traunstein 1. VII. 99; LGR. das. 1. II. 01; I. StA. in Kempten 1. X. 10; Rat a. OLG. München 1. V. 19; SenPräs. a. OLG. Augsburg 1. V. 24.
6 Schultz Heinrich Dr., III. StA. in München II 16. XI. 95; AR. in München I 1. XI. 96; II. StA. in München I 16. XI. 99; LGR. das. 15. II. 02; StA. b. OLG. München 1. V. 11; Rat am OLG. München 1. IV. 14; SenPräs. a OLG. München 1. V. 24.
7 Cnopf Heinrich, III. StA. in Augsburg 16. VI. 94; desgl. in Traunstein 1. II. 95; AR. in Nürnberg 16. IX. 95; LGR. in Nürnberg 1. V. 00; stellv. Dir. das. 1. I. 10; LGDir. das. 1. XI. 11; SenPräs. a. OLG. Nürnberg 16. VIII. 25.

c) Räte.

Oberlandesgerichtsräte mit Titel u. Rang eines Oberl. Senatspräsidenten.

1 Fritz Paul, AR. in Füssen 19. II. 89; LGR. in München 13. I. 97; Rg. etc. e. OLGR. 8. IV. 06; Rat a. OLG. München 1. II. 07; T. u. Rg. e. oberl. SenPräs. 1. XI. 21.
2 Löwenich Klem. v., AR. in Deggendorf 1. II. 88; vers. n. Nürnberg 1. V. 90; LGR. das. 16. IX. 96; Tit., Rg. etc. e. OLGR. 1. V. 08; stellv. Direktor das. 1. I. 09; Rat am OLG. Nürnberg 1. IV. 09; T. u. Rg. e. oberl. SenPräs. 1. XI. 21.
3 Simon Ludwig, AR. in Volkach 1. IX. 90; LGR. in Hof 16. IV. 98; stellv. Dir. das. 1. I. 09; Rat am OLG. Zweibrücken 1. V. 09; T. u. Rg. e. oberl. SenPräs. 1. VII. 24.
4 Rohrer Wilhelm, III. StA. in München I 16. VII. 95; AR. in München I 1. X. 96; II. StA. in München II 16. VII. 99; LGR. in München I 1. VI. 01; I. StA. das. 1. VIII. 08; Rat am OLG. München 1. VI. 11; T. u. R. e. oberl. SenPräs. 16. IV. 27.

Übrige Oberlandesgerichtsräte:

5 Ordolff Gottlieb, III. StA. in Schweinfurt 16. III. 88; AR. in Kitzingen 1. III. 90; II. StA. in Amberg 16. I. 95; LGR. das. 1. X. 97; I. StA. in Memmingen 16. VI. 04; Rg. etc. e. OLGR. 1. IV. 07; Rat am OLG. Nürnberg 1. X. 11.
6 Sutor Adolf, AR. in Regensburg 15. II. 89; LGR. in Landshut 1. V. 97; desgl. in München I 1. II. 01; stv. Dir. das. 1. I. 09; Rat am OLG. München 1. V. 12.
7 Steinlein Friedrich, AR. in Münchberg 16. VI. 90; desgl. in Schwabach 16. X. 92; LGR. in Hof 1. IV. 98; desgl. in Nürnberg 1. V. 01; stellv. Dir. das. 1. I. 09; Rat a. OLG. Nürnberg 1. IV. 12.
8 Kössler Karl Felix, III. StA. in Frankenthal 16. XI. 92; AR. in Neustadt a. H. 16. V. 95; II. StA. in Frankenthal 16. VIII. 96; LGR. das. 16. VII. 98; desgl. in Würzburg 1. VI. 03 I. StA. in Schweinfurt 1. I. 07; Rat am OLG. Nürnberg 1. II. 13.

9 Escales Friedrich, AR. in Pirmasens 1. VI. 96; desgl. in Germersheim 1. XII. 96; LGR. in Frankenthal 16. VII. 98; desgl. in Nürnberg 1. VI. 06; stv. Dir. das. 1. I. 09; Rat am OLG. Nürnberg 1. II. 14.

10 Schütz Johann, III. StA. in Landshut 16. IV. 90; AR. in Nördlingen 1. V. 91; LGR. in Weiden 1. II. 99; desgl. in Nürnberg 1. I. 02; desgl. in Fürth 16. XI. 08; stellv. Dir. das. 1. I. 09; Rat am OLG. Bamberg 16. XII. 13.

11 Fauner Wilhelm, AR. in Ingolstadt 16. VI. 91; desgl. in Starnberg 1. VIII. 94; LGR. in Landshut 1. V. 99; stellv. Dir. das. 1. I. 09; Rat am OLG. Nürnberg 1. VIII. 13.

12 Rose Hugo Dr., III. StA. in Schweinfurt 1. XII. 90; AR. in Kempten 1. IX. 91; desgl. in Nürnberg 1. XI. 93; LGR. in Fürth 1. V. 99; stellv. Dir. das. 1. I. 09; Rat am OLG. Nürnberg 1. VII. 15.

13 Weidner Heinrich, AR. in Naila 16. XII. 90; desgl. in Bamberg 1. XI. 97; LGR. in Kempten 16. V. 99; stellv. Dir. in Schweinfurt 1. I. 09; Rat am OLG. Bamberg 1. VII. 14.

14 Gotthardt Georg, III. StA. in Bamberg 15. II. 91; AR. in Kronach 1. XII. 91; II. StA. in Amberg 1. VI. 97; LGR. in Bamberg 16. VIII. 99; I. StA. in Neuburg 16. X. 07; Rat am OLG. München 1. V. 15.

15 Correll Albert, AR. i. Dinkelsbühl 16. I. 90; vers. n. Aschaffenburg 16. XI. 94; LGR. das. 1. XI. 97; Rat a. OLG. Nürnberg 1. II. 09.

16 Sesslen Friedrich, AR. in Altdorf 16. XI. 92; desgl. in Nürnberg 1. VI. 96; LGR. in Fürth 16. XI. 99; desgl. in Nürnberg 1. V. 02; stellv. Dir. in Hof 1. V. 09; Rat am OLG. Augsburg 1. III. 16.

17 Eysselein Gustav, III. StA. in Fürth 1. IV. 91; AR. in Schweinfurt 1. VIII. 92; desgl. in Erlangen 16. I. 95; LGR. in Nürnberg 16. XI. 99; stellv. Dir. in Ansbach 1. VI. 09; Rat am OLG. Nürnberg 1. X. 16.

18 Schmelz Nikolaus, AR. in Mallersdorf 1. X. 91; desgl. in Bamberg 1. XII. 94; LGR. in Hof 15. II. 99; desgl. in München II 1. X. 01; stellv. Dir. das. 1. X. 09; Rat am OLG. München 1. V. 12.

19 Franck Heinrich, AR. in Regenstauf 15. II. 94; LGR. in Amberg 16. V. 00; stellv. Dir. das. 1. X. 09; Rat am OLG. Zweibrücken 1. X. 16; desgl. a. OLG. Bamberg 1. XII. 20.

20 Ulmer Adolf, AR. in Nördlingen 1. III. 90; OAR. in Griesbach 16. V. 98; LGR. in Traunstein 1. X. 07; Rat am OLG. Augsburg 1. I. 10.

21 Bachl Anton, AR. in Sulzbach 16. IV. 93; II. StA. in Memmingen 1. IV. 98; LGR. das. 16. XI. 99; stellv. Dir. in Zweibrücken 1. II. 10; Rat am OLG. Zweibrücken 1. IV. 16.

22 Merkel Hans, III. StA. in Traunstein 16. IX. 95; AR. in Nürnberg 1. X. 96; II. StA. in Bamberg 1. X. 99; LGR. in Fürth 1. III. 01; desgl. in Nürnberg 1. I. 06; I. StA. das. 1. II. 10; Rat am OLG. Augsburg 1. VIII. 19.

23 Heuck Oskar, III. StA. in Landau 1. IX. 97; AR. in Landau 1. I. 00; LGR. in Frankenthal 16. XI. 01; desgl. in München II 1. I. 05; I. StA. in Landau 1. III. 10; Rat a. OLG. München 1. X. 19.

24 Düll Franz, III. StA. in Traunstein 1. X. 91; AR. in Lichtenfels 16. IX. 92; desgl. in Würzburg 1. X. 96; LGR. in Schweinfurt 16. XI. 99; desgl. in Passau 1. V. 08; stv. Dir. in Neuburg 1. V. 10; Rat a. OLG. Augsburg 1. I. 20.

25 Heuser Friedr. Dr., III. StA. in München I 1. I. 93; AR. in München II 1. II. 94; II. StA. in München II 16. V. 98; LGR. in

München I 16. XI. 99; stellv. Dir. in München II 1. VII. 10; Rat am OLG. München 1. V. 16.

26 Neumeyer Alfred Dr., III. StA. in Landshut 16. VII. 95; AR. in Landshut 1. X. 96; desgl. in München 16. V. 98; II. StA. in München II 16. XI. 99; LGR. in München I 15. II. 02; StA. b. OLG. Augsburg 1. X. 10; Rat am OLG. München 1. V. 19.

27 Bedall Eugen, III. StA. in Neuburg 1. II. 93; AR. in München 1. III. 94; II. StA. in München II 16. V. 98; LGR. in München I 16. XI. 99; stellv. Dir. das. 1. XI. 10; Rat am OLG. München 1. VI. 18.

28 Stummer Franz, AR. in Dillingen 1. III. 94; desgl. in Kulmbach 1. VI. 95; LGR. in Weiden 1. II. 00; desgl. in Augsburg 1. I. 04; stv. Dir. in Nürnberg 1. V. 11; Rat am OLG. Nürnberg 16. XI. 21.

29 Keyhl Hermann, AR. in Erding 1. VII. 94; LGR. in Straubing 16. IV. 00; stv. Dir das. 1. VI. 11; Rat am OLG. Augsburg 1. II. 22.

30 Roth Gustav III. StA. in Zweibrücken 1. IV. 97; AR. in Zweibrücken 1. I. 00; II. StA. in Frankenthal 1. I. 01; desgl. in Zweibrücken 15. II. 01; LGR. in Frankenthal 1. VI. 01; desgl. in Zweibrücken 16. VI. 01; stellv. Dir das. 1. VIII. 11; Rat am OLG. Zweibrücken 1. VI. 18.

31 Walter Hermann, III. StA. in Straubing 1. II. 94; AR. in Ingolstadt 16. IV. 95; II. StA. in Straubing 1. X. 98; LGR. in Traunstein 1. I. 00; desgl. in München I 1. II. 01; Rat am OLG. München 1. I. 12 (1. X. 11.)

32 Bleymüller Joseph, AR. in Rotthalmünster 1. VII. 95; desgl. i. Passau 1. X. 99; LGR. i. Schweinfurt 15. II. 01; desgl. i. Regensburg 1. IV. 09; T. u. R. e. OLGR. 21. XII. 12; stellv. Dir. i. Kempten 1. IX. 14; Rat a. OLG. Bamberg 1. V. 19.

33 Ewald Wilh., III. StA. in Landshut 1. X. 96; AR. in Landshut 16. V. 98; II. StA. in Landshut 16. XI. 99; LGR. in Fürth 16. VIII. 02; I. StA. in Schweinfurt 1. II. 13; desgl. in Regensburg 15. II. 19; Rat a. OLG. Bamberg 1. X. 21.

34 Franz Karl, AR. in Beilngries 1. XII. 95; desgl. in Würzburg 1. VII. 98; LGR. in Schweinfurt 15. II. 02; T. u. R. e. OLGR. 22. VII. 13; stellv. Dir. in Bamberg 1. VII. 16; Rat a. OLG. Bamberg 1. IV. 25.

35 Wachter Johann, AR. in Eschenbach 16. IV. 96; desgl. in Regensburg II 16. XI. 99; LGR. in Amberg 15. II. 02; T. u. Rg. e. OLGR. 22. VII. 13; stv. Dir. in Amberg 1. II. 18; AgDir. Regensburg 1. VIII. 19; Rat am OLG. Nürnberg 1. I. 23.

36 Gundel Gustav, III. StA. in Straubing 1. IV. 96; AR. in Nürnberg 1. I. 98; II. StA. in Regensburg 16. XII. 99; LGR. in Deggendorf 1. VI. 02; desgl. in Weiden 1. I. 03; desgl. in Bamberg 16. X. 07; T. u. Rg. e. OLGR. 24. XII. 13; stellv. Dir. in Bamberg 1. I. 22; Rat am OLG. Bamberg 1. VII. 26.

37 Möhrlein Michael, III. StA. in Nürnberg 1. XI. 96; AR. in Aschaffenburg 1. VII. 98; II. StA in Nürnberg 1. I. 00; LGR. in Bamberg 1. II. 03; T. u. Rg. e. OLGR. 24. XII. 13; StA. b. OLG. Zweibrücken 1. XII. 14; I. StA. in Passau 1. I. 16; Rat a. OLG. München 16. IX. 20.

38 Jacob Albert, AR. in Scheßlitz 1. XII. 96; desgl. in Nürnberg 1. I. 00; LGR. in Frankenthal 1. IV. 03; desgl. in Kaiserslautern 1. XII. 03; T. u. Rg. e. OLGR. 7. IV. 14; stv. Dir. in Zweibrücken 1. VI. 18; Rat a. OLG. Zweibrücken 1. II. 21.

39 Silberschmidt Moritz, AR. in Forchheim 1. V. 96; II. StA. in Nürnberg 16. XI. 99; LGR. in Nürnberg 16. IV. 04; T. u. Rg. e. OLGR. 1. VIII. 15; I. StA. in Schweinfurt 15. II. 19; desgl. in Fürth 1. XI. 20; Rat am OLG. Nürnberg 1. IV. 24.

40 Fell Ludwig, AR. in Schwabach 1. IV. 98; II. StA. in Hof 1. V. 01; LGR. in Frankenthal 16. IV. 04; T. u. Rg. e. OLGR. 1. VIII. 15; I. StA. in Kaiserslautern 1. II. 16; Rat a. OLG. Bamberg 1. VI. 22.

41 Oertel Eugen, AR. in Landshut 1. VIII. 98; desgl. in München 16. XI. 02; OAR. das. 16. I. 05; ans OLG. München ber. 16. X. 12; T. u. Rg. e. OLGR. 22. XII. 15; Rat a. OLG. München 1. X. 20.

42 Erlacher Christian Dr., AR. in Greding 1. XI. 98; desgl. in Nürnberg 15. II. 02; II. StA. in Straubing 1. X. 03; LGR. in Hof 1. I. 06; desgl. in München II 1. XII. 08; T. u. Rg. e. OLGR. 27. VII. 16; stv. Dir. in München II 1. XI. 23; Rat am OLG. München 1. V. 24.

43 Aschka Ludwig, AR. in Burghausen 1. VIII. 98; desgl. in Roth 1. II. 03; LGR. in Eichstätt 1. II. 06; desgl. in München II 16. XI. 08; T. u. Rg. e. OLGR. 27. VII. 16, stellv. Dir. in München I 1. VI. 22; Rat a. OLG. München 16. VII. 25.

44 Gerstlauer Lorenz, AR. in Neuburg a. D. 16. III. 99; II. StA. in Neuburg a. D. 1. X. 00; LGR. in Augsburg 17. IV. 06; T. u. Rg. e. OLGR. 27. VII. 16; I. StA. in Deggendorf 1. VI. 18; Rat a. OLG. München 16. IV. 23.

45 Reich Wilhelm, III. StA. in Landau 1. I. 00; AR. in Frankenthal 1. VI. 01; II. StA. in Frankenthal 1. III. 02; LGR. in Landau 1. VIII. 06; T. u. Rg. e. OLGR. 23. XII. 16; I. StA. in Zweibrücken 1. XI. 19; Rat am OLG. Zweibrücken 1. VI. 22.

46 Pollmann Karl, AR. in München 16. IV. 99; II. StA. in Ansbach 16. XII. 00; LGR. das. 1. I. 07; T. u. Rg. e. OLGR. 23. XII. 16; vers. an d. LG. Augsburg 15. II. 19; StA. b. OLG. Augsburg 1. V. 19; Rat am OLG. München 1. I. 26.

47 Wohlfahrt Ludwig, AR. in Roth 1. V. 99; desgl. in Würzburg 1. II. 03; LGR. in Schweinfurt 1. II. 07; T. u. Rg. e. OLGR. 23. XII. 16; stellv. Dir. in Bayreuth 1. VIII. 23; Rat am OLG. Bamberg 1. II. 26.

48 Martin Georg, AR. in Arnstein 1. VII. 99; desgl. in Lichtenfels 1. I. 01; OAR in Rotthalmünster 1. VII. 07; LGR. in Eichstätt 1. VII. 14; T. u. Rg. e. OLGR. 5. IV. 17; Rat a. OLG. Augsburg 16. IX. 25.

49 Heerberger Julius, AR. in Mallersdorf 16. V. 99; desgl. in München I 16. III. 02; LGR. in München I 1. X. 07; OAR. in München 1. I. 11; LGR. in München I 1. I. 13; T. u. Rg. e. OLGR. 5. IV. 17; Rat am OLG. München 1. VII. 24.

50 Lieberich Otto, AR. in Geisenfeld 16. VII. 99; II. StA. in Landshut 16. VIII. 02; LGR. in Frankenthal 1. X. 07; T. u. Rg. e. OLGR. 5. IV. 17; StA. b. OLG. Bamberg 1. XI. 19, OLGR. in Nürnberg 16. VI. 25.

51 Ulmann Emil Dr., AR. in Nürnberg 16. VII. 99; LGR. in Kempten 1. X. 07; desgl. in München II 1. V. 08; T. u. Rg. e. OLGR. 5. IV. 17; Rat am OLG. München 16. VI. 20.

52 Kling August AR. in Erlangen 16. VIII. 99; desgl. in München I 1. VIII. 02; LGR. in Schweinfurt 1. V. 08; desgl. in München I 1. V. 12; T. u. Rg. e. OLGR. 21. XII. 17; stv. Dir. das. 1. I. 22; Rat am OLG. München 1. VII. 24.

53 Weber Ernst, AR. in Amberg 16. XI. 99; II. StA. in Passau 1. VII. 05; LGR. das. 1. V. 10; desgl. in Nürnberg 1. I. 12; T. u. R. e. OLGR. 21. XII. 17; I. StA. in Hof 16. XI. 19; Rat a. OLG. Nürnberg 1. VII. 27.

54 Schraub Karl, III. StA. in Würzburg 16. XI. 99; AR. in München 1. XII. 00; II. StA. in München I 1. VI. 02; LGR. das. 1. VIII. 09; T. u. Rg. e. OLGR. 25. III. 18; StA. b. OLG. München 1. VI. 21; Rat am OLG. München 1. X. 26.

55 Schülein Johann, III. StA. in Traunstein 16. XI. 99; AR. in Schongau 1. II. 01; II. StA. in Bayreuth 16. IV. 04; LGR. in Würzburg 1. X. 09; T. u. Rg. e. OLGR. 25. III. 18; I. StA. in Würzburg 1. IV. 20; Rat am OLG. Bamberg 1. XI. 25.

56 Güllich Friedr., AR. in Kulmbach 1. XII 99; II. StA. in Bayreuth 16. IV. 06; LGR. in Memmingen 1. IV. 13; desgl. in Nürnberg 1. II. 15; T. u. R. e. OLGR. 25. III. 18; I. StA. in Aschaffenburg 1. IV. 21; Rat a. OLG. Augsburg 1. XII. 27.

57 Fischer Wendelin, AR. in Bergzabern 1. I. 00; desgl. in Homburg 1. VII. 02; II. StA. in Kaiserslautern 1. IX. 02; LGR. das. 1. VII. 09; T. u. Rg. e. OLGR. 31. XII. 18; I. StA. in Kaiserslautern 1. VI. 22; Rat am OLG. München 1. VI. 25.

58 Dinger Heinr., AR. in Kandel 1. I. 00; II. StA. in Zweibrücken 1. VII. 06; LGR. in Zweibrücken 1. IV. 12; T. u. Rg. e. OLGR. 31. XII. 18; stv. Dir. das. 1. II. 21; Rat a. OLG. in Zweibrücken 1. VI. 22.

59 Bähr Friedrich, III. StA. in Bamberg 1. IV. 00; AR. in Bamberg 1. IV. 01; II. StA. in München I 1. XI. 05; LGR. das. 1. VII. 11; T. u. Rg. e. OLGR. 31. XII. 18; stellv. Dir. in München I 1. V. 24; Rat am OLG. München 1. I. 25

60 Zettler Ludwig, III. StA. in Aschaffenburg 16. XI. 00; AR. in München 1. IV. 04; II. StA. in Regensburg 1. I. 07; LGR. das. 1. I. 13; T. u. Rg. e. OLGR. 15. VII. 19; I. StA. in Regensburg 1. X. 21; StA. b. OLG. Augsburg 1. X. 22; Rat am OLG. Augsburg 1. V. 26.

61 Reuß Josef, III. StA. in Würzburg 1. XII. 00; AR. in Neuburg a. D. 1. X. 05; II. StA. in Augsburg 1. III. 07; LGR. das. 15. II. 19; T. u. Rg. e. OLGR. 15. VII. 19; Rat am OLG. Augsburg 1. VI. 26.

62 Bechmann Adolf Dr., AR. in Nürnberg 1. II. 01; desgl. in München I 16. XI. 05; II. StA. in München I 16. XI. 06; LGR. das. 1. I. 14; T. u. R. e. OLGR 15. VII. 19; Rat am OLG. München 1. IV. 27.

63 Riffel Philipp, AR. in Obermoschel 1. II. 01; II. StA. in Schweinfurt 1. X. 07; LGR. in Frankenthal 1. I. 14; T. u. Rg. e. OLGR. 15. VII. 19; I. StA. in Zweibrücken 1. VI. 22; Rat a. OLG. München 1. V. 24.

64 Bachmeier Johann, AR. in Krumbach 16 XI. 99; LGR. in Kempten 1. III. 09; T. u. Rg. e. OLGR. 15. VII. 19; Rat am OLG. Augsburg 1. IV. 25.

65 Baumann Georg, AR. in Bamberg 16. XI. 99; LGR. in Bamberg 1. IV. 09; T. u. Rg. e. OLGR. 15. VII. 19 Rat a. OLG. Bamberg 1. V. 24.

66 Adelmann Karl Dr., AR. in München I 1. I. 00; II. StA. in München II 1. IV. 09; LGR. in München I 1. V. 15; T. u. R. e. OLGR. 15. VII. 19; stellv. Dir. in München I 1. XI. 25; Rat a. OLG. München 1. IV. 27.

67 Burckhardt Alfred Dr., AR. in Neuburg a. D. 1 I. 00; desgl. in Regensburg 1. X. 05; LGR. in Zweibrücken 1. VII. 09; T u. Rg. e. OLGR. 15. VII. 19, stv. Dir. in Zweibrücken 1 VI. 22; Rat am OLG. München 1. V. 23

68 Klimmer Otto Dr., III. StA. in Traunstein 1. X. 05; AR. in München unter Einber. in d. StMin. d. Justiz 1. II. 08, II. StA. im StMin. d. Justiz 1. I. 13; LGR. das. 16. IV 17; StA. b. OLG. München 1. XI. 19; Rat am OLG. München 1. IV. 26.

69 Jaenicke Edmund Dr., AR. in Haßfurt 1. VI. 01; II. StA. München I 1. I. 10; LGR. in München I 1. X. 18; T. u. Rg. e. OLGR. 1. I. 20; I. StA. in München I 1. XII. 23, Rat a. OLG. München 16. IX. 27

70 Horwitz Richard, III. StA. in Traunstein 11. VI. 01, AR. in Deggendorf 1. X. 05, II. StA. in Nürnberg 1 III. 10; LGR. in München I 1. V. 19; T u. Rg. e. OLGR 1. IV. 20; Rat a. OLG. München 16. IV 27.

71 Haus Ludwig, AR. in Höchstädt a D. 15. II. 00; desgl. in Lohr 1. IV. 03; LGR. in Bamberg 1. I. 12, T. u. Rg. e. OLGR. 1. IV. 21, Rat a. OLG Bamberg 1 X. 27.

72 Scheidel Max, AR. in Immenstadt 1. VI. 00, desgl. in Würzburg 16. IV 04, LGR. in Nürnberg 1. VIII. 12; desgl. in Bamberg 1 XI. 20; T. u. Rg. e. OLGR. 16. I. 22; Rat a. OLG. Zweibrücken 15. II. 27.

73 Roth Max, AR in Speyer 16. VII. 00; LGR. in Landau 16. XI. 12; desgl. in Zweibrücken 1. VII. 19; T. u. Rg e. OLGR. 16. I. 22; stv. Dir. das. 16. VI. 24; Rat a. OLG. Zweibrücken 16. VIII 24.

74 Reinheimmer Adolf, AR. in Neustadt a. H. 16. VII. 00; desgl. in Waldmohr 16. XII. 02, T. u. Rg. e. OAR. 21. XII. 12, LGR. in Bayreuth 1. VII. 13; T. u. Rg. e. OLGR. 16. XII. 22; Rat a. OLG. Zweibrücken 1. X. 27.

75 Haas Eugen, AR. in Ludwigshafen 1. VI. 02; T. u. Rg. e. OAR. 1. VIII. 15, LGR. in Zweibrücken 1. X. 19; stellv. Dir. das. 16. VIII. 24, Rat a. OLG. Zweibrücken 1. V. 25.

d) Staatsanwaltschaft.

Oberstaatsanwälte.

1 König Ludwig, III. StA. in Kaiserslautern 1. IV. 94; desgl. in Zweibrücken 16. VIII. 94; AR. in Ludwigshafen 16. VIII. 96; II. StA. in Zweibrücken 1. IX. 97; LGR. das. 16. VII. 98; StA. b. OLG. Zweibrücken 1. VII. 07; Rat a. OLG. Zweibrücken 1. XII. 14; OStA. in Zweibrücken 1. VIII. 19; T. u. R. e. GenStA. 1. I. 27.

2 Aull Hans, III. StA. in Memmingen 16. VII. 99; AR. in Memmingen 16. VII. 00; II. StA. in Würzburg 1. IV. 02; desgl. in München I 1. XI. 02; LGR. das. 1. II. 08; T. u. R. e. OLGR. 21 XII. 17; I. StA München I 1. XI. 19; Dienstaufs. I. StA. das. 16. IV. 22; OStA. in München 1. XII. 22.

3 Leuchs Edwin, III. StA. in Nürnberg 1. VII. 98; AR. in Nürnberg 1. X. 99, II. StA. in Nürnberg 15. II. 02; LGR. das. 1. IV 05: T. u. Rg e. OLGR. 22. XII. 15; I. StA. in Nürnberg 1. VIII. 19; OStA. in Nürnberg 16. XI. 24.

4 Döll Nikolaus, III. StA. in Aschaffenburg 1 X. 96; AR. in Laufen 1. IV. 98, II. StA. in Straubing 16. XI. 99; LGR. in Eichstatt 16. X. 02, T. u. Rg. e. OLGR. 24. XII. 13; I. StA. in Traunstein 1. VII. 14; LGDir. in Kempten 16. IX. 23; OStA. in Bamberg 1. VII. 25.

Staatsanwälte:

1	Huber Karl	15. II. 14	1. I. 09	Bamberg	1. Nov. 23	Rg. 31. Dez. 18
2	Drechsel Karl	1. VIII. 12	1. I. 09	Nürnberg	1. Mai 24	Rg. 15. Juli 19
3	Barthelmeß Rich.	1. VI. 18	1. I. 09	Augsburg	1. Jan. 26	Rg. 15. Juli 19
4	Haß Karl Dr.	1. V. 19	1. IV. 10	München	1. Jan. 24	Rg. 1. April 20
5	Kraft Hans	1. X. 19	1. X. 10	Augsburg	1. Mai 26	Rg. 1. Jan. 21
6	Münzinger Herm.	16. XI. 19	1. IX. 11	Bamberg	16. Juli 25	Rg. 1. Jan. 21
7	Bretzfeld Friedrich Dr.	1. XI. 19	1. VI. 18	München	1. April 26	Rg. 1. Juni 23
8	Grimm Ludw. Dr.	16. IX. 20	1. III. 14	Zweibrücken	16. Juni 24	
9	Hartung Gottfr.	1. IV. 21	1. VII. 14	Nürnberg	1. Jan. 27	Rg. 1. Jan. 25
10	Ziegler Erhard Dr.	1. IV. 21	1. XI. 19	München	1. April 26	Rg. 1. Jan. 25

IV. Liste.

Landgerichte.

a) Präsidenten.

1 **Burkhardt Friedrich**, AR. in München I 1. V. 97; II. StA. im JustMin. 16. XI. 99; LGR. das. 16. VI. 01; StA. beim OLG. München 1. VII. 04; I. StA. in Nürnberg (Rg. etc. e. OLGR.) 1. VIII. 08; desgl. in München I 1. II. 10; AGDir. (Kl. VI 2 RgO) in Nürnberg 1. V. 14; AGDir. (Kl. V RgO.) in Nürnberg 1. XII. 14; Präs. d. LG. München II 1. V. 19.

2 **Stadelmayer Karl**, AR. in Scheinfeld 1. IX. 88; OAR. in Neustadt a. S. 1. IV. 97; LGR. in Bamberg 15. II. 99; stv. Dir. in Bamberg 1. I. 09; Dir. das. 1. I. 12; desgl. in München II 1. V. 13; LGPräs. in Aschaffenburg 1. I. 20.

3 **Mützel Friedrich**, III. StA. in Straubing 16. VII. 90; AR. in Fürth 28. VIII. 91; II. StA. in Nürnberg 16. I. 97; LGR. das. 16. XI. 98, OAR. in Fürth 21. V. 07; OLGR. Rg. etc. 1. X. 08, AgDir. das. 1. I. 09; LGPräs. in Weiden 1. IV. 20; desgl. in Schweinfurt 1. IV. 27.

4 **Philipp Heinr.**, III. StA. in Deggendorf 1. XI. 94, AR. in Kronach 1. XII. 95; II. StA. in Nürnberg 1. XII. 98, LGR. in Nürnberg 1. V. 00, I. StA. in Aschaffenburg 1. VII. 09; LGDir. in Traunstein 1. II. 15; AGDir. in Nürnberg (Geh.Kl. 6) 1. V. 19, AGPräs. das. 1. IV. 20, LGPräs. in Nürnberg 1. V. 25.

5 Hahn Matthäus, III. StA. in München I 1. XI. 97; AR. in München 16. XI. 98; II. StA. in München I 1. III. 00; LGR. das. 16. IV. 04; desgl. in München II 1. VII. 04; I. StA. in München I 1. V. 14; LGPräs. in Augsburg 1. V. 20 (1. IV. 20); desgl. in München I 1. V. 25.

6 Mellarts Friedrich, III. StA. in Frankenthal 1. IV. 97; AR. in Ludwigshafen 16. VII. 98; II. StA. in Kaiserslautern 16. VII. 00; LGR. in Frankenthal 1. VI. 01; desgl. in Landau 1. V. 03; StA. b. OLG. Bamberg 1. VII. 09; I. StA. in Bamberg 1. V. 10; LGDir. in Nürnberg 1. VII. 16; LGPräs. in Landau 16. IV. 20; desgl. in Kaiserslautern 1. XII. 20.

7 Hoepfel Friedrich, AR. in Öttingen 1. I. 91; desgl. in Wunsiedel 1. IX. 93; LGR. in Deggendorf 16. X. 98; desgl. in Nürnberg 15. II. 02; stv Dir. das. 1. I. 09; LGDir. das. 1. V. 11, LGPräs. in Coburg 1. XI. 20; desgl. in Traunstein 1. VII. 26.

8 Segl Otto, AR. in Ebersberg 1. I. 91; desgl. in Deggendorf 16. III. 99; OAR. in Viechtach 1. I. 00; desgl. in Deggendorf 1. III. 07; stv. Dir. in Fürth 16. XII. 13; Rat am OLG. Bamberg 1. II. 16; LGPräs. in Neuburg 1. XI. 20.

9 Stummer Hans, III. StA. in Fürth 1. VIII. 92; AR. in Nürnberg 1. XI. 93; II. StA. in Nürnberg 1. I. 98; LGR. das. 16. XI. 99; I. StA. in Deggendorf 1. I. 08; desgl. in Traunstein 1. I. 10; LG.-Dir. in Nürnberg 1. VII. 14; LGPräs. in Bayreuth 1. IV. 21.

10 Stenglein Ludwig, III. StA. in Landshut 16. VI. 98; AR. in Nürnberg 16. XI. 99; II. StA. in Passau 1. II. 01; LGR. in Ansbach 1. VII. 05; OAR. in Nürnberg 1. VII. 13; T. u. Rg. e. AGR. 22. XII. 15; AGR. in Nürnberg 1. IV. 19; dienstauf. I. StA. in München I 1. I. 23; LGPräs. in Bamberg 1. IV. 26.

11 Helm Konrad, III. StA. in Fürth 16. X. 98; AR. in Nürnberg 16. XI. 99; II. StA. in Kempten 15. II. 02; LGR. das. 1. VI. 06; T. u. Rg. e. OLGR. 27. VII. 16; I. StA. in Kempten 1. V. 19; LGPräs. in Landshut 1. II. 23; desgl. in Kempten 1. VI. 26.

12 Stummer Joh. Bapt., AR. in Landsberg 1. XI. 95; II. StA. in Amberg 16. VIII. 99; LGR. in Hof 1. X. 01; desgl. in Amberg 16. X. 01; desgl. in München I 1. X. 06; I. StA. in Weiden 1. VIII. 09; LGDir. in Traunstein 1. V. 19; LGPräs. in Deggendorf 1. V. 23.

13 Weigl Joh. Bernh., III. StA. in Neuburg a. D. 1. IV. 96; AR. in München I 1. I. 98; II. StA in München I 16. XI. 99; LGR. das 1. III. 02; I. StA. in Amberg 1. XI. 10; LGDir. in Regensburg 16. V. 20; LGPräs. das. 1. IV. 24.

14 Maier Willibald, III. StA. in Würzburg 1. XI. 94; AR. in Augsburg 1. XI. 95; II. StA. in München I 1. XII. 98; LGR. in Augsburg 1. XII. 00; desgl. in München I 1. XII. 04; I. StA. in Deggendorf 1. I. 10; Rat am OLG. Bamberg 1. VI. 18; LG-Präs. in Eichstätt 1. V. 24.

15 Stauber Georg, AR. in Straubing 16. III. 96; desgl. in München I 1. I. 00; LGR. in München I 15. II. 02; T. u. Rg. e. OLGR. 22. VII 13; stv. Dir. das. 1. VI. 18; LGDir. das. 1. IV. 20 LGPräs. in Amberg 1. V. 24.

16 Michel Jakob, AR. in Annweiler 1. I. 00; desgl. in Rockenhausen 1. X. 03; II. StA. in Frankenthal 1. III. 04; LGR. das. 1. V. 10; T. u. R. e. OLGR. 31. XII. 18; StA. b. OLG. Zweibrücken 1. XII. 20; LGPräs. in Zweibrücken 16. VI. 24.

17 Haas Karl, AR. in Schwabach 1. XII. 93; OAR. in Münchberg 16. XI. 99; LGR. in Hof 16. XI. 01; desgl. in Kaiserslautern 1. X. 05; stellv. Dir. in Ansbach 1. V. 10; desgl. in Landau 1. XI. 13; LGDir. in Landau 1. XII. 20; LGPräs. in Landau 16. XI. 24.

18 Neubert Ferd, III. StA. in Landau 16. VIII. 96; AR. in Ludwigshafen 1. IX. 97; II. StA. in Frankenthal 16. VII. 98; LGR. in Frankenthal 1. I. 01; desgl. in Aschaffenburg 16. X. 07; T. u. Rg. e. OLGR. 21. XII. 12; stellv. Dir. in Landshut 1. VIII. 13; LGDir. in Passau 1. I. 24; LGPräs. in Ansbach 16 XI. 24.

19 Oettle Otto, AR. in München 16. X. 98; T. u. Rg. e. OAR. 9. IV. 04; OAR. in München 1. VI. 05; T. u. Rg. e. AGR. 1. VII. 11, AGR. in München 1. VI. 13; Amtsbez. AGDir. 1. V. 24; LGPräs. in Memmingen 1. IX. 25.

20 Schmidt Heinr., III. StA. in Fürth 15. II. 96; AR. in Nürnberg 16. VI. 97; II. StA. in Nürnberg 16. XI. 99; LGR. in Nürnberg 15 II. 02; I. StA. in Fürth 16. V. 12; LGDir. in Nürnberg 1. XI. 20; LGPräs. in Fürth 1. XI. 25.

21 Gerber Hermann, AR. in Altdorf 1. V. 99; II. StA. in Fürth 15. II. 02; LGR. in Fürth 1. IV. 07; T. u. Rg. e. OLGR. 5. IV. 17; I. StA. in Weiden 1. V. 19; LGDir. in Nürnberg 16. VIII. 25; LGPräs. in Landshut 1. VI. 26.

22 Winkler Friedrich, AR. in Eltmann 1. IV. 99; desgl. in Bamberg 1. V. 02; LGR. in Hof 1. X. 06; T. u. Rg. e. OLGR. 23. XII. 16; vers. an d. LG. Bamberg 1. IV. 20; OLGR. in Bamberg 1. XI. 20; LGPräs. in Coburg 1. VII. 26.

23 Becker Franz, AR. in Dürkheim 1. X. 98; II StA. in Landau 1. VI. 01; LGR. in Landau 16. IV. 04; T. u. Rg. e. OLGR. 1. VIII. 15; I. StA. in Landau 1. X. 19; LGDir. das. 16. XI. 24; LGPräs. in Passau 1. XII. 26.

24 Marth Max, AR. in Würzburg 16. XI. 99; II. StA. in Nürnberg 1. II. 03; LGR. das. 1. VI. 09; T. u. Rg. e. OLGR. 21. XII. 17; StA. b. OLG. Nürnberg 16. IV. 20; AgRat in Nürnberg 1. I. 23; Amtsbez. AgDir. 1. V. 24; Dienstaufs. AgDir. das. 1. V. 25; T. e. AgPräs. 1. I. 26; LGPräs. in Augsburg 1. I. 27.

25 Schneider Emil Dr., III. StA. in München I 1. IV. 99; AR. in München I 1. IV. 00; desgl. in Regensburg I 1. V. 01; II. StA. in Regensburg 1. VI. 02; LGR. in Passau 1. I. 07; T. u Rg. e. OLGR. 23. XII. 16; I. StA. in Passau 16. IX. 20; LGDir. das. 1. I. 26; LGPräs. in Weiden 1. IV. 27.

26 Müller Heinrich, AR. in Kaiserslautern 1. XII. 99; desgl. in Nürnberg 1. XI. 04; II. StA. in Zweibrücken 1. VI. 06; LGR. in Frankenthal 1. X. 11; desgl. in Bamberg 1. IV. 12; T. u. Rg. e. OLGR. 25. III. 18; I. StA. in Frankenthal 1. IV. 20; LGPräs. in Frankenthal 1. IV. 27.

27 Dames Karl Dr., III. StA. in Würzburg 1. XI. 96; AR. in Nürnberg 16. XI. 98; II StA. in Amberg 16. XI. 99; LGR. in Würzburg 1. II. 03; T. u. Rg. e. OLGR. 24. XII. 13; I. StA. in Würzburg 16. IV. 17; LGDir. das. 1. IV. 20; LGPräs. das. 1. X. 27.

b) Direktoren.

1	Giessen Joseph 95 XII (T. u. Rg. e. LGPräs. 1. XI. 24)	Frankenthal	16. Apr. 04
		Rg.	1. März 04
2	Gross Christian 97 IV	Frankenthal	1. Mai 09
		Rg.	1. Jan. 07

3 Raquet Theodor 97 VI	Kaiserslautern	1. Mai 24
	Rg.	1. Jan. 09
4 Jäger Joh. Dr. 97 XI (T. u. Rg. e. LGPräs. 11. XI. 22)	München I	1. Nov. 10
	Rg.	1. Jan. 09
5 Hartmann Gustav 98 VI	München II	1. Mai 11
	Rg.	1. Jan. 09
6 Correll Frdr. 98 VII	Augsburg	1. Jan. 12
	Rg.	1. Jan. 09
7 Plauth Wilhelm 98 VII	Zweibrücken	1. Mai 11
	Rg.	1. Jan. 09
8 Oberhofer Ant. 98 VIII	Landshut	1. Mai 12
	Rg.	1. Jan. 09
9 Kessler Eugen 98 IX	Frankenthal	1. Okt. 14
	Rg.	1. Jan. 09
10 Strössenreuther Frdr. 98 X (T. u. Rg. e. LGPräs. 1. 1. 24)	Nürnberg	16. Mai 12
	Rg.	1. Jan. 09
11 Wittenmeier Jul. 98 XI	Zweibrücken	1. Aug. 11
	Rg.	1. Jan. 09
12 Schlesinger Paul 99 II	München I	1. April 12
	Rg.	1. Jan. 09
13 Braun Adam Dr. 00 I	Frankenthal	1. Sept. 24
	Rg.	1. Jan. 09
14 Lindner Gustav 98 X	München I	1. Jan. 14
	Rg.	1. Febr. 09
15 Unold Sigm. von 99 IX	Memmingen	1. Mai 14
	Rg.	1. Mai 09
16 Taucher Franz 01 V	Neuburg a. D.	1. Juni 18
	Rg.	1. Juli 09
17 Kraft Korbinian 00 IV	Schweinfurt	1. Juni 18
	Rg.	1. Jan. 10
18 Louis Julius 00 I	München II	1. Jan. 20
	Rg.	1. Mai 11
19 Güllich Julius 00 XI	Bamberg	1. Nov. 19
	Rg.	1. Nov. 11
20 Heuser Max 00 III	München I	1. Jan. 20
	Rg.	1. Dez. 11
21 Müller Jos. 99 V	Regensburg	1. Mai 24
	Rg.	20. Dez. 11
22 Sauer Karl Dr. 99 VII	Würzburg	1. Febr. 24
	Rg.	20. Dez. 11
23 Stadelmann Gustav 99 XI	Regensburg	16. Dez. 24
	Reg.	20. Dez. 11
24 Stubenrauch Joh. 99 XI	München II	1. Nov. 23
	Rg.	20. Dez. 11
25 Obermüller Rupert 00 I	Deggendorf	1. Marz 25
	Reg.	20. Dez. 11
26 Schuberth Joh. 99 XI.	Bamberg	1. Jan. 22
	Rg.	1. Jan. 12

27	Seidlmayer Hubert 00 IV	Augsburg	1. Jan. 20	Rg. 21. Dez. 12
28	Foeckersperger Mich. 00 XI	Bayreuth	1. Juni 23	Rg. 21. Dez. 12
29	Troetsch Karl 01 I	Hof	1. Jan. 22	Rg. 21. Dez. 12
30	Adam Richard 01 II	Straubing	1. Mai 26	Rg. 21. Dez. 12
31	Beyschlag Julius 01 III	Augsburg	1. Jan. 22	Rg. 21. Dez. 12
32	Gehret Karl 01 V	Schweinfurt	1. Juli 26	Rg. 21. Dez. 12
33	Held Otto 01 V	Passau	16. Nov. 24	Reg. 21. Dez. 12
34	Haider Anton 01 VII	Amberg	16. Juni 24	Rg. 19. März 13
35	Seydel Ernst 02 II	Hof	1. Okt. 21	Rg. 22. Juli 13
36	Bally Karl 02 VI	München I	1. Juni 20	Rg. 24. Dez. 13
37	Setz August 03 II	Traunstein	1. Mai 23	Rg. 24. Dez. 13
38	Homberger Paul Dr. 05 IV (T. u. Rg. e. LGPräs. 1. VII. 27) Rg. 03 V	München I	16. Nov. 21	Rg. 7. April 14
39	Platz Ludwig 03 V	Landau	1. Dez. 26	Rg. 7. April 14
40	Grädinger Franz Dr. 03 VII	München I	1. Jan. 22	Rg. 7. April 14
41	Brem Wilhelm 03 VII	Nürnberg	1. Jan. 22	Rg. 7. April 14
42	Reisenegger Herm. 04 III	Eichstätt	1. Dez. 27	Rg. 1. Aug. 15
43	Brandl Rudolf 04 IV	München I	1. Jan. 22	Rg. 1. Aug. 15
44	Heslenfeld Jos. Dr. 04 IV	München I	1. Jan. 22	Rg. 1. Aug. 15
45	Seeberger Ernst 04 IV	Nürnberg	1. Jan. 22	Rg. 1. Aug. 15
46	Raithel Johann 05 I	Bamberg	16. Juli 24	Rg. 22. Dez. 15
47	Graf Gustav 05 II	München I	1. April 21	Rg. 22. Dez. 15
48	Jergius Albert 05 V	Ansbach	1. März 26	Rg. 22. Dez. 15
49	Bubb Franz 05 VII	Weiden	1. Juni 25	Rg. 22. Dez. 15
50	Schneider Herm. 06 I	Fürth	1. Nov. 27	Rg. 27. Juli 16

51 Binsfeld Rudolf 06 IV	München I	1. Mai 24
	Rg.	27. Juli 16
52 Dennerlein Sigmund 06 IV	Nürnberg	1. April 23
	Rg.	27. Juli 16
53 Schirmer Ludwig 08 I	Nürnberg	1. Juli 25
07 I	Rg.	23. Dez. 16
54 Eschenlohr Joh. 08 III	Straubing	1. April 27
	Rg.	21. Dez. 17
55 Kaiser Hugo Dr. 08 VIII	Passau	1. April 27
	Rg.	21. Dez. 17
56 Schmid Karl 09 V	Landshut	1. Aug. 25
09 I	Rg.	21. Dez. 17
57 Lohrer Oskar 10 I	Traunstein	1. Jan 25
09 I	Rg.	21. Dez. 17
58 Steinert Hans 10 X	Kempten	1. Juli 25
09 I	Rg.	21. Dez. 17
59 Kaeuffer Friedr. 09 VII	Nürnberg	1. Nov. 25
09 I	Rg.	25. März 18
60 Niebler Joseph 09 X	München I	1. Mai 24
09 I	Rg.	25. März 18
61 Schiessl Friedrich 10 I	Aschaffenburg	1. März 26
09 I	Rg.	25. März 18
62 Wenig August 11 VI	Nürnberg	1. Juni 26
09 I	Rg.	25. März 18
63 Zoeller Otto 10 XI	München I	1. April 23
09 I	Rg.	31. Dez. 18
64 Helmes Hans 11 IX	Augsburg	1. Jan. 26
09 I	Rg.	31. Dez. 18
65 Foertsch Hans 13 VIII	Aschaffenburg	1. April 23
09 I	Rg.	31. Dez. 18
66 Gütermann Emil Dr. 10 V	München I	1. Juni 25
09 I	Rg.	31. Dez. 18
67 Held Hermann 11 X	München I	1. Mai 25
09 I	Rg.	15. Juli 19
68 Heuner Friedrich 11 X	München I	1. April 26
09 I	Rg.	15. Juli 19
69 Teicher Heinrich Dr. 18 X	Fürth	16. Sept. 26
09 I	Rg.	15. Juli 19
70 Riepl Jos. Max 19 V	Amberg	1. Okt. 27.
09 I	Rg.	15. Juli 19
71 Hölldorfer Emeran Dr. 09 III	München I	1. April 23
	Rg.	15. Juli 19
72 Steiner Anton 12 VIII	Nürnberg	1. Jan. 27
09 V	Rg.	15. Juli 19
73 Kiefer Franz 09 VI	Nürnberg	16. Juli 27
	Rg.	15. Juli 19
74 Neithardt Georg 11 V	München I	1. Juni 22
	Rg.	1. April 20

75	Strenge Ernst v. 06 I	Coburg	1. April 21
		Rg.	1. April 20
76	Schack Hans Dr. 20 IV	"	1. Nov. 20
77	Maduschka Mich. Dr. 11 IV	München I	1. Okt. 27
		Rg.	1. Jan. 21

c) Stellvertr. Direktoren.

1	Zametzer Heinrich 99 VIII	Weiden	1. Jan. 09
2	Schafsteck Adolf 00 I	Würzburg	1. Okt. 11
3	Malter Karl 00 II	Memmingen	"
4	Schöller Friedrich 99 XI	Augsburg	1. Nov. 11
5	Hofmann Hermann 98 VII	Regensburg	1. Febr. 14
		Rg.	20. Dez. 11
6	Widmann Klemens 99 XI	München II	1. Febr. 13
		Rg.	20. Dez. 11
7	Riedl Max 00 I	Traunstein	1. Febr. 13
		Rg.	20. Dez. 11
8	Bauer Franz 00 I	Schweinfurt	1. Aug. 12
		Rg.	20. Dez. 11
9	Gmähle Leonh. 00 VIII	München I	1. April 12
10	Schmid Max 00 IV	Nürnberg	"
11	Spies Karl 00 VII	Bamberg	1. Mai 13
		Rg.	21. Dez. 12
12	Hasinger Franz 01 V	München I	1. Jan. 13
13	Kopp Hans 01 VI	Passau	1. Febr. 16
		Rg.	19. März 13
14	Schäffner Max 01 VI	München I	1. Okt. 14
		Rg.	19. März 13
15	Vaitl Jakob 01 VII	Memmingen	1. Mai 14
		Rg.	19. März 13
16	Hussong Ludwig 01 VII	Frankenthal	1. Febr. 16
		Rg.	19. März 13
17	Eckhardt Georg 01 XI	München I	1. Febr. 17
		Rg.	22. Juli 13
18	Bauer Wilhelm 02 II	Schweinfurt	1. Juni 18
		Rg.	22. Juli 13
19	Klingender Ludw. 02 III	Ansbach	1. Okt. 16
		Rg.	24. Dez. 13
20	Miller Paul 02 III	Augsburg	1. Okt. 19
		Rg.	24. Dez. 13
21	Schnepper Joh. Bapt. 02 IV	Kempten	1. Mai 19
		Rg.	24. Dez. 13
22	Diewald Max 02 VI	Neuburg a. D.	1. Jan. 20
		Rg.	24. Dez. 13
23	Haymann Jos. Dr. 02 XI	Nürnberg	1. Okt. 16
		Rg.	24. Dez. 13
24	König Ferd. 03 II	Eichstätt	1. Juli 19
		Rg.	24. Dez. 13

25	Lechner Ludw. 03 V	Hof	1. Aug. 19
		Rg.	7. April 14
26	Weiland Joseph 03 VI	Würzburg	1. Febr. 24
		Rg.	7. April 14
27	Hörmann Jakob 03 XI	München I	1. Mai 19
		Rg.	7. April 14
28	Schinagl Joseph 03 XII	Amberg	1. Aug. 19
		Rg.	7. April 14
29	Acker Jos. 03 XII	Frankenthal	1. Okt. 19
		Rg.	7. April 14
30	Rohrer Maxim. 04 I	Kempten	1. Sept. 23
		Rg.	1. Aug. 15
31	Stangl Joseph Dr. 04 II	Straubing	16. Okt. 21
		Rg.	1. Aug. 15
32	Alexander Herm. 04 IV	Frankenthal	1. Nov. 19
		Rg.	1. Aug. 15
33	Geist Ferd. Dr. 05 I	München I	1. Juni 20
		Rg.	22. Dez. 15
34	Lemberg Ludwig 05 I	München I	1. Juni 20
		Rg.	22. Dez. 15
35	Uhlmann Alfred Dr. 05 IV	Augsburg	1. Jan. 20
		Rg.	22. Dez. 15
36	Roth August 05 IV	Traunstein	1. Sept. 23
		Rg.	22. Dez. 15
37	Berninger Franz 05 X	Hof	1. April 27
		Rg.	22. Dez. 15
38	Hock Heinr. 05 X	München I	1. April 21
		Rg.	22. Dez. 15
39	Hornung Heinr. 05 XI	Aschaffenburg	1. Okt. 21
		Rg.	22. Dez. 15
40	Hildebrand Karl 05 XI	Zweibrücken	1. April 20
		Rg.	22. Dez. 15
41	Keßler Thomas 05 XII	Landshut	1. Dez. 22
		Rg.	22. Dez. 15
42	Hieber Karl 06 I	Deggendorf	1. März 25
		Rg.	27. Juli 16
43	Engert Eduard 06 III	Regensburg	1. Juni 23
		Rg.	27. Juli 16
44	Reich Georg Friedr. 06 V	Landau	1. Dez. 20
		Rg.	27. Juli 16
45	Völcker Otto 06 VII	Neuburg a. D.	1. Dez. 25
		Rg.	23. Dez. 16
46	Schickendantz Friedrich 06 VII	Landau	1. Dez. 26
		Rg.	23. Dez. 16
47	Kimmerl Georg 06 IX	Straubing	1. Mai 26
		Rg.	23. Dez. 16
48	Scnelbert Philipp 06 X	Regensburg	16. Dez. 24
		Rg.	23. Dez. 16

49	Miller Franz 06 X	Passau	16. Nov. 24 Rg. 23. Dez. 16
50	Sambeth Friedr 06 X	München II	1. Mai 24 Rg. 23. Dez. 16
51	Chlingensperg auf Berg von Max 07 II	Traunstein	1. Jan. 25 Rg. 23. Dez. 16
52	Krauß Friedrich Dr. 07 IX	Amberg	16. Juni 24 Rg. 5 April 17
53	Scherer Adolf 07 X	Schweinfurt	1. Juli 26 Rg. 5. April 17
54	Trammer Konstantin 07 X	Passau	1. Juni 26 Rg. 5. April 17
55	Rösslein Georg 07 X	Würzburg	1. Nov. 26 Rg. 5. April 17
56	Steigelmann Otto Dr. 07 X	Frankenthal	1. Sept. 24 Rg. 5. April 17
57	Heckel Christian 08 II	Fürth	1. April 22 Rg. 21. Dez. 17
58	Haupt Franz 08 VII	Bamberg	1. April 25 Rg. 21. Dez 17
59	Pfister Karl 09 IV	München I	1. Mai 24 Rg. 25. März 18
60	Meilhaus Friedr. Dr. 09 I / 10 XI	Augsburg	1. April 25 Rg. 25. März 18
61	Mayer August Dr. 09 I / 13 XI	Landshut	1. Jan. 24 Rg. 15. Juli 19
62	Kempf Anton 09 I / 11 XII	Landshut	1. April 27 Rg. 15. Juli 19
63	Güntzer Adolf 09 I / 16 X	Bamberg	1. Juli 26 Rg. 15. Juli 19
64	Lehrmeyer Joh. 09 I / 09 II	Aschaffenburg	1. Aug. 25 Rg. 15. Juli 19
65	Beck Gustav 09 IV	Deggendorf	1. April 27 Rg. 15. Juli 19
66	Rosenwald Karl Dr. 19 II	Nürnberg	1. Juli 25 Rg. 15. Juli 19
67	Denkler Karl 09 VI / 09 VII	Nürnberg	1. April 23 Rg. 15 Juli 19
68	Eisner Ferdin. 00 VII	Straubing	1. April 27 Rg. 15. Juli 19
69	Schwaiger Herm. Dr. 09 VII	München II	1 März 25 Rg. 15 Juli 19
70	Kirchner Leo 09 VII	Bayreuth	1. Mai 24 Rg. 15. Juli 19
71	Hopf August 09 VII	Nürnberg	1. Nov. 25 Rg. 15 Juli 19
72	Schaezler German 09 VIII	Ansbach	1. Okt. 26 Rg. 1. Jan. 20

73	Dahl Karl	09 X	München II	1. Nov. 25
			Rg.	1. Jan. 20
74	Herold Karl	09 X	München I	1. April 27
			Rg.	1. Jan. 20
75	Bub Friedr.	16. VI	Fürth	1. Nov. 27
		09 X	Rg.	1. Jan. 20
76	Stein Josef Dr.	10 I	München I	1. April 26
			Rg.	1. Jan. 20
77	Späth Adolf	10 II	Bayreuth	1. Febr. 26
			Rg.	1. April 20
78	Zimmer Ernst	19 X	Kaiserslautern	1. Juli 25
		10 IV	Rg.	1. April 20
79	Hofmann Herm.	10 V	Coburg	1. März 26
			Rg.	1. April 20
80	Eibecker Aug.	10 VI	München I	16. Juli 25
			Rg.	1. April 20
81	Baumann Chran.	10 VI!	Weiden	1. Juni 25
			Rg.	1. Jan. 21
82	Ries Gottfried	10 XI	München I	1. Nov. 27
			Rg.	1. Jan. 21
83	Kraus Georg	20 V	Eichstätt	1. Dez. 27
		11 X	Rg.	1. Jan. 21
84	Haßfurther Heinr.	11 XI	Nürnberg	16. Juli 25
			Rg.	1. Jan. 21
85	Frohnauer Joh.	12 V	Kaiserslautern	1. Okt. 26
			Rg.	1. Dez. 21
86	Bertram Otto	12. V.	Nürnberg	16. Juli 27
			Rg.	1. Dez. 21
87	Winderroll Herm.	13 IX	Frankenthal	1. Dez. 25
		12 XII	Rg.	16. Dez. 22
88	Groll Theodor	20 V	Zweibrücken	1. Okt. 26
		13 V	Rg.	16. Dez. 22
89	Bickerich Johannes	19 X	Zweibrücken	1. Mai 25
		14 IV	Rg.	1. Jan. 25

d) Räte.

Das eingeklammerte Datum bezeichnet die Verleihung des Titels etc. eines Oberlandesgerichtsrates; die offene Zahl nach dem Namen bedeutet die Zeit der vorigen Anstellung als Richter.

Landgerichtsräte mit Titel und Rang eines Oberlandesgerichtsrats:

1	Mayer Ernst Dr. Geh. Hofrat		(14.VIII.87 o. Univ.-Prof.)	Würzburg	1. Mai 20
2	Schnepf Otto	1.X.94	(21.XII.12)	Aschaffenburg	16. Sept. 00
3	Ziegler Gustav	1.I.00	(1.VIII.15)	Kempten	1. Nov. 05
				OAR.	16. Juni 04
4	Schwertschlag Eug.	1.V.99	(5.IV.17)	München I	1. Febr. 07

5	Einstein Karl 16. VII. 00 (StA.)	(15.VII.19)	Würzburg	1. Juli 14
				1. Okt. 09
				II. StA. 1. Juni 06
6	Klühspies Kasp. 16.XI.99	„	Würzburg	1. Mai 09
7	Schmidt Karl 1.I.00	(1.I.20)	Regensburg	1. Okt. 09
8	Will Johann 16.III.01	„	Schweinfurt	16. März 13
				II. StA. 1. Jan. 10
9	Renner Armin 1.I.00	(1. IV.20)	München I	1. Mai 10
10	Dollacker Wilh. 1. I. 00	(25.VI.20)	Regensburg	1. Jan. 23
				OAR. 15. Sept. 13
				II. StA. 1. Okt. 09
11	Dörr Frdr. Dr. 1.VI.01 StA. (a. o. Univ.-Prof.)	(1.I.21)	München I	1. Nov. 19
				1. Febr. 12
				II. StA. 1. Dez. 10
12	Bogner Christian 1.I.00	„	Regensburg	1. Sept. 14
				Rg. 12. März 11
13	Kreyssig Karl 1.I.00	„	Kempten	1. Mai 11
14	Simmerding Joseph 15.II.00	„	München I	„
15	Bauer Gg. Nik. 15.II.02 StA.	„	Würzburg	1. Okt. 20
				II. StA. 1. Okt. 11
16	Roth Johann 15.II.02 StA.	„	München II	1. Jan. 20
				1. Febr. 12
				II. StA. 1. Okt. 11
17	Sommer Albert 16.I.00	„	Fürth	1. Okt. 11
18	Schweitzer Karl 1.I.00	„	München I	1. Nov. 11
19	Kempfler Wilh. 1.I.00	(1.IV.21)	Passau	1. April 19
				OAR. 1. Aug. 12
				Rg. 1. Jan. 12
20	Scharner Joseph 1.II.01	(1.XII.21)	Würzburg	1. Dez. 22
				II. StA. 1. Jan. 12
21	Hauser Karl 1.II.00	„	Landshut	1. April 12
22	Keller Heinrich 1.II.00	„	München I	1. April 12
23	Kunz Ludwig 1.II.00	„	Bamberg	1. Mai 12
24	Ruttmann Joh. P. 15.II.00	„	Ansbach	„
25	Leser Albert 15.II.00	(16.I.22)	Augsburg	16. Juni 12
26	Pollich Gottfried 16.III.00	„	Nürnberg	1. Aug. 12
27	Bauer Georg 1.II.01	„	Nürnberg	16. März 20
				II. StA. 1. Aug. 12
28	Paulus Adolf 1.XI.02 StA.	„	Bayreuth	16. Sept. 20
				II. StA. 1. Aug. 12
29	Marthold Andr. 16.III.02	„	Nürnberg	16. März 20
				II. StA. 1. Okt. 12
30	Richter Albrecht 1.II.00	„	Schweinfurt	16. Nov. 12
31	Vollmuth Hugo 15.II.00	„	München I	„
32	Bayer Ludwig 16.IV.00	(1.V.22)	Landshut	1. April 13
				Rg. 21. Dez. 12
33	Vogel Blasius 1.VI.00	(1.V.22)	Memmingen	1. Febr. 13
				Rg. 21. Dez. 12

34	Popp Oskar 1.VI.00	(1.VI.22)	Kempten		16. März 13
				Rg.	21. Dez. 12
35	Sauermann Karl 1.VI.00	„	Passau		16. März 13
				Rg.	21. Dez. 12
36	Görz Ludwig 1.VI.00	(1.VII.22)	Bamberg		1. Dez. 14
				Rg.	21. Dez. 12
37	Braune Gustav 1.VI.00	(1.X.22)	Schweinfurt		1. April 13
				Rg.	21. Dez. 12
38	Maier Otto 1.VI.00	„	Memmingen		1. Mai 13
				Rg.	21. Dez. 12
39	Giel Konrad 16.VI.00	„	Nürnberg		1. Juni 13
				Rg.	21. Dez. 12
40	Surrer Franz X. Dr. 16.VII.00	(16.XII.22)	Eichstätt		1. Sept. 15
				Rg.	21. Dez. 12
41	Saar Friedrich 16.VII.00	„	Ansbach		1. Nov. 13
				Rg.	21. Dez. 12
42	Herrmann Ernst 1.XI.00	„	Nürnberg		1. Aug. 13
				Rg.	21. Dez. 12
43	Kolb Karl 1.XI.00	„	Straubing		1. Febr. 14
				Rg.	21. Dez. 12
44	Nicklas Rich. Dr. 1.XI.00	„	Kempten		1. Mai 14
				Rg.	21. Dez. 12
45	Günder Otto 1.XI.00	„	München I		1. Nov. 13
				Rg.	21. Dez. 12
46	Küber Bernhard 1.XI.00	„	Neuburg a. D.		1. Juli 14
				Rg.	21. Dez. 12
47	Weindel Paul 1.XII.00	„	München I		1. Mai 15
				Rg.	19. März 13
48	Carlipp Georg 1.I.01	„	Memmingen		1. April 15
				Rg.	19. März 13
49	Köll Karl 1.I.01	„	Traunstein		16. Aug. 20
				Rg.	19. März 13
50	Simon Franz 1.I.01	„	Augsburg		1. Okt. 14
				Rg.	19. März 13
51	Seeberger Luitpold 1.I.01	„	Deggendorf		1. Mai 15
				Rg.	19. März 13
52	Prestele Georg 1.I.01	„	München I		1. April 16
				Rg.	19. März 13
53	Ammann Karl 1.II.03 StA.	„	München II		16. Juni 20
				II. StA.	1. Juni 13
54	Kolb Wilhelm 15.II.01	„	München I		1. Mai 19
				Rg.	22. Juli 13
55	Gutmann Art. Dr. 15. II. 01	„	München I		1. März 14
				Rg.	22. Juli 13
56	Rauchenberger Fz. 1.IV.01	„	München II		1. Mai 19
				Rg.	22. Juli 13
57	Heintz Karl 1. IV. 01	„	München I		1. Mai 16
				Rg.	22. Juli 13

58	Scheidle Johannes	1.V.01	(1.VII.23)	Neuburg	1. April 19	II. StA. 1. Aug. 13
59	Summa Erhard	1. I. 01	(16.XII.23)	Fürth	1. Juli 15	Rg. 19. März 13
60	Heydolph Joh. Mich.	1.V.01	„	Deggendorf	1. Febr. 16	Rg. 24. Dez. 13
61	Freudenberger Michael	1.V.01	„	Schweinfurt	1. Juli 16	Rg. 24. Dez. 13
62	Vocke Gottfried	1. V. 01	„	Ansbach	1. Juli 16	Rg. 24. Dez. 13
63	Gräßel Max	16. VI. 01	„	Hof	1. Okt. 18	Rg. 24. Dez. 13
64	Seuffert Anton	1. VII. 01	„	Schweinfurt	1. Okt. 16	Rg. 24. Dez. 13
65	Arold Friedr.	1. VII. 01	„	Schweinfurt	1. Juni 18	Rg. 24. Dez. 13
66	Sperr Joh. Adolf	1. VII. 01	„	Nürnberg	1. Mai 15	Rg. 24. Dez. 13
67	Roth Karl	1.VIII.01	„	Nürnberg	1. Okt. 16	Rg. 24. Dez. 13
68	Gerichten Otto Dr.	16. X. 01	„	Traunstein	1. Jan. 16	Rg. 24. Dez. 13
69	Cramer Georg	1. XI. 01	„	Nürnberg	10. Juni 19	Rg. 24. Dez. 13
70	Hellmann Lud. Dr.	16. XI. 01	„	München I	1. Juni 18	Rg. 24. Dez. 13
71	Seibert Friedr.	16.XI.01	„	München I	1. Juni 19	Rg. 24. Dez. 13
72	Schneider Robert	16. XII. 01	„	München II	1. Febr. 16	Rg. 24. Dez. 13
73	Seidl Oskar	1. XI. 02	„	München I	1. Jan. 21	II. StA. 1. Jan. 14
74	Ferling Alfred	1.IX.02	„	Coburg	1. Juni 20	II. StA. 15. Febr. 14
75	Dosenheimer Emil	1.I.02	(1.VII.24)	Frankenthal	1. April 16	Rg. 7. April 14
76	Linhardt Gustav	1.I.02	„	Memmingen	1. April 19	Rg. 7. April 14
77	Hirschböck Eduard	1. I. 02	„	Neuburg a. D.	1. Aug. 19	Rg. 7. April 14
78	Dörfler Theodor	15.II.02	„	München II	15. Febr. 19	Rg. 7. April 14
79	Vogel Karl	15.II.02	(1. I. 25)	München I	1. Mai 19	Rg. 7. April 14
80	Kraus Joseph	15. II. 02	„	Landshut	1. Okt. 19	Rg. 7. April 14
81	Closner Max	15. II. 02	„	Eichstätt	1. Aug. 19	Rg. 7. April 14
82	Spetzler Ludw.	15.II.02 StA.	„	München I	1. Febr. 20	Rg. 7. April 14

83	Weiglein Martin 1.IV.04StA.	(1.I.26)	München I		1. April 21
				II. StA.	1. Dez. 14
84	Bruner Wilh. 1.VIII.04StA.	(1. VII.25)	München I		1. April 21
				II. StA.	1. Mai 15
85	Fischer Hans 1. VII. 05	„	München I		1. April 21
				II. StA.	1. Mai 15
86	Moser Hans 1. 1. 02	(1.I.26)	Aschaffenburg		1. Mai 19
				Rg.	7. April 14
87	Bayer Konrad 16.III.02	„	Amberg		1. April 19
				Rg.	1. Aug. 15
88	Salberg Aug. 1.V.02	„	München I		1. Febr. 20
				Rg.	1. Aug. 15
89	Straimer Joh. 1. V. 02	„	Straubing		1. Juli 19
				Rg.	1. Aug. 15
90	Deinhardt Friedr. 1. V. 02	„	Nürnberg		1. April 21
				II. StA.	1. Okt. 16
				Rg.	1. Aug. 15
91	Fick Friedr. 1. VIII. 02	„	Würzburg		1. April 25
				OAR.	1. April 20
				Rg.	1. Aug. 15
92	Bender Karl 1. IX. 02	„	Zweibrücken		1. Okt. 19
				Rg.	22. Dez. 15
93	Klepper Hugo 1. XI. 02	„	Bamberg		1. Dez. 19
				Rg.	22. Dez. 15
94	Eizenhöfer Heinr. 1. XI. 02	„	Fürth		1. Juli 19
				Rg.	22. Dez. 15
95	Pfäfflin Emil 1. XI. 02	„	Augsburg		16. Nov. 19
				Rg.	22. Dez. 15
96	Hertzog Aug. 1. III. 03	„	Würzburg		16. Sept. 24
				OAR.	1. Apr. 20
				Rg.	22. Dez. 15
97	Petri Richard 1. III. 03	„	Kaiserslautern		16. Sept. 24
				OAR.	1. April 20
				Rg.	22. Dez. 15
98	Schmid Herm. 1.III.03 StA.	„	Nürnberg		16. März 20
				Rg.	22. Dez. 15
99	Wieslhuber Otto 1.VI.03	„	Deggendorf		1. Juni 20
				Rg.	22. Dez. 15
100	Vetter Oskar 1.V.08 StA.	„	München I		1. Jan. 26
				II. StA.	26. Mai 19
101	Huber Otto 16. X. 04	(1.VII.26)	Regensburg		16. Okt. 21
				II. StA.	1. Juni 16
102	Ziegler Ludw. 1.VII.03	„	Neuburg a.D.		1. Jan. 20
				Rg.	27. Juli 16
103	Riedl Georg 16.VII.03	„	Amberg		1. April 20
				Rg.	27. Juli 16
104	Taubenberger Gg. 1.XII.03	„	Traunstein		1. Sept. 20
				Rg.	27. Juli 16

105	Marschall Ignatz 1.I.04	(1.VII.26)	München I	1. Juni 20 Rg. 27. Juli 16
106	Löffler Julius 16.IV.04	„	Nürnberg	16. April 20 Rg. 27. Juli 16
107	Weber Josef 16. IV. 04	„	Landshut	1. Jan. 27 OAR 16. Mai 20 Rg. 27. Juli 16
108	Stahl Georg 16. IV. 04	„	Weiden	1. Okt. 20 Rg. 27. Juli 16
109	Werner Theodor 16.IV.04	„	München I	1. Juni 20 Rg. 27. Juli 16
110	Pösl Max 16.IV.04	„	Augsburg	1. Jan. 20 Rg. 27. Juli 16
111	Kohler Artur 1.V.04	„	Würzburg	1. Jan. 26 OAR. 1. April 21 Rg. 27. Juli 16
112	Bartz Albert 1. VII. 02	(1.I.27)	Landau	1. Jan. 20 OAR. 16. Sept. 16 Rg. 1. Aug. 15
113	Schmitt Otto 25. VIII. 04	„	Augsburg	1. April 20 Rg. 23. Dez. 16
114	Herele Ferdinand 16.XI.04	„	München I	1. Juni 20 Rg. 23. Dez. 16
115	Schwalber Adolf 16. I. 05	„	Traunstein	1. Sept. 23 OAR. 1. April 21 Rg. 23. Dez. 16
116	Ammon Wilh. v. 16. I. 05	„	Augsburg	1. Juni 20 Rg. 23. Dez. 16
117	Müller Julius 16. I. 05	„	Schweinfurt	1. Mai 24 OAR. 1. April 21 Rg. 23. Dez. 16
118	Obenhuber Joh. 16. I. 05	„	Würzburg	1. Nov. 26 OAR. 1. April 21 Rg. 23. Dez. 16
119	Bub Wilh. 1. II. 05	„	Fürth	1. Dez. 20 Rg. 23. Dez. 16
120	Ehrenberger Hugo 1. IV. 05	„	Nürnberg	16. März 20 Rg. 23. Dez. 16
121	Gros Theodor 1.IV.05 (StA.)	„	München II	1. Juni 22 II. StA. 1. Juni 18 Rg. 23. Dez. 16
122	Gossner Richard 16.IV.04	(1. VII. 27)	Kempten	1. April 21 Rg. 27. Juli 16
123	Kemmer Frz. Dr. 1. V. 05	„	München I	17. März 20 Rg. 23. Dez. 16

124	Kuhn Friedr. 1.II.04 (Els.) (1.VII.27)	Nürnberg	16. Juli 25
			OAR. 16. April 21
			Rg. 5. April 17
125	Meisel Gustav 1. VI. 05 „	Nürnberg	16. Sept. 20
			Rg. 5. April 17
126	Leupoldt Karl 1.VI.05 „	Hof	16. Juli 20
			Rg. 5. April 17
127	Hellmuth Philipp 1. VII. 05 „	Straubing	16. Sept. 20
			Rg. 5. April 17
128	Dessel Ernst 1.VII.05 „	München I	1. Juni 20
			Rg. 5. April 17
129	Maegerl Friedr. 1. VIII. 05 (StA.) „	München II	16. Jan. 23
			II. StA. 1. Okt. 18
			Rg. 5. April 17
130	Metzler Eduard 1. XII. 05 StA. „	Bamberg	16. Nov. 24
			OAR. 1. April 21
			Rg. 5. April 17

Uebrige Landgerichtsräte:

131	Buff Viktor 1. I. 06 (StA.)	Bayreuth	1. Mai 23
			II. StA. 22. April 19
			Rg. 21. Dez. 17
132	Fleischmann Joh. 1. IV. 06	Weiden	16. Sept. 20
			Rg. 21. Dez. 17
133	Botzong Rudolf 1. IV. 06 (StA.)	München II	1. Nov. 23
			II. StA. 1. April 19
			Rg. 21. Dez. 17
134	Ringel Gottlob 16. IV. 06	Straubing	16. Okt. 21
			Rg. 21. Dez. 17
135	Spach Alfred 16.IV.06	Zweibrücken	1. April 20
			Rg. 21. Dez. 17
136	Bruggey Anton 1. I. 02	Augsburg	1. Juli 19
			Rg. 25. März 18
137	Weiss Philipp 1. VI. 06	Passau	1. Nov. 20
			Rg. 25. März 18
138	Schmidt Eugen Dr. 1.VII.06	Kaiserslautern	16. Mai 20
			Rg. 25. März 18
139	Guggemos Joseph 1.VII.06	Frankenthal	1. Juli 20
			Rg. 25. März 18
140	Berchtold Sylvester 1. IX. 06 (StA.)	Landshut	1. Juli 23
			Rg. 25. März 18
141	Erras Martin 16. XI. 06	Amberg	1. Okt. 21
			Rg. 31. Dez. 18
142	Kellerer Christian 1. XII. 06 (StA.)	München I	1. Jan. 24
			II. StA. 1. April 19
			Rg. 31. Dez. 18

143 Hartmann Alfred 21. II. 07 (StA.)	München II	1. Mai 24
		II. StA. 1. Febr. 19
144 Leimer Karl 1. IV. 11 (StA.)	Würzburg	1. April 19
145 Jahn Anton Dr. 1. IV. 07 (StA.)	München I	1. Mai 24
		II. StA. 1. Mai 19
146 Lersch Emil Dr. 1. II. 08 (StA.)	München I	1. Mai 24
		II. StA. 1. Mai. 19
147 Kestel Heinrich 1. VII. 08 (StA.)	München I	1. Juli 24
		II. StA. 1. Mai 19
148 Meier Hans 1. X. 09 (StA.)	Amberg	16. Juni 24
		II. StA. 1. Mai 19
149 Dresse Martin 1. VIII. 09 (StA.)	München I	16. Nov. 24
		II. StA. 12. Mai 19
150 Stepp Herm. Dr. 1. X. 09	München I	16. Aug. 25
		II. StA. 12. Mai 19
151 Rauchalles Hans 1. II. 08 (StA.)	Augsburg	1. April 25
		II. StA. 1. Juni 19
152 Hempfling Martin 1. III. 10 (StA.)	Würzburg	1. Mai 25
		II. StA. 6. Juni 19
153 Behr Albert Dr. 1. VI. 08 (StA.)	Regensburg	1. Juni 23
		II. StA. 10. Juni 19
154 Zormaier Josef 1. II. 09 (StA.)	München II	1. April 26
		II. StA. 23. Juni 19
155 Döring Moritz 1. V. 09	Bamberg	1. Mai 24
		II. StA. 23. Juni 19
156 Burdy Wilh. 1. VII. 09 (StA.)	München I	16. Nov. 24
		II. StA. 23. Juni 19
157 Weber Joseph Dr. 1. X. 09 (StA.)	Traunstein	1. Mai 23
		II. StA. 23. Juni 19
158 Weigert Ludwig 1. I. 07	Weiden	1. Nov. 20
		Rg. 15. Juli 19
159 Neuberger Joseph 1. I. 07	Passau	16. April 21
		Rg. 15. Juli 19
160 Schmitt August 1. I. 07	München I	1. Juni 22
		Rg. 15. Juli 19
161 Trauschel Emil 1. III. 07	Regensburg	1. Jan. 23
		Rg. 15. Juli 19
162 Eilles Joseph 1. V. 08 (StA.)	München I	1. Mai 25
		II. StA. 16. Juli 19
163 Lutz August 1. X. 09	Frankenthal	1. Okt. 21
		II. StA. 1. Sept. 19
164 Wild Ludwig Dr. 16. VII. 08 (StA.)	Kempten	16. Dez. 24
		II. StA. 1. Okt. 19
165 Eppenauer Joh. 1. VIII. 09 (StA.)	Nürnberg	16. April 22
		II. StA. 1. Okt. 19
166 Sachs Camille 1. XII. 10 (StA.)	Nürnberg	1. Juni 22
		II. StA. 1. Okt. 19

167	Matthäus Rudolf 1. VII. 09	Eichstätt	1. Jan. 24
			II. StA. 16 Okt. 19
168	Herbig Michael 1. V. 11 (StA.)	München II	1. Juli 27
			II. StA. 20. Okt. 19
169	Gerlach Ferd. 1. V. 15 (StA.)	München I	16. April 25
			II. StA. 1. Nov. 19
170	Schmeer Eugen 1. V. 15 (StA.)	München I	1. Okt. 21
			II. StA. 1. Nov. 19
171	Kammerer Aug. 1. VI. 11 (StA.)	Landau	1. Dez. 20
			II. StA. 1. Nov. 19
172	Lohrer Wilh. Dr. 1. VI. 11 (StA.)	Nürnberg	1. April 24
			II. StA. 16. Nov. 19
173	Leeb Hugo Dr. 1. IV. 10 (StA.)	München I	1. Juni 25
			II. StA. 16. Nov. 19
174	Ahammer Friedr. Dr. 1. V. 11 (StA.)	München I	16. Juli 25
			II. StA. 16. Nov. 19
175	Morgenroth Erwin 16. XI. 09 (StA.)	München I	1. Juli 25
			II. StA. 1. Dez. 19
176	Krick Wilhelm 1. IV. 10	Nürnberg	1. Mai 25
			II. StA. 1. Dez. 19
177	Kämmerer Friedr. 1. V. 10 (St.A.)	München I	1. März 26
			II. StA. 1. Dez. 19
178	Gänßler Otto 1. X. 10 (StA.)	München I	1. Jan. 26
			II. StA. 1. Dez. 19
179	Welsch Friedr. Dr. 1. IV. 11 (StA.)	München I	1. Nov. 25
			II. StA. 1. Dez. 19
180	Lehmann Friedr. 1. IX. 11 (StA.)	Frankenthal	1. Okt. 21
			II. StA. 1. Dez. 19
181	Engelhardt Wilh. 1. IV. 07	Fürth	1. Febr. 22
			Rg. 1. Jan. 20
182	Fuchs Eduard 1. IV. 07	Coburg	1. Sept. 21
			Rg. 1. Jan. 20
183	Full Gottlieb Dr. 1. VI. 11 (StA.)	München I	1. April 27
			II StA. 1. Jan. 20
184	Wintersberger Karl 1. IX. 11 (StA.)	München I	16. April 27
			II. StA. 1. Jan. 20
185	Kahn Hermann 1. IV. 12	Landau	16. Nov. 24
			II. StA. 1. Jan. 20
186	Schneider Herm. Dr. 1. VIII. 12	Nürnberg	1. Aug. 24
			II. StA. 1. Jan. 20
187	Billmann Ernst Dr. 1. V. 10 (StA.)	München I	16. Juli 27
			II. StA. 10. Febr. 20
188	Hoening Ludw. 1. VI. 10	Nürnberg	16. Nov. 24
			II. StA. 16. März 20
189	Weinschenk Jul. Dr. 1. X. 12 (StA.)	Fürth	1. März 26
			II. StA. 16. März 20
190	Meyer Arnulf Dr. 1. X. 07	Weiden	1. Mai 22
			Rg. 1. April 20

191	Schneider Heinr. 1. X. 07	Augsburg	1. Mai 24
			OAR. 1. April 22
			Rg. 1. April 20
192	Eisele Ludwig 1. X. 07	München I	16. März 26
			OAR. 1. April 22
			Rg. 1. April 20
193	Schmitt Wilhelm 1. X. 07	Regensburg	1. Okt. 22
			Rg. 1. April 20
194	Merzbacher Otto 1. VII. 10 (StA.)	Passau	1. April 27
			II. StA. 1. April 20
195	Beck Alfr. Dr. 15. IX. 13	Weiden	1. Juni 25
			II. StA. 1. April 20
196	Rechenmacher L. Dr. 1. VII. 13 (StA.)	München II	16. Sept. 27
			II StA. 1. April 20
197	Göpfert August 1. XI. 13	Kempten	1. April 27
			II. StA. 1. April 20
198	Enders Konr. 1. VIII. 13 (StA.)	Nürnberg	1. Febr. 25
			II. StA. 16. April 20
199	Kupfer Siegfr. Dr. 1. III. 14 (StA.)	Bamberg	1. Okt. 27
			II. StA. 16 April 20
200	Schaffert Karl 1. VII. 14	Traunstein	1. Dez. 27
			II. StA. 16. April 20
201	Link Hans 1. I. 08	Nürnberg	16. Nov. 21
			Rg. 1. Mai 20
202	Sparrer Wilh. 1. III. 08	Coburg	1. April 21
			Rg. 1. Mai 20
203	Weißenberger Karl 1. IV. 08	München II	1. Nov. 25
			Rg. 1. Mai 20
204	Hellmer Herm. Dr. 1. XII. 09	Kaiserslautern	16. Aug. 24
			II. StA. 1. Mai 20
205	Fritsch Oskar 1. VI. 11 (StA.)	Traunstein	1. April 27
			II. StA. 1. Mai 20
206	Klotz Bernhard 1. IV. 12 (StA.)	Coburg	16. Juli 24
			II. StA. 1. Mai 20
207	Wehe Alfred 1. VIII. 12	Amberg	1. März 27
			II. StA. 1. Mai 20
208	Hensolt Theodor 16. VIII. 12	Neuburg a. D.	16. Nov. 23
			II. StA. 1. Mai 20
209	Bems Emil Dr. 1. IX. 12 (StA.)	Landshut	1. Jan. 24
			II. StA. 1. Mai 20
210	Giuliani Rudolf 16. XI. 12 (StA.)	Landau	1. Juni 25
			II. StA. 1. Mai 20
211	Panzer Herm. 1. II. 13 (StA.)	Passau	1. Dez. 27
			II. StA. 1. Mai 20
212	Vesper Richard 1. II. 13 (StA.)	Zweibrücken	16. Juni 24
			II. StA. 1. Mai 20
213	Meiser Otto 1. V. 13 (StA.)	München I	1. Okt. 27
			II. St. 1. Mai 20

214	Wolfenstetter Robert 16. XII. 13	Augsburg	1. Mai 26
		II. StA.	1. Mai 20
215	Baier Franz 1. II. 14 (StA.)	München I	1. Nov. 27
		II. St.	1. Mai 20
216	Reidelhuber Wilh. Dr. 1. XII. 14	Fürth	1. Okt. 27
		II. StA.	1. Mai 20
217	Blüthe Hugo Dr. 1. II. 15	Augsburg	1. Nov. 27
		II. StA.	1. Nov. 20
218	Schmitt Armin 16. III. 13	Zweibrücken	16. Nov. 24
		II. StA.	16. Mai 20
219	Hergenröder Ignaz 1. XII. 14 (StA.)	Nürnberg	1. Nov. 27
		II StA.	16. Mai 20
220	Weber Nikol. 1. IV. 15	Kaiserslautern	16. Nov. 24
		II. StA.	16. Mai 20
221	Wibel Moritz 1. I. 13	Würzburg	1. Dez 27
		II. StA.	16. Mai 20
222	Heyn Albert Dr. 1. III. 09	München I	1. März 26
		II. StA.	1. Juni 20
223	Erb Karl 1. VIII 08	Kaiserslautern	16. Juli 24
		II. StA.	16. Juli 20
224	Hahn Herm. 1. III. 16	Frankenthal	1. Mai 25
		II. StA.	16. Sept. 20
225	Kast Karl 1. X. 08	Frankenthal	16. Sept. 20
226	Candidus Karl 1. VII. 09	Zweibrücken	1. Dez. 20
227	Hillenbrand Herm. Dr. 1. I. 10	Frankenthal	1. Dez. 20
228	Trümmer Ludw. 1. X. 07	Straubing	1. Febr. 26
		Rg.	1. Jan. 21
229	Schmidt Heinr. 1. VII. 08	Kaiserslautern	16. Aug. 24
		Rg.	1. Jan. 21
230	Medicus Karl 1. II. 09 (StA.)	Würzburg	1. Mai 24
		Rg.	1. Jan. 21
231	Botsch Franz 1. III. 09	München I	1. April 26
		Rg.	1. Jan. 21
232	Schumann Rob. 1. IV. 09	Augsburg	1. Sept. 22
		Rg.	1. Jan. 21
233	Then Wilhelm 1. IV. 09	Nürnberg	1. Jan. 26
		Rg.	1. Jan. 21
234	Diemayr Max 1. IV. 09 (StA.)	München I	16. Dez. 25
		Rg.	1. Jan. 21
235	Hahmann Karl 1. V. 09 (StA.)	München I	1. Febr. 23
		Rg.	1. Jan. 21
236	Distler Georg 1. VI. 09	Nürnberg	16. Juni 21
		Rg.	1. Jan. 21
237	Feldner Max 1. XII. 13	Regensburg	1. März 16
		II. StA.	1. Jan. 21
238	Pastor Eduard 1. VII. 09	Bamberg	16. Sept. 26
		Rg.	1. April 21

239	Hähnlein Rud. 1. VII. 09	Memmingen	1. Sept. 25
		Rg.	1. April 21
240	Leigh Klemens 1. VII. 09	Straubing	1. Okt. 26
		Rg.	16. April 21
241	Nagl Albert 1. VII. 09	München II	1. Jan. 26
		Rg.	1. Mai 21
242	Krehbiel Eduard Dr. 1. V. 12	Frankenthal	1. Mai 21
243	Schmitgen Karl Dr. 1. VII. 13	Frankenthal	1. Aug. 25
		II. StA.	1. Mai 21
244	Guth Franz 1. V. 15	Hof	1. Mai 24
		II. St.	16. Okt. 21
245	Heinlein Karl 1. VIII. 09	Nürnberg	1. Aug. 22
		Rg.	1. Dez. 21
246	Höchstädter Emil Dr. 1. X. 09 (StA.)	München I	16. Dez. 25
		Rg.	1. Dez. 21
247	Kalbfus Paul 1. X. 09 (StA.)	München I	1. Jan. 26
		Rg.	1. Dez. 21
248	Gernert Hans 1. IX. 10	Zweibrücken	16. Dez. 21
249	Eibel Karl 16. VI. 11	Zweibrücken	16. Dez. 21
250	Kunkel Joseph 1. III. 10	Nürnberg	1. Jan. 23
		Rg.	1. Febr. 22
251	Becker Christian 1. VII. 10	Frankenthal	1. Juni 22
252	Wirz Rich. 1. VI. 10	Deggendorf	1. März 25
		Rg.	1. Aug. 22
253	Dorr Joseph 1. VII. 10	Straubing	1. Mai 26
		Rg.	1. Okt. 22
254	Steigelmann Karl Dr. 16. V. 12	Frankenthal	16. Okt. 22
255	Knab Armin Dr. 1. VIII. 11	Würzburg	1. Juli 26
		Rg.	16. Dez. 22
256	Engert Karl 16. VI. 12	Amberg	1. Dez. 25
		Rg.	16. Dez. 22
257	Weinzierl Mich. 1. VIII. 12	Passau	1. Aug. 25
		Rg.	16. Dez. 22
258	Müller Otto 1. VIII. 12	Hof	1. Nov. 25
		Rg.	16. Dez. 22
259	Günther Karl Wilh. 1. VIII. 12	Passau	16. Dez. 24
		Rg.	16. Dez. 22
260	Haggenmüller Hans 1. VIII. 12	Deggendorf	1. März 27
		Rg.	16. Dez. 22
261	Zierer Franz Xav. 1. VIII. 12	Ansbach	16. Nov. 25
		Rg.	16. Dez. 22
262	Pöppinghausen Walt. v. Dr. 16. XI. 12	Augsburg	1. Juni 26
		Rg.	16. Dez. 22
263	Braun Adolf 1. I. 13	München I	1. Juni 26
		Rg.	1. Juli 23
264	Daumenlang Richd. 1. II. 13	Neuburg a. D.	1. Okt. 25
		Rg.	1. Juli 23

265	Wagner Fritz 1. II. 13	Nürnberg		16. Juli 25
			Rg.	1. Juli 23
266	Bretzfeld Karl 1. II. 13	Bayreuth		1. Nov. 25
			Rg.	1. Juli 23
267	Weyse Gustav Dr. 16. III. 13	Bayreuth		1. Febr. 26
			Rg.	1. Juli 23
268	Tischler Ignaz Dr. 1. V. 13	Neuburg a. D.		1. Dez. 25
			Rg.	1. Juli 23
269	Winkler Ignaz 1. V. 13	Eichstätt		1. Juli 26
			Rg.	1. Juli 23
270	Pfißner Hugo 1. VI. 13	Coburg		1. Juni 25
			Rg.	16. Dez. 23
271	Schneid Franz X. 1. VII. 13	Memmingen		1. April 27
			Rg.	16. Dez. 23
272	Forler Eduard 1. VII. 13	Kaiserslautern		1. Juli 25
			Rg.	16. Dez. 23
273	Keßel Friedrich 1. VII. 13	Deggendorf		1. April 27
			Rg.	16. Dez. 23
274	Stammler Otto 1. X. 14	Aschaffenburg		1. Okt. 26
			Rg.	1. Juli 25
275	Teicher Emil Dr. 1. IV. 19	Aschaffenburg		1. Aug. 25
276	Ritterspacher Ludw. Dr. 1. IV. 16	Frankenthal		1. Dez. 25
277	Kadner Heinr. 1. VIII. 16	Ansbach		1. Okt. 26
278	Feldbausch Georg 1. VI. 19	Landau		1. Dez. 26
279	Schaffner Anton 1. V. 16	Nürnberg		1. Jan. 27
280	Pfeuffer Robert 16. IV. 16	Nürnberg		1. April 27

Handelsrichter

bei den Kammern für Handelssachen an nachbezeichneten Landgerichten:

Ansbach.

Samhammer Georg, Kaufmann.
Ohr Leonhard, Kaufmann.
Dietenhöfer Ludwig, Fabrikbes.
Maisel Konr., Kom.-R., Brauereib.
Scheuerlein Georg, Kaufmann.
Hüttinger Karl, Kaufmann.

Aschaffenburg.

Trockenbrodt Fritz, Kaufmann.
Schmitt-Prym Wilh., Kom.-R., Fabrik-Direktor.
Stadelmann K., Kom.-R., Fabrikbesitzer.
Oechsner Gg., Kom.-R., Brauereidirektor.
Desch Heinr., Kleiderfabrikant.
Büttner Anton, Kaufmann.

Augsburg.

Rennebaum Heinrich, Kom.-R., Rentner.
Doderer Karl, Kom.-R., Grosshändler.
Schmid Friedr., Kom.-R., Bankier.
Wagner Eugen, Kaufmann.
Wrede Heinr., Kom.-R., Fabrikdirektor.
Friedmann Ludw., Fabrikbesitz.
Moser Friedr., Kom.-R., Fabrikdir.
Schnell Joseph, Rentner.
Metzger Ernst, Generaldirektor.
Kolb Albert, Geschäftsführer.
Dyckhoff Alfred, Kaufmann.
Ammon Adolf, Kom.-R., Rentner.
Hassold Friedr., Großhändler.

Bamberg.

Wäger Gottfried Ludwig, Grosskaufmann.
Hoffmann Fritz, Tabakfabrikant.
Dessauer Julius, Großkaufmann.
Barth Wilh., Kom.-R., Fabrikdirektor.
Wassermann Julius, Bankier.
Eichelsdörfer Hans, Kaufmann.
Dees Edmund, Kaufmann.
Manz Ernst, Fabrikdirektor.

Bayreuth.

Schlenck Hermann, Granitwerkbesitzer.
Koch Wilh., Kom.-R., Fabrikbes.
Meyer Sigmund Paul, Kom.-R., Fabrikbesitzer.
Büttner Hans, Großhändler.
Joa Philipp, Fabrikbesitzer.
Amos Georg, Großkaufmann.

Coburg.

Gagel Georg, Geh. Kom.-R., Korbwarenfabrikant.
Ehemann Karl, Kom.-R., Kaufm.
Hausknecht Alfred, Kom.R., Fabrikbesitzer.
Schiller Julius, Brauereidirektor.
Ronniger Kurt, Kaufmann.
Ryssel Ernst, Holzwarenfabrik.

Frankenthal.

Simmer Friedr., Bankdirekt. a. D.
Breinig Gustav, Brauereidirektor.
Förster Karl, Kom.-R., Fabrikdir.
Geil Georg, Fabrikdirektor.
Muther Herm., Fabrikdirektor.
Croner Friedr., Bankdirektor.

Fürth.

Lang Max, Grosskaufmann.
Braun Friedr., Kom.-R., Holzgroßhändler.
Ley Daniel, Großkaufmann.
Schaller Friedr., Kunstanstaltsbesitzer.
Löwensohn Gustav, Fabrikbes.
Hirschmann Karl, Bankdir.
Löhner Karl, Großhändler.
Seeling Dr. Otto, Kaufmann.
Bechmann Hugo, Kom.-R., Kaufmann.
Böschel Konr., Kaufmann.
Kohnstam Willi, Großhandler.
Schnetzer Rob., Kom.-R., Brauereidir.

Hof.

Nürnberger Friedr., Komm.-Rat, Fabrikbesitzer.
Hoffmann Hugo, Kom -R., Webwarenfabrikant.
Regensburger Wilh., Kom.-R., Fabrikdir.
Hörmann Karl, Buchdruckereibesitzer.
Meyer Heinrich, Kaufmann.
Hagenmüller Karl, Brauerei-Dir.
Geier Rudolf, Kom.-R., Fabrikbesitzer.
Hick Eduard, Fabrikbesitzer.
Eichler Artur, Fabrikbesitzer.
Hoppe Paul, Fabrikbesitzer
Borger Karl, Kaufmann.
Zeidler Gustav, Großhändler.

Kempten.

Kirchner Friedrich, Grosskaufm.
Schnetzer Otto, Großhändler.
Ullmann S., Privatmann.
Hildebrandt Hans, Großhändler.
Kremser Erwin, Fabrikbesitzer.
Elhardt Oskar, Kom.-R., Kaufmann.

Landshut.

Schuster Ernst, Kaufmann.
Hofbauer Joh., Fabrikbesitzer.
Kohlndorfer Ludwig, Kom.-R., Kaufmann.
Straub Wilhelm, Fabrikbesitzer.
Monath Friedr., Fabrikdirektor.
Magin Otto, Bankdirektor.

Ludwigshafen (Ldg. Frankenthal):

Bausenwein Georg, Rentner.
Renner Karl, Bankdirektor, Hofrat in Mannheim.
Reimann Albert Dr., Fabrikant.
Artmann Fritz, Dr., Geh.Kom.-R., Kaufmann.
Glück Heinrich, Brauereidirekt.
Pabst Philipp, Kaufmann.
Weis Wilh. Dr., Direktor.
Waldkirch Wilh., Buchdruckereibesitzer
Schöllhorn Joseph, Fabrikdir.
Geiger Otto, Fabrikbesitzer.
Küffner Friedr., Brauereidir.
Clemm Wilhelm Dr., Fabrikdir.

Memmingen.

Frank Eugen, Fabrikant.
Ulmer Gustav, Kaufmann.
Sayle Albert, Brauereidirektor.
Haußmann Friedr., Fabrikbes.
Mayser Fritz, Sägewerksbes.
Wagner Edgar, Bankier.

München I.

Weidert Fritz Dr., Bankier, Geh. Hofrat.
Raff David, Kaufmann.
Walter Val., Kom.-R., Kaufmann.
Kühner Max, Kom.-R., Hofblumenfabrik.
Wimmer Max August, Kom.-R., Kaufmann.
Jodlbauer Max, Dr., Komm.-R.
Lacher Karl, Kaufmann.
Pfister Friedr. Otto von, Großhändler.
Scholz Gustav Wilhelm, Kom.-R., Fabrikdirektor.
Schnetzer Wilhelm, Kaufmann.
Oldenbourg Wilhelm, Kom.-R., Buchdruckereibes., Verlagsbuchhändler.
Riemerschmid Rob. Dr., Fabrikbesitzer.
Breuninger Karl, Großhändler, Kom.-R.
Wassermann Ludw. Dr., Fabrikbesitzer.
Hartlmeier Karl, Schuhwarengesch.-Inh., Kom.-R.
Flüggen Karl, Kaufmann, Kom.-R.
Fränkel Heinr., Großhändler.
Kaula Friedr., Kom.-R., Fabrikdirektor.
Zipperlen Eugen, Kom.-R., Fabrikant.
Münzing Walter, Bankier.
Edenhofer Friedr., Großhändler.
Wagner Karl, Kaufmann.
Friedel Friedr. Alb., Kom.-R., Kaufmann.
Jordan Otto, Kom.-R., Wäschefabrikant.
Villinger Karl, Bankdirektor.
Ott Leonhard, Kom.-R., Kaufm.
Deiglmayr Eduard, Kom.-R., Architekt.
Zechbauer Max, Zigarrengroßhändler.
Zeckendorf Emil, Komm.-R., Konsul.
Drey Siegfried, Kom.-R., Antiquitätenhändler.
Zettler Oskar, Geh. Kom.-R., Glasmalereibes.
Strauß Ivo, Komm.-R., Fabrikbes.
Rau Eduard, Kaufmann.
Hammon Ludw., Kom.-R., Bankdirektor.
Weinmann Max, Großhändler u. Konsul.
Helbing Hugo, Geh. Kom.-R., Antiquitätenhändler.
Bäumler Hans, Fabrikbesitzer.
Meyer Alfred, Kunstmühldir.
Rank Franz, Profess. u. Architekt.
Schwarzmaier Otto, Kaufmann.
Anderl Karl, Direktor d. Amperwerke.
Drausnick Friedrich, Bankdir. u. Kom.-R.
Kammerecker Ludw., Kom.-R., Bankdirektor.
Schober Adolf, Kaufmann.
Landauer Franz, Kaufmann.
Drexler Ludw., Kom.-R., Fabrikbesitzer.
Langkammerer Karl, Fabrikant.
Hausmann Heinr., Kaufmann.

Heß Julius, Holzgroßhändler.
Aufhäuser Martin, Bankier.
Braun August, Kaufmann.
Nagel Hans, Direktor, Kom.-R.
Leuze Guido, Kaufmann.
Eckart Friedr., Kom.-R., Fabrikbesitzer.
Heilmann Alb., Architekt und Konsul.
Steinheil Rud. Dr., Professor.

Nürnberg.

Maser Konr., Kom.-R., Kaufmann.
Weidinger Christian, Kom.-R., Fabrikbes.
Ertheiler August, Fabrikbesitzer.
Fechheimer Emil, Geh. Hofrat, Kaufmann.
Wolfrom Paul, Kommerz.-R., Kaufmann.
Tuchmann Rich., Grosshändler.
Schmidmer Georg E., Geh. Kom.-R., Fabrikbesitzer.
Etz Friedrich, Grosshändler.
Popp Hans, Grosshändler.
Kohn Martin, Bankier.
Eckart Wilhelm, Kaufmann.
Schmidt Hans, Oblatenfabrikant.
Weidner Paul, Fabrikbesitzer.
Bing Stephan, Generaldirektor.
Schlager Georg, Direktor.
Fischer Ludw., Brauereidirektor.
Falkenstörfer Andreas, Kaufmann.
Müller August, Spielwarenfabrikant.
Bauer Louis, Kom.-R. u. Kaufmann.
Scheyer Max, Bankdirektor.
Stern Georg Mich., Kaufmann.
Stündt Karl Georg Dr., Kohlengroßhändler.
Probst Gottfried, Fabrikbesitzer.
Regensteiner Julius, Fabrikbes.
Falk Joseph, Fabrikbesitzer.
Schlenk August, Hopfenhändler.
Scheuerle Achill, Kaufmann.
Aufhäuser Salomon, Kaufmann.
Hügelschäffer Karl, Drogeriebes.
Kreutzer Rudolf Dr., Fabrikbes.
Gertung Otto Dr., Fabrikdirektor.
Josephthal Paul, Fabrikdirektor.
Kreiner Herm., Großkaufmann.
Möckel Jean, Kaufmann.
Menikheim Hans, Warenagenturengeschäftsinhaber.
Dannheißer Karl, Kaufmann.
Walb Karl, Kaufmann.
Hirschmann Mich., Fabrikbesitz.
Rhodius Franz, Kaufmann.
Franke Ernst, Fabrikdirektor.
Reif Heinr., Kom.-Rat, Brauereibesitzer.
Huegle Max, Direktor.
Metzger Paul, Direktor.
Thoma Ernst, Fabrikdirektor.
Angermann Hans, Großkaufmann.
Teufel Karl, Kaufmann.
Staudt Adolf, Kaufmann.
Plank Karl, Kaufmann.

Passau.

Kanzler Julius, Kom.-R., Kaufmann.
Angermann Karl, Brauereidir.
Rehaber Frz. Xaver, Kaufmann.
Martin Heinr. jun., Kom.-R., Grosskaufmann.
Weinholzer Gg., Kom.-R., Kaufm.
Weyland Edm., Kaufmann.
Grüneis Ferd., Kaufmann.
Stockbauer Alois, Brauereidir.
Wollenweber Robert, Fabrikdir.
Lacher Aug., Gesellschaftsdirektor.

Regensburg.

Ammon Wilhelm, Kom.-R., Fabrikbesitzer.
Barthel Michael, Fabrikbesitzer.
Habbel Martin, Buchdruckereibesitzer.
Holzinger Emil, Kom.-R., Großkaufmann.
Rothdauscher Jos., Kaufmann.
Christlieb Otto, Fabrikbesitzer.
Reifert Friedr., Kom.-R., Grosshändler.
Theuerkauf Joh., Kom.-R., kaufm. Direktor.

Schweinfurt.

Stepf Reinhard, Kom.-R., Großkaufmann.
Heinrichs Karl Dr., Kom.-R., Fabrikdirektor.
Silberstein Ludw., Fabrikant.
Rosa Karl, Kaufmann.
Barthel Hermann, Kom.-R., Fabrikbesitzer.
Cramer Heinr., Großkaufmann.

Würzburg.

Völk Georg, Kom.-Rat, Großkaufmann.
Broili Joh. Ferd., Kaufmann.
Baer Max, Großhändler.
Deppisch Ernst, Kaufmann.
Leonhard Rud., Kom.-R., Fabrikdirektor.
Reinstein Alfred, Weingroßhändler.
Holl Franz, Bankdirektor.
Backofen Paul, Fabrikdirektor.
Fischer Ludw., Brauereidirektor.
Hünnerkopf Paul, Kaufmaun.
Koch Karl, Kaufnann.
Bolza Hans Dr., Dipl.-Ingenieur.

e) Staatsanwaltschaft. Erste Staatsanwälte.

Name	Landgericht	LG.-Rats-Ernenn.	I.StA.-Ernenn.
1 Appelmann Hans (Gruppe XIII)	München I (Dienstaufs.)	1. XII. 04	1. IV. 26
2 Pielmaier Richard	Neuburga.D.	1. VI. 13	1. IV. 24
3 Althön Ernst	Kaiserslautern	Rg. 1. I. 09 1. V. 15 Rg. 1. VII. 09	15. VII. 19 1. VII. 25 st.Dir. 1.VII.24
4 Cramer Gustav	Amberg	1. V. 19	Rg. 15 VII.19 1. XII. 25
5 Eck Egid Dr.	Memmingen	Rg. 1. III. 10 1. V. 19	1. IV. 20 1. VII. 25
6 Hupfauer Max	Passau	Rg. 1. IV. 10 1. VIII. 19	1. IV. 20 1. VIII. 25
7 Schneidt Wilhelm	Nürnberg	Rg. 1. V. 10 1. I. 20	1. IV. 20 1. IV. 24
8 Ultsch Franz Dr.	Würzburg	Rg. 1.XI.10 1. VII. 20	1. I. 21 1. XI. 25
9 Obermaier Anton	Bamberg	Rg. 1. VII. 11 1. IV. 21	1. I. 21 16. VII. 24
10 Karch Johann	München I	Rg. 1. V. 12 1. VI. 20	1. XII. 21 16. IX. 27
11 Spaett Edmund	Traunstein	Rg. 16. V. 12 1. VI. 20	1. XII. 21 16. IX. 23
12 Heuwieser Albert	Fürth	Rg. 16. VII. 12 16. V. 20	16. I. 22 16. XI. 24
13 Moser Emil Dr.	München II	Rg. 16. XI. 12 1. XI. 20 Rg. 1. V. 19	16. I. 22 1. VII. 22

Name	Landgericht	LG.-Rats-Ernenn.	I. StA.-Ernenn.
14 Hoffmann Heinr.	München I	12. V. 19	1. VII. 25
		(StA.)	26.X.22
15 Leicht Hans	Regensburg	1. X. 20	1. III. 26
		Rg. 1. I. 13	16. XII. 22
16 Mugler Karl Dr.	Kempten	1. VI. 20	1. II. 23
		Rg. 1. II. 13	16. XII. 22
17 Höfler Georg	Schweinfurt	1. XI. 20	16. IV. 23
		Rg. 1. I. 14	
18 Schröder Otto	Landau/Pf.	16. XI. 19	16. XI. 24
		Rg. 1. VIII. 13	1. VII. 23
19 Rebay von Ehrenwiesen Chlodwig	Bayreuth	1. X. 21	16. VIII. 25
		Rg. 1. XI. 13	1. VII. 23
20 Gelbert Karl	Zweibrücken	16. V. 20	16. VI. 24
		Rg. 1. II. 15	
21 Schmidt Ludwig	Eichstätt	1. IV. 21	1. VI. 26
		Rg. 1. V. 14	1. I. 25
22 Fischer Joseph	Augsburg	1. IV. 21	1. VI. 25
		Rg. 1. V. 15	
23 Hermannseder Otto	Ansbach	1. IV. 21	1. I. 26
		Rg. 1. V. 15	1. VII. 25
24 Leyendecker Aug.	Weiden	1. IV. 21	16. VIII. 25
		Rg. 1. III. 16	
25 Mittenzwei Johann	Deggendorf	16. IV. 22	1. I. 26
		Rg. 23. XII. 16	
26 Fumian Edmund	Straubing	1. VII. 25	1. II. 26
		Rg. 27. VII. 16	
27 Keller Siegfr. Dr.	Frankenthal	1. X. 21	1. IV. 27
		Rg. 31. XII. 18	
28 Dittrich Hans	Hof	1. VIII. 20	1. VII. 27
		Rg. 1. IV. 19	
29 Leistner Jak. Fr. Dr.	Coburg	1. IV. 21	1. XI. 27
		Rg. 5. IV. 17	1. VII. 27
30 Weiss Max	Landshut	16. IX. 23	1. XII. 27
		Rg. 5. IV. 17	1. VII. 27
31 Schumacher Karl	Aschaffenburg	1. II. 24	1. XII. 27
		Rg. 22. IV. 19	

Zweite Staatsanwälte:

Bemerk.: Das eingeklammerte Datum betrifft die Ernennung zum AR. bzw. zum III. StA.

1 Weisensee Leonh. (1. VIII. 12)	Schweinfurt	16. April 20
2 Weiss Johann (1. II. 13 StA.)	Regensburg	1. Mai 20
3 Müller Erhard (1. X. 14 StA.)	München I	„
4 Schiller Hans (1. XII. 14 StA.)	München II	„

5 Dietrich Wilh. Dr. (1. XII. 14 StA.)	München I	1. Mai 20
6 Eckert Ernst (1. XII. 14 StA.)	Nürnberg	„
7 Vogt Adalbert (1. IV. 13)	München I	„
8 Bretzfelder Max Dr. (16. III. 14 StA.)	München I	„
9 Korrell Richard Dr. (1. VII. 14 StA.)	München I	„
10 Krampf Michael (16. III 15)	Augsburg	„
11 Marnet Eug. (1. VIII. 12 StA.)	Nürnberg	„
12 Obée Ludwig (1. VI. 12)	Kaiserslautern	16. Mai 20
13 Henle Eugen (1. V. 14 StA.)	München I	„
14 Döring Anton (1. IV. 15 StA.)	Nürnberg	„
15 Schwarzenbek Albin (1. XI. 11)	Neuburg a. D.	1. Juni 20
16 Kaiser Max (16. VIII. 14 StA.)	München I	„
17 Happel Leopold (1. XII. 14 StA.)	München I	„
18 Renner Georg (1. IX. 15)	München II	„
19 Römer Frz. Xav. (16. III. 15 StA.)	Würzburg	16. Juni 20
20 Bleicher Hans (16. VI. 11 StA.)	Ansbach	16. Juli 20
21 Bach Gustav (1. I. 13)	Eichstätt	1. Sept. 20
22 Kleinheinz Joseph (1 V. 15)	Amberg	16. Sept. 20
23 Dannhäuser Karl (1. II. 13)	Bayreuth	„
24 Schmitt Hans Wilh. Dr. (1. VI. 15 StA.)	Würzburg	1. Okt. 20
25 Fränkel Otto (16. V. 12)	Weiden	1. Nov. 20
26 Schleip Jos. Dr. (16. VIII. 14 StA.)	Landau	1. Dez. 20
27 Vorndran Alfred (1. V. 15)	Aschaffenburg	1. April 21
28 Aubele Raimund (1. VII. 15)	München I	„
29 Thomm Friedr. (1. IX. 15)	Fürth	1. April 21
30 Schmitt Hans (1. VI. 16)	.Nürnberg	„
31 Fichte Paul (1. X. 18)	Coburg	„
32 Stumpf Gottfr. (16. XI. 19)	München II	„
33 Bauer Erhard (16. III. 13 StA.)	Regensburg	„
34 Obée Eugen (1. V. 15 StA.)	Frankenthal	1. Mai 21
35 Erhard Anton (1. VII. 15)	Nürnberg	1. Okt. 21
36 Benzinger Karl (1. IV. 19)	Memmingen	„
37 Jung Otto (1. VI. 19 StA.)	Frankenthal	„
38 Helmer Otto (1. IV. 19 StA.)	Augsburg	16. April 22
39 Hagenauer Ludw. Dr. (1. IV. 19 StA.)	München I	1. Juni 22
40 Arnold Raimund Dr. (22. IX. 19)	Coburg	1. Aug. 22
41 Wilhelm Karl (1. X. 11 StA.) (beurl.)	München I	1. Aug. 23
	Rg.	16. Dez. 22
42 Dietel Eduard (1. X. 18)	Nürnberg	1. Jan. 23
43 Flach Rudolf (1. IV. 19 StA.)	München I	1. April 23
44 Kauffmann Martin (1. V. 19 StA.)	Traunstein	1. Mai 23
45 Dros Philipp (22. IV. 19)	Bamberg	„
46 Schuntner Anton Dr. (1. V. 19 StA.)	Regensburg	1. Juni 23
47 Forster Adolf (1. IV. 20)	Landshut	1. Aug. 23
48 Stoiber Hans (16. IX. 16)	München I	16. Sept. 23
49 Barnickel Paul Dr. (1. V. 15 StA.)	München I	1. Jan. 24
50 Eckhardt Sigmund (1. VI. 15 StA.)	München I	1. Mai 24
51 Gebhard Ernst (1. VI. 19 StA.)	Hof	„
52 Steinfels Joh. (1. VI. 19) beurl. in den Dienst der Saarregierung		1. Juni 24
53 Schneider Georg (1. VII. 19)	Bamberg	16. Juni 24
54 Ulrich Karl Dr. (1. VI. 18 StA.)	München II	1. Juli 24
Rg. 27. IV. 17		
55 Heß Kurt (1. V. 15)	Zweibrücken	16. Juli. 24

56	Kestel Gottlieb (1. IV. 19 StA.)	Nürnberg	1. Aug. 24
57	Köhler Alfred Dr. (16. XI. 19 StA.)	Kaiserslautern	16. Sept. 24
58	Schäfer Georg (15. II. 19 StA.)	Nürnberg	16. Nov. 24
59	März Theodor (1. X. 19)	Zweibrücken	„
60	Altschüller Ferd. (1. X. 19)	Zweibrücken	„
61	Rößler Christian (1. VII. 16)	Kempten	16. Dez. 24
62	Greiner Karl (1. X. 19)	Nürnberg	„
63	Drescher Günther (22. IX. 19 StA.)	Nürnberg	1. Febr. 25
64	Graßl Anton (16. V. 20)	Passau	„
65	Meinzolt Friedr. (1. V. 19 StA.)	Augsburg	1. April 25
66	Lang Wilhelm (1. I. 20)	Frankenthal	1. Mai 25
67	Albert Otto (22. IV. 19 StA.)	Würzburg	„
68	Pfnür Mich. Dr. (1. V. 19 StA.)	Traunstein	„
69	Bretzel Karl (16. XI. 19 StA.)	Augsburg	„
70	Jochheim Georg Dr. (1. XII 19 StA.)	Landau	1. Juni 25
71	Ament Paul Dr. (1. VI. 20 StA.)	Straubing	„
72	Heinrich Hans Dr. (16. IV. 20 StA.)	Nürnberg	1. Juli 25
73	Dahlsheimer Alfr. Dr. (1. II. 19 StA.)	München I	„
74	Bingold Karl Dr. (1. IV 20)	Straubing	„
75	Hösch Georg Dr. (16. VII. 20)	Bayreuth	„
76	Tisch Ed. Wilh. Dr. (1. I. 20 StA.)	Frankenthal	1. Aug. 25
77	Kummer Hans (22. IX. 19 StA.)	Kempten	16. Aug. 25
78	Braun Wilh. (1. IX. 19 StA.)	München I	1. Nov. 25
79	Roll Albert Dr. (1. X. 19 StA.)	München I	1. Nov. 25
80	Müller Karl (1. IX. 20 StA.)	München I	1. Jan. 26
81	Ehrl Wilhelm (10. VI. 19 StA.)	Fürth	1. März 26
82	Vollmann Hans Dr. (1. IX. 19 StA.)	München I	„
83	Beutner Georg Dr. (1. VI. 20 StA.)	München II	„
84	Bacharach Emil (1. V. 19 StA.)	Amberg	1. März 27
85	Resch Alfred (1. III. 22 StA.)	München I	„
86	Held Max Dr. (1. VII. 19 StA.)	Passau	1. April 27
87	Walther Wilh. (1. I. 20 StA.)	Traunstein	„
88	Wirth Anton (1. X. 21 StA.)	München I	„
89	Kießner Herm. Dr. (1. V. 21)	München I	1 Mai 27
60	Schaefer August (21. XI. 19 StA.)	München I	1. Sept. 27
91	Schein Hans (1. VII. 19 StA.)	München I	16. Sept. 27
92	Weber Georg Dr. (1. IX. 20 StA.)	Nürnberg	1. Okt. 27
93	Ziegler Josef (1. XI. 19 StA.)	München I	„
94	Kast Otto Dr. (1. V. 19 StA.)	Nürnberg	1. Nov. 27
95	Niedermayr Bernh. Dr. (1. VII. 23 StA.)	Deggendorf	„
96	Utzmann Josef (1. II. 22)	Schweinfurt	1. Dez. 27
97	Seelos Karl (1. V. 24)	Würzburg	„

Dritte Staatsanwälte:

1	Strauß Friedr. Dr.	Neuburg a. D.	1. Juli 25
2	Schellhorn Heinz	Aschaffenburg	1. Aug 25
3	Brändl Franz Dr.	Regensburg	16. Aug. 25
4	Mantel Ernst	München I	16. Nov. 25
5	Fick Georg Dr.	Landshut	„
6	Alwens Wilh. Dr.	Zweibrücken	1. Dez. 25
7	Beckh Viktor Dr.	Traunstein	1. Jan. 26
8	Völcker Karl	Nürnberg	„
9	Hempel Martin	München I (abgeordn. an die GenStA.)	„
10	Zwirlein Hans Dr.	München I	„

11	Stepp Walter Dr.	Frankenthal	1. Jan. 26
12	Keltsch Adolf Dr.	Aschaffenburg	„
13	Brendel Rudolf Dr.	Traunstein	„
14	Rausch Hans Dr.	Eichstätt	1. Febr. 26
15	Knoell Hermann	München II	1. April 26
16	Flierle Robert	München I	„
17	Pöhlmann Heinrich Dr.	Frankenthal	„
18	Müller Alfons Dr.	Kempten	1. Mai 26
19	Metzsch Afred Dr.	München I	„
20	Hock Franz	München I	„
21	Hagendorn Gustav	Ansbach	„
22	Reicke Siegfried Dr. (beurl.)	Augsburg	1. Juni 26
23	Roesel Heinrich Dr.	Fürth	1. Juli 26
24	Hechtel Hans Dr.	München I	1. Dez. 26
25	Schwarz Hans	Ansbach	16. Dez. 26
26	Reber Adolf	Frankenthal (m. d. Dienstsitz in Ludwigshafen)	„
27	Mattil Friedr. Dr.	Frankenthal (m. d. Dienstsitz in Ludwigshafen)	„
28	Engel Philipp	Schweinfurt	„
29	Gerle Albert	Zweibrücken	„
30	Schüppert Gregor	Nürnberg	„
31	Hoeber Alfred	Memmingen	„
32	Kollmar Otto Dr.	Zweibrücken	„
33	Hartrich Karl	Coburg	„
34	Schmitt Fritz Dr.	Landau	„
35	Schramm Walter Dr.	Nürnberg	„
36	Waltz Franz	Kaiserslautern	„
37	Müller Eduard Dr.	Nürnberg	„
38	Philbert Josef	Traunstein	„
39	Paulus Adolf Dr.	Kempten	„
40	Frank Hans Dr.	Landshut	„
41	Hellmuth Leo Dr.	Bamberg	„
42	Bauernfeind Leo Dr.	Kempten	„
43	Kollmar Rudolf Dr.	Kaiserslautern	„
44	Krieger Albert Dr.	München I	„
45	Lenz Ernst Dr.	Straubing	„
46	Hofmann Friedr.	Fürth	„
47	Mayrhofer Bruno Dr.	Amberg	„
48	Dotterweich Wilh. Dr.	München I	„
49	Endres Karl	Aschaffenburg	„
50	Laukenmann Jakob Dr.	Frankenthal	„
51	Stadter Heinr.	Nürnberg	„
52	Hartmann Rudolf	Augsburg	„
53	Heldrich Friedr. Dr.	München II	1. Jan. 27
54	Gegenfurtner Oswin	Neuburg a. D.	15. Febr. 27
55	Romeis Josef	Nürnberg	„
56	Falckenberg Rob. Dr.	Würzburg	„
57	Oehrlein Georg Dr.	Frankenthal	„
58	Ratz Paul Dr.	Augsburg	„
59	Dexheimer Herm. Dr.	Bayreuth	1. März 27
60	Blechschmidt Georg	Landshut	„
61	Knoeckel Günther Dr.	Kaiserslautern	„
62	Seufert Georg Dr.	München	„
63	Munzinger Karl Dr.	Kempten	16. März 27
64	Gundel Richard	Hof	1. April 27

65	Hauenstein Fritz Dr.	München I	1. April 27
66	Belzer Eduard	Bamberg	"
67	Schwingenschlögl Michael	Memmingen	"
68	Friedrich Georg Dr.	Frankenthal (m. d. Dienstsitz in Ludwigshafen)	16. April 27
69	Hauser Eugen	Augsburg	16. Mai 27
70	Vogelgsang Herm. Dr.	Nürnberg	"
71	Rothaug Oswald Dr.	Hof	1. Juni 27
72	Geropp Philipp Dr.	Landau	16. Aug. 27
73	Ruder Ludwig Dr.	Kaiserslautern	1. Okt. 27
74	Boller Hermann	Eichstätt	"
75	Seibel Friedrich	Deggendorf	"
76	Seifert Hans Dr.	Würzburg	"
77	Leopold Hans	Passau	"
78	Rauh Hans Dr.	Regensburg	"
79	Joetze Werner	Amberg	1. Nov. 27
80	Decker von Max	Weiden	"
81	Buchner Otto Dr.	Deggendorf	1. Dez. 27
82	Groß Walter	Passau	"
83	Denzler Leonh.	Nürnberg	"

V. Liste.

Amtsgerichte.

a) **Präsidenten.** (1. Der Vorstand des Amtsgerichts München. 2. Die Vorstände der Amtsgerichte Würzburg und Ludwigshafen für ihre Person).

1 Voigt Karl, III. StA. in Würzburg 16. III. 90; AR. in Cadolzburg 13. V. 91; vers. n. Würzburg 1. II. 94; II. StA. in Würzburg 16. XII. 96; LGR. das. 15. XII. 98; OAR., OLGR. in Regensburg 1. IV. 08; AGDir. das. 1. X. 09; desgl. in Würzburg 1. VIII. 19; Präsident d. AG. Würzburg 1. IV. 20.

2 Jung August, AR. in Grünstadt 1. III. 95; OAR. in Otterberg 16. I. 99; desgl. in Ludwigshafen 1. I. 00; T. u. Rg. e. AGR. 1. I. 11; AGR. das. 1. VII. 11; AGDir. (Kl. 7) das. 1. II. 14; AGDir. das. (Kl. 6) 1. III. 20; Präsident d. AG. Ludwigshafen 1. IV. 20.

3 Singer Albert, AR. in Auerbach 1. IX. 94; desgl. in Neuulm 1. VII. 95; LGR. in Schweinfurt 16. IX. 00; desgl. in Augsburg 15. II. 02; OAR. in München 1. VII. 06; LGR. in München I 1. VII. 10; stellv. Dir. in München I 1. V. 12; LGDir. das. 1. I. 20; Präs. des AG. München 1. IV. 24.

b) 1. **Vorstände** der Amtsgerichte Nürnberg, Augsburg, Fürth, Bamberg, Kaiserslautern, Regensburg, Hof, Passau, Aschaffenburg, Kempten, Pirmasens, Landshut, Neustadt a. H., Bayreuth, Ingolstadt, Landau i. Pf., Straubing, Zweibrücken, Schweinfurt, Speyer, Frankenthal, Rosenheim, Amberg, Ansbach und Coburg.

2. **Abteilungsvorstände** der Amtsgerichte München, Nürnberg, Augsburg, Würzburg, Ludwigshafen.

3. Ferner die mit Landtagsbeschluß vom 16. Dez. 21 bewilligten **Amtsgerichtsdirektoren u. Amtsgerichtsräte.**

(AGDir. = Amtsgerichtsdirektor; AGR. = Amtsgerichtsrat.)

1 Gerichten Friedrich, III. StA. in Kaiserslautern 1. V. 90; AR. in Germersheim 1. XI. 90; OAR. in Pirmasens 1. XII. 96; OLGR. Rg. etc. 1. VI. 06; T. u. R. e. Amtsgerichtspräsidenten 14. X. 21.

2 Bach Gustav Adolf, AR. in Kaiserslautern 14. II. 91; OAR. in Otterberg 18. III. 97; desgl. in Kaiserslautern 16. I. 99; desgl. in Landau i. Pf. 1. VI. 06; AGDir. das. 1. I. 09; T. u. Rg. e. Amtsg.-Präs. 1. II. 25.

3 Morg Friedrich, AR. in Eichstätt 1. IX. 99; desgl. in Nürnberg 15. II. 02; LGR. in Weiden 16. X. 07; desgl. in Nürnberg 1. II. 11, T. u. Rg. e. OLGR. 5. IV. 17; stellv. Dir. in Nürnberg 1. I. 22; LGDir. das. 16. VII. 25; dienstaufsichtf. AGDir. das. 1. I. 27; T. u. Rg. e. Amtsg.-Präsidenten 1. VII. 27.

4 Troeltsch Rudolf, III. StA. in Amberg 16. XI. 99; AR. in München 1. III. 01; II. StA. in Augsburg 1. XII. 04; LGR. in Kempten 1. IV. 10; T. u. Rg. e. OLGR. 25. III. 18; I. StA. in Coburg 1. IV. 21; desgl. in Augsburg 1. X. 21; dienstaufsichtf. AGDir. in Augsburg 1. VI. 25; T. u. Rg. e. Amtsg.-Präs. 1. VII. 27.

5 Hirth Joseph, AR. in Hof 19. VI. 92; desgl. in Bamberg II 18 VI. 98; OAR. das. 3. XI. 99; LGR. in Bamberg 17. IV. 04; AGDir. das. 1. IV. 09.

6 Leiendecker August, III. StA. in Schweinfurt 1. III. 92; AR. in Forchheim 16. III. 93; desgl. in Nürnberg 1. V. 96; II. StA. in München I 16. V. 97; LGR. das. 16. XI. 99; AGR. in München 1. I. 10. AGDir. in Landshut 1. VI. 16.

7 Gschrey Felix, AR. in Baunach 1. V. 93; desgl. in Donauwörth 1. IV. 97; OAR. in Kastl 16. XI. 99; desgl. in Weiden 1. II. 05; T. u. R. e. AGR. 21. XII. 12; AGDir. in Ingolstadt 1. XI. 18.

8 Först Max, AR. in Ingolstadt 1. XII. 93; desgl. in Forchheim 1. III. 99; OAR. in Berneck 16. XI. 99; desgl. in Erlangen 1. XII. 07; T. u. Rg. e. AGR. 21. XII. 12; AGDir. das. 1. IV. 20.

9 Straßer Friedr., AR. in Deggendorf 16. IV. 95; desgl. in Rosenheim 16. III. 99; OAR. in Ebern 1. V. 01; desgl. in Reichenhall 1. XI. 04; LGR. in Bayreuth 1. II. 09; T. u. Rg. e. OLGR. 21. XII. 12; stv. Dir. in Fürth 1. VII. 15; AGDir. in Fürth 1. IV. 20.

10 Nonweiler Max, AR. in Ludwigshafen 1. VII. 95; OAR. in Kusel 1. III. 99; T. u. Rg. e. AGR. 19. III. 13; AGDir. in Zweibrücken 1. XI. 26.

11 Eberlein Friedr., AR. in Geisenfeld 16. VI. 92; desgl. in Simbach 1. V. 95; desgl. in Eichstätt 1. II. 97; OAR. in Markt-Erlbach 1. IX. 99; desgl. in Schwabach 1. VIII. 09; T. u. Rg. e. AGR. 19. III. 13; AGDir. das. 1. IV. 20.

12 Forster Matthias, AR. in Tirschenreuth 1. II. 96; LGR. in Weiden 1. I. 02; T. u. Rg. e. OLGR. 22. VII. 13; stv. Dir. in Hof 1. III. 16; AGDir. das. 1. IV. 19.

13 Leiß Ludwig, AR. in Hof 1. III. 96; desgl. in Nürnberg 1. VII. 99; LGR. in Deggendorf 15. II. 02; T. u. Rg. e. OLGR. 22. VII. 13; stellv. Dir. in Amberg 1. IV. 16; AGDir. in Passau 1. I. 18.

14 Zeis Heinrich, AR. in Wertingen 1. X. 92; desgl. in Rosenheim 16. V. 96; OAR. das. 1. I. 00; T. u. Rg. e. AGR. 24. XII. 13; AGDir. das. 1. V. 14.

15 Link Johann, AR. in Bischofsheim 1. IV. 94; desgl. in Miltenberg 1. IV. 96; OAR. in Aub 16. V. 00; desgl. in Stadtamhof 16. IX. 09; T. u. Rg. e. AGR. 24. XII. 13; AGDir. das. 1. X. 23.

16 Webler Philipp Jakob Dr., AR. in Grünstadt 1. X. 98; LGR. in Zweibrücken 1. XI. 02; T. u. Rg. e. OLGR. 24. XII. 13; AGDir. in Speyer 1. VI. 17; desgl. in Neustadt a. H. 16. X. 18.

17 Schuler Valentin, AR. in Karlstadt 1. X. 96; desgl. in Würzburg 16. XI. 99; LGR. in Würzburg 1. II. 03; T. u. R. e. OLGR. 24. XII. 13; AGR. in Würzburg 1. X. 22; Amtsbez. AGDir. 1. V. 24.

18 Ebert Heinr., AR. in Fürth 1. II. 93; OAR. das. 1. I. 00; T. u. Rg. e. AGR. 7. IV. 14; AGR. das. 1. IV. 20.

19 Hueb Max v., AR. in Freyung 16. VII. 94; desgl. in Simbach 1. II. 97; OAR. in Dingolfing 16. VII. 00; desgl. in Straubing 1. I. 07; T. u. Rg. e. AGR. 7. IV. 14; AGR. das. 1. IV. 20.

20 Kugler Herm., AR. in Freising 16. VII. 94; OAR. in Neuburg 1. X. 00; desgl. in Memmingen 1. VII. 10; T. u. Rg. e. AGR. 7. IV. 14; AGDir. das. 1. IV. 20.

21 Brandl Georg, AR. in Türkheim 16. VII. 90; desgl. in Passau 1. V. 95; desgl. in Kronach 1. XII. 98; OAR. in Würzburg 15. II. 01; T. u. Rg. e. AGR. 1. VIII. 15; AGR. das. 16. XI. 21.

22 Ammann Heinr., III. StA. in Landshut 16. X. 92; AR. in Augsburg 1. XII. 93; desgl. in Illertissen 1. IV. 95; desgl. in Markt Oberdorf 16. XI. 98; OAR. in Augsburg 1. V. 01; T. u. Rg. e. AGR. 1. VIII. 15; AGR. das. 1. VII. 23; Amtsbez. AGDir. 1. V. 24.

23 Franz Rudolf, AR. in Kissingen 1. IV. 98; desgl. in Würzburg 1. X. 01; LGR. in Frankenthal 16. IV. 04; desgl. in Würzburg 1. V. 10; T. u. Rg. e. OLGR. 1. VIII. 15; AGR. in Würzburg 16. IX. 24.

24 Mandel Michael, AR. in Marktheidenfeld 16. V. 98; desgl. in Würzburg 1. X. 01; LGR. in Frankenthal 16. IV. 04; desgl. in Würzburg 1. VII. 10; T. u. Rg. e. OLGR. 1. VIII. 15; AGR. in Würzburg 1. IV. 25.

25 Zunhammer August, AR. in Altötting 16. XI. 97; II. StA. in Deggendorf 1. X. 01; LGR. das. 16. IV. 04; desgl. in Weiden 1. X. 04; T. u. Rg. e. OLGR. 1. VIII. 15; AGDir. in Schweinfurt 1. X. 20.

26 Stoer Friedrich, AR. in Werneck 1. VI. 98; desgl. in Ansbach 16. VIII. 99; LGR. in Fürth 1. IV. 05; desgl. in Ansbach 1. IV. 07; OAR. das. 1. II. 09; T. u. Rg. e. AGR. 22. XII. 15; AGDir. das. 1. VI. 18.

27 Dimroth Gustav, III. StA. in München II 1. VII. 98; AR. das. 16. XI. 99; II. StA. in München I 16. VI. 01; OAR. in Starnberg 1. VII. 05; LGR. in München I 1. I. 12; T. u. Rg. e. OLGR. 22. XII. 15; AGR. in München 1. VII. 19; Amtsbez. AGDir. 1. V. 24.

28 Jacob Rudolf, AR. in Ludwigshafen 1. III. 99; T. u. Rg. e. OAR. 1. XI. 05; LGR. in Nürnberg 17. IV. 06; OAR. in Landstuhl 1. VIII. 13; T. u. Rg. e. AGR. 22. XII. 15; AGDir. in Kaiserslautern 1. III. 19.

29 Frauenknecht Oskar, III. StA. in Regensburg 1. VII. 98; AR. in Nürnberg 16. XII. 99; II. StA. in Bamberg 1. III. 01; LGR. in Schweinfurt 16. XI. 05; desgl. in Nürnberg 1. II. 10; T. u. Rg. e. OLGR. 22. XII. 15, I. StA. in Eichstätt 1. VI. 18; AGDir. in Bayreuth 16. X. 19.

30 Eppenauer Karl, AR. in Pfarrkirchen 1. I. 97; desgl. in München 1. V. 01; T. u. Rg. e. OAR. 1. III. 04; OAR. das. 1. IV. 50;

T. u. Rg. e. AGR. 27. VII. 16; AGR. das. 16. X. 19; Amtsbez. AGDir. 1. V. 24.

31 Marggraf Hermann, AR. in Wolfratshausen 16. III. 97; OAR. in Cham 1. IX. 04; desgl. in Wolfratshausen 1. XI. 04; T. u. Rg. e. AGR. 27. VII. 16; AGDir. in Weilheim 1. II. 25.

32 Stölzle Gottfried Dr., AR. in Nürnberg 16. V. 97; desgl. in Kempten 1. VII. 99; T. u. Rg. e. OAR. 18. XI. 04; OAR. das. 1. X. 05; T. u. Rg. e. AGR. 23. XII. 16; AGDir. das. 1. XI. 23.

33 Dexheimer Karl, AR. in Ludwigshafen 1. II. 99; T. u. R. e. OAR. 1. XI. 05; OAR. das. 17. IV. 06; T. u. Rg. e. AGR. 23. XII. 16; AGR. das. 1. III. 20; Amtsbez. AGDir. 1. V. 24.

34 Sauer Friedrich, AR. in Kitzingen 1. V. 99; II. StA. in Memmingen 15. II. 02; LGR. in Neuburg a. D. 1. III. 07; desgl. in Würzburg 1. VI. 09: T. u. Rg. e. OLGR. 23. XII. 16; AGR. in Würzburg 1. V. 25.

35 Reichart Joseph Dr., AR. in Karlstadt 8. V. 99; desgl. in Würzburg 1. IV. 04; LGR. in Kaiserslautern 1. V. 07; desgl. in München I 1. I. 13; T. u. Rg. e. OLGR. 5. IV. 17; AGDir. in Freising 16. XI. 24.

36 Neun Adam, III. StA. in Schweinfurt 1. VII. 99; AR. in Passau 16. VII. 00; desgl. in Rosenheim 16. VII. 01; II. StA. in Schweinfurt 1. XI. 02; LGR. in Straubing 1. X. 07; desgl. in Traunstein 1. XII. 09; T. u. Rg. e. OLGR. 5. IV. 17; AGDir. das. 1. IX. 20.

37 Petri Ernst, AR. in Germersheim 1. V. 99; OAR. in Waldmohr 1. X. 07; desgl. in Zweibrücken 1. XII. 08; T. u. Rg. e. AGR. 21. XII. 17; vers. AG. Edenkoben 1. I. 20; AGDir. in Speyer 1. VI. 25.

38 Oßwald Friedrich, AR. in Pegnitz 1. X. 99; desgl. in Erlangen 1. VIII. 02; LGR. in Hof 1. VIII. 08; desgl. in Regensburg 1. VII. 15; T. u. Rg. e. OLGR. 21. XII. 17; AGDir. in Regensburg 1. I. 23.

39 Hümmer Johann, III. StA. in Achaffenburg 16. XI. 99; AR. in Fürstenfeldbruck 16. XI. 00; II. StA. in Weiden 1. I. 05; LGR. München I 1. II. 09; T. u. Rg. e. OLGR. 21. XII. 17; I. StA. in Straubing 1. II. 20; LGDir. in Aschaffenburg 1. II. 26; AGDir. in Straubing 1. III. 26.

40 Rupprecht Karl, III. StA. in München II 16. XI. 99; AR. in München 1. VI. 01; II. StA. in München I 1. IV. 05; LGR. das. 1. II. 13; T. u. R. e. OLGR. 25. III. 18; OAR. m. T. u. Rg. e. AGR. in München 16. X. 19; AGR. das. 1. V. 20; Amtsbez. AGDir. 1. V. 24.

41 Netzsch Georg, AR. in Fürth 1. I. 00; II. StA. in Aschaffenburg 1. II. 07; OAR. in Reichenhall 1. V. 12; T. u. Rg. e. AGR. 25. III. 18; LGR. m. T. u. R. e. OLGR. in Augsburg 1. XI. 18; stellv. Dir. das. 1. I. 22; AGDir. in Aschaffenburg 1. IV. 25.

42 Himmelstoß Franz, III. StA. in Memmingen 16. VII. 00; AR. in Memmingen 1. IV. 02; II. StA. in Straubing 1. I. 06; LGR. das. 1. V. 13; T. u. R. e. OLGR. 15. VII. 19; I. StA. in Amberg 16. V. 20; AGDir. das. 1. XII. 25.

43 Kolb Friedrich, III. StA. in Straubing 16. XII. 00; AR. e. st. in Passau 16. V. 04; statusm. das. 1. VII. 04; II. StA. e. st. in Frankenthal 16. XI. 06; statusm. das. 1. V. 07; LGR. das. 1. I. 13; T. u. R. e. OLGR. 15. VII. 19; stellv. Dir. in Frankenthal 1. X. 21; AGDir. das. 1. XII. 25.

44 Frank August, III. StA. in Neuburg 1. I. 01; AR. in Schrobenhausen 1. XI. 04; II. StA. in Hof 1. III. 07; desgl. in Augsburg

1. X. 09; LGR. München I 1. V. 19; T. u. Rg. e. OLGR. 15. VII. 19; AGRat in München 1. III. 26.

45 Bolkart Anton, AR. in Krumbach 16. XI. 99; OAR. in Wiesentheid 1. VIII. 09; desgl. in Deggendorf 16. XII. 13; T. u. Rg. e. AGR. 1. I. 20; AGDir. in Deggendorf 1. X. 27.

46 Stoll Hermann Dr., AR. in Waltershausen 1. IV. 01; II. StA. in Gotha 1. X. 06; AR. in Coburg 1. IV. 08; Tit. AGR. 19. VII. 11; AGDir. in Coburg 1. IV. 20.

47 Parst Julius, AR. in Cham 1. VII. 01; desgl. in Regensburg 15. II. 06; II. StA. in Nürnberg 1. VI. 11; LGR. in Nürnberg 1. X. 19; T. u. Rg. e. OLGR. 1. I. 21; AGDir. in Nürnberg 1. V. 25.

48 Frank Albert, AR. in Vohenstrauß 17. IV. 06; desgl. in München I 1. X. 09; T. u. Rg. e. OAR. 21. XII. 17; OAR. in München 1. V. 19; T. u. Rg. e. AGR. 1. I. 21; AGR. das. 1 VII. 22; Amtsbez. AGDir. 1. V. 24.

49 Schmidt Franz, III. StA. in München I 1. XII. 08; AR. in München 1. V. 10; II. StA. München I 1. VI. 19; LGR. München I 1. IV. 24; T. u. Rg. e. OLGR. 1. I. 25 AGRat mit Amtsbez. AGDir. AG. München 1. IV. 26.

c) Oberamtsrichter

einschliesslich der Abteilungsvorstände der Amtsgerichte mit Bezirken von 50000 bis 100000 Einwohnern: Fürth, Bamberg, Kaiserslautern, Regensburg, Hof, Passau, Aschaffenburg, Kempten, Pirmasens, Landshut, Neustadt a. H., Bayreuth).

Mit dem Titel und Rang eines Oberlandesgerichtsrats

1	Hilgard Gustav 89 X	(22.XII.04)	Bergzabern	16. Aug. 92

Mit dem Titel und Rang eines Amtsgerichtsrats.

2	Goppelt Joh. Veit 90 VIII	(21.XII.12)	Nördlingen	1. Nov. 98
3	Fath Joh. August 95 VI	(19.III.13)	Kandel	1. Mai 99
4	Keller Eugen 91 X	(22.VII.13)	Rothenburg o. T.	16. Nov. 99
5	Ehrnsperger Lh. 92 X	„	Günzburg	„
6	Radler Al. 93 III	„	Mitterfels	„
7	Wagner Eduard 93 IV	„	Weißenburg	„
8	Tretter Herm. 93 VIII	(24.XII.13)	Zusmarshausen	„
9	Moser Anton 93 VIII	„	Mindelheim	„
10	Funk Joh. Lukas 93 X (StA.)	„	Füssen	„
11	Engel Philipp 93 XII	„	Erding	„
12	Vent Maxim. 93 XII	„	Karlstadt	„
13	Wernz Theob. 93 VI	„	Hersbruck	1. Jan. 00
14	Gäbelein Ernst 94 I	„	Gunzenhausen	„
15	Schraut Andreas 94 II	„	Dillingen	„
16	Burckhardt A. 93 XI	„	Höchstadt a. A.	15. Febr. 00
17	Pamler Franz 92 XI	„	Altötting	1. März 00
18	Rubner Georg 94 IV	(7.IV.14)	Lauingen	1. Okt. 00
19	Scheck Georg 94 X	„	Waldsassen	„
20	Kreß Karl 94 IX	„	Burghausen	1. Dez. 00
21	Schmidt Heinr. 94 XI	(1.VIII.15)	Lauf	1. Jan. 01
22	Lösti Karl 95 I	„	Wörth	1. Febr. 01
23	Knobloch Emil 95 I	„	Lohr	1. Mai 01
24	de l'Espine Max 95 III	„	Münnerstadt	„
25	Schöller Wilh. 95 I	(22. XII. 15)	Schongau	16. Juli 01

26	Wittstadt Joseph 95 IV.	(22.XII.15)	Memmingen	1. Okt. 01
27	Schauer Max Joseph 95 VI	„	Obernburg	„
28	Neubert Franz 95 VI	„	Lichtenfels	1. Nov. 01
29	Weber Wilh. 95 VI	„	Münchberg	16. Nov. 01
30	Schmitt Gg. 96 IV	„	Klingenberg	1. Okt. 06
			LGR.	15. Febr. 02
31	Pasquay Ernst 96 IV	„	Lindau	16. Juli 02
32	Grobe Ernst 95 V	(27. VII. 16)	Nürnberg	1. Juni 05
			Rg.	25. Jan. 03
33	Niemes Heinr. 98 IX	„	Dahn	1. März 03
34	Eichhorn Joseph 97 IV	„	Schesslitz	16. „
35	Müller Karl 98 V	„	Pirmasens	1. Mai 03
36	Wackenreuder K. 97 III	„	Dettelbach	1. Juli 03
37	Attenberger Hnr. 96 XI	„	Mühldorf	1. Okt. 03
38	Weber Karl Alfr. 97 V	„	Staffelstein	1. Jan. 04
39	Kößler Bapt. 96 XI	„	München	1. April 05
			Rg.	1. März 04
40	Heilmeier Andr. 98 III	„	Kaufbeuren	1. Apr. 04
41	Syller Walther 97 IX	(23. XII. 16)	Neumarkt Opf.	16. Okt. 04
42	Maier Mich. 97 X	„	Ebern	1. Nov. 04
43	Altstetter Ludw. 98 III	„	Cham	„
44	Weber Franz 98 III	„	Haßfurt	16. Nov. 04
45	Neidert Ludwig 98 III	„	Kipfenberg	1. Dez. 04
46	Düll Johann 98 III	„	Kronach	16. Jan. 05
47	Späth Michael 98 III	„	Kelheim	1. Febr. 05
48	Fleckenstein Wilhelm 98 V	„	Schwabmünchen	1. Juni 05
49	Eder Stephan 98 III	„	Würzburg	17. April 06
			Rg.	1. Juli 05
50	Hader Andr. 98 IV	„	Baunach	1. Okt. 05
51	Stadler Frz. Xav. 98 X	„	Wertingen	17. April 06
			Rg.	1. Okt. 05
52	Mayr Richard 98 I	„	Schwandorf	1. April 06
53	Böhngen Ernst 98 VIII	„	Dachau	1. Juni 06
54	Wirsing Franz 98 VIII	„	Gemünden	„
55	Laufer Heinrich 98 XI	(5.IV.17)	Neustadt a. S.	1. Okt. 06
56	Dorsch Johann Bapt. 98 XI	„	Hammelburg	1. Jan. 07
57	Traßl Ludwig 99 IV	„	Buchloe	1. März 07
58	Lober August 97 VI	„	Ellingen	16. Okt. 12
			Rg.	1. April 07
59	Frech Friedr. 99 II	„	Dorfen	1. April 07
60	Wagner Joseph 99 III	„	Kötzting	1. Mai 07
61	Kolb Karl 98 XII	„	Moosburg	1. Okt. 07
62	Fabricius Wilh. 99 V	„	Grünstadt	„
63	Aufseß Eckart Frhr. v. u. zu 99 VII	„	Berchtesgaden	„
64	Sommer Emil 99 VII	„	Eichstätt	„
65	Stangl Kosmas 99 VII	„	Würzburg	„
66	Jungkunz Friedrich 99 V	„	Berneck	1. Dez. 07
67	Daubenmerkl Joh. 96 VII	(21.XII.17)	Neukirchen	1. Juni 02
68	Waßer Gustav 99 VIII	„	Naila	1. März 08
69	Feiertag Karl 99 VI	„	Winnweiler	1. Mai 08
70	Knussert Rud. 99 IX	„	Oettingen	1. Juli 08
71	Mayr Wilhelm Dr. 99 X	„	Landau a. I.	„

72	Runck Heinrich 99 IX	(21.XII.17)	Aichach	16. Juli 08
73	Hoffmann Ludw. Dr. 99 XI	„	Landshut	1. Febr. 11
			LGR.	16. Juli 08
74	Wedermann Konrad 98 XII	„	Nürnberg	1. Okt. 08
75	Münzbühl Franz 99 X	„	Augsburg	16. Dez. 08
76	Dürrbeck Hans 96 IV	(15.VII.19)	Kirchenlamitz	16. Nov. 02
77	Rauch Karl 99 V	„	Obergünzburg	1. Dez. 07
78	Deinhardt Julius 00 VII (StA.)	„	Kulmbach	1. April 10
			Rg.	1. Jan. 09
79	Maier August 00 VII (StA.)	„	Augsburg	1. Okt. 21
			LGR.	1. Jan. 09 (Rg.)
			II. StA.	1. Okt. 06
80	Amberger Mich. 99 XI	(15.VII.19)	Eggenfelden	1. April 09
81	Baunach Joseph 99 XI	„	Aschaffenburg	1. Juli 09
82	Gerheuser Ludw. 99 XI	„	Ottobeuren	„
83	Lammerer Ad. 99 XI	„	Mallersdorf	16. Juli 09
84	Wotschack Karl 99 V	(1. I. 20)	Werneck	1. Dez. 07
85	Fellner Johann 99 XI	„	Osterhofen	1. Aug. 09
86	Höllerer Heinrich 99 XI	„	Markt-Erlbach	„
87	Drexel Andreas 99 XI	(1. IV. 20)	Vilshofen	1. Okt. 09
88	Hochkirch Georg 99 XI	„	Aibling	1. Dez. 09
89	Yberle Ludwig 99 XI	„	Babenhausen	„
90	Höhn Ludwig 99 XI	„	Roth	1. Jan. 10
91	Bayerlein Adam 00 I	„	Tegernsee	„
92	Meisinger Joseph 00 I	„	Friedberg	1. Febr. 10
93	Waldmann Ldw. 00 I	„	Waldmohr	1. April 10
94	Pfirmann Friedr. 01 IV	„	Marktheidenfeld	16. Okt. 19
			II. StA.	1. Mai 10
95	Ketnath Andreas 99 XII	(1. 1. 21)	Neuburg a. D.	1. Juli 10
96	Toussaint Adolf 00 I	„	Dürkheim	„
97	Rüby Albt. 00 I	„	Weiden	1. Febr. 11
98	Bühling Karl 99 XI	„	Regenstauf	1. Juni 12
			Rg.	12. März 11
99	Seßler Wilhelm 99 XI	„	Pottenstein	16. Aug. 12
			Rg.	12. März 11
100	Ratz Edmund 99 XI	„	Beilngries	1. Aug. 12
			Rg.	12. März 11
101	Hepp Heinrich 00 I	„	Ochsenfurt	1. Aug. 13
			Rg.	12. März 11
102	Meyer Georg Alb. 00 I	„	Marktbreit	16. März 13
			Rg.	12. März 11
103	Vogler August 00 I	„	Waldkirchen	1. Mai 13
			Rg.	12. März 11
104	Roth Otto 00 I	„	Nürnberg	1. April 20
			Rg.	12. März 11
105	Martin Richard 00 I	„	Krumbach	16. Mai 11
106	Rommel Otto 00 I	„	Sonnefeld	19. Juli 11
107	Wiedemann Gustav 00 I	„ (Rg. OLGR.)	Markt Oberdorf	1. Okt. 22
			LGR.	1. Sept. 11
108	Peter Heinrich 00 I	(1. XII. 21)	Freyung	16. Juli 12
			LGR.	1. Jan. 12

109	Strigl Jos. 00 I	(1. XII. 21)	Nabburg	16. Mai 12
			Rg.	1. Jan. 12
110	Bayerl Alois 00 II	„	Stadtsteinach	1. Juli 13
			Rg.	1. Jan. 12
111	Haus Franz 00 II	„	Miltenberg	1. Juli 13
			Rg.	1. Jan. 12
112	Halenke Balthasar 00 XI	(16. I. 22)	München	1. Jan. 13
			II. StA.	1. April 12
113	Hüttinger August 99 XI	(1. II. 22)	Gräfenberg	1. Aug. 16
			Rg.	21. Dez. 12
114	Stadlbaur Joseph 00 I	(1. IV. 22)	Rotthalmünster	1. April 20
			Rg.	21. Dez. 12
115	Keller Joseph 00 II	(1. V. 22)	Rottenburg	1. Mai 13
			Rg.	21. Dez. 12
116	Schöller Alfred 00 IV	„	Reichenhall	1. Febr. 16
			Rg.	21. Dez. 12
117	Speth Rudolph 00 V	„	Dingolfing	1. Febr. 13
			Rg.	21. Dez. 12
118	Krieger Hermann 00 VI	„	Wolfratshausen	1. Juni 13
			Rg.	21. Dez. 12
119	Drechsler Otto 00 VI	(1. XII. 22)	Hemau	1. Sept. 13
			Rg.	21. Dez. 12
120	Sichermann Hans 00 VII	„	Erbendorf	1. Nov. 13
			Rg.	21. Dez. 12
121	Kirchner Friedrich 99 V	(16. XII. 22)	Starnberg	1. April 20
			Rg.	12. März 11
122	Findeiß Julius 00 V	„	Markt-Erlbach	1. April 20
			Rg.	21. Dez. 12
123	Meißner Ernst 00 VII	„	Neustadt WN.	15. Febr. 14
			Rg.	21. Dez. 12
124	Härtlein Eduard 00 VII	„	Dinkelsbühl	1. Nov. 13
			Rg.	21. Dez. 12
125	Griebe Frz. Gg. 00 VII	„	Edenkoben	1. Dez. 14
			Rg.	21. Dez. 12
126	Geßler Heinrich 00 XI	„	Türkheim	1. Okt. 15
			Rg.	21. Dez. 12
127	Paulus Georg 00 XI	„	Fürth	1. April 20
			Rg.	21. Dez. 12
128	Fuchs Heinrich 01 I	„	Fürth	1. April 20
			Rg.	19. März 13
129	Hauth Jakob 01 I	„	Bamberg	1. Mai 22
			LGR.	1. Mai 16
			Rg.	19. März 13
130	Fronmüller Gg. 01 I	(16. XII. 22)	Nürnberg	1. April 20
			Rg.	19. März 13

131	Valta Herm. von 01 II	(16. XII. 22)	Garmisch	1. April 20	II. StA. 1. Juni 13
132	Mainzer August Dr. 01 II	„	Bamberg	1. April 20	Rg. 22. Juli 13
133	Wenzel Johann 01 II	„	Kitzingen	1. April 20	Rg. 22. Juli 13
134	Schauer Eugen 01 II	„	Eltmann	1. Nov. 15	Rg. 22. Juli 13
135	Motzel Oskar 01 II	„	Hilpoltstein	1. April 15	Rg. 22. Juli 13
136	Klein Wilhelm 01 III	„	Nürnberg	1. April 20	Rg. 22. Juli 13
137	Cammerloher Heinr., Ritter u. Edler von 01 IV	„	Höchstädt a. D.	1. Juli 15	Rg. 22. Juli 13
138	Fischer Hans 01 IV	„	Kitzingen	1. Juli 15	Rg. 22. Juli 13
139	Schineis Karl 01 V	(16. XII. 23)	Trostberg	1. Mai 15	Rg. 24. Dez. 13
140	Will Gustav 01 V	„	Arnstein	1. Jan. 16	Rg. 24. Dez. 13
141	Simon Kuno 01 V	„	Burglengenfeld	1. Jan. 19	Rg. 24. Dez. 13
142	Jäger Ernst Dr. 01 VI StA.	„	Pfaffenhofen	1. April 20	Rg. 24. Dez. 13
143	Keßler Hermann 01 VI	„	München	1. April 20	Rg. 24. Dez. 13
144	Zahler Friedrich 01 VII	„	Würzburg	1. April 20	Rg. 24. Dez. 13
145	Rammensee Herm. 01 VII	„	Stadtamhof	1. April 20	Rg. 24. Dez. 13
146	Hahn Karl 01 VIII	„	Rosenheim	1. April 20	Rg. 24. Dez. 13
147	Meßenzehl Jakob 01 XI	„	Hengersberg	1. April 19	Rg. 24. Dez. 13
148	Cullmann Wilhelm 01 XI	„	Hollfeld	1. Febr. 18	Rg. 24. Dez. 13
149	Albertus Joseph 01 XI	„	Berchtesgaden	1. April 20	Rg. 24. Dez. 13
150	Hauer Hans 01 XI	„	Gerolzhofen	1. Okt. 18	Rg. 24. Dez. 13
151	Jenette Friedrich 01 XI	„	Pappenheim	16. Sept. 16	Rg. 24. Dez. 13
152	Bauer Joseph 01 XI	„	Weissenhorn	1. April 20	Rg. 24. Dez. 13
153	Kümmel Frz. 02 I	(1. VII. 24)	Griesbach	1. Nov. 18	Rg. 7. April 14
154	Mändl Peter Dr. 02 I	„	Augsburg	1. April 20	Rg. 7. April 14

155	Baum Georg 02 II	(1. VII. 24)	Ansbach	1. April 20 Rg. 7. April 14
156	Küspert Ottmar 02 II	„	Kemnath	1. Nov. 18 Rg. 7. April 14
157	Leikert Friedr. 02 II	„	Aub	16. April 17 Rg. 7. April 14
158	Schedel August 00 I	(1. I. 25)	Würzburg	1. April 20 Rg. 1. Juli 11
159	Fleischmann Georg 00 I	„	Mellrichstadt	1. Juni 12 Rg. 1. Jan. 12
160	Full Wilhelm 02 II	„	Traunstein	1. April 20 Rg. 7. April 14
161	Jäcklein Johann 02 II	„	Weil.-Lindenbg.	1. Febr. 17 Rg. 7. April 14
162	Bär Ernst 02 II	„	Fürth	1. April 20 Rg. 7. April 14
163	Kiendl August 02 II	„	Starnberg	1. April 19 Rg. 7. April 14
164	Medicus Karl 01 V	(1. I. 26)	Weismain	1. April 20 Rg. 21. Dez. 13
165	Zahn Fedor 02 II	„	Erlangen	1. April 20 Rg. 7. April 14
166	Seyboth Johann 02 III	„	Neustadt a. A.	1. Juli 19 Rg. 1. Aug. 15
167	Eichenlaub Wilhelm 02 III	„	Waldfischbach	1. Febr. 20 Rg. 1. Aug. 15
168	Hörnig Hugo 02 IV	„	Amorbach	1. Juni 18 Rg. 1. Aug. 15
169	Zerrmeyer Franz 02 IV	„	Miesbach	1. April 19 Rg. 1. Aug. 15
170	Schatte Ludwig Frhr. v. 02 IV	„	Simbach	16. Mai 17 Rg. 1. Aug. 15
171	Kerscher Sebastian 02 V	„	Dingolfing	1. April 20 Rg. 1. Aug. 15
172	Bozenmayer Emil 02 V	„	Neu-Ulm	1. April 20 Rg. 1. Aug. 15
173	Wimmer Heinrich 02 VII	„	Wunsiedel	1. Febr. 20 Rg. 1. Aug. 15
174	Ritter Karl 02 VII	„	Eschenbach	1. April 19 Rg. 1. Aug. 15
175	Baur Wilhelm 02 VII	(1. I. 26)	Speyer	1. Jan. 17 Rg. 1. Aug. 15
176	Schmitt Heinrich 02 VII	„	Rockenhausen	16. Mai 17 Rg. 1. Aug. 15
177	Born Eugen 02 IX	„	Homburg	1. Jan. 18 Rg. 22. Dez. 15

178	Varga Arthur 02 XI	(1. I. 26)	Haag		1. April 20
				Rg.	22. Dez. 15
179	Remmler Ignaz 02 XI	„	Herrieden		1. April 20
				Rg.	22. Dez. 15
180	Hofmann Johann 02 XI	„	Abensberg		1. April 20
				Rg.	22. Dez. 15
181	Sauer Karl 02 XI	„	Lohr		1. April 20
				Rg.	22. Dez. 15
182	Detzel Primian 03 II	„	Cham		1. April 20
				Rg.	22. Dez. 15
183	Reitzenstein Hnr. Frh. v. 03 III	„	Ebermannstadt		1. April 20
				Rg.	22. Dez. 15
184	Riesch Ludwig 03 III	„	Otterberg		1. Jan. 20
				Rg.	22. Dez. 15
185	Nehb Johannes 03 III	„	Wolfstein		1. April 20
				Rg.	22. Dez. 15
186	Jaecklein Gottfried 03 IV	„	Weismain		1. April 20
				Rg.	22. Dez. 15
187	Kirchner Christian 03 V	„	Lauf		1. April 20
				Rg.	22. Dez. 15
188	Germann Valentin 03 V	„	Ludwigshafen		1. April 20
				Rg.	22. Dez. 15
189	Nehmeyer Jakob 03 V	„	Weißenburg		1. April 20
				Rg.	22. Dez. 15
190	Heuner August 03 V (StA.)	„	Ebersberg		16. Juni 23
				LGR.	16. März 20
				Rg.	22. Dez. 15
191	Heinlein Joseph 00 IX	(1. VII. 26)	Neu-Ulm		1. April 20
				Rg.	21. Dez. 12
192	Brucker Heinrich 03 VII	„	Kissingen		1. April 21
				Rg.	27. Juli 16
193	Blanck Ernst 03 VII	„	Roth		1. April 21
				Rg.	27. Juli 16
194	Albrecht Karl 03 VIII	„	Auerbach		1. Juni 20
				Rg.	27. Juli 16
195	Fakler Hans 03 X	„	Eichstätt		1. April 21
				Rg.	27. Juli 16
196	Englert Joseph 04 II	(1. VII. 26)	Schillingsfürst		1. Jan. 21
				Rg.	27. Juli 16
197	Döderlein Otto 04 III	„	Rehau		16. Okt. 21
				Rg.	27. Juli 16
198	Horn Hermann Dr. 04 III	„	Bamberg		1. April 21
				Rg.	27. Juli 16
199	Westermayer August 04 IV	„	Geisenfeld		1. April 21
				Rg.	27. Juli 16
200	Krieger Alfred 04 IV	„	Kempten		1. April 21
				Rg.	27. Juli 16

201	Wüst August 04 V	(1. VII. 26)	Zweibrücken	1. Juni 21	Rg. 27. Juli 16
202	Schopp Benno 04 V	„	Illertissen	1. April 21	Rg. 27. Juli 16
203	Henrich Friedrich 04 IV	(1. I. 27)	Grünstadt	1. April 21	Rg. 27. Juli 16
204	Bachmann Christian 04 VII	„	Regensburg	1. April 21	Rg. 23. Dez. 16
205	Röthe Max 04 X	„	Neustadt a. A.	1. April 21	Rg. 23. Dez. 16
206	Spengelin Friedr. 04 XI (StA.)	„	Kempten	1. April 21	Rg. 23. Dez. 16
207	Seubert Franz 04 XI	„	Pfaffenhofen	1. April 21	Rg. 23. Dez. 16
208	Roth Valentin 04 XI	„	Aschaffenburg	1. April 21	Rg. 23. Dez. 16
209	Fischer Friedrich 04 XI	„	Ingolstadt	1. April 21	Rg. 23. Dez. 16
210	Sack Friedrich 04 XII	„	Bischofsheim	1. Mai 21	Rg. 23. Dez. 16
211	Freundlich Arthur Dr. 05 I	„	Augsburg	1. April 21	Rg. 23. Dez. 16
212	Schnizlein Wilhelm 05 I	„	Heilsbronn	1. April 22	Rg. 23. Dez. 16
213	Schmidt Moritz 05 I	„	Uffenheim	1. Febr. 22	Rg. 23. Dez. 16
214	Simon Heinrich Dr. 05 I	„	St. Ingbert	1. April 20	Rg. 23. Dez. 16
215	Kaestel Otto 05 I	„	Kirchheimbolanden	1. Juli 22	Rg. 23. Dez. 16
216	Hofbauer Ludwig 05 I	„	Nürnberg	1. April 22	Rg. 23. Dez. 16
217	Ade Martin 05 II	„	Straubing	1. April 22	Rg. 23. Dez. 16
218	Schmitt Anton 05 III	„	Fürstenfeldbruck	1. April 22	Rg. 23. Dez. 16
219	Sackerer Ludwig 05 IV	„	Freising	1. April 22	Rg. 23. Dez. 26
220	Hecker Friedrich 05 V	„	Augsburg	1. April 22	Rg. 23 Dez. 16
221	Sauer Karl 03 II	(1. VII. 27)	Greding	1. Aug. 20	Rg. 22. Dez. 15
222	Schmidtill Georg 05 VI	„	Krumbach	1. April 22	Rg. 5. April 17
223	Wolff Friedrich 05 VI	„	Neustadt a. H.	1. April 22	Rg. 5. April 17
224	Hottner Ludwig 05 VII	„	München	1. April 21	Rg. 5. April 17

225	Schaller Ernst 05 X	(1. VII. 27)	Berneck	1. April 22	Rg. 5. April 17
226	Wohlfart Johann 05 X	„	Kempten	1. April 22	Rg. 5. April 17
227	Trendel August Dr. 05 X	„	Regensburg	1. Jan. 22	Rg. 5. April 17
228	Scheuring Kaspar 05 X	„	Scheinfeld	1. April 21	Rg. 5. April 17
229	Wolpert Franz 05 X (StA.)	„	Wolfratshausen	1. Juni 22	Rg. 5. April 17
230	Lehmann Christian 05 XI	„	Neustadt a. H.	1. April 22	Rg. 5. April 17
231	Leonrod Friedr. Frhr. v. 05 XI	„	München	1. April 21	Rg. 5. April 17
232	Gebhard Ludwig 05 XII	„	Rain	1. April 22	Rg. 5. April 17

Uebrige Oberamtsrichter:

233	Mauerer Karl 16. XI. 01	Mühldorf	1. April 20	Rg. 7. April 14
234	Apel Viktor 1. II. 04	Lichtenfels	1. April 20	Rg. 19. Juli 15
235	Leuchtweis Friedrich 1. XII. 02	Klingenberg	1. April 20	Rg. 22. Dez. 15
236	Pillmayr Eugen 16. XI. 99	Oberviechtach	1. April 19	Rg. 21. Dez. 17
237	Reuter Anton 1. IX. 02	Thiersheim	16. Mai 20	Rg. 21. Dez. 17
238	Brückner Kaspar 1. XI. 04	Straubing	1. Juni 21	Rg. 21. Dez. 17
239	Schlier Alwin 1. VI. 05	Dillingen	1. April 22	Rg. 21. Dez. 17
240	Dietl Max 1. I. 06	Nördlingen	1. Aug. 22	Rg. 21. Dez. 17
241	Laturner Gottfried 1. II. 06	Traunstein	1. April 22	Rg. 21. Dez. 17
242	Mühlbauer Karl 1. II. 06 StA.	München	1. April 21	Rg. 21. Dez. 17
243	Deigendesch Anton 15. II. 06	Cham	1. April 22	Rg. 21. Dez. 17
244	Scheuermann Karl 15. II. 06	Ochsenfurt	1. April 22	Rg. 21. Dez. 17
245	Rehm Theodor 1. IV. 06	Rottenburg	1. April 22	Rg. 21. Dez. 17
246	Kapperer Otto 1. IV. 06	Roding	1. April 22	Rg. 21. Dez. 17

247	Zahn Karl 1. IV. 06 StA.	Pirmasens	1. April 21
		Rg.	21. Dez. 17
248	Braun Ernst 16. IV. 06	Monheim	1. Mai 22
		Rg.	21. Dez. 17
249	Moll Friedrich 16. IV. 06	Wasserburg	16. Jan. 22
		Rg.	21. Dez. 17
250	Hesselberger Jos. 16. IV. 06	Nürnberg	1. April 21
		Rg.	21. Dez. 17
251	Miller Max 16. IV. 06	Rosenheim	1. April 22
		Rg.	21. Dez. 17
252	Orth Karl 1. V. 06	Dürkheim	1. April 22
		Rg.	21. Dez. 17
253	Winkler Joseph 16. V. 06	Traunstein	1. April 22
		Rg.	21. Dez. 17
254	Frey Gustav 1. VI. 06	Ingolstadt	1. Okt. 22
		Rg.	25. März 18
255	Schmauß Gottfr. 1. VI. 06	Augsburg	1. April 21
		Rg.	25. März 18
256	Baldauf Xaver 1. VI. 06	Neumarkt a. R.	1. April 22
		Rg.	25. März 18
257	Mangold Karl 1. VI. 06	Erlangen	1. Juni 21
		Rg.	25. März 18
258	Stofledt August 1. VI. 06	Landshut	1. April 22
		Rg.	25. März 18
259	Eckenweber Otto 1. VI. 06	Memmingen	1. April 21
		Rg.	25. März 18
260	Schmelz Franz 1. VII. 06	Uffenheim	1. Jan. 23
		Rg.	25. März 18
261	Nida Jakob 1. VIII. 06	Landau i. Pf.	1. April 22
		Rg.	25. März 18
262	Kriener Wilhelm Dr. 1. VIII. 06	München	1. April 22
		Rg.	25. März 18
263	Breitling Ludwig 1. IX. 06	München	1. Juli 23
		Rg.	25. März 18
264	Schweyer Paul 1. X. 06	Regensburg	1. Nov. 23
		Rg.	31. Dez. 18
265	Gollwitz Friedrich 1. X. 06	Münchberg	1. Mai 24
		Rg.	31. Dez. 18
266	Scheder Max 16. X. 06	Lohr	16. Juni 24
		Rg.	31. Dez. 18
267	Thoma Julius 16. XI. 06	Schrobenhausen	1. Mai 24
		Rg.	31. Dez. 18
268	Neuhofer Alois 1. XII. 06	Riedenburg	16. Aug. 24
		Rg.	31. Dez. 18
269	Käb Lorenz Dr. 1. XII. 06	Volkach	1. Okt. 24
		Rg.	31. Dez. 18
270	Rottler Emil 1. I. 08	Nürnberg	1. Juni 22
		II. StA.	23. Juni 19

271	Heurung Anton Dr. 1. I. 05	Bogen	1. Sept. 23	Rg.	15. Juli 19
272	Stamer Joseph Dr. 1. I. 07	Erding	16. Sept. 24	Rg.	15. Juli 19
273	Wimmer Christian 1. I. 07	Kastl	1. April 24	Rg.	15. Juli 19
274	Heinrich Karl 1. I. 07	Schweinfurt	16. Dez. 24	Rg.	15. Juli 19
275	Hilpmann Friedrich 1. I. 07	Sulzbach	1. April 25	Rg.	15. Juli 19
276	Michel Martin, 1. I. 07	Simbach	1. Juni 25	Rg.	15. Juli 19
277	Hämmel Ernst 1. I. 07	Amberg	1. Aug. 25	Rg.	15. Juli 19
278	Trümmer Adolf 1. II. 07	Waldmünchen	1. April 24	Rg.	15. Juli 19
279	Ordolff Albert 1. II. 07	Wassertrüding.	16. Nov. 24	Rg.	15. Juli 19
280	Ritter Ludwig 1. II. 07	München	1. Aug. 25	Rg.	15. Juli 19
281	Deybeck Heinrich !. 2. 07	Prien	1. Aug. 25	Rg.	15. Juli 19
282	Hauser Paul 21. II. 07	Obergünzburg	1. Sept. 25	Rg.	15. Juli 19
283	Wolfring Hugo 1. III. 07	Sonthofen	1. Jan. 26	Rg.	15. Juli 19
284	Brückner Georg 1. III. 07	Furth i. W.	16. Mai 23	Rg.	15. Juli 19
285	Wießner Johann 1. III. 07	Königshofen	1. Juni 25	Rg.	15. Juli 19
286	Surrer Joseph 1. III. 07	Weißenhorn	1. März 26	Rg.	15. Juli 19
287	Hock Karl von 1. IV. 07 StA.	Forchheim	1. Febr. 25	II. StA.	1. Aug. 19
288	Schultes Walter von 1. II. 07	Coburg	1. Dez. 19		
289	Ehli Ludwig 1. IV. 07	Neustadt a. H.	1. Nov. 26	Rg.	1. Jan. 20
290	Barth Karl 1. IV. 07	Greding	1. Mai 26	Rg.	1. Jan. 20
291	Uibeleisen Friedr. Dr. 1. IV. 07	Alzenau	1. Mai 26	Rg.	1. Jan. 20
292	Süssenguth Joseph 1. IV. 07	Weidenberg	16. Nov. 23	Rg.	1. Jan. 20
293	Niederreuther Ludwig 1. VI. 07	Annweiler	1. Dez. 23	Rg.	1. April 20
294	Wich Joseph 1. VI. 07	Wolfratshausen	1. Nov. 26	Rg.	1. April 20

295	List Karl 1. X. 07	Vilseck	16. Aug. 24	Rg.	1. April 20
296	Hofbauer Adolf 1. X. 07	Garmisch	1. März 27	Rg.	1. April 20
297	Walther Karl Dr. 1. X. 07	Blieskastel	1. April 21	Rg.	1. April 20
298	Zottmayr August 1. X. 07	Ingolstadt	16. März 27	Rg.	1. April 20
299	Kaufmann Albert 16. X. 07	München	1. April 22	Rg.	1. April 20
300	Schwarz Ludwig 1. XII. 07	Laufen	1. Febr. 25	Rg.	1. April 20
301	Geiger August 1. IV. 09	Coburg	1. April 20		
302	Müller Eduard 1. II. 08	Wegscheid	1. Febr. 25	Rg.	1. Mai 20
303	Filberich Joseph 1. II. 08	Dinkelsbühl	15. Febr. 27	Rg.	1. Mai 20
304	Höh Adam 1. III. 08	Waldfischbach	1. April 27	Rg.	1. Mai 20
305	Hornstein Hans 1. IV. 08	Feuchtwangen	16. Nov. 25	Rg.	1. Mai 20
306	Anselmann Georg 1. V. 08	Cadolzburg	1. Jan. 25	Rg.	1. Mai 20
307	Pfluegl Robert 1. IV. 14 StA.	Landsberg	1. Sept. 27	II. StA.	1. Mai 20
308	Gill Michael 1. IV. 15 StA.	Tölz	1. Dez. 26	II. StA.	1. Juni 20
309	Kahl Ludwig 1. VI. 08 StA.	München	1. April 27	Rg.	1. Jan. 21
310	Hertle Anton 1. VII. 08	Tirschenreuth	1. Dez. 24	Rg.	1. Jan. 21
311	Egger Hermann 16. VII. 08	Tittmoning	1. März 25	Rg.	1. Jan. 21
312	Kreißle Gustav 1. X. 08	Augsburg	16. April 27	Rg.	1. Jan. 21
313	Vaillant Ludwig Dr. 1. II. 09	Dinkelsbühl	1. Juni 27	Rg.	1. Jan. 21
314	Diemer Xaver 1. V. 09	Donauwörth	1. April 27	Rg.	1. Jan. 21
315	Kollmann Alois 1. VII. 09	Landau a. I.	1. Juli 27	Rg.	1. April 21
316	Dasch Josef 16. VII. 09	Fürth	1. Juli 27	Rg.	16. Juni 21
317	Keßler Franz 1. IV. 13	Immenstadt	1. Aug. 21		
318	Panzer Adolf 1. X. 09	München	1. Juli 27	Rg.	1. Dez. 21
319	Marx Theodor 20. VII. 07	Landstuhl	16. März 26	Rg.	1. Dez. 21

320 Strohm Ferdinand 1. XII. 09	Aschaffenburg	1. Juli 27
	Rg.	16. Jan. 22
321 Giulini Karl 1. I. 10	München	1. Juli 27
	Rg.	16. Jan. 22
322 Sailer Leopold 1. IV. 10	München	1. Juli 27
	Rg.	1. Mai 22
323 Glück Ernst 1. V. 10	Rodach	1. Okt. 25
	Rg.	1. Mai 22
324 Blümm August 1. V. 19	Heidenheim	16. Dez. 24
	II. StA.	1. Juni 22
325 Weegmann Ferdinand 1. VI. 10	Ebersberg	1. Juli 27
	Rg.	1. Juni 22
326 Schlereth Gregor 1. VI. 10	Burgau	1. Juli 27
	Rg.	1. Aug. 22
327 Fischer Joh. Thomas 1. VII. 10	München	1. Juli 27
	Rg.	1. Okt. 22
328 Dietz Karl 1. VII. 10	München	1. Juli 27
	Rg.	1. Okt. 22
329 Eck Joseph 1. V. 11	Burgebrach	1. Nov. 24
	Rg.	1. Okt. 22
330 Castell Otto Frhr. von 1. VI. 11	Eichstätt	1. Juli 27
	Rg.	1. Dez. 22
331 Gelbert Karl 16. VI. 11	Ludwigshafen	1. Juli 27
	Rg.	16. Dez. 22
332 Lößl Hubert 16. VI. 11	Nordhalben	16. Nov. 25
	Rg.	16. Dez. 22
333 Masser Wilhelm Dr. 1. VIII. 11 StA.	München	1. Aug. 27
	Rg.	16. Dez. 22
334 Lohner Hermann 1. IX. 11	Bayreuth	1. Juli 27
	Rg.	16. Dez. 22
335 Hartung Isidor 1. X. 11	Thurnau	1. März 26
	Rg.	16. Dez. 22
336 Hittenkofer Julius 1. IV. 12	Altdorf	1. Jan. 26
	Rg.	16. Dez. 22
337 Oberbauer Franz Xaver 1. IV. 12	Arnstorf	1. Febr. 26
	Rg.	16. Dez. 22
338 Wittstatt Ernst 1. IV. 12	München	1. Juli 27
	Rg.	16. Dez. 22
339 Buhl Georg 1. IV. 12	Wunsiedel	1. Juli 27
	Rg.	16. Dez. 22
340 Armbruster Ernst 16. V. 12	Kusel	16. Nov. 26
	Rg.	16. Dez. 22
341 Zotz Joseph 16. V. 12	Schöllkrippen	16. Jan. 25
	Rg.	16. Dez. 22
342 Durner Otto 1. VII. 12	Augsburg	1. Juli 27
	Rg.	16. Dez. 22
343 Maier Michael 1. VIII. 12	Ludwigsstadt	16. Nov. 25
	Rg.	16. Dez. 22

344	Gögelein Friedrich 1. VIII. 12	Kempten	1. Juli 27
		Rg.	16. Dez 22
345	Müller Paul 1. VIII. 12	Parsberg	1. Juli 26
		Rg.	16. Dez. 22
346	Binstadt Robert 1. VIII. 12	Obermoschel	16. Dez. 24
		Rg.	16. Dez. 22
347	Koller Hans 16. XI. 12	Günzburg	1. Juli 27
		Rg.	16. Dez. 22
348	Huber Michael 1. I 13	Nittenau	1. Mai 26
		Rg.	1. Juli 23
349	Baum Gustav 1. I. 13	Lauterecken	1. Febr. 25
		Rg.	1. Juli 23
350	Geigel Karl 1. I. 13	Mellrichstadt	1. Juli 27
		Rg.	1. Juli 23
351	Mihling Otto 1. II. 13	München	1 Juli 27
		Rg.	1. Juli 23
352	Ehrhardt Franz Jak. 1. II. 13	Pegnitz	1. Jan. 27
		Rg.	1. Juli 23
353	Weinkauf Gustav 16. III. 13	Winnweiler	1. Juli 27
		Rg.	1. Juli 23
354	Moritz Maximilian 16. III. 13 StA.	München	1. Okt. 27
		Rg.	1. Juli 23
355	Schlick Julius 1. IV. 13	Viechtach	1. Juni 26
		Rg.	1. Juli 23
356	Zech Joseph Dr. 1. IV. 13	Krumbach	1. Aug. 27
		Rg.	1. Juli 23
357	Posset Anton 1. V. 13	Windsheim	1. Jan. 26
		Rg.	1. Juli 23
358	Muggenthaler Ferdinand 1. VI. 13	Landshut	1 Juli 27
		Rg.	16. Dez. 23
359	Volkhart Hugo 1. VI. 13	Fürth	1. Juli 27
		Rg.	16. Dez 23
360	Kammerer Ernst 1 VI. 13	Freising	1. Juli 27
		Rg.	16. Dez. 23
361	Schwaab Joseph 1. VII. 13	Neunburg v. W.	1. Juli 26
		Rg.	16. Dez. 23
362	Zimmermann Karl 1. VI. 14	Neustadt b. Cob.	16. Juni 24
363	Reiher Heinrich 1 VIII. 13	Vohenstrauß	16. Aug. 26
		Rg.	1. Juli 24
364	Stock Hans 1. VIII. 13	Ingolstadt	1. Aug. 27
		Rg.	1. Juli 24
365	Bienenfeld Heinrich 1. IX. 13	München	1. Juli 27
		Rg.	1. Juli 24
366	Rechenauer Hans 1. XI. 13	Ottobeuren	1. Juli 27
		Rg.	1. Juli 24
367	Bosch Karl 1. XI. 13	Weilheim	1. Juli 27
		Rg.	1 Juli 24

368	Berger Jakob 1. I. 14	Deggendorf	1. Aug. 27	
		Rg.	1. Juli 24	
369	Gareis Eugen 15. II. 14	Würzburg	1. Juli 27	
		Rg.	1. Jan. 25	
370	Lell Franz 1. III. 14	Straubing	1. Juli 27	
		Rg.	1. Jan. 25	
371	Mayer Ludwig 1. IV. 14	Bamberg	1. Aug. 27	
		Rg.	1. Jan. 25	
372	Haug Paul 1. VII. 14	Mainburg	1. Dez. 26	
		Rg.	1. Jan. 25	
373	Eichner Eduard 1. VII. 14	Fürth	1. Aug. 27	
		Rg.	1. Jan. 25	
374	Hörst Karl 1. VII. 14	Amberg	1. Aug. 27	
		Rg.	1. Jan. 25	
375	Munzinger Otto 1. I. 25	Landstuhl	1. Juli 25	
		Rg.	1. Jan. 25	
376	Döbig Friedrich 1. VI. 20 StA.	Sonthofen	16. Mai 27	
		II. StA.	1. Jan. 25	
377	Remy Otto 16. VIII. 14	Vohenstrauß	1. Sept. 27	
		Rg.	1. Juli 25	
378	Bolz Heinrich 1. XII. 14	Türkheim	1. Juli 27	
		Rg.	1. Juli 25	
379	Knebel Eduard Dr. 15. II. 15	Grafenau	1. Dez. 26	
		Rg.	1. Jan. 26	
380	Schäler Joseph Dr. 15. II. 15 StA.	München	1. Nov. 27	
		Rg.	1. Jan. 26	
381	Günther Siegfried 1. IV. 15	Würzburg	1. Aug. 27	
		Rg.	1. Jan. 26	
382	Schlechter Ludwig 1. IV. 15	Rosenheim	1. Aug. 27	
		Rg.	1. Jan. 26	
383	Eichhorn Johann 1. V. 15	Scheßlitz	1. Juli 27	
		Rg.	1. Jan. 26	
384	Dirlam Bruno 1. V. 15	Donauwörth	1. Aug. 27	
		Rg.	1. Jan. 26	
385	Kienle Alfons Dr. 1. V. 15	Garmisch	1. Aug. 27	
		Rg.	1. Jan. 26	
386	Hader Georg 1. V. 15	Herzogenaurach	1. Jan. 27	
		Rg.	1. Jan. 26	
387	Kollmayr Franz 1. VII. 15	Aub	1. Juli 27	
		Rg.	1. Jan. 26	
388	Schneider Ludwig 16. V. 12	Nördlingen	1. Juli 27	
		Rg.	1. Juli 26	
389	Meinel Otto 16. VIII. 15	Kempten	1. Nov. 27	
		Rg.	1. Juli 26	
390	Butterhof Hans 1. IX. 15	Seßlach	1. Jan. 27	
		Rg.	1. Juli 26	
391	Hübsch Friedr. Karl 1. IX. 15	Kulmbach	1. Aug. 27	
		Rg.	1. Juli 26	

392	Lippert Hugo Dr. 1. XI. 15	Karlstadt	1. Aug. 27
		Rg.	1. Juli 26
393	Leonpacher Bernhard 1. I. 16	Traunstein	1. Aug. 27
		Rg.	1. Juli 26
394	Sprick Gustav 1. I. 16	München	1. Nov. 27
		Rg.	1. Juli 26
395	Hofmann Karl 1 II. 16	Hofheim	1. Okt. 27
		Rg.	1. Jan. 27
396	Habersack Jakob 1. III. 16	Waldmünchen	1. Juli 27
		Rg.	1. Jan. 27
397	Forster Felix 1. IV. 16	Pfarrkirchen	1. Sept. 27
		Rg.	1. Jan. 27
398	Feldbaum Emil 1. II. 15	Selb	1. April 27
399	Wernz Philipp Dr. 1. XI. 19	Germersheim	1. Mai 27
400	Drescher Edwin 1. I. 12	Pfaffenhofen	1. Juli 27
401	Koeppel Hermann 16. IX. 16	Gräfenberg	„
402	Wieser Rudolf 1. X. 16	Passau	„
403	Haunsperger Karl 1. XI. 18	Ingolstadt	„
404	Kanzler Otto 1. I. 19	Neunburg v. W.	„
405	Reusing Karl 1. IV. 19	Nabburg	„
406	Wagner Oswald 1. IV. 19	Memmingen	„
407	Dodel Joseph 1. V. 19	Burgau	„
408	Graf Theodor 1. V. 19	München	„
409	Heuber Otto 1. VII. 19	Hemau	„
410	Lorenz Ludwig 15. II. 20	Riedenburg	„
411	Reismüller Hermann 15. II. 19	Hilpoltstein	1. Aug. 27
412	Kürschner Gustav 15. II. 19	Tirschenreuth	„
413	Eberle Eberhard 1. V. 19	Hengersberg	„
414	Hartmann Friedrich 16. IX. 20	Nittenau	„
415	Horix Kurt Frhr. von 1. V. 19	Vilsbiburg	1. Okt. 27
416	Naegele Otto Dr. 1. V. 19	München	1. Nov. 27

d) Amtsrichter.

(Der Rang derjenigen Amtsrichter, welche III. Staatsanwälte waren, bemißt sich vom Tag der Ernennung zum III. Staatsanwalt ab, dementsprechend erfolgte hier die Einreihung. Bei den Beamten, die in ein früheres Prüfungsjahr eingereiht wurden, ist dieses in Klammer beigesetzt).

Mit dem Titel und Rang eines Oberamtsrichters:

1	Wanderer Hub.	1. V. 22	Zusmarshausen	1 Aug. 12
			StA.	1. Mai 10
2	Albert Otto	1. VII. 26	Türkheim	1. Okt. 15
3	Melchior Fritz	1. I. 27	Landshut	1. Jan. 16
4	Esper Erich	„	Neustadt a. S.	1. Febr. 16
5	Kirchbaur Rudolf	„	Öttingen	„
6	Haug Joseph	„	Fürstenfeldbruck	1. Mai 16
7	Roegge Heinrich (1908)	„	München	„
8	Hefele Otto	1. VII. 27	Schwabmünchen	16. Sept. 16
9	Lehner Joseph	„	Miesbach	1. Okt. 16
10	Bader Joseph	„	Nürnberg	„

Uebrige Amtsrichter:

11	Berbig Artur	Weiden	1. Okt. 12
12	Günther Friedrich	Otterberg	1. Juni 13
13	Rose Hans (1914)	Coburg	1. Dez. 18
			1. Aug. 17
14	Jacobi Erich (1914	Neustadt Cob.	1. Juli 18
			1. Jan. 18
15	Fürst Albert (1903)	Friedberg	1. Juni 18
16	Schuegraf Rudolf (1908)	Nürnberg	"
17	Wolf Ottmar	Speyer	"
18	Zwerenz Ferdinand	Rottenburg	1. Okt. 18
19	Koch Rudolf	Regensburg	"
20	Wolf Michael	Neuburg a. D.	"
21	Henneck Ludwig	Ludwigsstadt	"
22	Röckl Joseph Dr.	Friedberg	"
23	Schilling Albrecht Dr.	Marktheidenfeld	"
24	Wagner Karl	Haßfurt	"
25	Anhäußer Otto	Augsburg	"
26	Meixner Georg Dr.	Tölz	"
27	Dauberschmidt Fritz (1908)	Eggenfelden	"
28	Kaidel Karl (1905)	Hof	16. "
29	Wirth Karl	Mindelheim	1. Nov. 18
30	Müller Edm. Martin	München	"
31	Kimmerle Max (1910)	Lindau	1. Mai 20
		StA.	1. Jan. 19
32	Bettinger Jakob	Burghausen	15. Febr. 19
33	Haneberg Max	Regensburg	1. April 19
34	Amtmann Günther	Nürnberg	"
35	Schumann Ludw.	Lauingen	"
36	Kelber Gustav Dr.	Straubing	"
37	Goetz Edmund (1908)	Ellingen	"
38	Bader Karl Dr. (1908)	Moosburg	"
39	Traßl Joseph	Waldsassen	"
40	Hofmann Karl	Nürnberg	"
41	Micheler Max Jos.	Passau	"
42	Schneider Alexander	Nürnberg	"
43	Loschert Severin	Grafenau	"
44	Kiesel Martin Dr.	Coburg	"
45	Geiger Hermann	Stadtamhof	"
46	Dispeker Ernst Dr. (1910)	München	1. Nov. 19
		StA.	1. April 19
47	Rosmann Max Dr.	Erding	1. Mai 19
48	Malterer Joseph (1908)	Regensburg	"
49	Hinterleitner Richard	Schöllkrippen	"
50	Bauner Franz (1909)	Karlstadt	"
51	Bosch Wilhelm (1910)	Nürnberg	16. März 20
		StA.	1. Mai 19
52	Rößner Wilhelm (1915)	München	1. Juni 20
		StA.	1. Mai 19
53	Eggert Franz Dr.	Immenstadt	16. April 22
		StA.	1. Juni 19
54	Maurer Karl Ludw. (1908)	Ludwigshafen	1. Juni 19
55	Kastner Emil (1908)	Edenkoben	"

56	Wertsch Konrad	Würzburg	1. Juni 19
57	Knör Hans Dr.	München	„
58	Königer Hans	Rosenheim	1. Febr. 25
		StA.	1. Juni 19
59	Trümmer Ernst (1912)	München	15. Febr. 20
		StA.	1. Juni 19
60	Obermaier Frz. X.	Miesbach	1. Juli 19
61	Regl Georg	Nürnberg	„
62	Hudezek Jakob	München	„
63	Bruckmüller Hans	Passau	„
64	Därr Adolf	Nürnberg	„
65	Ruppert Mich.	Neuburg a. D.	„
66	Eckhardt Friedrich (1914)	München	1. Nov. 25
		StA.	1. Juli 19
67	Endres Theodor	„	1. Juni 22
		StA.	1. Juli 19
68	Rotter Ludwig	„	1. Febr. 23
		StA.	14. Juli 19
69	Weigl Alfred	Kirchenlamitz	16. Juli 19
70	Leonhard Adolf	München	„
71	Ziegler Heinrich (1914)	Nürnberg	1. Jan. 26
		StA.	21. Juli 19
72	Neumayer Jos.	Waldsassen	1. Aug. 19
73	Betz Karl	Aschaffenburg	1. Aug. 19
74	Börner Ludw. Dr.	Kronach	„
75	Arnholdt Hans	Würzburg	„
76	Straßer Ferdinand	Münchberg	16. Aug. 19
77	Scheppler Paul Dr. (1909)	München	1. Sept. 19
78	Hofmann Heinr. (1906)	Naila	1. Okt. 19
79	Geiger Martin	Neustadt b. Cob.	„
80	Renner Otto (1908)	Neustadt a. H.	„
81	Düll Hans Dr. (1909)	Nürnberg	„
82	Krieger Ferd.	Ludwigshafen	„
83	Kennerknecht Max (1909)	Frankenthal	„
84	Schneider Joseph (1914)	Nürnberg	1. Juli 25
		StA.	1. Okt. 19
85	Pollner Karl	München	1. Okt. 19
86	Wissel Gottfr. (1909)	„	„
87	Köhler Heinr. (1909)	Neustadt a. H.	„
88	Rosenberg Emil Dr. (1915)	Frankenthal	1. Febr. 25
		StA.	1. Okt. 19
89	Vogelhuber Frdr. (1906)	Höchstadt a. A.	16. Okt. 19
90	Kellerer Max Dr.	Griesbach	„
91	Rath Karl	Hersbruck	„
92	Axthalb Max, Ritter u. Edler v.	Nürnberg	1. Nov. 19
93	Eberle Wilh.	Selb	„
94	Schollmayer Wilh.	Dürkheim	„
95	Hundsberger Joseph	Donauwörth	16. Nov. 19
96	Müller Oskar (1909)	Mainburg	„
97	Donaubauer Jos.	München	„
98	Donaubauer Rud.	Altötting	„
99	Wagner Otto	München	„
100	Wiedemann Max	München	„

101 Stangl Christ. Dr.	Nürnberg		16. Nov. 19
102 Lyon Franz (1915)	Landau Pf.		1. Juni 25
		StA.	16. Nov. 19
103 Thoma Alfred (1915)	Nürnberg		1. Mai 26
		StA.	16. Nov. 19
104 Maurer Emil Dr. (1909)	Aibling		1. Dez. 19
105 Kempf Franz	Gunzenhausen		„
106 Sailer Joseph (1909)	Laufen		„
107 Konrad Ant. Dr. (1910)	München		„
108 Sohler Max (1910)	München		1. Dez. 19
109 Dümmler Ludwig	Schweinfurt		16. Sept. 24
		StA.	1. Dez. 19
110 Hertel Christian	Weilheim		1. Jan. 20
111 Ries Ernst	Marktheidenfeld		„
112 Walz Hans (1909)	Würzburg		„
113 Feurer Jakob	Schrobenhausen		„
114 Reitzmann Fritz	Nürnberg		„
115 Deinlein Hans Dr.	Regensburg		„
116 Meißner Gustav	Stadtsteinach		„
117 Aimer Matthias	Stadtamhof		„
118 Waldmann Daniel Dr. (1910)	Nürnberg		„
119 Küffner Karl	München		„
120 Oechsner Richard			„
121 Schneider Oskar	Neustadt a. H.		„
122 Kahn Meier (1914)	Ansbach		16. Dez. 25
		StA.	1. Jan. 20
123 Englert Joseph (1909)	Nürnberg		1. Febr. 20
124 Rothballer Stanislaus	München		„
125 Knappich Sigmund Dr.	„		„
126 Müller August	Landau Pf.		„
127 Zeitler Leo (1915)	Bamberg		1. Juni 25
		StA.	1. Febr. 20
128 Weinberger Karl (1915)	Hof		16. März 26
		StA.	1. Febr. 20
129 Messerer Rich. Dr. (1915)	München		1. Nov. 25
		StA.	20. Febr. 20
130 Söller Alfred	Nürnberg		16. März 20
131 Greiner Franz Dr.	Nürnberg		„
132 Bachthaler Joseph	Amberg		1. April 20
133 Paul Joseph	Dachau		„
134 Bordollo Otto Dr.	Ludwigshafen		„
135 Dünckel Karl Dr.	Pirmasens		„
136 Heid Rudolf	München		„
137 Wagner Wilhelm	Ludwigshafen		1. April 22
		StA.	1. April 20
138 Sturm Adalbert (1914)	München		16. Dez. 25
		StA.	1. April 20
139 André Wilhelm	Hof		1. April 20
140 Gabler Ludwig (1910)	Nürnberg		16. April 20
141 Binner August Dr.	„		„
142 Burger Walther (1914)	München		16. Aug. 25
		StA.	1. Mai 20

143	Blesch Johann	Bamberg	1. Mai 20
144	Keller Otto	Kissingen	„
145	Reiger Heinrich (1909)	Schwabach	„
146	Fürst Friedrich (1909)	Fürth	„
147	Oeller Anton	Schweinfurt	„
148	Trautner Theodor	Bamberg	„
149	Schlitt Wilhelm (1910)	München	„
150	Schmidt Ludwig	„	„
151	Hettrich Oskar	Nürnberg	„
152	Falter Karl Dr. (1910)	München	„
153	Loschge Heinrich	„	„
154	Haymann Max	„	„
155	Münch Alexander Dr.	„	„
156	Schohl Theodor Dr. (1913)	Bayreuth	16. Nov. 25
			StA. 1. Mai 20
157	Schmidt Friedr. Dr.	München	1. Okt. 23
			StA. 1. Mai 20
158	Castner Karl (1915)	„	16. Juni 24
			StA. 1. Mai 20
159	Hammerschmidt Albert (1915)	„	1. Jan. 26
			StA. 1. Mai 20
160	Trautner Hans (1916)	Nürnberg	1. März 26
			StA. 1. Mai 20
161	Högner Wilhelm Dr. (1916)	München	1. Dez. 25
			StA. 1. Mai 20
162	Bründl Anton	Vilsbiburg	1. Mai 20
163	Milbauer Heinrich	Hof	„
164	Lunz Hans (1914)	Dingolfing	1. Febr. 26
			StA. 1. Mai 20
165	Walther Hans (1915)	München	16. Dez. 25
			StA. 1. Mai 20
166	Lang Fritz Dr.	Traunstein	16. Mai 20
167	Schmidt Adolf Dr. (1908)	München	„
168	Gräbner Kaspar	Forchheim	„
169	Schmid Franz Xaver	Landsberg	„
170	Sagmeister Max Eman. Dr.	München	„
171	Schunk Karl	„	„
172	Pfeiffer Richard	Kaiserslautern	„
173	Schellhaaß Otto	„	1. April 21
			StA. 16. Mai 20
174	Regula Hans	Bergzabern	16. Mai 20
175	Binder Fritz	Kissingen	1. Juli 26
			StA. 16. Mai 20
176	Klinger August	Fürstenfeldbruck	1. Juni 20
177	Fuchs Leo (1910)	Obernburg	1. Juni 20
178	Memmer August	Dahn	„
179	Hunglinger Ludwig	München	„
180	Axthalb Ritt. u. Edl. v. Ferd.	Passau	„
181	Ritter Hans	Augsburg	„
182	Schreiber Karl	Homburg	„
183	Besold Fritz Dr. (1911)	München	„
184	Kruis Konrad (1910)	München	„

185	Krauß Karl	Bayreuth	16. Juni 20
186	Fichter Eduard Dr.	Kaiserslautern	16. Juli 20
187	Loew Franz (1908)	Kandel	1. Aug. 20
188	Sievert Ernst (1910)	Ansbach	„
189	Steinhäuser Herm. Dr.	Aibling	16. „
190	Lintner Friedr. (1908)	Landshut	1. Sept. 20
191	Simon Otto	Freising	„
192	Loesch Ernst Dr.	Erding	16. Sept. 20
193	Hahn Hugo	Roth	„
194	Lipps Hans	Landau Pf.	„
195	Mummenhoff Oskar	Forchheim	„
196	Heidner Christoph Dr. (1910)	Nürnberg	„
197	Schorer Friedr.	Passau	„
198	Rath Georg	Kitzingen	1. Okt. 20
199	Scharnagl Karl	Kastl	„
200	Brey Adam (1908)	Wörth a. D.	1. Nov. 20
201	Grießhammer Karl Dr.	Bayreuth	„
202	Eder Joseph (1909)	Aschaffenburg	„
203	Dynnebier Johs. Dr.	Windsheim	„
204	Seyboth Wilhelm (1910)	Augsburg	„
205	Weiß Hans	Naila	16. Nov. 23
		StA.	16. Nov. 20
206	Klebel Ludw.	Feuchtwangen	1. Nov. 20
207	Hirn Georg Dr. (1911)	Nürnberg	„
208	Savaète Eugen Dr.	Neustadt a. A.	1. Dez. 20
209	Hörger Georg (1913)	München	1. Mai 23
		StA.	1. Dez. 20
210	Petz Wilhelm	Kipfenberg	1. Jan. 21
211	Meyer Lorenz	Ludwigshafen	1. Febr. 21
212	Nißl Karl	Neumarkt a. R.	„
213	Witt Joseph (1910)	Altötting	1. März 21
214	Desing Alois	Wegscheid	1. April 21
215	Heyl Karl Dr.	Bayreuth	„
216	Bienen Franz	Dettelbach	„
217	Grüber Julius	Kaufbeuren	„
218	Fuchs Andreas (1914)	München	1. Juli 25
		StA.	1. April 21
219	Reuter Rudolf (1914)	München	1. Jan. 24
		StA.	1. April 21
220	Mayer Gottfried	Volkach	1. April 21
221	Menner Heinrich	Selb	1. Mai 25
		StA.	1. April 21
222	Brandmüller Aug.	Passau	16. April 21
223	Khann Anton	Passau	„
224	Maas Karl	Kaiserslautern	1. Mai 21
225	Keller Rudolf Dr.	Ludwigshafen	„
226	Thomas Fritz (1916)	Kaiserslautern	1. Jan. 26
		StA.	1. Mai 21
227	Holzbauer Karl	Weiden	1. Mai 21
228	Zahn Wilhelm	Zweibrücken	1. Mai 24
		StA.	16. Mai 21
229	Drexler Anton	Arnstorf	1. Juni 21
230	Sauter Hans	Vilseck	„

231	Schanck Karl	Blieskastel		1. Juni 20
232	Benedicter Alfons Dr.	Weiler-Lindenbg.		1. Okt. 21
233	Schwarz Otto (1912)	Landsberg		„
234	Etsch August Dr. (1907)	Deggendorf		16. Okt. 21
235	Bomhard Otto	Kulmbach		„
236	Hefele Joseph	Landsberg		„
237	Klarmann Hans	Waldkirchen		„
238	Reiß Robert Dr. (1915)	Reichenhall		1. Jan. 26
			StA.	16. Okt. 21
239	Schmitt Valentin (1911)	Gunzenhausen		16. Nov. 21
240	Reck Konrad (1911)	Lichtenfels		1. Dez. 21
241	Scheppler Franz Dr. (1907)	Hofheim		16. Dez. 21
242	Frank Julius Dr.	Regenstauf		„
243	Weid Lorenz	Schwabach		16. Jan. 22
244	Seyb Robert	Hof		1. Febr. 22
245	Simon Wilhelm	München		15. Febr. 22
246	Preußner Oskar Dr. (1917)	München		1. Juni 25
			StA.	1. März 22
247	Pehl Georg	Rockenhausen		1. April 22
248	Schörry Friedrich (1913)	München		1. April 25
			StA.	1. April 22
249	Kiefer Joseph	Schweinfurt		16. April 22
250	Mayer Alfred	Herrieden		1. Mai 22
251	Jung Paul	Annweiler		1. Juni 22
252	Gipser Franz Dr. (1916)	München		1. März 26
			StA.	1. Juni 22
253	Knothe Hermann Dr.	Aschaffenburg		16. Juni 22
254	Hartmann Wilh. (1916)	Augsburg		1. Juni 26
			StA.	16. Juli 22
255	Bandorf Hermann	Eggenfelden		1. Aug. 22
256	Treier Albert Dr.	Rodach		„
257	Gebert Johann (1912)	Parsberg		„
258	Schwiening Walter (1916)	München		16. März 26
			StA.	1. Aug. 22
259	Herrmann Rudolf	Augsburg		1. Sept. 22
260	Geißendörffer Friedrich	Dorfen		16. Sept. 22
261	Bauer Joseph Dr.	Gemünden		1. Okt. 22
262	Werner Johann (1910)	Staffelstein		„
263	Braun Fritz Dr.	Speyer		16. Okt. 22
264	Ehrensberger Rudolf (1911)	Mühldorf		1. Dez. 22
265	Gaßner Hans	Hammelburg		1. Jan. 23
266	Zimmermann Franz	Weidenberg		„
267	Seboldt Paul	Regensburg		„
268	Wintrich Joseph Dr. (1917)	München		1. Aug. 27
			StA.	1. Jan. 23
269	Förtsch Hans Dr.	Nürnberg		16. Jan. 23
270	Uschold Hans (1915)	Ludwigshafen		1. Aug. 25
			StA.	1. Febr. 23
271	Guggumos Michael (1917)	München		16. April 26
			StA.	1. Febr. 23
272	Leipfinger Johann Guelbert Dr.	Sulzbach		1. Febr. 23

273	Hegel Georg Dr. (1917)	München	1. April 26
		StA.	1. Mai 23
274	Knör Max Dr. (1909)	Mallersdorf	1. Mai 23
275	Hasenöder Joseph Dr. (1917)	Münnerstadt	1. Jan. 27
		StA.	1. Mai 23
276	Reiner Georg	Rehau	16. Mai 23
277	Forler Otto	Zweibrücken	1. Juni 23
278	Bächler Rudolf (1918)	München	16. April 26
		StA.	1. Juni 23
279	Geßner Otto Dr.	Ansbach	1. Juli 25
		StA.	16. Juni 23
280	Baumeister Adolf Dr. (1912)	Kempten	1. Juli 23
281	Reitmair Michael Dr. (1911)	Dachau	1. Aug. 23
282	Holzer Georg Dr. (1911)	Neumarkt Opf.	1. Sept. 23
283	Mitterlechner Franz (1911)	Pottenstein	„
284	Oswald Karl Dr. (1914)	München	1. Nov. 25
		StA.	1. Okt. 23
285	Lipp Adalbert	Haag	1. Nov. 23
286	Kaiser Joseph (1918)	München	16. April 26
		StA.	1. Nov. 23
287	Weinkauff Hermann (1919)	München	16. Nov. 26
		StA.	1. Nov. 23
288	Baumgärtner Hermann	Werneck	16. Nov. 23
289	Körbel Max	Nürnberg	1. Mai 26
		StA.	16. Nov. 23
290	Müller Rudolf (1912)	Kandel	16. Dez. 23
291	Strobl Joseph Dr. (1912)	Burglengenfeld	1. April 24
292	Welsch Theodor Dr. (1913)	Lauterecken	1. Mai 24
293	Bruch Hermann Dr. (1914)	Pirmasens	1. Dez. 25
		StA.	1. Mai 24
294	Strebel Wilhelm Dr. (1920)	München	16. Nov. 26
		StA.	1. Mai 24
295	Merget Richard (1917)	Frankenthal	1. Aug. 25
		StA.	1. Juni 24
296	Regnault Alexander Dr.	Edenkoben	16. Juni 24
297	Ohler Gustav (1914)	Wolfstein	„
298	Krennrich Otto Dr.	Kaiserslautern	1. Juli 24
299	Endres Alfons	Straubing	16. Juli 24
300	Weis August (1917)	Ludwigshafen	16. Aug. 26
		StA.	16. Sept. 24
301	Schanz Georg	Germersheim	16. Nov. 24
302	Richter Anton	Pfarrkirchen	1. Dez. 24
303	Boos Valentin (1911)	Pirmasens	16 Dez. 24
304	Lutz Hermann	Herzogenaurach	„
305	Weingarth Emil	Kaiserslautern	„
306	Straßer Wilhelm (1912)	Passau	1. Jan. 25
307	Neuner Johann	Bamberg	1. März 27
		StA.	1. Jan. 25
308	Hüttinger Wilhelm	Oberviechtach	1. Jan. 25
309	Brößler Hans (1913)	Vilshofen	1. Febr. 25
310	Krug Albert (1915)	Kusel	„

311	Holzinger Ernst Dr. (1919)	Nürnberg	1. Mai 26
		StA.	1. Febr. 25
312	Röhrig Karl Dr. (1920)	Ludwigshafen	16. Mai 27
		StA.	1. Febr. 25
313	Biebl Eugen (1920)	München	1. Dez. 26
		StA.	1. März 25
314	Rosner Karl Dr.	Weilheim	1. April 25
315	Rebhan Joseph (1913)	Regen	"
316	Lichti Gustav (1921)	Erlangen	1. Okt. 27
		StA.	1. April 25
317	Lenert Rudolf Dr.	Speyer	1. Mai 25
318	Gießen Friedrich (1914)	Ludwigshafen	"
319	Knoblach Franz Dr.	Obermoschel	"
320	Lohrer Theodor (1920)	Nürnberg	1. April 27
		StA.	1. Mai 25
321	Aidelsburger Anton (1920)	Geisenfeld	1. April 27
		StA.	1. Mai 25
322	Lauter Richard Dr.	Beilngries	1. Juni 25
323	Roth Otto (1912)	Rosenheim	"
324	Lutz Joseph Dr.	Schrobenhausen	"
325	Gatterbauer Karl Dr.	Vilshofen	"
326	Auer Cornelius Dr. (1918)	Nürnberg	1. Jan. 27
		StA.	1. Juni 25
327	Wehrmann Albert (1920)	Kronach	1. April 27
		StA.	1. Juni 25
328	Karch Georg	Grünstadt	1. Juli 25
329	Roth Alfred Dr.	Hersbruck	1. Nov. 27
		StA.	1. Juli 25
330	Rauh Robert	Brückenau	1. Juli 25
331	Laubmann Christian	Vilsbiburg	"
332	Stilrich Hans (1914)	Mallersdorf	"
333	Rohmeder Max Dr. (1920)	Augsburg	1. März 27
		StA.	1. Juli 25
334	Nehmeier Georg	Kempten	16. Juli 25
335	Kalbskopf Karl Dr. (1912)	Nürnberg	"
336	Becker Nikolaus (1918)	Kirchheimboland.	1. Aug. 25
337	Peetz Ludwig Dr. (1919)	Landau Pf.	1. Jan. 26
		StA.	1. Aug. 25
338	Hetzel Hermann (1912)	Wertingen	1. Sept. 25
339	Wronker Werner (1919)	Kusel	16. Sept. 25
340	Hartmann Michael	Neuburg a. D.	1. Nov. 25
341	Salfner Ottmar (1912)	Neukirchen	"
342	Schulz Christoph Dr.	Prien	"
343	Beisel Heinrich	Nürnberg	"
344	Hierlmeier Ludwig (1920)	Landsberg	16. März 27
		StA.	1. Nov. 25
345	Hartinger Joseph (1921)	München	1. Okt. 27
		StA.	1. Nov. 25
346	Mayr Richard (1912)	Reichenhall	16. Nov. 25
347	Eichinger Karl Dr	Scheinfeld	"
348	Weber Ludwig Dr.	Tölz	"

349	Mitterer Joseph (1913)	Furth i. W.	16. Nov. 26
350	Mangel Ludwig	Rotthalmünster	„
351	Limmer Moritz Dr.	Königshofen	1. Dez. 25
352	Renkel Wilhelm (1911)	Aichach	16. Dez. 25
353	Spranger Karl	Markt Oberdorf	„
354	Schreglmann Philipp	Starnberg	1. Juli 26
		StA.	16. Dez. 25
355	Bergler Erich Dr. (1921)	Schwabach	1. Okt. 27
		StA.	16. Dez. 25
356	Mayer Max Dr. (1910)	Viechtach	1. Jan. 26
357	Fellmann Oskar (1911)	Würzburg	„
358	Hafner Otto Dr. (1912)	Landshut	„
359	Bieber Georg	Miltenberg	„
360	Brecheler Karl Dr.	Rodach	„
361	Essel Hans Dr. (1913)	Ebersberg	„
362	Lehmann Ludwig Dr. (1914)	Altdorf	„
363	Dinges Karl (1921)	Nürnberg	1. Aug. 27
		StA.	1. Jan. 26
364	Falk Karl	Regen	1. Jan. 26
365	Siebner Max (1913)	Schweinfurt	„
366	Essinger Fritz Dr. (1914)	Aschaffenburg	„
367	Stelzner Edgar (1919)	München	1. März 27
		StA.	1. Jan. 26
368	Schwarz Wilhelm Dr.	Schwandorf	1. Febr. 26
369	Wehrl Heinrich (1915)	Neumarkt Opf.	15. Febr. 26
370	Willax Adalbert Dr. (1914)	Kronach	1. März 26
371	Söldner Adolf	Freyung	„
372	Blaim Ernst (1913)	Schwabmünchen	„
373	Fellmann Heinrich Dr.	Fürth	„
374	Loechler Richard	Eschenbach	„
375	Sponsel Julius	Nürnberg	„
376	Hofherr Franz	Abensberg	„
377	Pfeifer Hans Dr. (1914)	München	„
378	Schreiner Heinrich	Waldmohr	16. März 26
379	Mußgiller Anton	Monheim	1. Mai 26
380	Wachter Benedikt	Buchloe	„
381	Yblagger Max (1913)	Kemnath	„
382	Hirsch Hans Dr. (1917)	Coburg	„
383	Hebauer Otto (1919)	Pirmasens	1. Febr. 27
		StA.	1. Mai 26
384	Schmidt Andreas Dr. (1920)	Deggendorf	1. Nov. 27
		StA.	1. Mai 26
385	Strobel Eduard	Augsburg	1. Juni 26
386	Lorenz Karl (1916)	Viechtach	„
387	Hensold Hans Dr. (1913)	Aichach	1. Juli 26
388	Faber Hans Dr. (1916)	Rothenburg o. T.	„
389	Berz Karl (1914)	Stadtsteinach	„
390	Kremer Joseph (1914)	Alzenau	16. Aug. 26
391	Prell Ludwig (1915)	Augsburg	1. Okt. 26
392	Gürthofer Adalbert	Schongau	„
393	Schmitt Georg (1917)	Augsburg	„
394	Fischer Hermann	Wunsiedel	16. Okt. 26
395	Tischler Arnulf (1913)	München	„
396	Rieb Ludwig (1918)	Kirchheimbol.	1. Dez. 26

397	Brütting Anton (1914)	Trostberg	1. Dez. 26
398	Bohrer Wilhelm (1915)	Pappenheim	„
399	Müller Joseph Heinrich Dr. (1919)	Kaufbeuren	„
400	Stadter Leonhardt (1914)	Rain	„
401	Klett Joseph (1916)	Bischofsheim	„
402	Eppelein Otto (1917)	Passau	1. Mai 27
		StA.	16. Dez. 26
403	Müller Emil Dr. (1919)	Zweibrücken	16. Dez. 26
404	Schröder Karl Dr. (1919)	Hof	1. März 27
		StA.	16. Dez. 26
405	Bauer Karl Dr. (1920)	Erlangen	1. Sept. 27
		StA.	16. Dez. 26
406	Gehrig Oskar Dr. (1920)	Arnstein	1. Okt. 27
		StA.	16. Dez. 26
407	Ring Joseph (1920)	Geisenfeld	1. Juni 27
		StA.	16. Dez. 26
408	Rost Gregor Dr. (1921)	Kelheim	1. Dez. 27
		StA.	16. Dez. 26
409	Glück Anton Dr. (1921)	Illertissen	1. Nov. 27
		StA.	1. Jan. 27
410	Eckstein Werner (1920)	Landstuhl	1. Aug. 27
		StA.	15. Febr. 27
411	Sommerrock Hans Dr. (1921)	Grafenau	1. Okt. 27
		StA.	1. März 27
412	Bierling Hans (1919)	Kötzting	1. März 27
413	Heldmann Anton von Dr.	Füssen	1. April 27
414	Schaumberger Paul (1913)	Heilsbronn	„
415	Meier Franz Dr. (1919)	Eltmann	„
416	Zwinger Joseph	Tegernsee	16. Mai 27
417	Gehrlein Willibald Dr. (1920)	Weilheim	1. Juni 27
418	Grimm Chlodwig	Höchstädt a. D.	„
419	Seubelt Karl Dr. (1908)	Landau a. I.	1. Aug. 27
420	Poiger Karl Dr. (1920)	Mitterfels	1. Okt. 27
421	Möhring John (1920)	Lauf	1. Nov. 27
422	Weiß Karl	Wasserburg	„
423	Royackers Richard	Osterhofen	„

e) Amtsanwälte im Hauptamte.

1	Dusold Johann	Grafenau (Regen)	1. Okt. 12
		AGSekr.	15. Febr. 01
2	Feuerbach Anselm	Lindau (Weiler-Lindenberg)	15. Febr. 19
3	Etlinger Friedrich	Weiden (Neustadt W./N. und Vilseck)	16. Dez. 21
4	Zapp Fritz	Grünstadt	1. Juni 23
5	Tischbein Oskar	Germersheim	1. Juli 25
6	Wölzl Robert Dr.	München	16. Nov. 25
7	Keiler Karl Dr.	Bergzabern	1. Dez. 25
8	Winkler Karl Dr.	Obermoschel (Rockenhausen)	„
9	Matheis Karl Dr.	Dürkheim	1. Jan. 26

10	Kempf Hans	Gemünden (Karlstadt und Lohr)	1. Mai 26
11	Vetter Anton Dr.	Forchheim (Ebermannstadt und Höchstadt a. A.)	„
12	Holzer Heinrich	Dingolfing (Landau a. I.)	„
13	Fensterer Rudolf	Neustadt a S. (Königshofen, Mellrichstadt u. Münnerstadt)	1. Sept. 26
14	Hirt Ernst Dr. (Gschl.)	Neustadt a. H. (Edenkoben)	15. Febr. 27
15	Haberdasch Albert Dr.	Erlangen (Herzogenaurach)	„
16	Meyer Franz Dr.	Ingolstadt	„
17	Keller Heinrich	Kirchheimbolanden (Winnweiler)	„
18	Theobald Fritz	Haßfurt (Hofheim und Eltmann)	1. März 27
19	Stroebele Paul	Neumarkt a./R. (Vilsbiburg und Eggenfelden)	„
20	Petschner Georg Dr.	Wolfstein (Lauterecken u. Otterberg)	„
21	Fensterer Otto	Pfaffenhofen (Dachau und Geisenfeld)	„
22	Stephanus Heinrich Dr.	Landsberg (Schongau)	„
23	Sohnlein Hans	Lauf (Hersbruck)	„
24	Kornbrust Franz Dr.	Neustadt a. H. (Edenkoben)	„
25	Fröhlich Johann Baptist	Stadtamhof (Burglengenfeld und Regenstauf)	16. März 27
26	Wagner Karl	Kandel	„
27	Geiger Theodor Dr.	Schwandorf (Nabburg u. Neunburg v. W.)	1. April 27
28	Schmucker Max	Erding	„
29	Rudolph Werner Dr.	Rothenburg o. T. (Uffenheim u. Windsheim)	„
30	Adlhoch Karl	Füssen (Markt Oberdorf)	„
31	Maginot Georg Dr. (Gschl.)	Pirmasens (Dahn und Waldfischbach)	„
32	Zwink Anton Dr.	Kronach	„
33	Steinhauser Xaver	Tölz (Tegernsee)	16. April 27
34	Voll Gustav Dr.	Weilheim (Garmisch)	1. Juni 27
35	Ettmüller Max	Aichach (Schrobenhausen)	„
36	Wagner Hans	Speyer	1. Okt. 27
37	Kempf Wilhelm Dr.	Pirmasens (Dahn und Waldfischbach)	„
38	Pfister Karl Dr.	Donauwörth (Wertingen u. Monheim)	„
39	Quinat Moritz Dr.	Reichenhall (Berchtesgaden)	„
40	Plößl Albert	Vilshofen	1. Nov. 27
41	Reindl Anton	Ebersberg (Wasserburg)	1. Dez. 27
42	Beck Bonifaz Dr.	Rosenheim (Prien)	„

f) Gerichtsassessoren.

(Geordnet nach dem Prüfungsjahre.)

1	Alzheimer Alois Dr.	StMin. der Justiz	1. April 27
2	Müller Theodor	„	16. Mai 27

V. Liste. A.

Hauptamtliche Richter der Arbeitsgerichte München und Nürnberg.

1	Held Oskar, Amtsgerichtsdirektor mit Titel und Rang eines Amtsgerichtspräsidenten	München (Dienstaufsicht)	1. Juli 27
2	Müller Georg Dr., Amtsgerichtsdirektor	Nürnberg (Dienstaufsicht)	"
3	Lieb Franz Dr., Oberamtsrichter mit Titel u. Rang eines Amtsgerichtsrats	München	"
4	Gilt Hugo, Oberamtsrichter mit Titel u. Rang eines Amtsgerichtsrats	"	"
5	Herold Karl Dr., Oberamtsrichter	Nürnberg	"
6	Gröber Max Dr., Amtsrichter mit Titel u. Rang eines Oberamtsrichters	München	"
7	Pitzer Eugen Dr., Amtsrichter	Nürnberg	"
8	Kausen Joseph Dr., Amtsrichter	München	"

VI. Liste.

Notare.

(Geordnet nach dem Dienstalter.)

1	Faubel Jos., Geh. JR.	Nürnberg IV	10. Febr. 85
2	Giessler Jakob, JR.	Landau i. Pf. III	8. Aug. 86
3	Böck Anton, JR.	München VI	24. Dez. 86
4	Hellmaier Jos., Geh. JR.	München VII	8. Juni 89
5	Daimer Korbinian, JR.	Nürnberg III	1. Dez. 89
6	Franzreb Jakob, JR.	Waldfischbach	19. Okt. 90
7	Herrmann Friedr., JR.	Nördlingen	12. Aug. 91
8	Seel Robert JR.	Obermoschel	1. Dez. 20
		DA.	1. Dez. 91
9	Baumeister Joseph, JR.	Donauwörth I	1. Febr. 92
10	Mayr Franz, JR.	Wertingen	26. Febr. 92
11	Zimmermann Ant., JR.	Mitterfels	4. März 92
12	Hauck Mich., JR.	Schweinfurt I	1. Juli 21
		DA.	1. April 92
13	Baumann Rudolf, JR.	Füssen	16. April 92
14	Jung Joseph, JR.	Dachau	24. April 92
15	Ramge Bernhard, JR.	Wassertrüdingen	16. Aug. 92
16	Erzberger Julius, JR.	Obernburg	16. Dez. 92
17	Praun Theod. Dr., JR.	Regensburg III	"
18	Rösen August, JR.	Miesbach	1. März 93
19	Pündter Franz Dr., Geh. JR.	München XIII	16. Sept. 93
20	Braun Jakob, JR.	Günzburg	"
21	Schmid Georg Mich., JR.	Landshut II	1. März 94
22	Stautner Friedrich, JR.	Straubing II	"
23	Schmidt Oskar, JR.	München IX	16. Mai 94
24	Dengler Michael, JR.	Stadtamhof	16. Juli 94
25	Eggerking Karl, JR.	Augsburg I	16. Okt. 94
26	Hausladen Georg, JR.	Altötting	16. Nov. 94
27	Mayer Eduard, JR.	Straubing I	16. Mai 95

28 Haderlein Joseph, JR.	Hengersberg	1. Sept. 95
29 Wittmann Franz Xaver, JR.	Nürnberg II	"
30 Hörmann Franz Xaver, JR.	Starnberg	25. Sept. 95
31 Kern Ludwig, JR.	Frankenthal II	6. Nov. 95
32 Grimm Robert, JR.	Fürstenfeldbruck	11. Dez. 95
33 Weinmann Max, JR.	München XIV	16. Dez. 95
34 Oehl Joseph, JR.	Nürnberg I	20. Dez. 95
35 Strasser Adolf, JR.	Bamberg II	1. Febr. 96
36 Tessari Alfred, JR.	Aibling	16. März 96
37 Rost Karl, JR.	Pfarrkirchen	1. April 96
38 Reiser Joseph, JR.	Winnweiler	28. Mai 96
39 Hindelang Joseph, JR.	Wasserburg	16. Juni 96
40 Eigner Joseph, JR.	Moosburg	"
41 Burkart Franz, JR.	Buchloe	1. März 97
42 Böhm Georg, JR.	München XII	"
43 Hubbauer Otto JR.	Landsberg II	9. Juni 97
44 Billing Christian, JR.	Ebersberg	1. Okt. 97
45 Krafft Wilhelm, JR.	Viechtach	26. Okt. 97
46 Bott Anton, JR.	Mallersdorf	1. Nov. 97
47 Brenner Werner, JR.	Garmisch	1. Jan. 98
48 Braun Johann, JR.	Krumbach I	16. März 98
49 Lösch Friedrich, JR.	München I	1. April 98
50 Graf Eugen, JR.	Landau a. I.	"
51 Schleifer Joseph, JR.	Tölz	16 April 98
52 Rühl Ernst, JR.	Weiden	16. Mai 98
53 Knirlberger Joseph, JR.	Sonthofen	1. Juli 98
54 Schuh Joseph, JR.	Kaufbeuren	31. Juli 98
55 Wehgartner August, JR.	Amberg I	16. Aug. 98
56 Rupprecht Friedrich, JR.	Neustadt a. H. I	"
57 Bauschinger Emil, JR.	Landshut I	1. April 99
58 Löwi Rudolf Dr., JR.	Bamberg III	16. April 99
59 Böckler Friedrich, JR	Kitzingen	1. Sept. 99
60 Morgott Johann, JR.	Eggenfelden	16. Okt. 99
61 Bayer Georg, JR.	Kempten II	"
62 Vogler Franz, JR.	Kronach	1. Nov. 99
63 Gruber Maximilian, JR.	Griesbach	"
64 Marx Siegfried Dr., JR.	Neustadt a. H. II	16. Nov. 99
65 Maltz Christian, JR.	Karlstadt	1. Dez. 99
66 Lehner Ludwig JR.	Neumarkt Opf.	16. Dez. 99
67 Regnier Julius, JR.	Aichach I	1. Jan. 00
68 Bunk Leonhard, JR.	Schwabmünchen	"
69 Hennecke Ferdinand, Geh. JR.	Traunstein	"
70 Reinhardt Karl, JR.	Aschaffenburg I	"
71 Selzer Julius, JR.	Annweiler	15. Febr. 00
72 Meiche Karl, JR.	Lauingen	"
73 Kreitner August Dr., JR.	Sulzbach	"
74 Popp Ludwig Dr., JR.	Kulmbach	"
75 Glasl Anton, JR.	Mühldorf	"
76 Winkelbaur Joseph, JR.	Neustadt a. A.	"
77 Schulz Anton, JR.	Laufen	"
78 Hollweck Anton, JR.	Obergünzburg	"
79 Eyermann Konrad Dr., JR.	Hof I	"
80 Mantler Max, JR.	Freising I	"
81 Wunderl Karl, JR.	Würzburg III	"
82 Mauter Aquilin, Geh. JR.	Würzburg V	1. März 00
83 Wernhard Andreas, JR.	Mainburg	1. April 00

84	Wöckel Friedrich, JR.	Memmingen I	1. Mai 00
85	Seitz Anton, JR.	Geisenfeld	1. Juni 00
86	Weidhofer Ludwig, JR.	Ochsenfurt	16. Juni 00
87	Kreichgauer Franz, JR.	Wolfratshausen	16. Juli 00
88	Weinkamm Johann, Geh. JR.	Augsburg II	1. Jan. 06
		AR.	1. Okt. 00
89	Thiel Friedrich, Geh. JR.	Aschaffenburg II	16. Okt. 00
90	Brunner Hans, JR.	Gunzenhausen	„
91	Donsberger Johann, JR.	Dingolfing	„
92	Gabler Gustav, JR.	Simbach	„
93	Goller Georg, JR.	Friedberg	1. Juni 21
		DA.	16. Okt. 00
94	Eixenberger Franz, JR.	Ingolstadt II	1. Nov. 00
95	Marschall Franz, JR.	München IV	16. Nov. 00
96	Dennler Wilh. Dr., Geh. JR.	München II	1. Dez. 00
97	Eckel Georg, JR.	Rothenburg o. T.	„
98	Mohr Ulrich, JR.	Neu-Ulm	1. Jan. 01
99	Gabel Heinrich, JR.	Schwandorf	„
100	Hartig Karl Michael, JR.	Kissingen	„
101	Förster Emil, JR.	München XI	„
102	Kohlhaas Franz, JR.	Neuburg a. D.	1. Mai 01
103	Schroder Franz, JR.	Regensburg II	„
104	Mayer Ferdinand, JR.	Ottobeuren	16. Nov. 01
105	Schaupp Georg, JR.	Furth i. W.	16. April 02
106	Engert Franz, JR.	Würzburg IV	„
107	Brügel Karl, JR.	Weilheim	1. Mai 02
108	Frisch Ludwig, JR.	Dürkheim I	16. Juli 02
109	Forler Peter, JR.	Dahn	„
110	Huber Rupert, JR.	Amberg II	16. Aug. 02
111	Graßmann Ludwig, JR.	Lindau	1. Okt. 02
112	Ficht Wilhelm, JR.	Bayreuth I	1. Nov. 02
113	Röser Karl, JR.	Scheinfeld	16. Dez. 02
114	Sommer Julius, JR.	Rosenheim I	„
115	Grimm Artur, JR.	Passau III	„
116	Baum Georg, JR.	Blieskastel	1. Jan. 03
117	Kraft Bernhard, JR.	Marktheidenfeld II	„
118	Obermayer Karl, JR.	Nabburg	1. April 03
119	Richter Julius, Geh. JR.	München XVI	„
120	Scharberg Johann, JR.	Immenstadt	1. Juli 03
121	Bub Michael, JR.	Würzburg I	„
122	Rein August, JR.	Staffelstein	1. Aug. 03
123	Stapf Wilhelm, JR.	Altdorf	„
124	Haun Georg, JR.	Vilsbiburg	1. Okt. 03
125	Metzger Gottlieb, JR.	Weißenburg	„
126	Humbert Karl, JR.	Dürkheim II	1. Nov. 03
127	Schieder Heinrich, Geh. JR.	Kempten I	1. März 04
128	Krehbiel Christian, JR.	Pirmasens III	1. Mai 04
129	Rheinheimer Eugen Dr., JR.	Landau I	16. Mai 04
130	Steinbach Ludwig, JR.	Schweinfurt II	16. Juli 04
131	Schad Karl Dr., Geh. JR.	München V	„
132	Erdl Andreas, JR.	Dillingen	16. Aug. 04
133	Gundelwein Friedrich, JR.	Billigheim	1. Nov. 04
134	Donle Ernst, JR.	Wunsiedel	„
135	Walter Hugo Dr., JR.	München XV	1. Jan. 05
136	Hebendanz Joseph, JR.	Höchstadt a. A.	25. Jan. 05

137	Goß Joseph, JR.	Rottenburg	1. Juni 05
138	Gebhard Hermann, JR.	Lauf	"
139	Putz Wilhelm, JR.	Trostberg	"
140	Götzelmann Ferdinand, JR.	Ansbach II	"
141	Adam Heinrich, JR.	Rosenheim II	16. Juni 05
142	Schätz Georg, JR.	Uffenheim	1. Dez. 05
143	Stadlbaur Wilhelm, JR.	Würzburg II	16. Jan. 06
144	Reiß Frz. Xav., JR.	Landsberg I	16. März 06
145	Reichl Jakob, JR.	Vilshofen	25. Mai 06
146	Roth Eugen, JR.	Frankenthal I	"
147	Gerheim Ludwig	Kandel I	30. Mai 06
148	Löhe Hans Dr., JR.	Fürth II	25. Juni 06
149	Scheuer Otto, JR.	Beilngries	30. Juli 06
150	Bourier Adolf, JR.	München VIII	"
151	Kapfhamer Moritz, JR.	Schongau	30. Aug. 06
152	Loder Martin, JR.	Weißenhorn	1. Okt. 06
153	Reiser Heinrich, JR.	Bergzabern I	12. Okt. 06
154	Kistenfeger Friedrich Joseph, JR.	München III	30. Dez. 06
155	Kronberger Karl Dr., JR.	Nürnberg VI	"
156	Binder Joseph JR.	Cham	1. Juli 07
157	Griesbeck Franz Xaver, JR.	Hilpoltstein	1. Okt. 07
158	Acher Andreas, JR.	Markt Oberdorf	1. Okt. 07
159	Rösch Max, JR.	Kötzting	30. Dez. 07
160	Helfrich Ludwig, Geh. JR.	Ludwigshafen II	"
161	Stubenrauch Wilh. Dr. Ritter und Edler von, JR.	Kipfenberg	"
162	Hippler Heinrich, JR.	Regensburg I	30. Mai 08
163	Löffl Karl, JR.	Prien	30. Juni 08
164	Spatze Wilhelm, JR.	Schwabach	"
165	Hilz Franz Xaver, JR.	Kaiserslautern III	"
166	Dorfmüller Theodor, JR.	Passau I	30. Sept. 08
167	Heß Heinrich, JR.	München X	30. Sept. 08
168	Feichtinger Eugen Dr., JR.	Eichstätt	30. Nov. 08
169	Zech Raimund, JR.	Höchstädt a. D.	"
170	Mayer Ferdinand, JR.	Fürth I	"
171	Müller Philipp, JR.	Speyer III	30. März 09
172	Zimpelmann Wilhelm, JR.	Landau i. Pf. IV	16. Juni 09
173	Jacob Franz, JR.	Schrobenhausen	"
174	Rid Max, JR.	Miltenberg	21. Juli 09
175	Schmitt Franz, JR.	Hollfeld	30. Juli 09
176	Hagenburger Adam, JR.	Neustadt a. H. III	1. Okt. 09
177	Haselberger Joseph, JR.	Erding	16. Nov. 09
178	Reichold Karl JR.	Pfaffenhofen	30. Nov. 09
179	Barthelmä Karl, JR.	St. Ingbert	1. Jan. 10
180	Sailer Ludwig, JR.	Dorfen	16. Jan. 10
181	Wolffing Jakob Dr., JR.	Grünstadt II	1. März 10
182	Leiling Otto, JR.	Pirmasens I	16. April 10
183	Linder Otto, JR.	Augsburg III	30. Mai 10
184	Adelmann Franz, JR.	Tegernsee	1. Nov. 10
185	Leuchs Joseph, JR.	Bayreuth II	1. Jan. 11
186	Hauck Wilhelm, JR.	Brückenau	1. Mai 11
187	Bickert Armin Dr., JR.	Nürnberg V	"
188	Meyer Berthold, JR.	Kaiserslautern I	1. Juli 11
189	Schmitt Gottfried, JR.	Lohr	"
190	Schröppel Leonhard, JR.	Alzenau	1. Aug. 11
191	Herbst Joseph, JR.	Riedenburg	1. Nov. 11

192	Keller Georg, JR.	Haßloch	1. Jan. 12
193	Kolb Otto, JR.	Bogen	1. April 12
194	Becker Wilhelm Dr., JR.	Ludwigshafen I	„
195	Wagner Emil, JR.	Türkheim	31. Mai 12
196	Keppel Hans	Werneck	1. Juni 12
197	Schleifer Franz Xaver, JR.	Weismain	„
198	Eckart Theodor, JR.	Neumarkt a. R.	16. Juli 12
199	Schul Joseph, JR.	Lichtenfels	„
200	Pfirmann Ludwig, JR.	Kaiserslautern II	„
201	Rieger Heinrich, JR.	Gräfenberg	31. Juli 12
202	Winkler Franz, JR.	Herzogenaurach	„
203	Horn Karl, JR.	Freising II	1. Aug. 12
204	Keim Julius Dr., JR.	Edenkoben I	16. Nov. 12
205	Wiesinger Hermann, JR.	Münnerstadt	31. Mai 13
206	Wachs Karl, JR.	Hersbruck	1. Juni 13
207	Reinfurt Karl, JR.	Deggendorf	30. Juni 1913
208	Dresely Johann, JR.	Burglengenfeld	31. Okt. 13
209	Trau Karl	Reichenhall	16. Dez. 13
210	Becker Friedrich, JR.	Edenkoben II	„
211	Einwag Georg Dr., JR.	Illertissen	31. Jan. 14
212	Versch Adam, JR.	Osterhofen	1. Febr. 14
213	Gabel Alfons, JR.	Vohenstrauß	28. Febr. 14
214	Ebert Lorenz, JR.	Schöllkrippen	16. März 14
215	Kuhr Hans, JR.	Berneck	„
216	Eisenhart Sebastian Dr., JR.	Neustadt a. S.	31. Mai 14
217	Stiegler Hans, JR.	Ansbach I	1. Okt. 18
		DA.	1. Aug. 14
218	Mendel Anton	Zweibrücken III	31. Dez. 14
		DA.	1. Aug. 14
219	Dauser August	Mindelheim	1. Okt. 18
		DA.	1 Aug. 14
220	Roth Heinrich	Tittmoning	1. Okt. 18
		DA.	1. Aug. 14
221	Vogel Heinrich	Waldmünchen	1. Okt. 18
		DA.	1. Aug. 14
222	Kastner Lorenz	Wörth a. D.	16. März 19
		DA.	10. Aug. 14
223	Striebinger Wilhelm Dr.	Deidesheim	10. Aug. 14
224	Aubele Max	Bamberg I	1. Mai 15
		DA.	10. Aug. 14
225	Reindl Andreas	Rotthalmünster	16. Aug. 14
226	Reichold Theodor, JR.	Erlangen	1. Okt. 14
227	Hopf Otto	Aub	30. Nov. 14
228	Uhl August	Parsberg	16. März 19
		DA.	1. Jan. 15
229	Budenbender Julius	Arnstorf (Verw.)	16. März 19
		DA.	1. Jan. 15
230	Silbernagel Otto	Roding	1. Juni 20
		DA.	1. Jan. 15
231	Hussel Friedrich Dr.	Feuchtwangen	16. März 19
		DA.	1. Jan. 15

232	Schmidbauer Arn. Dr.	Hof II	1. Aug. 19
		DA.	1. Febr. 15
233	Fischer Franz	Pegnitz	16. März 19
		DA.	31. Mai 15
234	Sirl Otto	Zusmarshausen	1. Febr. 17
		DA.	31. Mai 15
235	Delto Karl	Rockenhausen	16. März 19
		DA.	31. Mai 15
236	Zimmermann Heinrich	Ebern	1. Jan. 19
		DA.	31. Mai 15
237	Schöpperl Karl	Abensberg	31. Mai 15
238	Bühler Franz	Rheinzabern	16. März 19
		DA.	31. Mai 15
239	Bilabel Gustav	Forchheim	16. März 19
		DA.	31. Mai 15
240	Brunner Heinrich	Neukirchen	16. März 19
		DA.	31. Mai 15
241	Gabler Franz Xaver	Hofheim	16. März 19
		DA.	1. Jan. 16
242	Keyl Julius	Herrieden	16. März 19
		DA.	1. Jan. 16
243	Paur Heinrich	Freyung	16. März 19
		DA.	1. Sept. 17
244	Burger Friedrich	Dettelbach	16. März 19
		DA.	1. Sept. 17
245	Striffler Karl	Arnstein	16. März 19
		DA.	1. Sept. 17
246	Wülfert Friedrich	Babenhausen	16. März 19
		DA.	1. Sept. 17
247	Weinmiller August	Haag	1. Sept. 17
248	Zimmer Richard	Ebermannstadt	16. März 19
249	Kestler Simon	Kelheim	1. Juli 19
250	Gutmann Alfred Dr.	Windsheim	16. Juli 19
251	Todt Ernst Dr.	Roth	16. Aug. 19
252	Fischer Franz	Gemünden	31. Jan. 20
253	Straus Siegfried	Kirchheimboland. I	1. Febr. 20
254	Schott Johann Nep.	Ellingen	1. Juni 20
255	Demeter Hans	Tirschenreuth	30. Juni 20
256	Decker Otto	Berchtesgaden	31. Juli 20
257	Glonner Karl	München XVII	1. Aug. 20
258	Götz Peter	Münchberg	1. Okt. 20
259	Gérard Adolf Dr.	Ludwigshafen III	1. Nov. 20
260	Hubbauer Ludwig Dr.	Neunburg v. W.	1. Dez. 20
261	Held Sigmund Dr.	Selb	1. Febr. 21
262	Partheymüller Johann	Ludwigsstadt	„
263	Hoffmann Wilhelm	Hemau	16. April 21
264	Breith Gustav Dr.	Kirchheimbolanden II	1. Juli 21
265	Liebhart Engelbert	Kirchenlamitz	16. Juli 21
266	Prinz Eugen	Kastl	1. Aug. 21
267	Trauth Ludwig	Lauterecken	1. Dez. 21

268	Krempelhuber von Max	Vilseck	1. Febr. 22
269	Fleischmann Joseph	Stadtsteinach	„
270	Vogel Friedrich	Rain	1. Okt. 22
271	Wüst Albert	Grünstadt I	„
272	Krell Bernhard	Volkach	16. Jan. 24
273	Auanger Otto	Burgau	1. Febr. 24
274	Aufhauser Georg Dr.	Oettingen	„
275	Traitteur Ritter von Karl	Waldsassen	„
276	Michel Hermann	Klingenberg	1. Juni 24
277	Römmig Alfred	Speyer II	1. Okt. 24
278	Edel Alfred Dr.	Grafenau	1. Febr. 25
279	Steinbrecher Herbert	Oberviechtach	1. Febr. 25
280	Rettinger Max	Nittenau	1. April 25
281	Vorbrugg Friedrich	Hammelburg	„
282	Aigster Hans	Naila	1. Juli 25
283	Pfeiffer Richard Dr.	Kandel II	16. Juli 25
284	Vache Julius Dr.	Kemnath	1. Aug. 25
285	Eßlinger Franz Michael	Mutterstadt	1. Dez. 25
286	Janker Theodor	Cadolzburg	1. Febr. 26
287	Widmann Otto	Landstuhl II	„
288	Melzer Paul	Neustadt b. Cob.	„
289	Mannhart Max	Kusel II	„
290	Hüther Edmund	Zweibrücken II	„
291	Weiß Georg Dr.	Eschenbach	1. März 26
292	Pfeiffer Karl Dr.	Heilsbronn	1. Mai 26
293	Stöckhert Emil	Pappenheim	„
294	Reheis Claus	Waldmohr	1. Juni 26
295	Weidenbach Kurt von	Augsburg IV	1. Juli 26
296	Bader Samuel Dr.	Burghausen	„
297	Fuchs Max	Neustadt W./N.	„
298	Leibrock Ludwig Dr.	Bischofsheim	„
299	Edel Joseph Dr.	Wegscheid	16. Okt. 26
300	Bügler Otto	Homburg	1. März 27
301	Nobis Hans	Mellrichstadt	„
302	Gleitsmann Georg Dr.	Germersheim	1. April 27
303	Rück Wilhelm	Wolfstein	1. Mai 27
304	Hilpert Julius	Gerolzhofen	16. Mai 27
305	Stühler Albert Dr.	Königshofen	„
306	Schödel Gottlob	Greding	„
307	Gradwohl Peter	Haßfurt	„
308	Daimer Richard Dr.	Eltmann	1. Juni 27
309	Lang Wilhelm	Regen	1. Sept. 27
310	Sommer Franz	Markt-Erlbach	„
311	Lammerz Oskar Dr.	Monheim	1. Nov. 27
312	Mehler Alfred	Otterberg	1. Dez. 27
313	Rüdinger Richard	Waldkirchen	„

DA. = Dienstalter.

VII. Liste.

A. Strafanstaltsbeamte:

1. **Aichach** (Zuchthaus und Gefangenenanstalt). (Oberbayern)

Direktor:	Oheim Friedr. (Tit. u. Rg.: Oberreg.Rat)
Regierungsrat:	Schlager Markus
Prot. Oberpfarrer:	Wäglein Karl
Kath. Pfarrer:	Kaul Johann
Medizinalrat:	Götz Dr. Hermann.
Hauptlehrerin:	Dimpfl Anni

2. **Bernau** (Gefangenenanstalt). (Oberbayern).

Direktor:	Wirthmann Mich. (Tit. u. Rg.: Oberreg.Rat)
Regierungsrat:	Loos Michael
Kath. Oberpfarrer:	Müller Michael

3. **Landsberg** (Gefangenenanstalt u. Festungshaftanstalt). (Oberbayern).

Oberregierungsrat:	Leybold Otto
Regierungsrat:	Bauer Martin
Kath. Oberpfarrer:	Fleck Johannes
Hauptlehrer:	Ott Alois

4. **Laufen** (Gefangenenanstalt). (Oberbayern).

Oberregierungsrat:	Reich Philipp
Regierungsrat:	Badum Otmar
Kath. Pfarrer:	— — —
Medizinalrat:	Lechner Maria Klemens Dr.
Oberlehrer:	Stöhr Adalbert
Oberforstverwalter:	Gramm Klemens

5. **Straubing** (Zuchthaus). (Niederbayern).

Oberregierungsrat:	Kohl Franz
Direktor:	Wehrl Fritz
Regierungsrat:	Koch Robert Dr.
Kath. Oberpfarrer:	Fenzl Peter
Medizinalrat:	Viernstein Theodor Dr. (Tit. u. Rg.: Obermed.Rat)
Oberlehrer:	Oestreicher Ludwig

6. **Zweibrücken** (Gefangenenanstalt). (Pfalz).

Direktor:	Schröder Friedr. (Tit. u. Rg.: Oberreg.Rat)
Regierungsrat:	Wirth Adolf
Prot. Oberpfarrer:	Schunck Friedrich
Kath. Pfarrer:	Roth Ferdinand
Strafanstaltsarzt:	Grüber Georg Dr.
Hauptlehrer:	Mayer Wilhelm

7. Amberg (Gefangenenanstalt). (Oberpfalz).

Oberregierungsrat:	Ranft Ludwig
Regierungsrat:	Reitzenstein Dr. Frhr. v. Hermann
Kath. Oberpfarrer:	Schmitt Joseph
Medizinalrat:	Bauernfeind Joh. Dr. (Tit.: Obermed.Rat)
Oberlehrer:	Scherübl Michael

8. Ebrach (Zuchthaus). (Oberfranken).

Direktor:	Haggenmiller Eugen (Tit. u.Rg.: Oberreg.-Rat)
Regierungsrat:	Hennermann Iwan
Prot. Pfarrer:	Reinhold Wilhelm
Strafanstaltsarzt:	Singer Alfons Dr.
Oberlehrer:	Dörfler Georg

9. St. Georgen-Bayreuth (Gefangenenanstalt). (Oberfranken).

Oberregierungsrat:	Forsteneichner Frz.
Regierungsrat:	Harder Alfred (Tit. u. Rg.: Direktor)
Prot. Pfarrer:	Endres Otto
Strafanstaltsarzt:	Burgl Franz Dr.
Oberlehrer:	Feistle Max

10. Plassenburg (Zuchthaus). (Oberfranken).

Direktor:	Dreer Wilhelm v. (Tit. u. Rg.: Oberreg.Rat)
Regierungsrat:	Luttenberger Otto
Kath. Pfarrer:	Wernigk Ferd. Dr.
Strafanstaltsarzt:	— — —
Oberlehrer:	Burkel Hans

11. Nürnberg (Gefangenenanstalt). (Mittelfranken).

Oberregierungsrat:	Kahl Otto
Regierungsrat:	Paulus Karl (Tit. u. Rg.: Direktor)
Prot. Oberpfarrer:	Popp August
Kath. Oberpfarrer:	Kosmeier Friedr.
Medizinalrat:	Kunz Gustav Dr.
Hauptlehrer:	Haas Otto

12. Lichtenau (Obsorgeamt). (Mittelfranken).

Regierungsrat:	Bachmair Ludwig — Leiter des Amtes —.

13. Kaisheim (Zuchthaus). (Schwaben).

Oberregierungsrat:	Dörnhoeffer Friedrich
Direktor:	Liebwein Max (Tit. u. Rg.: Oberreg.Rat)
Kath. Oberpfarrer:	Hurst Anton Joseph
Strafanstaltsarzt:	Plattner Karl Dr.
Hauptlehrer:	Mikus Ludwig

14. Niederschönenfeld (Gefangenenanstalt) (Schwaben).

Regierungsräte:	Dessauer Friedrich Dr. (Tit. und Rg.: Direktor) — Leiter der Anstalt —.
	Engert Georg
Kath. Pfarrer:	Kohl Karl
Hauptlehrer:	Gensberger Johann

B. Gefängnisdirektoren.

1. Langesee Joseph (Tit. u. Rg.: Oberreg.Rat), München (Strafvollstr.-Gef.)
2. Baur Franz (Tit. u. Rg.: Oberreg.Rat), Regensburg (Gerichtsgefängnis).
3. Hopp Karl, Nürnberg (Gerichtsgefängnisse).

VIII. Liste (Anhang).

Assessoren.

Verzeichnis der mit Erfolg geprüften Referendare (Assessoren).

* in ein früheres Konkursjahr eingereiht.

1923.

A.

Acker Wilhelm Dr.

B.

Barth Friedrich
Bauer Franz Xaver Dr.*
Bauer Fritz Dr.*
Bauernfeind Leo Dr.
Becher Max Dr.*
Belzer Eduard
Berghammer Sebastian Dr.*
Bergler Erich Dr.*
Beyerlen Karl*
Bilabel Wilhelm*
Bing Martin Dr.*
Blechschmidt Georg*
Bloch Hans Dr.*
Bornschier Paul Werner Dr
Brandl Felix*
Brehm Paul
Brendel Rudolf Dr.*
Bresele Ulrich Dr.*
Breunig Joseph Dr.
Brohm Heinrich
Bündgens Anton Dr.

D.

Dehler Thomas Dr.
Deppisch August Dr.
Dessauer Friedrich Dr.
Dinges Karl*
Droßbach Gebhard
Dütsch Joseph Karl

E.

Einstein Oskar Dr.
Effert Adolf Dr.
Endter Theodor Dr*
Engel Philipp*
Erbersdobler Alois Dr.*
Escher Ernst Dr.*

F.

Faber Werner*
Feilitzsch Osk. Frhr. v. Dr.
Fensterer Rudolf
Fetzer Friedrich Dr.
Fick Georg Dr.
Finger Lothar
Frank Alois Nikolaus
Frank Ludwig Dr.
Friedenreich Martin Dr.
Fröhlich Hans I*
Fröhlich Joh. Bapt. II*

G.

Gabel Anton Dr.
Gegenfurtner Oswin*
Gehrlein Willibald Dr.*
Giegold Karl Dr.
Götz Anton Dr.*
Gottwald Otto Dr.*
Greif Hans Dr.
Greune Karl Dr.
Grimm Walter
Guttenberg Emil Dr.*

H.

Haber Max Dr*
Haberdasch Albert Dr.
Hack Wolfgang Dr.
Hagendorn Gustav*
Hamburger Max Dr.
Hartrich Karl*
Hebauer Otto*
Hechtel Hans Dr.*
Heissing Joseph Dr.*
Heldrich Fritz Dr.
Hierlmeier Ludwig*
Hoffmann Karl*
Hofmann Friedrich
Holzer Heinrich*
Holzer Siegfried Dr.
Holzinger Fritz Dr.

J.

Jssel Walter*

K.

Kärcher Friedr. Wilh.
Keiler Karl Dr.
Keltsch Adolf Dr.
Kessell Wilhelm Dr.*
Kihm Alfons
Kilian Friedrich Dr.
Koch Fritz Dr.
König Ludwig Dr.
Kollmar Rudolf Dr.
Kraemer Franz*
Krause Erhard
Krauß Philipp Dr.
Kremer Theodor Dr.*
Kreuzer Franz*
Kuhn Ferdinand
Kunz Hubert Dr.*

L.

Lenz Ernst Dr.
Lindner Hanns*
Lindner Simon Dr.
Löwenthal Alfons Dr.
Lochner Alfred Dr.

M.

Maier Ottmar Dr,
Maierhöfer Alois Dr.
Mattmer Franz Dr.
Mayer Erwin Herm. Dr.

Mayer Max
Mayer Theodor Dr.*
Meier Michael Dr.*
Mergen Wilhelm Dr.
Merkel Konrad
Meyer Fritz Dr.
Miez Alfred Dr.*
Miller Robert Dr.
Möller Adolf Dr.
Müller Alfons Dr.*
Müller Jos. Heinr. Dr.*
Munk Anton
Munzinger Karl Dr.

N.

Nattenheimer Kurt Dr.
Neumayer Joseph
Neuner Robert Dr.

O.

Obermair Max Dr.
Oehrlein Georg Dr.

P.

Panholzer Joseph
Panzer Friedrich Dr.
Paulus Adolf Dr.
Pertzsch Richard*
Petschner Georg*
Pfeiffer Siegfried Dr.
Philipp Rudolf Dr.
Pöhlmann Heinrich
Preinhelter Wilhelm Dr.*
Preis Friedrich Dr.

R.

Raab Otto*
Rau Richard*
Rausch Hans Dr.*
Reber Adolf*
Redlich Heinrich Dr.
Reindl Anton
Riezler Emanuel Dr.*
Risch Friedrich Dr.*
Rockstroh Paul*
Römer Alwin Dr.
Rohrer Richard Dr.

S.

Sailer Max Dr.*
Schaber Georg Dr.*
Schelosky Paul
Schenkl Hans
Scheuring Bonifaz Dr.*
Schlegl Armin Dr.
Schmidhammer Otto*
Schmitt Bruno*
Schmitt Fritz Dr.*
Schmitz Fritz Dr.
Schobacher Ernst
Schramm Walter Dr.
Schreiner Albin Dr.
Schroeder Ernst Dr.
Schröder Karl Dr.*
Schüppert Gregor*
Schuster Heinr. Dr.
Schwarz Hans*
Schwartz Gustav*
Schweigert Max
Seibert Paul
Seidl Hans Dr.*
Settele Benedikt Dr.*
Seuß Fritz
Söhnlein Hans
Sörgel Werner Dr.
Sommerrock Hans Dr.*
Solleder Max
Späth Adolf*
Speckl Joseph
Stauder Rudolf
Stautner Hans Dr.
Stein Otto Dr.
Steiner Willy
Stiegler Hans
Stumpf Rudolf*

T.

Teutsch Hans Dr.
Thieme Horst
Thüncher Rudolf Dr.*
Tischbein Oskar
Tölke Walter Dr.*

V.

Vetter Anton Dr.*
Vogel Helmuth
Vorchheimer Isidor Dr.

W.

Wachtel Ernst Dr.
Wagenbrenner Rudolf Dr.
Waltz Franz*
Weinberger Leo Dr.
Weyer Engelbert Dr.*
Will Hermann
Winterstein Alfred Dr.
Wirsching Michael Dr.
Wirth Erich Dr.
Würstlein Georg*

Z.

Zeiler Ludwig
Zimmermann Georg*

1924.

A.

Abt Franz*
Adlhoch Karl
Ammon Helmut

B.

Bauer Paul*
Beck Leo Dr.
Beck Simon Dr.
Becker Alois Eugen Dr.
Bernstein Hans Dr.
Boller Hermann
Bonn Georg Dr.
Brändl Franz Dr.*
Breitenbach Lothar Dr.
Brockdorff Alexand. Graf
Buchner Otto Dr.
Burnhauser Peter Dr.

D.

Deinhart Hans
Deisinger Siegfried
Demmelmeier Hans

Dexheimer Hermann Dr.*
Deyrer Adolf Dr.
Diewald Ludwig
Dotterweich Wilh. Dr.

E.

Eckstein Werner*
Ehrensberger Fritz Dr.
Eichner Joseph Dr.
Eisenberger Max Dr.
Endres Karl
Ettmüller Max

F.

Fensterer Otto
Flierle Robert*
Forkel Herbert Dr.
Frank Hans Dr.*
Fries Konrad Dr.
Frobenius Heinr. Dr.

G.

Gampert Wilhelm
Gaymann Egon Dr.
Gedon Lorenz*
Geiger Theodor Dr.*
Glück Anton Dr.*
Götz Anton*
Götz Konrad Dr
Gottscho Ernst
Gouthier Otto Dr.
Grimm Otto
Grünewald Max Jos.
Gundel Richard*

H.

Habermann Philipp von*
Hammon Hans Dr.
Hartinger Joseph*
Hartmann Rudolf
Haus Franz Dr.
Hechtel Hans Dr.*
Heim Adolf Dr.*
Heinsinger Jakob
Heiss Alfons
Hellmuth Leo Balth. Dr.*
Hempel Martin
Henneberg Ferdin. Dr.
Hieber Hans*
Hiller Friedrich*
Hock Franz*
Hörnig Ludwig Dr.*
Holzbauer Andreas
Holzberger Wilhelm
Humm Albert

J.

Jacoby Alfred Dr.
Jäger Rolf Dr.

K.

Kauper Joseph Dr.
Keiler Karl Dr.*
Keller Heinrich
Kemmeter Georg
Kern Hans
Kirchner Wilhelm
Kleber Joseph
Knoeckel Günther Dr.*
Kössler Fritz Dr.
Koppert Vinzenz*
Kornbrust Franz Dr.
Kratzer Sebastian Dr.
Krauß Hans
Kreitinger Franz Dr.
Krieger Albert Dr.*
Krieger Franz Dr.
Kreutzer Rudolf Dr.
Küffner Peter Dr.
Kühner Fritz

L.

Landgraf Konrad Dr.
Laukenmann Jak. Dr.
Lechner Georg*
Lechner Oskar Wilh.
Leeb Ludwig Heinr.
Leibrecht Otto Dr.*
Liedel Fritz Dr.
Ludwig Rudolf Dr.

M.

Maginot Georg Dr.
Mallia Ernst Dr.*
Mantel Ernst*
Maasch Karl Dr.
Matheis Karl Dr.
Mayer Erich Dr.
Mayr Robert Dr.
Mayrhofer Bruno Dr.*
Meichelböck Franz Dr.
Merkle Otto
Metzsch Alfred Dr.*
Meyding Eugen
Meyer Franz Dr.*
Meyer Otto*
Mohr Richard Dr.
Moosbauer Hans
Motzet Wilhelm Dr.
Müller Eduard Dr.*
Müller Emil Dr.*

N.

Nebel Ignaz Dr.
Nibler Franz Dr.
Niedermayr Richard Dr.*
Nusser Max

O.

Oppenheimer Albert

P.

Pfeiffer Peter H.*
von der Pfordten Germ. Dr.
Philbert Joseph*
Pittner Franz Dr.
Poiger Karl Dr.*
Prechtl Anton Dr.
Pröpstl Siegfried Dr.

R.

Ramer Hans Georg*
Ratz Paul Dr.
Reber Karl Dr.
Regnault Werner Dr.
Rehm Max Dr.*
Reicke Siegfried Dr.*
Reinlein Hans Dr.
Ring Joseph
Roesel Heinrich*
Romeis Joseph*
Rosenthal Julius Dr.
Ruder Ludwig Dr.
Rudolph Werner Dr.

S.

Scheck Friedr. Dr.
Scheidler Michael*
Schiele Anton*
Schlecht Emil Dr.
Schlereth Ernst Dr.*
Schmidhammer Otto*
Schmidt Karl
Schmucker Max

Schnaier Joseph Dr.*
Schnitzlein-Rothenberg Hans Dr.
Schramm Walter Dr.*
Schwingenschlögl Michael
Segnitz Hermann von Dr.
Siegel Julius Dr.*
Soden Karl Oskar Frh. v.
Stadter Heinrich
Steiner Willy*
Steinhauser Xaver
Stelzner Edgar*
Stephanus Heinrich Dr.*
Stepp Walther Dr.
Stieber Theodor Dr.*
Ströbel Franz
Ströbele Paul
Ströbl Joseph Dr.

T.

Then Ferdinand Dr.

U.

Ufer Fritz Dr.
Ultsch Ferdinand Dr.

V.

Veith Hans Dr.
Völcker Karl

W

Weber Franz*
Wehrl Fritz Dr
Weigand Karl Dr.
Wein Max Dr.
Weis Alfred
Welck Ernst Dr.
Werner Herm. Dr.
Wießner Gottfried
Winkler Karl Dr.*

Z.

Zeitler Florian*
Zilcher Ferd. Dr.
Zwirlein Hans Dr.

1925.

A.

Albert Georg
Altstötter Ludwig*
Amann Max

B.

Baumeister Ludw. Dr.
Baumeister Julius
Bayer Alex. Seb. Dr.
Beck Bonifaz Dr.
Berber Friedrich*
Beutner Richard Dr.
Binapfl Willibald Dr.
Bitterauf Otto Dr.
Brimer Anton Dr.
Burger Ludwig Dr.

D.

Decker Max von
Dengel Oskar Dr.
Denzler Leonhard
Dittmar Georg Dr.
Dotzel Hans

E.

Ebel Hans Dr.
Eckerle Karl Dr.
Endres Sebastian
Erhard Albert Dr.
Eschrich Helmut

F.

Falkenberg Rob. Dr.*
Fellheimer Justin Dr.
Fischer Friedr. Dr.*
Fischl Werner
Fleischmann Just. Dr.
Forster Hanns Dr.*
Franz Ludwig
Fraunholz Anton Dr.
Friedrich Georg Dr.

G.

Geropp Philipp Dr.
Groß Walter
Gunderlach Frz. Dr.

H.

Hagen Wilhelm Dr.
Hammann Rudolf*
Hartmüller Karl
Hauenstein Fritz Dr.
Hauser Eugen
Heimer Lothar
Heisinger Ludw. Dr.
Heß Kurt Dr.
Heußinger Ludw. Dr.
Heydenreich Franz
Hindelang Otto
Hirt Ernst Dr
Höfter Max Dr.
Hoehl Wilhelm Dr.
Höhn Alfred Dr.
Hoffmann Wilhelm
Hofmann Oskar Dr.
Hollfelder Lor. Dr.
Huß Willy Dr.

J.

Jetzlsperger Alb. Dr.
Joanni Karl
Joetze Werner

K.

Kaiser Ludwig Dr.
Keim Karl Dr.
Kempf Wilhelm Dr.
Kienle Bernhard
Klee Hans Dr.
Kleemann Karl
Knirlberger Aug. Dr.
Kohl Horst
Krafft Felix
Krauß Hans
Kreitinger Franz Dr.
Kugler Eugen

L.

Lenhard Herm. Dr.
Lenk Helmut Dr.
Leopold Hans
Leuckart von Weißdorf Traugott, Freiherr von
Liebstädter Rud. Dr.
Lippert Hermann
Luchs Arthur

M.

Mang Johann Dr.
Maurmeier Karl*

Melka Adolf
Merkle Otto
Michel August Dr.*
Michel Karl Dr.
Miller Simon*
Moeßmer Werner Dr.
Müller Hermann
Müller Joseph Dr.
Mulzer Joseph Dr.
Munzinger Herm. Dr.

N.

Nachmann Ludw. Dr.
Nagel Hanns Joseph Dr.
Neithardt Herm. Dr.

P.

Pallauf Hans
Peter Oskar
Pfister Karl Dr.
Picht Eckart
Plate Hermann Dr.

Q.

Quinat Moritz Dr.

R.

Rabus Hans Dr.*
Rauh Hans Dr.
Reber Erich
Reiß Wilhelm Dr
Rheinstein Max Dr.
Riffel Emil
Ritzinger Max Joseph
Rothaug Oswald Dr.

S.

Samhaber Wendt
Saueressig Peter
Schardt Eduard*
Schellerer Hans Dr.
Scherm Georg Dr.*
van Scherpenberg Alb Hilger
Schlereth Ludwig Dr.
Schmitt Anton Dr.
Schmitz Otto Dr.
Schneider Vinz. Dr.
Schöll Joseph
Schramm Karl Dr.
Schröder Karl Oskar
Schulze Hans Dr.
Schwarz Max Dr.
Schwinger Rich. Dr.
Schwink Walter Dr.
Seibel Friedrich
Seibert Rudolf Dr.
Seifert Hans Dr.
Seiler Paul
Seither August Dr.
Seitz Walther Dr.
Selo Anna
Seufert Georg Dr.
Silber Fritz Dr.
Silberschmidt Benn.*
Silberschmidt Hans Dr.
Sitzmann Franz Dr.
Söhnlein Karl
Speichermann Ernst Dr
Steffan Franz Dr.
Steffen Ernst Dr.
Steitz Ludwig
Stockmayr Rudolf Dr.
Stritzke Otto Dr.
Stroebele Paul*

T.

Trabert Karl Dr.
Trötsch Georg Dr.

V.

Vischer Gustav Adolf Dr.
Voegeli Fritz Dr.*
Vogelgsang Herm. Dr.
Voll Gustav Dr.

W.

Wachinger Walther
Wagner Karl
Weichselbaum Sieghart Dr.
Weidmüller Ludwig Dr.
Weiß Karl Dr.
Wendler Richard Dr.
van Wien Siegbert Dr.
Wimmer August
Winkler Karl Dr.
Wolf Kurt Dr.
Wolf Richard Alex. Dr.
Wolff Eberhard

Z.

Zinser Georg Dr.
Zwink Anton Dr.*
Zwipf Wilhelm Dr.

1926.

A.

Acker Karl Dr.
Alzheimer Alois Dr
Auer Hugo Dr.
Augstein Karl Dr.

B.

Barth Heinrich
Beck Gustav
Beisler Karl Herm. Dr.
Bergold Friedrich Dr.
Biebl Eduard*
Biersack Max
Bohlender Eug. Dr.
Bohm Werner
Bott Norbert Dr.
Botzheim Albert Frhr. v. Dr.
Brand zu Neidstein Philipp Frhr. v. Dr.*
v. Brentano di Tremezzo Peter Ant.*
Brunner Karl
Buchwald Steph. v. Dr.

D.

Dachselt Martin Dr.
Denk Jakob*
Denk Julius
Derks Gerhart Dr.
Diemer Jos. Zeno Dr.

E.

Emmert Ernst Dr.

Endreß Werner Dr.
ErffaMargareteFreiin v. Dr.
Etzel Fritz Dr.

F.

Föll Heinz
Forster Willy Dr.
Frank Hans Dr.
Frauenknecht Gust. Dr
FruchtKonradFriedr.

G.

Geupel Theodor Dr.
Giel Ulrich
Graml Lorenz Dr.*
Grobe Ludwig Dr.

H.

Hack Albert Dr
Hanauer Jakob*
Hauck Emil Walther
Hechtel Emil
Hecker Peter
Hegenauer Albert Dr.
Heim Heinrich
Heindle Hans Dr.
Heinz Richard Dr.
Helm Kurt Dr
Herf Julius
Heß Gustav Dr.
Hoeltz Gisbert Dr.
Hoffmann Paul*
Homberger Konr. Dr.
Honold Karl
Hummel Joseph

J.

Jacob Otto
Illinger Kurt Dr.
Interschick Rudolf

K

Keim Viktor Dr.*
Knapp Georg
Kohlenberger Ph. Dr
Kohlmaier Karl
Kreß Kurt Frhr v
Kreutzer Willy Dr.
Kühn Heinr. Jul. Dr.
Kullmann Wilh. Dr.

L.

Langhaeuser Wilh.
Leibrock Hans Dr.
Lichtenberger Gust.

M.

Mattinger Wilh. Dr.
Mayer Alfons Dr.
Meiler Albert Dr
Melcher Ludwig Dr
Mengele Karl
Meß Winfrith Dr
Meyer Karl
Modell Hans
Moos Wilhelm Dr.
Mosbacher Ernst
Mühlfriedel Ottmar
Müller Theodor
Multerer Alois Dr.

N.

Naters Edgar Dr
Neumark Robert Dr.

O.

Oberbrunner Stefan Dr.
Ochsenreiter Anton Dr.
Oegg Ludwig
Ortner Rudolf

P.

Paepke Fritz
Petz Wilhelm v.

R.

Regensburger Fritz Dr
Rehm Alban Dr.
Reiß Friedrich Dr
Reitzenstein Rud. Dr
Risch Otto
Riß Karl
Rosenblatt Heinr Dr.
Ruby Karl Dr
Rückert Ludwig Dr*
Rüth Raymund

S.

Saller Joseph
Schmid Joseph Dr
Schmid Ludwig Dr
Schmidt Max Dr
Schmitt Heinz Dr
Schmitt Hermann Dr.
Schmucker Hans
Schönberger Vitus
Schraut Rudolf
Schreiber Joseph Dr.
Schultze Ludwig Dr.
Schwarzkopf Heinr.
Segnitz Herm. v Dr.
Seiderer Fritz Dr.
Seiß Hans Dr
Simon Philipp Dr
Springer Karl Dr
Starringer Joseph
Staudt Fritz Karl
Stiegler Heinrich Dr.
Stoeckle Alfons Dr.*
Stoeckle Edmund
StrößenreutherH. Dr.
Stromer v. Reichenbach Emil Frhr. v.

T.

Troger Karl
Troll Anton Dr.

W.

Wachter Leo Dr.
Wachter Ludwig Dr
Wagner Hans*
Wallenreiter Christ.
Weber Friedrich Dr.
Weiß Paul Dr
WeißauerLudwig Dr.
WinkelmannRud. Dr.
WochingerHans Dr*
WreschnerRaym. Dr.
Wunderer Wilh Dr

X.

Xylander Kurt v

Z.

Zacherl Friedrich*
Zang Heinrich Dr
Zimmermann Ludw*
Zizler Georg Dr*

IX. Notariatskammern.

I. Notariatskammer München:

1. Geheimer Justizrat Joseph Hellmaier in München, Vorsitzender; 2. Justizrat August Roesen in Miesbach, stellvertretender Vorsitzender; 3. Justizrat Adolf Bourier in München, Schriftführer; 4. Justizrat Artur Grimm in Passau, stellvertretender Schriftführer; 5. Geheimer Justizrat Julius Richter in München; 6. Geheimer Justizrat Dr. Karl Schad in München; 7. Justizrat Friedrich Stautner in Straubing; 8. Justizrat Joseph Haderlein in Hengersberg; 9. Justizrat Emil Bauschinger in Landshut.

II. Notariatskammer Zweibrücken:

1. Geheimer Justizrat Ludwig Helfrich in Ludwigshafen, Vorsitzender; 2. Justizrat Dr. Wilhelm Becker in Ludwigshafen, stellvertretender Vorsitzender; 3. Justizrat Ludwig Pfirmann in Kaiserslautern, Schriftführer; 4. Justizrat Eugen Roth in Frankenthal, stellvertretender Schriftführer; 5. Justizrat Joseph Reiser in Winnweiler; 6. Justizrat Friedrich Rupprecht in Neustadt a. H.; 7. Justizrat Franz Xaver Hilz in Kaiserslautern; 8. Justizrat Dr. Julius Keim in Edenkoben; 9. Anton Mendel in Zweibrücken.

III. Notariatskammer Bamberg:

1. Geheimer Justizrat Aquilin Mauter in Würzburg, Vorsitzender; 2. Justizrat Gottfried Schmitt in Lohr, stellvertretender Vorsitzender; 3. Justizrat Joseph Schul in Lichtenfels, Schriftführer; 4. Justizrat Ludwig Steinbach in Schweinfurt, stellvertretender Schriftführer; 5. Justizrat Dr. Ludwig Popp in Kulmbach; 6. Justizrat Ludwig Weidhofer in Ochsenfurt; 7. Justizrat Michael Bub in Würzburg; 8. Max Aubele in Bamberg; 9. Peter Götz in Münchberg.

IV. Notariatskammer Nürnberg:

1. — — — Vorsitzender; 2. Justizrat Theodor Reichold in Erlangen, stellvertretender Vorsitzender; 3. — — — Schriftführer; 4. Justizrat Karl Wachs in Hersbruck, stellvertretender Schriftführer; 5. Justizrat Ernst Rühl in Weiden; 6. Justizrat Hans Brunner in Gunzenhausen; 7. Justizrat Heinrich Hippler in Regensburg; 8. Justizrat Hans Stiegler in Ansbach; 9. Wilhelm Hoffmann in Hemau.

V. Notariatskammer Augsburg:

1. Geheimer Justizrat Hans Weinkamm in Augsburg, Vorsitzender; 2. Geheimer Justizrat Heinrich Schieder in Kempten, stellvertretender Vorsitzender; 3. Justizrat Franz Kohlhaas in Neuburg a. D., Schriftführer; 4. Johann Nep. Schott in Ellingen, stellvertretender Schriftführer; 5. Justizrat Jakob Braun in Günzburg; 6. Justizrat Karl Eggerking in Augsburg; 7. Justizrat Julius Regnier in Aichach; 8. Justizrat Friedrich Wöckel in Memmingen; 9. Justizrat Hans Scharberg in Immenstadt.

D. Übersicht der Gerichte und der Notare und Rechtsanwälte Bayerns.

I. Das Oberste Landesgericht in München

a: Umfasst 5 OLG., 29 LG, 267 AG.

b: RAnw I. bloss beim Obersten LG. zugelassene RAnw. Drey Eugen Dr JR., Neustätter Alfred Dr., Obermeyer Mor Dr Geh. JR., Rheinstrom Heinrich Dr., Stengel Hermann Frhr v., Geh. JR.

II beim Obersten LG., beim OLG. München und bei den LG. München I und II zugelassene RAnw Bloch Eduard Dr JR., Dispeker Siegfr Dr Geh. JR., Eisenberger Karl Dr Geh. JR., Fränkel Emil Dr JR., Frankenburger Hrch. Dr. Geh. JR., Friedlaender Max Dr, Gebhardt Heinrich JR., Harburger Isidor Dr Geh Hofrat JR, Herzfelder Felix Dr Geh. JR Kuhn Max Dr Geh. JR., Maurmeier Robert Geh. JR, Mayer Bernhard Dr Geh JR., Mayr Roderich Geh. JR, Werner Karl Dr JR, Zimmermann Wilh. Dr Geh. JR.

II. Die Oberlandesgerichte.

1. **Augsburg.** a: Umfasst 5 LG., nämlich Augsburg, Eichstätt, Kempten, Memmingen und Neuburg a. D., 49 AG.

b: RAnw I beim OLG u. LG. Augsburg zugelassene RAnw Aubele Alois, Bennighof Rudolf Dr., Böhm Gustav Dr JR., Böhm Ludw Dr JR., Deiler Ad. JR., Dorfmüller W JR., Dreifuß Ludwig, Edelmann Hans Dr., Fischer Robert Dr, Gunz Eugen JR., Hämmerle Rud. JR., Kiener Eduard JR., Kleininger Andreas Dr., Knoll Gabriel JR., Kress Gottfried, Loffel Benno, Löffler Adolf JR., Oehler Arnold JR., Ort Joseph, Reinhold Franz JR., Reisert Eugen, Reisert Fr. Dr., Rieser Leopold, Rossteuscher Phil. Dr., Rottenhöfer Frd. JR.. Sand Hermann JR., Scherer Herm. Dr., Schultze Frz. Ritt. v., Simmet Eugen JR., Strauss Eugen Dr., Teutsch Art. Dr., Weigl Max Geh. JR.. Weiß Otto, Weissenhorn Alois Dr., Wiedemann Karl, Witzler Theod JR

II. bloss beim OLG. Augsburg zugelassene RAnw. — — —

2. **Bamberg.** a: Umfasst 7 LG., nämlich Aschaffenburg, Bamberg, Bayreuth, Coburg, Hof, Schweinfurt und Würzburg; 69 AG.

b: RAnw I. beim OLG. und LG. Bamberg zugelassene RAnw. Albert Ant. JR., Aron Albert JR., Awrach Paul JR., Bettmann Bernhard JR., Gahn Karl Dr. JR., Gengler Gabriel Dr., Hennemann Theod. Dr., Höflein Moses JR., Löw Ludwig, Morgenroth Mart. Dr., Müller Georg, Oster Ludwig Dr., Ramer Wilh. JR., Reissig Don., Röder Joseph, Scheik J. B. Dr. Geh. JR., Schmitt Jos. Dr. JR., Wald Sigmund, Weegmann Luitpold, Werner J. Dr. Geh. JR., Zihr Georg JR.

II. bloss beim OLG. Bamberg zugelassene RAnw — — —

3. **München.** a: Umfasst 7 LG., nämlich Deggendorf, Landshut, München I, München II, Passau, Straubing, Traunstein: 59 AG.

b: RAnw.: I. die bei dem Obersten LG. unter b: II angeführten RAnw..

II. beim OLG. München und bei den LG. München I und II zugelassene RAnw.:

Abitz-Schultze Thaddäus Dr.
Ackermann Gustav JR.
Adam Friedrich JR.
Adam Joseph
Adler Paul Dr.
Adler Siegfried
Aichinger Romuald
Aldinger Heinrich
Amann Max
Ambrunn Leop. Dr.
Angerer Erhard JR.
Angerer Richard
Arnold Rudolf Dr.
Aronthal Siegfr.
Bacharach Alfr. Dr.
Bäcker Franz JR.
Baer Julius Dr.
Baierlacher Hans
Ballin Fritz Dr.
Bandorf Robert Dr.
Bary Erwin v.
Bauer Alfred JR.
Bauer Fritz Dr.
Bauer Heinrich Dr. JR.
Bauer Max Dr.
Baumann Hans Dr. JR.
Bayer Alexander Dr.
Bayer Franz JR.
Beer Eugen JR.
Beisler Karl Dr.
Benario Leo Dr.
Bencker Wilh.
Berchtold Karl JR.
Berg Ernst Dr.
Berg Ferdinand
Berghammer Sebastian Dr.
Berlin Alexander Dr. v.
Bernstein Hans Dr.
Berolzheimer Franz Dr.
Berolzheimer Hans Dr.
Berolzheimer Rich.
Besnard Julius Ritt. v. Edler von Schlangenheim
Betz Hans Dr.
Beutner Eduard Dr.
Bing Max JR.
Bischoff Otto Geh. JR.
Bloch Alfred Dr. JR.
Bloch Hans Dr.
Blumenstein Karl Dr. JR.
Böhm Gustav Dr.
Börger Karl JR.
Böswald Hans Dr. JR.
Boscowitz Richard Dr.
Brandmeier Karl
Braunsberger Fritz Dr.
Breitenmoser Hans
Brinz Eduard JR.
Brücklmayr Joseph JR.
Brügl Ludwig Dr.
Brunner Frz.
Buchberger Hubert JR.
Buchner Heribert
Büschelberger Karl Dr.
Buff Heinr. Dr.
Bullacher Karl Dr.
Burger Heinr.
Burger Joh. JR.
Christ Hs. Dr.
Crebert Heinr. Dr.
Dahn Hans
Damm Herm. JR.
Deibel Heinrich Dr.
Deisinger Siegfried Dr.
Denninger Eduard
Deppisch August Dr.
Diepold Hugo
Diess Wilh. Dr.
Diewald Ludwig
Dispeker Fritz Dr.
Dillmann Alex. Dr., Herzogl. Anh. Hofrat
Dinkelsbühler Alex. JR.
Dreher Heinrich Dr.
Dreifuss Siegb. Dr. JR.
Drissl Leo
Drumm Alfr.
Dübell Georg Dr.
Düll Rudolf Dr.
Dütsch Joseph Dr.
Durst Karl Dr.
Ebel Hans Dr.
Ehrensberger Fritz Dr.
Ehrl Mich. JR.
Eichner Joseph Dr.
Eilbott Jos. Dr.
Einstein Oskar Dr.
Eisenberger Max Dr.

Ellinger Max Dr. JR.
Endras Theodor Dr.
Engel Albert Dr.
Erffa Margarete Dr. Freiin v.
Erhardt Kurt Dr.
Erlanger Ludw.
Erlanger Theod. Dr.
Ernst Leo Dr.
Ertl Hans
Esslinger Wilh. Dr. JR.
Feldheim Otto Dr.
Ferch Wilhelm
Feuchtwanger Max Dr. JR.
Feuchtwanger Siegbert Dr.
Feust Karl Dr.
Fick Joseph
Fiedler Heinr. Dr.
Fleischmann Justin Dr.
Flossmann Wilh. Dr.
Foerst Ferd. Dr.
Foerst Wilh. Geh. JR.
Fohr August
Forchheimer Fritz Dr.
Fraass Otto Dr. JR.
Fraja Rudolf
Francke Friedr. Dr.
Frank Franz JR.
Frank Hans Dr.
Frank Heinrich
Franz Otto JR.
Frauendorfer Max Dr.
Frei Leopold Dr.
Freudenreich Fritz
Frey Valentin
Friedenreich Martin Dr.
Friedl Max Dr.
Friedrich Otto Dr.
Friess Alfred Dr.
Fröhlich Hans
Gaab Max JR.
Gademann Otto Dr.
Ganssler Max Dr. JR.
Gardé Maxim. Dr.
Gaubatz Gg. Dr. JR.
Gedon Lorenz
Geigel Reinh. Dr.
Gendreizig Erich Dr.
Gerbig Ernst JR. (in Unterhaching)
Gerbl Otto Dr.
Germer Johannes Dr.
Gern Artur Dr.
Gernbeck Gg. Dr. JR.
Gerner Frz.
Gerstle Hermann
Gerstle Oskar Dr.
Giegold Karl Dr.
Giel Ulrich
Gleifenstein Max JR.
Glonner Fritz
Görigk Franz
Göring Emil JR.
Goes Georg JR.
Götz Anton Dr.
Götz Georg Dr.
Goetz Karl
Goldmann Ludwig Dr. JR.
Goldschmidt Albert JR.
Goldschmidt Jakob Dr. JR.
Goldschmit Friedrich Dr. JR.
Gombart Rudolf
Gottscho Ernst
Gottwald Otto Dr.
Gräf Lorenz
Graf Hans JR.
Greif Hans Dr.
Greiner Oskar Dr.
Griebel Karl
Grimmeiss Hans Dr. JR.
Gröbl Alois Dr.
Grosch Karl JR.
Gross Ignaz JR.
Grosser Franz JR.
Gundelwein Felix
Gunderlach Franz Dr.
Gunzenhäuser Joseph Dr.
Gutmann Stephan
Habermann Philipp Frhr. v.
Hajek Ant. Heinrich JR.
Hamburger Heinrich Dr.
Hardt Karl
Hartmüller Karl
Hauck Christian
Hauck Emil Walter.
Haus Franz Dr.
Hauschild Alfred
Hausen Ferdinand Dr. Frhr. v.
Haymann Ludwig Dr.
Heberlein Franz
Heckelmann Seb. Dr.
Hecker Ludw. JR.
Hecker Peter
Heilbronner Jul. Dr. JR.
Heilmannseder Adolf
Heim Heinrich
Heim Paul JR.
Heins Valentin
Heisinger Ludwig Dr.
Hellmaier Friedr.
Hemmer Klem. Dr.
Hemmeter Walter
Herele Hubert Dr.

Hertkorn Hans Dr.
Hertle Max
Hiller Karl
Hindelang Hans Dr.
Hindelang Otto
Hirschberg Max Dr.
Hirschmann Paul
Höfter Max Dr.
Hoffmeister Hans Dr.
Hofmann Jak. JR.
Hofmann Ldw.
Holl Alfr. Dr.
Hollfelder Lorenz Dr.
Holzer Siegtried Dr.
Homberger Konrad Dr.
Hommelsheim Jos. Hub. Dr.
Horstmann Wilhelm Dr.
Hundt Frz.
Jacobi Herb. Dr. JR.
Jacoby Alfred Dr.
Jacoby Hugo Dr.
Jacoby Karl
Jacoby Siegfr. Dr.
Jung Edgar Dr.
Kärcher Friedrich Wilhelm
Kahn Ferdin. Dr.
Kahn Fritz Dr.
Kahn Ludwig Dr. JR.
Kahn Maximilian JR.
Kahn Rudolf Dr.
Kastor Heinr. JR.
Katz Ignaz Dr.
Kaufmann Adolf
Keller Jos.
Kern Jos. Dr.
Ketzer Georg Dr.
Kiendl Wilhelm
Kitzinger Wilhelm Dr. JR.
Klein August
Klopfer Fritz
Knirlberger August Dr.
Koblenzer Sally JR.
Köck Heinrich Dr.
Königsberger Felix Dr. JR.
Kohl Horst
Kohl Karl JR.
Kohlhepp Jos.
Kollmann Franz Dr. JR.
Kratzer Sebastian Dr.
Krauss Georg
Krauss Philipp Dr.
Kreiller Max
Krettner Ant. Dr. JR.
Kreutzer Rudolf Dr.
Krippner Christian
Kronacher Aug. Dr.
Krück Fritz Anton Dr.
Kühlmann Gust.
Kugler Otto JR.
Kuhn Thom.
Kurzmann Ludw. Dr.
Kussius Ferd. JR.
Landecker Emil Dr. JR.
Laturner Rudolf JR.
Laun Karl JR.
Lederer Dr. Willi
Lechner Ludw.
Leeb Joseph Dr. JR.
Lehner Albert Dr. JR.
Leibrecht Otto Dr.
Lemle Leo Dr.
Lermann Paul
Lersch Adolf JR.
Levinger Wilhelm JR.
Liebig Just. Frhr. v. JR.
Liebl Karl
Limmer Jos. Dr.
Löffler Clemens
Loewenfeld Jul. Rob.
Löwenfeld Phil. Dr.
Löwenstein Karl Dr.
Luber Wilhelm JR.
Ludwig Aug.
Lustig Adolf Dr.
Mahla Albert JR.
Malchus Friedrich Frhr. v.
Manz Konr.
Maron Oskar Dr.
Maurmeier Karl
Mayer Adolf Dr.
Mayer Arth. Dr.
Mayer Heinr.
Mayer Ludw. Dr.
Mayer Max
Mayer Otto Dr.
Mayer Robert Dr.
Mayr Robert Roderich Dr.
Meixner Karl
Melcher Ludwig Dr.
Melka Adolf
Meyer Benno Dr. JR.
Meyer Eugen Dr. JR.
Meyer Otto Dr.
Miez Alfred Dr.
Miller Albert v.
Miller Max Dr.
Miller v. Walter Dr.
Moeller Karl Dr.
Mössmer Ferd. Dr. Geh. JR.
Mössmer Ferd. Dr.
Mössmer Werner Dr.
Morgenroth Max Dr.

Mosbacher David JR.
Mosbacher Ernst
Mosbacher Kurt Dr.
Müller Gustav JR.
Müller Johannes Dr.
Müller Joseph Dr.
Müller Karl JR.
Müller Werner Dr.
Neithardt Aug. Dr. JR.
Neithardt Hermann Dr.
Nesslauer Jos. Dr.
Neu Hans Dr.
Neu Sigmund JR.
Neuburger Wilhelm JR.
Neuburger Zacharias Dr.
Neuland Fritz
Neumayer Joseph
Nicklas Otto
Noell Kurt
Nützel Georg Dr. JR.
Nußer Max Dr.
Nussbaum Albert
Oberländer Ernst Dr
Oestreich Karl Dr. JR.
Oettinger Karl Heinz Dr.
Oppenheimer Albert
Oppenheimer Leo JR.
Oppenheimer S. Dr.
Ott Rudolf JR.
Otto Maria Dr.
Panholzer Joseph Dr.
Panzer Karl Dr. JR.
Parcus Alfred
Parcus Hermann
Paret Aug. Dr. JR.
Paur Heinrich
Pereles Max Dr.
Perlmutter Alfred
Pertzsch Richard
Pesl Daniel Dr.
Pestalozza Anton Dr. Graf v.
Petzl Walter Dr.
Pfättischer Florian
Pflaum Otto Dr. JR.
Philipp Rudolf Dr.
Pixis Rudolf JR.
Popp Jos. JR.
Pospischil Karl JR.
Prager Max Dr. JR.
Prechtl Anton Dr.
Preindl Hermann
Pröbstl Siegfried Dr.
Pündter Clem.
Raab Otto
Raff Hermann Dr. JR.
Rampfl Martin
Rau Meinhold JR.
Redlich Heinrich Dr.
Regensteiner Ludw. Dr.
Regnault Werner Dr.
Rehm Alban Dr.
Reis Fritz Dr.
Reisinger Max
Rembold Otto
Reschreiter Max Dr.
Reubold Wilhelm
Rheinstein Max Dr.
Riederer Max Frhr. v. Paar
Riezler Emanuel Dr.
Rigauer Frz. JR.
Rinck Paul Dr.
Ritter Karl
Ritzinger Joseph
Roder Lorenz
Römer Alwin Dr.
Rosenbusch Julius JR.
Rosenthal Jul. Dr.
Rosenthal Wilh. Dr. JR.
Rostowsky E. Dr.
Rothschild Hugo JR.
Rotthat Georg
Rucker Alois
Rudelsberger Hs. JR.
Rudelsberger Karl JR
Rusch Joseph
Rutz Ottm. Dr.
Sandtner Karl
Sänger Alw.
Sauter Fritz Dr.
Scanzoni v. Lichtenfels Gust. v. Dr.
Schanderl Jos. JR.
Schardt Eduard
Schedel v. Greiffenstein Max
Schelosky Paul Dr.
Schepp Fritz JR.
Schifferl Osk. JR.
Schlelein Nik. JR.
Schlereth Ernst Dr.
Schlesinger Mor. Dr. JR.
Schmidhammer Otto
Schmidt Eugen
Schmitt Eugen Dr.
Schmitt Richard
Schmittberger Andr. JR.
Schnaier Joseph Dr.
Schneider Fritz
Schneider Karl JR.
Schnell Friedr. JR.
Schnitzlein-Rothenberg H. Dr
Schramm Christ. Dr. JR.
Schramm Karl Dr.

Schraut Rudolf
Schriefer Adolf
Schröder Ernst Dr.
Schroer Walter Dr.
Schub Mich. Dr.
Schubert Hans
Schülein Luitpold, Hofrat
Schütz Rudolf Dr.
Schuffenhauer Hermann
Schulz Udo Dr. JR.
Schuster Heinrich Dr.
Schwab Eduard Dr.
Schwaiger Georg JR.
Schwarz Felix JR.
Schwarz Max Joseph Dr.
Schweigert Max
Schwink Walter Dr.
Sedlmayr Frz. J. Dr.
Seidenberger Ernst Dr. JR.
Seidl Ferdin. Dr.
Seidl Rud. Dr.
Seiler Paul
Selo Anna
Settele Benedikt Dr.
Setzepfandt Gustav Dr.
Seyfried Richard
Siegel Julius Dr.
Siegel Mich. Dr.
Silber Fritz Dr.
Silbermann Emil Dr.
Silberschmidt Hans
Simon Eugen
Sinn Joseph Dr.
Sölch Max
Sonnenthal Karl
Späth Jos. Dr.
Spengruber Fritz
Spitzweg Richard
Spranger Georg JR.
Spreti Joseph Graf v.
Stägmeyr Franz
Staudt Fritz Karl
Stautner Frz. Dr.
Stegmüller Leopold
Steinharter Siegm. Dr. JR.
Steinmeier Kurt Dr.
Steitz Ludwig
Stemmer Karl Dr.
Steppacher Walter Dr.
Stern Theod. Dr.
Sterr Georg
Stieber Theodor Dr.
Stiefel Erwin
Stoeckle Alfons Dr.
Stoeckle Edmund Dr.
Stolz Ferdin. Dr.
Stolz Valentin Dr.
Straus Elias Dr. JR.
Strauss Ad. Dr. JR.
Strauss Ludw.
Strobl Christ. Dr. JR.
Ströbl Joseph Dr.
Taub Hans Dr.
Teutsch Robert
Thaler Paul Dr.
Theilhaber Robert Dr.
Thielo Karl Dr.
Thoma (I) Frdr. Dr.
Thoma (II) Friedrich Dr. JR.
Troll Friedrich
Troll Karl
Ueberreiter Jos. Dr. JR.
Ufer Fritz Dr.
Unterpieringer Hs.
Urban Jos. Dr.
Veit Adolf Dr. JR.
Vogel Fritz Dr.
Vogel Helmut
Vogl August JR.
Vogl Karl
Volk Max
Wallerstein Ernst Dr.
Waltz Wilhelm Dr.
Warmuth Jos. Dr.
Wassermann Otto Dr. JR., Großh. Bad. Geh. Hofrat
Wassermann Rud. Dr.
Weber Adolf JR.
Weber Hans
Weil Hans JR.
Weil Jos. Dr.
Weil Leo JR.
Weiler David Dr.
Wein Max Dr.
Weinberger Adolf
Weinmann Hans
Weinmann Leop. Dr.
Weis Ludw. Dr. JR.
Weiss Günther Dr.
Weiss Karl Dr.
Weiss Ludwig
Weissbart Jak. Dr.
Welden August, Frhr. v.
Werner Alfr. Dr.
Wetzler Robert
Wien van Siegbert Dr.
Wiesinger Hermann
Wiessner Gottfried
Wille Siegfr. Dr.
Wilmersdörffer Ernst Dr.
Wimmer August
Winkelmann Rudolf Dr.
Winterl Jos.
Winterstein Alfred Dr.

Wöhrl Hans Dr.
Wohnlich Herm.
Wolf Richard Alexander Dr.
Wreesmann Ferdinand JR.
Zacherl Friedrich
Zedermann Fel. Dr.
Zeiler Ludwig
Zeilmann Hans JR.
Zeller Karl
Zerling Arnold Dr.
Zezschwitz Willibald von JR.
Zimmermann Georg Dr.
Zimmermann Ludwig Dr.
Zottmaier Fritz Dr.
Zwipf Wilhelm Dr.

III. bloss beim OLG. München zugelassene RAnw.:

Biffar Fritz Dr.
Dyckhoff Eduard Dr.
Flaschner Martin
Greisbacher Karl
Halberg zu Broich Frhr. v. Theod.
Kisskalt Wilhelm Geh. JR.
Krämer Emil JR.
Lang Franz Paul
Luxburg Guido Graf v. Dr.
Neuburger Fritz Siegfr. Dr.
Reuter Otto Dr.
Rosenberg Alfred Dr.
Sager Karl JR.
Schlitt Wilhelm
Schulmann Rob. E.
Selz Alfred Dr.
Stern Adolf JR.
Winter Frz. Dr.

IV. beim OLG. München u. LG. München I zugelassene RAnw.: Schwarz Eduard Dr., Wein Herm. Dr.

V. beim OLG. München u. LG. München II zugelassene RAnw.: Hodenberg Otto Frhr. v., Seidl Friedrich, Thelemann Wilhelm v.

4. **Nürnberg.** a: Umfasst 6 LG., nämlich Amberg, Ansbach, Fürth, Nürnberg, Regensburg, Weiden; 60 AG.

b: RAnw.: I. beim OLG. und LG. Nürnberg zugelassene RAnw.:

Arnold Ant. Dr.
Augsberger Christian JR.
Babel Ludwig
Bamberger Frz. Dr. JR.
Bäumler Ludw.
Bergmann Frz. Dr.
Bergold Bernh. JR.
Berlin Walter
Bernheim Max JR.
Beyer Otto JR.
Bing Rud. JR.
Bloch Otto Dr.
Bloß Hans Dr.
Blum Fritz Dr.
Cahn Hugo Dr. Geh. JR.
Cnopf Karl Dr.
Cromwell Philipp
Däuwel Karl
Dormitzer Karl Dr.
Dormitzer Siegmund Dr. JR.
Ehrenbacher Edg. Dr.
Ehrenbacher Ludw. Dr.
Eisemann M. Dr.
Eismann Bernhard Dr.
Erlanger Mich. Dr. JR.
Eschenbach Aug. JR.
Fleischmann Martin
Frankenburger Leonh. Geh. JR.
Friedmann Max Dr.
Fröschmann Gg. Dr.
Gallinger Jos. Dr. JR.
Geiershöfer K. Dr. JR.
Gerngross Frdr. Ludw. Dr.
Goldmann K. JR.
Goldstein Just. Dr.
Gross Osk. JR.
Harrer Jak. JR.
Heidenheimer Leo Dr.
Heilmeier Matthäus
Heinemann Rud. Dr.
Herrmann Willy Dr.
Herz Richard Dr.
Honig Leop. Dr. JR.
Hundsrisser Wilhelm JR.
Josephthal Fritz
Jung Richard
Kahn Ferd. Dr.

Kahn Gustav Dr.
Kahn Max Jos.
Karpf David
Kaufmann D. Dr.
Keil Georg Dr.
Kelber Karl Dr.
Klein Otto Dr.
Kohn Max Dr.
Krailsheimer Hans Dr.
Krakenberger Paul Dr.
Kroher Herm. Dr.
Kühn Christian Dr. JR.
Kullmann Erwin
Kullmann Heinr.
Landau Hans JR.
Landenberger Leop. D'
Lang Georg Dr.
Lebrecht Artur Dr.
Ledermann Ludw. Dr.
Levor Jul. Dr.
Loeb Wilh. Dr.
Lust Herm. JR.
Marx Hans Dr.
Mayerhofer Willy
Merkel Karl JR.
Michelsohn Justin Dr.
Miederer Andreas Dr.
Mohr Alfred Dr.
Müller Hans Dr.
Neuburger Leop. Dr.
Noack Rudolf
Nürnberger Julius
Obermeier Fritz Dr.
Oettinger Siegbert JR.
Orth Wilhelm JR.
Orthal Heinrich Dr.
Ortweiler Alfred Dr.
Pestalozza Jos. Graf v., Geh. JR.
Praun W. v. Dr. JR.
Rau Rud. JR.
Regelsberger Walter
Rosenberg Otto Dr.
Rosenfelder Alb. Dr.
Rosenthal Nath. Dr.
Sammethreuter Max Dr.
Scheiblhuber Frdr.
Schloss Heinrich Dr.
Schloss Siegfr. Dr.
Schmitt Gustav Dr. JR.
Silberstein H. Dr. JR.
Sinauer Jul. Dr.
Stauder Karl Dr. JR.
Stern Bernhard
Stern Max
Strauss Siegfried Dr. JR.
Süssheim M. Dr. JR.
Sulzbacher Paul Dr.
Teutsch Alb. Dr. JR.
Thalmann Emil Dr.
Thorwart Karl Dr.
Tittus Jos.
Toepfer Christian Dr.
Tuchmann M. Dr.
Uhlfelder Berth. Dr.
Vogel Hans
Vollhard Ferd.
Wallersteiner Loth. Dr.
Wassertrüdinger Max Dr.
Weber Wilh. Dr.
Wertheimer Moritz
Westhoff Emil Dr.
Wurzer Georg Dr.
Zilcher Oskar JR.
Zimmer Anton Dr.
Zimmermann Hans

II. bloss beim OLG. Nürnberg zugelassene RAnw.:

Butzengeiger Karl
Drexler Karl
Hetzner Karl
Kohn Richard
Leonhardy Rich. Dr.
Loschky Oskar Dr.
Reif Kurt
Seeger Karl
Seligmann Reinhold Dr.
Siens Hans Dr.
Versen Rudolf Dr.

5. **Zweibrücken. a:** Umfasst 4 LG., nämlich Frankenthal, Kaiserslautern, Landau i. Pf. und Zweibrücken; 30 AG.

b: RAnw.: I. beim OLG. und LG. Zweibrücken zugelassene RAnw.: Bartel August JR, Berdel Christian JR., Hessert Eugen Geh. JR., Hömig Ludwig Dr., Kahn Berthold JR., Klein Heinrich Dr., Krieger Ernst Dr., Kurtz Johannes JR., Mühlhäuser Karl Dr., Rau Friedrich, Rau Heinrich Dr. JR., Rau Richard, Rohrbacher Adolf, Rothgang Alexander, Schuler Max, Trier Otto Geh. JR., Wolf Fritz JR., Zapf Albert Dr. JR., Zöller Ludwig.

II. bloss beim OLG. Zweibrücken zugelassene RAnw.: — — —

III. Landgerichte.*)

1. **Amberg.** a: Zugl. LArbG.; zum OLG. Nürnberg; umfasst 10 AG., nämlich Amberg, Cham, Furth i. W., Kastl, Nabburg, Neunburg v. W., Parsberg, Schwandorf, Sulzbach, Waldmünchen.

b: RAnw.: Birkl Sebastian, Diem Alois, Hahn Oskar, Höcht Joh. Bapt., Leitl Johann JR., Reindl Joh. Geh. JR., Schiessl Jos., Steininger Jos. Dr. JR., Taucher Eugen Dr. Geh. JR., Wirsching Michael Dr.

2. **Ansbach.** a: Zugl. LArbG.; zum OLG. Nürnberg; umfasst 11 AG., nämlich Ansbach, Dinkelsbühl, Feuchtwangen, Gunzenhausen, Heidenheim, Heilsbronn, Herrieden, Rothenburg o. T., Schillingsfürst, Uffenheim, Wassertrüdingen.

b: RAnw.: Bayer Adolf JR., Blaha Heinrich Dr., Ebert Konr. Dr., Ebner v. Eschenbach S. Frhr. v. JR., Frankenburger Isaak JR., Hartwig Reinh. JR., Pfister Hans JR., Stadler Wilhelm, Stigler Kurt Dr., Vogel Karl JR., Wasser Karl.

3. **Aschaffenburg.** a: Zugl. LArbG.; zum OLG. Bamberg; umfasst 9 AG., nämlich Alzenau, Amorbach, Aschaffenburg, Klingenberg, Lohr, Marktheidenfeld, Miltenberg, Obernburg, Schöllkrippen.

b: RAnw.: Arnold Rob. Dr., Baum Justin, Bernatz Matthäus JR., Dilg Friedrich, Fischl Werner, Fuchs Karl, Grünebaum Mich., Koch Fritz Dr., Kühner Fritz, Leeb Ignaz, Macke Karl, Rosenthal Ernst Dr., Schwarzmann Alb. Dr., Stühler Albert, Vogler Franz.

4. **Augsburg.** a: Zugl. LArbG.; zum OLG. Augsburg; umfasst 8 AG., nämlich Aichach, Augsburg, Burgau, Friedberg, Landsberg, Schwabmünchen, Wertingen, Zusmarshausen.

b: RAnw.: I. die beim OLG. Augsburg unter b: I. angeführten RAnw.

II. bloss beim LG. Augsburg zugelassene RAnw.: Adler Siegfried Dr., Auerbach Hans, Fraunholz Ant. Dr., Geislhöringer August Dr., Haas Paul, Heichlinger Rudolf Dr., Henking Heinrich, Hohenberger Georg Dr. v., Holzhauser Rudolf, Kempter Fritz, Kunz Karl, Luchs Artur, Merkel Konrad, Neumark Robert Dr., Oberbrunner Stefan, Schiele Ant., Sörgel Werner Dr., Spörl Johann Dr., Wolz Eduard, Zeitler Florian Dr.

5. **Bamberg.** a: Zugl. LArbG.; zum OLG. Bamberg; umfasst 13 AG., nämlich Bamberg, Baunach, Burgebrach, Ebermannstadt, Ebern, Eltmann, Forchheim, Hassfurt, Höchstadt a. A., Hofheim, Schesslitz, Sesslach, Staffelstein.

b: RAnw.: I. die beim OLG. Bamberg unter b: I. angeführten RAnw.

---

*) Strafkammern sind bei jedem Landgerichte gebildet; Schwurgerichte treten bei jedem Landgerichte zusammen.

II. bloss beim LG. Bamberg zugelassene RAnw.: Brehm Heinrich Dr., Dehler Thomas Dr., Dietz Joseph Dr., Liedel Fritz Dr., Scheick Karl Dr., Wassermann Albert Dr. JR., Wehrl Fritz Dr., Weichselbaum Sieghard Dr., Weiss Max.

6. **Bayreuth.** a: Zugl. LArbG.; zum OLG. Bamberg; umfasst 9 AG., nämlich Bayreuth, Berneck, Hollfeld, Kulmbach, Pegnitz, Pottenstein, Stadtsteinach, Thurnau, Weidenberg.

b: RAnw.: Bibra A. Frhr. v. JR., Brunner Wilh. JR., Feustel Heinrich, Forster Robert Dr., Frölich Ludw. JR., Greifenstein Friedr., Herzstein Rich. Dr., Klein Bertold JR., Köppelle Karl, Krauss Hans, Langheinrich Christ. Dr. Ritt. v. JR., Meyer Fritz Dr., Schäffler Theod., Schneider Hugo, Spitzenpfeil Aug., Stoll Aug. Dr., Thoma Gust., Tröger Karl.

7. **Coburg.** a: Zugl. LArbG.; zum OLG. Bamberg; umfasst 9 AG., nämlich Coburg, Kronach, Lichtenfels, Ludwigsstadt, Neustadt b. Cbg., Nordhalben, Rodach, Sonnefeld, Weismain.

b: RAnw.: Bär II Martin Dr., Bär I Mor. Dr. JR., Beck Leo Dr., Bretzfeld Frdr. Dr. JR., Ehrlicher Alfred, Faber Werner, Forkel Herbert Dr., Hess Kurt Dr., Hirsch Kuno JR., Reinlein Hans Dr., Ruprecht Hrch. Geh. JR., Stammberger Karl, Teetzmann Max, Wachter Leo Dr., Wachter Ludwig Dr., Zipperlin Rudolf.

8. **Deggendorf.** a: Zugl. LArbG.; zum OLG. München; umfasst 7 AG., nämlich Arnstorf, Deggendorf, Grafenau, Hengersberg, Osterhofen, Regen, Viechtach.

b: RAnw.: Albrecht Karl Dr., Brandl Friedr. JR., Eder Gg. JR., Heindl Rudolf Dr., Kriegelsteiner Ludwig Dr., Lettenbauer Herm. JR., Oertel Hans, Rosner Hans, Seehuber Gustav Dr., Wendler Richard Dr., Wösch Friedrich.

9. **Eichstätt.** a: Zugl. LArbG.; zum OLG. Augsburg; umfasst 9 AG., nämlich Beilngries, Eichstätt, Ellingen, Greding, Ingolstadt, Kipfenberg, Monheim, Pappenheim, Weissenburg i. B.

b: RAnw.: Hänlein Salom., Heldwein Mich., Morhard Mich. JR., Reinwald Frdr. JR.

10. **Frankenthal.** a: Zugl. LArbG.; zum OLG. Zweibrücken; umfasst 6 AG., nämlich Dürkheim, Frankenthal, Grünstadt, Ludwigshafen a. Rh., Neustadt a. H., Speyer.

b: RAnw.: I. die beim LG. und AG. Frankenthal zugelassenen RAnw.: Koch Karl, Mann Richard Dr. JR., Mappes Georg Dr. JR., Röhrig Heinrich JR., Schulz Karl Dr., Schweikert K. Geh. JR.

II. bloss beim LG. Frankenthal zugelassene RAnw.: Baumann Wilhelm JR., Blum Robert Dr., Heintz Oskar, Kämmerling Theod. Dr., Koch Phil., Mayer Hrch. Dr., Müller Rich., Nachmann Ludwig Dr., Samuel Siegfried Dr., Scheib Karl JR., Schreiner Emil.

11. **Fürth.** a: LArbG. Nürnberg; zum OLG. Nürnberg; umfasst 8 AG., nämlich Cadolzburg, Erlangen, Fürth, Herzogenaurach, Markt-Erlbach, Neustadt a. A., Scheinfeld, Windsheim.

b: RAnw.: Arnstein Ernst, Baburger W. Dr. JR., Berlin Otto, Büchenbacher S. JR., Fischer Franz, Haimerl Hs., Herzstein Max Dr., Hohner Gg. JR., Koch Gustav JR., Linhardt Ernst

Dr., Neubürger A. Dr., Paulus Hans, Prager Jul. Dr. JR., Rascher Ludwig, Rückert Friedrich, Sahlmann Paul Dr., Scherer Johann G. JR., Schopflocher Ernst Dr., Stahl Leo Dr., Stein Jul. Dr. JR., Wertheimer Sgfr. JR.

12. **Hof.** a: Zugl. LArbG.; zum OLG. Bamberg; umfasst 8 AG., nämlich Hof, Kirchenlamitz, Münchberg, Naila, Rehau, Selb, Thiersheim, Wunsiedel.

b: RAnw.: Augustin Gust., Baumann Frdr. JR., Birkel Ludwig JR., Durst Friedr., Durst Hans, Feiler Max Dr., Feustel Valentin, Fischer Ottmar JR., Glass Wilhelm JR., Gruber Georg JR., Heinisch Max Dr., Henneberg Ferdinand Dr., Huss Johann JR., Ströbel Franz, Ströbel Karl JR., Weinauer Oskar Dr., Wellhöfer Georg, Winter Fritz Dr.

13. **Kaiserslautern.** a: Zugl. LArbG.; zum OLG. Zweibrücken; umfasst 9 AG., nämlich Kaiserslautern, Kirchheimbolanden, Kusel, Lauterecken, Obermoschel, Otterberg, Rockenhausen, Winnweiler, Wolfstein.

b: RAnw.: Blüthe Leo Dr. JR., Braun Ludwig Dr. JR., Hammann Rudolf Dr., Henn Balthasar, Henn Fritz, Hoffmann W. Dr., Kehr Erich Dr., Kissel Karl, Neumayer F. Geh. JR., Neumayer Frdr., Reber Karl Dr., Rheinheimer Jul. Dr. JR., Schmidt Philipp, Seibert Paul, Tuteur Paul Dr., Tuteur Rob. Dr., Wadlinger Wilh. Dr. JR., Wertheimer E. Dr. JR.

14. **Kempten.** a: Zugl. LArbG.; zum OLG. Augsburg; umfasst 10 AG., nämlich Füssen, Immenstadt, Kaufbeuren, Kempten, Lindau, Markt-Oberdorf, Obergünzburg, Schongau, Sonthofen, Weiler-Lindenberg.

b: RAnw.: Böck Hugo v. JR., Breher Ludw., Forster Jos., Kemmeter G. Dr. JR., Kemmeter Georg, König Ludwig Dr., Pittner Franz Dr., Ritt Peter Dr., Rohrer Richard Dr., Schmid Kasp., Schnelle Hans, Schobacher Ernst, Schwarzenberger Frz. Xav. JR., Spengler Ludw., Staubwasser Jos., Stölzle Hans Dr. JR., Strasser Aug. Dr. Geh. JR., Strefler Ludw. JR., Thiem Otto Dr., Ultsch Ferdinand Dr., Vogl Richard, Winkle Daniel.

15. **Landau i. Pf.** a: LArbG. Frankenthal; zum OLG. Zweibrücken; umfasst 6 AG., nämlich Annweiler, Bergzabern, Edenkoben, Germersheim, Kandel, Landau i. Pf.

b: RAnw.: Bilabel Heinr. JR., Eichinger Jos., Feibelmann Sali Dr., Führ Karl Dr., Goldberg Jul. Dr., Hauck Karl JR., Höffner Theodor, Klug Adam JR., Michel Rudolf, Schmidberger Max Dr. JR., Schönhöffer Al. Dr., Schultz Leonhard, Sieben Ad. JR., Sieben Ernst, Unruh Heinr., Weil Hugo Dr. JR.

16. **Landshut.** a: Zugl. LArbG.; zum OLG. München; umfasst 8 AG., nämlich Dingolfing, Eggenfelden, Landshut, Mainburg, Moosburg, Neumarkt a. R., Rottenburg, Vilsbiburg.

b: RAnw.: Bücherl Frz. X., Deiglmayr Karl, Denk Jakob, Gagg Walter, Schloder Jos., Schmidtmüller Max Dr., Schreiner Gg. JR., Schüllner Jos., Stanglmair Herm. JR., Weinberger Frz., Wölfl Kaspar JR.

17. **Memmingen.** a: LArbG. Kempten; zum OLG. Augsburg; umfasst 11 AG., nämlich Babenhausen, Buchloe, Günzburg a. D., Illertissen, Krumbach, Memmingen, Mindelheim, Neu-Ulm, Ottobeuren, Türkheim, Weissenhorn.

b: RAnw.: Durst Richard, Goldbach Franz, Graf Fritz, Haussmann Otto, Holzhauser Ernst, Krieger Franz Dr., Lauber Otto Dr., Leeb Ludwig, Miller Robert Dr., Nigg Karl, Rauh Max, Rauh Wilhelm.

18. **München I.** a: LArbG. München; zum OLG. München; umfasst 1 AG., nämlich München.

b: RAnw.: I. die beim Obersten LG. unter b: II und die beim OLG. München unter b: II und IV angeführten RAnw.

II. beim LG. München I und II zugelassene RAnw.:

Eisenhart Hans	Müller Adolf Dr.
Feuchtwanger Ludw. Dr.	Pfisterhammer Hans
Fürnrohr Aug. Dr.	Schmitt Friedrich Dr.
Gmeiner Wolfgang	Schmitt Heinrich
Hack Leo	Schülein Benno
Held Wilhelm	Stempel Karl Dr.
Knopf Leopold Dr. JR.	Stengel Emil
Koch Friedrich Karl	Stürzer Friedrich
Lindemann Wilhelm	Weitpert Konrad Dr.
Lösch Alexander	Wimmer Bernh. Dr.

III. bloss beim LG. München I zugelassene RAnw.: Gentes Julius Dr., Kayser Oskar Dr., Leitschuh Christian, Meer Konstantin, Müller Adolf Dr., Pröbst Karl, Steininger Hermann Dr., Wertheimer Simon Dr.

19. **München II.** a: LArbG. München; zum OLG. München; umfasst 14 AG., nämlich Dachau, Dorfen, Ebersberg, Erding, Freising, Fürstenfeldbruck, Garmisch, Haag, Miesbach, Starnberg, Tegernsee, Tölz, Weilheim, Wolfratshausen.

b: RAnw.: I. die beim Obersten LG. unter b: II und die beim OLG. München unter b: II und V angeführten RAnw.

II. die beim LG. München I unter II angeführten RAnw.

III. bloss beim LG. München II zugelassene RAnw.: Baumgärtner Friedr., Biber Wilh. Dr., Grünewald Max Dr., Hoffmann Bernhard, Pauer Rudolf Dr. Ritter u. Edler v., Pospischil Sigm. JR., Schrauth Fel., Schubart Artur JR., Trutter Erich, Weber Otto Dr.

20. **Neuburg a. D.** a: LArbG. Augsburg mit Ausnahme der Amtsg.-Bez. Pfaffenhofen u. Geisenfeld; zum OLG. Augsburg; umfasst 11 AG., nämlich Dillingen, Donauwörth, Geisenfeld, Höchstädt a. D., Lauingen, Neuburg a. D., Nördlingen, Oettingen, Pfaffenhofen, Rain, Schrobenhausen.

b: RAnw.: Börner Karl JR., Engelmayer Jos., Graf Leonhard, Lauber Theod. JR., Löbisch Albert.

21. **Nürnberg.** a: Zugl. LArbG.; zum OLG. Nürnberg; umfasst 9 AG., nämlich Altdorf, Gräfenberg, Hersbruck, Hilpoltstein, Lauf, Neumarkt Opf., Nürnberg, Roth, Schwabach.

b: RAnw.: I. die beim OLG. Nürnberg unter I angeführten RAnw.

II. bloss beim LG. Nürnberg zugelassene RAnw.: Bärmann Wilhelm Dr., Barth Friedrich, Bauer Friedrich Dr., Bergold Friedrich Dr., Effert Herm. Dr., Endress Werner Dr., Eucker Ernst Dr., Feilchenfeld Ernst,

Fellheimer Justin Dr., Fensterer Joseph (in Schwabach), Frank Ludwig Dr., Franz Ludwig, Freudenreich Semi Dr., Fuld Heinr. Dr., Gärtner Gottfr., Grampp Gust. JR., Grimm Otto, Greune Karl Dr., Guttenberg Emil Dr., Haber Max Dr., Hack Wolfgang Dr., Hering Erich Dr., Heydenreich Franz, Hirschmann Fritz Dr., Hofmann Konr. Dr., Holzinger Fritz Dr., Krafft Hans Dr., Kauper Joseph Dr., Kern Hans, Kössler Fritz Dr., Kunze Walter, Landgraf Konrad Dr., Liebstädter Rudolf Dr., Löwenthal Alfons Dr., Lorch Max Dr., Lotter Karl Dr., Mayer Karl Dr., Mohr Richard Dr., Müller Albrecht, Müller Hermann, Müller Joseph Dr., Nattenheimer Kurt Dr., Nussbaum Meinhold Dr., Ostner Ludwig Dr., Rosenblatt Heinrich Dr., Rothstein Norbert Dr., Rupp Eberhard, Schlegel Karl Dr., Schmid Joseph Dr., Schmitt Gustav Dr., Schmitz Fritz Dr., Silberschmidt Hanns Dr., Stauder Rudolf Dr., Stein Otto Dr., Stiegler Hans Dr., Stritzke Otto Dr., Teutsch Hans Dr., Tittus Jos., Troll Anton Dr., Vorchheimer Isidor Dr., Weber Wilhelm, Weinberger Leo Dr., Weisgerber Joseph Dr., Weiss Fritz, Zilcher Ferdinand Dr.

22. **Passau.** a: Zugl. LArbG.; zum OLG. München; umfasst 9 AG., nämlich Freyung, Griesbach, Passau, Pfarrkirchen, Rotthalmünster, Simbach, Vilshofen, Waldkirchen, Wegscheid.
b: RAnw.: Beck Friedr. Dr., Danzer Karl Dr., Diewald Karl, Eibl Joseph Dr., Fischer Hans, Graf Eduard Dr., Hammon Hans Dr., Heizer Jos., Jäger Rolf Dr., Scheuerecker Jos., Schmidtmüller Jul., Schwaebel Karl Dr., Seitz Max, Senninger Jos. JR., Senninger Ludw., Warns Maximilian Dr.

23. **Regensburg.** a: Zugl. LArbG.; zum OLG. Nürnberg; umfasst 11 AG., nämlich Abensberg, Burglengenfeld, Hemau, Kelheim, Nittenau, Regensburg, Regenstauf, Riedenburg, Roding, Stadtamhof, Wörth.
b: RAnw.: Albert Georg, Artmann Joseph, Bernhold O. Geh. JR., Bloch Adolf Dr. JR., Buchmann F. Dr. JR., Dirnberger Hans, Erbersdobler Alois Dr., Görtz Joh. Geh. JR., Heidecker D. Dr. JR., Heiss Alfons, Heunisch Mich. JR., Keiter Engelhardt, Knaus Frdr., Kobler Hans Dr., Lehmann Justin Dr., Martin Johann JR., Mattmer Franz Dr., Meyer Isaak Dr., Michel Karl Dr., Ottinger Fr. Dr., Pemsel Heinr. Dr., Rid Heinrich, Schlegl Armin Dr., Seitz Georg Dr. JR., Siegfried Gg. JR., Soiderer Peter, Solleder Max Dr., Trimpl Johann JR., Weber Franz, Weiner Siegfried, Wormbs Konrad, Ziegler Heinrich.

24. **Schweinfurt.** a: LArbG. Würzburg; zum OLG. Bamberg; umfasst 11 AG., nämlich Bischofsheim, Gerolzhofen, Hammelburg, Kissingen, Konigshofen, Mellrichstadt, Münnerstadt, Neustadt a. S., Schweinfurt, Volkach, Werneck.
b: RAnw.: Brandis Felix, Brehm Paul, Butz Jak., Drescher Karl, Graetz Arnulf Dr., Gundersheimer Hermann Dr., Hesslein B. Dr. JR., Hommel M. Dr. JR., Jüllich Ferd. JR., Lang Gg., Leiber Mor. JR., Mendle Sali, Müller Friedrich, Raithel Konr. Dr., Selig Jos., Seufert Ludw. Dr., Silberstein Heinrich Dr., Stumpf Rudolf Dr., Werner Joseph JR.

25. **Straubing.** a: Zugl. LArbG.; zum OLG. München; umfasst 7 AG., nämlich Bogen, Kötzting, Landau a. I., Mallersdorf, Mitterfels, Neukirchen, Straubing.

b: RAnw.: Gähler Franz v., Gerhard Hr. Dr. JR., Höchtl Fritz Dr., Kellner Hs. Dr., Mayr Ludw. Dr. JR., Motzet Wilhelm Dr., Pfannenstiel H. Geh. JR., Pfeiffer Siegfried Dr., Prager Alfons JR., Ruland Norb. JR., Schriefer Jos., Segl Jos. JR., Seidenböck Ant. JR., Strassl Hans JR., Wenninger Ludw. JR.

26. **Traunstein.** a: Zugl. LArbG.; zum OLG. München; umfasst 13 AG., nämlich Aibling, Altötting, Berchtesgaden, Burghausen, Laufen, Mühldorf, Prien, Reichenhall, Rosenheim, Tittmoning, Traunstein, Trostberg, Wasserburg.

b: RAnw.: Ahammer Karl JR., Bomhard Theod. JR., Jordan Seb. Dr., Meichelböck Franz Dr., Merkenschlager Karl, v. d. Pfordten G. Geh. JR., v. d. Pfordten German Dr., Plate Hermann Dr., Ruckdeschel Otto Dr., Schlumberger H. JR., Schmidt Frdr. JR., Seibert Rudolf Dr., Windisch Hans JR., Zeitler Franz Joseph.

27. **Weiden.** a: Zugl. LArbG.; zum OLG. Nürnberg; umfasst 11 AG., nämlich Auerbach, Erbendorf, Eschenbach, Kemnath, Neustadt a. WN., Oberviechtach, Tirschenreuth, Vilseck, Vohenstrauss, Waldsassen, Weiden.

b: RAnw.: Bönitsch Max, Gabel Anton Dr., Gailer Heinrich Dr., Grafenstein F. v. Geh. JR., Lindner Simon Dr., Linsmeier Hans, Maierhöfer Alois Dr., Mertenbaur Hans, Mohr Vinzenz, Nagel Georg, Nehmann Andr., Pfleger Fr. J. Dr. JR., Schenkl Hans, Seiss Hans Dr., Wening Heinr.

28. **Würzburg.** a: Zugl. LArbG.; zum OLG. Bamberg; umfasst 10 AG., nämlich Arnstein, Aub, Brückenau, Dettelbach, Gemünden, Karlstadt, Kitzingen, Marktbreit, Ochsenfurt, Würzburg.

b: RAnw.: Adler Jul. Dr., Ambach Hrm. Dr., Baumeister Ludwig Dr., Beck Georg, Behr Ernst Dr., Bonn Georg Dr., Döhling Ernst, Dotzel Hanns, Ebert Ludwig Dr., Fränkel Alfred JR., Goller Friedr. JR., Grafenstein Adolf Dr. v., Haas Gerson Dr. JR., Hamburger Max Dr., Hartig Walter Dr., Haubach Jos. Dr., Heppt Linus, Keil Heinrich Dr., Keller Anton JR., Klee Hans Dr., Klemmert Adam Dr., Krause Erhard, Kriener Oskar, Kunz Hubert Dr., Link Anton, Dr., Keller Anton JR., Klee Hans Dr., Klemmert Adam Dr., Krause Erhard, Kriener Oskar, Kunz Hubert Dr., Link Anton, Mayer Erich Dr., Mayer Helmut Dr., Meissner Christ. JR., Meixner Karl, Müller Anton, Müller Richard, Oppenheimer Arnold JR., Pappenheimer Willy Dr., Pfriem Fritz, Pohl Art. Dr. JR., Reinhard August, Risch Hans JR., Risch Otto, Rosenthal K. Dr., Rösser Sebastian, Scheuring Luitpold JR., Schlereth Ludwig Dr., Schloss David, Schmitt Johann, Schraud Wilhelm, Schrott Hans Dr., Selig Stephan, Seufert Michael, Silbermann S. Dr. JR., Staudt Alois, Stegherr Heinrich Dr., Stein Ludwig Dr., Stern Bruno Dr., Stern Salomon, Straub Oskar, Süsser Adolf JR., Thaler Joseph Dr., Then Ferdinand Dr., Then. J. B. Dr. JR., Then Otto JR., Ulrich Alfred, Wahler Jul. JR., Weichsel Alfred.

29. **Zweibrücken.** a: Zugl. LArbG.; zum OLG. Zweibrücken; umfasst 9 AG., nämlich (Blieskastel), Dahn, (Homburg), (St. Ingbert), Landstuhl, Pirmasens, Waldfischbach, Waldmohr, Zweibrücken.

b. RAnw.: I. die beim OLG. Zweibrücken unter b: I angeführten RAnw.

II. bloss beim LG. Zweibrücken zugelassene RAnw.: Brügel Richard, Heinsinger Jakob, Trier Adolf.

IV. Amtsgerichte.*)

1. **Abensberg** (NB.). **a:** ArbG. Kelheim; SchöffG., GrJugG., LG. u. LArbG. Regensburg; OLG. Nürnberg; BzA. Kelheim; FA. Neustadt a. D.; LFA. München.
b: Not.: Schöpperl Karl.
c: RAnw.: Kölbig Anton Wilh., Regler Martin Dr., Stark Nikolaus.

2. **Aibling** (OB.). **a:** ArbG., SchöffG. u. GrJugG. Rosenheim; LG. u. LArbG. Traunstein; OLG. München; BzA. u. FA. Aibling; LFA. München.
b: Not.: Tessari Alfred JR.
c: RAnw.: Kotschenreiter Hans, Rumpf J. B. JR.

3. **Aichach** (OB.) zugl. ArbG. **a:** SchöffG., GrJugG., LG., LArbG. u. OLG. Augsburg; BzA. u. FA. Aichach; LFA. München.
b: Not.: Regnier Julius JR.
c: RAnw.: Stanglmayr Joseph, Wellner Benedikt.

4. **Altdorf** (MFr.). **a:** ArbG., SchöffG., GrJugG., LG., LArbG. u. OLG. Nürnberg; BzA. Nürnberg; FA. Altdorf; LFA. Nürnberg.
b: Not.: Stapf Wilhelm JR.
c: RAnw.: Schenck Friedr., Zeh Karl Fr. JR.

5. **Altötting** (OB.) zugl. ArbG. **a:** SchöffG., GrJugG., LG. u. LArbG. Traunstein; OLG. München; BzA. Altötting; FA. Burghausen; LFA. München.
b: Not.: Hausladen Gg. JR.
c: RAnw.: Heizer Albert JR., Lutz Karl.

6. **Alzenau** (UF.) zugl. ArbG. **a:** SchöffG., GrJugG., LG. u. LArbG. Aschaffenburg; OLG. Bamberg; BzA. Alzenau; LandFA. Aschaffenburg; LFA. Würzburg.
b: Not.: Schröppel Leonh. JR.
c: RAnw.: Walter Anton.

7. **Amberg** (OPf.) zugl. ArbG. **a:** SchöffG., GrJugG., LG. u. LArbG. Amberg; OLG. Nürnberg; UnmG., BzA. u. FA. Amberg; LFA. Nürnberg.
b: Not.: I: Wehgartner August JR., II: Huber Rup. JR.
c: RAnw.: (s. beim LG. Amberg).

8. **Amorbach** (UFr.). **a:** ArbG. Miltenberg; SchöffG., GrJugG., LG. u. LArbG. Aschaffenburg; OLG. Bamberg; BzA. Miltenberg; FA. Amorbach; LFA. Würzburg.
b: Notariat aufgehoben.
c: RAnw.: Krauss Friedrich.

9. **Annweiler** (Pf.). **a:** ArbG., SchöffG., GrJugG. u. LG. Landau i. Pf.; LArbG. Frankenthal; OLG. Zweibrücken; BzA. Bergzabern; FA. Annweiler; LFA. Würzburg.
b: Not.: Selzer Julius JR.
c: RAnw.: — — —.

10. **Ansbach** (MFr.) zugl. ArbG. **a:** SchöffG., GrJugG., LG. u. LArbG. Ansbach; OLG. Nürnberg; UnmG., BzA. u. FA. Ansbach; LFA. Nürnberg.

---

*) Ein kleines Jugendgericht besteht bei jedem Amtsgericht.

b: Not.: I: Stiegler Hans JR., II: Götzelmann Ferdinand JR.
c: RAnw.: (siehe beim LG. Ansbach).

11. **Arnstein** (UFr.). a: ArbG. Gemünden; SchöffG., GrJugG., LG. u. LArbG. Würzburg; OLG. Bamberg; BzA. Karlstadt; FA. Arnstein; LFA. Würzburg.
b: Not.: Striffler Karl.
c: RAnw.: — — —

12. **Arnstorf** (NB.) zugl. ArbG. a: SchöffG., GrJugG., LG. u. LArbG. Deggendorf; OLG. München; BzA. u. FA. Eggenfelden; LFA. München.
b: Not.: Verweser: Budenbender Julius, Notar.
a: RAnw.: Lutz Burkard.

13. **Aschaffenburg** (UFr.) zugl. ArbG. a: SchöffG., GrJugG., LG. u. LArbG. Aschaffenburg; OLG. Bamberg; UnmG., BzA. u. StadtFA. Aschaffenburg; LFA. Würzburg.
b: Not.: I: Reinhardt Karl JR.; II. Thiel Friedrich, Geh. JR.
c: RAnw.: (siehe beim LG. Aschaffenburg).

14. **Aub** (UFr.). a: ArbG. Ochsenfurt; SchöffG., GrJugG., LG. u. LArbG. Würzburg; OLG. Bamberg; BzA. Ochsenfurt; FA. Röttingen; LFA. Würzburg.
b: Not.: Hopf Otto.
c: RAnw.: — — —.

15. **Auerbach** (OPf.) zugl. ArbG. a: SchöffG., GrJugG., LG. u. LArbG. Weiden; OLG. Nürnberg; BzA. Eschenbach; FA. Auerbach; LFA. Nürnberg.
b: Not.: Verweser: Hader Georg, Oberamtsrichter.
c: RAnw.: Schmitt Heinrich.

16. **Augsburg** (Schw.) zugl. ArbG. a: SchöffG., GrJugG., LG., LArbG. u. OLG. Augsburg; UnmG., BzA. u. FA. I u. II Augsburg;*) LFA. München.
b: Not. I: Eggerking Karl JR., II: Weinkamm Johann Geh. JR., III: Linder Otto, JR., IV: Weidenbach Kurt von, V: —
c: RAnw.: Kraussold Heinrich, Schultz Leonhard (s. a. OLG. u. LG. Augsburg).

17. **Babenhausen** (Schw.) a: ArbG. Illertissen; SchöffG., GrJugG. u. LG. Memmingen; LArbG. Kempten; OLG. Augsburg; BzA. u. FA. Illertissen; LFA. München.
b: Not.: Wülfert Friedr.
c: RAnw.: — — —

18. **Bamberg** (OFr.) zugl. ArbG. a: SchöffG., GrJugG., LG., LArbG. u. OLG. Bamberg; UnmG., BzA. Bamberg I und II; StFA. u. LandFA. Bamberg; LFA. Nrünberg.
b: Not.: I: Aubele Max, II: Strasser Adolf JR., III: Löwi Rudolf Dr. JR.
c: RAnw.: (siehe beim OLG. u. LG. Bamberg).

19. **Baunach** (UFr.) zugl. ArbG. a: SchöffG., GrJugG., LG., LArbG. u. OLG. Bamberg; BzA. u. FA. Ebern; LFA. Würzburg.
b: Not.: Verweser: Zimmermann Heinrich, Notar in Ebern.
c: RAnw.: — — —

20. **Bayreuth** (OFr.) zugl. ArbG. a: SchöffG., GrJugG., LG.

*) Wegen der Zuständigkeit der Finanzämter in Augsburg s. JMB. v. 13. Okt. 1916 (JMBl. 57; FMBl. 163).

u. LArbG. Bayreuth; OLG. Bamberg; UnmG., BzA. u. FA. Bayreuth; LFA. Nürnberg.
b: Not.: I: Ficht Wilhelm JR., II: Leuchs Joseph JR.
c: RAnw.: (siehe beim LG. Bayreuth).

21. **Beilngries** (OPf.) zugl. ArbG. a: SchöffG., GrJugG., LG. u. LArbG. Eichstätt; OLG. Augsburg; BzA. u. FA. Beilngries; LFA. Nürnberg.
b: Not.: Scheuer Otto JR.
a: RAnw.: Strauss Alois.

21.* **Bellheim** (bloss Sitz e. Notariats). a: LG. Landau i. Pf.; OLG. Zweibrücken.
b: Not.: Verweser: Gleitsmann Georg Dr., Notar in Germersheim.

22. **Berchtesgaden** (OB.). a: ArbG. Reichenhall; SchöffG., Gr.-JugG., LG. u. LArbG. Traunstein; OLG. München; BzA. u. FA. Berchtesgaden; LFA. München.
b: Not.: Decker Otto.
c: RAnw.: Drossbach Gebhard, Kollmann Karl Dr.

23. **Bergzabern** (Pf.) zugl. ArbG. a: SchöffG., GrJugG. u. LG. Landau i. Pf.; LArbG. Frankenthal; OLG. Zweibrücken; BzA. u. FA. Bergzabern; LFA. Würzburg.
b: Not.: I: Reiser Heinrich JR., II: — — —
c: RAnw.: Kennel Erwin v. Dr., Vogt Oskar.

24. **Berneck** (OFr.) zugl. ArbG. a: SchöffG., GrJugG., LG. u. LArbG. Bayreuth; OLG. Bamberg; BzA. Berneck; FA. Marktschorgast; LFA. Nürnberg.
b: Not.: Kuhr Hans, JR.
c: RAnw.: — — —

24.* **Billigheim** (bloss Sitz e. Not.). a: LG. Landau i. Pf.; OLG. Zweibrücken.
b: Not.: Gundelwein Friedr. JR.

25. **Bischofsheim** (UFr.). a: ArbG. Neustadt a. d. Saale; SchöffG., GrJugG. u. LG. Schweinfurt; LArbG. Würzburg; OLG. Bamberg; BzA. u. FA. Neustadt a. d. S.; LFA. Würzburg.
b: Not.: Leibrock Ludwig Dr.
c: RAnw.: — — —

26. **Blieskastel** (Pf.) — z. Zt. unter der Verwaltung der Regierung des Saarstaats —; früher LG. u. OLG. Zweibrücken.

27. **Bogen** (NB.). a: ArbG., SchöffG., GrJugG., LG. u. LArbG. Straubing; OLG. München; BzA. Bogen; FA. Mitterfels; LFA. München.
b: Not.: Kolb Otto JR.
c: RAnw.: — — —

28. **Brückenau** (UFr.) zugl. ArbG. a: SchöffG., GrJugG., LG. u. LArbG. Würzburg; OLG. Bamberg, BzA. u. FA. Brückenau; LFA. Würzburg.
b: Not.: Hauck Wilh. JR.
c: RAnw.: — — —

29. **Buchloe** (Schw.) zugl. ArbG. a: SchöffG., GrJugG. u. LG. Memmingen; LArbG. Kempten; OLG. Augsburg; BzA. Kaufbeuren; FA. Buchloe, LFA. München.
b: Not.: Burkart Frz. JR.
c: RAnw.: — — —

30. **Burgau** (Schw.) zugl. ArbG. **a:** SchöffG., GrJugG., LG., LArbG. u. OLG. Augsburg; BzA. Günzburg; FA. Burgau; LFA. München.
b: Not.: Auanger Otto.
c: RAnw.: Abt Franz.

31. **Burgebrach** (OFr.) zugl. ArbG. **a:** SchöffG., GrJugG., LG., LArbG. u. OLG. Bamberg; BzA. Bamberg II; FA. Burgwindheim; LFA. Nürnberg.
b: Not.: Verweser: Aubele Max, Notar in Bamberg (Not. I).
c: RAnw.: — — —

32. **Burghausen** (OB.). **a:** ArbG. Altötting; SchöffG., GrJugG., LG. u. LArbG. Traunstein; OLG. München; BzA. Altötting; FA. Burghausen; LFA. München.
b: Not.: Bader Samuel Dr.
c: RAnw.: — — —

33. **Burglengenfeld** (OPf.) zugl. ArbG. **a:** SchöffG., GrJugG., LG. u. LArbG. Regensburg; OLG. Nürnberg; BzA. u. FA. Burglengenfeld; LFA. Nürnberg.
b: Not.: Dresely, Johann, JR.
c: RAnw.: Medicus Karl Dr., Schreiner Albin Dr.

34. **Cadolzburg** (MFr.), **a:** ArbG., SchöffG., GrJugG. u. LG. Fürth; LArbG. u. OLG. Nürnberg; BzA. Fürth; FA. Cadolzburg; LFA. Nürnberg.
b: Not.: Janker Theodor.
c: RAnw.: — — —

35. **Cham** (OPf.) zugl. ArbG. **a:** SchöffG., GrJugG. u. LArbG. Amberg; OLG. Nürnberg; BzA. u. FA. Cham; LFA. Nürnberg.
b: Not.: Binder Joseph, JR.
c: RAnw.: Gradl Jos. Dr., Gröger Albert, Hösl Mich. JR.

36. **Coburg** (OFr.) zugl. ArbG. **a:** SchöffG., GrJugG., LG. u. LArbG. Coburg; OLG. Bamberg; UnmG., BzA. u. FA. Coburg; LFA. Nürnberg.
b: NotVerw.: I: — — —; II: Ruprecht Hrch., Geh. JR.; III: Hirsch Kuno JR.; IV: Bretzfeld Friedr. Dr. JR.; V: Baer I Moritz Dr. JR.; VI: Ehrlicher Alfred; VII: — — —; VIII: Baer II Martin Dr., sämtl. RAnw. u. Notare.
c: RAnw.: (s. beim LG. Coburg).

37. **Dachau** (OB.) zugl. ArbG. **a:** SchöffG. u. GrJugG. München-Land; LG. München II; LArbG. u. OLG. München; BzA. u. FA. Dachau; LFA. München.
b: Not.: Jung Joseph JR.
c: RAnw.: Gleich Hermann, Mayer Franz JR.

38. **Dahn** (Pf.). **a:** ArbG., SchöffG. u. GrJugG. Pirmasens; LG., LArbG. u. OLG. Zweibrücken; BzA. Pirmasens; FA. Dahn; LFA. Würzburg.
b: Not.: Ferier Peter JR.
c: RAnw.: — — —

39. **Deggendorf** (NB.) zugl. ArbG. **a:** SchöffG., GrJugG., LG. u. LArbG. Deggendorf; OLG. München; UnmG., BzA. u. FA. Deggendorf; LFA. München.
b: Not.: Reinfurt Karl JR.
c: RAnw.: (siehe beim LG. Deggendorf).

39.* **Deidesheim** **(bloss Sitz e. Notariats) a: LG. Frankenthal; OLG. Zweibrücken.**
b: Not.: Striebinger Wilhelm Dr.

40. **Dettelbach** (UFr.). **a:** ArbG., SchöffG., GrJugG., LG. u. LArbG. Würzburg; OLG. Bamberg; BzA. Kitzingen; FA. Dettelbach; LFA. Würzburg.
b: Not.: Burger Friedr.
c: RAnw.: — — —

41. **Dillingen** (Schw.) zugl. ArbG. **a:** SchöffG., GrJugG. u. LG. Neuburg a. D.; LArbG. u. OLG. Augsburg; UnmG., BzA. u. FA. Dillingen; LFA. München.
b: Not.: Erdl Andreas JR.
c: RAnw.: Müller Richard JR.

42. **Dingolfing** (NB.) zugl. ArbG. **a:** SchöffG., GrJugG., LG. u. LArbG. Landshut; OLG. München; BzA. u. FA. Dingolfing; LFA. München.
b: Not.: Donsberger Johann JR.
c: RAnw.: Amon Georg Dr., Obermayer Franz Xav. JR., Zehetbauer Joseph.

43. **Dinkelsbühl** (MFr.) zugl. ArbG. **a:** SchöffG., GrJugG., LG. u. LArbG. Ansbach; OLG. Nürnberg; UnmG., BzA. u. FA. Dinkelsbühl; LFA. Nürnberg.
b: Not.: — —
c: RAnw.: Dietsch Leopold, Jaumann Anton.

43.* **Dirmstein** (bloss Sitz e. Not.). **a:** LG. Frankenthal; OLG. Zweibrücken.
b: Not.: — — —

44. **Donauwörth** (Schw.) zugl. ArbG. **a:** SchöffG., GrJugG. u. LG. Neuburg a. D.; LArbG. u. OLG. Augsburg; UnmG., BzA. u. FA. Donauwörth; LFA. München.
b: Not.: I: Baumeister Joseph JR., II: — — —
c: RAnw.: Daimer Ernst, Drexel Konrad, Loibl Joseph, Prochownik Jul. JR.

45. **Dorfen** (OB.) zugl. ArbG. **a:** SchöffG. u. GrJugG. München-Land; LG. München II; LArbG. u. OLG. München; BzA. u. FA. Erding; LFA. München.
b: Not.: Sailer Ludwig JR.
c: RAnw.: — — —

46. **Dürkheim** (Pf.) zugl. ArbG. **a:** SchöffG., GrJugG., LG. u. LArbG. Frankenthal; OLG. Zweibrücken; BzA, u. FA. Dürkheim; LFA. Würzburg.
b: Not.: I: Frisch Ludw. JR.; II: Humbert Karl JR.
c: RAnw.: Barth Georg, Blum Eugen, Link Karl JR., Nordschild Sigmund Dr. JR.

47. **Ebermannstadt** (OFr.). **a:** ArbG. Forchheim; SchöffG., Gr.-JG., LG., LArbG. u. OLG. Bamberg; BzA. u. FA. Ebermannstadt; LFA. Nürnberg.
b: Not.: Zimmer Richard.
c: RAnw.: Behringer Adalbert.

48. **Ebern** (UFr.). **a:** ArbG. Baunach; SchöffG., GrJugG., LG, LArbG. und OLG. Bamberg; BzA. u. FA. Ebern; LFA. Würzburg.
b: Not.: Zimmermann Heinr.
c: RAnw.: — — —

49. **Ebersberg** (OB.) zugl. ArbG. **a:** SchöffG. u. GrJugG. München-Land; LG. München II; LArbG. u. OLG. München; BzA. u. FA. Ebersberg; LFA. München.

b: Not.: Billing Christian JR.
c: RAnw.: Burger Johann, Ramlmayr L.

50. **Edenkoben** (Pf.). a: ArbG., SchöffG., GrJugG. u. LG. Landau i. Pf.; LArbG. Frankenthal; OLG. Zweibrücken; BzA. Landau i. Pf.; FA. Edenkoben; LFA. Würzburg.
b: Not.: I: Keim Julius Dr. JR., II: Becker Friedrich JR.
c: RAnw.: Kirchmer Wilhelm, Leibrecht Franz Aug. JR., Wingerter Gustav JR.

51. **Eggenfelden** (NB.). a: ArbG. Neumarkt a. d. Rott; SchöffG., GrJugG., LG. u. LArbG. Landshut; OLG. München; BzA. u. FA. Eggenfelden; LFA. München.
b: Not.: Morgott Johann JR.
c: Böckl Ludw., Stögmayer Anton.

52. **Eichstätt** (MFr.) zugl. ArbG. a: SchöffG., GrJugG., LG. u. LArbG. Eichstätt; OLG. Augsburg; UnmG., BzA. u. FA. Eichstätt; LFA. Nürnberg.
b: Not.: Feichtinger Eugen Dr. JR.
c: RAnw.: (siehe beim LG. Eichstätt).

53. **Ellingen** (MFr.). a: ArbG. Weissenburg i. Bay.; SchöffG., GrJugG., LG. u. LArbG. Eichstätt; OLG. Augsburg; BzA. u. FA. Weissenburg i. B.; LFA. Nürnberg.
b: Not.: Schott Joh. Nep.
c: RAnw.: Geislinger Frz.

54. **Eltmann** (UFr.) zugl. ArbG. a: SchöffG., GrJugG., LG., LArbG. u. OLG. Bamberg; BzA. Hassfurt; FA. Zeil; LFA. Würzburg.
b: Not.: Daimer Richard Dr.
c: RAnw.: — — —

55. **Erbendorf** (OPf.). a: ArbG., SchöffG., GrJugG., LG. u. LArbG. Weiden; OLG. Nürnberg; BzA. u. FA. Kemnath; LFA. Nürnberg.
b: Not.-Verweser: Vache Julius Dr., Notar in Kemnath.
c: RAnw.: — — —

56. **Erding** (OB.) zugl. ArbG. a: SchöffG. u. GrJugG. München-Land; LG. München II; LArbG. u. OLG. München; BzA. u. FA. Erding; LFA. München.
b: Not.: I: Haselberger Joseph JR., II: — — —
c: RAnw.: Leiter Max, Schönherr Jos. Dr.

57. **Erlangen** (MFr.) zugl. ArbG., SchöffG. u. GrJugG. a: LG. Fürth; LArbG. u. OLG. Nürnberg; UnmG., BzA. u. FA. Erlangen; LFA. Nürnberg.
b: Not.: Reichold Theodor JR.
c: RAnw.: Brock August JR., Dolwezel Ferdin. Dr., Joanni Paul Dr., Kränzlein Emil Dr., Messerer Ludw. Dr., Opfermann Rudolf Dr., Pfeiffer Albrecht Dr., Schmidt Heinr. Dr. JR., Schnabel Julius.

58. **Eschenbach** (OPf.) zugl. ArbG. a: SchöffG., GrJugG., LG. u. LArbG. Weiden; OLG. Nürnberg; BzA. u. FA. Eschenbach; LFA. Nürnberg.
b: Not.: Weiß Georg Dr.
c: RAnw.: — — —

59. **Feuchtwangen** (MFr.). a: ArbG. Dinkelsbühl; SchöffG., Gr.-JugG., LG. u. LArbG. Ansbach; OLG. Nürnberg; BzA. u. FA. Feuchtwangen; LFA. Nürnberg.

b: Not.: Hussel Friedr. Dr.
c: RAnw.: Kalbskopf Karl.

60. **Forchheim** (OFr.) zugl. ArbG. a: SchöffG., GrJugG., LG., LArbG. u. OLG. Bamberg; UnmG., BzA. u. FA. Forchheim; LFA. Nürnberg.
b: Not.: Bilabel Gustav.
c: RAnw.: Bauer Christian JR., Pretscher Gottfr., Riess Heinrich Dr. JR.

61. **Frankenthal** (Pf.) zugl. ArbG. a: SchöffG., GrJugG., LG. u. LArbG. Frankenthal; OLG. Zweibrücken; UnmG., BzA. u. FA. Frankenthal; LFA. Würzburg.
b: Not.: I: Roth Eug. JR., II: Kern Ludw. JR.
c: RAnw.: (siehe beim LG. Frankenthal).

61.* **Freinsheim** (bloss Sitz e. Not.). a: LG. Frankenthal, OLG. Zweibrücken.
b: Not.-Verweser: Humbert Karl, Notar JR. in Dürkheim (Not. II).

62. **Freising** (OB.) zugl. ArbG., SchöffG. u. GrJugG. a: LG. München II; LArbG. u. OLG. München; UnmG., BzA. u. FA. Freising; LFA. München.
b: Not.: I: Mantler Max JR., II: Horn Karl JR.
c: RAnw.: Fürtsch Karl, Hundsdorfer W., Lochner Alfred Dr., Meyer Wilhelm, Schönecker Leonh. JR.

63. **Freyung** (NB.) zugl. ArbG. a: SchöffG., GrJugG., LG. u. LArbG. Passau; OLG. München; BzA. u. FA. Wolfstein; LFA. München.
b: Not.: Paur Heinrich.
c: RAnw.: Moosbauer Hans.

64. **Friedberg** (OB.). a: ArbG., SchöffG., GrJugG., LG., LArbG. u. OLG. Augsburg; BzA. u. FA. Friedberg; LFA. München.
b: Not.: Goller Georg JR.
c: RAnw.: Steinheimer Karl.

65. **Fürstenfeldbruck** (OB.) zugl. ArbG. a: SchöffG. u. GrJugG. München-Land; LG. München II; LArbG. u. OLG. München; BzA. u. FA. Fürstenfeldbruck; LFA. München.
a: Not: Grimm Robert JR.
b: RAnw.: Bauer Joseph, Feess Hugo JR., Mahr Richard JR., Vogg Engelbert.

66. **Fürth** (MFr.) zugl. ArbG. a: SchöffG., GrJugG. u. LG. Fürth; LArbG. u. OLG. Nürnberg; UnmG., BzA. u. FA. Fürth; LFA. Nürnberg.
b: Not.: I: Mayer Ferdinand JR., II: Löhe Hans Dr. JR.
c: RAnw.: (siehe beim LG. Fürth).

67. **Füssen** (Schw.) zugl. ArbG. a: SchöffG., GrJugG., LG. u. LArbG Kempten; OLG. Augsburg; BzA. u. FA. Füssen; LFA. München.
b: Not.: Baumann Rudolf JR.
c: RAnw.: Kühne Rich. Dr., Wagner Anton.

68. **Furth i. W.** (OPf.). a: ArbG. Cham; SchöffG., GrJugG., LG. u. LArbG. Amberg; OLG. Nürnberg; BzA. u. FA. Cham; LFA. Nürnberg.
b: Not.: Schaupp Georg JR.
c: RAnw.: Straller Peter.

69. **Garmisch** (OB.) zugl. ArbG. a: SchöffG. u. GrJugG. Weilheim; LG. München II; LArbG. u. OLG. München; BzA. u. FA. Garmisch; LFA. München.
b: Not.: Brenner Werner JR.
c: RAnw.: Berolzheimer Mich. Dr. Hofrat, Emmersleben Fr., Hirschberger Karl, Kern Christoph JR.

70. **Geisenfeld** (OB.). a: ArbG. Pfaffenhofen; SchöffG., GrJugG. u. LG. Neuburg a. D.; LArbG. Eichstätt; OLG. Augsburg;
b: Not.: Seitz Anton JR.
c: RAnw.: Wengner Fritz.

71. **Gemünden** (UFr.) zugl. ArbG. a: SchöffG., GrJugG., LG. u. LArbG. Würzburg; OLG. Bamberg; BzA. u. FA. Gemünden; LFA. Würzburg.
b: Not.: Fischer Frz.
c: RAnw.: Englert Gottfried, Kamm Hans, Koch Karl Dr.

72. **Germersheim** (Pf.) zugl. ArbG. a: SchöffG., GrJugG. u LG. Landau i. Pf.; LArbG. Frankenthal; OLG. Zweibrücken;
b: Not.: Gleitsmann Georg Dr.
c: RAnw.: — — —

73. **Gerolzhofen** (UFr.). a: ArbG., SchöffG., GrJugG. u. LG. Schweinfurt; LArbG. Würzburg; OLG. Bamberg; BzA. u. FA. Gerolzhofen; LFA. Würzburg.
b: Not.: Hilpert Julius.
c: RAnw.: Keim Karl Dr.

73.* **Göllheim** (bloss Sitz e. Not.). a: LG. Kaiserslautern; OLG. Zweibrücken.
b: Not.-Verweser: Notariatsassessor Dr. Erwin Mayer.

74. **Gräfenberg** (OPf.) zugl. ArbG. a: SchöffG., GrJugG., LG., LArbG. u. OLG. Nürnberg; BzA. Forchheim; FA. Neunkirchen; LFA. Nürnberg.
b: Not.: Rieger Heinrich JR.
c: RAnw.: — — —

75. **Grafenau** (NB.) zugl. ArbG. a: SchöffG., GrJugG., LG. u. LArbG. Deggendorf; OLG. München; BzA. Grafenau; FA. Schönberg; LFA. München.
b: Not.: Edel Alfred Dr.
c: RAnw.: Niedermayer H. JR.

76. **Greding** (OB.) zugl. ArbG. a: SchöffG., GrJugG., LG. u. LArbG. Eichstätt; OLG. Augsburg; BzA. Hilpoltstein; FA. Greding; LFA. München.
b: Not.: Schödel Gottlob.
c: RAnw.: Taucher Phil.

77. **Griesbach** (NB.). a: ArbG. Pfarrkirchen; SchöffG., GrJugG., LG. u. LArbG. Passau; OLG. München; BzA. u. FA. Griesbach; LFA. Müncchen.
b: Not.: Gruber Maximilian JR.
c: RAnw.: Absmayer Max.

78. **Grünstadt** (Pf.) zugl. ArbG. a: SchöffG., GrJugG., LG. u. LArbG. Frankenthal; OLG. Zweibrücken; BzA. Frankenthal; FA. Grünstadt; LFA. Würzburg.
b: Not.: I: Wüst Albert, II: Wolffing Jakob Dr. JR.
c: RAnw.: Bordollo Kurt, Kalter Alf. Dr., Sinsheimer Ludwig JR.

79. **Günzburg a. D.** (Schw.) zugl. ArbG. **a:** SchöffG., GrJugG., u. LG. Memmingen; LArbG. Kempten; OLG. Augsburg; UnmG., BzA. u. FA. Günzburg a. D.; LFA. München.
b: Not.: Braun Jakob JR.
c: RAnw.: Atzberger Ludw. JR, Gmeinder Adalb., Vogl Hans Dr.

80. **Gunzenhausen** (MFr.) zugl. ArbG. **a:** SchöffG., GrJugG., LG. u. LArbG. Ansbach; OLG. Nürnberg; BzA. u. FA. Gunzenhausen; LFA. Nürnberg.
b: Not.: Brunner Hans JR.
c: RAnw.: Amrhein Michael, Kündinger Alb., Paschwitz Dr. Ritter und Edler v. Ernst.

81. **Haag** (OB.) zugl. ArbG. **a:** SchöffG. u. GrJugG. München-Land; LG. München II; LArbG. u. OLG. München; BzA. u. FA. Wasserburg; LFA. München.
b: Not.: Weinmiller August.
c: RAnw.: Hacker Anton, Schmitz Otto Dr.

82. **Hammelburg** (UFr.) zugl. ArbG. **a:** SchöffG., GrJugG. u. LG. Schweinfurt; LArbG. Würzburg; OLG. Bamberg; BzA. u. FA. Hammelburg; LFA. Würzburg.
b: Not.: Vorbrugg Friedrich.
c: RAnw.: Fick Philipp, Schmitt Aegid.

82. **Hassfurt** (UFr.) zugl. ArbG. **a:** SchöffG., GrJugG., LG., LArbG. u. OLG. Bamberg; BzA. u. FA. Hassfurt; LFA. Würzburg.
b: Not.: Gradwohl Peter.
c: RAnw.: Dannhäuser N. JR., Weber Rudolf.

83.* **Hassloch** (bloss Sitz e. Not.). **a:** LG. Frankenthal; OLG. Zweibrücken.
b: Not.: Keller Georg JR.

84. **Heidenheim Mfr.** (MFr.). **a:** ArbG. Gunzenhausen; SchöffG., GrJugG., LG. u. LArbG. Ansbach; OLG. Nürnberg; BzA. Gunzenhausen; FA. Heidenheim; LFA. Nürnberg.
b: Not.: Verweser: Brunner Hans, Notar JR. in Gunzenhausen.
c: RAnw.: — — —

85. **Heilsbronn** (MFr.). **a:** ArbG., SchöffG., GrJugG., LG. u. LArbG. Ansbach; OLG. Nürnberg; BzA. Ansbach; FA. Heilsbronn; LFA. Nürnberg.
b: Not.: Pfeiffer Karl Dr.
c: RAnw.: — — —

86. **Hemau** (OPf.) zugl. ArbG. **a:** SchöffG., GrJugG., LG. u. LArbG. Regensburg; OLG. Nürnberg; BzA. Parsberg; FA. Hemau; LFA. Nürnberg.
b: Not.: Hoffmann Wilh.
c: RAnw.: — — —

87. **Hengersberg** (NB.). **a:** ArbG., SchöffG., GrJugG., LG. u. LArbG. Deggendorf; OLG. München; BzA. u. FA. Deggendorf; LFA. München.
b: Not.: Hader ein Joseph JR.
c: RAnw.: — — —

88. **Herrieden** (MFr.). **a:** ArbG., SchöffG., GrJugG., LG. u. LArbG. Ansbach; OLG. Nürnberg; BzA. Feuchtwangen; FA Herrieden; LFA. Nürnberg.
b: Not.: Keyl Julius.
c: RAnw.: — — —

89. **Hersbruck** (MFr.). a: ArbG. Lauf; SchöffG., GrJugG., LG., LArbG. u. OLG. Nürnberg; BzA. u. FA. Hersbruck; LFA. Nürnberg.
b: Not.: Wachs Karl JR.
c: RAnw.: Bründl Eduard, Pierner Georg JR.

90. **Herzogenaurach** (OFr.). a: ArbG., SchöffG. u. GrJugG. Erlangen; LG. Fürth; LArbG. u. OLG. Nürnberg; BzA. Höchstadt a. A.; FA. Herzogenaurach; LFA. Nürnberg.
b: Not.: Winkler Frz. JR.
c: RAnw.: — — —

91. **Hilpoltstein** (MFr.) zugl. ArbG. a: SchöffG. u. GrJugG. Schwabach; LG., LArbG. u. OLG. Nürnberg; BzA. u. FA. Hilpoltstein; LFA. Nürnberg.
b: Not.: Griesbeck Frz. Xav. JR.
c: RAnw.: Gampert Wilhelm.

92. **Höchstadt a. A.** (OFr.) zugl. ArbG. a: SchöffG., GrJugG., LG., LArbG. u. OLG. Bamberg; BzA. u. FA. Höchstadt a. A.; LFA. Nürnberg.
b: Not.: Hebendanz Jos. JR.
c: RAnw.: Etzel Fritz Dr.

93. **Höchstädt a. D.** (Schw.). a: ArbG. Dillingen; SchöffG., GrJugG. u. LG. Neuburg a. D.; LArbG. u. OLG. Augsburg; BzA. Dillingen; FA. Höchstädt a. D.; LFA. München.
b: Not.: Zech Raimund JR.
c: RAnw.: — — —

94. **Hof** (OFr.) zugl. ArbG. a: SchöffG., GrJugG., LG. u. LArbG. Hof; OLG. Bamberg; UnmG., BzA. u. FA. Hof; LFA. Nürnberg.
b: Not:. I: Eyermann Konr. Dr. JR., II: Schmidbauer Arnold Dr.
c: RAnw.: (siehe beim LG. Hof).

95. **Hofheim** (UFr.). a: ArbG. Haßfurt; SchöffG., GrJugG., LG., LArbG. u. OLG. Bamberg; BzA. Hofheim; FA. Zeil; LFA. Würzburg.
b: Not.: Gabler Frz. Xaver.
c: RAnw.: Rosenbeck Hans.

96. **Hollfeld** (OFr.) a: ArbG., SchöffG., GrJugG., LG. u. LArbG. Bayreuth; OLG. Bamberg; BzA. Ebermannstadt; FA. Waischenfeld; LFA. Nürnberg.
b: Not.: Schmitt Franz JR.
c: RAnw.: — — —

97. **Homburg** (Pf.) — z. Zt. zum Teil unter der Verwaltung der Regierung des Saarstaats —; früher LG. u. OLG. Zweibrücken.

97.* **Hornbach** (bloss Sitz eines Notariats). a: LG. u. OLG. Zweibrücken.
b: Not.: Verweser: Hüther Edmund, Notar in Zweibrücken (Not. II).

98. **Illertissen** (Schw.) zugl. ArbG. a: SchöffG., GrJugG. u. LG. Memmingen; LArbG. Kempten; OLG. Augsburg; BzA. u. FA. Illertissen; LFA. München.
b: Not.: Einwag Georg Dr. JR.
c: RAnw.: — — —

99. **Immenstadt** (Schw.) zugl. ArbG. **a:** SchöffG., GrJugG., LG. u. LArbG. Kempten; OLG. Augsburg; BzA. Sonthofen; FA. Immenstadt; LFA. München.
b: Not.: Scharberg Joh. JR.
c: RAnw.: Fischer Gust. JR., Probst Guido Dr., Vaas Leonh.

100. **St. Ingbert** (Pf.) (z. Zt. unter der Verwaltung der Regierung des Saarstaats); früher LG. u. OLG. Zweibrücken.

101. **Ingolstadt** (OB.) zugl. ArbG., SchöffG. u. GrJugG. **a:** LG., u. LArbG. Eichstätt; OLG. Augsburg; UnmG., BzA. u. FA. Ingolstadt; LFA. München.
b: Not.: I: — — —, II: Eixenberger Frz. JR.
c: RAnw.: Friedrich Hans, Höhl Heinz Dr., Huß Willy Dr., Nadler August, Rosenbusch W., Schwab Joseph, Sigl Mich. JR.

102. **Kaiserslautern** (Pf.) zugl ArbG. **a:** SchöffG., GrJugG., LG. u. LArbG. Kaiserslautern; OLG. Zweibrücken; UnmG., BzA. u. FA. Kaiserslautern; LFA. Würzburg.
b: Not.: I: Meyer Berthold JR., II: Pfirmann Ludwig JR., III: Hilz Frz. X. JR.
c: RAnw.: (siehe beim LG. Kaiserslautern).

103. **Kandel** (Pf.) zugl. ArbG. **a:** SchöffG., GrJugG. u. LG. Landau i. Pf.; LArbG. Frankenthal; OLG. Zweibrücken; BzA. Germersheim; FA. Kandel; LFA. Würzburg.
b: Not.: I: Gerheim Ludwig, II: Pfeiffer Richard Dr.
c: RAnw.: Habersberger Stephan.

104. **Karlstadt** (UFr.) zugl. ArbG. **a:** SchöffG., GrJugG., LG. u. LArbG. Würzburg; OLG. Bamberg; BzA. u. FA. Karlstadt; LFA. Würzburg.
b: Not.: Maltz Christian JR.
c: RAnw.: Nebel Ignaz Dr., Riedmann Willy.

105. **Kastl** (Opf.). **a:** ArbG., SchöffG., GrJugG. u. LArbG. Amberg; OLG. Nürnberg; BzA. Neumarkt Opf.; FA. Kastl; LFA. Nürnberg.
b: Not.: Prinz Eugen.
c: RAnw.: — — —

106. **Kaufbeuren** (Schw.) zugl. ArbG. **a:** SchöffG., GrJugG., LG. u. LArbG. Kempten; OLG. Augsburg; UnmG., BzA. u. FA. Kaufbeuren; LFA. München.
b: Not.: Schub Joseph JR.
c: RAnw.: Dolles Karl, Zimmermann Alb. Dr. JR.

107. **Kelheim** (NB.) zugl. ArbG. **a:** SchöffG., GrJugG., LG. u. LArbG. Regensburg; OLG. Nürnberg; BzA. u. FA. Kelheim; LFA. München.
b: Not.: Kestler Simon.
c: RAnw.: Pfaffenberger Franz, Rath Joseph JR.

108. **Kemnath** (OPf.) zugl. ArbG. **a:** SchöffG., GrJugG. u. LArbG. Weiden; OLG. Nürnberg; BzA. u. FA. Kemnath; LFA. Nürnberg.
b: Not.: Vache Julius Dr.
c: RAnw.: — — —

109. **Kempten** (Schw.) zugl. ArbG. **a:** SchöffG., GrJugG., LG. u. LArbG. Kempten; OLG. Augsburg; UnmG., BzA. u. FA. Kempten; LFA. München.
b: Not.: I: Schieder Heinrich Geh. JR., II: Bayer Georg JR.
c: RAnw.: (siehe LG. Kempten).

110. **Kipfenberg** (MFr.) a: ArbG., SchöffG., GrJugG., LG. u. LArbG. Eichstätt; OLG. Augsburg; BzA. Eistätt FA. Kipfenberg; LFA. Nürnberg.
b: Not.: Stubenrauch Wilhelm Dr. Ritter und Edler v. JR.
c: RAnw.: — — —

111. **Kirchenlamitz** (OFr.) zugl. ArbG. a: SchöffG., GrJugG., LG. u LArbG. Hof; OLG. Bamberg; BzA. u. FA. Wunsiedel; LFA. Nürnberg.
b: Not.: Liebhart Engelbert.
c: RAnw.: — — —

112. **Kirchheimbolanden** (Pf.) zugl. ArbG. a: SchöffG., GrJugG., LG. u. LArbG. Kaiserslautern; OLG. Zweibrücken; BzA. u. FA. Kirchheimbolanden; LFA. Würzburg.
b: Not.: I: Straus Siegfried, II: Breith Gust. Dr.
c: RAnw.: Hirsch Benno, Scherrer Karl JR.

113. **Kissingen** (UFr.) zugl. ArbG. a: SchöffG., GrJugG. u. LG. Schweinfurt; LArbG. Würzburg; OLG. Bamberg; UnmG., BzA. u. FA. Kissingen; LFA. Würzburg.
b: Not.: Hartig Karl Michael JR.
c: RAnw.: Buhlheller Hans JR., Endres Karl, Nagel Hanns Joseph Dr., Pfeiffer Emil, Reiher Martin, Silberschmidt Kossy Dr.

114. **Kitzingen** (UFr.) zugl. ArbG. a: SchöffG., GrJugG., LG. u. LArbA. Würzburg; OLG. Bamberg; UnmG., BzA. u. FA. Kitzingen; LFA. Würzburg.
b: Not.: Böckler Friedrich JR.
c: RAnw.: Godron Heinr., Graff Ludwig, Meister Eduard JR., Pfister August.

115. **Klingenberg** (UFr.). a: ArbG. Obernburg; SchöffG., GrJugG., LG. u. LArbG. Aschaffenburg; OLG. Bamberg; BzA. Obernburg FA.; Klingenberg u. Amorbach; LFA. Würzburg.
b: Not.: Michel Hermann.
c: RAnw.: — — —

116. **Königshofen** (UFr.). a: ArbG. Neustadt a. d. Saale; SchöffG., GrJugG. u. LG. Schweinfurt; LArbG. Würzburg; OLG. Bamberg; BzA. u. FA. Königshofen; LFA. Würzburg.
b: Not.: Stühler Albert Dr.
c: RAnw.: — — —

117. **Kötzting** (NB.) zugl. ArbG. a: SchöffG., GrJugG., LG. u. LArbG. Straubing; OLG. München; BzA. u. FA. Kötzting; LFA. München.
b: Not.: Rösch Max JR.
c: RAnw.: Fischer Franz, Zimmerer Alexius.

118. **Kronach** (OFr.) zugl. ArbG., SchöffG. u. GrJugG. a: LG. u. LArbG. Coburg; OLG. Bamberg; BzA. u. FA. Kronach; LFA. Nürnberg.
b: Not.: Vogler Franz JR.
c: RAnw.: Böhm Lorenz JR., Brunner Otto JR., Joseph Rud., Weckert Alb. Dr.

119. **Krumbach** (Schw.) zugl. ArbG. a: SchöffG., GrJugG. u. LG. Memmingen; LArbG. Kempten; OLG. Augsburg; BzA. u. FA. Krumbach; LFA. München.
b: Not.: I: Braun Johann JR., II: — — —
c: RAnw.: Fink Ludwig, Singer Ernst.

120. Kulmbach (OFr.) zugl. ArbG. **a:** SchöffG., GrJugG., LG. u. LArbG. Bayreuth; OLG. Bamberg; UnmG., BzA. u. FA. Kulmbach; LFA. Nürnberg.
b: Not.: Popp Ludwig Dr. JR.
c: RAnw.: Büdel Richard, Dressler Herm., Fluch Karl, Lieberich Friedr. JR.

121. Kusel (Pf.) zugl. ArbG. **a:** SchöffG., GrJugG., LG. u. LArbG. Kaiserslautern; OLG. Zweibrücken; BzA. u. FA. Kusel; LFA. Würzburg.
b: Not.: I: — — —, II: Mannhart Max.
c: RAnw.: Götz Otto JR., Roebel Franz JR., Schlosser Ludwig.

122. Landau a. I. (NB.) zugl. ArbG. **a:** SchöffG., GrJugG., LG. u. LArbG. Straubing; OLG. München; BzA. u. FA. Landau a. I.; LFA. München.
b: Not.: Graf Eugen JR.
c: RAnw.: Lorenz Hubert, Schneider Otto.

123. Landau (Pf.) zugl. ArbG. **a:** SchöffG., GrJugG. u. LG. Landau i. Pf.; LArbG. Frankenthal; OLG. Zweibrücken; UnmG., BzA. u. FA. Landau i. Pf.; LFA. Würzburg.
b: Not.: I: Rheinheimer Eugen Dr. JR., II: — — —, III: Giessler Jakob JR., IV: Zimpelmann Wilh. JR.
c: RAnw.: Eidmann Ludwig Dr. (siehe auch beim LG. Landau).

124. Landsberg (OB.) zugl. ArbG., SchöffG. u. GrJugG. **a:** LG., LArbG. u. OLG. Augsburg; UnmG., BzA. u. FA. Landsberg; LFA. München.
b: Not.: I: Reiß Franz Xaver JR., II: Hubbauer Otto JR.
c: RAnw.: Grassmann Joseph JR., Meyding Eugen.

125. Landshut (NB.) zugl. ArbG. **a:** SchöffG., GrJugG., LG. u. LArbG. Landshut; OLG. München; UnmG., BzA. u. FA. Landshut; LFA. München.
b: Not.: I: Bauschinger Emil JR., II: Schmid Gg. Mich. JR.
c: RAnw.: (siehe beim LG. Landshut).

126. Landstuhl (Pf.) zugl. ArbG. **a:** SchöffG., GrJugG., LG., LArbG. und OLG. Zweibrücken; BzA. Kaiserslautern mit Aussensitz in Landstuhl; FA. Landstuhl; LFA. Würzburg.
b: Not.: I: — — —, II: Widmann Otto.
c: RAnw.: Abele Albert Dr., Maurer Wilhelm.

127. Lauf (MFr.) zugl. ArbG. **a:** SchöffG., GrJugG. LG., LArbG. u. OLG. Nürnberg; BzA. Lauf; FA. Hersbruck; LFA. Nürnberg.
b: Not.: Gebhard Hermann JR.
c: RAnw.: Hoffmann Karl, Römer Georg.

128. Laufen (OB.) zugl. ArbG. **a:** SchöffG., GrJugG., LG. u. LArbG. Traunstein; OLG. München; BzA. u. FA. Laufen; LFA. München.
b: Not.: Schulz Anton JR.
c: RAnw.: Wochinger Karl JR.

129. Lauingen (Schw.). **a:** ArbG. Dillingen; SchöffG., Gr. JugG. u. LG. Neuburg a. D.; LArbG. u. OLG. Augsburg; BzA. Dillingen; FA. Lauingen; LFA. München.
b: Not.: Meiche Karl JR.
c: RAnw.: Bauer Max, Racke Karl.

130. Lauterecken (Pf.) zugl. ArbG. a: SchöffG., GrJugG., LG. u. LArbG. Kaiserslautern; OLG. Zweibrücken; BzA. Kusel; FA. Lauterecken; LFA. Würzburg.
b: Not.: Trauth Ludwig.
c: RAnw.: Bartels Friedrich, Lang Ludwig.

131. Lichtenfels (OFr.) zugl. ArbG. a: SchöffG., GrJugG., LG. u. LArbG. Coburg; OLG. Bamberg; BzA. u. FA. Lichtenfels; LFA. Nürnberg.
b: Not.: Schul Joseph JR.
c: RAnw.: Jüngling Alois JR., Schmidt Frdr. JR., Würstlein Georg.

132. Lindau (Schw.) zugl. ArbG. a: SchöffG., GrJugG., LG. u. LArbG. Kempten; OLG. Augsburg; UnmG., BzA. u. FA. Lindau; LFA. München.
b: Not.: Graßmann Ludwig JR.
c: RAnw.: Nördlinger Max JR., Prölss Gust. Dr., Schlecht Emil Dr.

133. Lohr (UFr.) zugl. ArbG. a: SchöffG., GrJugG., LG. u. LArbG. Aschaffenburg; OLG. Bamberg; BzA. u. FA. Lohr; LFA. Würzburg.
b: Not.: Schmitt Gottfried JR.
c: RAnw.: Miller Oskar JR., Probst Oskar Dr.

134. Ludwigshafen a. Rh. (Pf.) mit Kammern für Handelssachen, zugl. ArbG., SchöffG. u. GrJugG.; a: LG. u. LArbG. Frankenthal; OLG. Zweibrücken; UnmG., BzA. u. FA. Ludwigshafen; LFA. Würzburg.
b: Not.: I: Becker Wilhelm Dr. JR., II: Helfrich Ludwig Geh. JR., III: Gerard Adolf Dr.
c: RAnw.: I. bei den Kammern f. Handelssachen in Ludwigshafen und beim AG. Ludwigshafen zugelassene RAnw.: Beaufort Adolf, Bittermann Wilh., Braun Ludwig, Brunk Heinr. JR., Butscher Ludw. JR., Elbert Eugen Dr., Escher Ernst Dr., Feil Fritz Dr., Fendrich Jos., Grünewald Max Joseph, Heim Adolf Dr., Herz Emil Dr., Kahn Leop. Dr., Klussmann Hans Dr., Lichtenberger Gustav Dr. JR., Mayer Moritz Dr. JR., Müller Rich. Dr. JR., Neumond L. Dr., Rothschild Fritz Dr., Scheib Karl JR., Schulz Gust. Dr., Strauss H. Dr. JR., Wagner Friedrich Wilhelm, Wagner Hans JR., Weil Ludwig Dr., Zang Heinrich Dr.

II. bloss b. d. Kammern f. Handelssachen in Ludwigshafen zugelassene RAnw.: die b. LG. u. AG. Frankenthal zugelassenen und dort aufgeführten Rechtsanwälte.

III. bloss beim AG. Ludwigshafen zugelassene RAnw.: Barlet Kurt Dr., Eyerich Heinz Dr., Pfister Joseph, Schuff Friedrich JR., Spatz Albert Dr.

135. Ludwigsstadt (OFr.) zugl. ArbG. a: SchöffG. u. GrJugG. Kronach; LG. u. LArbG. Coburg; OLG. Bamberg; BzA. Teuschnitz; FA. Rothenkirchen; LFA. Nürnberg.
b: Not.: Partheymüller Joh.
c: RAnw.: — — —

136. Mainburg (NB.) zugl. ArbG. a: SchöffG., GrJugG., LG. u. LArbG. Landshut; OLG. München; BzA. Mainburg; FA. Neustadt a. D.; LFA. München.
b: Not.: Wernhard Andreas JR.
c: RAnw.: Dobel Ludw. E. JR., Sauter Ernst.

137. **Mallersdorf** (NB.) zugl. ArbG. **a:** SchöffG., GrJugG., LG. u. LArbG. Straubing; OLG. München; BzA. u. FA. Mallersdorf; LFA. München.
b: Not.: Bott Anton JR.
c: RAnw.: Hopfenmüller Hans JR.

138. **Marktbreit** (UFr.). **a:** ArbG. Ochsenfurt; SchöffG., GrJugG., LG. u. LArbG. Würzburg; OLG. Bamberg; BzA. Kitzingen; FA. Ochsenfurt; LFA. Würzburg.
b: Not.: Verweser: Weidhofer Ludwig, Notar JR. in Ochsenfurt.
c: RAnw.: — — —

139. **Markt-Erlbach** (MFr.) zugl. ArbG. **a:** SchöffG., GrJugG. u. LG. Fürth; LArbG. u. OLG. Nürnberg; BzA. Neustadt a. A.; FA. Markt-Erlbach; LFA. Nürnberg.
b: Not.: Sommer Franz.
c: RAnw.: — — —

140. **Marktheidenfeld** (UFr.) **a:** ArbG. Lohr; SchöffG., GrJugG., LG. u. LArbG. Aschaffenburg; OLG. Bamberg; BzA. Marktheidenfeld; FA. Lengfurt; LFA. Würzburg.
b: Not.: I: — — —, II: Kraft Bernhard JR.
c: RAnw.: Feineis Ludw., Weyer Engelbert Dr.

141. **Markt-Oberdorf** (Schw.) **a:** ArbG. Kaufbeuren; SchöffG., GrJugG., LG. u. LArbG. Kempten; OLG. Augsburg; BzA. u. FA. Markt-Oberdorf; LFA. München.
b: Not.: Acher Andreas JR.
c: RAnw.: — — —

142. **Mellrichstadt** (UFr.). **a:** ArbG. Neustadt a. d. Saale; SchöffG., GrJugG. u. LG. Schweinfurt; LArbG. Würzburg; OLG. Bamberg; BzA. u. FA. Mellrichstadt; LFA. Würzburg.
b: Not.: Nobis Hans.
c: RAnw.: Breitenbach Lothar Dr.

143. **Memmingen** (Schw.) zugl. ArbG. **a:** SchöffG., GrJugG. u. LG. Memmingen; LArbG. Kempten; OLG. Augsburg; UnmG., BzA. u. FA. Memmingen; LFA. München.
b: Not.: I: Wöckel Friedr. JR., II: — — —
c: RAnw.: (siehe beim LG. Memmingen).

144. **Miesbach** (OB.) zugl. ArbG. **a:** SchöffG. u. GrJugG. München-Land; LG. München II; LArbG. u. OLG. München; BzA. u. FA. Miesbach; LFA. München.
b: Not.: Rösen August JR.
c: RAnw.: Biberger Joseph, Globerger Anton.

145. **Miltenberg** (UFr.) zugl. ArbG. **a:** SchöffG., GrJugG., LG. u. LArbG. Aschaffenburg; OLG. Bamberg; BzA. Miltenberg; FA. Amorbach; LFA. Würzburg.
b: Not.: Rid Max JR.
c: RAnw.: Schneider Anton Dr., Schreier Georg Dr.

146. **Mindelheim** (Schw.) zugl. ArbG. **a:** SchöffG., GrJugG. u. LG. Memmingen; LArbG. Kempten; OLG. Augsburg; BzA. u. FA. Mindelheim; LFA. München.
b: Not.: Dauser August.
c: RAnw.: Münzhuber Jos., Rödel Joseph Bernh.

147. **Mitterfels** (NB.) **a:** ArbG., SchöffG., GrJugG., LG. u. LArbG. Straubing; OLG. München; BzA. Bogen; FA. Mitterfels; LFA. München.

b: Not.: Zimmermann Anton JR.
c: RAnw.: — — —

148. **Monheim** (Schw.) zugl. ArbG. a: SchöffG., GrJugG., LG. u. LArbG. Eichstätt; OLG. Augsburg; BzA. Donauwörth; FA. Monheim; LFA. München.
b: Not.: Lammerz Oskar Dr.
c: RAnw.: — — —

149. **Moosburg** (OB.). a: ArbG., SchöffG., GrJugG., LG. u. LArbG. Landshut; OLG. München; BzA. Freising; FA. Moosburg; LFA. München.
b: Not.: Eigner Joseph JR.
c: RAnw.: Hartmair Joseph, Lankes Joseph.

150. **Mühldorf** (OB.) zugl. ArbG. a: SchöffG., GrJugG., LG. u. LArbG. Traunstein; OLG. München; BzA. u. FA. Mühldorf; LFA. München.
b: Not.: Glasl Anton JR.
c: RAnw.: Hardt Xaver (in Kraiburg), Heldmann Karl, Hess Hans, Leiss Franz, Müller Ludwig.

151. **Münchberg** (OFr.) zugl. ArbG. a: SchöffG., GrJugG., LG. u. LArbG. Hof; OLG. Bamberg; BzA. u. FA. Münchberg; LFA. Nürnberg.
b: Not.: Goetz Peter.
c: RAnw.: Gundermann H., Senninger Richard.

152. **München** (OB.) zugl. ArbG. a: SchöffG., GrJugG. u. LG. München I; LArbG. u. OLG. München; Polizeidir., UnmG. u. BzA. München; Zentralfinanzamt München u. Finanzämter München-Nord, Ost, Süd u. West u. München-Justizpalast [1]), ferner LandFA. München; LFA. München.
b: Not.: I: Lösch Friedr. JR., II: Dennler Wilh. Dr. Geh. JR., III: Kistenfeger Friedrich Joseph JR., IV: Marschall Franz JR., V: Schad Karl Dr. Geh. JR., VI: Böck Anton JR., VII: Hellmaier Joseph Geh. JR., VIII: Bourier Adolf JR., IX: Schmidt Oskar JR., X: Heß Heinrich JR., XI: Förster Emil JR., XII: Böhm Georg JR., XIII: Pündter Frz. Dr. Geh. JR., XIV: Weinmann Max JR., XV: Walter Hugo Dr. JR., XVI: Richter Jul. Geh. JR., XVII: Glonner Karl.
c: RAnw.: Reinach Heinr. Dr. (s. auch OLG. u. LG. München I u. II).

153. **Münnerstadt** (UFr.) zugl. ArbG. a: SchöffG., GrJugG. u. LG. Schweinfurt; LArbG. Würzburg; OLG. Bamberg; BzA. Kissingen; FA. Münnerstadt; LFA. Würzburg.
b: Not.: Wiesinger Herm. JR.
c: RAnw.: — — —

153.* **Mutterstadt** (Pf.) (bloss Sitz eines Notariats). a: LG. Frankenthal; OLG. Zweibrücken.
b: Not.: Eßlinger Franz Michael.

---

1) Wegen der Ausscheidung der Verwaltungszweige der sechs Finanzämter in München s. Bek. v. 10. April 1911 (FMBl. 282) § 1, geändert durch Bek. v. 27. Sept. 1912 (FMBl. 209), v. 15. Jan. 1919 (GVBl. 17) u. v. 31. Okt. 1919 (GVBl. 743) Nr. I. 1 sowie Bek. v. 29. Sept. 1927 (Staatsanz. Nr. 225). Das Landfinanzamt München ist zuständig für den Landbezirk des AG. München.

154. **Nabburg** (OPf.). a: ArbG. Schwandorf; SchöffG., GrJugG., LG. u. LArbG. Amberg; OLG. Nürnberg; BzA. u. FA. Nabburg; LFA. Nürnberg.
b: Not.: Obermayer Karl JR.
c: RAnw.: Eichhorn Paul.

155. **Naila** (OFr.) zugl. ArbG. a: SchöffG., GrJugG., LG. u. LArbG. Hof; OLG. Bamberg; BzA. Naila; FA. Lichtenberg; LFA. Nürnberg.
b: Not.: Aigster Hans.
c: RAnw.: Auer Hugo Dr., Durst Karl.

156. **Neuburg a. D.** (Schw.) zugl. ArbG. a: SchöffG., GrJugG. u. LG. Neuburg a. D.; LArbG. u. OLG. Augsburg; UnmG., BzA. u. FA. Neuburg a. D.; LFA. München.
b: Not.: Kohlhaas Franz JR.
c: RAnw.: (siehe beim LG. Neuburg a. D.).

157. **Neukirchen** (NB.). a: ArbG. Kötzting; SchöffG., GrJugG., LG. u. LArbG. Straubing; OLG. München; BzA. u. FA. Kötzting; LFA. München.
b: Not.: Brunner Heinrich.
c: RAnw.: — — —

158. **Neumarkt Opf.** (OPf.) zugl. ArbG. a: SchöffG., GrJugG., LG., LArbG. u. OLG. Nürnberg; UnmG., BzA. u. FA. Neumarkt Opf.; LFA. Nürnberg.
b: Not.: Lehner Ludwig JR.
c: RAnw.: Hacker Hans JR., Kleber Joseph, Reichert Joseph, Thoma Hans Dr.

159. **Neumarkt a. R.** (OB.) zugl. ArbG. a: SchöffG., GrJugG., LG. u. LArbG. Landshut; OLG. München; BzA. u. FA. Mühldorf; LFA. München.
b: Not.: Eckart Theodor JR.
c: RAnw.: Oswald Ludw. Dr.

160. **Neunburg v. W.** (OPf.) zugl. ArbG. a: SchöffG., GrJugG., LG. u. LArbG. Amberg; OLG. Nürnberg; BzA. u. FA. Neunburg v. W.; LFA. Nürnberg.
b: Not.: Hubbauer Ludw. Dr.
c: RAnw.: Strohmayer Franz JR.

161. **Neustadt a. A.** (MFr.) zugl. ArbG. a: SchöffG., GrJugG. u. LG. Fürth; LArbG. u. OLG. Nürnberg; BzA. u. FA. Neustadt a. A.; LFA. Nürnberg.
b: Not.: Winkelbaur Joseph JR.
c: RAnw.: Höfer Albrecht, Veith Hans Dr.

162. **Neustadt b. Cbg.** (UFr.). a: ArbG., SchöffG., GrJugG., LG. u. LArbG. Coburg; OLG. Bamberg; UnmG. Neustadt bei Cbg.; BzA. u. FA. Coburg; LFA. Nürnberg.
b: Not.: Melzer Paul.
c: RAnw.: Arnold Max Dr.

163. **Neustadt a. H.** (Pf.) zugl. ArbG., SchöffG. u. GrJugG. a: LG. u. LArbG. Frankenthal; OLG. Zweibrücken; UnmG., BzA. u. FA. Neustadt a. H.; LFA. Würzburg.
b: Not.: I: Rupprecht Frdr. JR., II: Marx Siegfr. Dr. JR., III: Hagenburger Adam JR.
c: RAnw.: Bamberger Siegfried Dr., Girisch Eduard JR., Hassieur Herm., Helmling Ad., Horn Heinr. JR., Krauss Emil Dr., Riffel Emil, Riffel Karl JR., Samson Eugen Dr.,

Schaeffer Otto, Schickendantz Otto, Völker Leonh. Dr., Wand Theodor.

164. Neustadt a. S. (UFr.) zugl. ArbG. a: SchöffG., GrJugG. u. LG. Schweinfurt; LArbG. Würzburg; OLG. Bamberg; BzA. u. FA. Neustadt a. S.; LFA. Würzburg.
b: Not.: Eisenhart Sebastian Dr. JR.
c: RAnw.: Kleinhenz Wilh., Kuhn August Dr., Mauer Franz, Schmitt Ludw. JR.

165. Neustadt a. WN. (OPf.). a: ArbG., SchöffG., GrJugG., LG. u. LArbG. Weiden; OLG. Nürnberg; BzA. Neustadt a. WN.; FA. Weiden; LFA. Nürnberg.
b: Not.: Fuchs Max.
c: RAnw.: — — —

166. Neu-Ulm (Schw.) zugl. ArbG. a: SchöffG., GrJugG. u. LG. Memmingen; LArbG. Kempten; OLG. Augsburg; UnmG., BzA. u. FA. Neu-Ulm; LFA. München.
b: Not.: Mohr Ulrich JR.
c: RAnw.: Engelhart Ludw., Grimmeis Leo, Rackl Herm., Streibl Rudolf.

167. Nittenau (OPf.) zugl. ArbG. a: SchöffG., GrJugG., LG. u. LArbG. Regensburg; OLG. Nürnberg; BzA. Roding; FA. Walderbach; LFA. Nürnberg.
b: Not.: Rettinger Max.
c: RAnw.: — — —

168. Nördlingen (Schw.) zugl. ArbG. a: SchöffG., GrJugG. u. LG. Neuburg a. D.; LArbG. u. OLG. Augsburg; UnmG., BzA. u. FA. Nördlingen; LFA. München.
b: Not.: Herrmann Frdr. JR.
c: RAnw.: Schmidt Gg., Schwarzkopf Heinrich, Schwarzkopf Jos. JR., Stahl Richard.

169. Nordhalben (OFr.). a: ArbG., SchöffG. u. GrJugG. Kronach; LG. u. LArbG. Coburg; OLG. Bamberg; BzA. Teuschnitz; FA. Rothenkirchen; LFA. Nürnberg.
b: Notariat aufgehoben.
c: RAnw.: — — —

170. Nürnberg (MFr.) zugl. ArbG. a: SchöffG., GrJugG., LG., LArbG. u. OLG. Nürnberg; UnmG., BzA. u. FA. I, II u. III [1]) Nürnberg; LFA. Nürnberg.
b: Not.: I: Oehl Joseph JR., II: Wittmann Franz Xav. JR., III: Daimer Korbinian JR., IV: Faubel Joseph Geh. JR., V: Bickert Armin Dr. JR., VI: Kronberger Karl Dr. JR.
c: RAnw.: (siehe beim OLG. u. LG. Nürnberg).

171. Obergünzburg (Schw.) zugl. ArbG. a: SchöffG., GrJugG., LG. u. LArbG. Kempten; OLG. Augsburg; BzA. u. FA. Markt-Oberdorf; LFA. München.
b: Not.: Hollweck Anton JR.
c: RAnw.: — — —

---

1) Wegen der Ausscheidung der Verwaltungszweige der drei Stadtfinanzämter Nürnberg s. Bek. v. 10. April 1911 (FMBl. 282) § 1, ergänzt nach GVBl. 1919, 743.

172. **Obermoschel** (Pf.). a: ArbG. Rockenhausen; SchöffG., Gr.-JugG., LG., LArbG. u. OLG. Zweibrücken; BzA. Rockenhausen; FA. Obermoschel; LFA. Würzburg.
b: Not.: Seel Robert JR.
c: RAnw.: — — —

173. **Obernburg** (UFr.) zugl. ArbG. a: SchöffG., GrJugG., LG. u. LArbG. Aschaffenburg; OLG. Bamberg; BzA. Obernburg; LandfA. Aschaffenburg; LFA. Würzburg.
b: Not.: Erzberger Julius JR.
c: RAnw.: — — —

174. **Oberviechtach** (OPf.) zugl. ArbG. a: SchöffG., GrJugG., LG. u. LArbG. Weiden; OLG. Nürnberg; BzA. Oberviechtach; FA. Neunburg v. W.; LFA. Nürnberg.
b: Not.: Steinbrecher Herbert.
c: RAnw.: — — —

175. **Ochsenfurt** (UFr.) zugl. ArbG. a: SchöffG., GrJugG., LG. u. LArbG. Würzburg; OLG. Bamberg; BzA. u. FA. Ochsenfurt; LFA. Würzburg.
b: Not.: Weidhofer Ludwig JR.
c: RAnw.: Raps Karl, Richter Wilhelm, Scheuring Bonifaz Dr., Weigand Karl Dr.

176. **Oettingen** (Schw.). a: ArbG. Nördlingen; SchöffG., GrJugG. u. LG. Neuburg a. D.; LArbG. u. OLG. Augsburg; BzA. Nördlingen; FA. Oettingen; LFA. München.
b: Not.: Aufhauser Georg Dr.
c: RAnw.: — — —

177. **Osterhofen** (NB.) zugl. ArbG. a: SchöffG., GrJugG., LG. u. LArbG. Deggendorf; OLG. München; BzA. u. FA. Vilshofen; LFA. München.
b: Not.: Versch Adam JR.
c: RAnw.: Blaimer Hans, Staudinger Anton.

178. **Otterberg** (Pf.). a: ArbG., SchöffG., GrJugG., LG. u. LArbG. Kaiserslautern; OLG. Zweibrücken; BzA. u. FA. Kaiserslautern; LFA. Würzburg.
b: Not.: — — —
c: RAnw.: — — —

179. **Ottobeuren** (Schw.). a: ArbG., SchöffG., GrJugG. u. LG. Memmingen; LArbG. Kempten; OLG. Augsburg; BzA. Memmingen; FA. Ottobeuren; LFA. München.
b: Not.: Mayer Ferdinand JR.
c: RAnw.: — — —

180. **Pappenheim** (MFr.). a: ArbG. Weissenburg i. Bay.; SchöffG., GrJugG., LG. u. LArbG. Eichstätt; OLG. Augsburg; BzA. u. FA. Weissenburg i. Bay.; LFA. Nürnberg.
b: Not.: Stöckhert Emil.
c: RAnw.: — — —

181. **Parsberg** (OPf.) zugl. ArbG. a: SchöffG., GrJugG., LG. u. LArbG. Amberg; OLG. Nürnberg; BzA. Parsberg; FA. Velburg; LFA. Nürnberg.
b: Not.: Uhl August.
c: RAnw.: Ammer Ludwig.

182. Passau (NB.) zugl. ArbG. **a:** SchöffG., GrJugG., LG. u. LArbG. Passau; OLG. München; UnmG., BzA. u. FA. Passau; LFA. München.
b: Not.: I: Dorfmüller Theodor JR., II: — — —, III: Grimm Art. JR.
c: RAnw.: (siehe beim LG. Passau).

183. Pegnitz (OFr.) zugl. ArbG. **a:** SchöffG., GrJugG., LG. u. LArbG. Bayreuth; OLG. Bamberg; BzA. u. FA. Pegnitz; LFA. Nürnberg.
b: Not.: Fischer Franz.
c: RAnw.: Becher Max Dr.

184. Pfaffenhofen (OB.) zugl. ArbG. **a:** SchöffG., GrJugG. u. LG. Neuburg a. D.; LArbG. Eichstätt; OLG. Augsburg; BzA. u. FA. Pfaffenhofen; LFA. München.
b: Not.: Reichold Karl JR.
c: RAnw.: Demmelmeier Hans, Schneider Ernst, Wolf Georg.

185. Pfarrkirchen (NB.) zugl. ArbG. **a:** SchöffG., GrJugG., LG. u. LArbG. Passau; OLG. München; BzA. u. FA. Pfarrkirchen; LFA. München.
b: Not.: Rost Karl JR.
c: RAnw.: Kurländer Franz JR., Widmann Franz JR.

186. Pirmasens (Pf.) zugl. ArbG., SchöffG. u. GrJugG. **a:** LG., LArbG. u. OLG. Zweibrücken; UnmG., BzA. u. FA. Pirmasens; LFA. Würzburg.
b: Not.: I: Leiling Otto JR., II: — — —, III: Krehbiel Christian JR.
c: RAnw.: Brunner Ludwig., Eigner Eugen, Friedländer Leo Dr., Heussler Wilh. JR., Kessel Wilhelm Dr., Levy Albert, Lindemann Emil, Müller Ludwig, Pres Friedrich.

187. Pottenstein (OFr.). **a:** ArbG. Pegnitz; SchöffG., GrJugG., LG. u. LArbG. Bayreuth; OLG. Bamberg; BzA. Pegnitz; FA. Pottenstein; LFA. Nürnberg.
b: Stellv. Not.: Knaus Eugen.
c: RAnw.: — — —

188. Prien (OB.). **a:** ArbG., SchöffG. u. GrJugG. Rosenheim; LG. u. LArbG. Traunstein; OLG. München; BzA. u. FA. Rosenheim; LFA. München.
b: Not.: Löffl Karl JR.
c: RAnw.: Brantl Maxim. Dr.

189. Rain (Schw.). **a:** ArbG., SchöffG., GrJugG. u. LG. Neuburg a. D.; LArbG. u. OLG. Augsburg; BzA. Neuburg a. D.; FA. Rain; LFA. München.
b: Not.: Vogel Friedrich.
c: RAnw.: — — —

190. Regen (NB.) zugl. ArbG. **a:** SchöffG., GrJugG., LG. u. LArbG. Deggendorf; OLG. München; BzA. Regen; FA. Zwiesel; LFA. München.
b: Not.: Lang Wilhelm.
c: RAnw.: Einwag Michael, Esper Friedrich JR.

191. **Regensburg** (OPf.) zugl. ArbG. **a:** SchöffG., GrJugG., LG. u. LArbG. Regensburg; OLG. Nürnberg; UnmG., BzA. u. FA. I u. II Regensburg [1]); LFA. Nürnberg.
b: Not.: I: Hippler Heinrich JR., II: Schroder Franz JR., III: Praun Th. Dr. JR.
c: RAnw.: (s. beim LG. Regensburg).

192. **Regenstauf** (OPf.). **a:** ArbG., SchöffG., GrJugG., LG. u. LArbG. Regensburg; OLG. Nürnberg; BzA. Stadtamhof; FA. Regensburg 1; LFA. Nürnberg.
b: Not.: Verweser: Dengler Mich., Notor JR. in Stadtamhof.
c: RAnw.: — — —

193. **Rehau** (OFr.) zugl. ArbG. **a:** SchöffG., GrJugG., LG. u. LArbG. Hof; OLG. Bamberg; BzA. Rehau; FA. Hof; LFA. Nürnberg.
b: Not.: Verweser: Eyermann Konrad Dr. JR. in Hof (Not. I).
c: RAnw.: Bossert Frdr., Friedmann Leonhard.

194. **Reichenhall** (OB.) zugl. ArbG. **a:** SchöffG., GrJugG., LG. u. LArbG. Traunstein; OLG. München; BzA. u. FA. Berchtesgaden; LFA. München.
b: Not.: Trau Karl.
c: RAnw.: Burnhauser J. Dr. JR., Pfahler Philipp JR., Walter Willi Dr.

194.* **Rheinzabern** (Pf.) (bloss Sitz eines Notariats). **a:** LG. Landau i. Pf., OLG. Zweibrücken.
b: Not.: Bühler Franz.

195. **Riedenburg** (OPf.) zugl. ArbG. **a:** SchöffG., GrJugG., LG. u. LArbG. Regensburg; OLG. Nürnberg; BzA. u. FA. Riedenburg; LFA. Nürnberg.
b: Not.: Herbst Joseph JR.
c: RAnw.: — — —

196. **Rockenhausen** (Pf.) zugl. ArbG. **a:** SchöffG., GrJugG., LG. u. LArbG. Kaiserslautern; OLG. Zweibrücken; BzA. Rockenhausen; FA. Obermoschel; LFA. Würzburg.
b: Not.: Delto Karl.
c: RAnw.: — — —

197. **Rodach** (UFr.). **a:** ArbG., SchöffG., GrJugG., LG. u. LArbG. Coburg; OLG. Bamberg; UnmG. Rodach; BzA. u. FA. Coburg; LFA. Nürnberg.
b: Stellv. Not.: Schöll Joseph.
c: RAnw.: — — —

198. **Roding** (OPf.) zugl. ArbG. **a:** SchöffG., GrJugG., LG. u. LArbG. Regensburg; OLG. Nürnberg; BzA. Roding; FA. Walderbach; LFA. Nürnberg.
b: Not.: Silbernagel Otto.
c: RAnw.: — — —

199. **Rosenheim** (OB.) zugl. ArbG., SchöffG. u. GrJugG. **a:** LG. u. LArbG. Traunstein; OLG. München; UnmG., BzA. u. FA. Rosenheim; LFA. München.
b: Not.: I: Sommer Julius JR., II: Adam Heinrich JR.

---

[1]) Wegen der Zuständigkeit der Finanzämter in Regensburg s. MB. v. 23. Okt. 1904 (FMBl. 210).

c: R A n w.: Drexl Max (in Brannenburg), Hauch Karl, Mackert Gustav, Mayer Ludwig, Scheuer Joseph JR.

200. Roth (MFr.). a: ArbG., SchöffG. u. GrJugG. Schwabach; LG., LArbG. u. OLG. Nürnberg; BzA. Schwabach; FA. Spalt; LFA. Nürnberg.
b: N o t.: Todt Ernst Dr.
c: R A n w.: Kügle Xaver, Störk Erwin.

201. Rothenburg o. T. (MFr.) zugl. ArbG. a: SchöffG., GrJugG., LG. u. LArbG. Ansbach; OLG. Nürnberg; UnmG., BzA. u. FA. Rothenburg o. T.; LFA. Nürnberg.
b: N o t.: Eckel Georg JR.
c: R A n w.: Frauenholz Otto JR., Zeuschel Frdr.

202. Rottenburg (NB.). a: ArbG., SchöffG., GrJugG., LG. u. LArbG. Landshut; OLG. München; BzA. Rottenburg; FA. Mallersdorf; LFA. München.
b: N o t.: Goß Joseph JR.
c: R A n w.: Reichenberger Georg.

203. Rotthalmünster (NB.). a: ArbG. Simbach; SchöffG., GrJugG., LG. u. LArbG. Passau; OLG. München; BzA. u. FA. Griesbach; LFA. München.
b: N o t.: Reindl Andreas.
c: R A n w.: Obermayr Friedr.

204. Scheinfeld (MFr.) zugl. ArbG. a: SchöffG., GrJugG. u. LG. Fürth; LArbG. u. OLG. Nürnberg; BzA. Scheinfeld; FA. Marktbibart; LFA. Nürnberg.
b: N o t.: Röser Karl JR.
c: R A n w.: Buckel Rud., Hiller Friedrich.

205. Schesslitz (OFr.). a: ArbG., SchöffG., GrJugG., LG., LArbG. u. OLG. Bamberg; BzA. Bamberg I; FA. Schesslitz; LFA. Nürnberg.
b: N o t.: Verweser: Eichhorn Johann, Oberamtsrichter.
c: R A n w.: — — —

206. Schillingsfürst (MFr.). a: ArbG. Rothenburg o. d. Tauber; SchöffG., GrJugG., LG. u. LArbG. Ansbach; OLG. Nürnberg; BezA. u. FA. Rothenburg o. T.; LFA. Nürnberg.
b: Notariat aufgehoben.
c: R A n w.: — — —

207. Schöllkrippen (UFr.). a: ArbG. Alzenau; SchöffG., GrJugG., LG. u. LArbG. Aschaffenburg; OLG. Bamberg; BzA. Alzenau; LandFA. Aschaffenburg; LFA. Würzburg.
b: N o t.: Ebert Lorenz JR.
c: R A n w.: — — —

208. Schongau (OB.) zugl. ArbG. a: SchöffG., GrJugG., LG. u. LArbG. Kempten; OLG. Augsburg; BzA. u. FA. Schongau; LFA. München.
b: N o t.: Kapfhamer Moritz JR.
c: R A n w.: Ferstl Theodor, Zunner Adolf.

209. Schrobenhausen (OB.) zugl. ArbG. a: SchöffG., GrJugG. u. LG. Neuburg a. D.; LArbG. u. OLG. Augsburg; BzA. u. FA. Schrobenhausen; LFA. München.
b: N o t.: Jacob Franz JR.
c: R A n w.: Herb Ernst, Schmidt Joseph JR., Schneier Anton JR.

210. Schwabach (MFr.) zugl. ArbG., SchöffG. u. GrJugG. **a:** LG., LArbG. u. OLG. Nürnberg; UnmG., BzA. u. FA. Schwabach; LFA. Nürnberg.
b: Not.: Spatze Wilhelm JR.
c: RAnw.: Fensterer Joseph JR. (auch beim LG. Nürnberg zugelassen), Hechtel Emil, Pedretti K. Dr. JR.

211. Schwabmünchen (Schw.) zugl. ArbG. **a:** SchöffG., GrJugG., LG., LArbG. u. OLG. Augsburg; BzA. u. FA. Schwabmünchen; LFA. München.
b: Not.: Bunk Leonh. JR.
c: RAnw.: Kast Ludwig, Sigl Hans.

212. Schwandorf (OPf.) zugl. ArbG. **a:** SchöffG., GrJugG., LG. u. LArbG. Amberg; OLG. Nürnberg; UnmG. Schwandorf; BzA. u. FA. Burglengenfeld; LFA. Nürnberg.
b: Not.: Gabel Heinrich JR.
c: RAnw.: Eichinger Jos Dr., Wittmann J. B.

213. Schweinfurt (UFr.) zugl. ArbG. **a:** SchöffG., GrJugG. u. LG. Schweinfurt; LArbG. Würzburg; OLG. Bamberg; UnmG., BzA. u. FA. Schweinfurt; LFA. Würzburg.
b: Not.: I: Hauck Michael JR., II: Steinbach Ludwig JR.
c: RAnw.: (siehe beim LG. Schweinfurt).

214. Selb (OFr.) zugl. ArbG. **a:** SchöffG., GrJugG., LG. u. LArbG. Hof; OLG. Bamberg; UnmG. Selb; BzA. Rehau; FA. Selb; LFA. Nürnberg.
b: Not.: Held Sigm. Dr.
c: RAnw.: Fessl Hans, Rebhahn Adolf, Schmidt Gustav JR.

215. Sesslach (OFr.). **a:** ArbG., SchöffG., GrJugG., LG., LArbG. u. OLG. Bamberg; BzA. u. FA. Staffelstein; LFA. Nürnberg.
b: Not.: Verweser: Löwi Rudolf Dr. JR. in Bamberg (Not. III).
c: RAnw.: — — —

216. Simbach (NB.) zugl. ArbG. **a:** SchöffG., GrJugG., LG. u. LArbG. Passau; OLG. München; BzA. Pfarrkirchen; FA. Simbach; LFA. München.
b: Not.: Gabler Gust. JR.
a: RAnw.: Gerngross Johann JR., Hubbauer Eduard.

217. Sonnefeld (UFr.). **a:** ArbG., SchöffG., GrJugG., LG. u. LArbG. Coburg; OLG. Bamberg; BzA. u. FA. Coburg; LFA. Nürnberg.
b: NotVerw.: Der als Grundbuchrichter bestellte Richter.
c: RAnw.: — — —

218. Sonthofen (Schw.). **a:** ArbG. Immenstadt; SchöffG., GrJugG., LG. u. LArbG. Kempten; OLG. Augsburg; BzA. Sonthofen; FA. Immenstadt; LFA. München.
b: Not.: Knirlberger Joseph JR.
c: RAnw.: Schröder Karl.

219. Speyer (Pf.) zugl. ArbG., SchöffG. u. GrJG.; **a:** LG. u. LArbG. Frankenthal; OLG. Zweibrücken; UnmG., BzA. u. FA. Speyer; LFA. Würzburg.
b: Not.: I: — — —, II: Römmig Alfred, III: Müller Phil. JR.
c: RAnw.: Bohlender Eugen Dr., Merl Artur, Michel Ludwig, Spatz Adolf JR., Vollmer Herm. Dr. JR., Weil Ludw. Dr.

220. Stadtamhof (OPf.). a: ArbG., SchöffG., GrJugG., LG. u. LArbG. Regensburg; OLG. Nürnberg; BzA. Stadtamhof; FA. Regensburg I; LFA. Nürnberg.
b: Not.: Deugler Michael JR.
c: RAnw.: — — —

221. Stadtsteinach (OFr.). a: ArbG. Kulmbach; SchöffG., Gr.-JugG., LG. u. LArbG. Bayreuth; OLG. Bamberg; BzA. u. FA. Stadtsteinach; LFA. Nürnberg.
b: Not.: Fleischmann Joseph.
c: RAnw.: Finger Lothar.

222. Staffelstein (OFr.) zugl. ArbG. a: SchöffG., GrJugG., LG., LArbG. u. OLG. Bamberg; BzA. u. FA. Staffelstein; LFA. Nürnberg.
b: Not.: Rein August JR.
c: RAnw.: — — —

223. Starnberg (OB.). a: ArbG. München; SchöffG. u. GrJugG. München-Land; LG. München II; LArbG. u. OLG. München; BzA. u. FA. Starnberg; LFA. München.
b: Not.: Hörmann Franz Xav. JR.
c: RAnw.: Bayerwaltes Max Dr., Held Robert, Rücker v. Walter, Schweizer Pet. JR.

224. Straubing (NB.) zugl. ArbG. a: SchöffG., GrJugG., LG. u. LArbG. Straubing; OLG. München; UnmG., BzA. u. FA. Straubing; LFA. München.
b: Not.: I: Mayer Eduard JR., II: Stautner Friedr. JR.
c: RAnw.: (siehe beim LG. Straubing).

225. Sulzbach (OPf.) zugl. ArbG. a: SchöffG., GrJugG., LG. u. LArbG. Amberg; OLG. Nürnberg; BzA. u. FA. Sulzbach; LFA. Nürnberg.
b: Not.: Kreitner August Dr. JR.
c: RAnw.: Knöringen Waldemar Dr. Frhr. v.

226. Tegernsee (OB.). a: ArbG. Tölz; SchöffG. u. GrJugG. München-Land; LG. München II; LArbG. u. OLG. München; BzA. u. FA. Miesbach; LFA. München.
b: Not.: Adelmann Franz JR.
c: RAnw.: Cressierer Max JR., Zimmermann Bruno.

227. Thiersheim (OFr.). a: ArbG. Wunsiedel; SchöffG., GrJugG., LG. u. LArbG. Hof; OLG. Bamberg; BzA. u. FA. Wunsiedel; LFA. Nürnberg.
b: Not.: Verweser: Biebinger Ernst.
c: RAnw.: — — —

228. Thurnau (OFr.). a: ArbG. Kulmbach; SchöffG., GrJugG., LG. u. LArbG. Bayreuth; OLG. Bamberg; BzA. Kulmbach; FA. Thurnau; LFA. Nürnberg.
b: Not.: Verweser: Popp Ludwig Dr., Notar, JR. in Kulmbach.
c: RAnw.: — — —

229. Tirschenreuth (OPf.) zugl. ArbG. a: SchöffG., GrJugG., LG. u. LArbG. Weiden; OLG. Nürnberg; BzA. u. FA. Tirschenreuth; LFA. Nürnberg.
b: Not.: Demeter Hans.
c: RAnw.: Fertig Joseph.

230. Tittmoning (OB.). a: ArbG. Laufen; SchöffG., GrJugG., LG. u. LArbG. Traunstein; OLG. München; BzA. u. FA. Laufen; LFA. München.
b: Not.: Roth Heinrich.
c: RAnw.: Kollmayer Sam. JR.

231. Tölz (OB.) zugl. ArbG. a: SchöffG. u. GrJugG. München-Land; LG. München II; LArbG. u. OLG. München; BzA. u. FA. Tölz; LFA. München.
b: Not.: Schleifer Joseph JR.
c: RAnw.: Lobkowitz Franz Frhr. v. JR., Miller Simon, Mitterwallner Eugen JR., Staudinger August.

232. Traunstein (OB.) zugl. ArbG. a: SchöffG., GrJugG., LG. u. LArbG. Traunstein; OLG. München; UnmG., BzA. u. FA. Traunstein; LFA. München.
b: Not.: Hennecke Ferdinand Geh. JR.
c: RAnw.: (s. beim LG. Traunstein).

233. Trostberg (OB.) zugl. ArbG. a: SchöffG., GrJugG., LG. u. LArbG. Traunstein; OLG. München; BzA. u. FA. Traunstein; LFA. München.
b: Not.: Putz Wilhelm JR.
c: RAnw.: Buchert Adalbert, Grottenmüller Heinrich.

234. Türkheim (Schw.). a: ArbG. Mindelheim; SchöffG., GrJugG. u. LG. Memmingen; LArbG. Kempten; OLG. Augsburg; BzA. Mindelheim; FA. Türkheim; LFA. München.
b: Not.: Wagner Emil JR.
c: RAnw.: Reim Heinrich.

235. Uffenheim (MFr.) zugl. ArbG. a: SchöffG., GrJugG., LG. u. LArbG. Ansbach; OLG. Nürnberg; BzA. u. FA. Uffenheim; LFA. Nürnberg.
b: Not.: Schätz Georg JR.
c: RAnw.: Krämer Franz Dr.

236. Viechtach (NB.) zugl. ArbG. a: SchöffG., GrJugG., LG. u. LArbG. Deggendorf; OLG. München; BzA. u. FA. Viechtach; LFA. München.
b: Not.: Krafft Wilh., JR.
c: RAnw.: Eckart Paul JR.

237. Vilsbiburg (NB.) zugl. ArbG. a: SchöffG., GrJugG., LG. u. LArbG. Landshut; OLG. München; BzA. u. FA. Vilsbiburg; LFA. München.
b: Not.: Haun Georg JR.
c: RAnw.: Eiermann Georg, Lindner Georg Dr., Marquard Otto Dr., Seeanner Max.

238. Vilseck (OPf.) zugl. ArbG. a: SchöffG., GrJugG., LG. u. LArbG. Weiden; OLG. Nürnberg; BzA. u. FA. Amberg; LFA. Nürnberg.
b: Not.: Krempelhuber Max von.
c: RAnw.: — — —

239. Vilshofen (NB.) zugl. ArbG. a: SchöffG., GrJugG., LG. u. LArbG. Passau; OLG. München; BzA. u. FA. Vilshofen; LFA. München.
b: Not.: Reichl Jakob JR.
c: RAnw.: Edelmann Chr., Glas Adalbert, Simon Karl.

240. Vohenstrauss (OPf.) zugl. ArbG. a: SchöffG., GrJugG., LG. u. LArbG. Weiden; OLG. Nürnberg; BzA. u. FA. Vohenstrauss; LFA. Nürnberg.
b: Not.: Gabel Alfons JR.
c: RAnw.: Tettenborn Jos. v. JR.

241. Volkach (UFr.). a: ArbG., SchöffG., GrJugG. u. LG. Schweinfurt; LArbG. Würzburg; OLG. Bamberg; BzA. Gerolzhofen; FA. Volkach; LFA. Würzburg.
b: Not.: Krell Bernhard.
c: RAnw.: — — —

242. Waldfischbach (Pf.). a: ArbG., SchöffG. u. GrJugG. Pirmasens; LG., LArbG. u. OLG. Zweibrücken; BzA. u. FA. Pirmasens; LFA. München.
b: Not.: Franzreb Jakob JR.
c: RAnw.: Mantel August, Wannemacher Franz.

243. Waldkirchen (NB.). a: ArbG. Freyung; SchöffG., GrJugG., LG. u. LArbG. Passau; OLG. München; BzA. u. FA. Wolfstein; LFA. München.
b: Not.: Rüdinger Richard.
c: RAnw.: Ringelmann Franz.

244. Waldmohr (Pf.)[1] zugl. ArbG. a: SchöffG., GrJugG., LG., LArbG. u. OLG. Zweibrücken; BzA. Kusel mit Aussensitz in Waldmohr; FA. Landstuhl; LFA. Würzburg.
b: Not.: Reheis Claus.
c: RAnw.: — — —

245. Waldmünchen (OPf.). a: ArbG. Cham; SchöffG., GrJugG., LG. u. LArbG. Amberg; OLG. Nürnberg; BzA. u. FA. Waldmünchen; LFA. Nürnberg.
b: Not.: Vogel Heinrich.
c: RAnw.: — — —

246. Waldsassen (OPf.). a: ArbG. Tirschenreuth; SchöffG., Gr. JugG., LG. u. LArbG. Weiden; OLG. Nürnberg; BzA. Tirschenreuth; FA. Waldsassen; LFA. Nürnberg.
b: Not.: Traitteur Karl Ritter von.
c: RAnw.: Göller Christ. JR.

247. Wasserburg (OB.) zugl. ArbG. a: SchöffG. u. GrJugG. Rosenheim; LG. u. LArbG. Traunstein; OLG. München; BzA. u. FA. Wasserburg; LFA. München.
b: Not.: Hindelang Joseph JR.
c: RAnw.: Flemisch Joh. Gg., Rothhaas Otto JR.

248. Wassertrüdingen (MFr.). a: ArbG. Gunzenhausen; SchöffG., GrJugG., LG. u. LArbG. Ansbach; OLG. Nürnberg; BzA. Dinkelsbühl; FA. Wassertrüdingen; LFA. Nürnberg.
b: Not.: Ramge Bernhard JR.
c: RAnw.: — — —

249. Wegscheid (NB.). a: ArbG., SchöffG., GrJugG., LG. u. LArbG. Passau; OLG. München; BzA. Wegscheid; FA. Obernzell; LFA. München.
b: Not.: Edel Joseph Dr.
c: RAnw.: Maier Rud.

---

[1]) z. Zt. zum Teil unter der Verwaltung der Regierung des Saarstaats.

250. Weiden (OPf.) zugl. ArbG. **a:** SchöffG., GrJugG., LG. u. LArbG. Weiden; OLG. Nürnberg; UnmG. Weiden; BzA. Neustadt a. W.N.; FA. Weiden; LFA. Nürnberg.
b: Not.: Rühl Ernst JR.
c: RAnw.: (siehe beim LG. Weiden).

251. Weidenberg (OFr.). **a:** ArbG., SchöffG., GrJugG., LG. u. LArbG. Bayreuth; OLG. Bamberg; BzA. u. FA. Bayreuth; LFA. Nürnberg.
b: Not.: Verweser: Zimmermann Franz, Amtsrichter.
c: RAnw.: — — —

252. Weiler-Lindenberg (Schw.) zugl. ArbG. **a:** SchöffG., GrJugG., LG. u. LArbG. Kempten; OLG. Augsburg; BzA. u. FA. Lindau; LFA. München.
b: Not.: — — —
c: RAnw.: Göller Helmut Dr., Mühldorfer Thadd. JR.

253. Weilheim (OB.) zugl. ArbG., SchöffG. u. GrJugG. **a:** LG. München II; LArbG. u. OLG. München; BzA. u. FA. Weilheim; LFA. München.
b: Not.: Brügel Karl JR.
c: RAnw.: Kraus Karl, Maier Joseph Dr., Völkl Franz.

254. Weismain (OFr.). **a:** ArbG. Lichtenfels; SchöffG. u. GrJugG. Kronach; LG. u. LArbG. Coburg; OLG. Bamberg; BzA. Lichtenfels; FA. Weismain; LFA. Nürnberg.
b: Not.: Schleifer Frz. Xav. JR.
c: RAnw.: Wittmann Julian Dr.

255. Weissenburg i. B. (MFr.) zugl. ArbG. **a:** SchöffG., GrJugG., LG. u. LArbG. Eichstätt; OLG. Augsburg; UnmG., BzA. u. FA. Weissenburg i. B.; LFA. Nürnberg.
b: Not.: Metzger Gottlieb JR.
c: RAnw.: Piland Alb., Ranzenberger Wilh. Dr., Schmidt Artur, Wagner Rich. JR.

256. Weissenhorn (Schw.). **a:** ArbG. Neu-Ulm; SchöffG., GrJugG. u. LG. Memmingen; LArbG. Kempten; OLG. Augsburg; BzA. Neu-Ulm; FA. Weissenhorn; LFA. München.
b: Not.: Loder Martin JR.
c: RAnw.: Bresele Ulrich Dr.

257. Werneck (UFr.). **a:** ArbG., SchöffG., GrJugG. u. LG. Schweinfurt; LArbG. Würzburg; OLG. Bamberg; BzA. Schweinfurt; FA. Werneck; LFA. Würzburg.
b: Not.: Keppel Hans.
c: RAnw.: — — —

258. Wertingen (Schw.) zugl. ArbG. **a:** SchöffG., GrJugG., LG., LArbG. u. OLG. Augsburg; BzA. u. FA. Wertingen; LFA. München.
b: Not.: Mayr Franz JR.
c: RAnw.: Hofmann Alois L., Steinle Karl.

259. Windsheim (MFr.) zugl. ArbG. **a:** SchöffG., GrJugG. u. LG. Fürth; LArbG. u. OLG. Nürnberg; BzA. Uffenheim; FA. Windsheim; LFA. Nürnberg.
b: Not.: Gutmann Alfred Dr.
c: RAnw.: Meyer Rudolf.

260. **Winnweiler** (Pf.). a: ArbG. Rockenhausen; SchöffG., GrJugG., LG. u. LArbG. Kaiserslautern; OLG. Zweibrücken; BzA. Rockenhausen; FA. Winnweiler; LFA. Würzburg.
b: Not.: Reiser Joseph JR.
c: RAnw.: — — —

261. **Wörth** (OPf.) zugl. ArbG. a: SchöffG., GrJugG., LG. u. LArbG. Regensburg; OLG. Nürnberg; BzA. Regensburg; FA. Regensburg II; LFA. Nürnberg.
b: Not.: Kastner Lorenz.
c: RAnw.: — — —

262. **Wolfratshausen** (OB.) zugl. ArbG. a: SchöffG. u. GrJugG. München-Land; LG. München II; LArbG. u. OLG. München; BzA. u. FA. Wolfratshausen; LFA. München.
b: Not.: Kreichgauer Franz JR.
c: RAnw.: Schwaiblmair Arthur.

263. **Wolfstein** (Pf.). a: ArbG. Lauterecken; SchöffG., GrJugG., LG. u. LArbG. Kaiserslautern; OLG. Zweibrücken; BzA. Kusel; FA. Lauterecken; LFA. Würzburg.
b: Not.: Rück Wilhelm.
c: RAnw.: — — —

264. **Würzburg** (UFr.) zugl. ArbG. a: SchöffG., GrJugG., LG. u. LArbG. Würzburg; OLG. Bamberg; UnmG., BzA. u. Stadt-FA. l. u. r. d. M. Würzburg; LFA. Würzburg.
b: Not.: I: Bub Michael JR., II: Stadlbaur Wilhelm JR., III: Wunderl Karl JR., IV: Engert Frz. JR., V: Mauter Aquilin Geh. JR.
c: RAnw.: (siehe beim LG. Würzburg).

265. **Wunsiedel** (OFr.) zugl. ArbG. a: SchöffG., GrJugG., LG. u. LArbG. Hof; OLG. Bamberg; BzA. u. FA. Wunsiedel; UnmG. Markt-Redwitz; LFA. Nürnberg.
b: Not.: Donle Ernst JR.
c: RAnw.: Bickel Georg, König Otto, Tröger Joh. JR., Winter Hans (in Markt-Redwitz).

265.* **Zell** (Notariat unbesetzt).

266. **Zusmarshausen** (Schw.) zugl. ArbG. a: SchöffG., GrJugG., LG., LArbG. u. OLG. Augsburg; BzA. u. FA. Zusmarshausen; LFA. München.
b: Not.: Sirl Otto.
c: RAnw.: — — —.

267. **Zweibrücken** (Pf.) zugl. ArbG. a: SchöffG., GrJugG., LG., LArbG. u. OLG. Zweibrücken; UnmG., BzA. u. FA. Zweibrücken; LFA. Würzburg.
b: Not.: I: — — —, II: Hüther Edmund, III: Mendel Anton.
c: RAnw.: (siehe beim OLG. u. LG. Zweibrücken).

V. Anwaltskammern.

1. Vorstand der Anwaltskammer München:

Mitglieder die Rechtsanwälte:

1. Geheimer Justizrat Dr. Karl Eisenberger in München, Vorsitzender,
2. Geheimer Justizrat Dr. Wilhelm Zimmermann in München, stellv. Vorsitzender,

3. Justizrat Dr. August Paret in München, Schriftführer,
4. Dr. Wilhelm Dieß in München, stellv. Schriftführer,
5. Justizrat Friedrich Brandl in Deggendorf,
6. Geheimer Justizrat Dr. Siegfried Dispeker in München,
7. Dr. Max Friedlaender in München,
8. Justizrat Franz Großer in München,
9. Justizrat Albert Heizer in Altötting,
10. Wolfgang Hundsdorfer in Freising,
11. Georg Krauß II in München,
12. Justizrat Adolf Lersch in München,
13. Geheimer Justizrat Dr. Bernhard Mayer II in München,
14. Geheimer Justizrat Gustav von der Pfordten in Traunstein,
15. Justizrat Joseph Scheuer in Rosenheim.
16. Justizrat Dr. Christoph Schramm in München,
17. Hofrat Luitpold Schülein in München,
18. Justizrat Kaspar Wölfl in Landshut.

2. Vorstand der Anwaltskammer Zweibrücken:

Mitglieder die Rechtsanwälte:

1. Geheimer Justizrat Eugen Hessert in Zweibrücken, Vorsitzender,
2. Geheimer Justizrat Friedrich Neumayer in Kaiserslautern, stellv. Vorsitzender,
3. Geheimer Justizrat Otto Trier in Zweibrücken, Schriftführer,
4. Justizrat Wilhelm Heußler in Pirmasens, stellv. Schriftführer,
5. — — —
6. Justizrat Karl Hauck in Landau,
7. Justizrat Karl Riffel in Neustadt a. H.,
8. Justizrat Dr. Heinrich Strauss in Ludwigshafen a. Rh.,
9. Justizrat Dr. Hermann Vollmer in Speyer.

3. Vorstand der Anwaltskammer Bamberg:

Mitglieder die Rechtsanwälte:

1. Justizrat Dr. Joseph Schmitt in Bamberg, Vorsitzender,
2. Justizrat Karl Stroebel in Hof, stellv. Vorsitzender,
3. Justizrat Dr. Christian Ritter von Langheinrich in Bayreuth, Schriftführer,
4. Justizrat Georg Zihr in Bamberg, stellv. Schriftführer,
5. Justizrat Norbert Dannhäuser in Hassfurt,
6. Karl Drescher in Schweinfurt.
7. — — —
8. Justizrat Dr. Gerson Haas in Würzburg,
9. Justizrat Moses Höflein in Bamberg,
10. Oskar Kriener in Würzburg,
11. Justizrat Eduard Meister in Kitzingen,
12. Justizrat Hans Risch in Würzburg,
13. Geheimer Justizrat Heinrich Ruprecht in Coburg,
14. Justizrat Friedrich Schmidt in Lichtenfels.

4. Vorstand der Anwaltskammer Nürnberg:

Mitglieder die Rechtsanwälte:

1. Justizrat Oskar Groß in Nürnberg, Vorsitzender,
2. Justizrat Dr. Sigmund Dormitzer I in Nürnberg, stellv. Vorsitzender,
3. Justizrat Wilhelm Hundrisser in Nürnberg, Schriftführer.
4. Justizrat Oskar Zilcher in Nürnberg, stellv. Schriftführer,
5. Max Bönitsch in Weiden,
6. Karl Däuwel in Nürnberg,
7. Justizrat Dr. Michael Erlanger in Nürnberg,
8. Geheimer Justizrat Leonhard Frankenburger in Nürnberg,
9. Justizrat Dr. Karl Geiershöfer in Nürnberg,
10. Geheimer Justizrat Hans Görtz in Regensburg,
11. Justizrat Hans Hacker in Neumarkt Opf.,
12. Justizrat Reinhard Hartwig in Ansbach,
13. Justizrat Georg Hohner in Fürth,
14. Justizrat Dr. Julius Prager in Fürth,
15. Geheimer Justizrat Johann Reindl in Amberg.

5. Vorstand der Anwaltskammer Augsburg:

Mitglieder die Rechtsanwälte:

1. Geheimer Justizrat Max Weigl in Augsburg, Vorsitzender,
2. Justizrat Hermann Sand in Augsburg, stellv. Vorsitzender,
3. Karl Wiedemann in Augsburg, Schriftführer,
4. Dr. Hans Edelmann in Augsburg, stellv. Schriftführer,
5. — --
6. — — —
7. Justizrat Michael Morhard in Eichstätt,
8. Justizrat Arnold Oehler in Augsburg,
9. Justizrat Franz Reinhold in Augsburg,
10. Justizrat Joseph Schwarzkopf in Nördlingen,
11. Justizrat Eugen Simmet in Augsburg,
12. Geheimer Justizrat Dr. August Strasser in Kempten,
13. Justizrat Dr. Albert Zimmermann in Kaufbeuren.

Alphabetisches Verzeichnis der in den Listen I—VII aufgeführten Justizbeamten.

Bem. Die römische Zahl bedeutet die Hauptliste, der kleine lateinische Buchstabe die Unterabteilung darin und die arabische Zahl die Reihenfolge innerhalb einer Liste.

Alphabetisches Sachregister (allgemeimes).

S. auch das Gesetzesregister S. 89, die alphabetische Zusammenstellung von Justizverwaltungsvorschriften S. 103, das alphabetische Verzeichnis der Justizbeamten S. 318.

BAYERISCHE VEREINSBANK

Gegründet 1869

Niederlassungen an allen größeren Plätzen des rechtsrheinischen Bayern (lt. nachstehender Karte)

GEWÄHRUNG VON FEINGOLD-HYPOTHEKEN

Ausgabe hochverzinslicher und mündelsicherer

GOLD-HYPOTHEKEN-PFANDBRIEFE

Entgegenkommende
Erledigung aller sonstigen Bankgeschäfte

Bayerische Handelsbank

Bodenkreditanstalt

gegründet 1869

München

Gold-Hypothekenpfandbriefe

mündelsicher — stiftungsmäßig — lombardfähig,
in Stücken zu
100, 200, 500, 1000, 2000 u 5000 Goldmark.

*

Gewährung von Hypotheken-Darlehen

auf ländlichen und städtischen Besitz.

*

An- und Verkauf unserer Gold-Hypothekenpfandbriefe bei allen Bankstellen.

*

Die Zinsscheine der Gold-Hypothekenpfandbriefe der Bayer. Handelsbank werden bei allen Bankstellen, sowie bei sämtlichen Postanstalten im rechtsrheinischen Bayern kostenlos eingelöst.

Otto Liebmann, Verlagsbuchhandl., Berlin W 57.

Dr. Oskar Mügel

Wirkl. Geh. Rat, Staatssekr. im Preuß. Justizministerium a. D.

Das gesamte Aufwertungsrecht:

1. Die rechtspolitischen und wirtschaftlichen Tendenzen der Aufwertungsgesetzgebung von LG.-Dir. Dr. Wunderlich, M. d. R.
2. Einleitung.
3. Systematische Darstellung der Aufwertung nach allgemeinen Vorschriften.
4. Kommentar zum Aufwertungsgesetz vom 16. Juli 1925 unter Einverarbeitung der Novelle vom 9. Juli 1927.
5. Durchführungsverordnungen des Reichs, einschl. der VO. vom 12. Sept. 1927, mit Kommentar.

Fünfte, gänzlich neubearbeitete Auflage in einem Bande.

21.—27. Tausend

1927. 1315 Seiten. 41 Mk., in Halbleder geb. 45 Mk.

Vorzugspreis für Abonnenten der Deutschen Juristen-Zeitung nur 36 Mk., gebunden 40 Mk.

Ausführliche Ankündigungen über diese 5. Aufl., die sich als ein völlig neues Werk darstellt, unentgeltlich.

Zu beziehen durch den Buchhandel sowie direkt vom Verlag.

Otto Liebmann, Verlagsbuchhandl., Berlin W 57.

In Lieferungen erscheint:

M. Stengleins
Kommentar zu den Strafrechtlichen Nebengesetzen des Deutschen Reiches

Fünfte Auflage,

völlig neubearbeitet von

Dr. L. Ebermayer, Oberreichsanwalt a. D., Professor — E. Conrad, Reichsgerichtsrat a. D.

Dr. A. Feisenberger, Reichsanwalt — Dr. K. Schneidewin, Ob.-St.-A. b. d. Reichsanwaltschaft.

Die neue Aufl. des weitverbreiteten Stengleinschen Kommentars erscheint nach 13jähriger Pause in durchgreifender Neubearbeitung. Es werden darin 135 Gesetze nach dem neuesten Stande von Praxis und Wissenschaft für den praktischen Gebrauch erläutert. Die 5. Aufl. stellt sich als ein ganz neues Werk dar und wird sich für Richter, Gerichte, Staatsanwaltschaften, Rechtsanwälte, Polizei- und Verwaltungsbehörden wieder als maßgebender Führer bewähren.

Preis der bisher vorliegenden 5 Lieferungen (912 Seiten) 39,10 M. — Den Abonnenten der Deutschen Juristen-Zeitung wird ein Vorzugspreis gewährt; diese 5 Lieferungen kosten für diese nur 35,10 M. — Einzelne Lieferungen werden nicht abgegeben. Gesamtpreis bei etwa 1600 Seiten in 2 Bänden etwa 70 M. Ausführliche Prospekte unentgeltlich.

„Es ist die dringende Aufgabe der Staatsverwaltung, insbes. der Justizverwaltungen, die Gerichte und Staatsanwaltschaften mit diesem unentbehrlichen Rüstzeug für die Gesetzesanwendung auszustatten; denn die Sicherheit der Strafrechtspflege gehört zu den allerersten staatspolitischen Erfordernissen." Oberlandesgerichtspräsident, Staatsrat Dr. Karl Meyer in der „Deutsch. Juristen-Ztg.".

Zu beziehen durch den Buchhandel sowie direkt vom Verlag.

Otto Liebmann, Verlagsbuchhandl., Berlin W 57.

Dr. Adolf Baumbach
Senatspräsident beim Kammergericht a. D.

Taschenkommentare der Zivilprozeßgesetze:

Zivilprozeßordnung

mit GVG. u. den wichtigsten Nebengesetzen

Dritte, wesentlich veränderte und vermehrte Auflage (22.—27. Tausend)

1926. 1128 Seiten. Taschenformat. Dünndruckpapier. Dauerhafter Ganzleinenband 16 M.

Vorzugspreis nur für Abonnenten der Deutschen Juristen-Zeitung geb. 14,50 M.

Die Reichskostengesetze

(GKG., GebO.en für RA.e, Ger.-Vollzieher, Zeugen und Sachverständige mit den Nebengesetzen) in der Fassung der Bekanntmachung vom 5. Juli 1927 nebst Gebührentabellen bis 100 000 M.

Zweite, völlig neubearbeitete Auflage.

1927. 234 Seiten. Dünndruckpapier. Geb. 4.25 M.

Arbeitsgerichtsgesetz

1927. 269 Seiten. Dünndruckpapier. Geb. 5,25 M.

Die Baumbach'schen Taschenkommentare sind nach allgemeinem Urteil wegen ihrer Reichhaltigkeit, Treffsicherheit, Kürze des Ausdrucks und Handlichkeit für jeden Praktiker unentbehrlich.

Zu beziehen durch den Buchhandel sowie direkt vom Verlag.

Otto Liebmann, Verlagsbuchhandl., Berlin W 57.

Deutsche Juristen-Zeitung

Unter Mitwirkung von

Dr. Ebermayer, Oberreichsanwalt a. D., Professor; Dr. Engel, Handelsger.-Präsident; Dr. Grimm, Rechtsanwalt, Professor; Dr. Hachenburg, Rechtsanwalt; Dr. Heinitz, Geh. Justizrat; Dr. Heinze, Reichsjustizminister a. D.; D. Dr. Kahl, Geh. Justizrat, Professor; Dr. Lindenau, Oberverwaltungsgerichtsrat; Dr. Mamroth, Justizrat; Dr. Meyer, Staatsrat, OLG.-Präs.; Dr. Popitz, Staatssekretär, Prof.: Dr. Riesser, Geh. Justizrat, Professor; E. Schiffer, Reichsjustizminister a. D.; Dr. R Schmidt, Geh. Hofrat, Prof.; D. Dr. Schwander, Oberpräsident; Dr. v. Staff, Kammergerichtspräsident a. D.; Dr. Wildhagen, Geh. Justizrat

herausgegben von

Dr. jur. Otto Liebmann, Berlin.

Die DJZ. erscheint zweimal monatlich und bringt drei ständige Beilagen: „Literatur-Beilage", „Spruchbeilage", „Der junge Jurist". Den Abonnenten werden außerdem unentgeltlich geliefert die „Spruchsammlungen der DJZ.".

Vierteljährlich 5 M. zuzügl. 40 Pf. Postzustellungsgebühr, für das Ausland 6 M. portofrei. Vorzugspreis für Studenten und Referendare 4 M. zuzügl. 40 Pf. Postzustellungsgebühr nur durch den Verlag und den Buchhandel.

Die DJZ., das große juristische Zentralorgan, beschäftigt sich mit allen wichtigen Fragen des Rechts und der Verwaltung unter Berücksichtigung des Wirtschafts- und Steuerrechts. Nach ihrer bewährten Tradition behandelt sie alle aktuellen Rechtsfragen aus ersten Federn. Sie gibt somit einen Querschnitt durch die gesamte Rechtsentwicklung und ist für alle Juristen und das Wirtschaftsleben unentbehrlich.

Zu beziehen durch den Buchhandel, die Post u. vom Verlag.

Gebrüder Wetsch

Spediteure

Bayerstrasse 13 **München** Ecke Zweigstr.

nächst dem Hauptbahnhof

Telephon 55801, 55802, 55804

stellen ihre Dienste den verehrlichen Herren Rechtsanwälten zur Verfügung und zwar:

1. **im persönlichen Bedarfsfalle** (bei Umzügen, Einlagerung ganzer Wohnungseinrichtungen sowie einzelner Stücke, Gepäckspeditionen, Verpackungen usw.).
2. **in Prozeß-, Erbschafts-, Scheidungssachen** usw., bei denen die Spedition, Lagerung oder Verpackung von Mobiliar, Waren, Kunstgegenständen usw. in Frage kommt.

Schweitzers blaue Textausgaben:

Konkursordnung,

Anfechtungsgesetz, Geschäftsaufsichtsverordnung, Zwangsversteigerungsgesetz und 28 Nebengesetze.

Herausgegeb. v. ObLGR. Schiedermair. Mit Sachregister 2. Auflage. 12⁰. (233 Seiten). In Leinen geb. M. 3.- -.

Strafprozeßordnung

und GVG. Mit 12 Nebengesetzen und Verordnungen. Mit Sachregister.

Herausgegeben von Staatsanwalt Kallenbach. 12⁰. (264 Seiten). In Leinen geb. M. 3.—.

Zivilprozeßordnung.

Mit 42 Ergänzungs- und Zusatzgesetzen und Verordnungen. Mit Verweisungen und Sachregister.

Herausgegeben von ObLGR. Schiedermair. 3. Auflage. 12⁰. (613 Seiten). In Leinen geb. M. 5.—.

Gewerbeordnung

mit Nebengesetzen und Ausführungsbestimmungen. Mit Anmerkungen.

Herausgegeben von Dr. F. Steinbach, Oberregierungsrat. 2. Auflage. 1923. 12⁰.

Ausgabe für Bayern. (658 Seiten). Gebunden M. 4.50. Ausgezeichnet durch die Präzision der Anmerkungen.

J. Schweitzer Verlag (Arthur Sellier)
München, Berlin und Leipzig.

Neuerscheinungen!

Das Viehgewährschaftsrecht

Von

Chr. Meisner, Rechtsanwalt in Würzburg.

3. Aufl. 1927.

8°. XIV, 287 S. Ganzl. geb. RM. 10.—.

Die gesetzlichen Vorschriften, die das Viehgewährschaftsrecht bzw. das Viehkaufsrecht regeln, sind sehr verwickelt. Um eine übersichtliche Gliederung der Erläuterung zu ermöglichen, schließt sich die 3. Auflage des Buches nicht an die einzelnen Gesetzesvorschriften an, sondern sie bietet eine systematisch geordnete, bei aller Knappheit des Ausdrucks erschöpfende Darstellung des gesamten Rechtsstoffes. Die Erörterungen selbst sind, wie die äußere Gruppierung, auf praktische Verwendbarkeit abgestellt, wobei der Autor seine eigene umfassende Sachkunde verwerten konnte. Jeder denkbare Fall wurde erfaßt; Schrifttum und Rechtsprechung mit Sorgfalt berücksichtigt, zu Zweifelsfragen auch wissenschaftlich Stellung genommen.

Reichs- und Staatsangehörigkeitsgesetz

mit den bayerischen Vollzugsvorschriften

erläutert von **Jakob Woeber.**

4. Auflage

bearbeitet von

Karl August Fischer

Oberregierungsrat.

In „Schweitzers braunen Handausgaben".

8°. 272 S. Gebunden RM. 8.50.

Die neue Auflage ist vielfach ergänzt und auf den neuesten Stand gebracht. U. a. wurden die Abmachungen über die vom Reiche abgetrennten Deutschen berücksichtigt.

J. Schweitzer Verlag (Arthur Sellier)
München, Berlin und Leipzig.

Neuerscheinungen!

Gesetz über den

Vergleich zur Abwendung des Konkurses (Vergleichsordnung)

Erläutert von

Geh. Justizrat Prof. **Dr. Hugo Cahn,** Rechtsanwalt in Nürnberg.

In „Schweitzers braunen Handausgaben".

8°. 504 S. In Leinen geb. RM. 13.50.

Juristische Wochenschrift Nr. 46 v. 1927:

... überall spricht aus den Erläuterungen nicht nur der geschulte Jurist, sondern der feinsinnige Kenner unseres Wirtschaftslebens und seiner Nöte. Im großen ganzen läßt sich nur sagen, daß der Cahnsche Kommentar sehr bald eine führende Stellung unter den Erläuterungswerken zur VerglO. einnehmen wird und daß er nirgends entbehrlich sein wird, wo es sich um die vertiefte Behandlung einer Frage der neuen VerglO., sei es in der Praxis, sei es in der Wissenschaft, handelt. JR. Dr. Lemberg, Breslau.

In „Schweitzers blauen Textausgaben":

Bayerische Verfassungsurkunde

Mit Erläuterungen und einem Anhang.

Herausgegeben von

Heinrich von Jan

Ministerialrat im Bayr. Staatsministerium des Innern.

8°. 320 S. In Leinen geb. RM. 5.—.

Die beliebte Pilotysche Ausgabe der Verfassung, schon viele Jahre vergriffen, kann nicht mehr neu erscheinen. Wir bringen an ihrer Stelle eine ähnlich kurz gefaßte Erläuterung aus der Feder des Verfassungsreferenten. Sie hält die Mitte zwischen einer Textausgabe und einem Kommentar. Sie konnte als neueste Ausgabe der bayer. Verfassung die Praxis des bayer. Verfassungsrechts in den letzten 8 Jahren und die ganze einschlägige Literatur berücksichtigen. Die einschlägigen Gesetze sind mit abgedruckt, das Staatsgerichtshofgesetz ist erläutert. Für die tägliche Praxis wird das Buch der gegebene Führer sein.

J. Schweitzer Verlag (Arthur Sellier)
München, Berlin und Leipzig.

Die Preise sind in Reichsmark angegeben.

Rechts- und Staatswissenschaftliche Werke

aus dem Verlage von

J. Schweitzer Verlag

(Arthur Sellier)

München, Berlin und Leipzig.

Abgeschlossen nach dem Stand vom 15. November 1927

Affolter, A., Naturgesetze u. Rechtsgesetze. gr. 8°. (62 S.) 1904. 1.80

Adelmann, K., Die Kraftloserklärung abhanden gekommener od. vernichteter Urkunden i. Aufgebotsverfahren nach Reichsrecht u. bayer. Landesrecht. 8°. (143 S. u. 2 Tab.) 1914. 2.—

Allfeld, Ph., Die Strafgesetzgebung des Deutschen Reichs. Slg. aller Reichsgesetze strafrechtl. u. strafprozess. Inh. m. e. Gesamtreg. 3. A. Gr. 8°. (1036 S.) 1926. Geb. 23.—

Andrassy, Graf J., Interessen-Solidarität d. Deutschtums u. Ungartums. gr. 8°. (33 S.) 1916. 1.20

Arnold, A., Die Aufschlußpflicht von Vorstand u. Aufsichtsrat gegenüber d. Generalvers. nach deutschem Aktienrecht. 8°. (80 S.) 1907. 2.40

Baicoïano, C., Handelspolitische Bestrebungen Englands zur Erschließung der unteren Donau. E. Beitrag z. rumänischen Eisenbahn- u. Wasserstraßenpolitik. 8°. (87 S. mit 4 Taf.) 1913. 3.—

Baligand, A. von, Der Ehevertrag. Preisschrift. 8°. (161 S.) 1906. 4.50

Barthelmeß, R., Gesetz, betr. die Berufsvormundschaft vom 23. II. 1908. M. Erläut. 8°. (146 S.) 1908. Kart. 2.—

Becher, H., Die Ausführungsgesetze zum BGB. 2 Bde. u. I. Ergänzungsbd. gr. 8°. (215 Bog.) 1901. 32.60, geb. 38.50

— — II. Ergänzungsband, 2 Bde. gr. 8°. (153 Bog.) 1911. 40.—, geb. 44.—

— — **Die gesamten Materialien zu den das BGB. und seine Nebengesetze betreffenden bayerischen** Gesetzen u. Verordnungen nebst d. einschläg. Ministerialerlassen. gr. 8°. 8 Abt. i. 9 Bänden. 1898 bis 1901. Geb. 62.—

Beer, R., Die juristische Natur der Kontingente. 8°. (87 S.) 1927. Geh. 4.—

Beres, A., **Der Mißbrauch der geistlichen Amtsgewalt.** 8°. (99 S.) 1907. 2.50

Bergmüller, G., Arbeitgeber- und Betriebsrätegesetz. 8°. (78 S.) 1920. 1.—

Berolzheimer, H., **Die akzessorische Natur der Teilnahme.** 8°. (60 S.) 1909. 1.80

Berolzheimer, R., Tabellen der Rechtsanwaltsgebühren und der Gerichtskosten und sonstige für den Rechtsanwalt wichtige Rechtszahlen 12°. (8 S.) 1927. —.40

Beyerle, K., Das Haus Wittelsbach und der Freistaat Bayern. Rechtsgrundlagen für die Auseinandersetzung zwischen Staat und Dynastie. Teil I. Lex. 8°. (276 S.) 1922. 6.—

— — Die Rechtsansprüche des Hauses Wittelsbach. Lex. 8°. (106 S.) 1922. 2.—

Bloch, A., Höchstpreisüberschreitung u. Überteuerung i. Privatrecht. gr. 8°. (70 S.) 1918. 2.70

Böckel, F., **Der Treuhänder f. d. feindl. Vermögen.** gr. 8°. (118 S.) 1919. 4.—

— — Wirkungen d. Krieges auf Rechtsverhältn. d. Elektrizitäts- u. Gaswerke. gr. 8°. (107 S.) 1918. 3.—

Böhm, W., **Über Aktionärschutz nach deutschem, englischem und französischem Recht.** 8°. (122 S.) **1910.** 3.—

Böhm, F., u M. Klein, Das Bayerische Ausführungsgesetz zum BGB. v. 9. VI. 1899. gr. 8° (455 S.) 1901. geh. 6.—

Bonschab, Fr., Hypothekenbankgesetz v. 13. VII. 1899. 8°. (77 S.) 1900. Geb. 1.80

— — Gesetz, betr. die gemeinsamen Rechte der Besitzer von Schuldverschreibungen vom 4. XII. 1899. 8°. (47 S.) 1900. Geb. 1.—

Bosenick, A., Neudeutsche gemischte Bankwirtschaft. Erster Band. Grundlegende Tatsachen: Die entwicklungsgeschichtliche Analyse der großen Aktienbanken in Berlin. gr. 8°. (376 S.) 1912. 12.—

Brückner, Fr., Der ausgezeichnete Diebstahl. gr. 8°. (139 S.). 1905. 3.60

Brumby, Wie schützt sich der Hypothekengläubiger nach dem Aufwertungsgesetz? 8°. 66 S. 1925. geh. 2.40

Buch, Gg., Der Notweg. Seine Geschichte u. seine Stellung im heut. Recht. gr. 8°. (101 S.) 1919. 4.—

Buchert, siehe unter Ziegler.

Cahn, H., Die Ansprüche des angestellten Erfinders im vorl. Entw. e. PatentG. 8°. (64 S.) 1913. 1.20

Calker, F. van, Einführung in die Politik. 8°. (188 S.) 1927. Geb. 6 50

— — Strafrecht. Grundriß zu Vorlesungen und Leitfaden zum Studium. 3. Aufl. Lex. 8°. (158 S.) 1927. Geb. 8.50

Danner, A., Kaufmann oder Kameralist in den werbenden Gemeindebetrieben vorab der mittleren und kleineren Städte? gr. 8°. (31 S.) 1913. 1.20

Danzer, M., Das bayerische Landrecht (Codex Maximilianeus Bavaricus civilis) vom Jahre 1756 in seiner heutigen Geltung. gr. 8°. (389 S.) 1899. Vergriffen.

Decker, L., Die Vorteilsanrechnung beim Erfüllungsanspruch. gr. 8°. (75 S.) 1907. 2.—

Dennler, K., Das Dorftestament mit einem erbrechtlichen Abriß. 12°. (108 S.) 1911. Kart. 1.—

Deutsche und Oesterreichische Organisation der inneren Verwaltung. 8°. (45 S.) 1927. Geh. 1.50

Deumer, Rob., Industrielle Genossenschaften. gr. 8°. (24 S.) 1920. 1.—
Dispeker, E., Der Bierlieferungsvertrag. gr. 8°. (89 S.) 1913. Vergriffen.
Dispeker, S., Alphabetisch geordneter Führer durch das BGB. und dessen Nebengesetze. gr. 8°. (380 S.) 1900. Geb. 5.—
— — Die Praxis der Zwangsversteigerung und der Zwangsverwaltung. gr. 8°. (116 S.) 1905. Geb. 3.—
Dochow, F., Auswärt Verwalt. gr. 8°. (18 S.) 1916. 0.60
Dollacker, E., Leitfaden des bayer. Polizeirechts. 2. Aufl. 8°. (84 S) 1927. kart. 3.—
Doernberger, K., Die Besonderheiten der Seeversicherung. gr. 8°. (66 S.) 1911. 2.—
Duensing, Frieda, Verletzung der Fürsorgepflicht gegenüber Minderjährigen. gr. 8°. (126 S.) 1903. 1.30
Eckstein, Hs., Die Überteuerungsrücklagen (steuerfreien Erneuerungs-, Werkerhaltungsrücklagen) nach § 59 a REStG. u. § 30 KörperschStG. Unter bes. Berücks. d. kaufm. Buchführg. u. Bilanz. 8°. (70 S.) Geh. 1.—
— — u. **F. Buchwieser**, Bilanz u. Reichseinkommensteuer einschl. Körperschaftssteuer. 3. Aufl. 8°. (241 S.) 1922. 4.—
Eichhorn, O., Alphabet. Sachregister zum Justizministerialblatt 1910, Nr. 8, 9, 6 u. dem Sonderdruck hievon. gr. 8°. (36 S.) 1910. 1.—, kart 1.50
Eichner, E., Die Rechtsgrundlagen der Präventivpolizei, insbes. der Präventivpolizeihaft, nach der bay Rechtsentwicklung. gr. 8°. (111 S.) 1927. Geh. 6.—
Elsas, M., Zurück zur Goldwährung. 8°. (16 S.) 21. 0.30
Engelmann, Th., Religiöse Kindererziehung. S. bei Staudingers Kommentar zum BGB. Bd. IV.
Englert, F. v., Sammlung von Vorschriften für Standesbeamte im rechtsrhein. Bayern. 2. neub. Aufl. von Standesamts-Direktor S. Schorr. Ausg. für rechtsrh Bayern. Hoch 4°. (157 S.) 1922. Kart. 3.45
Ausg. für Pfalz (173 S.) 1923. „ 4.—
Entwurf e. Jugendgerichtsgesetzes u. Entwurf e. Ges. üb. beschränkte Auskunft a. d. Strafregister

u. Tilgung v. Strafvermerken nebst Begründungen. Veröff. a. Anordnung d. Reichsjustizministeriums. Reichs-Fol. (136 S.) 1920. Geh. 1.30, geb. 2.10

Entwurf eines Gesetzes zur Änderung des Gerichtsverf.-Gesetzes u. Entwurf e. Ges. üb. d. Rechtsgang i. Strafsachen nebst Begründung. Veröff. a. Anord. d. RJustizministeriums. Reichs-Fol. (89 S.) 1920. Geh. 2.70, geb. 3.70

Entwürfe zu einem Deutschen Strafgesetzbuch, Veröffentl. a. Anordnung d. RJustizministeriums. Reichs-Folio. 1921.
I. Teil: Entwurf d. Strafrechtskommission. (1913). (100 S.). 2.10
II. Teil: Entwurf v. 1919. (94 S.). 2.10
III. Teil: Denkschrift zu d. Entwurf von 1919. (439 S.). 8.40
I/III geb. 15.40

Enzensberger, E., Die Herabsetzung d. Grundkapitals bei Aktienges. u. d. Aktieneinziehung. gr. 8°. (84 S.) 1911. 1.80

Ertragssteuergesetze, Die Gesetze vom 27. Juli 1921 zur Aenderung der bayerischen. Hrsg. i. Staatsministerium d. Finanzen. gr. 8°. (55 S) 1921. 0.30

— — Vollzugsvorschriften dazu mit Sachregister. gr. 8°. (116 S.) 1922. 0.80
S. a. braune Handausgaben.

Eßlen, J., Das Gesetz des abnehmenden Bodenertrages seit J. von Liebig. Lex. 8°. (298 S.) 1905. 8.—

Eßlinger, W., Der Erbschein nach dem BGB. gr. 8°. (109 S.) 1902. 2.80

Fischer, K. H., Das bayerische Feuerbestattungsrecht. 8°. (83 S.). 1913. Kart. 1.10

Fried R., Die Wasserversorgung der Ortschaften besonders für Feuerlöschzwecke. Mit 82 Abb. 8°. (97 S.) 1903. 1.—

Friedländer, Adolf, u. Max Friedländer, Kommentar z. Rechtsanwaltsordnung vom 1. VII. 1878. 2., völlig neu bearb. A. Lex. 8°. (469 S.) 1920. Geh. 10.— Geb. 12.—

Fromherz, P., Haftpflichtrecht. Grundriß der außervertraglichen Haftpflicht. 8⁰. (343 S. m. 4 Taf.) 1913. Geb. 4.—

Fromm, L., Das Zubehör in der Zwangsversteigerung eines Grundstückes. gr. 8⁰. (102 S.) 1908. 2.—

Fürnrohr, A., Bilanzbewertung u. Steuerpflicht. gr. 8⁰. (66 S.) 1919. 2.—

Geigel, R., Die Trennung von Staat und Kirche in Frankreich. gr. 8⁰. (98 S.) 1908. 2.40

Geiger, Th., Das uneheliche Kind u. seine Mutter im Recht d. neuen Staates. gr. 8⁰. (340 S.) 1920. 6.—

— **M.** und **Heß, W.**, Die Fürsorgepflicht. (ReichsVO über die Fürsorgepflicht, Reichsgrundsätze, fürsorgerechtl. Nebengesetze, Bayer. AusfVO. mit Erläuterungen. 2. Aufl. 8⁰. (220 S.) 1926. Kart. 6.20

— — — Das Vorzugsrentenverfahren nach dem Anleiheablösungsgesetz v. 17. Juli 1925 TA. mit Anmerkungen 8⁰. (145 S.) 1926. geh. 3.—

Girisch, E., H. Hellmuth u. **H. Pachelbel**, Handwörterbuch des Bayer. Staatskirchenrechts. 2., vollst. durchgearb. u. verm. A. 8⁰. (534 S.) 1914. Geb. 6.—

Grebe, Dr., Die wichtigsten Sonderbestimmungen des MilStrG. 8⁰ (11 S.) 1924. Geh. —.50

Griebel, A., Die Zuwachssteuer-Mustersatzung vom 6. Febr. 1926. Mit Einleitung, Erläuterungen u. Inhaltsverzeichnis. 8⁰. (92 S.) 1926. Kart. 2 —

Grill, L. A., Leichen- und Begräbnispolizei in Bayern nebst Dienstanweisung für die Leichenschauer. 3. umgearbeitete Auflage. 8⁰. (137 S.) 1925. Kart. 4.50

Grosch, A., Strafgesetzbuch m. e. Anh. v. wichtigen Bestimmungen d. GVG. und der StPO. Z. Gebrauch f. Polizei-, Sicherheits- u. Kriminalbeamte. 8. A. 8⁰. (256 S.) 1926. Geb. 4.30

Groß, H., Die Erforschung des Sachverhalts strafbarer Handlungen. Ein Leitfaden f. Beamte d. Polizei- u. Sicherheitsdienstes. 6. A., bearb. v. Erwein Ritter v. Höpler. Mit zahlr. Abb. im Text. 8⁰. (244 S.) 1921. Geb. 3.50

Groß, H., Handbuch für Untersuchungsrichter als System der Kriminalistik. 7. umgearb. A. Von Generalstaatsanw. Dr. E. Höpler, Wien. 2 Bde. r. 8°. (1197 S.) 1922. Geh. 22.—, geb. 24.—

Gruber, W., Das Recht der pfälzischen Pfarrpfründestiftung beider Konfessionen. gr. 8°. (199 S.) 1913. 5.—

Güldenstein, Fr., Das Aktienbezugsrecht. gr. 8°. (104 S.) 1914. 2.80

Gutmann, A., Die Inventarerrichtung nach den §§ 1993 ff. des BGB. 2. neubearb. A. gr. 8°. (108 S.) 1900. Kart. 2.—

Hagens, A., Der Entwurf eines Patentgesetzes. 8°. (33 S.) 1913. 0.60

— — Gutachten des I. Zivilsenats des RG. zum Entwurf eines Patentgesetzes. gr. 8°. (82 S.) 2.—

Hall, H., Die Versicherung gegen Stellenlosigkeit im Handelsgewerbe. 8°. (72 S.) 1894. Geh. 1.—

Handausgaben, Schweitzers braune: Siehe S. 21 ff.

Harster, Th., Slg. v. Vorschriften f. d. Feuerbeschaukommission in Bayern. 3. völlig umgearb. A. 8°. (143 S.) 1914. 0.60

Harster-Cassimir, Wassergesetz. Bayer. 2. Aufl. bearb. von MinRat Fuchs, u. ReggsRat Mayrhofer, München. In Vorbereitung.

Haselberger, J., Das Stimmrecht des Aktionärs. 8°. (74 S.) 1906. 2.—

Hauser, V., Der Versorgungsanspruch d. Kriegsbeschädigten u. Kriegshinterbliebenen u. d. Zulässigkeit d. Rechtswegs. gr. 8°. (71 S.) 1917. 1.—

Helfferich, K., Die Politik der Erfüllung. gr. 8°. (103 S.) 1922. 1.50

Hellmann, Fr., Grundriß des deutschen Urheber- und Erfinderrechts für Studierende. 8°. (82 S.) 1909. Kart. 1.—

Helmreich-Schels-Steinhauser, Münchener Baupolizeirecht. 8°. (550 S.) Geb. 18.—

Herckenrath, C. R. C., Die ökonomischen Bedingungen des sozialen Lebens. I. Teil. Bedürfnis, Genuß und Wert. 8°. (192 S.) 1912. 4.50

Herzfelder, F., Stimmrecht und Interessenkollision bei den Personenverbänden des deutschen Reichsprivatrechts. gr. 8°. (175 S.) 1927. Geh. 10.—

Hierl, M., Die materiellen Voraussetzungen d. Fürsorgeerziehg. i. Bayern. 8°. (37 S.) 1916. 0.20

Hintner, O., Das Treuhandwesen in der deutschen Volkswirtschaft. Lex 8°. (182 S.) 1926. Geh. 8.—

Hirschland, G., Die Einziehung von Aktien. 8°. (36 S.) 1908. 1.—

Hirschmann, O., Das internationale Prisenrecht nach den Beschlüssen der II. Haager Friedens- und der Londoner Seekriegsrechts-Konferenz 8°. (164 S.) 1912. 4 50

Hoffmann, L., Das Recht des Adels und der Fideikommisse in Bayern. 8°. (271 S.) 1896. Geb. 1.—

Homberger L., Das Recht der entstehenden Aktiengesellschaft. gr. 8°. (51 S.) 1906. 1.50

Hübel, P., Gesetzes-Materialien und Schrifttum zur Reichsverfassung 1919. gr. 8°. (26 S.) Geh. 1.—

Huber, H., Alphabet. Haupt-Sachregister zum bayer. Justizministerialblatt (1863—1895 einschl.) 2. A. gr. 8°. (113 S.) 1896. geh. 3.—

— — Desgl. 1896—1901 einschl. gr. 8°. (81 S.) 1902. geh. 2.50
(Jahrg. 1902 und folgende s. Leichtenstern).

Hueck, A., Der Sukzessivlieferungsvertrag. gr. 8°. (204 S.) 1918. 5.—

Hümmer, H., Das Forstrügeverfahren i. rechtsrh. Bayern. 8°. (110 S.) 1908. Kart. 1.—

Jaeger, E., Reichszivilgesetze. Eine Sammlung d. wichtigsten Reichsges. über Bürgerl. Recht u. Rechtspflege. 5. Aufl. Lex. 8°. (90½ Bg.) 1926. Geb. 30.—

Jaenisch, E., Die bayer. Bierbrauereien während des Kriegs u. nach dem Krieg. Gr. 8°. (252 S.) 1922. 6.—

Jungmann, R., Das Verbrechen der Abtreibung. 8°. (44 S.) 1893. 1.—

Käb, L., Zur Lehre von der Freiheitsberaubung. 8°. (55 S.) 1897. 1.40

Kahn, R., Rechtsbegriffe d. Kriegswirtschaft. gr. 8°. (165 S.) 1918. 4.—

Kaisenberg, H., Gesetz, das Unschädlichkeitszeugnis betr., vom 16. VI. 1898. 8°. (156 S.) 1899. Geb. 2 —

Kaisenberg, H. u. K. Dennler, Kommentar z. bayer. Notariatsgesetze v. 9. VI. 1899. gr. 8°. (501 S.) 1907. Geh. 5.—

Kalb, W., Das Juristenlatein. Versuch einer Charakteristik auf Grundlage der Digesten. 2. A. gr. 8°. (90 S.) 1888. 2.—

Karger W., Kommentar zum Aufwertungsgesetz. Mit besonderer Berücksichtigung der für Banken wichtigen Bestimmungen. 8°. (221 S.) 1925. geb. 9 —

Keidel, Fr., Handbuch des Verfahrens der Gerichte in Angelegenheiten der freiwilligen Gerichtsbarkeit für Bayern. gr. 8°. (415 S.) 1903. Geb. 3 —

Keiner, O., Die Entwickelung der deutschen Invalidenversicherung. Lex. 8°. (163 S.) 1904. 4.20

Kisch, W., Fälle a. d. bürgerl. Recht. 4. A. 8°. (194 S.) 1925. Kart. 4.50

— — Handbuch d. Privatversicherungsrechts. 2. Bd. Die Lehre v. d. Versicherungsgefahr. Lex. 8°. (628 S.) 1920. 13.—

— — — 3. Bd. Die Lehre v. d. Versicherungsinteresse. Lex 8°. (655 S.) 1922. 13.50

Kloß, R., Die Rechtsprech. i. Reichssteuersachen. 8°. I. Bd. 1920: enth. die zurückliegenden Jahre bis m. 1919. (250 S.) 1920. Geb. 5.—

— Die Rechtsprech. und Schrifttum i. Reichssteuersachen. 8°. Bd. II. (250 S.) 1921; Bd. III (287 S.) 1922; Bd. IV (252 S.) 1923. Geb. einzeln je 1.50

Bd. V (167 S.) 1924. Geb. 2 50

Bd. VI (132 S.) 1925. Geb. 9.—

Bd. VII (185 S.) 1926. Geb. 7.—

Bd. VIII (188 S.) 1927. Geb. 7.—

Bd. I—VIII zusammen 21.—

Kober, K., Erbbaurecht s. Staudingers Kommentar.

Kolb, G., Die nervös Kriegsbeschädigten vor Gericht u. i. Strafvollzug. gr. 8°. (82 S.) 1919. 2.—

Kößler, H., Handb. f. d. Praxis d. Ger. 4. A. Bisher erschienen: Lfg. 1—11, 39 Bogen. 21.60

Kostengesetz und Stempelgesetz, Bayer., v. 16 Febr. 1921 mit Ausführungsbest. Hrsg. i. Staatsministerium d. Finanzen. gr. 8°. (104 S.) Vergriffen.

Kreß, H., Besitz u. Recht. 4°. (388 S.) 1909. 9.—

Kronacher, A., Der Werklieferungsvertrag nach § 381 Abs. 2 HGB. 8°. (71 S.) 1906. 1.80

Kubié, W. K., Der Orient-Export. kl. 8°. (140 S.) 1918. 3.50

Kunke, M., Die Kapitulationen d. Türkei, deren Aufhebung u. d. neuen deutsch-türk. Rechtsverträge. 8°. (193 S.) 1918. 6.—

Kurz, J., § 193. Beleidigung und berechtigte Interessen. Eine Sammlg. von 40 strafrechtlichen Fällen n. d. Spruchpraxis des BayObLG. gr. 8°. (28 S.) 1909. 0.50

Lechner, J., Die Fleischversorgung Münchens. gr. 8°. (94 S.) 1914. 3.60

Lederer, C., Metallgeld oder Zeichengeld. Erörterungen zur „staatl Theorie des Geldes“ unter bes. Berücks. d. Geldwertproblems. gr. 8°. (53 S.) 1923. 1.40

Leichtenstern, H., Alphabet. Haupt-Sachregister zum bayer. Justizministerialblatt 1902—1909 einschl. 8°. (33 S.) 1910. 1.20, Kart. 1.70

(Zu den früheren Jahrgängen s. Huber.)

Leo, M., Deutsches Seehandelsrecht Buch IV, (HGB. Seehandel, in der Fassung des Ges. vom 10. V. 1897 und des Abänderungsgesetzes vom 2. VI. 1902) nebst einem Anhang, enthaltend die Nebenges. Mit Ges. v. 30 V. 1908. 8°. (427 S.) 1902. Geb. 4.50

Leonhard, R., Agrarpolitik und Agrarreform in Spanien unter Carl III. Lex. 8°. (339 S.) 1909. 7.50

Lessing, H., Scheckges. 8°. 2. Aufl. s. Schweitzers HA.

Löhr, J., Das Deutsche Bankwesen. gr. 8°. (178 S.) 1921. Geb. 3.30

Loewenfeld, Ph., Pensionskassen und Arbeitsvertrag (I. Teil). 8°. (111 S.) 1911. 2.80

Loewenstein K., Minderheitsregierung in Großbritannien. Lex. 8°. (75 S.) 1925. Geb. 3.—

Löwenstein V., Gemeinverständl. Führer durch das Aufwertungsgesetz n. d. neuen Durchf.Best. 8°. (62 S.) 1926. kart. 2.50

Mandel, Ed., Die primäre Baulast a. d. Pfründegebäuden in Altbayern. 8°. (99 S.) 1908. 2.80

Maenner, K., Das Sachenrecht nach dem BGB. und der GBO. 2. A. gr.8°. (557 S.) 1906. Geb. 7.—

Marquard, O., Die öffentlichen Wassergenossenschaften des neuen bayerischen Wasserrechts. gr. 8°. (81 S.) 1910. 2.—

Marton, G., Verschuldensprinzip — Verursachungsprinzip. 8°. (53 S.) 1926. 2.—

Marx, A., Firmenrechtliche Grundbegriffe. 8°. (235 S.) 1912. 5.—

— **A. F. Aug.**, Die Professio religiosa im kanonischen, gemeinen und geltenden deutschen Reichsrechte. 8°. (61 S.). 1895. 1.60

Mayer, Bernh., Das Privatrecht d. Krieges i. materieller u. formeller Beziehung. Lex. 8°. (290 S.) 1915. Brosch. 4.—, geb. 5.—

Mayer, H., Die Untreue im Zusammenhang der Vermögensverbrechen. Gr. 8°. (358 S.) 1926. Geh. 10.—

Mayr, G. v., Der Staat als Schuldner und als Gläubiger. Lex. 8°. (20 S.) 1890. 0.60

Meikel, G., Bayer. Ausführungsgesetze zum BGB., zur ZPO. und zum GVG. 2. A. 8°. (703 S.) 1902. Vergr.

— — Das Bürgerliche Gesetzbuch nebst EG. mit Wiedergabe d. verwiesenen Paragraphen u. ausführl. Sachreg. gr. 8°. (614 S.) 1900. Geb. 2.—

— — Kommentar zur Grundbuchordnung mit bes. Berücks. Bayerns. 2. A. gr. 8°. (564 S.) 1912. Geb. 8.—

Meisner, Chr., Das in Bayern geltende Nachbarrecht. 3. Aufl. Gr. 8°. (606 S.) 1923. Geb. 9.50

— — Das Viehgewährschaftsrecht. 3. Aufl. 8°. (301 S.) 1927. Geb. 10.—

Meisner, Chr. und **H. Stern**, Das in Preussen geltende Nachbarrecht. Gr. 8°. (637 S.) 1927 geb. 19.—

Meurer, C., Die Genfer Konvention und ihre Reform. gr. 8°. (74 S.) 1906. 3.—

Meurer, C., Die Haager Friedenskonferenz I. Bd. Das Friedensrecht d. Haager Konferenz. gr. 8°. (702 S.) 1907. 15.—

— — II. Bd.: Das Kriegsrecht der Haager Konferenz. gr. 8°. (702 S.) 1907. 26.—

— — Luftschiffahrtsrecht. gr. 8°. (45 S.) 1909. 1.50

— — Übersicht über die Arbeiten der Haager Friedenskonferenz, insbes. d. Abkommen z. friedlichen Erledigung internationaler Streitfälle vom 29. VII. 1899. gr. 8°. (60 S.) 1903. 1.80

Moser, F., Die Wuchergrundgeschäfte im StGB. 8°. (31 S.) 1909. 0.80

Mößmer, F., Die mittelbare Täterschaft in gleichzeitiger Berücksichtigung des Hypnotismus im Strafrecht. 8°. (113 S.) 1892. 2.—

Moufang, W., Die gegenwärtige Lage des deutschen Buchwesens. gr. 8°. (62 S.) 1921. 1.50

Muehlon, W., Die rechtliche Stellung der Kirche auf dem Gebiete des bayerischen Volksschulwesens. 8°. (63 S.) 1904. 1.80

Müller, E., Das Deutsche Urheber- und Verlagsrecht. I. Band: 1. Teil: Urheberrechtsgesetz an Werken der Literatur und Tonkunst. 2. Teil: Die internationalen Urheberrechtsbeziehungen des Deutschen Reichs. 3. Teil: Verlagsrechtsgesetz. 8°. (433 S.) 1901. 4.—, geb. 5.—

— — II. Band: 1. Teil: Urheberrechtsgesetz an Werken der bildenden Künste und der Photographie. 2. Teil: Die internationalen Urheberrechtsbeziehungen des Deutschen Reichs betr. den Schutz der Werke der bildenden Künste u. der Photographie. 8°. (340 S.) 1907. 3.—, geb. 4.—

Die Bände sind einzeln käuflich.

— **G., und G. Meikel,** Das Bürgerliche Recht des Deutschen Reichs. Systematisch dargestellt und durch Beispiele erläutert. 2. A. Lex. 8°. (1881 S.) 2 Bde. 1904. 5.—, geb. 8.—

Müller, E., u. Schmidt, G., Das Vereinsges. m. d. Vollzugsvorschr. d. Bundesst. 8°. (411 S.) 1909. Geb. 5.—

Naegele, O., Die Wasserversorgung i. Bayern unter Zugrundelegung d. neuen bayer. Wassergesetzes. 8°. (111 S.) 1908. 2.80

Nawiasky, Hs., Bayer. Verfassungsrecht. Gr. 8°. (581 S.) 1923. Geh. 12.80, geb. 14.80

Neresheimer, A., Das kaufmännische Zurückbehaltungsrecht. 8°. (71 S.). 1895. 1.60

Neuburger, F., Beiträge zur Lehre von den Realgewerbegerechtigkeiten nach bayerischem Landeszivilrecht. 8°. (37 S.) 1913. 1.—

Neumeyer, K., Historische und dogmatische Darstellung des strafbaren Bankerotts. Gekrönte Preisschrift. Lex. 8°. (202 S.) 1891. 4.—

— — — Die gemeinrechtliche Entwickelung des internationalen Privat- und Strafrechts bis Bartolus Erstes Stück: Die Geltung der Stammesrechte in Italien. gr. 8°. (320 S.) 1901. 8.—

— — — — Zweites Stück: Die gemeinrechtliche Entwicklung bis zur Mitte des 13. Jahrhunderts. gr. 8°. (160 S.) 1916. 6.50

— — Internationales Verwaltungsrecht Innere Verwaltung. I. Bd. Lex. 8°. (568 S) 1910. 16.—

— — — Innere Verwaltung. II. Bd. (749 S.) 1922. 21.—

— — — Innere Verwaltung III. Bd. 1. Abt. Lex. 8°. (305 S.) 1926. Geh. 15.—

Oberbergpolizeilichen Vorschriften, Die, für Bayern. TA. mit Anm. und Sachreg. 4. Aufl. 8°. (71 S.) 1927. Geh. 1.30

Oppenheimer, S., D. Einigungswesen an den Gewerbe- u. Kaufmannsgerichten. 8°. (212 S.) 1913. 5.—

Permaneder, K., Kirchliche Baulast. 3. A. v. J. Riedle. 8°. (291 S.) 1890. 2.—

Pesl, L. D., Das Dumping. gr. 8°. (147 S.) 1921. 3.70

Pestalozza, A. Graf von, Der Begriff der Mentalreservation i. S. des § 116 BGB. 8°. (65 S.) 1904. 1.80

Petzl, C., Die Behandlung der literarisch-musikalischen Werke nach geltendem Recht. 8°. (61 S.) 1911. 1.60

Pflug, K., Staatsbankerott und internationales Recht. Lex. 8°. (101 S.) 1898. 3.—

Pfordten, Th. von der, Der dienstliche Verkehr und die Amtssprache. A. d. Grundl. der Bek. d. Zivilstaatsministerien v. 28. IV. 1901 unter bes. Berücksichtigung des Dienstes bei d. Justizbehörden. 5. verb. u. erg. A. 8°. (128 S.) 1921. 2.—

— — Staat u. Recht bei Schopenhauer. gr. 8°. (16 S.). 1916. 0.60

— — Die Behandlung des Nachlasses von Ausländern. M. bes. Rücks. a. d. bayer. Verhältnisse. 8°. (63 S.) 1904. 1.20

— — Die Staatsprüfung. Eine Anleitung f. Rechtsprakt. 3. vollst. umgearb. Aufl. 8°. (44 S.) 1911. 0.80

Pickel, K., Die Staatsaufsicht üb. d. Selbstverwaltungsverbände d. Weißen i. Deutsch-Südwest- u. Deutsch-Ostafrika vor d. Weltkrieg. gr. 8°. (87 S.) 1916. 2.80

Pieper, P., Ehescheidung oder Zwangsehe? gr. 8°. (15 S.) 1921. 0.20

Pirner, Chr., Die Stellung des Polizeioffiziers in der Polizeiverwalt. u. seine Ausbild. 8°. (40 S.) 1926. 1.50

Polzer, W., Gaunerwörterbuch. gr. 8°. (108 S.) 22. 1.60

— — Handbuch f. d. praktischen Kriminalpolizeidienst. Ein Lehrbuch. gr. 8°. (273 S.) 1922. Geb. 3.20

— — Prakt. Leitfaden f. kriminalistische Tatbestands-Aufnahmen. 3. A. 8°. (136 S.) 1921. Geb. 1.60.

Reddemann, Brandbekämpfung auf dem Lande. 5. Aufl. kl. 8°. (93 S.) 1923. 0.70

— Organisation der Brandbekämpfung. 2. Aufl. kl. 8° (111 S.) 1925. 1.30

Rehm, H., Die Bilanzen der Aktiengesellschaften, Gesellschaften m. b. H., Kommanditgesellschaften auf Aktien, eingetr. Genossenschaften, Versicherungsvereine auf Gegenseitigkeit, Hypotheken- und Notenbanken und Handelsgesellschaften überhaupt nach deutschem u. österreichischem Handels-, Steuer-, Verwaltungs- u. Strafrecht. 3. A. in Vorbereitung.

Rehm, H., Modernes Fürstenrecht. gr. 8°. (488 S.) 1904. 12.50, geb. 14.—

Rehm, H., Prädikat- und Titelrecht der deutschen Standesherren. Lex. 8°. (367 S.) 1905. 11.50

— — Oldenburger Thronanwärter. Lex. 8°. (74 S.) 1905. 2.—

Reichsgerichtsentscheidungen in kurzen Auszügen. Herausgegeben vom Deutschen Richterbund.

Zivilsachen:	Bd. 76—100	je 0.80
	Bd. 101—109	je 1.—
	Bd. 110—114	je 2.—
Serienpreise:	Bd. 76—114	30.—
	Bd. 81—114	28.—
	Bd. 91—114	21.—
Strafsachen:	Bd 45—55	je 0.80
	Bd. 56—58	1.—
	Bd. 59—60	je 2.—
Serienpreis:	Bd. 45—60	14.—
Gesamtregister zu	Bd. 45—60 (106 S.)	3.70

Reindl, M., Kommentar zum Beamtengesetz mit Ausführungs- und Vollzugsvorschriften sowie dem Richterdisziplinargesetz und der Gehaltsordnung. gr. 8°. (1319 S.) 1914. Geh. 8.—

Riezler, E., Deutsches Urheber- und Erfinderrecht. Eine systematische Darstellung. I. Abt. Allgem. Teil. Besonderer Teil: Urheberrecht an Schriftwerken und Tonwerken; Urheberrecht an Kunstwerken und Photographien: Geschmackmusterrecht. Lex. 8°. (506 S.). 1909. 8.—

— — Das Rechtsgefühl. Rechtspsychologische Betrachtungen. 8°. (164 S.) 1921. 2.—

Rosenberg, R., Verjährung und gesetzliche Befristung nach dem bürgerl. Recht. 8°. (150 S.) 1904. 3.—

Rosenthal, A., Übermäßiger Gewinn i. Sinne d. Preissteigerungsverordnung v. 23. VIII. 1915 u. 23. III. 1916. gr. 8°. (19 S.) 1917. 0.50

— — Die Unterlassungsklage. Lex. 8°. (87 S.) 1916. 2.20

Rosenthal, K., Die Sachlegitimation. Preisschrift. 8°. (82 S.) 1903. 2.—

Rosenwald, C., Die Revision bei Gründung von Aktiengesellschaften. 8°. (76 S.) 1898. 1.50

Rutz, O., Die gesetzliche Befristung. 8°. (68 S.) 05. 1.80

Sauer, K., Das deutsche Eheschließungs- und Ehescheidungsrecht. gr. 8°. (789 S.) 1909. Geb. 16.—

— — Testamente und Erbverträge in Bayern nebst einer kurzen Darstellung des gesetzlichen Erbrechtes, des Pflichtteilsrechtes u. Nachlaßverfahrens sowie einem Anhang, enth. Muster f. Testamente u. Erbverträge. gr. 8°. (459 S.) 1903. Geb. 6.—

Schad, K., Kommentar zum Gesetz das Nachlaßwesen betr. vom 9. VIII. 1902. Nebst den §§ 86—99 FGG. gr. 8°. (369 S.) 1904. Geb. 4.—

Schanz, H., Die Zwangshypothek. Forschungen zu ihrer Geschichte u. Theorie I. Heft. Die gerichtl. Hypothek des franz. Rechts in ihrer geschichtl. Entwicklung u. Verbreitung. 8°. (240 S.) 1910. 6.50

Scheppler, F., Alimentationspflicht der Ehegatten. 8°. (51 S.) 1909. 1.20

— **P.,** Die Prozeßführung der im ordentlichen gesetzlichen Güterstand lebenden Ehefrau. 8°. (60 S.) 1909. 1.50

Schiedermair, J., Die strafrechtlichen Nebengesetze Bayerns Erläutert. gr. 8°. (949 S.) 1912. Geb. 4.—

— — Die Vorbedingungen für den höheren Justiz- u. Verwaltungsdienst in Bayern. 8°. (213 S.) 1926. Kart. 5.80

Schlecht, A., Das Recht der Elektrizität. gr. 8°. (182 S.) 1906. 2.50

Schmidt, Chr., Anleitung z. anwaltschaftlichen Geschäfts- und Buchführung. 8°. (20 S.) 1921. 0.20

Schneickert, H., Signalementslehre. Handb. d. Personenbeschreibg. f. Polizeibehörden, Polizei- und Gendarmerieschulen. Mit zahlr. Illustrat. 2. Aufl. 8°. (166 S.) 1922. Geb. 3.—

Schröter, K., Rücktritt vom Kartell. 8°. (116 S.) 1927. Geh. 5.—

Schulte, Fr., Die Sozialisierung d. bayer. Hypothekenbanken. gr. 8°. (24 S.) 1919. 1.—

Schultz, H., Der Betrug i. Immobilienverkehr i. s. zivilrechtl. Bedeutg. n. d. Rechtspr. d. RG. 2. neub. Aufl. gr. 8°. (115 S.) 1923. 2.20

Schuntner, A., Die Vorabentscheidung über den Grund des Anspruchs. 8°. (104 S.) 1913. 2.—

Schwab, S., Grundriß des materiellen Liegenschaftsrechts des BGB. unter Berücks. d. bayer. Ausführungs- u. Übergangsvorschriften. 8°. (88 S.) 1905. 2.—

Schwarz, Wilh., Die Kriegssteuer d. Gesellschaften. gr. 8°. (114 S.) 1916. 2.20

Schweitzers Ausgabe des bayer. Beamtengesetzes von 1908 mit Anhang Gehaltsordnung. Textausg. m. Verw. u. Sachreg. 12°. (229 S.) 1909. Kart. 0.60

Schweitzers Hand- und Textausgaben: S. S. 21 ff., 25 ff.

Schweitzers Terminkalender f bayer. Juristen. 1927. 63. Jahrg. Geb. 5.—

Schweizers Zettelausgabe Nr. 18, enth. die Änderungen der StPO. und des JugGG. durch die Novelle vom 27. Dez. 1926. Auf losen Blättern —.50

Schwerin, Cl. Frhr. von, Schuld und Haftung im geltenden Recht. 8°. (43 S.) 1911 1.50

Schworm, Fr., Die bayerische Textilindustrie und ihre Entwicklung seit 1875. Mit zahlr. statist. Tabellen. gr. 8°. (239 S.) 1904. 6.—

Seidlmayer, H., Das schwurgerichtl. Verfahren im Lichte des Reichsgerichtes. 2. umgearb. A. gr. 8. (179 S.) 1914. 4.—

Seydel, M. von, Vorträge aus dem allgemeinen Staatsrecht. gr. 8°. (102 S.) 1903. 2.—

Silberschmidt, W., Das deutsche Arbeitsrecht. Einltg.: Das allgem Arbeitsrecht. Gr 8°. (47 S.) 1923. 0.75

— — — I. Band, erster Teil: Das deutsche Arbeitsrecht im weiteren Sinne. Gr. 8°. (351 S.) 1926. 7.50

Staatsprüfungsaufgaben für den höheren Justiz- und Verwaltungsdienst in Bayern.
Die Jahrg 1880—84, 1896—98, sind vergriffen.
1885—1895, 1899 je 0.80
1900—1905 (Sammelband, nur Verw. betr.) 5.50
1906—1908 3 Hefte je 1.—
1909—1913, 1916—1918, 1919 (I), 1919 (II) 10 Hefte. je 0.80
1920 (I), 1920 (II), 1920 (III), 1921 (I), 1921 (II), 1922 (I) 6 Hefte je 1.—
1922 (II), 1923 (I), 1923 (II), 3 Hefte in einem Bande 4.50
1924 (I), 1924 (II), 1925 (I), 1925 (II) 1926 (I), 5 Hefte je 1.30
1926 (II), 1927 (I) je 2.—
Serienpreis: 1900—1926 (I/II) (34 Hefte) 27.—
„ 1919 (I)—1926 (I/II) (17 Hefte) 16.—

Stahl, L., Die sogenannte clausula rebus sic stantibus im BGB. 8°. (87 S.) 1909. 2.20

Staudingers Kommentar zum Bürgerlichen Gesetzbuch und dem Einführungsgesetz. 7.—8. Aufl. (Vollendet im Dezember 1914).
Bd. I—VII m. 3 Erg.-Bd In Kunstleder. Geb. 150.—
Von d. 7.-8. Aufl. können noch einz. abgegeb. werden:
Erg.-Bd. zu Bd. III: Erbbaurecht, von Dr. K. Kober. 2. A Lex. 8°. (140 S.) 1922. Geb. 3.60
Bd. IV: Familienrecht, von Th. Engelmann. In 2 Teil. Lex. 8°. (1565 S) Geb. 29.—
Erg.-Bd. zu Bd IV: Das RGes. über die religiöse Kindererziehung v. 15. 7. 21. Von Dr. Th. Engelmann. Lex. 8°. (139 S) 1922. Kart. 3.30
Bd. VI/VII Einführungsgesetz, von L. Kuhlenbeck, u. Gesamtregister von F. Keidel. Lex. 8°. (648 u. 292 S.). Geb. 17.—
Gesamtnachtrag, von E. Riezler, F. Keidel, K. Kober, Th. Engelmann und F Herzfelder, Lex. 8°. (486 S.) 1922. Geh. 7.—
In Kunstl. geb. 9.—

Staudingers Kommentar zum Bürgerlichen Gesetzbuch und dem Einführungsgesetz. 9. neubearb. Aufl.

Bisher erschienen:

Bd. I: Allgemeiner Teil von Th. Loewenfeld u. E. Riezler (Lfg. 2 u. 4 des Gesamtwerkes). Lex. 8°. (914 S.) 1925. Geh. 35.— In Halbfranz geb. 41.—

Bd. II. Schuldverhältnisse, 1. Teil von Alfr. Werner §§ 241—252 (Lfg. 14 des Gesamtwerks) Lex. 8°. (152 S.) 1927. Geh. 6.—

— — — 2. Teil von K. Kober. §§ 433—531 (Lfg. 15 d. Gesamtwerkes) Lex. 8°. (336 S.) Geh. 13.20

Bd. III: Sachenrecht (§§ 854—1296) von K. Kober. (Lieferung 1, 3, 4 u. 5 des Gesamtwerkes). 2 Bde. Lex. 8°. (1596 S.) 1926. Geh. 61.—, in Halbfranz geb. 73.50.

Bd. IV. Familienrecht, erl. von Th. Engelmann, herausgeg. von F. Keidel 2 Bände (Lfg. 8, 9, 11, 12 des Gesamtwerks) 8°. (1771 S.) 1926. Geh. 66.—, in Halbleder geb. 78.—

Bd. V. Erbrecht von F. Herzfelder. §§ 1922—2302 (Lfg. 10, 13, 16 des Gesamtwerks) Lex. 8°. (640 S.) 1927. Geh. 34.40

Die Vollendung des ganzen Werkes ist im Jahre 1928 zu erwarten.

Steiner, A., Gesetz über die Zwangsversteigerung und Zwangsverwaltung vom 24. III. 1897 m. bes. Berücksichtigung d. bayer. Ausführungsbestimmungen u. unter Anfügung v. Beispielen. gr. 8°. 3. neubearb. A. (584 S.) 1921. Geb. 8.—

Steinlein, A., Die Form d. Kriegserklärung. gr. 8°. (144 S.) 1917. 3.—

Stenger, Herm., Das bayer. Gemeindevermögensrecht. Systemat. Darstellung unt. bes. Berücks. d. rechtsrhein. Verhältnisse. gr. 8°. (427 S.) 1918. 3.—

Stern, E., Der Höchstpreis. Eine syst. Untersuchg. auf Grund der Erfahrungen der deutschen Kriegswirtschaft. Gr. 8°. (313 S.) 1923. 10.—

Stier-Somlo, F., Sammlung in der Praxis oft angewandter Verfassungs- u. Verwaltungsgesetze und VerwaltungsVO. d. Deutsch Reichs m. preuß. Ausf.-Vorschr. Gr. 8°. 3. Aufl. (1204 S.) 1923. Geb. 11.40

Stier-Somlo, F., Zuwachssteuergesetz v. 1911. 8°. (198 S.) Geb. 1.—

Stöhr, Karl F., Der Baukredit. gr. 8°. (172 S.) 1921. 3.60

Stölzle, H., Der deutsche Rechtsfriede? Ein Beitrag z. Frage d. Güteverfahrens. gr. 8°. (64 S.) 1917. 2.—

Strauß, E., Das Fundrecht des BGB. 8°. (78 S.) 1908. 2.—

Streber, R., Wille und Interesse des Geschäftsherrn bei der Geschäftsführung ohne Auftrag. (§§ 677 bis 687 des BGB.). 8°. (59 S.) 1907. 1.60

Süß, G., Abtretung künftiger Ansprüche. 8°. (88 S.) 1910. 2.80

Tartaruga, U., Münzverbrechen und ihre Bekämpfung Kl. 8°. (53 S.) 1926. Geh. 1.60

Textausgaben, Schweitzers blaue, S. S. 25 ff.

Thurn, U., Die Funkentelegraphie im Recht. Lex. 8°. (150 S.) 1913. 4.—

Urban, J., Von d. Notwendigkeit u. d. Inhalt e. Reichstheatergesetzes. D. privatrechtl. Problem d. Bühnenrechts n. gelt. Rechte n. d. deutschen u. österr. Gesetzentwürfen. gr. 8°. (85 S.) 1915. 2.20

Vervier, Hch., Der Rechtswechsel im öffentl. Recht u. seine Einwirkg. auf gleichwertige öffentl.-rechtl. Normen. Gr. 8°. (197 S.) 1923. 6.—

Wahlhaus, F., Die Rechtsstellung der israelitischen Kultusgemeinden im rechtsrhein. Bayern. gr. 8°. (62 S.) 1912. 1.80

Wassermann, R., Die amtlichen Richtlinien zur Preistreiberei VO. v. 16. 12. 22. Erl. gr. 8°. (28 S.) 1923. 0.70

Wassermann, R., Die Steuererklärung nach dem neuen bayer. Gewerbesteuergesetz. Gr. 8° (25 S.) 1927. 1.50

Wegelin, W., Tauschsozialismus und Freigeld. 8°. (126 S.) 1921. 3.50

Weiß, Chr., Verjährung und gesetzliche Befristung. Preisschrift. 8°. (155 S.) 1905. 3.60

Weisbecker, W., Die Grundschuld in ihren Beziehungen zur persönl. Forderung. gr. 8°. (48 S.) 1922. 1.—

Weißenhorn, A., Bankdepotgesetz § 8 mit bes. Berücksicht. des kaufm. Zurückbehaltungsrechts. 8°. (83 S.) 1913. 2.—

Weishäupl, Mich., Zwei Großhandelskartelle der Textilbranche. 8°. (65 S.) 1924 3.—

Welker, G., Die Münchener Erhebung üb. d. Lebensmittelverbrauch i. Febr. 1915. Mit 3 Tafeln. Lex. 8°. (206 S.) 1916. 7.—

Weyl, R., System der Verschuldensbegriffe im BGB. Lex. 8°. (676 S.) 1905. 12.—

Wiesinger, K., Die Zölle und Steuern des Deutschen Reiches. 6. A. 8°. (449 S.) 1912. Geb. 4.—

Wilhelm, Osk., Der Einfluß d. Krieges auf Privatverträge. gr. 8°. (56 S.) 1916. 1.50

Zahn, F., Die Statistik in Deutschland nach ihrem heut. Stand. In Verbindung mit hervorragenden deutschen Statistikern Georg von Mayr zu seinem 70. Geburtstage (am 12. II. 1911) als Ehrengabe dargebracht gr. 8°. 2 Bde. (849 u. 1031 S.). 1911. 34.—

— — Wirkung der deutschen Sozialversicherung. Mit Nachtrag, Die Sozialversicherung und der gegenwärtige Krieg. Lex. 8°. (116 S.) 1915. 3.—

— — Stadt u. Land, Bayern u. d. Reich i. d. Kriegsernährungswirtschaft. 8°. (21 S.) 1918. 0.60

Zehnter, J., Versicherungsvertragsgesetz. 8°. (320 S.) 1909. Geb. 5.—

Zeiler, A., R. Wassermann und A. Mayer, Die Geldentwertung als Kredit-, Kalkulations- und Besteuerungsproblem. 8°. (104 S.) 1921. 1.—

Ziegler, G., Sammlung in der Praxis oft angewandter Verwaltungsgesetze nebst Verordnungen für Bayern. 5. Aufl. Bd. I: Reichsgesetze u. VO. (798 S.) Bd. II: Bayer. Gesetze u. VO. (1067 S.) Geb. 35.50

Zimmermann, H., Formularbuch für bayerische Notariate. 8°. (125 S.) 1910. Kart. 3.—

Zizek, Meinen Kritikern (Sonderdruck a. Allg. Statist. Archiv. Bd. XIV.) Lex. 8°. (48 S.) 1924 1.20

Schweitzers (braune) Handausgaben:

Angestellten-Versicherungsgesetz. Erläutert v. Senatspräs. *Meinel*, München. 3. A. (598 S.) 1926. geb. 16.50

Arbeitsnachweisgesetz. Mit d. Ausf.Best. Erl. von Ob.-RegRat *Dr. G. Ziegler* u. RegRat *M. Schlederer*, München. (223 S) 1923. Geb. 3.80

— I. Nachtrag (VI. 65 S.) 1924 2.—

Aufenthalts- u. Freizügigkeitsgesetz. Mit Vollz.-Vorschr. Von OberregRat *Dr. Ziegler*, München. 3. Aufl. 8°. (173 S.) 1926 Geb. 6.80

Bauordnung, die bayr., von *G. Heilmann-K. Weinisch*, BezAmtmänner, Schweinfurt. 2. Aufl. (661 S.) 1927. Geb. 16.—

Berggesetz, Bayer. v. 13. VIII. 10. 3. A. bearb. v. ORR. *Nothaas* u. RR. *Miesbach* (988 S.) 1927. Geb. 28.50

Bürgerliches Gesetzbuch, (Kleiner Staudinger) auf Grund von J. von Staudingers Kommentar bearb. v. *F. Keidel*. 2. Auflage. (1229 S.) 20. geb. 9.—

Erbschaftsteuergesetz, Erläuterungsbuch mit sämtl. einschläg. Gesetzen u. Verordnungen nach dem Stand vom 1. Juli 1924. Von *Dr. F. W. R. Zimmermann*, Kammerpräs. a. D. in Braunschweig und RegRat *D. Ludewig* in Braunschweig. 4. Aufl. (681 S.) 1925. Mit Nachtrag 1926. Geb. 15.—

Ertragssteuergesetze, Die bayer., Bd. I: Grund- u. Haussteuergesetz. M d. Vollz.-Vorschr. Erl. v. Reg.-Rat *Dr. H. Berolzheimer*, Speyer. (110 S.) 1922. 1.70

Bd. II: Gewerbsteuergesetz. Mit Vollzugsvorschr. Erl. von RA. *Dr. R. Wassermann*, München. 2. Aufl. (293 S.) 1927 geb. 8.50

Bd. III: Hausiersteuergesetz. Mit d. einschl. Gesetzen u. den Vollzugsvorschr. Erl. von RegR. *L. Jacob*, Pegnitz. 2. Aufl. (239 S.) 23. 4.60

Fischereigesetz, Bayer., vom 15. VIII. 08 mit der Landesfischereiordg. v. 23. III. 09 u. allen Vollz.-Vorschr. von *J. Bleyer*, Minist.-Rat im Bayer. Justizmin. 3. Aufl. (310 S.) 1925. Geb. 12.—

Flurbereinigungsgesetz, Bayer., M. d. Vollz.-Vorschr. Erl. v. MinRat *Dr. Gg. Seubelt* in München. (404 S.) 1923. Mit Nachtrag. Kart. 7.—

Fürsorgepflicht-VO. Mit sämtl. einschläg. Bestimmungen u. den AusfVO. der größeren Länder. Erl. von MinRat *Dr. M. Geiger* u. RegRat *O. Heß*, München. Im Druck. (Siehe oben unter *Geiger-Heß*, Fürsorgepflicht).

Gemeinde-, Bezirks- u. Kreisordnung, Bayer. Erl. v. Geh.-R.-Prof. *Dr. W. Laforet,* Würzburg, Min.-R. *von Jan,* München u. RR. *M. Schadenfroh,* München. Lfg. 1. (160 S.) 3.—
Gerichtsbarkeit, Gesetz über freiw. Erl. v. *OstLGR. F. Keidel.* 3. A. 8°. (491 S.) 1925. geb. 18.50
Geschäftsaufsicht u. Zwangsvergleich. Erl. von Geh. Justizrat *Dr. H. Cahn.* Nürnberg. (376 S.) 17. Geb. 7.—
— Nachtrag (76 S.) 1924 2.40
Gewerbesteuergesetz: S. Ertragssteuergesetze.
Goldbilanzen mit den Durchführungsbestimmungen v. Rechtsanwalt *Dr. A. Fürnrohr.* 2. Aufl. (148 S.) 1924 3.20
Grundstücksmiete I. Teil: Mieterschutz u. Wohnungsmangel. 3. neub. Aufl (370 S.) 1926. Geb. 10.—
— **II. Teil: Mietzinsbildung u. Mietzinssteuer.** 2. Aufl. Von I. Bürgermeister *Dr. F. Kiefersauer.* (VIII, 299 S.) 1924 Geb. 7.50
Grund- u. Haussteuergesetz: S. Ertragssteuergesetze.
Handelsgesetzbuch f. d. Deutsche Reich v. 10. V. 1897. Erläutert v. Justizrat Rechtsanwalt *Dr. Hch. Frankenburger* in München. 5. Aufl. (711 S.) 1921. geb. 5.—
Hausiersteuergesetz: S. Ertragssteuergesetze.
Jagdgesetz, Bayer. Mit allen einschl. Bestimmungen. Erl. v. LGR. *Dr. Behr,* Regensburg (498 S.) 19. geb. 5.—
Jugendwohlfahrtsgesetz u. d. **Bayer. Jugendamtsgesetz** mit den Vollz.Best. u. ergänz. Gesetzen u. Verw.VO. Erl v. *ObLGR. J. Schiedermair,* Münch. (468 S.) 1926. geb. 16.30
Kartellverordnung, Die. Mit den einschläg Vorschr. Erl. v. *Dir. Dr. Haußmann,* Rechtsanw. u. *Dr. Holländer,* Rechtsanwalt in Berlin. (164 S.) 1925. Geb. 6.50
Kirchengemeindeordnung, Bayer. v. 24. IX. 1912 mit den Vollz.-Vorschr. Erläut. von Bez.-Amts-Ass. *Dr. Langheinrich* in Bad Kissingen. (597 S.) 1913. geb. 5.50
Konkursordnung mit den einschlägigen Gesetzen. Erl. von Staatsrat im bayer. Justiz-Min. *Dr. Karl Meyer.* 2. Aufl. bearb. von Ministerialrat *J. Bleyer* im bayer. Justiz-Min. (611 S.) 1921. geb. 5.—
Kriegsgesetze, Die, privatr. Inhalts, v. Rechtsanw. *Dr. R. Wassermann* u. *L. Erlanger.* 3. A. (581 S.) 17. geb. 4.—

Landessteuergesetz, Das bayer. Vollzugsgesetz zum, m. Erl., d. Landessteuerges. d. Mustersatz. f. d. Zuwachssteuer u. Grundwertabg. u. d. sonst einschl. Erl. u VollzV. Hrg. *v. Dr. P. Hammer,* MinRat i. Staatsm. d. Finanzen. (204 S.) 22. kart. 3.—

Ödlandgesetz, Bayer. Mit den Ausführungsbest. Erl· von Oberregierungsrat *Dr. Otto Woerner* i. Bay. Landw.Minist. (266 S.) 1925. geb. 6.60

Polizeistrafgesetzbuch, Bayer. und der Übertretungsabschnitt des StGB. Mit den Vollzugsvorschr. Erl. von ObLGRat *J. Schiedermair.* (288 S.) 22. geb. 5.—

Reichsnotopfer, Das. Mit Vollzugsvorschr. Erl. von RA. *Dr. A. Fürnrohr,* München. (335 S.) 20. Kart. 3.— Mit Ergänzung: Die beschleunigte Veranlagung u. Erheb. d. Reichsnotopfers. 1921 (53 S.) Geh. 0.50

Reichspressegesetz von *Dr. von Schwarze,* Weil Geh.Rat, Generalstaatsanwalt u. Kammergerichtsrat *Dr. H. Appelius.* 5. Aufl. bearb. von Amtsgerichtsrat *Dr. Erich Wulffen.* (281 S.) 14. geb. 5.—

Reichs- und Staatsangehörigkeitsgesetz v. 22. VII. 13 unter bes. Berücksichtigung der bayer. Verhältnisse. Erläutert von *Jakob Woeber,* Bezirksamtmann in München. 4. Aufl bearb. v OReg.-Rat *K. A. Fischer,* Pfaffenhofen. (272 S.) 1928. geb. 8.50

Reichsversorgungs - Verfahrensgesetz. Mit Ausf.-Best. v.Erl. *Dr. Th. v. Olshausen,* Präs. d. Dir. d. RVAnst. f. Angestellte unter Mitw. v. OReg.-Rat *Dr. Th Schulte-Holthausen* i. R.-Arb.-Min. 2. A. (260 S.) 1926 geb. 7.—

Scheckgesetz, v. 11. März 1908. Erl. v. *Dr. H. Lessing,* Bankdirektor, Berlin. 2. Aufl. (574 S.) 1926 geb. 16.—

Strafprozeßordnung. Mit Gerichtsverf.-Ges. Erl. von Reg.-Rat *Dr. J. B. Koch,* München. 2. Aufl. in Vorber.

Schulaufsichtsgesetz, Das bayerische, vom 1. 8. 21· Mit Erl. u. einem Anhang v. *L. Braun,* OberregRat in Augsburg 8°. (287 S.) 1925. geb. 8.20

Umsatzsteuergesetz. In der Fassung v. 8. Apr. 22. Mit den Ergebn. d. Rechtspr. d. Reichsfinanzh. Erl. v. Senatspr. *Dr. R. Kloß,* München. 2. A. (134 S.) 1926 Kart 4.40

Unterstützungswohnsitz- und Bayer. Armengesetz. Mit sämtl. Ausf.-Best. u. allen einschläg. Ges. Erl. v. Geh.R., Reg.-Direktor *W. Pöll*. 2. Aufl (430 S.) 21. geb. 7.—
S. a. Fürsorgepflicht.

Verfassungsurkunde, Bayer. Mit den einschlägigen Gesetzen. dem Konkordat u. d. Verträgen mit den evang. prot. Kirchen. Erl. v. RegRat Dr. *J. Kratzer*, München, 8. (374 S) 1925. geb. 9.—

Vergleichsordnung vom 5. Juli 1927. Erl. v. Geh. JR. *Dr. H. Cahn* I, Nürnberg (504 S.) 1927. Geb. 13.50

Viehseuchengesetz v 26. VI. 09 mit den bayer. Ausf.-Best. von *Walter Freiherr v. Stengel*, O.-Reg.-Rat u O.-Amtm. i. Garmisch. 2. Aufl. (396 S.) 22. geb. 7.—

Weingesetz v. 7. IV. 1909 m. d. Ausf.-Best., den Kriegsverordn. u. d. Ges. v. 30. Dez. 1920 erl. v. *Otto Zoeller*, Oberlandesger.-R. i. Münch. 2. neub. A. (194 S.) 21. geb. 3.—

Wettbewerbsgesetz v. 7. VI. 09. 2. A. bearb. von *Dr. J. Kahn*, Justizrat, Syndikus d. Handelsk. in München u. *Dr. Chr Weiss*, Rechtsrat. (420 S) 09. geb. 6.—

Zivilprozessordnung für das Deutsche Reich in neuester Fassung. 3./4. A. von *J. Neumiller*, Oberlandesgerichtsrat in München. (858 S.) 11. geb. 3.—

Schweitzers (blaue) Textausgaben:

Ansiedlungsgesetz, Bayer. Erl. von Rechtsanwalt Intend.-Ass. *Dr. Fürnrohr*, München. 17. geb. 3.—

Aufruhrschadengesetz m. Anm. u. Ausf.-Bestimm., erl. von Rechtsanwalt *Dr. Geigel*, München 21. 1.40

Bauernkammerngesetz, Bayer. Erl. von Minist.-Rat *H. von Jan*, München. 20. 1.30

Nachtrag: WahlO. v. 14. I. 1925 mit VollzVorschr. München 1925. 1.—

Bauforderungsgesetz vom 1. VI. 09 nebst einem Anhang die einschläg. Bestimmungen der GewO. u. d. ZwVG. enthaltend. Erläutert von Rechtsanwalt *Dr. Herbert Jacobi* in München. 10. geb. 2.—

Beamtenbesoldungsgesetz, Bayer. Mit Vollz.-Vorschr. Erl. v. MinRat *Dr. Reindl* u. Reg.-Rat *Legat*, Münch. 20. 2.—

Besitzsteuergesetz. Mit Vollz.-Vorschr. Von Prof. *Dr. Köppe*, Marburg i. H. 17. geb. 2.50

Betriebsrätegesetz mit sämtl. Vorschriften. Erl. von Rechtsanwalt *Dr. F. Koch*, Berlin. 20. kart. 1.50

Bürgerl. Gesetzbuch nebst Einführungsgesetz mit Abdruck der zitierten Gesetzesstellen. 3. Aufl. 1926. geb. 5.50

Gebrauchsmusterschutzgesetz vom 1. VI. 1891. Erläutert von *Dr. L. Wertheimer*, Rechtsanwalt in Frankfurt a. M. 13. geb. 2.80

Gemeindewahlgesetz, Bayer. u. Gemeindewahlordnung Mit Anm. v. MinRat. *Hch. v. Jan*, München 1924. steif geh. 1.50

Genossenschaftsgesetz v. 1. V. 89. In der Fassung v. 10. V. 97. Erl. v. *Fr. Bonschab*, Direktor d. Bayer. Landwirtschaftsbank. 3. A. von *Dr. R. Deumer*. 20. kart. 3.—

Gerichtsverfassung. (GVG. mit EG. z. GVG. u. einem Anh. über d. KonsGbk.) Mit Anm. von UnivProv. OLGR. *Dr. Doerr* in München. 2. Aufl. 22. geb. 1.70

Gewerbeordnung mit Nebenges. u. Ausführungsbest. M. Anm. u. ausf. Sachreg. v. ObRgRat *Dr. F. Steinbach*. 2. Aufl. 23. Ausg. f. Preußen. geb. 4.50
Ausg. für Bayern geb. 4.50

Gewerbsteuergesetz, vom 9. Juli 1926 i. d. Fassung vom 10 Aug. 1926. Mit Einleitung, Vollzugsvorschriften, u. Sachverzeichnis. Von Regierungsrat *Dr. K. A. Hauser*, München 1926. Kart. 4.—

Güterzertrümmerungsgesetz (Bayer.) vom 13. VIII. 10 mit den Vollzugsvorschriften erläut. von *Fr. Edler von Braun*, Ministerialrat im Staatsministerium des Innern. 2. verb. Auflage. 11. geb. 1.70

Handelsgesetzbuch m. Seerecht. M. Einl. u. Reg. 2. A. 27 geb. 3.—

Jugendgerichtsgesetz vom 16. II. 1923 nebst Jugendwohlfahrtsgesetz u. d. Vollzugsvorschr. Preussens u. Bayerns. Erl. von Amtsrichter *Dr. R. Messerer*, München. 1926. geb. 4.—

Kapitalabfindungsgesetz. Mit den Vollzugsvorschriften. Erläutert von *Dr. Koppmann*, Intendantur-Assessor München. 17. geb. 2.—

Kindererziehung, religiöse, RG. v. 15. Juli 21. Erl. von OLGRat *Th. von der Pfordten.* 22. kart. 0.60
Konkursordnung, Anfechtungsges., Geschäftsaufsichts-VO. u. Zwangsversteigerungsges. Mit 28 Nebenges. 2. Aufl. TA. m Verweisgn. u. ausführl. Sachreg. bearb. v. OLGR. *J. Schiedermaier,* München. 1924. Geb. 3.—
Kraftfahrzeuggesetz v. 3. V. 09 m. VollzVorschr. d. Reichs, v. Preussen u. Bayern u. Intern. Abk. v. *Ph. Seuffert.* 3. Aufl., neubearb. v. Ober-Staatsanw. *J. Dittmann,* München. 25. Mit Nachträgen. Geb. 6.—
Landeswahlgesetz, Bayer. Erl. von Minist.-Rat *H. von Jan.* 20. M. Nachträg. v. 21. 7. 21 u. 6. 2. 24. kart. 1.80
Lotteriespielgesetz v. 11. X. 12. nebst Staatsvertrag zwischen Bayern, Württemberg u. Baden einerseits u. Preußen andererseits zur Regelung d. Lotterieverhältnisse. Erläutert v. *Dr. Friedrich Goldschmit,* Rechtsanwalt in München. 13. geb. 3.—
Reichsabgabenordnung. Erl. von R.-Finanzrat *Dr. E. Trautvetter,* München. 20. kart. 3.50
Reichsbesoldungsgesetz mit der **R.-Besoldungsordnung.** Erl. von Min.-Rat *Falkenberg* und Geh. Admiral-Rat *Greß,* Berlin 20. kart. 1.50
Reichseinkommensteuergesetz. Mit den Fassungen 1920–1922. Mit Verweisungen. Nach dem Stande vom Juli 1922. Von RA. *Dr. Roth,* Heidelberg. 22. 0.50
Reichspräsidentenwahl-Gesetz v. 4. V. 20 mit Wahlordnung. Erl. v. MinRat *H. von Jan,* Münch. 22. krt. 0.85
Reichsversorgungsgesetz mit allen sonst. Best. Erl. v. Min.-Rat *A. Kerschensteiner,* Berlin. 21. Kart. 2.60
Reichswahlgesetz. Erl. von Minist.-Rat *H. von Jan,* 2. neubearb. Aufl. München. 24. geb. 2.20
Reichswirtschaftsrat, Der vorläufige. Von Min.-Rat *Dr. Schäffer,* Berlin. 20. kart. 3.30
Rennwett- u. Lotteriegesetz. Mit AusfBest. d Reichs, von Preußen, Bayern, Sachsen, Württemberg, Baden. Erl. von *O. Kollmann,* ObRegR. im Bay. Landw.-Minist. 1922. Kart. 1.90
Strafgesetzbuch für das Deutsche Reich nebst Einführungsgesetz u. ergänzenden Gesetzen. TA. mit

Anm. u. Sachreg. Hrsg. v. *Dr. Fr. Doerr*, OLGR., Professor in München. 4. Aufl. 1927. geb 4 60

Strafprozeßordnung u. Gerichtsverfassungsgesetz. Mit Verweisungen. Von Staatsanwalt *R. Kallenbach*. (264 S.) 1924 geb. 3.—

Telegraphenwegegesetz mit Ausführungsbestimmungen und Nebengesetzen. TA. mit Anm. von Oberpostassessor *M. Hotz* in München. 10. geb. 2.50

Urheber- und Verlagsrecht. Eine Sammlung der einschlägigen Gesetze, Verordnungen und internation. Abkommen. Mit Sachregister von Rechtsanwalt *Dr. H. Kirchberger* in Leipzig. 11. geb. 1.60

Verfassungsurkunde, Bayer., mit sämtlichen einschlägigen Bestimmungen. Erl. von Min.-Rat *H von Jan*. 1927. Geb. 5.—

Verfassung, die deutsche von 1919. Erl. von Prof. *Dr. Bornhak*, Berlin. 2. durchges. Aufl. 21. kart. 1.10

Volksentscheid, Reichsges. über den, m. d. einschläg. Bestimm d. Reichsstimmord. 2. Aufl 1926. 2.20

Volksschullehrer- und Schulbedarfgesetz, Bayer. Erläutert. 3. Aufl. 20. kart. 1.50

Volksschulwesen, Bayer. Die neuen Erlasse über das. Mit Verweisungen. 20. kart. 0.70

Zivilprozeßordnung mit 42 Nebengesetzen. 3. Aufl. Von Oberstlandesgerichtsrat *Schiedermair*. 1924. geb. 5.—

Zivil-, Prozeß- und Strafrecht der Übergangszeit. Sammlg. der Gesetze u. Verordnungen. Von Rechtsanwalt *Dr. Weil*, Ludwigshafen. 19. kart. 1.50

Zuwachssteuergesetz. Mit den Vollz.-V. d. Bundesrats v. Preußen u. Bayern. Erläut. von Univ.-Professor *Dr. H. Köppe* in Marburg. 11. geb. 1.—

Zwangsabtretungsgesetz, das bayer., erl. von *Dr. W. Laforet*, Ministerialrat im Staatsministerium des Innern. 10. geb. 3.20

Dazu Abänderungsgesetz von *Dr. G. Ziegler*. München 1918. 1.—

Zeitschriften.

Annalen des Deutschen Reichs für Gesetzgebung, Verwaltung und Volkswirtschaft. Staatswissenschaftl. Zeitschrift u. Materialiensammlung. Begründet von *Georg Hirth* und *Max von Seidel*. Herausg. von *Ant. Dyroff*. Gegr. 1867. (Jährlich 4 Hefte).

Fürsorgeblätter, Bayer., hrsg. v. MRat *Dr. M. Geiger*, im Bayer. Sozialministerium 12 Hefte viertelj. 1.50

Gemeinde- und Verwaltungszeitung, bayerische. Zeitschrift f. alle Angelegenheiten d. bayer. Staats- u. Selbstverwaltung. Begründ. von *Dr. Th. v. Hauck*, weil. Oberstaatsanwalt a. Verwaltungsgerichtshof. Herausg. v. *Dr. Gg. Ziegler*, Oberregierungsrat. im Staatsminist. f. soz. Fürsorge unter ständ. Mitw. *K. Meinel*, Senatspräs., *Dr. P. Hammer*, MinRat, *J. Schiedermair*, OLGR., *Dr. Laforet*, Minister.-Rat, ObRegRat. *Dr. Bohl*, Staatsmin. d. I. *Dr. F. Kiefersauer*, I. Bgrmstr. in Mindelheim u. Ober-Bgrmstr. *R. Knorr*, Synd. d. Bayer. Städtebundes Gegr 1891. Jährl. 36 Numm. in Quartformat Mit d. „Mitteilung. d. Bayer. Landesamts f. Arbeitsvermittlg." u. d. „Bayer. Fürsorgebl." viertelj. 3.—
Alphabet. Register zu Jhrg. 1—12. Grundpreis 1.20
— — zu Jhrg. 13—29. „ 1.50
Über ältere Jahrgänge bitten wir Off. einzuholen.

Kritische Vierteljahresschrift für Gesetzgebung und Rechtswissenschaft, herausgeg. von *E. Beling, A. Dyroff, R. von Frank, W. Kisch*, Professor d. Münch. Juristen-Fakultät. Jährl. 4 Hefte.

Leipziger Zeitschrift für Deutsches Recht. Gegr. von *Düringer, Jaeger, Könige*. Herausgegeb. v. OLGR. *Dr. Klimmer* in München, unt. ständ. Mitwirk. v. *L. Ebermayer, F. Exner, M. Hachenburg, A. Hagens, E. Jaeger, H. Könige, R. Mansfeld, O. Strecker* Gegr. 1907. V' eljährl. 6 Hefte in Quartf. mit den „Blätter für Internat. Privatrecht" herausgeg. v. *Dr. L. Wertheimer*, Frankfurt a. M. viertelj. 6.—

Zeitschrift für Rechtspflege in Bayern. Herausg. von ObLGRat *J. Schiedermair* in München. Monatlich 2 Nummern in Quartform. Gegr. 1905. Vierteljährl. 4.—

Register.

(Die Zahlen bedeuten die Seiten).

Rechts- und Staatswissenschaftliche Werke

Mit einem Anhang:

Schulbücher und Schöne Literatur

aus dem Verlage von

H. W. Müller, München und Berlin.

Die Preise verstehen sich in Reichsmark.

Altmann, F., Geh. Reg.-Rat, Ärztliche Ehrengerichte und ärztliche Standesorganisation in Preußen. Zum prakt. Handgebrauch erläutert. 8⁰. (IX, 218 S.) 1900. 300 gr Kart. 2.—

Altmann, Dr. Paul, Landrichter, Handbuch des Deutschen Vereinsrechtes. Zugleich ein Beitrag zu der Lehre von den juristischen Personen. 8⁰. (XII, 211 S.) 1905. 310 gr Geb. 1.50

— Zwangsversteigerung u. die Zwangsverwaltung, das Reichsgesetz vom 24. März 1897 (Fassung vom 20. Mai 1898). Mit Erläuterungen. Ausgabe für Preußen. 1904. 770 gr Geb. 5.— Ausgabe f. d. nichtpreuß. Staaten. 770 gr. Geb. 5.—

Basch, Julius, Justizrat, Rechtsanwalt u. Notar, Handelsgesetzbuch vom 10. Mai 1897 und Deutsche Wechselordnung, nebst Einführungs- u. Nebengesetzen. (Ausgabe ohne Seerecht.) Erläutert durch die Rechtsprechg. des Reichsgerichts u. des vormaligen Reichs-Oberhandelsgerichts. 9., verbess. u. vermehrte Aufl., besorgt von Walter Basch, Rechtsanw. (VIII, 435 S.) 1924. 310 gr. Ganzl. geb. 4.—

Behrend, Dr., Landgerichtsrat, Jugendwohlfahrtsgesetz v. 9. Juli 1922. Kommentar. 8⁰. (VIII, 489 S.) 1925. 600 gr. Geb. 14.50

Beier, Dr. O., Führer durch das Kriegs- und Übergangsrecht. 8⁰. (IV, 114 S.). 1921. 125 gr Geh. 2.50

Biberstein, v., A. M., Juristische Daten. Nach Rechtsgebieten — unter Beifügung eines besonderen biographischen Abschnitts — chronologisch zusammengestellt. 3., verbesserte und vermehrte Auflage. gr. 8°. (IV, 147 S.) 1901. 210 gr Geh. 2.—

Biermann, Dr. J., ord. Professor, Bürgerliches Recht. 1. Band: Allg. Lehren und Personenrecht. gr. 8°. (VIII, 538 S.) 1908. 955 gr Ungeb. 10.—

Birkmeyer, Dr. Karl, ord. Professor, Deutsches Strafprozeßrecht mit eingehender Bezugnahme auf die preußischen und bayerischen Ausführungsbestimmungen und unter Berücksichtigung des österreich. Strafprozeßrechtes. Lex. 8°. (XVIII, 879 u. 51 S.) 1898. 1800 gr Geh. 15.—

Bornhak, Prof. Dr. C., Die preußische Verfassung v. 30. Nov. 1920. M. Erl. (82 S.) 1921. 85 gr Kart. 1.20

Christiani, E., Amtsgerichtsrat, Wie hat der Schiedsmann sein Amt zu führen? Eine gemeinverständliche Anleitung. Mit Beispielen für alle beim Schiedsmann vorkommenden Protokolle, Vermerke und sonstigen Niederschriften, Formularen, vollständigem Sachregister und einem Abdruck der Schiedsmannsordnung. 6. vermehrte und verbesserte Auflage. kl 8°. (160 S.) 1925. 240 gr Kart. 3 —

Dalcke, Dr. A., weil. Ober-Staatsanwalt, Geh. Oberjustizrat, Strafrecht und Strafprozeß. Eine Sammlung der wichtigsten das Strafrecht und das Strafverfahren betr. Gesetze. Zum Handgebrauch für den Preuß. Praktiker erläutert. 20. neubearb. Aufl. 8°. (XII, 1071 S) 1928. 950 g Geb. 14.50

Dalcke, Dr. A., u. S. Genzmer, Strafvollstreckung und Gefängnisverwaltung in Preußen. Handbuch. 2., verbesserte und stark vermehrte Auflage. gr. 8°. (XI, 283 S.) 1889.

Dritte Auflage ist in Vorbereitung.

Daude, Dr. P., Geh. Reg.-Rat u. Universitätsrichter, Das Aufgebotsverfahren nach Reichsrecht und Preuß. Landesrecht. 4., umgearbeitete Aufl. gr. 8°. (VII, 318 S.) 1908. 610 gr Geb. 3.50

— Das Entmündigungsverfahren gegen Geisteskranke und Geistesschwache, Verschwender und Trunksüchtige. Nach der Reichs-Zivilprozeßordnung und dem Bürgerlichen Gesetzbuch für das Deutsche

Reich bearbeitet. 2. Auflage. gr. 8°. (VI, 151 S.) 1899. 350 gr. Geb. 2.—

— Das Feld- und Forstpolizeigesetz vom 1. April 1880. Mit Erläuterungen. 6. Aufl., bearbeitet von Dr. E. Daude, Amtsgerichtsdirektor. 1926. 8° (VIII, 181 S.) 310 gr. geb. 6.—

— Strafgesetzbuch für das Deutsche Reich vom 15. Mai 1871. Mit den Entscheidungen des Reichsgerichts. 16. neubearbeitete Aufl. von Amtsgerichtsrat Dr. E. Daude. kl. 8°. (VII, 571 S.) 1926. 420 gr Geb. 7.50

— Strafprozeßordnung für das Deutsche Reich vom 1. Februar 1877 und das Gerichtsverfassungsgesetz vom 27. Januar 1877/17. Mai 1898/5. Juni 1905/1. Juni 1909. Mit den Entscheidungen des Reichsgerichts. 12. Aufl., bearb. von Dr. Emil Daude, Amtsgerichtsrat. kl. 8°. (VIII, 440 S) 1925, 340 gr. Ergänzt bis März 1927. Ganzl. geb. 7.50

Dernburg, Heinrich, System des Römischen Rechts. Der Pandekten achte, umgearbeitete Auflage bearb. von Dr. Paul Sokolowski, ord. Professor an der Universität Königsberg i. Pr. 2 Teile. Lex. 8°. (XXX, 1110 S.) Berlin 1910/12. 2050 gr Geb. 27.—

Elsner, K. von Gronow, u. G. Sohl, Kriegsgerichtsräte, Militärstrafrecht für Heer und Marine des Deutschen Reichs. Handbuch für Kommando- und Gerichtsstellen, für Offiziere und Juristen. 8°. (XVI, 1120 S.) 1906. 1400 gr Geb. 10.—

Erler, J., Oberlandesgerichtsrat, Ehescheidungsrecht und Ehescheidungsprozeß einschließlich der Nichtigkeitserklärung der Ehe im Deutschen Reich. Zweite, völlig umgearbeitete Aufl. des gleichnamigen preußisch-deutschrechtlichen Buches. gr. 8°. (VIII, 249 S) 1900. 440 gr Geb. 5.—

Ernst, W., u. Krohne, M., Gerichtsreferendare, Die Zivilprozeßordnung. In Frage- u. Antwortform dargestellt. gr. 8°. (XVI. 411 S.) 1904. 770 gr Geb. 3.—

Erythropel, Dr. H., Minist.-Rat im Preuß. Finanzministerium, Geh. Oberfinanzrat, Die Preußischen Besoldungsgesetze vom 17. Dez. 1920. Kommentar. Mit Gehaltstafeln. 3., völlig umgearb. Aufl. Besorgt von Oberfinanzrat König. 8°. (XII, 416 S.) 1923. 400 gr. Mit Ergänzungsheft 1925 (164S.) 85 gr. Kart. 7.—

Francke, H. Das Jugendgerichtsgesetz v. 16. 2. 23. 2. Aufl. 8°. (133 S.) 1926. 245 gr. Kart. 4.60

Friedlaender, Dr. A. u. **Kraemer, Dr. W.**, Kommentar zur Preuß. Gebührenordnung für Rechtsanwälte. Lex. 8°. (IV, 172 S) geb. 7.50.

Genzmer, St., Oberverwaltungsgerichtsrat, Die Landgemeindeordnung für die 7 östlichen Provinzen der Monarchie vom 3. Juli 1891. Erläutert. 6. Aufl. In Vorbereitung.

Gierke, Dr. Otto, Geh. Justizrat, Professor, Vereine ohne Rechtsfähigkeit nach dem neuen Rechte. 2., erg. Aufl. gr. 8°. (52 S.) 1902. 100 gr Ungeb. 1.20

Göroke, Amtsgerichtsrat, Preußisches Fischereigesetz vom 11. Mai 1916 nebst der Fischerei-Ordnung vom 29. März 1917 und den sonstigen fischereigesetzlichen Vorschriften für Preußen. Mit Nachtrag, enthält: Abänderung v. 16. 3. 18 der Fisch.-Ordng. v. 29. 3. 17, Ausführ.-Anweisung v. 16. 3. 1918 zum Fischereigesetz. kl. 8°. (VIII, 311 S.) 1918. 360 gr Kart. 4.—

— Die Preußische Jagdordnung v. 15. 7. 1907 nebst der Ausführungsanweisung u. d. sonstigen jagdgesetzlichen Bestimmungen. Zum praktischen Gebrauch erläutert. 5. Aufl. des Dr. P. Kohli'schen Werkes „Die Preuß. Jagdgesetze". 8°. (VIII, 245 S.) 1920. 325 gr. Mit Ergänzung. Kart. 4.50

Heck, Dr. Ph., Privatdozent, Das Recht der großen Haverei. Lex. 8°. (XXXV, 839 S.) 1889. 1450 gr Geh. 20.—

Heffter, Dr. A. W., ord. Professor, Le droit international de l'Europe. Traduit par Jules Bergson. Quatrième édition française, augmentée et annotée par F. Heinr. Geffcken, ancien Ministre-résident et Professeur de droit public. gr. 8°. (XV, 576 S.) 1883. 815 gr Geh. 13.—

Hellwig, Dr. A., Landgerichts-Direktor, Die bedingte Aussetzung der Strafvollstreckung in Preußen. Erlaß v. 2. 8. 20 u. **Allg. Verfügung v. 19. 10. 20. 8°.** (52 S.) 1921. 65 gr **Geh.** —.50

— Die bedingte Aussetzung der Strafvollstreckung in Preußen und im Reich nach den am 1. Juni 1922 gelt. Bestimmungen. 1922. 8°. (47 S.) Kart. —.80

— Das Geldstrafengesetz v. 6. Febr. 1924 m. Begr. u. AusfBest. 3. Aufl. 8°. (XII, 187 S.) 1924. 265 gr. 6.—

Herse, Ernst, Patentanwalt, Der gewerbliche Rechtsschutz (Patent-, Muster- und Warenzeichen-Schutz) in Frage und Antwort. Leitfaden für Fabrikanten, Gewerbetreibende, Kaufleute, Ingenieure, Chemiker, Werkführer, Techniker u. Erfinder. I. Teil: Deutsches Reich. 8°. (XII, 367 S.) 1902. 450 gr Vergriffen.

Hesse, A., Reichsgerichtsrat, Deutsches Vormundschaftsrecht unter besonderer Berücksichtigung der in den bedeutenderen Bundesstaaten ergangenen **Ausführungsbestimmungen. gr. 8°. (VIII, 363 S.)** 1900. 715 gr Geb. 5.—

Ihering, Rudolf von, Briefe und Erinnerungen. 1852 bis 1868. (106 S.) 1907. 170 gr Geh. 2.—

Kayser, Dr. P., weil. Senatspräsident, Wirkl. Geh. Legationsrat, Die Reichs-Justizgesetze und die für das Reich und in Preußen erlassenen Ausführungs- und Ergänzungsgesetze, Verordnungen, Erlasse und Verfügungen. Mit Anmerkungen und Sachregister. 7., neubearbeitete Aufl. von **Kammergerichtsrat** Mugdan. Lex. 8°. (XX, 1089 S.) 1910. 1540 gr Geh. 6.—. geb. 8.—

Luks, Wald., Justizrat, Das Anfechtungsgesetz v. 21. 7. 79 und die §§ 29 ff. der Konkursordnung v. 10 2. 77. Erläutert. Zweite vermehrte Aufl. 8° (IV, 71 S.) 1902. 90 gr Geh. 1.—

Lux, Dr. Walter, Rechtsanwalt, Recht und Rechtsprechung im und nach dem Krieg. 8°. (IV, 153 S.) 1920. 180 gr Kart. 1.50

Lux, Dr. Walter, Schulung für die juristische Praxis Ein induktives Lehrbuch. gr. 8°. (VIII, 629 S. 1921. — vergriffen. 2. Aufl. erscheint Sommer 1927.

Magunna, P., aufsichtsf. Richter, Der aufsichtführende Richter bei den Preuß. Amtsgerichten, seine Rechte und seine Pflichten. Eine systematische Darstellung der für den aufsichtführenden Amtsrichter wissenswerten Vorschriften der Justizaufsicht und Justizverwaltung. 3., verbesserte Aufl. gr. 8°. (XII, 250 S.) 1902. 550 gr Ungeb. 2.—

Müller, W., Amtsgerichtsrat, Deutsches Bau- und Nachbarrecht, unter besonderer Berücksichtigung der Preuß. Landesgesetzgeb. 2., umgearb. Aufl. gr. 8°. (VIII, 143 S.) 1903. 340 gr Kart. 3.—

Nettesheim, J., Justizobersekretär, Auslandsverkehr preußischer Gerichte in Sachen der streitigen und freiw. Gerichtsbarkeit. 8°. (32 S) 1922. Mit Nachtrag 1924. 60 gr 1.80

Petrażycki, Leo v., ord. Professor a. d. Univ. Petersburg, Aktienwesen und Spekulation. Eine ökonomische und rechtspsychologische Untersuchung 8°. (IV, 226 S.) 1906. 455 gr Geb. 4.50

— Die Fruchtverteilung beim Wechsel der Nutzungsberechtigten. Vom Standpunkt des positiven Rechtes und der Gesetzgebung. Drei zivilrechtliche Abhandl. 1892. gr. 8°. (XI, 268 S.) 650 gr 5.50

— Die Lehre vom Einkommen. Vom Standpunkt des gemeinen Zivilrechts unter Berücksichtigung des Entwurfs eines bürgerlichen Gesetzbuches für das Deutsche Reich. 2 Bände.

I. Band: Grundbegriff. gr. 8°. (XII, 344 S.) 1893. 515 gr 7.50

II. Band: Einkommensersatz. 1. Grundlegung; 2. Zinsen; 3. Arbeitseinkommen, Honorar, Unternehmergewinn; Anhang: Entwurf (II), Zivilpolitik und politische Ökonomie. gr. 8° (XVI, 628 S.) 1895. 910 gr 12.50

— Über die Motive des Handelns und über das Wesen der Moral und des Rechts. Aus dem Russischen ins Deutsche übertragen von P. Balsen. 8°. (64 S.) 1907. 100 gr Ungeb. 1.50

Pinner, Albert, Rechtsanwalt, Das deutsche Aktienrecht. Kommentar zu Buch 2. Abschnitt 3 und 4 des Handelsgesetzbuchs vom 10. Mai 1897. gr. 8°. Vergriffen. 2. Aufl. im Herbst 1927.

Rehbein, Dr. H., weil. Reichsgerichtsrat, Wechselordnung und Wechselstempelsteuergesetz mit Kommentar in Anmerkungen und einer Darstellung des Wechselprozesses. 8., verbesserte Aufl., bearbeitet von Dr. Mansfeld, Reichsgerichtsrat. gr. 8°. (VI, 234 S.) 1908. 470 gr Geb. 2.50

Reincke, O., Reichsgerichtsrat a. D., Die Zivilprozeßordnung. Erläuterte 6., auf Grund der Nov. vom 1. 6. 09. neubearb. Auflage von R. Wienstein, Kammergerichtsrat. Lex. 8°. (VIII, 918 S.) 1910. 2200 gr Geh. 5.—, Hfrz. geb. 6.—

Ritter, Dr. Carl, Oberlandesgerichtsrat, Das Handelsgesetzbuch mit Ausschluß des Seerechts. Erläutert. gr. 8°. (VIII, 746 S.) 1910. 1375 gr Vergriffen.

Samter, M. K., Amtsgerichtsrat, Kommentar zum Reichsgesetz betreffend die Abzahlungsgeschäfte v. 16. Mai 1894. 2. Aufl 8°. (108 S.) 1927. 200 gr Geb. 4.50

Schäfer, Dr. L., Minist.-Rat u. **Hellwig, Dr. A.,** Straftilgungsges. u. Straftilgungsverordnung. Mit einer Samml. aller f. d. Strafregister bedeutsamen Vorschr., Erlasse u. Verfüg. 8°. (503 S.) 1926. 610 gr Geb. 16.—

Senst, J., Oberlandesgerichtsrat, Die Verwaltung von Konkursen nach der Reichs-Konkursordnung. Für die Praxis bearbeitet. 8. Aufl. gr. 8°. (VIII, 423 S.) 1925. 690 gr Geb. 13.50

Striemer, Albert, Rechtsanwalt, Anleitung zur Anfertigung der wissenschaftlichen Arbeit für die erste juristische Prüfung in Preußen. 4. verm. Aufl. 8°. (VIII, 120 S.) 1908. 155 gr Ungeb. 2.—

Taschenwörterbuch zum Corpus juris civilis, den Institutionen des Gajus und anderen römischen Rechtsquellen. 4/5. Aufl. kl. 8°. (IV, 172 S.) 1923 180 gr Kart. 2.40

Vache, J., Notar, Praktische Anleitung zur Umstellung von Aktiengesellschaften, Gesellschaften m. b. H., auf Grund der Goldbilanz VO 8°. (50 S.) 1924. 50 gr Geh. 1.50

Vache J., Notar, Interessenfragen bei der Umstellung von Kapitalgesellschaften mit Berücksichtigung der 5. Durchf. VO. zur Goldbilanz-VO. 8° (40 S.) 1925. 45 gr Geh. 1.50

Walter-Joachim-Friedländer, Die Deutsche Gebührenordnung für Rechtsanwälte vom 7. Juli 1879 (Fassung v. 20. 5. 98) nebst allen späteren Novellen und den landesgesetzlichen Gebührenvorschriften der Bundesstaaten. 8. Auflage, neubearbeitet von Landgerichtsrat Dr. Adolf Friedländer und Rechtsanwalt Dr. Max Friedländer. Lex. 8° (716 S.) 1927. 1060 gr Geb. 30.—

Wellstein, Gg., Oberlandesgerichtsrat, Das Reichsgesetz über die Angelegenheiten der freiwilligen Gerichtsbarkeit vom 17. Mai 1898 in der Fassung vom 20. Mai 1898. Mit Erläuterungen. 2. Aufl. gr. 8°. (VIII, 434 S.) 1906. 790 gr Geb. 4.—

— Das Preuß. Gesetz über die freiwillige Gerichtsbarkeit vom 21. September 1899 mit Erläuterungen. 8°. (VI, 236 S.) 1900. 400 gr Geb. 2.—

Willenbücher, weil. Geh. Justizrat, Oberlandesgerichtsrat a. D. Reichs-Grundbuchordnung vom 24. März 1897 mit Anmerkungen und Sachregister. 4., vermehrte Auflage.

a) Ausg. f. d. Reich. 8°. (VIII, 134 S.) 1921. 210 gr Kart. 1.80

b) Ausg. f Preußen. 8°. (VIII, 283 S.) 1921. 365 gr Kart. 3.40

— Konkursordnung nebst Anfechtungsgesetz, erläutert. 3., neubearb. Aufl. von Dr. F. Günther, Landrichter. gr. 8°. (VI. 408 S) 1909. 675 gr Geb. 4.—

— Das Kostenfestsetzungsverfahren und die Deutsche Gebührenordnung für Rechtsanwälte nebst den landesgesetzlichen Vorschriften in Preußen, Bayern, Sachsen, Württemberg, Baden u. Hessen. Mit Erläut. 10., völlig neubearb. Aufl. von OLG. Fischer und RA. Dr. W. Kraemer 1926 (VIII, 511 S.) 900 gr. Mit Nachtrag 1927 und neuen Tabellen geb. 20.—
Nachtrag und Tabellen einzeln 2.—

— Zivilprozeß- und Zwangsvollstreckungsverfahren.

Ein Grundriß mit zahlreichen Beispielen. 3., neubearbeitete Auflage von Dr. A. Nöldeke, Oberlandesgerichtsrat in Hamburg. Mit Anhang: Gesetz vom 22. Mai 1910. gr. 8°. (XII, 448 S.) 1900. 750 gr Geb. 6.—

Zapf, H., Geh. Reg.-Rat, Das Biersteuergesetz vom 26. Juli 1918 mit den Ausführungsbestimmungen, erläut. 2 Aufl. bearb. v. MinRat Siegert. 8° (VIII, 416 S.) 1925 460 gr Geb. 12.—

— — Die Biersteuernovelle v. 10. Aug. 1925 mit Ausf.-Best, Nebengesetzen u. Erläuterungen sowie der gelt. Fassung des Biersteuergesetzes. 8°. (63 S.) 85 gr geh. 2.20

Zelter, G., Landgerichtsrat, Die statutarischen Gütererbrechte der Übergangszeit in Preußen. gr. 8°. (VII, 75 S.) 1901. 240 gr Kart. 3.—

Anhang: Schulbücher.

Egal, B., (B. v. d. Lage), Manuel de la Conversation. Französische Erzählung zur Übung in der Umgangssprache für den Schulgebrauch und zum Selbstunterricht. Neunte, verb. und verm. Auflage. 8°. (VIII, 104 S.) 1908. 180 gr Kart. —.80

Günther, F., u. F. Boehm, Rechenbuch für höhere Lehranstalten. 20. Aufl. 8°. (X, 204 S.) 1925. 240 gr Geh. 2.—

Hoborn, W., Studienrat, Rechenbuch f. höhere Schulen. 1. Heft: Sexta. 8° (88 S.) 1925 105 gr Geh. 1.60

— — — 2. Heft: Quinta. 8°. (79 S.) 1925. 90 gr Geh. 1.50

— — — 3. Heft: Quarta. 8°. (104 S.) 1926. 115 g Geh. 1.80

— — Heft 1—3 in einem Band gebunden. 400 g 4.90

Koehne, Dr. E., Professor am Falk-Realgymnasium Berlin, Repetitionstafeln für den zoologischen Unterricht an höheren Lehranstalten.

I. Heft. (Wirbeltiere.) 8. Aufl. 1909. 4°. (5 Blatt nebst Text). 100 gr —.80

II. Heft. (Wirbellose Tiere.) 7. Aufl. 1909. 4°. (6 Blatt nebst Text). 115 gr 1.—

Lage, B. v. d., Manual of Conversation. Exercises for Conversation for the use of schools and private lessons. (Übersetzung des „Manuel de la

Conversation" par B. Egal.) 4., verbess. Aufl. 8°. (94 S.) 1901. 135 gr Kart. —.80

Lange, Dr. J., Prof., Direktor d. Königstädt. Realgymnasiums in Berlin, Synthetische Geometrie der Kegelschnitte nebst Übungsaufgaben für die Prima höherer Lehranstalten. Mit 55 Figuren im Text. Vierte, verbesserte Auflage. gr. 8°. (68 S.) 1921. 85 gr 1.20

Lüdke K., Studienrat, Regeln und Beispiele zu den Rechenaufgaben in Sexta, Quinta und Quarta. 8°. (16 S) 1925. (Ergänzung zu Günther-Böhm, Rechenbuch). geh. —.40

Petzold Dr. H., Einführung in die Chemie, ca. 7 Bg. Im Druck.

Rüdorff, Dr. Fr., Anleitung zur chemischen Analyse nebst einem Anhang: Quantitative Übungen, besonders für den Unterricht an höheren Lehranstalten. 15., verbesserte Auflage. 8°. (86 S.) 1923. 105 gr Kart. 1.—

— 's Grundriß der Chemie für den Unterricht an höheren Lehranstalten. Völlig neu bearbeitet von Dr. Robert Lüpke, Oberlehrer am Dorotheenstädtischen Realgymnasium zu Berlin.

Ausg. A. Mit 274 Holzschnitten und 1 Tafel. 16., verbesserte Aufl. von H. Böttger, Professor am Dorotheenstädt. Realgymnasium in Berlin. 1924. Lex. 8°. (XII, 608 S.) 950 gr. Geb. 7.—

Ausg. A, I. Teil: Anorganische Chemie. Mit zahlreichen Holzschnitten u. 1 Tafel. Lex. 8°. (XII, 530 S.) 845 gr Geb. 6.—

Ausg. A, II. Teil: Organische Chemie. Lex. 8°. (90 S.) 215 gr Kart. 1.50

Ausg. B. Mit zahlreichen in den Text gedruckten Holzschnitten und einer Spektraltafel. Bearbeitet von Dr. Hermann Petzold, Oberstudiendirektor in Berlin-Schöneberg. 18. Aufl. 8°. (VIII, 310 S.) 1925. 480 gr Geb. 5.—

Ausg. B, I. Teil: Anorganische Chemie. Mit zahlreichen Abbildungen u. 1 Spektraltafel. 8°. (VIII, 240 S.) 390 gr Geb. 4.50

Ausg. B, II. Teil: Organische Chemie. 8°. (86 S.) 200 gr Kart. 1.20

— Kurzer Leitfaden der Geologie für den Unterricht an höheren Lehranstalten. Mit 43 Abbild. u. einer geolog. Übersichtskarte. 10. neubearb. Aufl. von Dr. K. Hucke Studienrat in Templin. 8°. (41 S.) 1925. 70 gr Geh. 1.40

— Grundriß der Mineralogie für den Unterricht an höhør. Lehranstalten. Mit 70 Textabbildungen 10. neubearb Auflage von Dr. K Schulz. 8°. (IV, 142 S) 1925. 185 gr Geh. 3—

— Grundriß der Mineralogie und Geologie. Für den Unterricht an höher. Lehranstalten. Mit zahlreichen Holzschnitten und einer geologischen Übersichtskarte von Mittel-Europa. 9. umgearbeitete Auflage von Oberlehrer Dr. Karl Schulz. 8°. (IV, 119 S) 1915. 350 gr Geb. 1.80

Stavenhagen, Dr. A., Wölbling, Dr. H., u. Dr. Winter, Anleitung zum analyt. Unterricht in Anlehnung an die von Prof. Dr. Finkener f. d. Laboratoriumsunterricht eingeführten Methoden. 8°. (IV, 89 S.) 1906. 205 gr Vergriffen.

Wüllenweber, Dr. H., Prof., Übungsbuch zum Übersetzen ins Französische für höhere Lehranstalten. 6. Aufl. 8°. (173 S.) 1920. 305 gr Geb. 1.50

Schöne Literatur.

Beckendorff, v., Elisabeth, Goldene Worte aus der neueren deutschen Literatur gesammelt. Zweite vermehrte Auflage. Mit 5 Vollbildern in Holzschnitt. kl. 8°. (VII, 342 S.) Im. Hpgt. 470 gr 3.50

Natur und Herz. Ein Album, sinniger Betrachtung gewidmet. Mit 15 Kupfer-Radierungen von W. Georgy und O. Schulz. 3., vermehrte Auflage. gr. 8°. (128 S.) 920 gr Geb. 2.—

Verena, Sophie, Gedankenvoll. Aussprüche von Dichtern und Denkern. Mit Illustrationen. 3. Aufl. 12°. (VII, 232 S.) 1919. 245 gr Geb. 2.—

— Von allen Zweigen. Neuere lyrische Dichtungen. Mit 16 Vollbildern. 4. Auflage. 12°. (VIII, 208 S.) 1919. 275 gr Geb. 2 —

Sachregister

(Die Zahlen bezeichnen die Seitenzahl).

Stand vom 15. November 1927.

Preisabbau

in der Lebensversicherung

durch das gerechte, in Deutschland einzigartige Dividendensystem des

Preußisch. Beamten-Vereins zu Hannover

Lebensversicherungsverein a. G.

Der größte Teil der Überschüsse wird vom ersten Jahre an sofort unter die Versicherten aufgeteilt. Die Vorteile des heutigen hohen Zinsfußes für langfristige Kapitalanlagen kommen den versicherten Mitgliedern vom ersten Jahre an in voller Höhe zugute.

Keine Nachschußpflicht!
Niedrigste Prämien!
Hohe Dividenden!

Aufnahmefähig sind außer Beamten Geistliche, Lehrer, Privatangestellte, Direktoren, Angehörige freier Berufe, Landwirte u. selbständige Kaufleute.

Drucksachen kostenlos durch die

Direktion in Hannover,

Raschplatz 13, oder die

Geschäftsstelle in München,

Kapuzinerplatz 4/II.

Die Juristische Wochenschrift

das Organ des
Deutschen Anwaltvereins

Führende juristische Zeitschrift
1928, im 57. Jahrgang

Auflage: 21500

gehört zum täglichen Rüstzeug eines jeden Juristen

Seit 1. Oktober 1926 erscheint die JW.
wieder **wöchentlich**.
Bezugspreis monatlich Mk. 4.50,
für Refer. u. Assess. nur Mk. 3.—.

Bestellungen
erfolgen am besten bei der Post oder einer
Buchhandlung oder direkt beim Verlag

W. Moeser Buchhandlung, Leipzig

Das Vertrauen der Kollegen

zu unseren Einrichtungen findet seinen beredten Ausdruck in dem fortgesetzt wachsenden Versicherungsbestand. Steigerung gegenüber d. 30. Juni 1924 auf das 8 1/2 fache = 54 Millionen Goldmark im Oktober 1927.

Besondere Vorzüge gegenüber den Erwerbsanstalten. — Verlangen Sie Vorschläge!

Ruhegehalts-, Witwen- und Waisenkasse für deutsche Rechtsanwälte u. Notare, Halle (Saale)

Gegründet von der deutschen Anwaltschaft 1909 für Pensions- u. Lebensversicherungen.

Juristische Neuigkeiten des Jahres 1927

Die Vergleichsordnung

Gesetz über den Vergleich zur Abwendung des Konkurses
250 Seiten. Preis geb. Mk. 9.—
Von Justizrat B. Bendix,
Rechtsanwalt am Amts- und Landgericht in Breslau.

Diese vorliegende Handausgabe des durch seine beruflichen Erfahrungen insbesondere auf dem Gebiete des Konkursrechts und durch seine schriftstellerischen Arbeiten bekannten Verfassers will den schwierigen Rechtsstoff durch Klarstellung der Begriffe, die zu einem großen Teile dem geltenden Konkursrecht entlehnt sind, sowie durch Hervorhebung der allgemeinen Grundsätze und des Zusammenhangs der einzelnen Bestimmungen miteinander tunlichst eingehend und doch in gedrängter Kürze erläutern. Sie bezweckt hierdurch sowie durch die stete Berücksichtigung der Rechtsprechung des Reichsgerichts zu den entsprechenden Vorschriften der Konkursordnung **die praktische Handhabung des neuen Rechts zu erleichtern und sowohl den damit betrauten Juristen wie auch der praktischen Wirtschaft zu dienen.**

Erbschaftsteuergesetz

Kommentar von Dr. Hans Stölzle,
Justizrat und Rechtsanwalt in Kempten (Allgäu)
590 Seiten. Preis geb. Mk. 18.—.

Schon die außerordentlich übersichtliche Anordnung und scharfe Einteilung des Kommentars, die bei aller Wissenschaftlichkeit ungemein klare und verständliche Sprache beweisen, daß hier von einem auf dem Gebiete des Testaments- und Erbschaftsteuerrechts wohl erfahrenen Praktiker ein Werk geschaffen wurde, **das für alle, die sich mit Erbschaftssteuerangelegenheiten zu befassen haben, als unentbehrlich erweisen wird.**

Der erstaunlich billige Preis von Mk. 18.— bei 590 Seitenumfang ermöglicht leicht die Anschaffung des Buches.

Arbeitsgerichtsgesetz

unter besonderer Berücksichtigung der schiedsgerichtlichen, schiedsgutachtlichen und gütevertragl. Gesetzesvorschriften.
Kommentar von M. K. Samter,
Geh. Justiz- und Amtsgerichtsrat i. R. in Charlottenburg
Preis geb. Mk. 6.50.

Für alle, die mit diesem neuen Gesetz zu tun haben, wird sich dieser vorliegende Kommentar eines bewährten Praktikers als **notwendig und unentbehrlich** erweisen. Die klare und übersichtliche Darstellung der neuen Gesetzesvorschriften wird die Aneignung des neuen Gesetzes ganz besonders erleichtern und werden alle Gebraucher in dem neuen Kommentar **einen zuverlässigen Berater finden.**

C. L. Hirschfeld / Verlagsbuchhandlung / Leipzig C 1

Vier Fundamentalwerke der Sexualwissenschaft!

Das Sexualleben unserer Zeit in seinen Beziehungen zur modernen Kultur. Von **Dr. Iwan Bloch.** 70. Tausd. 10.-12. Auflage. Lexikonformat. 825 Seiten. Preis brosch. Rm. 12.—, gebunden Rm. 15.—.

Die Prostitution. Von **Dr. Iwan Bloch** und **Dr. Georg Loewenstein.** I. Band. 872 Seiten. Altertum — Naturvölker. II. Band (Erste Hälfte). 728 Seiten. Mittelalter — Renaissance. Preis eines jeden Bandes in Lexikonformat brosch. Rm. 12.—, geb. Rm. 15.—. Einzeln käuflich!

Die Homosexualität des Mannes und des Weibes. Von **Dr. Magnus Hirschfeld.** 2. Auflage. Lexikonformat. 1100 Seiten Preis brosch. Rm. 18.—, gebunden Rm. 25.—.

Yoshiwara, die Liebesstadt der Japaner. Von **Dr. Tresmin-Trèmolierés.** 6.—8. Auflage. Preis gebunden Rm. 8.—.

Prospekte auch über andere interessante kultur- und sittengeschichtliche Werke gratis und franko.

Verlag Louis Marcus, Berlin W 15 L.

Kanzlei-

Einrichtungen

Registraturen

Ledermöbel

Spezialfabrik Schubert & List

München

Färbergraben 33 Fernruf 55219

die Münchener Zeitung, das größte süddeutsche Mittagblatt nationaler Richtung, ist für Sie neben dem sonstigen vielseitigen Lesestoff, gerade durch die Beilage „Aus dem Rechtsleben" ganz besonders interessant. Führende Fachmänner behandeln hier Fragen aus dem Gebiete des Zivil-, Straf-, Steuer- und Verwaltungsrechts; außerdem werden laufend Entscheidungen der obersten Gerichte veröffentlicht. Bestellen Sie heute noch kostenlose Probenummer der Münchener Zeitung mit den weiteren einzigartigen Beilagen: „Die Propyläen", „Bayerische Heimat" u. „Jugendheimat" durch den Verlag: München 2 B. Z.

Schweizer Anwaltsbüro

Dr. Ernst

Rechtsanwalt

für die deutsche Schweiz:

ZURICH, Asyl-Straße Nr. 74

für die französische Schweiz:

MONTREUX, Avenue Kursaal 25

Buchdruckerei und Verlag

Dr. F. P. Datterer & Cie.

Saubere und wirkungsvolle Druckarbeiten für den Geschäftsbedarf: Kataloge, Preislisten, Wertpapiere, Dissertationen, Aktien und Schecks

Freising - München

Postscheck München 6024 • Fernsprecher 34 u. 282

J. SCHWEITZER SORTIMENT

(Arthur Sellier

Buchhandlung, Antiquariat und Mietbücherei für Rechts-, Staats- und Handelswissenschaften

Die Buchhandlung:

Unterhält ein bedeutendes Lager der gesamten jurist. Fachliteratur, insbesond. des Steuerrechts

Das Antiquariat:

Liefert fast alle Bücher der neuesten Auflagen zu ermäßigten Preisen

Die Mietbücherei:

Stellt für Prüfungen u. wissenschaftliche Arbeiten Literatur gegen mäßige Gebühr zur Verfügung

Ankauf von Büchern und Bibliotheken

Auskunft sachgemäß und kostenfrei

Günstige Bezugsbedingungen

MÜNCHEN NW 1 **Ottostraße 1a**

Stuttgarter

Lebensversicherungsbank A.-G.

Versicherungsbestand:

Mitte 1927 über **300 Mill. RM. Volle Versichertendividende** für **alle** in Dividendengenuß eingetretenen Versicherungen

1927 1928

32% **34%**

der Jahresprämie.

Mitarbeiter willkommen!

Julius Kester

Inh.: A. Weber

41 Maximilianstraße 41

Herrenwäsche und Modewaren

Spezialität. Hemden nach Maß

Esperanto, die Welthilfssprache

hat im abgelaufenen Jahr 1927 wieder große Erfolge zu verzeichnen. Der 16. Deutsche Esperanto-Kongreß zu Köln, Ostern 1927 und der 19. Weltkongreß des Esperanto in der deutschsprachlichen Freien Stadt Danzig mit seiner 3. Sommer-Esperanto-Universität waren wieder Glanzpunkte in der ganzen Esperanto-Bewegung. Die Stimmen der Neider und Nörgler verstummen angesichts der großen Fortschritte.

Das schöne Werk „Das Esperanto ein Kulturfaktor Band 7" als Festschrift zum Kölner Kongreß war der Schule gewidmet Es ist im Esperanto-Verlag Friedrich Ellersiek, Berlin SW 61 zu beziehen. (Preis 2 RM.) Der Inhalt wird vielen, die bisher blind durch die Welt gegangen sind, obgleich sie sehen könnten, die Augen öffnen. Im genannten Verlag sowie im Verlag Ferdinand Hirt & Sohn, Leipzig, Esperanto-Fach sind viele gute Esperanto-Werke erschienen. Man wird über die Reichhaltigkeit der Bücherverzeichnisse staunen.

In Danzig wurden unter dem Vorsitz des Geheimrates Universitätsprofessor Dr. Adolf Schmidt aus Potsdam Esperanto-Vorlesungen in der Technischen Hochschule des Freistaats abgehalten. Sie waren außerordentlich gut besucht und behandelten Themen, welche mit der Vereinheitlichung der Arbeiten auf wissenschaftlichem Gebiet in Beziehung stehen. Mehrere Regierungen sandten offizielle Vertreter. Die Vertretung der Deutschen Regierung war dem Leiter des Esperanto-Instituts für das Deutsche Reich, Oberstudienrat Dr. Dietterle, Leipzig, übertragen.

Der nächste Deutsche Esperantokongreß findet als Siebenzehnter zu Pfingsten 1928 in Potsdam statt, der nächste 20. Weltkongreß des Esperanto im Jahre 1928 in Antwerpen und der 21. im Jahre 1929 in Budapest.

In Berlin hielt der japanische Mediziner Professor Dr. Hazime Asada einen Esperantovortrag über den jetzigen Stand der gerichtlichen Medizin in Japan.

Otto Reber, Bamberg.

Nur Anerkennungen —
nie eine Klage über meine

Amtsroben

Barette aller Art

Beste Qualitäten
Niedrigste Preise :: Fertig am Lager
100fache Auswahl

Maßangabe: Brustweite und Angabe der ganzen Körpergröße, für Barette die Kopfweite

Heinrich Wolf,
Herrenkleiderfabrik
Mainz, Karmeliterplatz 4
Fernsprecher: 4450

Gothaer
Lebensversicherungsbank a. G.
gegr. 1827

Lebensversicherungen aller Art

zu zeitgemäßen Beiträgen und günst. Bedingungen

Dividende für die Versicherten im Jahre **1928**:
34,1 % des Jahresbeitrags und
3,3 % des Deckungskapitals.

Auskunft und Prospekte erhältlich durch die Bank und durch die Vertreter an allen großen und mittleren Plätzen.

SCHREIB- U. BÜRO BEDARF
SOLL
HABEN
AND. KAUT MÜNCHEN
KAUFINGERSTR. 10
TEL. 90877
RESIDENZSTR. 6
TEL. 22071

J. Schweitzer Verlag (Arth. Sellier) München, Berlin, Leipzig

Zur Zeit erscheint:
eine neue Auflage und zwar die 9.

von

J. von Staudingers Kommentar zum Bürgerlichen Gesetzbuch

und dem Einführungsgesetz

Sie wird von den deutschen Juristen mit Freude und Genugtuung begrüßt. Denn Staudingers Kommentar, der sich den Ruf erworben hat, in keiner Frage zu versagen, wird ihnen in all der Unklarheit und Unsicherheit, die auf dem Gebiete des Bürgerlichen Rechts besteht, wieder der treue Helfer und Berater bei der täglichen Arbeit sein.

In der neuen, 9. Auflage wird alles aufgeboten, um die Fülle des neu zugeströmten und noch zuströmenden Materials zu meistern. Wissenschaftliche Durchdringung des Stoffes unter sorgfältigster Berücksichtigung der Bedürfnisse der Praxis war die bisherige Richtlinie der Bearbeitung; sie hat dem Werke seine anerkannte Bedeutung verschafft, an ihr wird auch weiterhin festgehalten. Schrifttum und Rechtsprechung werden bis in die neueste Zeit mit größtmöglicher Vollständigkeit verwertet. Den landesrechtlichen Ausführungsvorschriften wird umfassend Rechnung getragen.

Die 9. Aufl. wird in Lieferungen zu 20—30 Bg. ausgegeben.

Bisher erschienen:

Bd. I: **Einleitung, Allgemeiner Teil** (Lfg. 2 u. 4 des Gesamtwerkes). Erl. von Dr. E. Riezler Lex. 8⁰. XXVI, 895 Seiten). In Lieferungen RM. 35.—, in Halbleder geb. RM. 41.—.

Bd. II. **Recht der Schuldverhältnisse,** Teil 1, Lfg. 1: §§ 241—252 (Lfg. 14 des Gesamtwerkes). Erl. von Dr. A. Werner. 10 Bog. Geh. RM. 6.—.

Bd. II: Teil 2, Lfg. 1: §§ 433—531 (Lfg. 15 des Gesamtwerkes). 21 Bg. Geh. RM. 13.20.

Bd. III: **Sachenrecht** (Lieferung 1, 3, 5—7 des Gesamtwerkes). Erl. von Dr. K. Kober. Lex. 8⁰. VIII, 1580 Seiten. 2 Teile. In Lieferungen RM. 61.—, in Halbleder geb. RM. 73.50.

Bd. IV: **Familienrecht** (Lfg. 8, 9, 11, 12 des Gesamtwerkes). Erl. von Dr. Th. Engelmann, hrsgg. von F. Keidel. Lex. 8⁰. VIII, 1755 Seiten. 2 Teile. In Lieferungen RM. 66.—, in Halbleder geb. RM. 78.—.

Bd. V: **Erbrecht.** Lfg. 1, 2, 4: §§ 1922 -2383 (Lfg. 10, 13, 16, 17 des Gesamtwerkes). Erl. von F. Herzfelder. 73 Bg. Geh. RM. 45.—, in Halbleder geb. Rm. 52.—.

Zu je einem Bande erscheint eine Einbanddecke in Halbleder. Das ganze Werk wird vollständig auf etwa 340 RM., geb. etwa 380 RM. zu stehen kommen.

Leipziger Zeitschrift
für Deutsches Recht.

Gegr. i. J. 1907 von Düringer, Jaeger, Könige.

Herausgegeben von

OLGRat **Dr. Otto Klimmer** in München

unter ständiger Mitwirkung von

Dr. L. Ebermayer Dr. Fr. Exner Dr. M. Hachenburg
Dr. A. Hagens Dr. E. Jaeger Dr. H. Könige Dr. R. Mansfeld
Fr. Oegg Dr. O. Strecker

mit der monatlich einmal erscheinenden Beilage:

Blätter für internationales Privatrecht

Herausgegeben von

Justizrat **Dr. Ludwig Wertheimer**
Dozent an der Universität Frankfurt a. M.

Die „L. Z." bietet, vierzehntägig erscheinend, dem deutschen Juristen auf streng wissenschaftlicher Grundlage praktische Literatur in der Gestalt tiefschürfender, aber knapp gefaßter Abhandlungen und anerkannt trefflich bearbeiteter Entscheidungen. In der Beilage dient sie dem internationalen Privatrecht, vor allem unter dem Gesichtspunkt der Bedürfnisse der praktischen Rechtspflege und der Handelskreise. Regelmäßig wird über Rechtsprechung und Wissenschaft des Auslands berichtet.

Die Beilage kann einzeln, also ohne die L. Z. nicht bezogen werden.

Die L. Z. samt der Beilage kostet nur RM. 6.— vierteljährlich. Probehefte kostenlos!

J. Schweitzer Verlag (Arthur Sellier)
München, Berlin und Leipzig.

S. Sturmband

Gravieranstalt ❖ gegr. 1829

Telef. 56314

Ottostrasse 1 **München** am Lenbachpl.

Metall- u. Gummistempel

Petschafte, Siegel, Siegelmarken, Pressen zum Selbstprägen

Metall- u. Emailschilder

Alle Gravierungen in künstlerischer Ausführung.

H. W. Müller Verlag, Berlin und München

Deutsche Gebührenordnung für Rechtsanwälte vom 7. Juli 1879 in der Fassung vom 20. Mai 1898 nebst den landesgesetzl. Vorschriften der Rechtsanwälte in den Bundesstaaten. Von *Walter - Joachim*. 8. Aufl., neubearb. von Dr. *A. Friedländer*, LGRat in Limburg u Dr. *M. Friedländer*, Rechtsanwalt in München. Lex. 8. 1927. 727 S. Geb. M. 30 —

Die Strafprozeßordnung u. das Gerichtsverfassungsgesetz. Mit den Entscheidungen des Reichsgerichts. Herausgegeben von Dr. *Paul Daude*, Geh. Reg.-Rat. 12., verbesserte Aufl. von Dr. *E. Daude*, Amtsgerichtsdirektor. 1925. VIII, 440 S Ergänzt bis März 1927. Geb. M. 7 50

Strafgesetzbuch. Mit den Entscheidungen des Reichsgerichts. Von Dr. *P. Daude*, Geh. Reg. Rat. 16, neubearb. Aufl. 578 S. 1927 Geb. M. 7.50

Das Kostenfestsetzungsverfahren und die Deutsche Gebührenordnung für Rechtsanwälte nebst den landesgesetzlichen Vorschriften in Preußen, Bayern, Sachsen, Württemberg, Baden u. Hessen. Mit Erläut. 10., völlig neubearb. Aufl. von OLG. *Fischer* und RA. Dr. *W. Kraemer* 1926 (VIII, 511 S) 900 gr. Mit Nachtrag 1927 und neuer Tabellen geb. 20.— Nachtrag und Tabellen einzeln 2.—

Eugen Hoerner

Heilbronn a. N.

— Gegründet vor 1850. —

Amerikanisches Bankgeschäft

Spezialitäten:

Beschaffung von gesetzlichen Belegen jeder Art, von Vollmachten, Geburts-, Trau- und Todesscheinen usw. aus den Vereinigten Staaten von Amerika und dem sonstigen Auslande.

Ermittlung Verschollener und von Hinterlassenschaften im Auslande Verstorbener.

Erhebung von in Amerika und sonst im Auslande angefallenen Erbschaften, Einzug von Forderungen und Verfolgung von Pensionsansprüchen bei der amerikanischen Regierung.

Consultation in Rechtsfragen, persönlichen und sachlichen Verhältnissen des Auslandes.

Auskunfterteilung und Information im Allgemeinen.

Auszahlungen von Geldern gegen Rücklieferung beglaubigter Originalquittungen.

Vorbereitung von Anträgen zwecks Einzugs bisher beschlagnahmter Vermögen über **$ 10 000.–**

Süddeutsche Bodencreditbank

Ludwigstr. 9 **München** Ludwigstr. 9

Die Bank gewährt

Gold-Hypothek-Darlehen

auf städtische und ländliche Liegenschaften nach Maßgabe ihrer staatlich genehmigten Bestimmungen. Auf Grundlage dieser Goldhypothek-Darlehen gibt die Bank

Gold - Pfandbriefe

aus, die das denkbar sicherste Anlagepapier darstellen. Die Goldpfandbriefe der Süddeutschen Bodencreditbank werden von der Reichsbank beliehen; ferner sind sie in Bayern und Hessen zur Anlage von Mündelgeldern, sowie Gemeinde-, Pfründe-, Stiftungs- und Sparkassekapitalien und zur Anlegung vormundschaftl. Gelder zugelassen.

M. & J. Ambrunn
München

8 Prielmayerstrasse 8
Am Justizpalast
Telephon 52639

Anfertigung eleganter und solider Herren-Kleider zu mäßigen Preisen
bei äuß. entgegenkommender Zahlungsweise

Spezialität:
Amtsroben und Baretts
innerhalb 2 Tagen

Preiswerter Stoffverkauf u. Zutaten
für Herren und Damen

Auswärtiger Besuch jederzeit möglich, da einer unserer Herren stets unterwegs

Karte, wann Vorsprechen erwünscht, genügt.

Detektiv-

Auskunftei

„Globus"

(Inh.: Franz Bauer)

München, Bayerstraße 1

Gegr. 1903 / Fernruf 50978

Mitglied des Reichsbundes Deutscher Detektive

empfiehlt sich zur Beschaffung v. Beweismaterial in allen Civil- und Strafsachen, Beobachtung in Ehescheidungen und dergl.

*

Erstklassige Referenzen aus Juristenkreisen!

Aus Schweitzers Terminkalender
für bayerische Juristen 1928.

Bayerische Landesgebührenordnung für Rechtsanwälte.

1. VO. v. 26. März 1902, die Gebühren der Rechtsanwälte in den Angelegenheiten der Rechtspflege betr.

(GVBl. 133), geänd. durch VO. v. 28. März 1919 (GVBl. 128).[1]).

Wir finden Uns bewogen, auf Grund der Bestimmungen des Artikel 5 des Gesetzes über das Gebührenwesen zu verordnen, was folgt:

Artikel 1.

Die Reichsgebührenordnung für Rechtsanwälte findet entsprechende Anwendung auf die Berufstätigkeit des Rechtsanwalts

1. in den vor die ordentlichen Gerichte gehörenden bürgerlichen Rechtsstreitigkeiten mit Ausnahme der in den Artikeln 17 bis 23 aufgeführten Angelegenheiten, auch soweit das Verfahren den Vorschriften der Zivilprozeßordnung oder der Konkursordnung nicht unterliegt,
2. in den vor besondere Gerichte gehörenden bürgerlichen Rechtsstreitigkeiten, auf welche die Zivilprozeßordnung Anwendung findet,
3. in den vor die ordentlichen Gerichte gehörenden Strafsachen, auch soweit das Verfahren landesgesetzlich geregelt ist,
4. in den vor besondere Gerichte gehörenden Rechtssachen, auf welche die Strafprozeßordnung Anwendung findet.

---

[1]) An die Stelle der in der VO. wiederholt angeführten Reichsgebührenordnung (in der damaligen Fassung v. 20. Mai 1898, RGBl. 692) sind nun die Vorschriften der Gebührenordnung für Rechtsanwälte in der Fassung v. 5. Juli 1927 (RGBl. 162) getreten: s. hiezu die VO. v. 29. Dez. 1923 (unten unter 2). Weiter sind die M=Sätze der VO. nun GMSätze; s. ebenfalls die genannte VO. v. 29. Dez. 1923. An die Stelle der in der VO. angeführten Bestimmungen des GKG. treten nun die entsprechenden Bestimmungen der Fassung derselben v. 5. Juli 1927 (RGBl. 152).

Das Verfahren in Forstrügesachen vor dem Amtsgerichte steht dem Verfahren vor dem Schöffengerichte gleich.

Artikel 2.

Die Reichsgebührenordnung für Rechtsanwälte findet entsprechende Anwendung auf die Berufstätigkeit des Rechtsanwalts im Dienststrafverfahren vor Justizbehörden.

Das Dienststrafverfahren, in dem eine Hauptverhandlung nicht stattfindet, steht dem Vorverfahren, das Dienststrafverfahren erster Instanz dem Verfahren vor der Strafkammer gleich.

In der Beschwerde- (Rekurs-) Instanz im Dienststrafverfahren, in dem eine Hauptverhandlung in erster Instanz nicht stattfindet, kommen insbesondere die § 63 Nr. 2, § 68 Nr. 2 der Reichsgebührenordnung für Rechtsanwälte zur entsprechenden Anwendung.

Artikel 3.

Der Rechtsanwalt erhält in dem Verfahren vor dem Gerichtshofe für Kompetenzkonflikte (Gesetz vom 18. August 1879, die Entscheidung der Kompetenzkonflikte zwischen den Gerichten und den Verwaltungsbehörden oder dem Verwaltungsgerichtshofe betreffend),

a) für den Geschäftsbetrieb einschließlich der Information,

b) für die Erörterung der Sache in der öffentlichen Sitzung

je fünf Zehnteile der Sätze des § 9 der Reichsgebührenordnung für Rechtsanwälte.

Die Gebühr für die Erörterung der Sache in der öffentlichen Sitzung beträgt mindestens zehn Mark.

Ist der Auftrag zur Vertretung erledigt, bevor der Rechtsanwalt eine Denkschrift abgefaßt oder die Sache in der öffentlichen Sitzung erörtert hat, so erhält er nur die Hälfte der im Abs. 1 lit. a bestimmten Gebühr.

Im übrigen finden die für bürgerliche Rechtsstreitigkeiten geltenden Bestimmungen der Reichsgebührenordnung für Rechtsanwälte entsprechende Anwendung.

Artikel 4.

In allen anderen Angelegenheiten, für welche die Vergütung der Berufstätigkeit des Rechtsanwalts landesrechtlich zu regeln ist, sind ausschließlich die folgenden Vorschriften maßgebend.

Diese Vorschriften finden jedoch keine Anwendung auf die Berufstätigkeit des Rechtsanwalts in den Angelegenheiten der Verwaltung und der Verwaltungsrechtspflege, ferner auf die Berufstätigkeit, die ein Rechtsanwalt als Mitglied eines Gläubigerausschusses, als Konkursverwalter, Zwangsverwalter, Nachlaßverwalter, Zustellungsvertreter oder Vertreter eines im Verteilungsverfahren nicht ermittelten Berechtigten, als Vormund, Pfleger, Testamentsvollstrecker oder in einer ähnlichen Stellung ausübt.

Artikel 5.

Volle Gebühr im Sinne der folgenden Vorschriften ist die in § 19 der Reichsgebührenordnung für Rechtsanwälte bestimmte Gebühr.

Artikel 6.

Der Rechtsanwalt erhält für die Tätigkeit, die er zu seiner Information entwickelt, einschließlich der zu diesem Zweck vorgenommenen Besprechungen und der Einsicht von Akten zwei Zehnteile der vollen Gebühr, jedoch mindestens zwei Mark. Ist die Tätigkeit des Rechtsanwalts besonders weitläufig oder schwierig, so kann die Gebühr bis auf fünf Zehnteile der vollen Gebühr erhöht werden (Informationsgebühr).

Die Gebühr kann in einer Instanz nur einmal beansprucht werden.

Vertritt der Rechtsanwalt den Auftraggeber in mehreren Instanzen, so erhält er die Gebühr in der höheren Instanz nur dann, wenn er in dieser zu seiner Information eine weitere Tätigkeit entwickelt hat.

Die Gebühr beträgt nur ein Zehnteil der vollen Gebühr, wenn die Tätigkeit des Rechtsanwalts die Zwangsvollstreckung betrifft.

Die Gebühr kann nicht gefordert werden, wenn die Tätigkeit des Rechtsanwalts der Einleitung eines Prozesses vorausgeht und dem Rechtsanwalte die Prozeßgebühr oder eine Gebühr nach § 44 der Reichsgebührenordnung für Rechtsanwälte zusteht, ferner wenn die Tätigkeit des Rechtsanwalts Mahnungen, Kündigungen oder Schreiben ähnlicher Art betrifft, die der Einleitung einer Zwangsvollstreckung vorausgehen, und dem Rechtsanwalt eine Gebühr für den Antrag auf Einleitung der Zwangsvollstreckung zusteht.

Artikel 7.

Der Rechtsanwalt erhält für die Erteilung eines Rates ein Zehnteil der vollen Gebühr.

Hat der Rechtsanwalt im Anschluß an die Erteilung des Rates eines der in den Artikeln 8 bis 12 bezeichneten Geschäfte vorzunehmen, für das nach diesen Artikeln oder nach Artikel 13 eine besondere Gebühr anzusetzen ist, so kann die Gebühr für das Geschäft nur gefordert werden, soweit sie die Gebühr für den Rat übersteigt.

Artikel 8.

Der Rechtsanwalt erhält zwei Zehnteile der vollen Gebühr, jedoch mindestens zwei Mark, für Anträge, Erklärungen und Beschwerden bei Behörden. Die Gebühr kann bis auf vier Zehnteile der vollen Gebühr erhöht werden, wenn die Tätigkeit des Rechtsanwalts besonders weitläufig oder schwierig ist.

Hat der Rechtsanwalt die einem Antrag oder einer Erklärung zugrunde liegende Urkunde entworfen und erhält er hiefür eine Gebühr nach Artikel 12, so steht ihm für den Antrag oder für die Erklärung die Gebühr aus Abs. 1 nur dann zu, wenn der Antrag oder die Erklärung eine das Sach- und Rechtsverhältnis entwickelnde Darstellung enthält und deren Einreichung vom Auftraggeber verlangt wird.

Für bloße Benachrichtigungen, Beschleunigungsgesuche, kurze Anzeigen, Gesuche um Abschriften oder Ausfertigungen und für ähnliche Schreiben erhält der Rechtsanwalt nur Schreibgebühren.

Artikel 9.

Der Rechtsanwalt erhält ein Zehnteil der vollen Gebühr für Abfassung eines Schreibens an eine andere Privatperson als den Auftraggeber, wenn es rechtliche Ausführungen oder sachliche Auseinandersetzungen enthält.

Für die der Einleitung eines Prozesses oder einer Zwangsvollstreckung vorausgehenden Mahnungen, Kündigungen oder Schreiben ähnlicher Art kann diese Gebühr nicht gefordert werden, wenn dem Rechtsanwalte die Prozeßgebühr, eine Gebühr nach § 44 der Reichsgebührenordnung für Rechtsanwälte oder eine Gebühr für den Antrag auf Einleitung der Zwangsvollstreckung zusteht.

Artikel 10.

Auf ein Schreiben an den Auftraggeber, das einen von diesem erbetenen Rat enthält, findet die Bestimmung des Art. 7 Abs. 1, auf ein Gutachten mit juristischer Begründung die Bestimmung des § 88 der Reichsgebührenordnung für Rechtsanwälte Anwendung.

Für andere Schreiben erhält der Rechtsanwalt nur Schreibgebühren.

Für die Wahrnehmung eines Termins vor einer Behörde erhält der Rechtsanwalt drei Zehnteile der vollen Gebühr, jedoch mindestens drei Mark; werden in derselben Instanz mehrere Termine wahrgenommen, so beträgt die Gebühr für den zweiten und für jeden weiteren Termin zwei Zehnteile der vollen Gebühr, jedoch mindestens zwei Mark (Terminsgebühr).

Für die Wahrnehmung eines Termins, der nur zur Übernahme oder zur Ablieferung von Geldern oder Wertpapieren bestimmt ist, erhält der Rechtsanwalt eine Terminsgebühr nur dann, wenn die Übernahme oder die Ablieferung in dem Termine nicht stattfindet. Die Gebühr beträgt in diesem Falle ein Zehnteil der vollen Gebühr, jedoch nicht mehr als die Gebühr für die Übernahme oder die Ablieferung betragen hätte.

Artikel 11.

Für die Mitwirkung beim Abschluß eines Vergleichs erhält der Rechtsanwalt die volle Gebühr.

Artikel 12.

Für das Entwerfen der Urkunde über ein Rechtsgeschäft erhält der Rechtsanwalt zwei bis fünf Zehnteile der vollen Gebühr. Wenn die Tätigkeit des Rechtsanwalts besonders weitläufig oder schwierig ist, kann die Gebühr bis auf den Betrag der vollen Gebühr erhöht werden.

Artikel 13.

Hat der Rechtsanwalt eines der in den Artikeln 7 bis 12 genannten Geschäfte vorbereitet oder begonnen, erledigt sich aber der Auftrag vor der vollständigen Ausführung, so erhält der Rechtsanwalt eine unter entsprechender Anwendung der Bestimmungen dieser Artikel zu bemessende Gebühr.

Artikel 14.

Dem Rechtsanwalte steht in derselben Instanz an Gebühren für die in den Artikeln 6 bis 9 genannten Geschäfte aus diesen Artikeln oder aus dem Artikel 13 nicht mehr als eine volle Gebühr zu, jedoch nicht weniger als die Summe der Mindestgebühren für je eines der in Betracht kommenden Geschäfte beträgt.

An Terminsgebühren steht dem Rechtsanwalt in derselben Instanz nicht mehr als eine volle Gebühr zu; wenn er einen unter Artikel 10 Abs. 1 fallenden Termin wahrgenommen hat, erhält er mindestens drei Mark.

Dem Rechtsanwalte stehen für die Mitwirkung beim Abschluß eines Vergleichs und an Terminsgebühren in der Instanz, in welcher der Vergleich abgeschlossen worden ist, nicht mehr als fünfzehn Zehnteile der vollen Gebühr zu, wenn der Vergleich vor der Behörde, bei der die Sache anhängig ist, oder vor einer ersuchten Behörde abgeschlossen worden ist.

Artikel 15.

Die Gebühren werden nach dem Werte des Gegenstandes erhoben.

Auf die Wertsberechnung finden die Vorschriften der §§ 9, 9 a, 11 bis 13 des Gerichtskostengesetzes Anwendung.

Ist der Gegenstand einer Schätzung nach Geld nicht fähig, so ist ein Wert von 200 bis 50000 Mark, wenn aber das Geschäft für den Auftraggeber ausnahmsweise von besonders hoher Bedeutung ist, ein Wert bis zu 100000 Mark anzunehmen. Ist mit einem nicht vermögensrechtlichen Anspruch ein aus ihm hergeleiteter vermögensrechtlicher verbunden, so ist nur ein einziger Anspruch und zwar der höhere maßgebend.

Artikel 16.

Eine Gebühr kann nicht beansprucht werden für die mit der Erledigung eines Geschäfts verbundenen Nebengeschäfte und für die zur Vorbereitung eines Geschäfts erforderliche Tätigkeit, soweit nicht eine Gebühr hiefür besonders bestimmt ist. Insbesondere kann hienach eine Gebühr nicht beansprucht werden für das Entwerfen einer dem Rechtsanwalt oder von dem Rechtsanwalte zu erteilenden Vollmacht, für das Entgegennehmen von Zustellungen sowie für Vermerke zu den Handakten des Rechtsanwalts, wenn sie nur den Zweck haben, Aufschluß über seine Tätigkeit und über den Stand der Sache zu geben.

Artikel 17.

Für die Vertretung eines Beteiligten im Verfahren der Zwangsversteigerung erhält der Rechtsanwalt drei Zehnteile der vollen Gebühr

1. für die Vertretung bis zur Einleitung des Verteilungsverfahrens,
2. für die Vertretung im Verteilungsverfahren.

Für die Vertretung des Antragstellers bis zur Einleitung des Verteilungsverfahrens erhält der Rechtsanwalt statt der im Abs. 1 Nr. 1 bestimmten Gebühr vier Zehnteile der vollen Gebühr, wenn er einen Antrag auf Zwangsversteigerung gestellt und einen Versteigerungstermin wahrgenommen hat; hat er einen solchen Antrag gestellt und einen Versteigerungstermin wahrgenommen, so erhält er sechs Zehnteile der vollen Gebühr.

Für die Vertretung eines anderen Beteiligten bis zur Einleitung des Verteilungsverfahrens erhält der Rechtsanwalt statt der im Abs. 1 Nr. 1 bestimmten Gebühr, wenn er einen Versteigerungstermin wahrgenommen hat, vier Zehnteile der vollen Gebühr.

Drei Zehnteile der vollen Gebühr erhält der Rechtsanwalt auch dann, wenn unter seiner Mitwirkung eine außergerichtliche Verteilung stattfindet; auf diese Gebühr wird die Gebühr für die Vertretung im Verteilungsverfahren angerechnet.

Artikel 18.

Für die Berechnung der im Artikel 17 bestimmten Gebühren ist im Falle der Vertretung des Gläubigers oder eines anderen Berechtigten (§ 9 Nr. 1, 2 des Gesetzes über die Zwangsversteigerung und die Zwangsverwaltung vom 24. März 1897) der Wert des Rechtes maßgebend, wobei die neben einem Hauptanspruche bestehenden Ansprüche wegen der Kosten und Nebenleistungen unberücksichtigt bleiben. Im Falle der Vertretung des Gläubigers ist der nach § 13 des Gerichtskostengesetzes sich berechnende Wert des Anspruchs, wegen dessen die Zwangsversteigerung beantragt ist, maßgebend, wenn er größer ist als der Wert des Rechtes ohne Kosten und Nebenleistungen. Ist im Falle der Erteilung des Zuschlags das Meistgebot, in den Fällen, in denen das Verfahren vor der Erteilung des Zuschlags erledigt wird, der Wert des Gegenstandes der Zwangsversteigerung geringer als der nach Satz 1 oder Satz 2 maßgebende Betrag, so ist das Meistgebot oder der Wert des Gegenstandes der Zwangsversteigerung maßgebend.

Bei der Vertretung eines anderen Beteiligten bestimmen sich die Gebühren im Falle der Erteilung des Zuschlags nach dem Meistgebot oder nach dem Anteile des Vertretenen an dem Meistgebot, in den Fällen, in denen das Verfahren vor der Erteilung des Zuschlags erledigt wird, nach dem Werte des Gegenstandes der Zwangsversteigerung oder nach dem Anteile des Vertretenen an diesem Werte.

Der Wert mehrerer Rechte oder Ansprüche, ebenso mehrere Meistgebote oder Werte von Gegenständen der Zwangsversteigerung, auf die sich das Recht des Auftraggebers erstreckt, sind zusammenzurechnen.

Beschränkt sich die Tätigkeit des Rechtsanwalts auf die Vertretung in dem Verfahren bis zum Versteigerungstermin und hat die Wahrnehmung eines anderen Termins nicht stattgefunden, so ist für die Berechnung der Gebühr des Vertreters des Gläubigers der Wert des Anspruchs des Gläubigers, wegen dessen die Zwangsversteigerung beantragt ist, maßgebend. Für die Berechnung der Gebühr des Vertreters eines anderen Beteiligten als des Antragstellers ist der Betrag maßgebend, der in demselben Falle der Berechnung der Gebühr des Vertreters des Antragstellers zugrunde zu legen wäre. Sind in dem Falle des Satzes 2 mehrere Antragsteller vorhanden, so ist unter den der Berechnung der Gebühren ihrer Vertreter in demselben Falle zugrunde zu legenden Beträgen der größte maßgebend. Der nach Abs. 1 bis 3 zugrunde zu legende Betrag ist maßgebend, wenn er geringer ist.

Artikel 19.

Für die Vertretung des Gläubigers, des Schuldners oder des Konkursverwalters im Verfahren der Zwangsverwaltung, einschließlich des Verteilungsverfahrens, erhält der Rechtsanwalt jährlich zwei Zehnteile der vollen Gebühr aus dem Betrage, der in jedem Verwaltungsjahre zur Verteilung an die Gläubiger gelangt (Wert der Einkünfte des Jahres), jedoch mindestens jährlich zehn Mark. Die Vorschrift des Artikels 17 Abs. 4 ist entsprechend anzuwenden.

Der Rechtsanwalt erhält außerdem für den Antrag auf Anordnung der Zwangsverwaltung oder auf Zulassung des Beitritts, wenn er einen Gläubiger vertritt, einmal drei Zehnteile der vollen Gebühr aus dem sich nach § 13 des Gerichtskostengesetzes berechnenden Werte des Anspruchs oder der Ansprüche, wegen deren die Zwangsverwaltung von ihm beantragt ist, wenn er den Konkursverwalter vertritt, einmal drei Zehnteile der vollen Gebühr aus dem Werte der Einkünfte des Verwaltungsjahrs, in dem der Antrag gestellt ist, in jedem der beiden Fälle jedoch mindestens zehn Mark.

Beschränkt sich die Tätigkeit des Rechtsanwalts auf die Vertretung in dem Verfahren wegen Anordnung der Zwangsverwaltung oder wegen Zulassung des Beitritts, so erhält er, wenn er einen Antrag auf Zwangsverwaltung gestellt hat, nur die ihm nach Abs. 2 zukommende Gebühr. Hat er einen solchen Antrag nicht gestellt, so erhält er als Vertreter eines Gläubigers einmal zwei Zehnteile der vollen Gebühr aus dem Werte des Anspruchs oder der Ansprüche des Gläubigers, wegen deren die Zwangsverwaltung beantragt ist, als Vertreter des Konkursverwalters einmal zwei Zehnteile der vollen Gebühr aus dem Werte der Einkünfte des Verwaltungsjahrs, in dem der Antrag gestellt ist, auf den sich die Tätigkeit des Rechtsanwalts bezieht, und wenn sie sich auf mehrere in verschiedenen Jahren gestellte Anträge bezieht, aus dem größten Jahresbetrage der Einkünfte; die Gebühr beträgt mindestens fünf Mark. Für den Vertreter des Schuldners gilt das im Satz 2 für den Vertreter des Konkursverwalters bestimmte.

Artikel 20.

Vertritt der Rechtsanwalt im Verfahren der Zwangsverwaltung einen anderen Berechtigten als den Gläubiger, so erhält er für die Vertretung in dem Verfahren wegen Anordnung der Zwangsverwaltung oder wegen Zulassung des Beitritts einmal zwei Zehnteile, für die Vertretung in dem weiteren Verfahren einmal drei Zehnteile der vollen Gebühr aus dem Werte der wiederkehrenden Leistungen; für die Berechnung dieses Wertes ist der Wert der Leistungen eines Jahres maßgebend. Der Wert der Einkünfte des Verwaltungsjahrs, in dem der Rechtsanwalt zuerst eine Tätigkeit für den Berechtigten entwickelt hat, ist statt des Wertes der Leistungen eines

Jahres maßgebend, wenn er geringer ist als dieser Wert. Die Gebühr für die Vertretung in dem Verfahren wegen Anordnung der Zwangsverwaltung oder wegen Zulassung des Beitritts beträgt mindestens fünf Mark, die Gebühr für die Vertretung in dem weiteren Verfahren mindestens zehn Mark. Die Vorschrift des Artikels 17 Abs. 4 ist entsprechend anzuwenden.

Artikel 21.

Ist in den Fällen der Artikel 19, 20 die Gebühr aus dem Werte der Einkünfte zu berechnen, so ist der volle Wert der Einkünfte des Verwaltungsjahrs auch dann maßgebend, wenn der dem Rechtsanwalt erteilte Auftrag vor der Beendigung des Verwaltungsjahrs aufgehoben wird.

An die Stelle der in den Artikeln 19, 20 bestimmten geringsten Beträge der Gebühren tritt die Häfte dieser Beträge, wenn der Rechtsanwalt denselben Beteiligten gleichzeitig im Verfahren der Zwangsversteigerung bezüglich derselben Gegenstände vertritt.

Artikel 22.

Die für das Verfahren der Zwangsversteigerung geltenden Vorschriften sind auch bei der gerichtlichen Versteigerung eines Bergwerks oder einer Anlage, auf welche die Vorschrift des Artikels 258 des Berggesetzes Anwendung findet, und bei der im Artikel 267 Abs. 2 des Berggesetzes vorgeschriebenen Zwangsversteigerung eines unbeweglichen Kuxes anzuwenden.

Artikel 23.

Auf die Berufstätigkeit des Rechtsanwalts in einem Verteilungsverfahren außerhalb der Fälle der Zwangsversteigerung und der Zwangsverwaltung, das nach den für die Verteilung des Erlöses im Falle der Zwangsversteigerung geltenden Vorschriften zu erledigen ist, finden die Vorschriften der Artikel 17, 18 entsprechende Anwendung.

Artikel 24.

Im Verfahren zur Vermittelung der Auseinandersetzung in Ansehung eines Nachlasses oder des Gesamtguts einer ehelichen oder fortgesetzten Gütergemeinschaft erhält der Rechtsanwalt je die volle Gebühr

1. für den Geschäftsbetrieb einschließlich der Information,
2. für die Wahrnehmung der Termine vor dem Amtsgericht oder dem Notar einschließlich der Mitwirkung bei einer Vereinbarung über vorbereitende Maßregeln und über den Auseinandersetzungsplan.

Hat der Rechtsanwalt den Antrag auf Vermittelung der Auseinandersetzung gestellt, so stehen ihm weitere fünf Zehnteile der vollen Gebühr zu.

Die Berechnung der Gebühr erfolgt aus dem Werte des Anteils des Auftraggebers an dem Nachlaß oder dem Gesamtgut; ein Abzug der Schulden findet nicht statt.

Artikel 25.

Die Vorschriften der Artikel 6 bis 16 finden auf die in den Artikeln 17 bis 24 aufgeführten Angelegenheiten nur dann Anwendung, wenn sich der Auftrag auf eine einzelne Tätigkeit oder auf mehrere einzelne Tätigkeiten im Verfahren beschränkt.

Artikel 26.

Ist für das dem Rechtsanwalt übertragene Geschäft eine Gebühr nicht bestimmt, so erhält er eine unter entsprechender Anwendung der Vorschriften der Reichsgebührenordnung für Rechtsanwälte und dieser Verordnung zu bemessende Gebühr.

Artikel 27.

Die Vorschriften der §§ 2 bis 8, 11, 12, 26, § 29 Abs. 2, §§ 30, 31 Abs. 1, §§ 32 bis 36, 76 bis

87, 93, 94 der Reichsgebührenordnung für Rechtsanwälte finden, soweit nicht ein anderes bestimmt ist, in den Fällen der Artikel 4 bis 26 entsprechende Anwendung.

In den Fällen der Artikel 17 bis 23 finden auch die Vorschriften der §§ 10, 25, § 29 Abs. 1, §§ 41, 48 bis 51, 90 der Reichsgebührenordnung für Rechtsanwälte, in den Fällen des Artikel 24 dieselben Bestimmungen mit Ausnahme des § 41 entsprechende Anwendung.

Sind der Auftrag zu einem Antrag auf Eintragung einer Sicherungshypothek und der Auftrag zur Einleitung des Verfahrens der Zwangsversteigerung oder des Verfahrens der Zwangsverwaltung bezüglich desselben Anspruchs auf Grund desselben Schuldtitels gleichzeitig erteilt worden, so wird, wenn beide Aufträge ausgeführt werden, die Gebühr für den Antrag auf Eintragung der Sicherungshypothek auf die im Artikel 17 Abs. 2 oder im Artikel 19 Abs. 2 bestimmte Gebühr angerechnet.

Artikel 28.

Diese Verordnung tritt am 1. April 1902 in Kraft.

Die Vergütung für die Berufstätigkeit des Rechtsanwalts zur Erledigung von Aufträgen, die vor diesem Zeitpunkt erteilt sind, bestimmt sich nach den bisherigen Vorschriften.

Für den erbschaftlichen Liquidationsprozeß (Artikel 150 bis 157 des Gesetzes zur Ausführung der Reichs-Zivilprozeßordnung und Konkursordnung vom 23. Februar 1879) sowie für das Hypothekenreinigungsverfahren bleiben die bisherigen Vorschriften in Geltung.

Das Gleiche gilt für die Verfahren der Zwangsversteigerung, der Zwangsverwaltung und der gerichtlichen Versteigerung, auf welche die Vorschriften des Gesetzes vom 23. Februar 1879, die

Zwangsvollstreckung in das unbewegliche Vermögen wegen Geldforderungen betreffend, und des Gesetzes vom 29. Mai 1886, Änderungen der Bestimmungen über die Zwangsvollstreckung in das unbewegliche Vermögen betreffend, anzuwenden sind. Für das Verfahren der Zwangsversteigerung eines gemeinschaftlichen Grundstücks zum Zwecke der Aufhebung der Gemeinschaft gelten dagegen die Bestimmungen dieser Verordnung schon vor dem Zeitpunkt, in welchem das Grundbuch als angelegt anzusehen ist; in diesem Verfahren erhält der Rechtsanwalt für den Antrag auf Wiederversteigerung (Artikel 87 des Gesetzes vom 23. Februar 1879, Artikel 28 des Gesetzes vom 29. Mai 1886) einschließlich der weiteren Tätigkeit bis zur Einleitung des Verteilungsverfahrens neben den im Artikel 17 bestimmten Gebühren weitere drei Zehnteile der vollen Gebühr.

Die Bestimmung des Artikel 27 Abs. 3 ist auch auf die Vormerkung einer Hypothek nach Artikel 40 des Gesetzes vom 29. Mai 1886, Änderungen der Bestimmungen über die Zwangsvollstreckung in das unbewegliche Vermögen betreffend, entsprechend anzuwenden.

Artikel 29.

Das Staatsministerium der Justiz ist beauftragt, die erforderlichen Ausführungsbestimmungen zu erlassen und nach Ablauf von drei Jahren über die Wirkungen dieser Verordnung und darüber zu berichten, ob nach den gemachten Erfahrungen eine Änderung dieser Verordnung angezeigt erscheint. Bis zu dieser Zeit ist das Staatsministerium der Justiz ermächtigt, im Falle des Bedürfnisses einzelne Änderungen und Ergänzungen vorzunehmen.

München, den 26. März 1902.

Luitpold,
Prinz von Bayern,
des Königreichs Bayern Verweser.

Dr. Frhr. v. Leonrod.

2. GesamtMinVO. v. 29. Dezember 1923 über die Gebühren der Rechtsanwälte nach den Verordnungen v. 26. März 1902 usw. (GVBl. 415).

Artikel 1.

Die dem Rechtsanwalt zustehenden Gebühren, Auslagen und Vorschüsse werden in Gold berechnet.

Für die Umrechnung einer in Reichswährung geleisteten Zahlung ist der vom Reichsminister der Finanzen bekanntgegebene Goldumrechnungssatz (§ 2 der Durchführungsverordnung zur Aufwertungsverordnung vom 13. Oktober 1923 RGBl. I S. 951) im Zeitpunkt des Eingangs der Zahlung maßgebend.

Soweit auf die Reichsgebührenordnung für Rechtsanwälte (RAGeb.O.) verwiesen ist, versteht sich dieselbe in ihrer jeweiligen Fassung und mit ihren Ergänzungen.

Artikel 2.

Die festen Gebühren der Verordnungen vom 26. März 1902 (GVBl. S. 133, 144) gelten als Goldmarksätze; soweit für die Berechnung der Gebühren der Gegenstandswert maßgebend ist, ist derselbe in Gold zu bestimmen. Die in Art. 15 Abs. 3 der Verordnung vom 26. März 1902 (GVBl. S. 133) aufgeführten Wertziffern (200 Mk. bis 50 000 Mk. bzw. 100 000 Mk.) sind Goldbeträge.

Artikel 3.

Die Bestimmungen in Art. III Abs. 2, IV und V der 13. Verordnung über die Gebühren der Rechtsanwälte vom 13. Dezember 1923 (RGBl. I S. 1188) finden sinngemäße Anwendung.

Artikel 4.

Der Rechtsanwalt kann, wenn seine Tätigkeit von besonderer Wichtigkeit oder Schwierigkeit war, oder wenn sonst die Umstände des Falles eine solche Erhöhung angezeigt erscheinen lassen, eine den Höchstsatz der gesetzlichen Vergütung überschreitende Gebühr verlangen. Dies gilt nicht im Verhältnis zu einem erstattungspflichtigen Gegner oder dem Staate bei Pflichtaufträgen.

§ 5.

In den Angelegenheiten der Verwaltung und der Verwaltungsrechtspflege gelten die §§ 78—83 der Reichsgebührenordnung für Rechtsanwälte. Art. 12 der Verordnung vom 26. März 1902 (GVBl. S. 144) bleibt aufgehoben.

Artikel 6.

Diese Verordnung tritt mit Wirkung vom 1. Januar 1924 an die Stelle der Verordnung vom 17. August 1923 (GVBl. S. 313).

Art. VII Abs. 2—4 der 13. Verordnung über die Gebühren der Rechtsanwälte vom 13. Dezember 1923 (RGBl. I S. 1188) findet sinngemäße Anwendung.

FSC
www.fsc.org
MIX
Papier | Fördert gute Waldnutzung
FSC® C083411

Kolibri 360 GmbH
Ferdinand-Jühlke-Straße 7
99095 Erfurt, Deutschland
produktsicherheit@kolibri360.de